国家重点档案专项资金资助项目

抗日战争档案汇编

庆阳市档案馆藏抗战档案选编

庆阳市档案馆 编

五洲传播出版社

图书在版编目（CIP）数据

庆阳市档案馆藏抗战档案选编 / 庆阳市档案馆编 . 北京：五洲传播出版社，2025.1. --（抗日战争档案汇编）. -- ISBN 978-7-5085-5335-1

Ⅰ . K265.063

中国国家版本馆 CIP 数据核字第 20241HH839 号

庆阳市档案馆藏抗战档案选编

编　　者：庆阳市档案馆
出 版 人：关　宏
责任编辑：王逸凡
装帧设计：北京禾风雅艺文化发展有限公司
出版发行：五洲传播出版社
地　　址：北京市海淀区北三环中路31号生产力大楼B座6层
邮　　编：100088
电　　话：010-82005927，82007837
网　　址：www.cicc.org.cn, www.thatsbooks.com
印　　刷：天津艺嘉印刷科技有限公司
版　　次：2025年2月第1版第1次印刷
开　　本：210mm × 285mm
印　　张：32.5
定　　价：520.00元

抗日战争档案汇编编纂出版工作组织机构

编纂出版工作领导小组

组　长　陆国强

副组长　王绍忠　付　华　魏洪涛　刘鲤生

编纂委员会

主　任　陆国强

副主任　王绍忠

顾　问　杨冬权　李明华

成　员（按姓氏笔画为序排列）

于学蕴　于晓南　于晶霞　马忠魁　马俊凡　马振犊

王　放　王文铸　王建军　卢琼华　田洪文　田富祥

史晨鸣　代年云　白明标　白晓军　吉洪武　刘　钊

刘玉峰　刘灿河　刘忠平　刘新华　汤俊峰　孙　敏

苏东亮　杜　梅　李宁波　李宗春　吴卫东　何素君

张　军　张明决　陈念芜　陈艳霞　卓兆水　岳文莉

郑惠姿　赵有宁　查全洁　施亚雄　祝　云　徐春阳

郭树峰　唐仁勇　唐润明　黄凤平　黄远良　黄菊艳

梅　佳　龚建海　常建宏　韩　林　程潜龙　焦东华

童　鹿　蔡纪万　谭荣鹏　黎富文

编纂出版工作领导小组办公室

主　任　常建宏

副主任　孙秋浦　石　勇

成　员（按姓氏笔画为序排列）

李　宁　沈　岚　贾　坤

甘肃省抗日战争档案汇编编纂出版工作组织机构

编纂委员会

主　任　杜昕昱

副主任　张秀丽

委　员　车永刚　谢瑞卿　张　鹏　陈正强

《庆阳市档案馆藏抗战档案选编》编委会

总序

为深入贯彻落实习近平总书记「让历史说话，用史实发言，深入开展中国人民抗日战争研究」的重要指示精神，国家档案局根据《全国档案事业发展「十三五」规划纲要》和《「十三五」时期国家重点档案保护与开发工作总体规划》的有关安排，决定全面系统地整理全国各级综合档案馆馆藏抗战档案，编纂出版《抗日战争档案汇编》（以下简称《汇编》）。

中国人民抗日战争是近代以来中国反抗外敌入侵第一次取得完全胜利的民族解放战争，开辟了中华民族伟大复兴的光明前景。这一伟大胜利，也是中国人民为世界反法西斯战争胜利、维护世界和平作出的重大贡献。加强中国人民抗日战争研究，具有重要的历史意义和现实意义。

全国各级档案馆保存的抗战档案，数量众多，内容丰富，全面记录了中国人民抗日战争的艰辛历程，是研究抗战历史的珍贵史料。一直以来，全国各级档案馆十分重视抗战档案的开发利用，陆续出版公布了一大批抗战档案，对揭露日本帝国主义侵华罪行，讴歌中华儿女勠力同心、不屈不挠抗击侵略的伟大壮举，弘扬伟大的抗战精神，引导正确的历史认知，发挥了积极作用。特别是国家档案局组织有关方面共同努力和积极推动，「南京大屠杀档案」被联合国教科文组织评选为「世界记忆遗产」，列入《世界记忆名录》，捍卫了历史真相，在国际上产生了广泛而深远的影响。

全国各级档案馆馆藏抗战档案开发利用工作虽然取得了一定的成果，但是，在档案信息资源开发的系统性和深入性方面仍显不足。正如习近平总书记所指出的：「同中国人民抗日战争的历史地位和历史意义相比，同这场战争对中华民族和世界的影响相比，我们的抗战研究还远远不够，要继续进行深入系统的研究。」「抗战研究要深入，就要更多通过档案、资料、事实、当事人证词等各种人证、物证来说话。要加强资料收集和整理这一基础性工作，全面整理我国各地抗战档案、照片、资料、实物等……」

国家档案局组织编纂《汇编》，对全国各级档案馆馆藏抗战档案进行深入系统地开发，是档案部门贯彻落实习近平总书记重要指示精神，推动深入开展中国人民抗日战争研究的一项重要举措。本书的编纂力图准确把握中国人民抗日战争的历史进程、主流和本质，用详实的档案全面反映一九三一年九一八事变后十四年抗战的全过程，反映中国共产党在抗日战争中的中流砥柱作用以及中国人民抗日战争在世界反法西斯战争中的重要地位，反映国共两党「兄弟阋于墙，外御其侮」进行合作抗战、共同捍卫民族尊严的历史，反映各民族、各阶层及海外华侨共同参与抗战的壮举，展现中国人民抗日战争的伟大意义，以历史档案揭露日本侵华暴行，揭示日本军国主义反人类、反和平的实质。

编纂《汇编》是一项浩繁而艰巨的系统工程。为保证这项工作的有序推进，国家档案局制订了总体规划和详细的实施方案，明确了指导思想、工作步骤和编纂要求。为保证编纂成果的科学性、准确性和严肃性，国家档案局组织专家对选题进行全面论证，对编纂成果进行严格审核。

各级档案馆高度重视并积极参与到《汇编》工作之中，通过全面清理馆藏抗战档案，将政治、军事、外交、经济、文化、宣传、教育等多个领域涉及抗战的内容列入选材范围。入选档案包括公文、电报、传单、文告、日记、照片、图表等多种类型。在编纂过程中，坚持实事求是的原则和科学严谨的态度，对所收录的每一件档案都仔细鉴定、甄别与考证，维护档案文献的真实性，彰显档案文献的权威性。同时，以《汇编》编纂工作为契机，以项目谋发展，用实干育人才，带动国家重点档案保护与开发，夯实档案馆基础业务，提高档案人员的业务水平，促进档案馆各项事业的发展。

守护历史，传承文明，是档案部门的重要责任。我们相信，编纂出版《汇编》，对于记录抗战历史，弘扬抗战精神，发挥档案留史存鉴、资政育人的作用，更好地服务于新时代中国特色社会主义文化建设，都具有极其重要的意义。

抗日战争档案汇编编纂委员会

编辑说明

甘肃省庆阳市，作为革命老区，是陕甘红军的摇篮，其主力部队在这里改编为八路军奔赴抗日战场，也是抗日战争时期中国共产党领导的抗日大后方和战略基地——陕甘宁边区的重要组成部分，被称为模范的抗日民主根据地。庆阳市档案馆梳理馆藏抗日战争时期陕甘宁边区陇东、关中分区相关档案，编纂出版《庆阳市档案馆藏抗战档案选编》。本书选稿时间起自一九三七年，迄止一九四六年，均为庆阳市档案馆馆藏档案原件全文影印，按「专题—时间」体例编排，分为抗战宣传、抗敌出征、优待抗属、防空防特四个部分，分别以档案文件形成时间排序。

档案中原标题完整或者基本符合要求的使用原标题，原标题内容不准确的进行了修订或重拟。标题中人物姓名使用通用名，机构名称使用全称或规范简称，历史地名沿用当时地名，对于繁体字、错别字、不规范异体字等予以径改。由于战争年代档案保存条件艰苦等原因，庆阳市档案馆馆藏档案多已残缺不全。限于篇幅，本书不作注释。

由于档案分散保存，甄选难度大，加之编者水平有限，在编辑过程中可能存在疏漏之处，欢迎斧正。

编　者

二〇二二年六月

目录

总序
编辑说明

抗战宣传

西峰镇通讯：前方抗敌捷报传来后甘肃第三区民众祝捷大会之盛况（一九三七年七月二十九日）……〇〇三
甘肃省政府关于转发中央宣传部鼓励民众准备抗敌御侮电文致镇原县政府的代电（一九三七年八月九日）……〇〇五
镇原县政府关于转发中央宣传部鼓励民众准备抗敌御侮电文致肖金镇公所的密令（一九三七年八月二十七日）……〇〇八
甘肃省政府关于战时拍发电报规定致镇原县政府的代电（一九三七年八月二十八日）……〇一〇
镇原县公民段乾刚等关于申请经费筹备中秋集会以扩大抗战宣传致镇原县政府的呈（一九三七年九月二十日收）……〇一二
甘肃省第三区行政督察专员公署关于节存财力以备长期抗战致镇原县政府的训令（一九三七年九月二十九日）……〇一四
镇原县政府关于发送募捐册及收款执据限期捐齐事致肖金镇公所的训令（一九三七年十月十一日）……〇一六
镇原县政府关于非常时期官民应共赴国难并饬属切实奉令行事致肖金镇公所的训令（一九三七年十月二十二日）……〇一八
甘肃省政府关于印发酒精汽油混合燃料暂行办法致镇原县政府的密令（一九三七年十一月三日）……〇一九
甘肃民众守土抗战后援会镇原县分会关于检送民众守土抗战后援会镇支会简章致肖金镇公所的公函（一九三七年十一月五日）……〇二三
甘肃省第三区行政督察专员公署关于严禁商人转运废旧金属等物资致镇原县政府的密令（一九三七年十一月十一日）……〇二四
甘肃省政府关于印发救护药品免税暂行办法致镇原县政府的训令（一九三七年十一月三十日）……〇二六

甘肃省政府关于奉发食粮资敌治罪暂行条例及修正危害民国紧急治罪法致镇原县政府的训令
（一九三七年十二月九日）……○三○
甘肃省政府关于遵照规定使用印电纸致镇原县政府的训令（一九三七年十二月十四日）……○三五
甘肃省政府关于征募兵员应由各县长随时下乡劝导宣传致镇原县政府的训令（一九三七年十二月二十四日）……○三九
镇原县政府印制《中华民国国民对于抗倭自卫战之誓约》（一九三七年）……○四三
甘肃省政府关于抗战时期紧缩经费致镇原县政府的训令（一九三八年一月九日）……○四四
宁县教育局印发的抗战宣传口号（一九三八年一月十日）……○四七
镇原县教育局关于宣传抗战英雄事迹致屯子太阳学校的训令（一九三八年一月三十日）……○四八
甘肃省政府关于通报日本国内三项事宜致镇原县政府的代电（一九三八年三月九日）……○五○
甘肃省政府关于转知战时军队撤退时各级长官擅自离队惩治办法致镇原县政府的密令（一九三八年三月三十日）……○五二
镇原县第二区署关于补助肖金镇小学救亡剧团经费事宜致镇原县政府的呈（一九三八年四月八日）……○五六
甘肃民众抗敌后援会宁县分会关于抄发并推行甘肃省一日一分救国金运动实行办法等致和盛镇小学的公函
（一九三八年四月二十二日）……○五七
附：甘肃省一日一分救国金运动实行办法……○五九
甘肃省政府关于表彰一五九师四七五旅旅长林伟俦致镇原县政府的代电（一九三八年七月十六日）……○六一
镇原县政府转发甘肃省第三区行政督察专员公署关于发动学生假期从事抗战工作致第二区署的训令
（一九三八年八月五日）……○六四
镇原县政府转发甘肃省政府关于续征各机关公务员飞机捐款致第二区署的训令（一九三八年九月十六日）……○六五
甘肃民众抗敌后援会镇原县分会关于成立区镇支会致第二区署的公函（一九三八年九月）……○六七
附：甘肃民众抗敌后援会镇原县分会各镇支会组织及工作纲要……○六九
中国儿童号飞机甘肃省镇原县筹募分会关于成立支会并请来会组织指导致肖金镇公所的函
（一九三八年十月十日）……○七○

镇原县政府关于抗战军事渐入重要阶段动员民众参加抗日致第二区署的训令（一九三八年十月二十二日）……〇七一
镇原县政府关于转发战时民众动员指导纲领致第二区署的训令（一九三八年十月二十九日）……〇七二
附：战时民众动员指导纲领（一九三八年七月）……〇七三
镇原县政府关于适应抗战时期及国际情势演变动态宣传要点致第二区署的训令（一九三八年十一月十二日）……〇七五
镇原县教育局关于成立县儿童号飞机筹募支会相关事宜致屯子镇小学的电（一九三八年十一月十八日）……〇七六
镇原县抗敌后援会关于抄发各区民众抗敌后援会组织纲要致第二区署的通令（一九三九年一月二十五日）……〇七八
镇原县政府关于利用民众过年机会张贴抗战对联致各区署的训令稿（一九三九年二月八日）……〇八〇
附：抗战联语……〇八二
镇原县政府关于在农历年关利用贴对联习俗张贴抗战对联致第二区署的训令（一九三九年二月十一日）……〇八四
镇原县抗敌后援会关于抄发各县民众抗敌后援会工作组织办法等致第二区署的训令（一九三九年三月八日）……〇八五
镇原县政府关于通报抗战形势致第二区署的训令（一九三九年三月二十七日）……〇八七
镇原县第二区署关于抄发各县民众抗敌后援会工作办法等事宜致屯子镇、肖金镇抗敌后援会的训令
（一九三九年四月二日）……〇八九
镇原县政府关于抗战时期应以人力物力增加抗战力量并抄发相关抗战服务办法大纲等致第二区署的训令
（一九三九年四月六日）……〇九一
甘肃省第三区行政督查专员公署关于征集抗战史料致镇原县政府的训令（一九三九年四月十二日）……〇九三
镇原县政府关于转发欧洲形势与南昌战事临时宣传要点致第二区署的密令（一九三九年五月二十五日）……〇九五
镇原县政府关于禁售包装印有离间分化抗战字画的火柴致第二区署的训令（一九三九年十月十三日）……〇九六
平秦师管区司令部关于抗敌后援会工作人员缓役问题致镇原县政府的训令（一九三九年十月二十五日）……〇九七
附：原呈……〇九九
镇原县第二区署关于抗战期间不准无故辞职致第二区区员李景涛的指令（一九三九年十二月七日）……一〇〇
附：李景涛辞呈（一九三九年十一月二十八日）……一〇一

甘肃省新生活运动促进会关于切实倡导救国公债事宜致镇原县新运会的代电（一九四〇年五月二十日）……一〇三
甘肃省军管区政治部关于抗战前后所绘制的标语问题致镇原县国民兵团的训令（一九四〇年八月二十七日）……一〇四
甘肃省教育厅关于转发中国童子军总会领导全国童子军为抗战将士征募寒衣代金运动办法
致镇原县立初级中学的训令（一九四一年十一月二十七日）……一〇五
附：中国童子军总会领导全国童子军为抗战将士征募寒衣代金运动办法（一九四一年）……一〇七
镇原县政府关于集中人员宣读对日宣战布告致显圣乡公所的训令（一九四二年二月二日）……一一一
镇原县政府关于发动国民兵运动捐献飞机致各乡镇公所的训令（一九四二年八月十一日）……一一三
镇原县政府关于献机捐款如数募齐致兰州军管区司令部的代电（一九四二年九月二十八日）……一一四
甘肃省政府关于县救济院隶属事致镇原县政府的训令（一九四二年十二月九日）……一一五
镇原县政府关于抗战时期厉行节约致开边中心学校的训令（一九四四年五月四日）……一一六
宁县劳军献金委员会关于为抗战前方将士捐款致王议长的代电（一九四四年七月二日）……一一七
陇东专员公署关于一九四四年征收公粮公草致各县政府的指示信（一九四四年十一月八日）……一一八
镇原县开边乡公所关于筹集本年从军奖励金及慰劳金致第十五保的代电（一九四四年十一月三十日）……一二二
宁县知识青年志愿从军征集委员会关于印发省颁各县发动知识青年从军运动宣传要点等办法致早胜
镇中心学校的公函（一九四四年十二月七日）……一二三
附一：全国知识青年志愿从军征集办法……一二四
附二：各县发动知识青年从军运动宣传要点……一二八
陇东专员公署关于夏征小麦一万担新办法要点致各县政府的指示信（一九四五年七月三十日）……一三二
镇原县肖金镇公所关于呈报举行庆祝抗战胜利大会情形致镇原县政府的呈（一九四五年八月二十一日）……一三七
镇原县政府关于印发《胜利进行曲》以教学生演唱致镇原县立初级中学的训令（一九四六年一月十六日）……一三九
附：《胜利进行曲》（一九四五年九月初版）……一四〇

甘肃省第三区行政督察专员公署关于同日军作战情况致镇原县政府的代电（一九三七年九月八日）……一四五
镇原县政府关于抓紧训练壮丁致肖金镇公所的代电（一九三七年九月二十四日）……一四七
甘肃省政府关于陕甘宁各地红军改编为第八路军致镇原县政府的密令（一九三七年九月二十九日）……一四八
国民革命军第八路军第一二九师留守处驻镇办事处关于改编事宜致镇原县政府的通知（一九三七年九月二十九日）……一五二
甘肃省政府关于抄发筹募伤兵被服式样说明书表致镇原县政府的训令（一九三七年十月十三日）……一五三
附：伤病兵及残废兵棉衣裤制作说明书……一五七
甘肃省政府关于抗战时期征兵事宜致镇原县政府的训令（一九三七年十月十八日）……一五八
甘肃省第三区行政督察专员公署、保安司令部关于第八路军派员至新疆购买皮货准予通行并保护事宜致镇原县政府的代电（一九三七年十月十八日）……一六一
甘肃省政府关于征送年富力强青年致镇原县政府的训令（一九三七年十月二十三日）……一六三
甘肃省政府关于赴前方救护看护慰劳应注意事项致镇原县政府的训令（一九三七年十月二十四日）……一六七
附：救护看护慰劳应注意事项……一七一
甘肃省政府关于转发慰劳前方将士募制寒衣办法致镇原县政府的训令（一九三七年十一月二十五日）……一七四
甘肃省师管区筹备处关于转发战时募兵办法致镇原县政府的训令（一九三七年十一月二十六日）……一七九
甘肃省师管区筹备处关于征兵宣传事宜致镇原县政府的训令（一九三七年十一月二十六日）……一八一
镇原县政府关于报邮伤兵被服各十套致甘肃省政府的呈（一九三七年十二月七日）……一八三
甘肃省政府关于前方抗战部队官佐归队事宜致镇原县政府的训令（一九三八年一月二十九日）……一八四
甘肃省第三区行政督察专员公署关于协助兵役宣传致镇原县政府的训令（一九三九年五月二十九日）……一八八
镇原县第二区署关于呈报民众抗敌后援会队员简历致镇原县民众抗敌后援会的呈（一九三九年八月一日）……一九〇
镇原县政府关于填报阵亡士兵张兆祥乙种调查表致第二区署的训令（一九三九年九月十九日）……一九一
镇原县政府关于对王得禧遗属进行抚恤并填报乙种调查表致第二区署的训令（一九三九年十月十日）……一九二

镇原县政府关于按照寒衣捐款限期从速募齐致商会及各区署的训令（一九三九年十月十一日）……一九三
甘肃省军管区政治部关于「七七」纪念日举行追悼阵亡将士大会办法致镇原县国民兵团的代电（一九四〇年七月三日）……一九四
镇原县政府关于送交「七七」献金致肖金镇公所的电话命令（一九四〇年七月二十三日）……一九五
镇原县肖金镇出征抗敌军人姓名、家属状况清册（一九四〇年九月六日）……一九六
镇原县肖金镇第七保出征军人姓名表册（一九四〇年九月）……一九七
甘肃省政府关于设立抗战殉难烈士忠烈祠及填报相关调查表致镇原县政府的训令（一九四一年一月九日）……一九九
镇原县入祀忠烈祠烈士姓名清册（一九四一年一月十五日）……二〇〇
镇原县政府填报张郁林、田养正、刘庚喜三烈士事迹申报表（一九四一年一月十五日）……二〇三
甘肃省第三区行政督察专员公署关于抄发抗战殉难忠烈入祀忠烈祠仪式致镇原县政府的代电（一九四一年三月二日）……二〇九
甘肃省政府关于准予镇原县田养正等三位抗战殉难烈士入祀原籍县忠烈祠致镇原县政府的代电
（一九四一年四月十日）……二一一
甘肃省政府关于抗敌殉难忠烈官民入祀忠烈祠安位祭文及公祭文致镇原县政府的训令（一九四一年六月二十六日）……二一三
甘肃省政府与镇原县政府关于填报忠烈祠实况调查表的来往文书（一九四一年十月至十一月）……二一五
甘肃省政府致镇原县政府的指令（一九四一年十月二十九日）……二一五
镇原县政府致甘肃省政府的呈（一九四一年十一月二十一日）……二一七
甘肃省政府关于检送入祀忠烈祠王义生等二十九名烈士事迹表致镇原县政府的训令（一九四二年四月九日）……二一八
镇原县政府关于遵令举行刘庚喜入祀本县忠烈祠仪式致甘肃省政府的呈（一九四二年六月二十三日）……二一九
甘肃省政府关于转发军事委员会抗战阵亡殊勋将士定期祭慰办法致镇原县政府的训令（一九四二年七月十日）……二二〇
附：抗战阵亡殊勋将士定期祭慰办法……二二一
镇原县政府关于在政府征收款内坐支抵解忠烈祠修建费一百元致甘肃省政府的呈（一九四二年七月）……二二三
附一：抵解存根（一九四二年七月十九日）……二二四

附二：领款存根（一九四二年七月）……二三五
镇原县政府关于拟为张自忠等三十八人于「九一八」纪念日举行入祠典礼致甘肃省政府的呈（一九四三年八月五日）……二三六
甘肃省政府关于调查全省抗战中殉职官兵情况致镇原县政府的代电（一九四六年六月二十九日）……二三八
镇原县阵亡官兵调查表（一九四六年七月）……二三九
镇原县政府关于印发抗战军人忠烈录征集办法致太平镇公所的训令（一九四六年十二月二十九日）……二三五

优待抗属

宁县县政府关于优待抗日军人索秉科家属致第三区署的训令（一九三八年十一月十二日）……二三九
宁县县政府关于陆军第一七七师为请恤阵亡军人罗玉明遗属致第三区署的训令（一九三八年十一月二十二日）……二四一
镇原县政府关于优待出征抗敌军人家属证明事宜致第二区署的训令（一九三九年二月十三日）……二四三
镇原县第二区署关于催缴抗战军人家属安家费致前第十二保的训令（一九三九年三月七日）……二四四
镇原县政府关于减免出征抗敌军人家属捐款和劳役致第二区署的训令（一九三九年三月十三日）……二四五
镇原县政府关于执行优待抗敌军人家属法令致第二区署的训令（一九三九年三月十六日）……二四七
宁县县政府关于填报阵亡上等兵杨德荣遗属调查表致第三区署的训令（一九三九年九月四日）……二四八
镇原县政府关于执行优待出征抗敌军人家属条例致第二区署的训令（一九三九年十月六日）……二五〇
附：优待出征抗敌军人家属条例……二五二
宁县县政府关于抄发优待出征抗敌军人家属条例致第三区署的训令（一九三九年十月十八日）……二五四
镇原县抗敌后援会关于颁发奖章戒指致第二区署的公函（一九四〇年二月二十九日）……二五六
镇原县政府关于出征军人家属贫苦等级分类调查造册事项致肖金镇公所的训令（一九四〇年七月三十一日）……二五八
镇原县出征抗敌军人家属优待委员会关于转发出征抗敌军属证明书致肖金镇公所的公函（一九四〇年八月）……二五九
镇原县政府关于准予汇转所呈报调查抗敌军人家属状况致肖金镇公所的指令（一九四〇年九月二十日）……二六一
镇原县出征抗敌军人家属优待委员会关于转发上士左维杰证明书致肖金镇公所的公函（一九四〇年九月）……二六二

镇原县政府关于转发上等兵王天寿优待出征抗敌军人家属证明书致肖金镇公所的训令（一九四〇年十一月二日）……二六四
甘肃省军管区政治部关于准备元旦慰劳荣誉军人及抗战军人家属致镇原县国民兵团的代电
（一九四〇年十二月二十日）……二六六
甘肃省军管区政治部关于死亡官兵遗族填送乙种书表办法致镇原县国民兵团的训令（一九四一年一月二十日）……二六七
镇原县政府关于优待出征军人家属致肖金镇公所的训令（一九四一年七月十七日）……二六八
附：原代电……二七〇
甘肃省政府教育厅关于抗战有功将士子女入学事宜致镇原县立初级中学的训令（一九四一年十月）……二七二
镇原县政府关于转发下士班长刘世锡出征抗敌军人家属证明书致肖金镇公所的训令（一九四二年一月二十七日）……二七四
甘肃省政府教育厅关于优先给予抗属子女家境清贫者公费待遇致镇原县立初级中学的训令（一九四二年三月七日）……二七五
甘肃省政府教育厅关于转发现职军官佐属在抗战期间无力求学子女救济办法致镇原县立初级中学的训令
（一九四二年三月三十日）……二七七
镇原县政府关于收悉并汇转优待出征抗敌军人家属月报表致肖金镇公所的指令（一九四二年五月十三日）……二七九
镇原县张清喜出征抗敌军人家属证明书（一九四二年八月一日）……二八〇
镇原县屯子镇关于呈报七、八两月优待出征抗敌军人家属月报表致镇原县政府的呈（一九四二年九月三日）……二八一
镇原县政府关于转发金宝贵出征抗敌军人家属证明书致肖金镇公所的训令（一九四二年九月二十七日）……二八二
甘肃省政府关于优先收容不能维持生活之出征军人家属致镇原县政府的训令（一九四三年二月三日）……二八三
镇原县夏兴隆出征抗敌军人家属证明书（一九四三年三月九日）……二八五
镇原县政府关于成立乡镇优待出征抗敌军人家属委员会致各乡镇公所的训令（一九四三年三月十五日）……二八七
镇原县政府关于优待出征抗敌军人家属致肖金镇公所的训令（一九四三年三月十五日）……二八八
镇原县政府关于呈送该县一九四二年度优待征属总报告表致甘肃省政府的呈（一九四三年三月十九日）……二九〇
附：甘肃省镇原县办理优待出征抗敌军人家属全年总报告表……二九二

镇原县政府关于转发夏兴隆、刘生福、马祖武出征抗敌军人家属证明书致肖金镇公所的训令
（一九四三年三月三十一日）……二九四
镇原县政府关于转发张清喜出征抗敌军人家属证明书致肖金镇公所的训令（一九四三年四月三十日）……二九五
镇原县永和乡优待出征军人家属月报表（一九四三年十二月三十一日）……二九六
镇原县政府关于组织优待抗战出征真正贫苦军人家属委员会致肖金镇公所的训令（一九四三年）……二九七
附：组织优待抗战出征真正贫苦军人家属委员会办法……二九八
甘肃省政府关于填报失业义民及抗战军人家属调查表、伤残人员访问表致镇原县政府的训令（一九四四年二月十日）……二九九
附：伤残人员访问表……三〇一
甘肃省镇原县开边乡出征军人家属调查册（一九四四年二月十五日）……三〇二
甘肃省政府关于转发陪都优待抗属周工作要目等致镇原县政府的通令（一九四四年二月二十三日）……三〇六
镇原县政府关于减免军属张举元差徭致临泾镇公所的训令（一九四四年二月二十六日）……三〇七
镇原县开边乡第一保关于出征军人张天才家属优待事宜致镇原县抗敌出征军人家属优待委员会的呈
（一九四四年三月四日）……三〇九
镇原县政府关于吴生文呈诉孙光裕偷卖抗战军人吴志德未婚妻案致肖金镇公所的训令（一九四四年三月九日）……三一一
镇原县政府关于抄发失业义民及抗战军人家属调查表、伤残人员访问表致永和乡公所的训令
（一九四四年四月十四日）……三一三
镇原县十户乡公所关于呈报抗战军人家属调查表致镇原县政府的呈（一九四四年四月二十二日）……三一四
甘肃省政府教育厅关于奉令抄发修正公布抗战功勋子女就学免费给予规则致镇原县政府的训令
（一九四四年五月二十六日收）……三一六
镇原县政府关于制发出征抗敌军人家属荣誉牌致永和乡公所的训令（一九四四年九月二十二日）……三一八
附：出征抗敌军人家属荣誉牌制发办法……三一九

甘肃省政府关于健全地方防空防毒及救护组织致镇原县政府的密令（一九三七年八月二十六日）……三二三
镇原县政府关于保护铁路及电报电话线路安全问题致肖金镇公所的训令（一九三七年八月二十八日）……三二六
甘肃省政府关于遵照执行防止汉奸间谍活动办法大纲及惩治汉奸条例致镇原县政府的密令（一九三七年十月二十日）……三二七
附：惩治汉奸条例（一九三七年八月二十三日公布）……三三一
甘肃省第三区保安司令部关于发放民间消极防空设施、防空壕及避难所图形并加紧设施建设致镇原县政府的密令（一九三七年十月二十二日）……三三三
附：民间消极防空设施、防空壕及避难所图……三三五
甘肃省政府关于严防汉奸混入各部派来人员致镇原县政府的代电（一九三七年十月二十六日）……三三八
甘肃省政府关于加强防空设备维护致镇原县政府的代电（一九三七年十一月一日）……三四〇
甘肃省政府关于填报敌机轰炸伤亡人数调查表致镇原县政府的训令（一九三七年十一月六日）……三四二
附：敌机轰炸伤亡人数调查表……三四六
镇原县政府关于敌我战机降落后处置事宜致肖金镇公所的训令（一九三七年十一月七日）……三四八
甘肃省政府关于军事要塞交通桥梁建筑等物四周平顶多用黄沙堆置以防御轰炸致镇原县政府的训令（一九三七年十一月十日）……三五〇
甘肃省第三区行政督察专员公署关于抄发马骡等兽畜简易防毒口罩说明致镇原县政府的训令（一九三七年十一月十二日）……三五四
附：马骡简易防毒口罩说明……三五六
甘肃省第三区保安司令部关于防范不肖分子混入派往各地工作人员致镇原县政府的代电（一九三七年十一月十八日）……三五八
甘肃省政府关于禁止民众纵火焚烧野草避免敌机轰炸致镇原县政府的训令（一九三七年十一月二十三日）……三五九
镇原县政府关于禁止民众纵火焚烧秸秆避免敌机轰炸致第二区署的训令（一九三七年十二月六日）……三六三
甘肃省政府关于转发汉奸自首条例致镇原县政府的训令（一九三七年十二月六日）……三六四

附：汉奸自首条例 …… 三六七
甘肃省第三区行政督察专员公署关于通报日方强行接收、检查上海电台一事致镇原县政府的密令
（一九三八年一月三日） …… 三七六
甘肃省政府关于处置汉奸马龙骥致镇原县政府的训令（一九三八年一月三日） …… 三七八
附：马龙骥供词（一九三七年十一月三十日笔录） …… 三八四
甘肃省政府关于严密防范汉奸油印通告致镇原县政府的训令（一九三八年一月十三日） …… 三九〇
附：原通告 …… 三九四
甘肃省政府关于禁听敌方播送无稽消息致镇原县政府的训令（一九三八年一月十七日） …… 三九六
甘肃省第三区保安司令部关于严密侦防为敌机指示信号事宜致镇原县政府的代电（一九三八年一月十八日） …… 四〇〇
甘肃省防空协会关于防范降落敌机致镇原县防空分会的训令（一九三八年一月二十一日） …… 四〇二
甘肃省政府关于通报日本传单内容致镇原县政府的代电（一九三八年二月七日） …… 四〇七
镇原县政府关于务使民众防范降落敌机事宜致第一、二、三、四区署的训令（一九三八年二月十日） …… 四〇八
镇原县防空分会关于报送防空工作报告表致甘肃省防空协会的呈（一九三八年二月十一日） …… 四一〇
附：镇原县防空分会工作报告表（一九三八年二月一日） …… 四一二
镇原县政府关于防范汉奸、逃兵及地方不肖之徒破坏抗战致第二区第二联保办公处的训令（一九三八年三月十二日） …… 四一三
甘肃省政府关于防范汉奸刺探军情致镇原县政府的密令（一九三八年三月二十二日收） …… 四一五
附：侦讯汉奸刺探军情通报暗号一览表 …… 四一七
甘肃省会防空司令部关于遇有击落敌机责成附近军民严密监护事宜致镇原县防空分会的代电
（一九三八年三月二十二日） …… 四二〇
附：原代电 …… 四二一
镇原县防空分会关于填报防空工作报告表致甘肃全省防空司令部的呈（一九三八年六月二十二日） …… 四二二
镇原县政府关于防范汉奸特务活动致第二区署的密令（一九三八年八月五日） …… 四二四

甘肃省政府关于指导民众防护工作灌输防空常识致镇原县政府的代电（一九三八年八月二十七日）……四二五
甘肃省第三区行政督察专员公署关于印发各省市公路及水道交通之消极防空设施要领等事
致镇原县政府的密令（一九三八年九月五日）……四二七
附：各省市公路及水道交通之消极防空设施要领……四二九
甘肃全省防空司令部关于保护被击落飞行员致镇原县防空分会的训令（一九三八年九月六日）……四三三
甘肃全省防空司令部关于严密查缉敌特在镇原县附近地区破坏及侦察活动致镇原县防空分会的训令
（一九三八年九月十一日）……四三六
甘肃全省防空司令部关于防范汉奸在高级司令部附近做暗号与敌空军联络等事宜致镇原县防空分会的训令
（一九三八年九月十七日）……四四〇
镇原县政府关于防范特务活动致第二区署的密令（一九三八年九月二十五日）……四四二
甘肃省政府关于转发国民政府军事委员会惩治汉奸条例致镇原县政府的训令（一九三八年十月一日）……四四三
镇原县政府关于查防借传教掩护其不利我方之行的传教士致第二区署的密令（一九三八年十月七日）……四四六
甘肃全省防空司令部关于检发敌人施放毒气调查表致镇原县防空分会的训令（一九三八年十月十六日）……四四八
附：敌人施放毒气调查表……四五〇
镇原县政府关于严密盘查持牯岭难民证人员以防汉奸潜入后方活动致第二区署的密令（一九三八年十一月八日）……四五一
镇原县政府关于查禁天津汉奸荒谬电报致第二区署的训令（一九三九年一月二日）……四五二
镇原县政府关于采用防毒办法致第二区署的训令（一九三九年一月十日）……四五三
镇原县政府关于侦防汉奸假冒客商四处活动致第二区署的密令（一九三九年二月二日）……四五四
镇原县政府关于严密侦缉日伪特务致第二区署的训令（一九三九年三月七日）……四五五
镇原县第二区署关于防范汉奸特务活动致第一、二、三联保办公处的密令（一九三九年三月二十九日）……四五六
镇原县防护团部关于防范敌机燃烧弹致第二区署的训令（一九三九年五月二十八日）……四五八
镇原县政府关于飞机坠地施救事宜致第二区署的训令（一九三九年六月十日）……四五九

镇原县防护团部关于防范汉奸刺探军情致第二区署的训令（一九三九年六月十三日）……四六〇
镇原县政府关于防范汉奸刺探军情致第二区署的训令（一九三九年六月十六日）……四六二
镇原县政府关于防空和疏散民众致第二区署的训令（一九三九年六月十六日）……四六三
镇原县政府关于敌机轰炸死伤人员收治、处置事宜致第二区署的训令（一九三九年六月二十三日）……四六四
镇原县第二区署关于注意敌机严密防空致义警队的训令（一九三九年七月四日）……四六五
镇原县防护团部关于防范敌机投掷未爆炸炸弹事宜致第二区署的训令（一九三九年七月七日）……四六六
镇原县防护团部关于转发各乡镇防护分团编组设施纲要并按当地情形组设防护分团致第二区署的训令
（一九三九年七月二十八日）……四六七
附：各乡镇防护分团编组设施纲要……四六八
甘肃省镇原县民众抗敌后援会关于防范敌伪在各地组织宗教团体收买教徒活动致第二区支会的训令
（一九三九年七月二十八日）……四六九
镇原县政府关于通缉汉奸致第二区署的训令（一九三九年八月十四日）……四七一
镇原县政府关于防范敌机所投掷小型炸弹致第二区署的训令（一九三九年八月十九日）……四七二
镇原县政府关于防范嫌疑分子致第二区署的训令（一九三九年八月十九日）……四七三
镇原县政府关于转发组织民众锄奸网及办理联保连坐切结办法致第二区署的训令（一九三九年八月二十二日）……四七四
附：组织民众锄奸网及办理联保连坐切结办法……四七五
镇原县政府关于救护遇失事伞落或因故迫降航员等事致第二区署的训令（一九三九年九月二十一日）……四七六
镇原县政府关于捉获日伪有赏致第二区署的训令（一九三九年十月六日）……四七八
镇原县政府关于查拿刺探军情特务致第二区署的训令（一九三九年十一月五日）……四七九
镇原县政府关于研究敌方空军作战特性并加强防范致第二区署的训令（一九三九年十二月）……四八一
镇原县政府关于缉拿撒药搞破坏的汉奸致第二区署的训令（一九三九年十二月）……四八三

甘肃省军管区政治部关于严防敌伪派大批男女间谍假扮伤病难民混入我方活动事宜致镇原县国民兵团的训令（一九四〇年七月三日）……四八五
甘肃省军管区政治部关于严密防范敌伪诱购我方秘密文件致镇原县国民兵团的训令（一九四〇年八月四日）……四八六
甘肃省军管区政治部关于查禁敌货以利抗战致镇原县国民兵团的训令（一九四〇年八月七日）……四八七
镇原县政府关于加强防范敌伞兵致显圣乡公所的训令（一九四一年十一月）……四八九
甘肃省政府关于所派特工人员应与县地方当局取得联系致镇原县政府的密令（一九四二年一月八日）……四九〇
镇原县政府关于严密侦缉汉奸致平泉镇公所的密令（一九四三年四月三十日）……四九二
甘肃省政府教育厅关于防范敌人破坏活动致镇原县立初级中学的训令（一九四三年十二月二十二日收）……四九三
后记

抗战宣传

前方抗敵捷報傳來後

甘肅第三區民衆祝捷大會之盛概

通過抗敵後援會大綱

通電慰勞前方將士

加緊全區壯丁訓練

西峰鎮通訊——自芦溝橋事件發生後，日本帝國主義之野心，完全暴露，全國民衆，無不憤慨。此間以交通阻塞，日前復淫雨連旬，電報、郵政，相繼不通，外間消息，傳聞不詳，以致為隴東較繁盛之西峰鎮，至五日前始由各界發起組織抗敵後援會，昨日由無線電收音，得到我軍收復芦溝橋、丰台、廊坊、通州、等處，日寇被我軍肅清，已退至天津附近之北倉，并奪獲軍用品無算消息後

0003 2

一時軍民欢呼如狂，本日（廿九）午後四時在城南公共体育場，舉行祝捷大會，計到全市各公法團體民眾及駐軍保安隊等數萬人，首由專員羅人驥氏報告連日捷報情形及後方民眾應負之責任，繼由駐軍四十三師趙團長等相繼演說，當通過第三區抗敵後援會組織大綱及慰勞前敵將士通電，提前辦理西峯鎮市民壯丁軍事訓練及擴大肅清漢奸運動各案。并高呼打倒日本帝國主義。收復東北失地等口號。於羣眾燃放爆竹聲中，軍民各界整隊出發遊行，自南門經南大街、中山街、大什字、老城內、繞城一周，沿途高呼口號，抗日情緒異常緊張，七時散會，并定明日開各界代表大會組織第三區抗敵總會，并通告各縣組織分會，積極進行一切抗敵工作云。茲錄大會致前敵將士通電如下：『北平宋哲元將軍及前敵全体將士公鑒。日寇肆虐，犯我平津，將軍及前敵各將士，奮起抗敵，捷報傳來，歡騰海內，本日開民眾祝捷大會，軍民不期而至者數萬人，一致向將軍及前敵全体將士，深致慰勞，尚望奬率師徒，收復失地，凡我民眾，誓為後盾。甘肅第三區抗敵後援會祝捷大會叩艷』

甘肃省政府关于转发中央宣传部鼓励民众准备抗敌御侮电文致镇原县政府的代电（一九三七年八月九日）

甘肅省政府快郵代電

秘党字第310號

鎮原縣縣長准省党部一三二號函准中央宣傳部密電開查現時和戰尚在兩難決定之間其關鍵全視對方有無悔禍誠意惟我國上下務必統一意志整齊步驟所有對外態度應完全根據蔣委員長在廬山談話指示之整個方針不可斷章取義持論過高而對於冀察當局與二十九軍尤應信任其赤誠衛國諒解其忍辱負重不可妄事猜疑中敵人挑撥之計請即會同當地政府密向各界切實說明密飭所屬共體斯意為要本電切勿披露等由

中華民國　年　月　日發

甘肅省政府快郵代電

字第　號

事由

准此除遵辦外相應函達即希查照辦理為荷正核辦間又准該部第一三三號函准中央宣傳部感電開最後關頭將至各黨部在宣傳方面應即秘密準備進行下列各事一鼓勵民衆在中央領導下準備抗敵禦侮為國犧牲二宣傳防衛常識三嚴防務類漢奸及間諜活動四戰事擴大後沿海及内地重要城市須有同時被及可能應喚起人民在非常事變時應力持鎮靜並作各種必需用品之徵集再在未戰前或戰事開始後對在華日僑仍應勿加

中華民國　年　月　日發

375

0038

甘肅省政府快郵代電

字第　號

事由

等視以示大度並應設法使知我國祇對日本軍閥應戰以激其人民厭戰之心理盼即會商當地方軍政機關妥為辦理等由准此除遵辦外相應函達即希查照遵照辦理為荷各等由准此除函復並分電外合電遵照代主席賀耀組佳秘黨

中華民國二十六年八月九日發

存各已飭遵照 八廿四

镇原县政府关于转发中央宣传部鼓励民众准备抗敌御侮电文致肖金镇公所的密令（一九三七年八月二十七日）

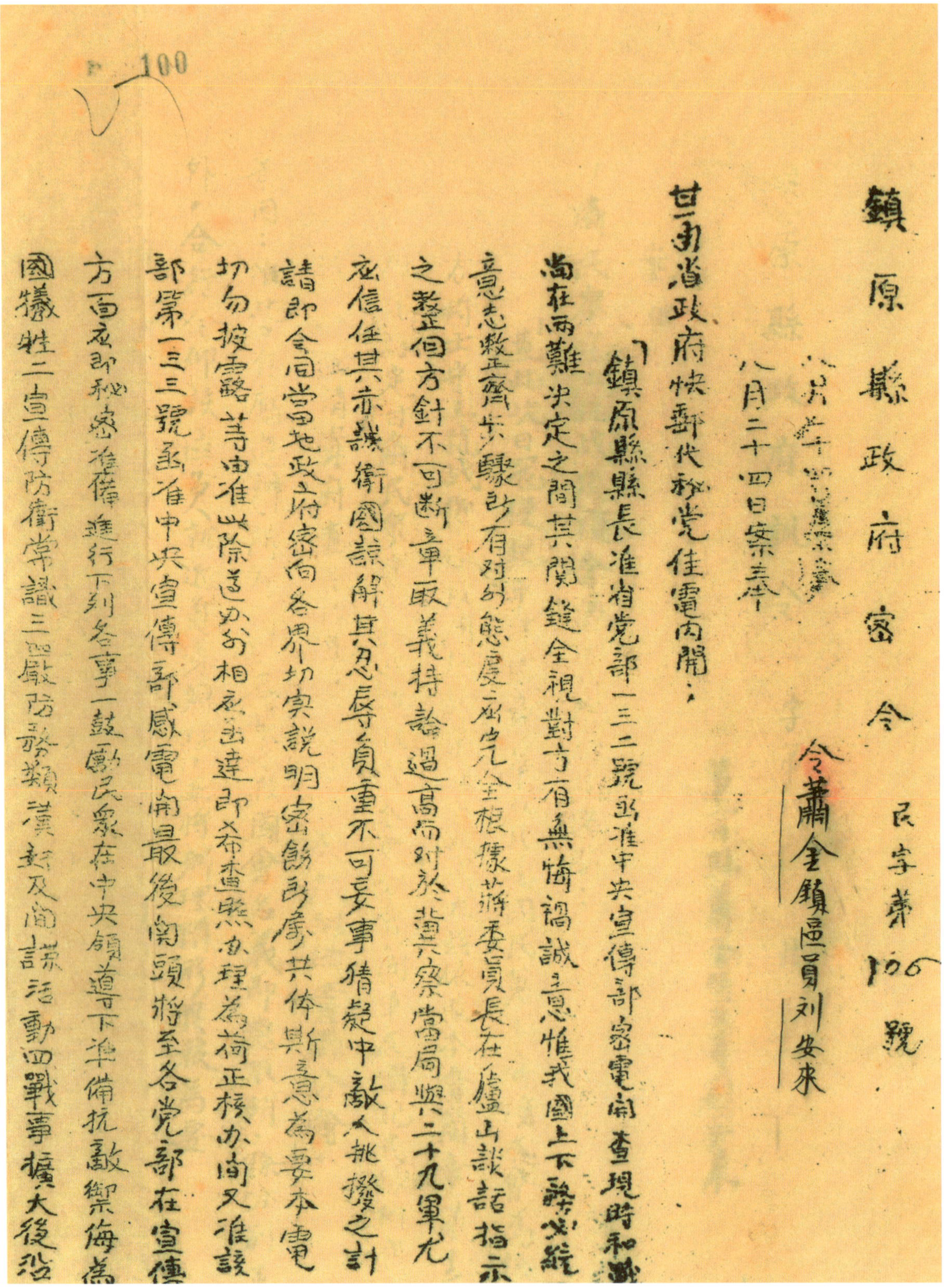
镇原縣政府密令 民字第106號
令肖金鎮區員刘安來
[illegible]
八月二十四日案奉
甘肃省政府快郵代秘電内開：
「鎮原縣縣長准省党部一三二號函准中央宣傳部密電開查現時和戰尚在兩難決定之間其関鍵全視對方有無悔禍誠意惟我國上下務必統一意志救亡禦侮步驟的有对的態度应完全根據蔣委員長在廬山談話指示之整個方針不可断章取義持論過高而对於冀察當局與二十九軍尤应信任其赤誠衛國諒解其忍辱負重不可妄事猜疑中敵人挑撥之計請即會同當地政府密向各界切實說明密飭所屬共体斯意爲要本電切勿披露等由准此除迳分行外相应函達即希查照办理爲荷正核办間又准該部第一三三號函准中央宣傳部感電開最後関頭將至各党部在宣傳方面应即秘密準備進行下列各事一鼓勵民衆在中央領導下準備抗敵禦侮為國犧牲二宣傳防衛常識三四嚴防敵類漢奸及間諜活動四戰事擴大後沿

海及内地重要城市俱有同時被及可能应喚起人民在非常事變時应力持鎮靜並作各種必需用品之徵集再在未戰前或戰事開始後对在華日僑仍应勿加歧視以示大度並应設法使知我國祇对日本軍閥应以激其人民厭戰之心理盼即會商當地方軍政机关妥為办理等由准此除遵办外相应函達即希查照遵照办理為荷各

等由准此除函復並分電外合電遵照代主席賀耀組。

等因奉此除分行外合亟令仰該 區員 遵照並密飭所屬遵照為要。

此令。

閱湖

縣長 鄒介民

中華民国二十六年八月 日

甘肃省政府关于战时拍发电报规定致镇原县政府的代电（一九三七年八月二十八日）

甘肅省政府快郵代電

秘字第864號

事由

鎮原縣縣長覽奉軍委會馬酉高一電開查現在戰時電報擁擠影響通訊關係甚大茲特限制發電辦法如下（一）各軍政機關無時間性之普通文電應一律改用快郵不得拍發電報（二）所有各方情報捷報概由各該高級機關統制以免紛紜錯雜電文應力求簡明其有緊急者須冠以「限」即刻「到」「限」數小時「到」「特急」「急」等字樣俾譯電者得依此為先後但此等字樣必須確與事實相符不得隨意引用致誤要電（三）各部後方辦事處電報應盡量減少尤應

中華民國　年　月　日發

第　頁共　頁

127 122.12

甘肅省政府快郵代電

字第　號
事由

嚴行查禁柏發私人之電以上三項除分電外希查照切
寔飭屬遵照為要等因除分電外合亟電仰遵照辦理省
政府儉秘文印

中華民國二十六年八月　日發

第　頁　共　頁

镇原县公民段乾刚等关于申请经费筹备中秋集会以扩大抗战宣传致镇原县政府的呈（一九三七年九月二十日收）

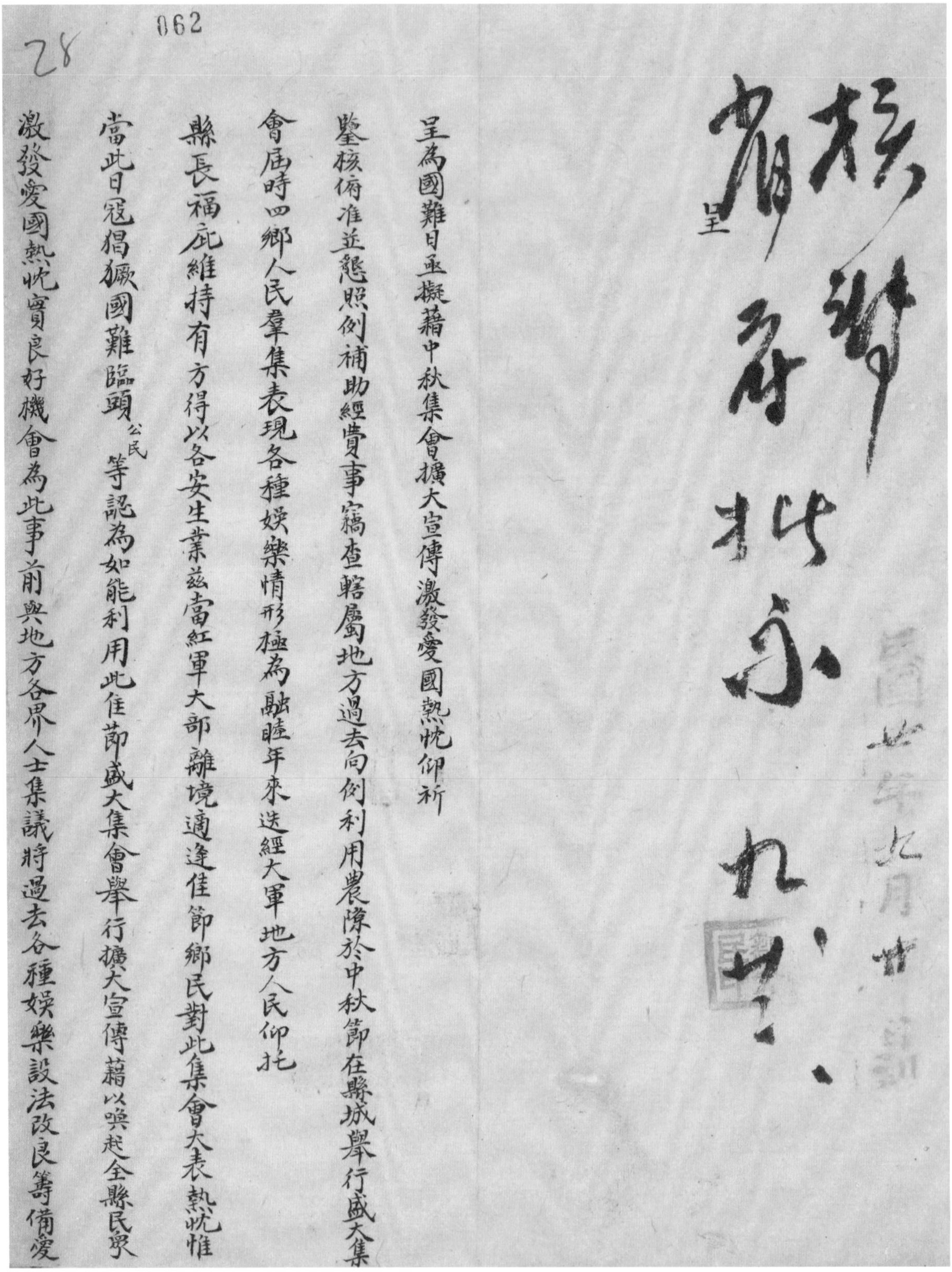
28
062

核辦
呈
留存批示 九廿
民國廿六年九月廿

呈為國難日亟擬藉中秋集會擴大宣傳激發愛國熱忱仰祈
鑒核俯准並懇照例補助經費事竊查轄屬地方過去向例利用農隙於中秋節在縣城舉行盛大集
會屆時四鄉人民羣集表現各種娛樂情形極為融睦年來迭經大軍地方人民仰托
縣長福庇維持有方得以各安生業茲當紅軍大部離境適逢佳節鄉民對此集會大表熱忱惟
當此日寇猖獗國難臨頭公民等認為如能利用此佳節盛大集會舉行擴大宣傳藉以喚起全縣民衆
激發愛國熱忱實良好機會為此事前與地方各界人士集議將過去各種娛樂設法改良籌備愛

29

國新劇以及傳單等事共計需費五百餘元查此項經費向例由地方田畝附捐自經我
縣長命令廢除今年除由公民等自行捐集叁百餘元外尚不敷貳百餘元擬懇
鈞座鑒核俯准照例補助以便擴大宣傳激發人民愛國熱忱實為公德兩便謹呈
鎮原縣縣長鄭

段乾剛 慕俊 祁尚誠 賈秉機 田祖稷 馬騰輝 李世棟 陳宗

張有濟 李濂溪 王璽 張履祥 李鳳鳴 何生隆 劉啟倉

劉安來 劉興國 段世榮 朱昌祿 路維庭 朱昌睿 劉葆玉 張居祺

朱維陽 王繼元 尤成勛 張正乾 張権 任漢宗

中華民國二十六年九月　日

甘肃省第三区行政督察专员公署关于节存财力以备长期抗战致镇原县政府的训令（一九三七年九月二十九日）

52

0022

甘肅第三區行政督察專員公署訓令　專教文申字第219號

廿六　十　九

令鎮原縣政府

案奉

甘肅省政府秘黨申字第八七九號訓令內開：

「案准甘肅省新生活運動促進會本年九月三日推字第六五二號函開：「查民族戰爭，業已開始，時局已到最後關頭，前方將士，浴血抗戰，我後防同胞，均應免除一切無謂應酬，節存財力，以備長期抗戰，方能表現救亡之熱忱，乃查各界人士，奢侈成風，送禮宴會，仍時有所聞，似此惡習，不特與新生活節約章則，大相悖謬，抑且有恬嬉不顧國難之形迹，更無以對為國犧牲之忠勇將士，擬請嗣後除冠婚喪際及交際急需舉行簡單會餐外，其餘一切普

53

通應酧如送礼宴会等亟應一切戒除，以杜奢風，除通告外，相应函請貴府轉飭所屬嚴予取締為荷。」等由，准此，除函復並分行外，合行令仰遵照，飭屬取締為要。此令。」等因，奉此，除分令外，合行令仰遵照，并飭屬一體知照！

此令。

中華民國二十六年九月　　日

專員羅人驥

秘書蔣恩痛代行

镇原县政府关于发送募捐册及收款执据限期捐齐事致肖金镇公所的训令（一九三七年十月十一日）

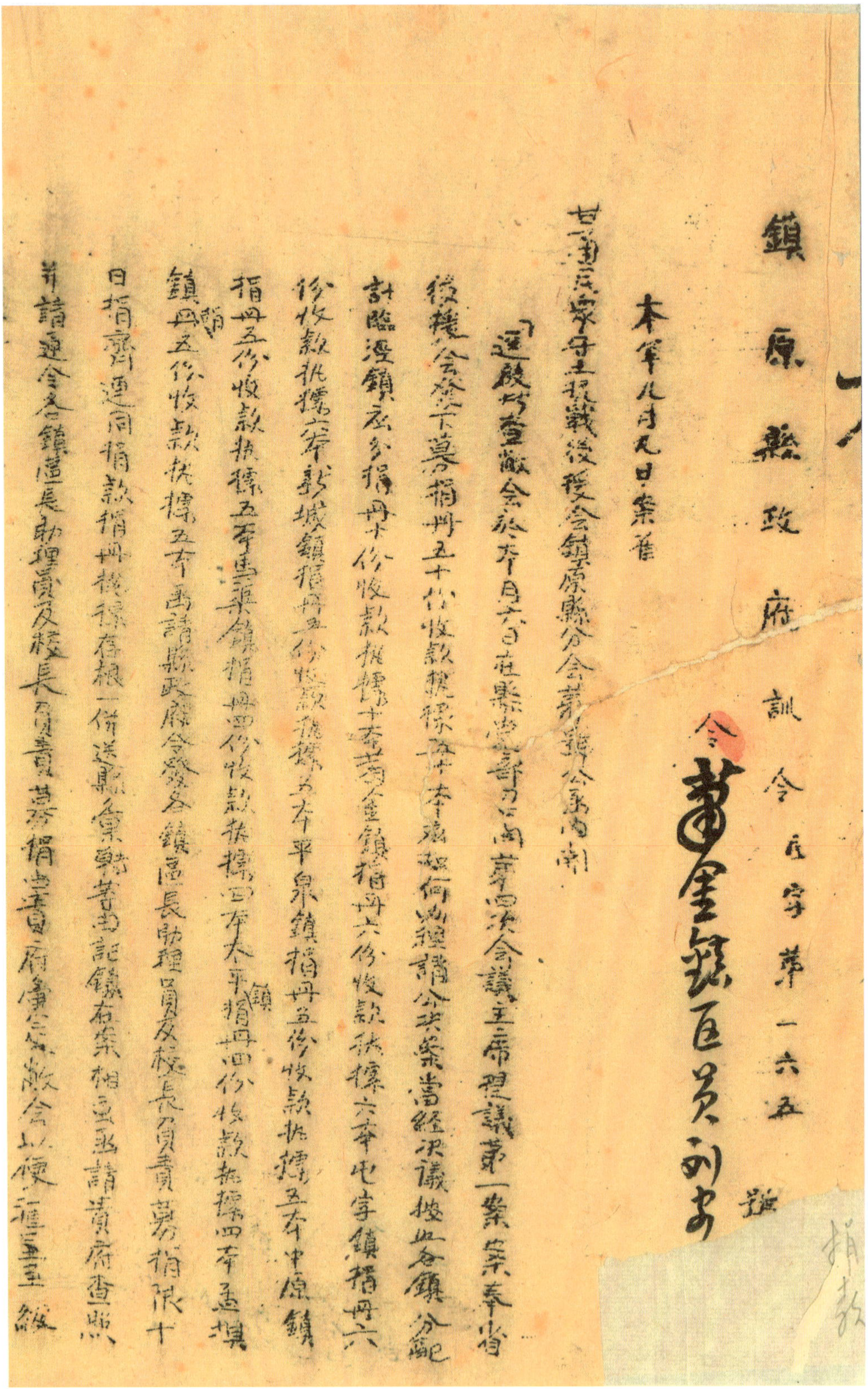

鎮原縣政府訓令 民字第一六五號

令肖金鎮區長

本年九月九日案准

甘肅民眾守土抗戰後援會鎮原縣分會第 號公函內開

「逕啟者查敝會於本月六日在縣党部召開第四次會議主席提議第一案案奉省後援會發下募捐冊五十份收款執據五十本應如何辦理請公决案當經决議按照各鎮分配計臨涇鎮應分捐冊十份收款執據十本肖金鎮捐冊六份收款執據六本屯字鎮捐冊六份收款執據六本新城鎮捐冊五份收款執據五本平泉鎮捐冊五份收款執據五本中原鎮捐冊五份收款執據五本馬渠鎮捐冊四份收款執據四本太平鎮捐冊四份收款執據四本孟壩鎮捐冊五份收款執據五本函請縣政府令發各鎮區長助理員及校長負責募捐限十日捐齊連同捐款捐冊執據存根一併送縣彙繳等由記錄在案相應函請貴府查照，並請通令各鎮區長助理員及校長負責募捐並希函府彙交敝會以便彙轉呈繳公誼，此致。

等由，計頒捐冊五十份，收款執據五十本，準此。除分令外，合亟檢齊原冊及收款執據，令仰

該區長，即便遵照，負責募捐，務于短期內捐齊，連同捐款、捐冊、執據存根一併送

府，以便轉繳，是為至要。

此令。

計發捐冊五份、執據六本

縣長 鄭

第一科科長羅希明代行

民國二十六年十月 日

向各保派收 十月

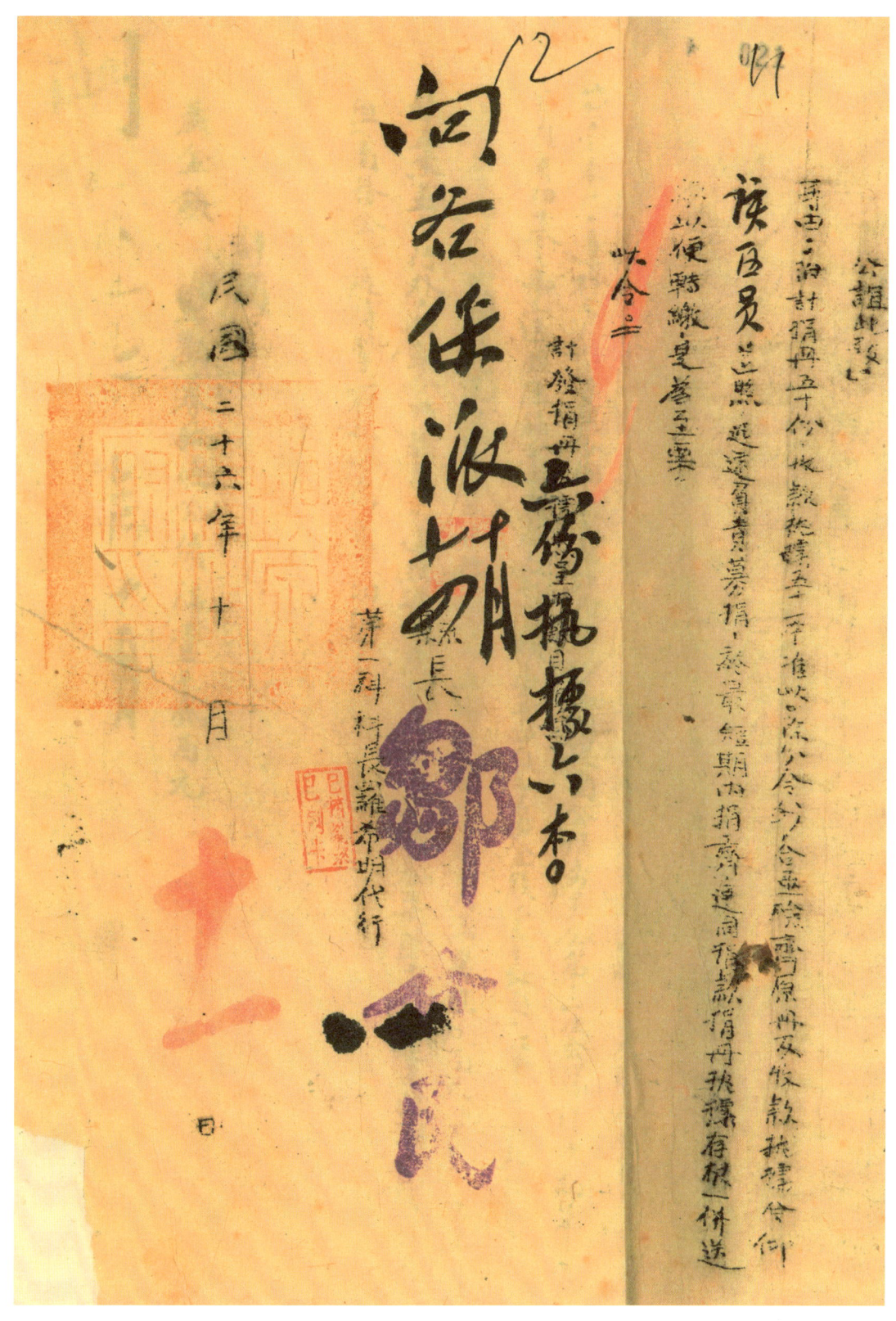

镇原县政府关于非常时期官民应共赴国难并饬属切实奉令行事致肖金镇公所的训令（一九三七年十月二十二日）

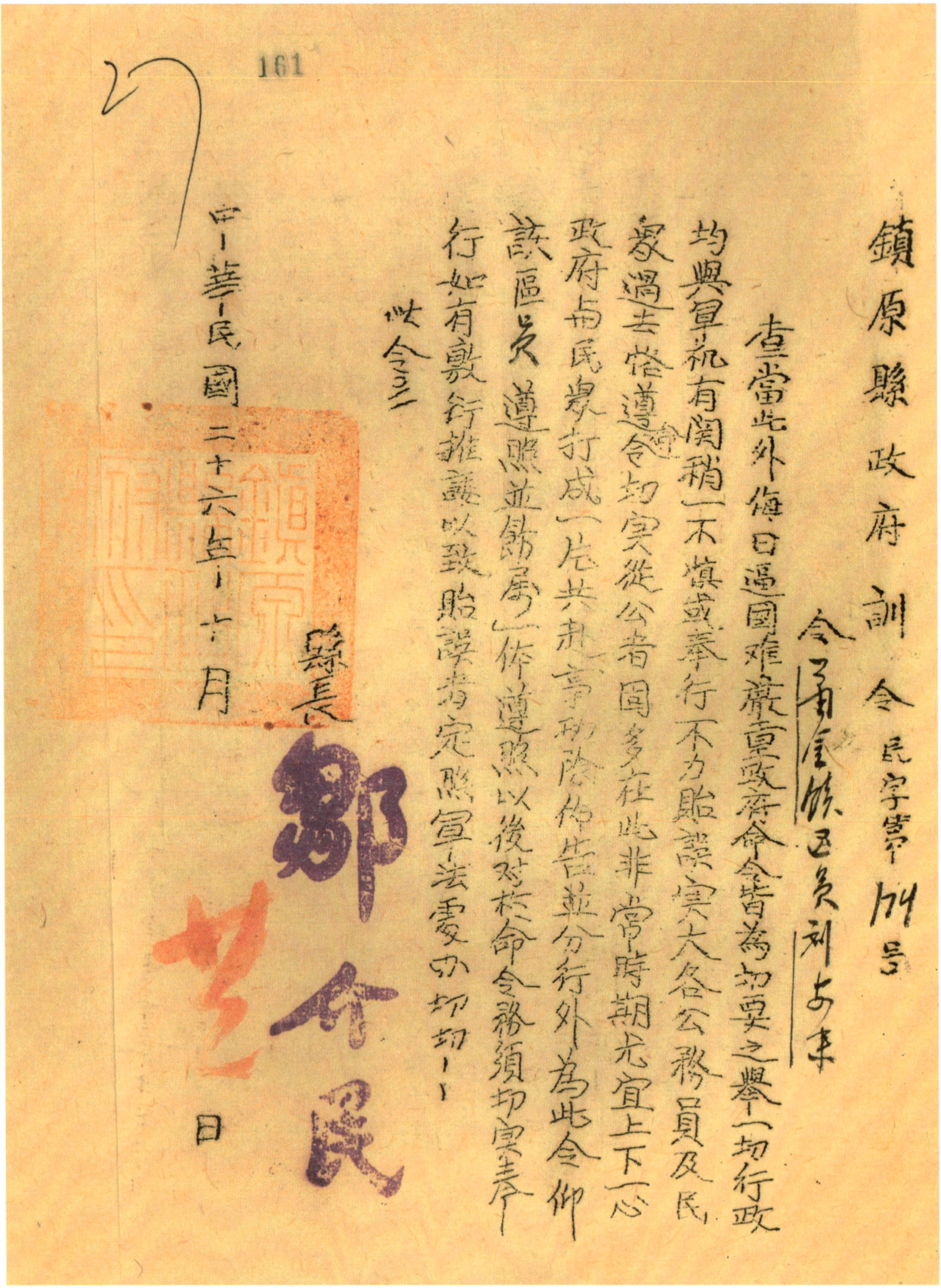
161

鎮原縣政府訓令 民字第卅号

令肖金鎮區員劉安東

查當此外侮日逼國難嚴重政府命令皆為切要之舉一切行政均與軍機有關稍一不慎或奉行不力貽誤實大各公務員及民衆過去常遵令切實從公者固多在此非常時期允宜上下一心政府與民衆打成一片共赴國難除佈告並分行外為此令仰該區員遵照並飭屬一體遵照以後對於命令務須切實奉行如有敷衍推諉以致貽誤者定照軍法處辦切切！！

此令

縣長 鄭令民

中華民國二十六年十月 日

甘肃省政府关于印发酒精汽油混合燃料暂行办法致镇原县政府的密令（一九三七年十一月三日）

甘肅省政府密令　建三戰字第1566號

令鎮原縣政府

建設廳案呈，奉實業部亞字第二一五八七號訓令內開：

「查我國石油製煉工業，尚未發達，所用汽油，全恃國外輸入。當此抗戰期中，關係於軍事及交通，至為重大。亟應設法覓取代替品，以減少汽油用量。前經本部召集有關各部會開會討論，以酒精混合汽油，堪作汽油代替品，亟應從速施行。經擬具酒精汽油混合燃料暫行辦法，呈奉　行政院核准通飭遵行。自應積極辦理，以增進長期抗戰力量。惟國內酒精產量，尚屬無多，不足供給大量混合汽油之用，應由各地主管官署設法提

47

0015

倡，鼓勵商民，設法製造酒精，以供應用。其各地原有之酒精工廠，不問大小均應督其加工製造，擴充產量；已停之工廠，并應促其復工，以增加產量。茲檢發酒精汽油混合燃料暫行辦法一份，暨各省市酒精製造工廠臨時調查表四份，仰即知照，并從速飭令將調查表詳查填報轉部為要"等由。附暫行辦法一份、調查表四份。除分令外，合行抄發原件，令仰該縣知照，并將調查表迅即詳查填報，以憑彙轉為要！

此令。

附抄發原暫行辦法一份　調查表二份

48

中華民國二十六年十一月三日

代主席賀耀組

兼建設廳長賀耀組

甘肃民众守土抗战后援会镇原县分会关于检送民众守土抗战后援会镇支会简章致肖金镇公所的公函（一九三七年十一月五日）

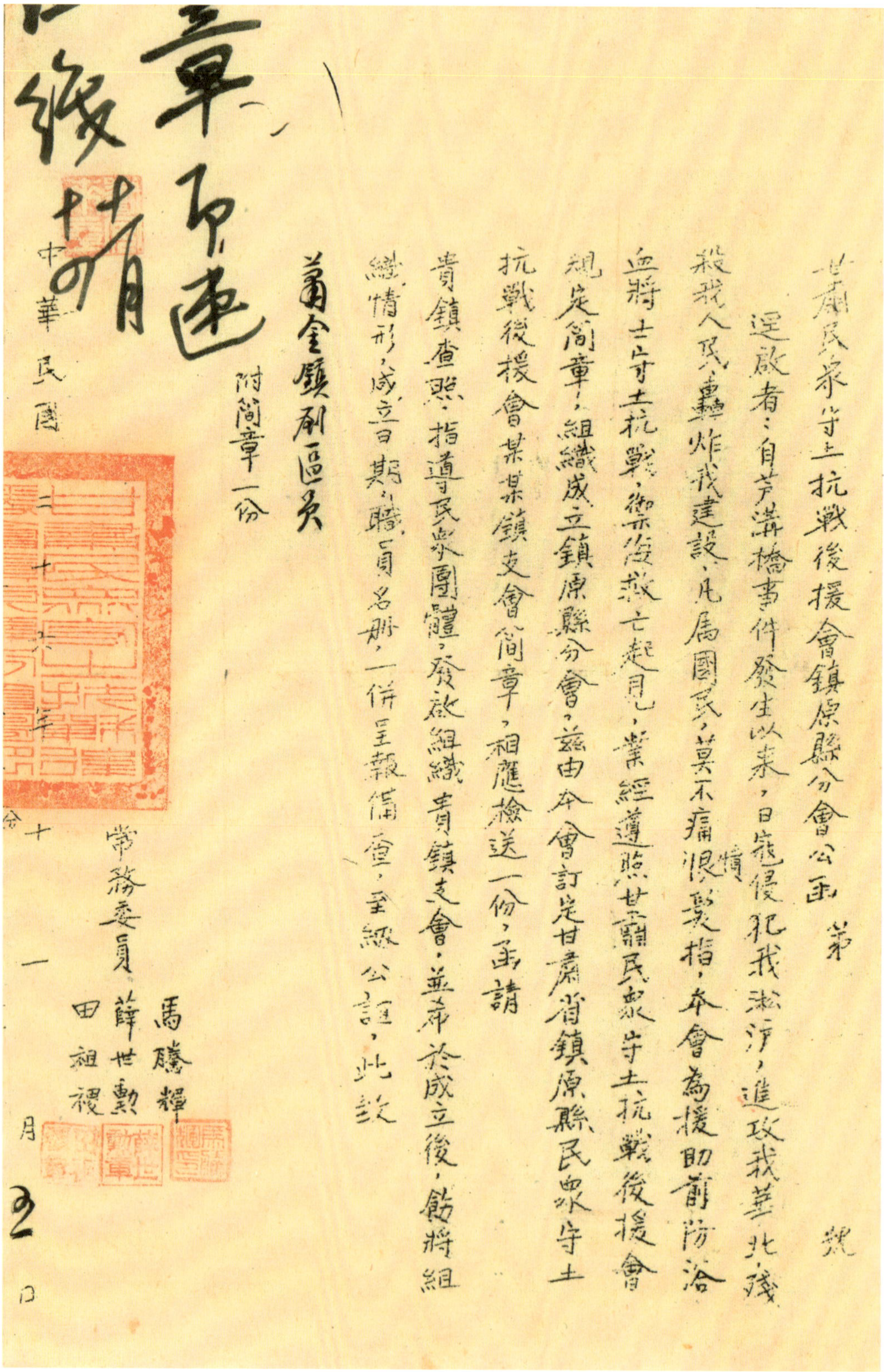
甘肅民眾守土抗戰後援會鎮原縣分會公函　第　號

逕啟者：自蘆溝橋事件發生以來，日寇侵犯我淞滬，進攻我華北，殘殺我人民，轟炸我建設，凡屬國民，莫不痛恨髮指。本會為援助前防浴血將士守土抗戰，衛保救亡起見，業經遵照甘肅民眾守土抗戰後援會規定簡章，組織成立鎮原縣分會，茲由本會訂定甘肅省鎮原縣民眾守土抗戰後援會某某鎮支會簡章，相應檢送一份，函請

貴鎮查照，指導民眾團體，發啟組織貴鎮支會，並希於成立後，飭將組織情形，成立日期，職員名冊，一併呈報備查，至紉公誼，此致

蕭金鎮副區長

附簡章一份

常務委員　馬騰輝　薛世勳　田祖禝

中華民國二十六年十一月五日

甘肅省鎮原縣民眾守土抗戰後援會某某鎮支會簡章

第一條　本會定名為甘肅省鎮原縣民眾守土抗戰後援分會某某鎮支會

第二條　本會以援助前防守土抗戰將士禦侮救國為宗旨

第三條　本會以某某鎮全鎮民眾為基本會員（但漢奸賣國賊除外）

第四條　本會會址設於某某鎮城內某處

第五條　本會設委員會由本鎮各民眾團體推舉代表五人至七人組織之

第六條　委員會公推常務委員三人處理日常事務

第七條　委員會議無定期每月開一次遇必要時由常務委員隨時召開臨時會議

第八條　委員會之下設總務宣傳調查三股每股設幹事一人

第九條　各股職員由委員會就各委員中推舉兼任之均為義務職

第十條　本會一切工作遵照鎮原縣分會之指道進行

第十一條　委員會及各股辦事細則由本會另訂之

第十二條　本簡章如有未盡事宜得呈請鎮原縣分會修正之

第十三條　本簡章自甘肅省鎮原縣民眾守土抗戰後援分會核准之日起施行

甘肃省第三区行政督察专员公署关于严禁商人转运废旧金属等物资致镇原县政府的密令（一九三七年十一月十一日）

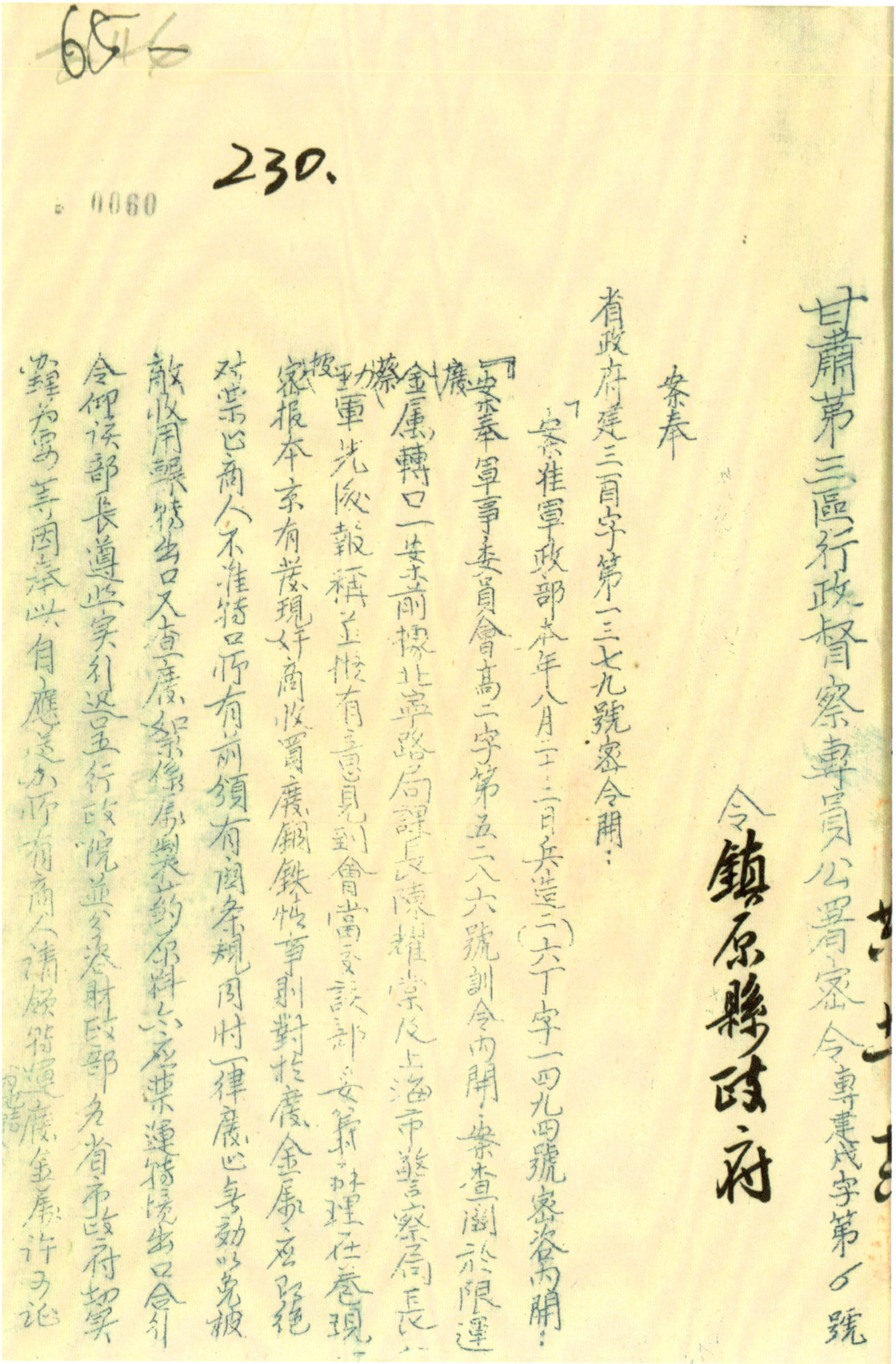
230.

0060

甘肅第三區行政督察專員公署密令 專建戊字第6號

令鎮原縣政府

案奉

省政府建三頁字第一三七九號密令開：

「案准軍政部本年八月二十二日兵造二（二）六丁字一四九四號密咨內開：

『案奉軍事委員會高二字第五二八六號訓令內開：案查關於限運廢金屬轉口一案，前據北寧路局課長陳耀棠及上海市警察局長蔡勁軍先後報稱，並據有意見到會，當交該部妥籌辦理在卷。現據密報本京有發現奸商收買廢銅鐵物事，則對於廢金屬應絕對禁止商人不准轉口，所有前頒有關條規同時一律廢止，[illegible]以免被敵收用。[illegible]出口，又查廢[illegible]原料亦應禁運轉境出口，令行令仰該部長遵照，並呈行政院並分咨財政部、各省市政府切實遵辦為要。等因。奉此，自應遵辦。所有商人請領特運廢金屬許可證

遵，自即日起一律暂行停止发给，并绝对禁止转口至运销，违法刻在拟具
中，候呈准当即遵照施行。奉令前因，除分咨外，相应咨请查照为荷。
等由，准此。自应照办。除分令外，合行令仰该署遵照，并转饬所属
各县政府及各局一体遵照切实办理。此令。
等因。奉此。查现值准备长期抗战之际，凡关于能制衣械弹药品之原料
物资，为护金融，蕃蓄繁之数，自应严禁奸商转运出口，以牟私利，
而损国力。奉令前因，除分令外，合亟令仰该局长即便切实遵照办
理为要。

此令。

中华民国二十六年十一月十一日

专员 罗 [illegible]

科长 萧逸樵 代行

王冠生印

运务二科

甘肃省政府关于印发救护药品免税暂行办法致镇原县政府的训令（一九三七年十一月三十日）

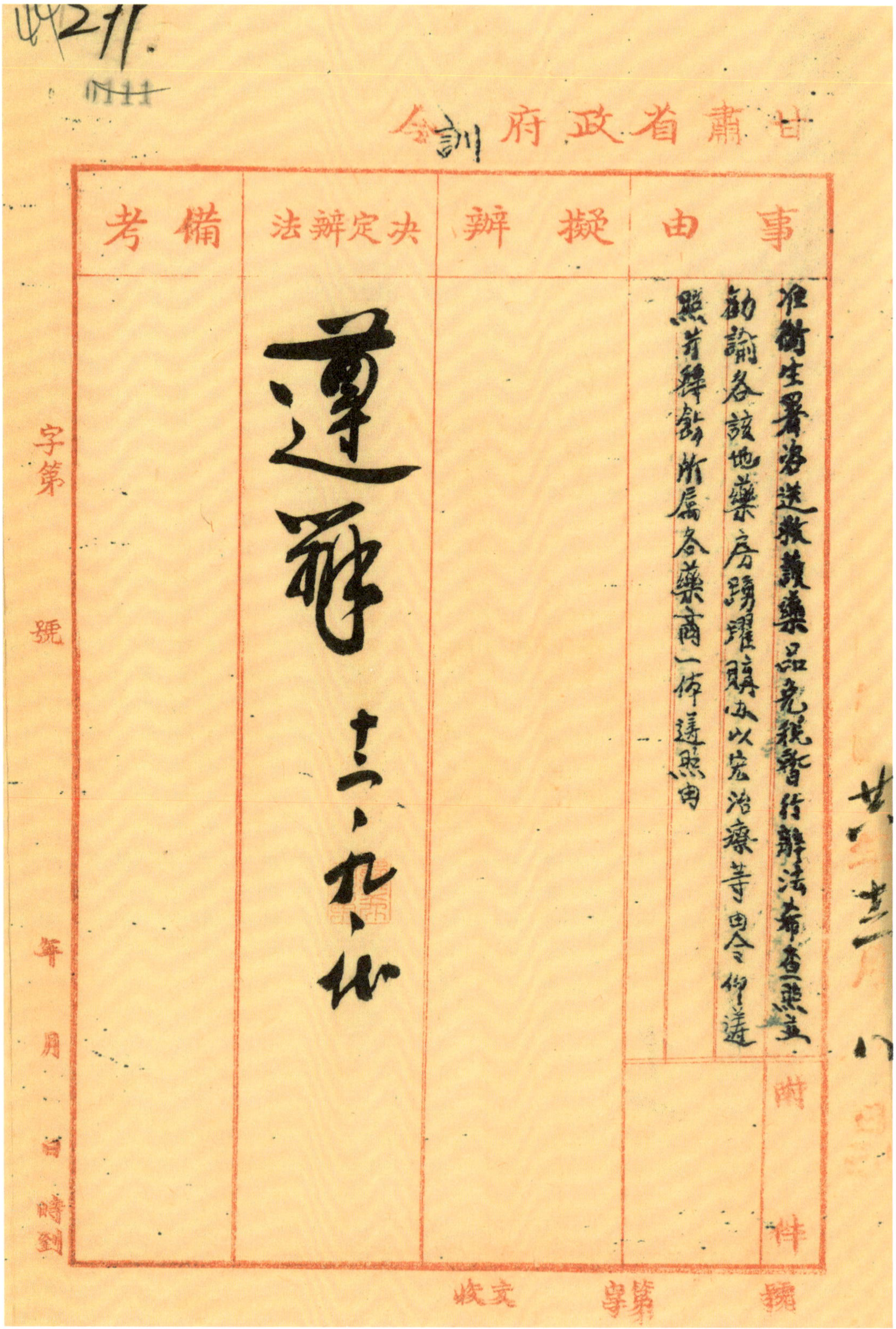
甘肃省政府训令

事由	拟办	决定办法	备考
准卫生署咨送救护药品免税暂行办法希查照并饬谕各该地药房踊跃购办以宏治疗等由令仰遵照并转饬所属各药商一体遵照由		遵办 十二、九	

附件

字第 号 年 月 日 时到

文 收 字第 号

廿六 十二 八

45

甘肅省政府訓令

民三廳字第1733號

令鎮原縣縣政府

案准

衛生署二十六年十月二十六日護字第一〇三二三號咨開：

「查本署前為鼓勵救護藥品源源輸入，以資儲用起見，曾商請財政部將戰時必需之救護藥品予以免稅進口，茲經會同擬定救護藥品免稅暫行辦法，除会呈行政院備案及轉請衛生勤務部詳擬稽核手續，並印製免稅證明書外，相应檢附办法一份，及附表兩份，咨請查照，並飭諭各地藥房隨時踴躍捐輸，以宏治療，至紉公誼。

等由；計附救護藥品免稅暫行辦法一份，附表二份。等由，除分

行外，合亟印發救護藥品免稅暫行辦法一份，及附表二份，令仰

該縣長遵照，並轉飭所屬各藥商一体遵照為要。此令。

計印發救護藥品免稅暫行辦法一份，附表二份。

中華民國二十六年十一月三十日

代主席賀耀組

民政廳廳長施奎齡

監印葛華藻

校對張樹棻

甘肃省政府关于奉发食粮资敌治罪暂行条例及修正危害民国紧急治罪法致镇原县政府的训令

（一九三七年十二月九日）

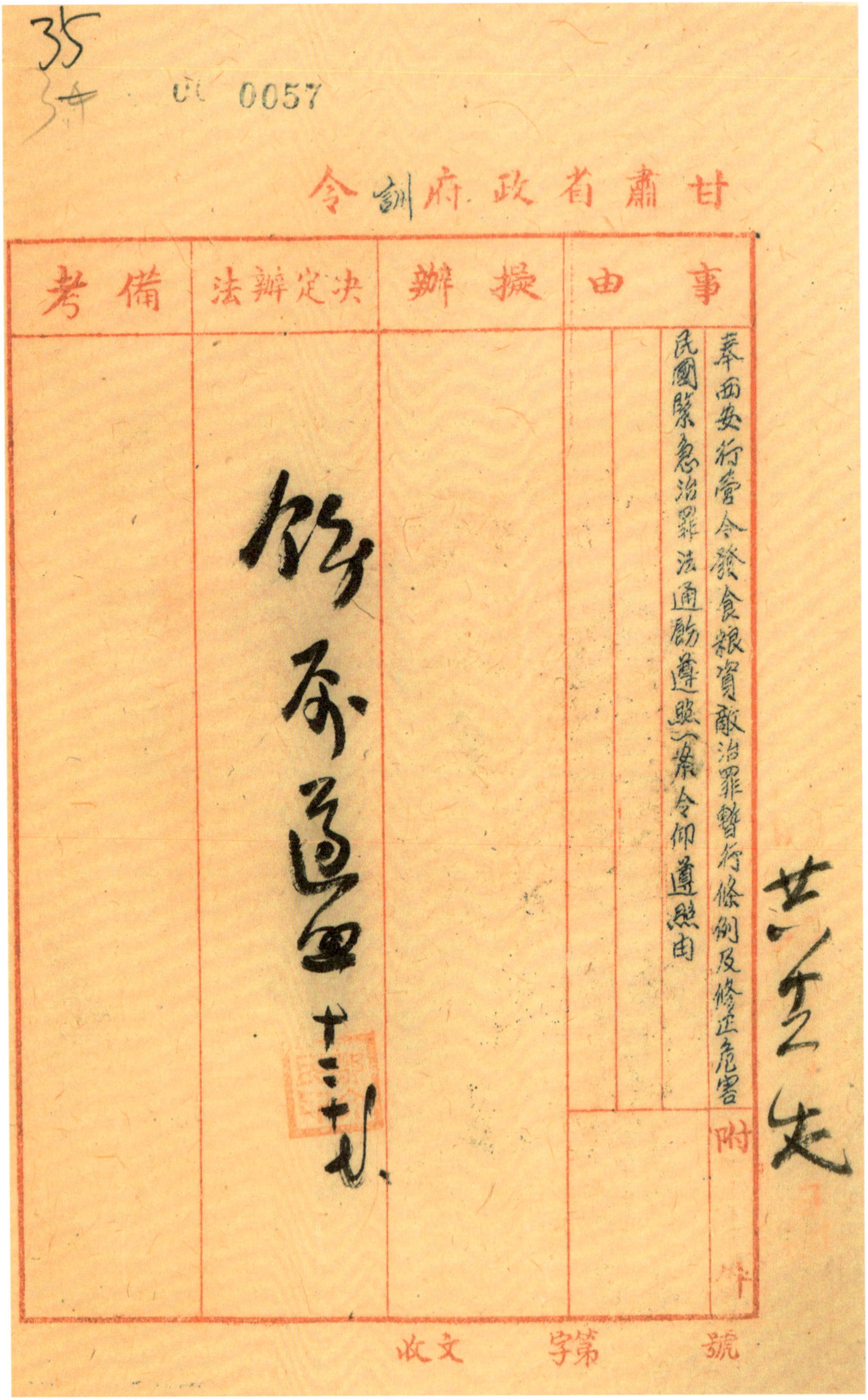

甘肅省政府訓令

秘保字第1352號

令鎮原縣政府

案奉

軍事委員會委員長西安行營本年十二月十二日陝行法字第零零二三號訓令開：

「案奉京本會秘文字第七零號訓令內開：『案奉國民政府廿六年八月廿三日第六二五號訓令開：「為令知事，查食糧資敵治罪暫行條例業經制定明令公布，應即通飭施行，除分行外，合行抄發該條例，令仰知照。此令」等因，並附抄發食糧資敵暫行條例一份，奉此，除分行外合行抄發原附條例，令仰知照，並轉飭所屬一体知照。此令』等因，計抄

發食糧資敵治罪暫行條例一份。又秘文字第七一號訓令內開：「案奉

國民政府六年九月四日第六四六號訓令開：『查危害民國緊急治罪法及危害民國緊急治罪施行條例，前經明令公布施行在案。茲將該法修正公布，並將該施行條例同時以明令廢止，應即通行飭知，除分令外，合行抄發危害民國緊急治罪修正條文，令仰知照，并轉飭所屬一体知照。』此令』等因

奉此，除分令外，合行抄發危害民國緊急治罪修正條文，令仰知照，并轉飭所屬一體知照。此令」等因，計抄發危害民國緊急治罪法一份。奉此，合行抄發食糧資敵治罪暫行條例及危害民國緊急治罪法修正條文一份，令仰知照，并轉飭所屬一體知照。此令。

等因，並發食糧資敵治罪暫行條例及修正危害民國緊急治罪法各

9

00-0062

一份。奉此，查修正危害民國緊急治罪法前奉 行政院本年九月八日第零五二三四號令發到府，當以勅保字第九七五號令發在案，茲奉前因，除將修正危害民國緊急治罪法飭府存查並分行各專署外，合亟抄發食糧資敵治罪暫行條例，令仰該縣政府遵照並飭屬一体遵照。

此令。

計抄發食糧資敵治罪暫行條例一份。

中華民國廿六年十二月九日

代主席賀耀組

民政廳長[illegible]華代行

甘肃省政府关于遵照规定使用印电纸致镇原县政府的训令（一九三七年十二月十四日）

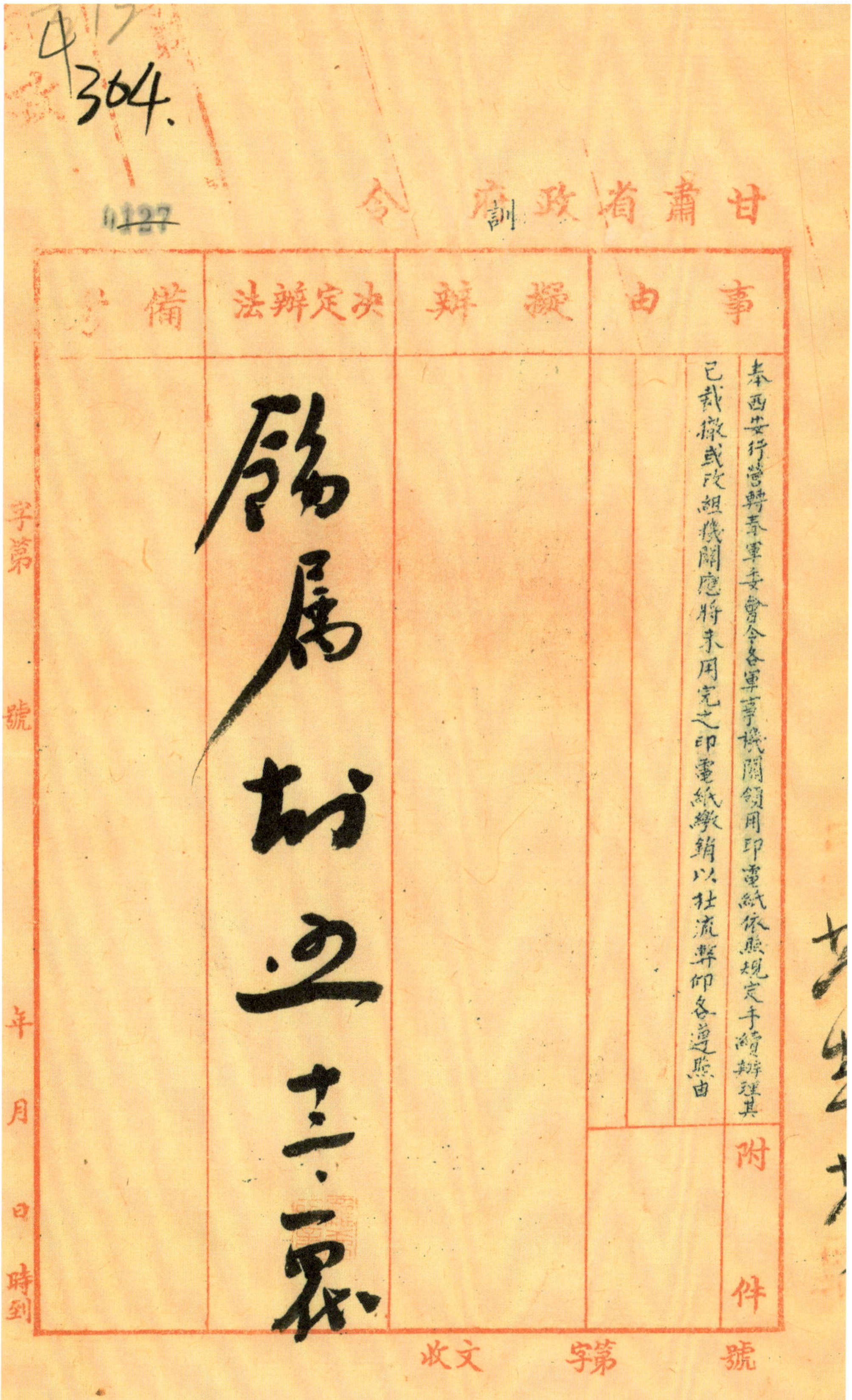
甘肅省政府訓令

事由	擬辦	決定辦法	備考
奉西安行營轉奉軍委會令各軍事機關領用印電紙依照規定手續辦理其已裁撤或改組機關應將未用完之印電紙繳銷以杜流弊仰各遵照由		飭屬切遵	

附件

字第　號　年　月　日　時到

收文　字第　號

5

甘肅省政府訓令

秘報字第504號

令鎮原縣政府

案奉

委員長西安行營公電字第三二號訓令轉奉　軍委會令開：

「為令遵事本會秘書廳案呈交通部俞部長飛鵬冬代電內稱：『查前據湖南電政管理局呈報九月十七日軍政部船舶管理所駐滬管理員鄭玉清持用委員長宜昌行轅印電紙拍發南京漢口密電各一件要求官費收發准印電紙上并未加蓋最高長官名章核與規定不合未允照發幾經交涉始暫照全價官電拍發是否有當當乞核示等情當以所用印電紙不合規定飭將原印電紙檢呈核辦去後頃據呈送前來查修正官

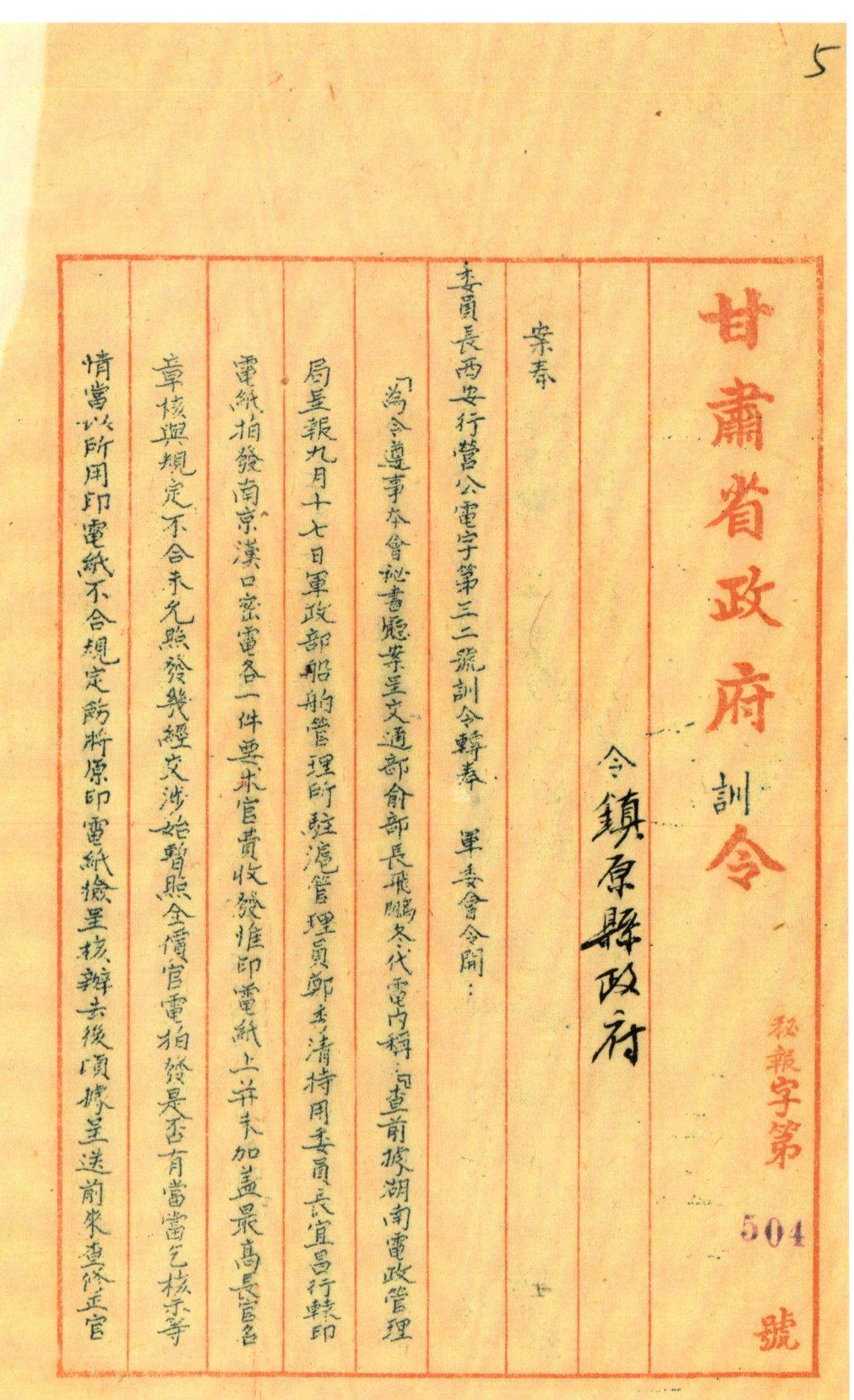

3056

~~0128~~

軍電報收費及限制辦法第五條規定第一條各機關將印電紙發交所派委員代表或職員携往他處因公發電者均須由主管機關長官預先於所發印電紙上署名或蓋章并由發電人於發電時書明職務姓名加蓋圖章此種規定原為官軍電報關係行政公務甚鉅若不慎重辦理貽害至大茲軍政部船舶管理所駐滬管理員鄭秀清所用委員長宜昌行轅印電紙既未加蓋最高長官名章又未註明發電人職務姓名且宜昌行轅似已改組併入委員長廣州行營其印電紙當不適用為慎重起見擬請轉呈通飭各軍事機關部隊嗣後出差人員領用印電紙因公發電務必照章由主管長官署名或蓋章並由發報人書明職務姓名加蓋圖章又已經裁撤或改組之機關如有印電紙未曾用完者并請設法通飭繳銷以杜流弊等情應准照辦除分令外合行令仰遵照并轉飭所屬一體遵照為要！

7

等因自應遵辦除分令外合行令仰遵照爲要此令

中華民國二十六年十二月 日

代主席賀耀組

監印高華藻

甘肃省政府关于征募兵员应由各县长随时下乡劝导宣传致镇原县政府的训令（一九三七年十二月二十四日）

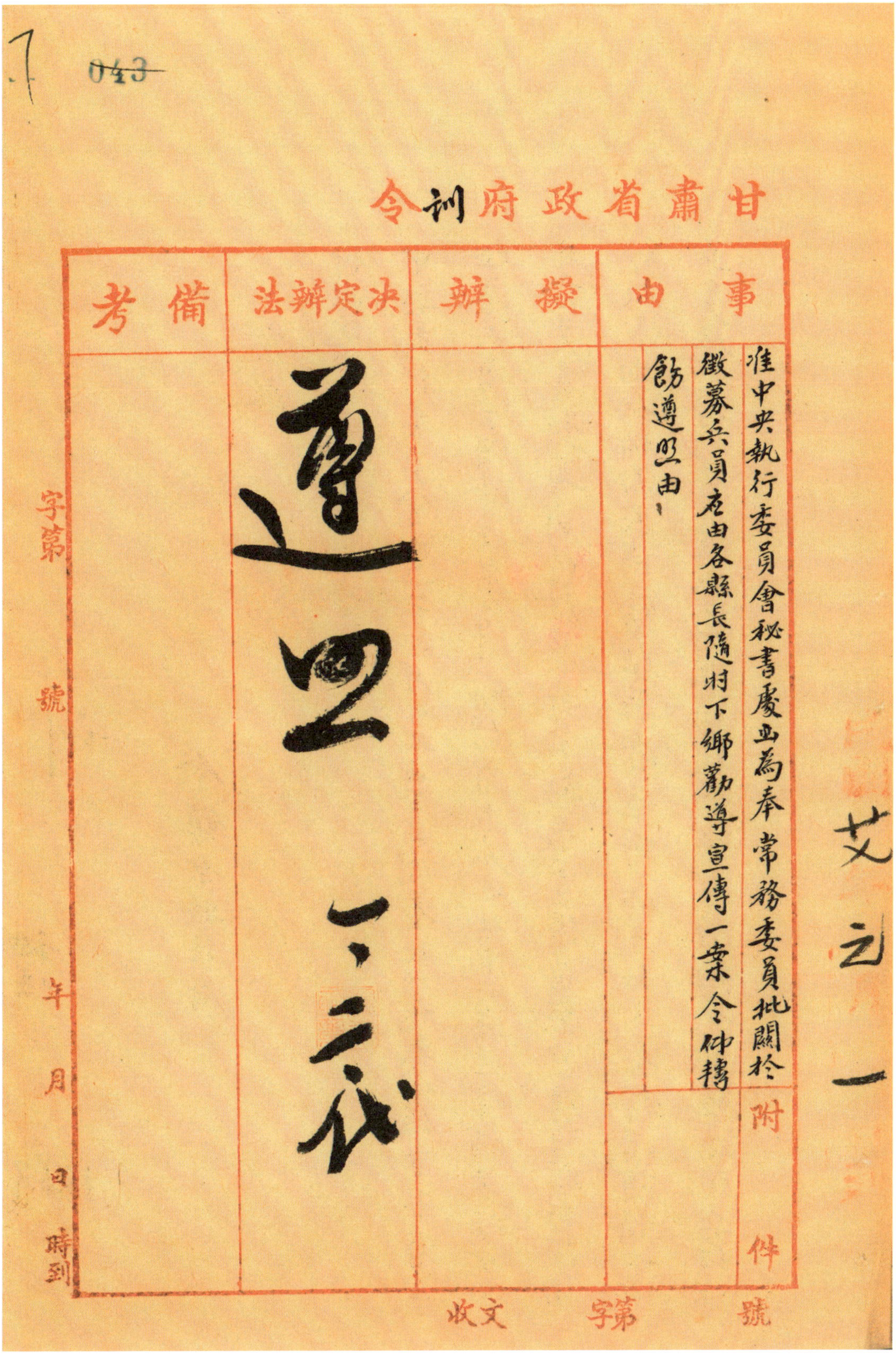
043

甘肅省政府訓令

事由	擬辦	決定辦法	備考
准中央執行委員會秘書處函為奉常務委員批關於徵募兵員應由各縣長隨時下鄉勸導宣傳一案令仰轉飭遵照由		遵照 一二、廿八	

附件

收文　字第　號

字第　號　年　月　日　時到

艾之一

8

甘肅省政府訓令

秘佳字第1363號

令鎮原縣政府

案奉

行政院六二八號訓令開：案准

中央執行委員會廿六年十月十七日公函開：查此次抗戰關係重要，所有征募兵員至須普及宣傳，以期踴躍參加。近據中央派往津浦、平漢、皖南各工作人員報告，關於征募兵員勸導宣傳雖努力進行，但仍須由行政當局相輔而成，請飭征兵區所屬各鄉鄉長務須隨時下鄉並多發文告，以資鼓舞而收實效等語。查所稱各節確屬扼要，經陳

奉常務委員批照办在案相应函請查照办理見復等由准此除分令

外合行令仰轉飭遵照此令等因奉此除分令外合行令仰該科長

遵照办理此令

10

中華民國二十六年十二月二十四日

代主席賀耀組

民政廳長羅貴華代行

校對 羅文相

繕 張雲

镇原县政府印制《中华民国国民对于抗倭自卫战之誓约》（一九三七年）

中華民國國民对於抗倭自衛战之誓約

一、我們誓以至誠貢獻個人所有一切精神一切物質的力量並於次神聖抗倭战爭共同服從最高領袖的命令敬謹受率步战整齊的前進抗战到底如有違背此旨甘受国家最嚴厲之處分

二、在抗倭期內有破坏整個民族抗倭統一战線者我們即視為汗奸誓不与之共存

三、在抗倭期內有力而不出力有錢而不出錢者我們即不承認其為中華国民誓与国人共棄之

四、在抗战期內凡中華民國之軍隊不參加作战与參加而不努力奮鬥者我們即不承認其為中華民国之軍隊誓与国人共棄之

甘肃省政府关于抗战时期紧缩经费致镇原县政府的训令（一九三八年一月九日）

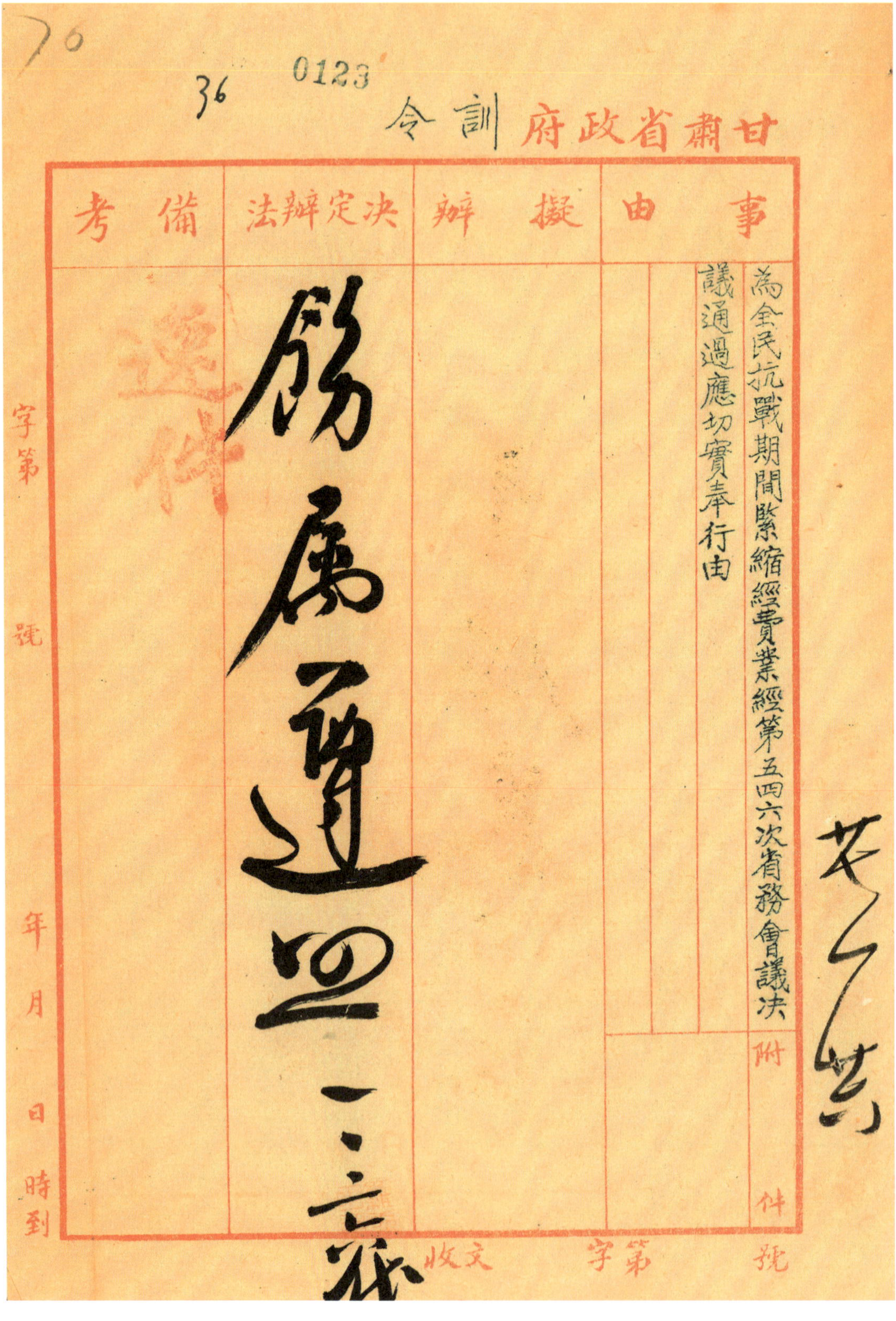
70
36
0123
甘肃省政府训令
事由：為全民抗戰期間緊縮經費業經第五四六次省務會議決議通過應切實奉行由
附件
擬辦
決定辦法：飭屬遵照
備考
字第　號
年　月　日　時到
收文　字第　號

甘肅省政府訓令

財一預字第 26 號

令　縣府

查本省財政，向係入不敷出，現值全民抗戰期間，收入既形銳減，支出復感浩繁，若不厲行緊縮，殊難以資挹注，增强抗戰之力量，在此非常時期，所有各機關經費，減折發給，業經本府第五四六次省務會議決議通過，並經令飭遵照在案，須知長期抗戰，以苦幹為第一要義，一髮千鈞，非緊縮無以應付艱局，能節一分財力，即為國家保存一分元氣，務各仰体斯旨，切實奉行，不得率請增加，除分行外，合亟令仰該府遵照，並轉飭所屬一體遵照。此令。

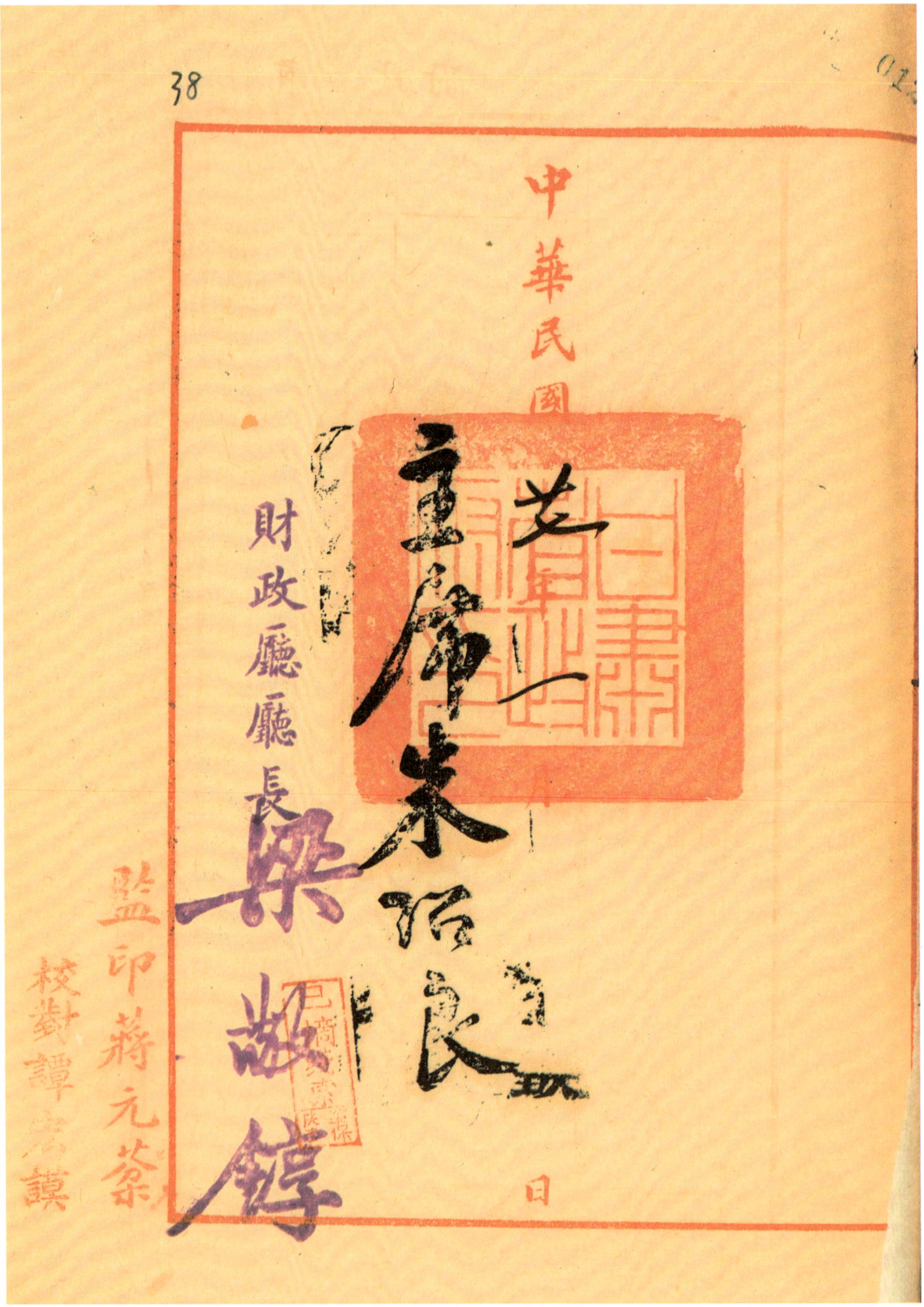

中華民國　　年　　月　　日

主席　朱紹良

財政廳廳長　梁敦錞

監印　蔣元棻

校對　譚[illegible]謨

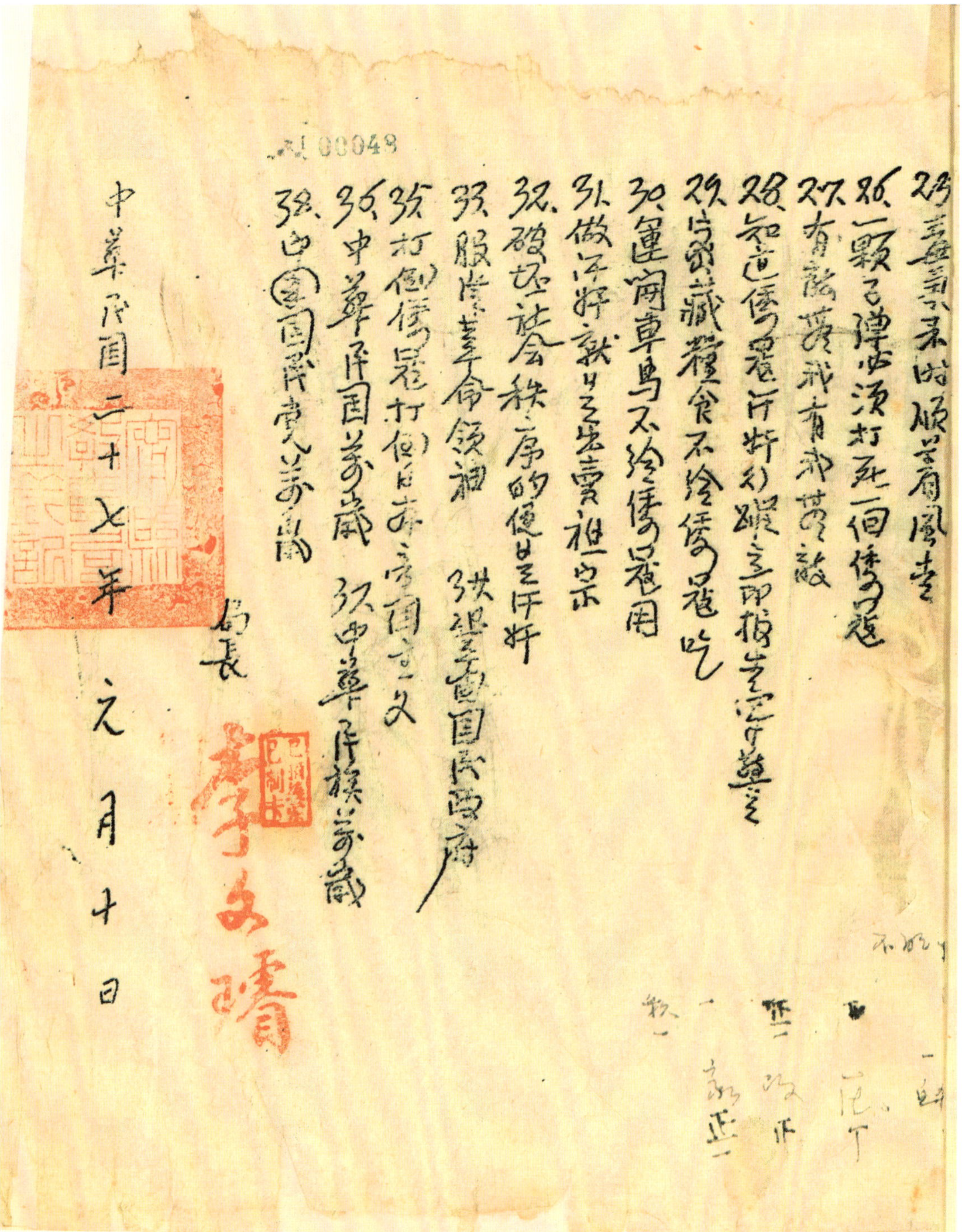

25、三年栽木时候方有风吹
26、一颗子弹必须打死一个倭寇
27、有钱出钱有力出力
28、知道倭寇汉奸的踪迹立即报告官厅
29、宁可藏粮食不给倭寇吃
30、宁将草马不给倭寇用
31、做汉奸就是出卖祖宗
32、破坏社会秩序的便是汉奸
33、服从革命领袖 34、拥护国民政府
35、打倒倭寇打倒日本帝国主义
36、中华民国万岁 37、中华民族万岁
38、中国国民党万岁

局长 李文璿

中华民国二十七年元月十日

镇原县教育局关于宣传抗战英雄事迹致屯子太阳学校的训令（一九三八年一月三十日）

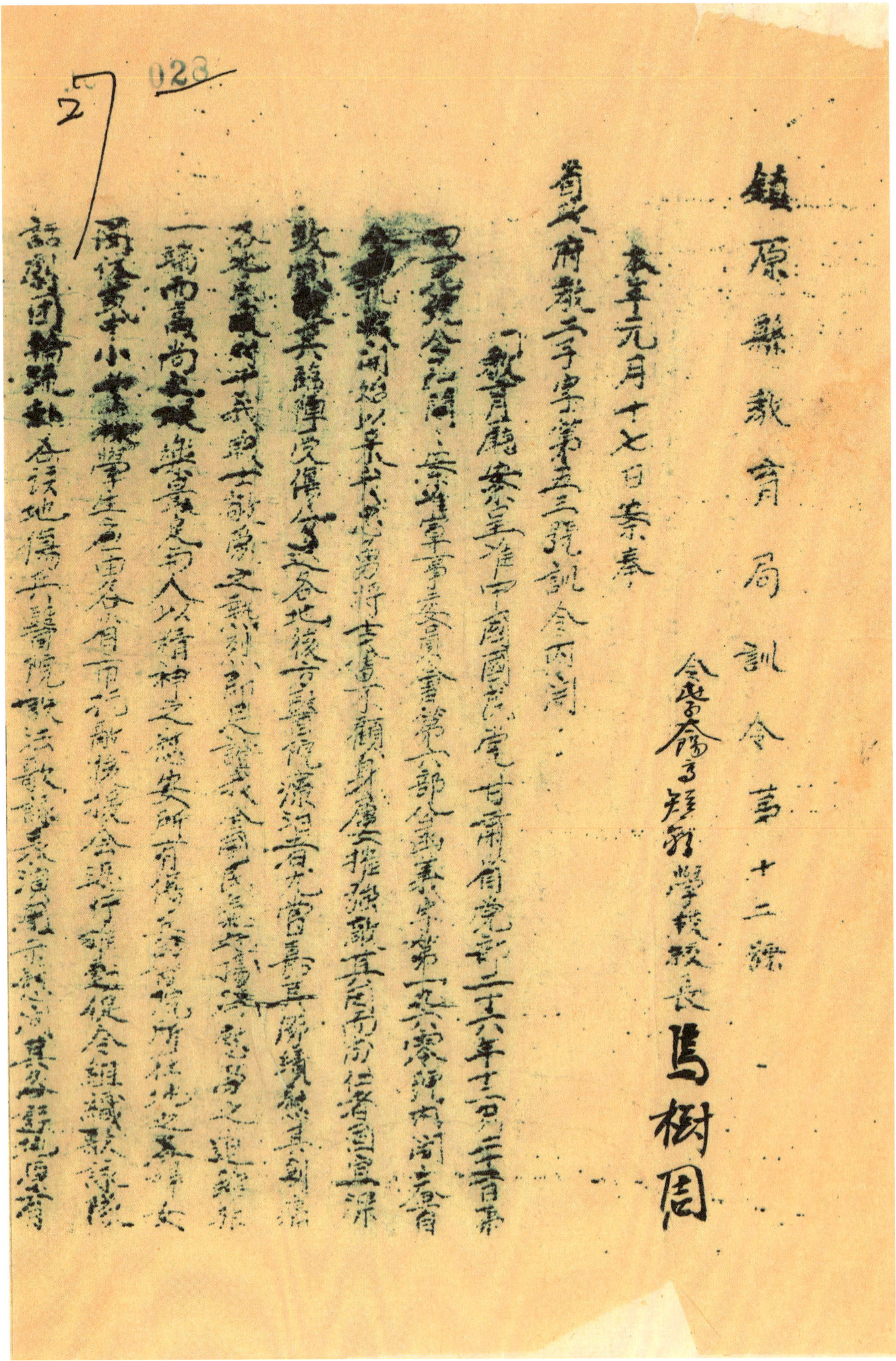

鎮原縣教育局訓令第十二號

令屯字太陽學校校長馬樹周

本年元月十七日案奉

省政府教二字第五三號訓令內開：

"教育廳案呈准中國國民黨甘肅省黨部二十六年十二月二十[illegible]日[illegible]

[illegible]會公開，案准中央執行委員會第六部公函宣字第一九六零號內開：查自

抗戰開始以來，我忠勇將士奮不顧身，壯烈犧牲，其可歌可泣者頗足深

致哀。其殉難事蹟除令行各地後方醫院詳細查報，以備表揚外，對於[illegible]

各地民眾對於我戰士殺敵之熱烈[illegible]，均不免隔膜，[illegible]之提倡

一端，而義尚安，樂業之人以精神之慰安，所有[illegible]所在地之各小中女

兩級中小學學生及各[illegible]組織歌詠隊

話劇團，輪流赴各該地傷兵醫院，[illegible]歌詠表演，宣示慰勞，[illegible]

、音樂戲劇等藝術團體之組織亦須經當地黨部許可後始准表演，俾收宣傳之效果，並歌詠劇本等亦應由當地黨部先予審查登記核准，然後分別函令外，相應函請查照，迅予辦理見復為荷。此致。等由，准此。除令各縣黨部轉飭各藝術團體遵辦外，相應函請查照，轉飭所屬各中小學校遵照辦理為荷。等由，准此。除分行外，合行令仰該局轉飭所屬各校遵照。此令。」

等因，奉此。除分行外，合行令仰該校遵照辦理為要。

此令

局長 張瀛洲

中華民國二十七年九月卅日

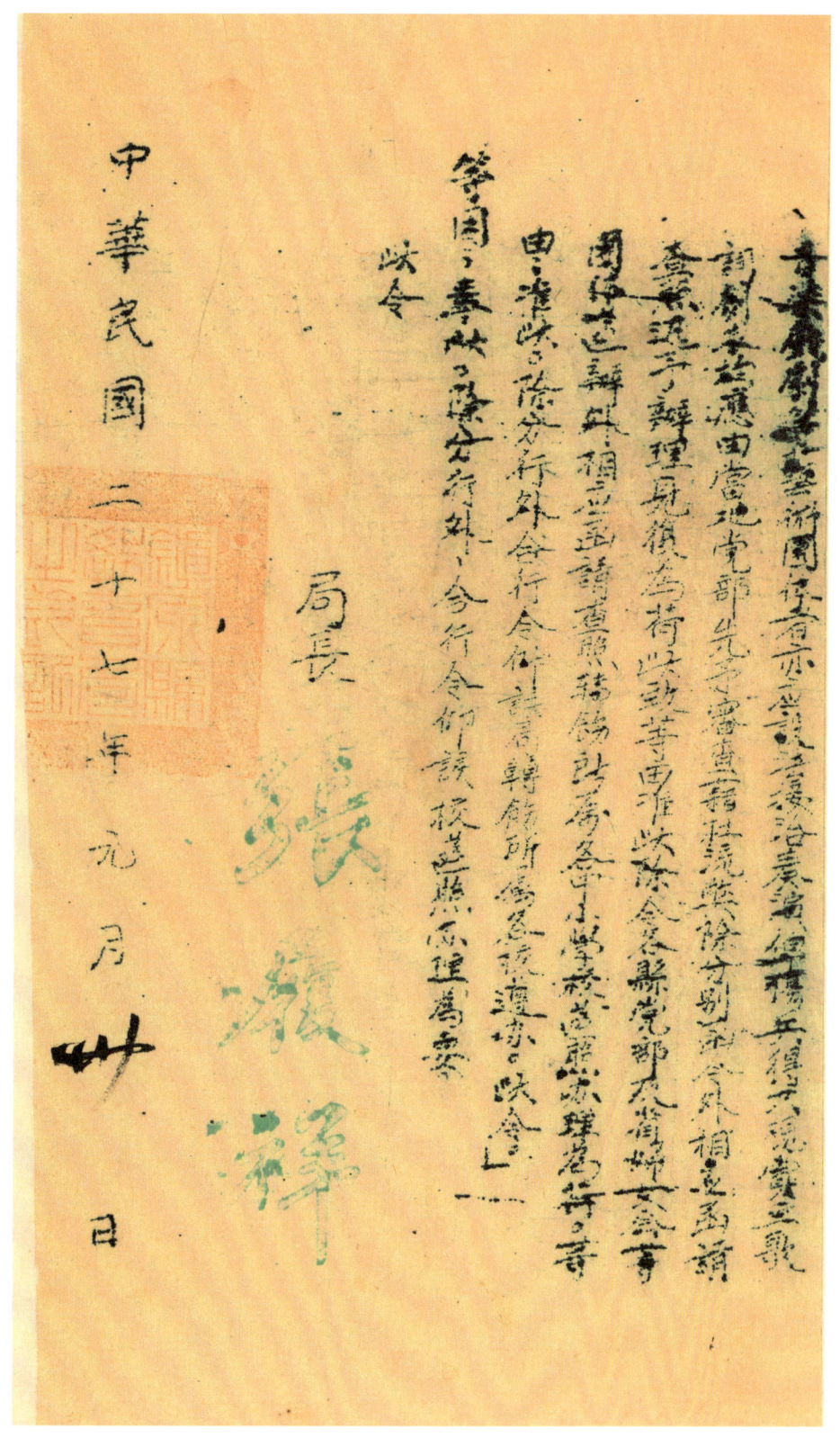

甘肃省政府关于通报日本国内三项事宜致镇原县政府的代电（一九三八年三月九日）

069

甘肅省政府快郵代電

保字第500號

事由

鎮原縣縣長項承第八戰區司令部參字第二六七號代電開准陳部長東沿機電據報（一）日議會因國會總動員法案及對華四十八億戰費暗潮甚烈廿六日近衛稱病未出席賀屋財長前因汽車互撞微傷二十八日之會是否出席亦未可知（二）廿七日的日本播音謂近有一部份愛國志士主開國民大會將日本真義維持東亞和平發揚東洋文化昭示世界現向政府請求并與各方商洽中云云民意原應在議會表現（裏現）今欲另開國民大會自

214 070

肅省政府快郵代電

非正常狀態大約此為合法急進派的計劃(三)三月陸軍定期調動緩急兩派的衝突日趨尖銳化名單已內定三月一日公佈上列三事形成日本嚴重情勢三月中旬以前空氣最緊張等語特奉達並請轉諭官兵宣示敵人危機俾振我方士氣等因希即轉知所屬為要朱紹良佳保

二

中華民國二十七年三月　日發

二、廿七

甘肃省政府关于转知战时军队撤退时各级长官擅自离队惩治办法致镇原县政府的密令（一九三八年三月三十日）

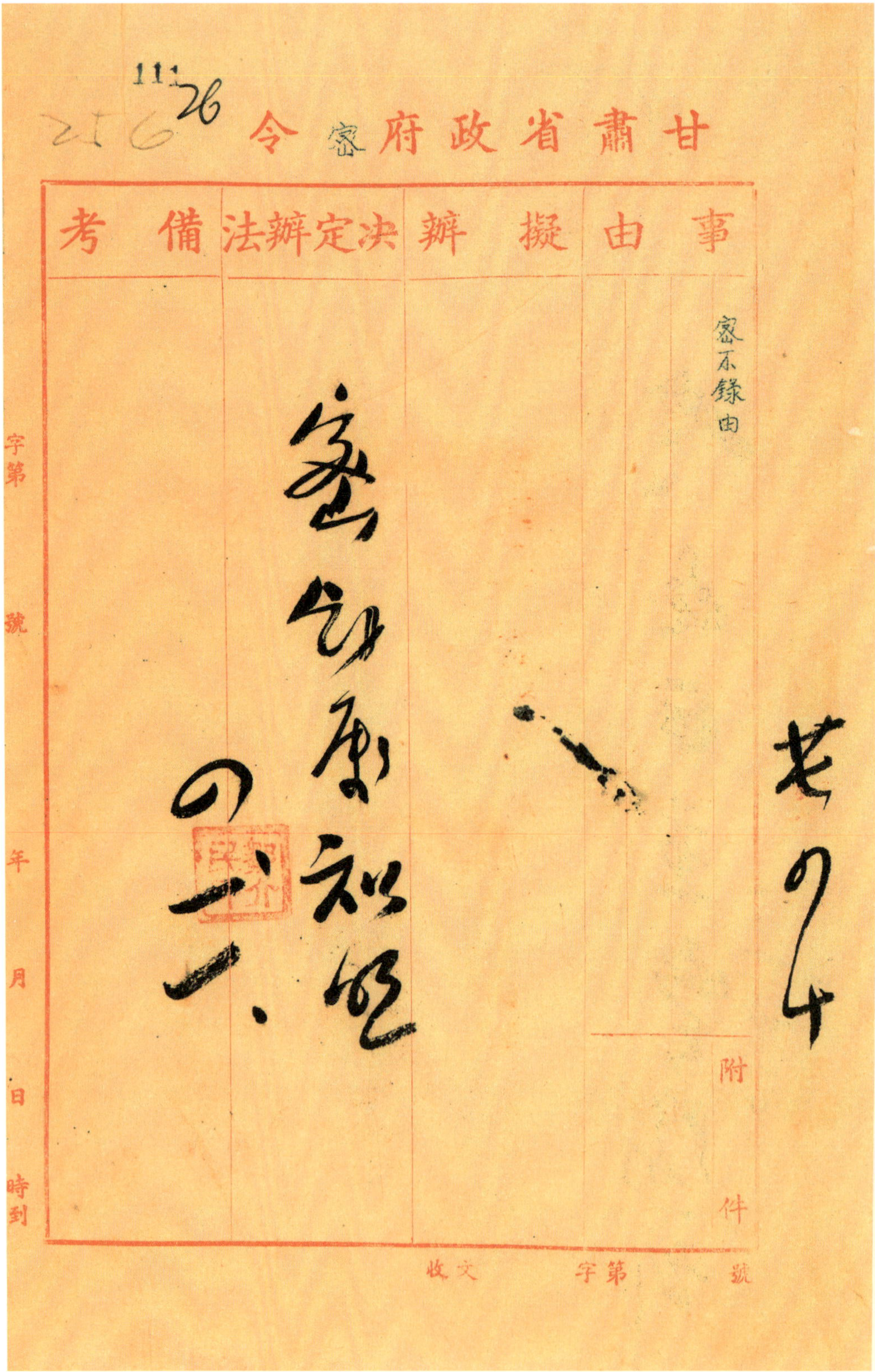

27

甘肅省政府密令　堡字第874號

令鐵原縣政府

案奉

軍事委員會本年二月二十三日法審鄂字第二一三號密令開：

「案據第二戰區司令長官閻錫山敬申法電稱：『查軍隊撤退時，各級長官往往離開隊伍，以致紀律混乱，影響抗战，殊非淺鮮，兹擬定懲治辦法如下：(1)退却時團長以下官長，應確實掌握部下，如有擅自離開隊伍者處死刑，但為部署上之需要，或奉令負有其他任務已指派代理者，不在此限。(乙)師旅長在退却時，應於適當地点監督所

部行動，不得過早遠離隊伍，違者按其情節輕重處死刑或徒刑。(3)
軍長以上各司令官，在退卻時應有適當之部署，如過早遠離，以致隊伍
不能統御者，應受相當之懲處。以上三条理合電請鈞座鑒核俯察，
俾便通令施行。」等情，據此。查所擬各節，尚屬可行，除電復照准並
分令外，合亟令仰遵照，轉飭所屬一体知照。」
等因，奉此。除分行外，合亟令仰該縣長轉飭所屬一体知照。此令。

29

中華民國二十七年三月三十日

主席朱紹良

監印 [illegible]九榮

校對 張雲程 羅文湘

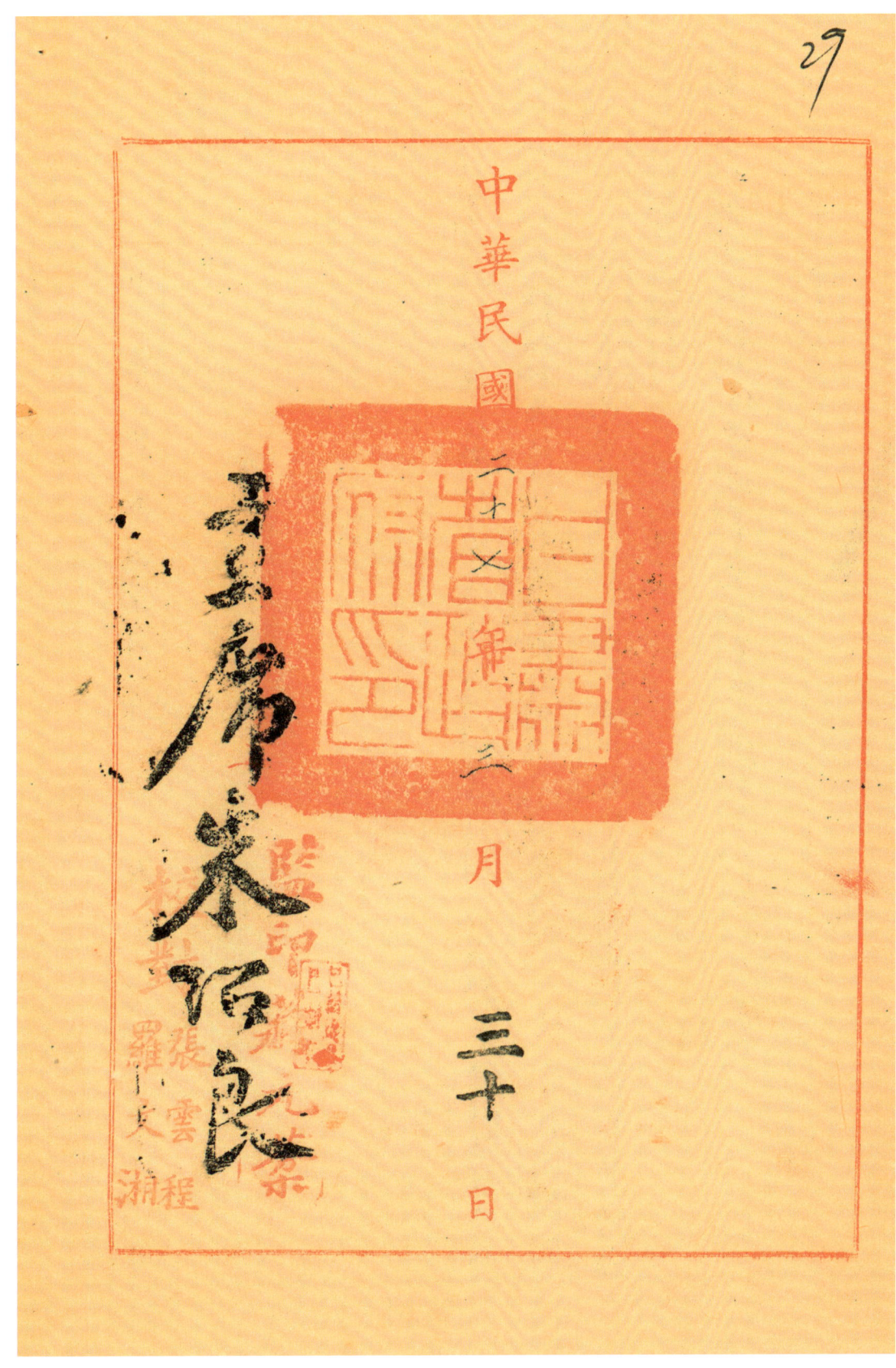

镇原县第二区署关于补助肖金镇小学救亡剧团经费事宜致镇原县政府的呈（一九三八年四月八日）

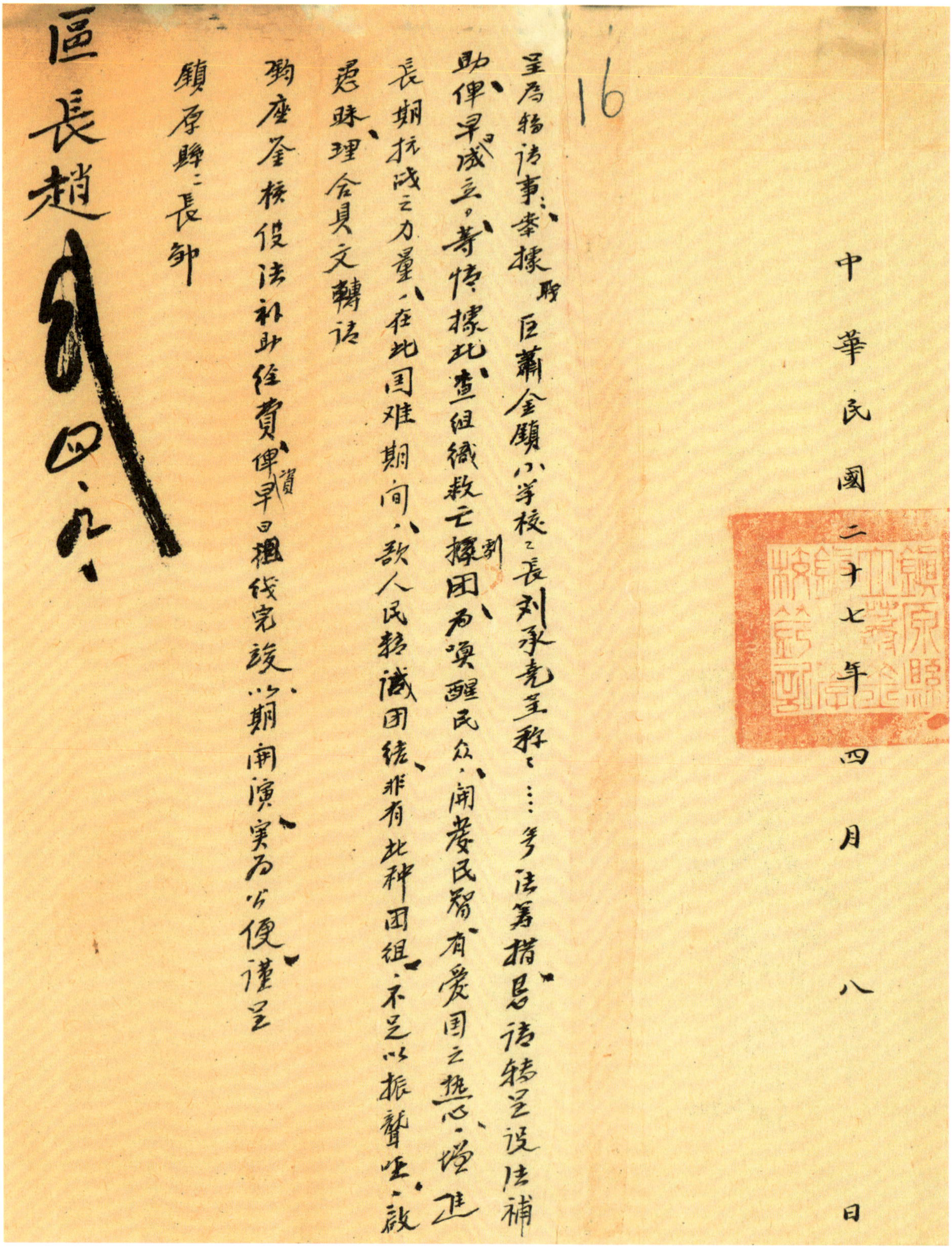
呈為轉請事：案據職區蕭金鎮小學校校長刘承堯呈稱：「……多法籌措，呈請轉呈設法補助，俾早成立。」等情，據此，查組織救亡劇團，為喚醒民眾、開發民智、有愛國之熱心，增進長期抗戰之力量，在此國難期間，欲人民覺識團結，非有此種團組，不足以振聾啞、啟愚昧，理合具文轉請

鈞座鑒核，設法補助經費，俾早日撥錢完竣，以期開演，實為公便。謹呈

鎮原縣縣長鄧

區長趙（簽名）

四、八

中華民國二十七年四月八日

鎮原縣第二區署鈐記

甘肃民众抗敌后援会会宁县分会关于抄发并推行甘肃省一日一分救国金运动实行办法等致和盛镇小学的公函
（一九三八年四月二十二日）

54

00030

甘肅民衆抗敵後援會會寧縣分會公函　字第五號

案奉

甘肅民衆抗敵後援會第一五一號訓令内開：

「為令行事。案奉甘肅省黨部第二五七號訓令内開：「溯自抗戰發展之際，全國人民非貢獻一切，不足增強國力，不足以救危亡。茲經本部擬定甘肅省一日一分救國金運動實行辦法一種，以期普遍舉行。是以救濟中央及各地之物力，除分令外，合亟檢發上項辦法一份，令仰該會遵照切實推行為要。」此令。等因；附發甘肅省一日一分救國金運動實行辦法一份。奉此，合行令仰該會遵照該項文到日起切實推行，並將開始日期及推進情形隨時具報為要。此令。」

等因；附發甘肅省一日一分救國金運動實行辦法一份。奉此，正籌辦間，又奉

甘肅民衆抗敵後援會第二七七號通令内開：

「為通令事。案查一日一分救國金運動業經甘肅省黨部製定實行辦法，并由本會分函各機關、團體令各分會遵照推行在案。關於收款辦法，亦經本會根據前項辦法第五項擬定辦法三項：（一）一日一分救國金統由本會直接經收；（二）收款時間規定每星期六下午二時至五時，各機關捐款繳納不一致提前或推後均無關係；（三）各機關、團體或學校送解捐款不必備用公文，由本會掣給收據為憑，並登報存查。合亟令仰該會遵照辦理，並將辦理情形隨時具報為要。此令。

55

等因，奉此，除分函外，相应函请

贵校按照所发之实施办法，即日开始推行，并希将推行

情形，详细具报，并将附发之抗战团体学校工作人员调查表十份

负责填送本会，以凭查考，为荷！

此致

和盛镇小学校

附甘肃省一日一分救国金运动实行办法一份

宁县各抗战团体学校工作人员调查表一份

常务委员 成鸿志

冷明锋

李文塘

中华民国二十七年四月廿二日

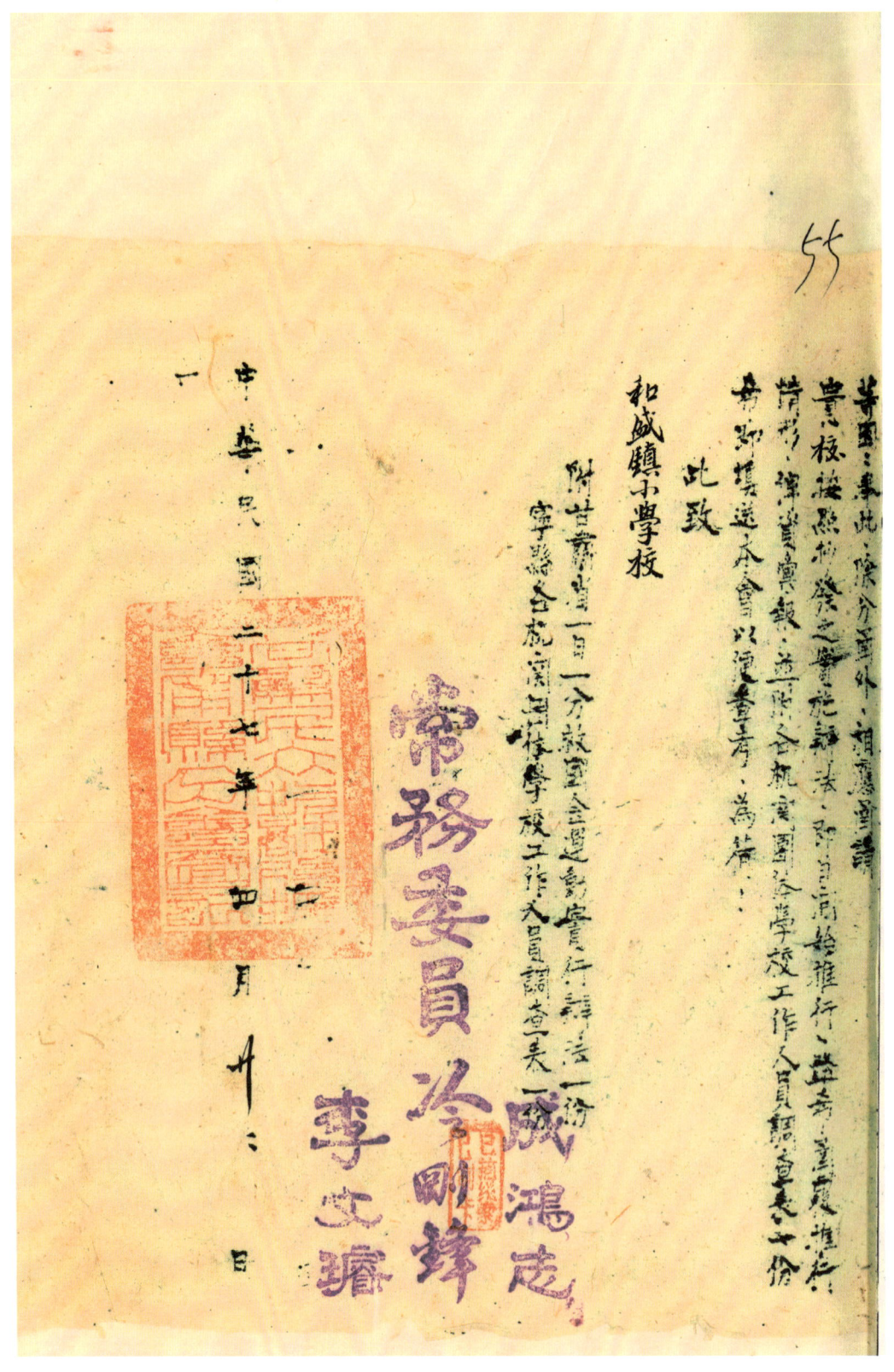

甘肅省一日一分救國金運動實行辦法

（一）省城部分辦理。

（二）凡机關團体學校首領接到通知後，即指定專人開始接辦經收，並通知本部登記之。

（三）社會大眾經收辦法由本部於各適當地點設櫃辦理之。

（四）各机關學校團體捐金每十日解交一次本部，按日彙存銀行，並登報公佈之。

（五）各街巷鋪戶由本部函請商會及公安局會同派員按期收集，並登報公佈之。

（六）如机關學校或團体人員眾多範圍廣大者，亦可在其部內自行設櫃經理，按期彙解本部。

（七）各縣部分

各縣一日一分救國金運動由本部通令各縣黨部會同該縣抗敵後援會發起辦理之。

（八）以各縣各机關團体學校各自治區首于接到發起通知後，指定專人開始經收，並通知發起机關登記之。

（九）縣內各机關捐金收集辦法參照第三四及第六各條規定辦理之。

（十）各縣設自治區社會大眾捐金收集辦法參照第五條辦理之。

（十一）各縣經收總机關（縣黨部抗敵後援會）所經收捐金得存於銀行或殷實商號

57

存儲並按月彙繳本部。

(十一) 本部收到各縣捐金後，即日彙存銀行，並登報公佈之。

總則

(一) 本運動由省黨部發起辦理之。

(二) 本運動以振人民救國意識，各輸徵款，積少成多，援助前方將士為宗旨。

(三) 凡屬黨員、公務人員及學生均須以身作則，首先實行倡導之。

(四) 凡省內外各抗敵團體、學校首領均須督飭所屬切實辦理之。

(五) 本部於收到省內外各地捐金後，除匯解中央總部外，並登報公佈之。

(六) 凡辦理本運動成績優良者，除由本部函請各該上級機關嘉獎外，並呈請中央黨部褒揚之。

(七) 本辦法經省黨部會議通過後施行之。

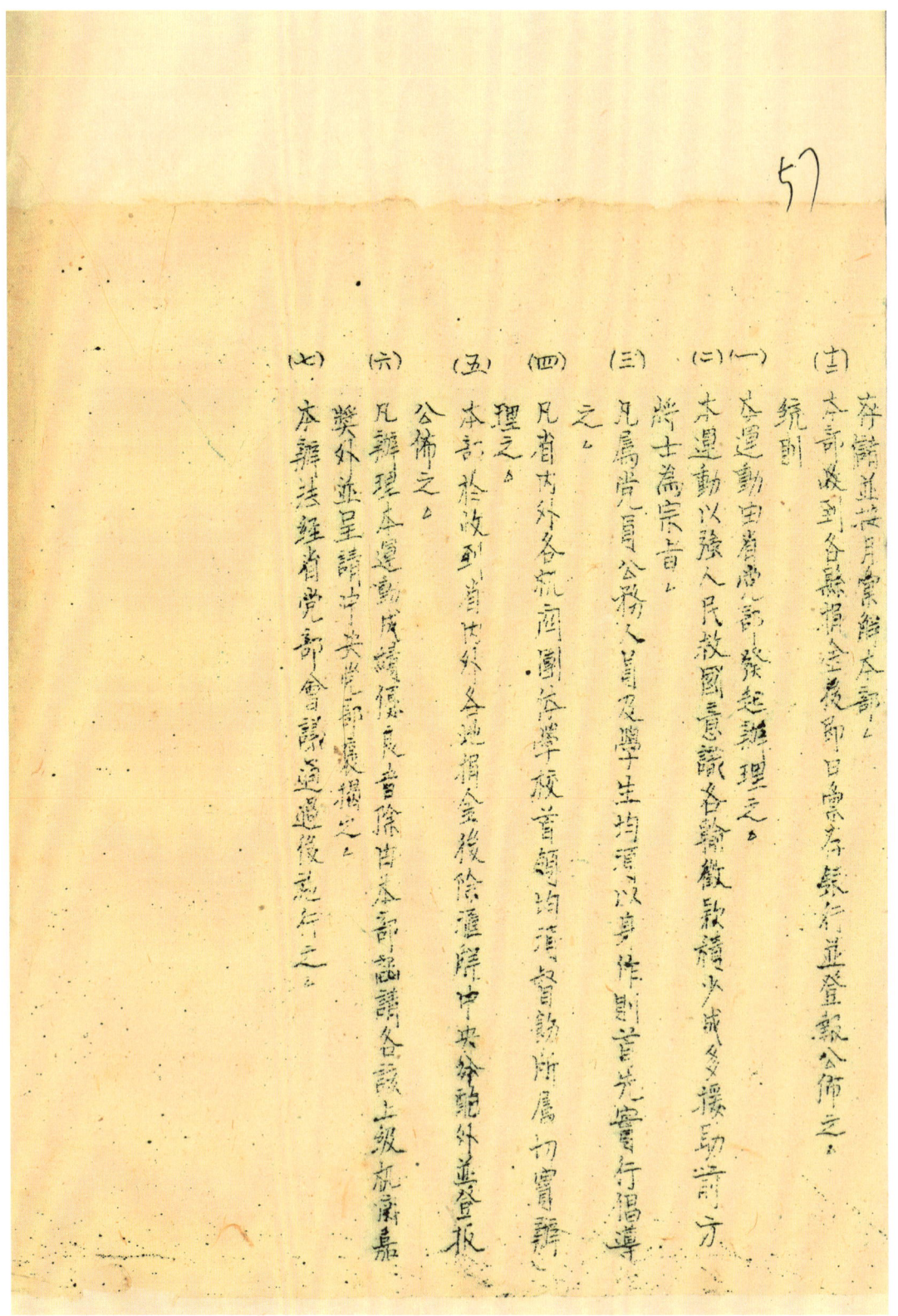

甘肃省政府关于表彰一五九师四七五旅旅长林伟俦致镇原县政府的代电（一九三八年七月十六日）

甘肅省政府快郵代電

保字第366號

事由

鎮原縣縣長案奉第八戰區朱副司令長官徵代電開奉

委座冬令一元電開據一五九師四七五旅旅長林偉儔

報稱該部於首都告陷時由南京城內向太平門句容一

帶突破敵之重圍卒於一月十一日安抵甯國沿途輾轉

苦戰屢挫冦鋒等語該旅長林偉儔臨危不苟見義勇為

卒至最後關頭仍能率領所部突圍而出其忠公体國之

大義與勇往直前之精神誠為國軍諸將士之模楷除另

第　頁共　頁

145

0245

甘肃省政府快郵代電

字第　號

事由

行外合電知照朱紹良元秘保三

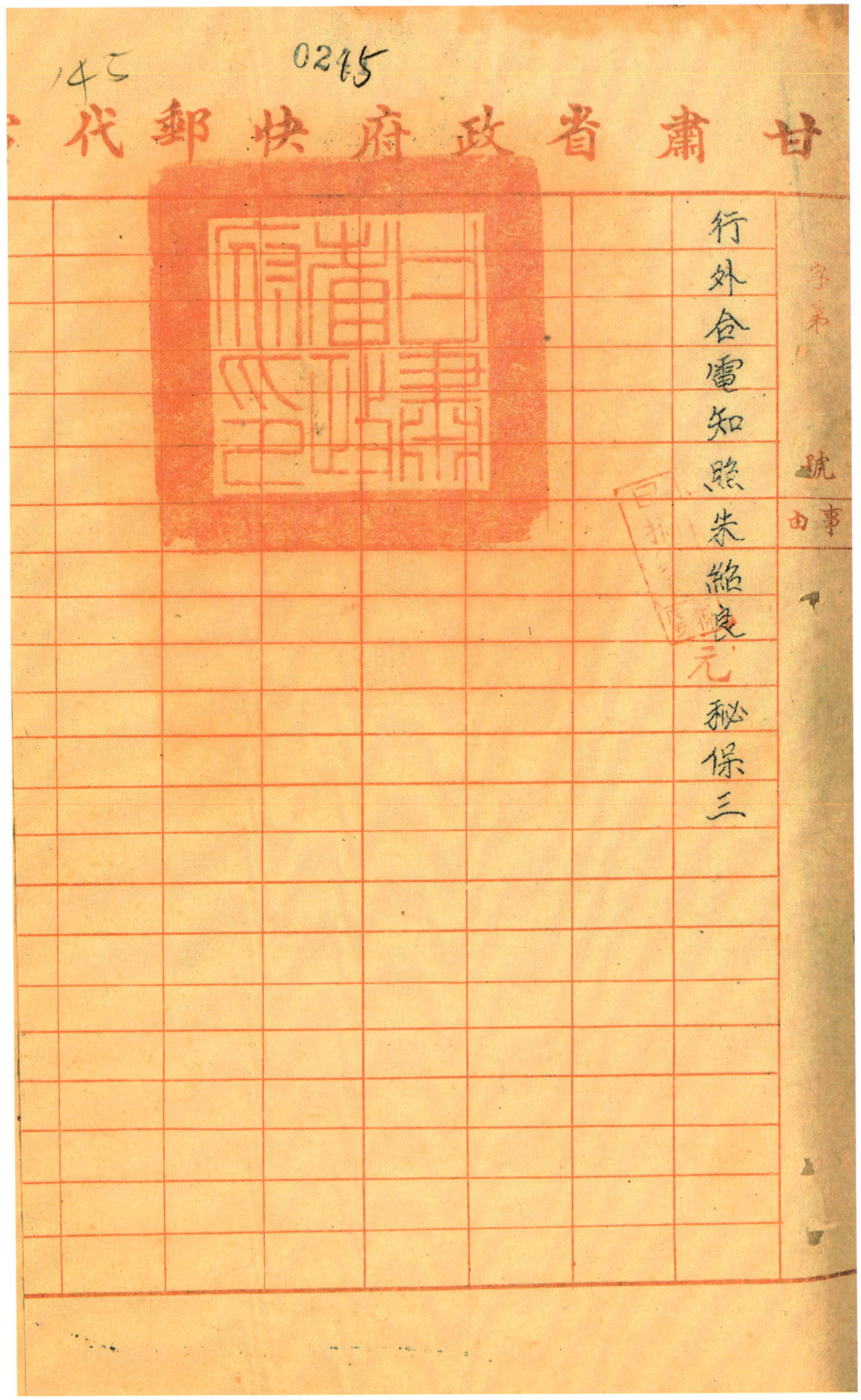

12

中華民國廿七年九月拾陸日

主席　朱紹良

民政廳廳長　羅貢華

校對　曹世岳

镇原县政府转发甘肃省第三区行政督察专员公署关于发动学生假期从事抗战工作致第二区署的训令

（一九三八年八月五日）

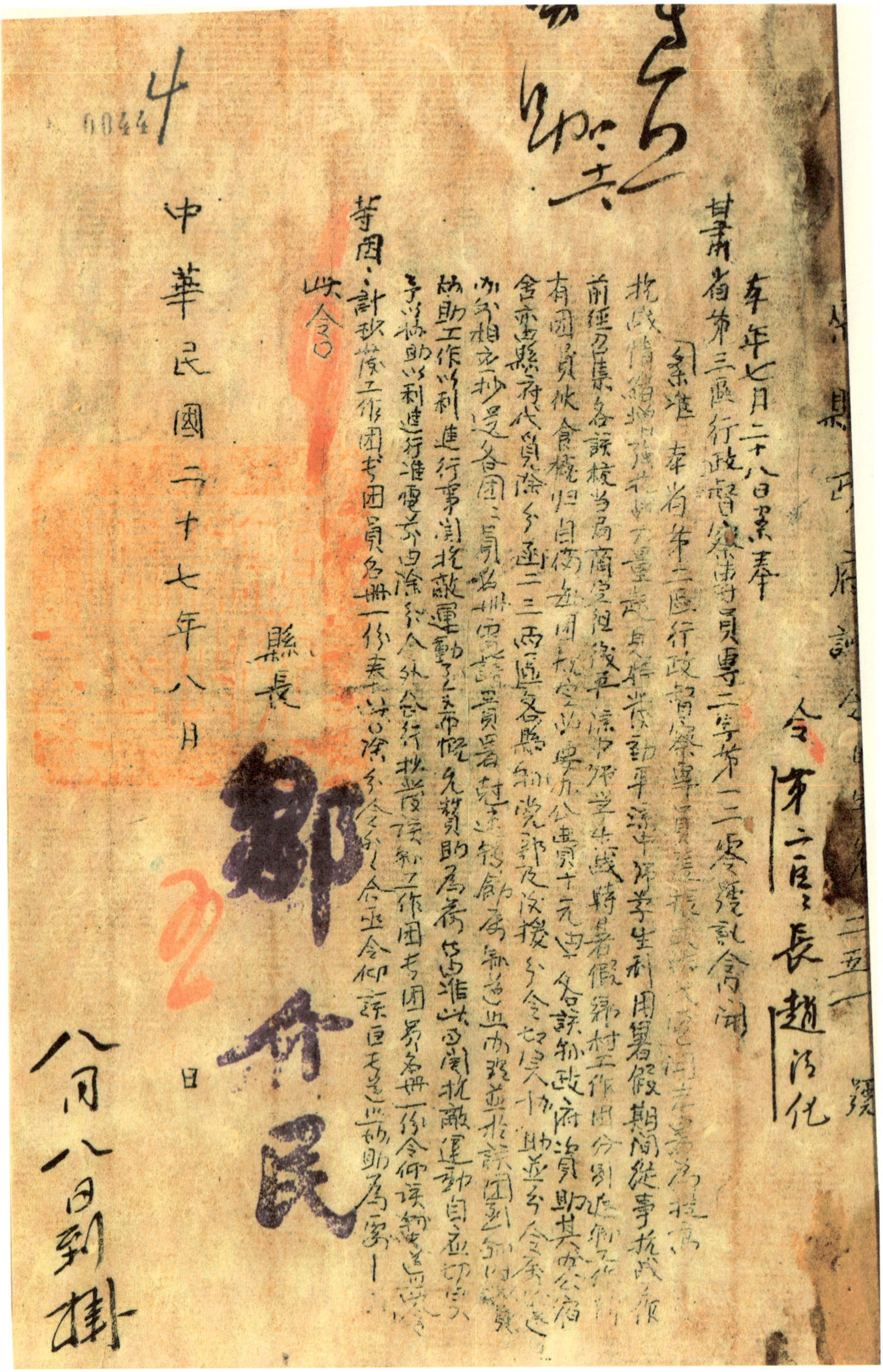

[illegible]縣政府訓令　[illegible]字第二五一號

令第二區區長趙汝化

案奉

甘肅省第三區行政督察專員公署二十七年七月二十八日專二字第一二零號訓令開：

「案准本省第二區行政督察專員[illegible]

抗戰[illegible]力量起見，特發動平涼中等學生利用暑假期間從事抗戰工作，

前經召集各該校當局商定組織平涼中等學生戰時暑假鄉村工作團，分別在[illegible]工作，

有團員伙食概歸自備，無用規定由專員公署每人每月補助十元，由各該縣政府資助其辦公宿

舍，亦由縣府代覓，除分函二三兩區各縣縣黨部及[illegible]分令切實協助並分令各[illegible]

外，分別相應抄送各團員名冊[illegible]，[illegible]鄉並由[illegible]並於該團到[illegible]

協助工作，以利進行。事關抗敵運動，[illegible]免費助為荷。」等由，准此，自應切實

予以協助，以利進行。准電前由，除分令外，合行抄發該[illegible]工作團專團員名冊一份，令仰該[illegible]遵照

等因，計抄發工作團專團員名冊一份。奉此，除分令外，合亟令仰該區長遵照協助為要。

此令。

縣長　郎介民

中華民國二十七年八月　日

八月八日到　掛

镇原县政府转发甘肃省政府关于续征各机关公务员飞机捐款致第二区署的训令（一九三八年九月十六日）

鎮原縣政府訓令　財一字第　　號

15

令第二區區長趙清化

本年九月十二日、案奉

甘肅省政府財一總未字第三二五三號訓令內開：「案奉

國民政府本年六月三十日渝字第三三〇號訓令開：『為令遵事。案准國防最高會議二十七年六月二十日漢字第五四四四號函開：案據行政院密函為准軍事委員會代電請續征各機關公務員飛機捐一年，轉請核定一案，經本會國防專門委員會審查意見報告稱：查此項捐款係供購買飛機之用，現以原定征收期限至本年六月底屆滿，經軍事委員會建議續征一年，由行政院轉請核定，似應予以照准，並請責成黨政軍各機關認真辦理，隨征隨解，以利國防等語，復經本會議常務委員第八十三次會議決議照審

46.

查意見通過，除函中央執行委員會及行政院外，相應錄案函達查照，轉飭所屬一体遵照。等因。准此，自應照辦。除函復並分行外，合行令仰遵照，並轉飭所屬一体遵照。此令。等因。奉此，除分令外，合行令仰遵照，並轉飭所屬一体遵照。此令。等因。奉此，除分行外，合亟令仰該局遵照，並轉飭所屬一体遵照辦理為要。此令。等因。奉此，除分行外，合行令仰該區長遵照。

此令

縣長 鄧介民

中華民國二十七年九月十六

甘肃民众抗敌后援会镇原县分会关于成立区镇支会致第二区署的公函（一九三八年九月）

003 第3號

甘肅民眾抗敵後援會鎮原縣分會公函　第　號

逕啓者：本會於九月廿一日常務會議決：現值國難日益緊重，後援工作亟宜整頓，擬應除本會加緊工作外，各區鎮應成立支會，并擬定組織及工作綱要，函請縣政府通令各區按照綱要組織成立，報本會轉報備查等由在卷，除分函外，相應檢同組織及工作綱要一份，函達

貴區查照遵辦為荷

公覆

第二区署

抄洞要紐线

一〇三、

常務委員 劉靖邦

杜子和

曹振國

中華民國二十七年九月　日

附：甘肃民众抗敌后援会镇原县分会各镇支会组织及工作纲要

甘肅民衆抗敵後援會鎮原縣分會各鎮支會組織及工作綱要

第一條 各鎮支會應依據甘肅民衆抗敵後援會組織大綱第二條以領導地方民衆援助前方將士樂輸救國為宗旨

第二條 各鎮支會以各區區長高小學校校長各聯保主任商會會長組成之

第三條 各鎮支會應設五人至九人之委員並推定三人為常務委員

第四條 係各鎮支會應附設於高小學校或聯保辦公處

第五條 各鎮支會應於每星期內開會一次並將會議錄呈報考核

第六條 本綱要如有未盡事宜得隨時呈請修正之

中国儿童号飞机甘肃省镇原县筹募分会关于成立支会并请来会组织指导致肖金镇公所的函（一九三八年十月十日）

00082

中國兒童號飛機甘肅省鎮原縣籌募分會

全令屯子[illegible]小學校成立支會，又簡章第五条內開由本支會敦請各學校校長、教職員及當地士紳、領袖為指導委員，並組織指導委員會辦理籌募事宜各等因。奉此，除本支會業於月之一日成立外，相應函請

台端為敝會指導委員，並希於月之十二日來會組織指導委員會為盼。此上

劉區員

常務幹事 李景懌 暢豐岐 杜元真

十月十日

镇原县政府关于抗战军事渐入重要阶段动员民众参加抗日致第二区署的训令（一九三八年十月二十二日）

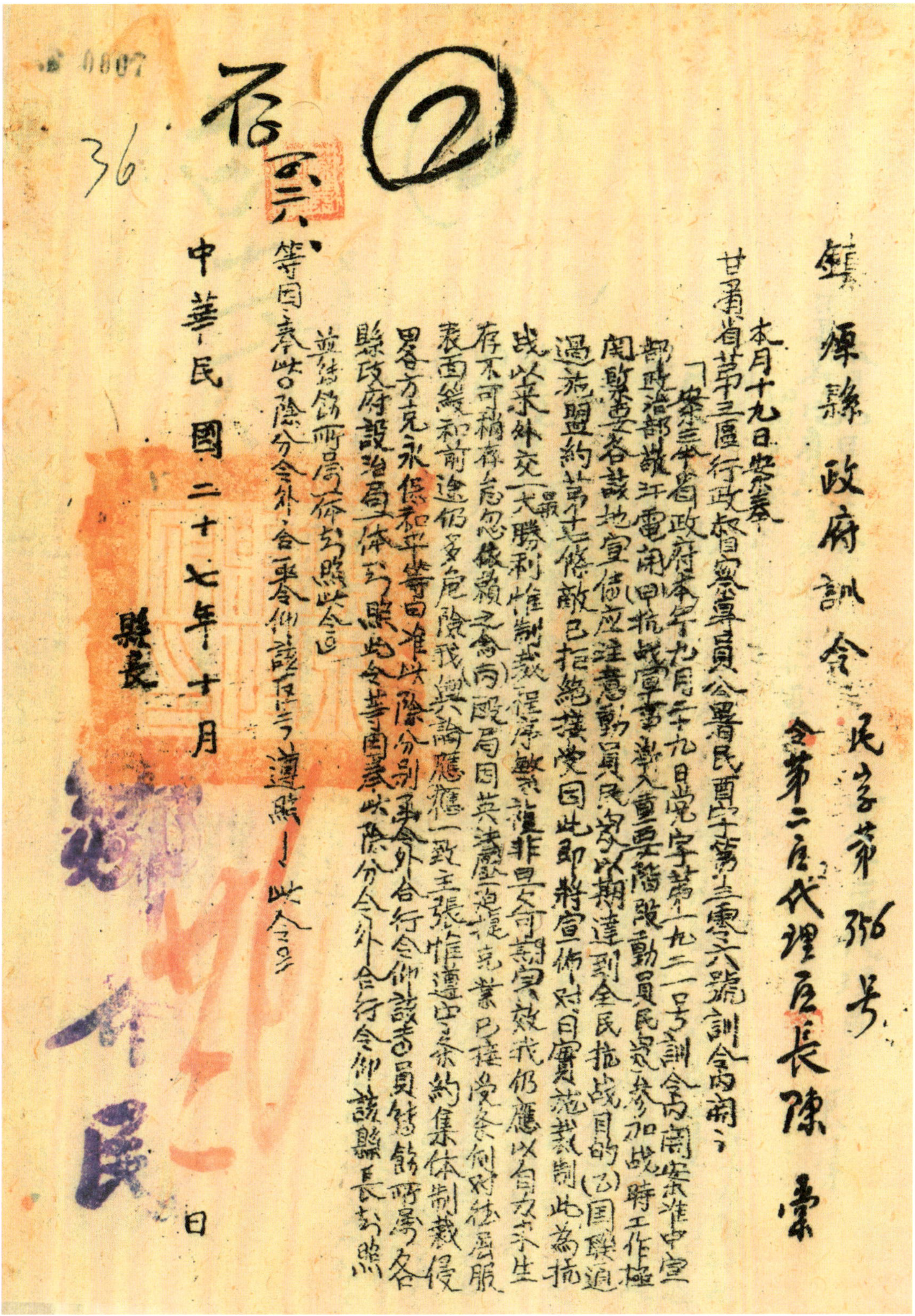

鎮原縣政府訓令 民字第356号

令第二區代理區長陳棠

甘肅省第三區行政督察專員公署民酉字第二三零六號訓令內開：

本月十九日案奉

「案奉省政府本年九月二十九日民字第一九二一号訓令內開：案准中宣部政治部戴江電開：(甲)抗戰軍事漸入重要階段，動員民眾參加戰時工作極關重要，各該地宜倍應注意動員民眾，以期達到全民抗戰目的。(乙)國聯通過施盟約第十七條，敵已拒絕接受，因此即將宣佈對日實施制裁，此為抗戰以來外交最大勝利，惟制裁程序繁複，非旦夕可期，吾人我仍應以自力求生存，不可稍存依賴之念。(丙)歐局因英法壓迫捷克業已接受德國對捷屈服，表面緩和，前途仍多危險，我輿論應一致主張，惟遵守盟約集體制裁侵略各方克永保和平等由，准此，除分別函令外，合行令仰該專員轉飭所屬各縣政府設治局一體遵照。此令等因，奉此，除分令外，合行令仰該縣長轉飭所屬一體遵照。此令」等因，奉此，除分令外，合亟令仰該區長遵照！此令。

中華民國二十七年十月 日

縣長

镇原县政府关于转发战时民众动员指导纲领致第二区署的训令（一九三八年十月二十九日）

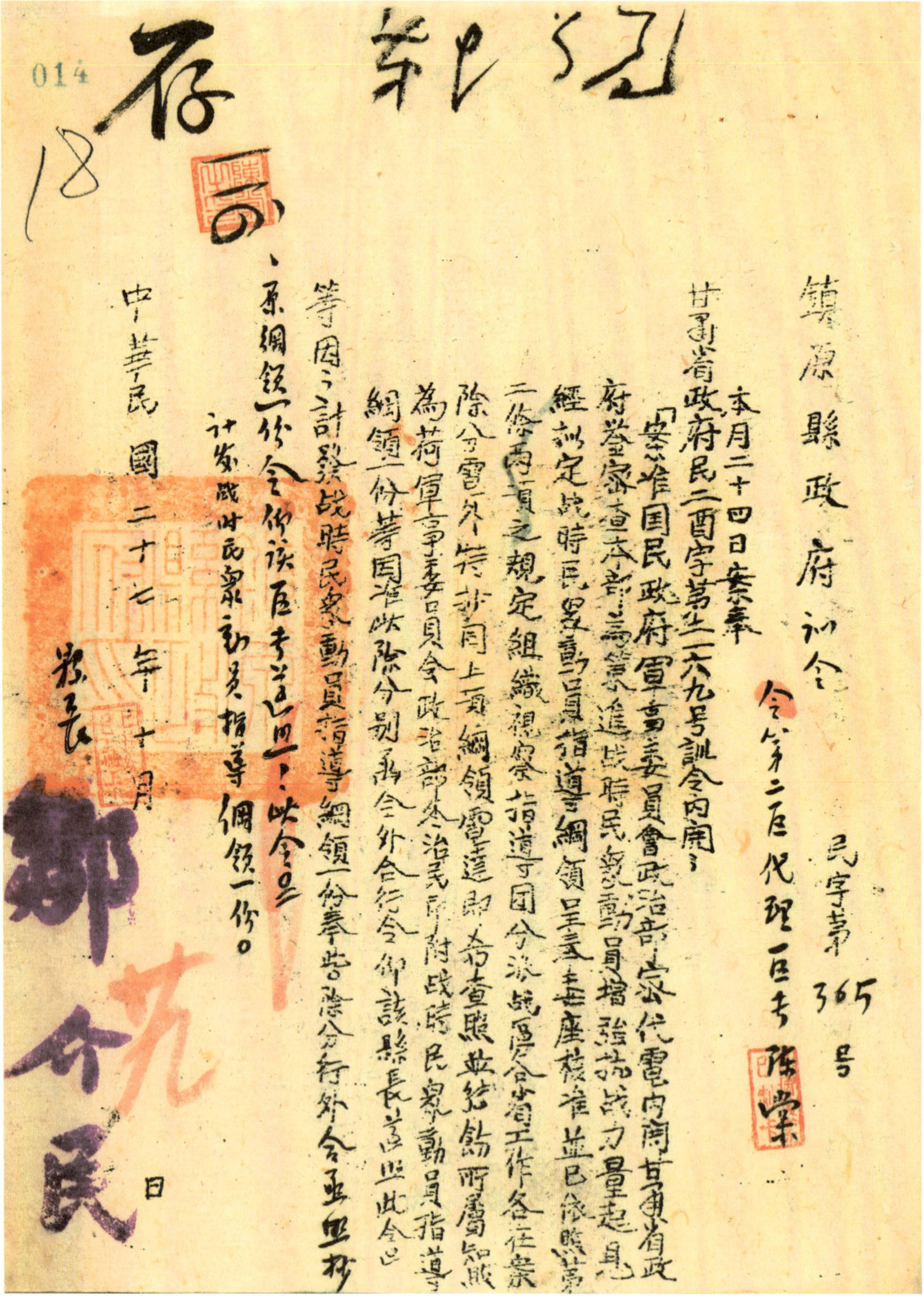
存

镇原縣政府訓令

民字第365号

令第二区代理区专陈棠

本月二十四日案奉

甘肅省政府民二酉字第二一六九号訓令內開：

「案准国民政府軍事委員會政治部宥代電內開：甘肅省政府鉴：案查本部為策進战時民衆動員，增強抗战力量起見，經訂定战時民衆動員指導綱領，呈奉委座核准，並已依照第二條丙項之規定，組織視察指導团，分派战區及后方工作各在案。除分電外，特抄同上項綱領電達，即希查照，并飭所屬知照為荷。軍事委員會政治部宥。附战時民衆動員指導綱領一份」等因；准此，除分别函令外，合行令仰該縣長遵照。此令。

等因；計發战時民衆動員指導綱領一份，奉此，除分行外，合亟照抄原綱領一份，令仰該区专遵照！此令。

計發战時民衆動員指導綱領一份。

中華民國二十七年十月　日

縣長　鄒作民

015

17

茶口總

戰時民衆動員指導綱領 廿七年七月

(一)戰時民衆動員以實現全民有力出力有錢出錢為原則 軍事委員會政治部(以下簡稱本部)為使動員運用確實起見，特定本綱領，除戰時軍事組訓警備綱領及其他戰時法令已有規定者外，依左列範圍因人因地因時因事指導之……

(甲)關於一般性質者 1、各級動員委員會之指導設計工作 2、各地抗敵後援會之宣慰救濟徵募偵察等工作 3、都市防護(防空防毒等工作) 4、社會組合之戰時運用。

(乙)關於軍事性質者(各省市保安管區司令部所屬各縣市國民自衛總隊工作 1、常備隊本隊之在營編練補充及游擊(常備隊支隊即民間武裝之在鄉緊急編練及游擊)之動員，但限於戰場或戰時縣市) 2、預備隊(即社訓隊)在鄉編練補充及警備，又後備隊(即民兵義勇)在鄉鎮保甲編組補充操演習及補助任務之分配服務(即警備工事運輸交通救護等)在淪陷地區如有特殊困難之能照(乙)項編練者，得利用民間原有之組織適宜運用之。

(丙)關於智識份子之戰時指導及其他有關抗戰建國之地方事項。上述甲丙兩項屬於普通性質者可由本部指導，乙項屬於軍事性質者之動員運用，在取得當地軍事長官或軍事管區司令之同意為之。

(二)本部為便於指導並聯系事務，經常或臨時派遣工作人員 甲、小組十至十五人 動員指導委員 每小組為一員協助 小組(?)之動員委員會主任委員辦理

016

20

民众动员一切指导设计事宜，如系失陷时则可得与国民军训处联合办公，各县（市）民众动员指导委员会每县市一员，协助县市动员委员会主任委员办理民众动员一切指导设计事宜，如系失陷县市，得与国民自卫总队联合办公，并得雇派助理人员，向战区民众动员视察指导。因视需要情形，分区派遣之，每区设主任一员，团员十人至五十人，巡回督导，于纷乱动员检阅官临时呈请派遣之。

上述甲乙丙三项人员，应于地方各部门主管切实联络，并受战区司令官、军管区司令、地方行政长官及所在地高级党部主任之指导，务使编练宣传与动员运用确实联系。

（三）前项人员除执行职务外，对于第一条各项地方一般动员机关得呈请执以便会同调整，务使合符抗战需要。

（四）部派指导人员对地方党政人员办理动员工作之成绩，得随时考查，核呈由本部转行该管机关分别奖惩。

（五）部派指导人员应适当地情形，熟察情况及国军需要，以决定某一时期之工作重心，并应按旬呈报简明工作报告，分呈本部及当地最高级长官，如有改进意见，应随时条陈，以供采择，或应径呈本部。

（六）部派指导人员另颁服务规则另定之。

（七）本纲领呈奉 军事委员会核准施行。

鎮原縣政府訓令 民字第[illegible]号

令第二區代理區長陳棠

本月九日案奉

甘肅省政府朱主席佳三酉廿電開：鎮原縣政府案奉軍委會委員長西安行營本年十月陝行政訓處第三七六八九號支代電開：案准中宣部政治部敵情電告關於適應抗戰時期及國際情勢演變動態宣傳要點四：（一）抗戰軍事漸入重要階段，號召動員民眾參加戰時工作極關重要，各地宣傳應注意動員民眾，以期達到全民抗戰目的；（二）國聯通過實施盟約十六條，敵已拒絕接受，國聯即實施對日制裁，此為抗戰以來外交最大勝利，惟制裁程序繁複，非旦夕可期，實效我仍應以自力求生存，不可稍存依賴之念；（三）歐局因英法迫捷克已接受條件，法屈服妥協，和平前途仍多危險，我輿論應一致主張遵守盟約，集體制裁侵略者，方克永保和平等因。奉此，除分電外，特電查照，並飭所屬遵照等因。除分行各縣外，合行電仰該縣遵照，並轉飭所屬一體遵照等因。奉此，除分令外，合亟令仰該區遵照為要！

此令。

縣長 鄧介民

中華民國二十七年十一月十二日

鎮原县政府关于适应抗战时期及国际情势演变动态宣传要点致第二区署的训令（一九三八年十一月十二日）

镇原县教育局关于成立县儿童号飞机筹募支会相关事宜致屯子镇小学的电（一九三八年十一月十八日）

2

屯子镇小学校长览：顷奉
甘肃省政府教育厅令饬本县知照各级学校
学生团体应遵照
部颁命令规定，速由各校学生团体内公
推一人至三人，并由该校国文教员一人陪同来镇
带领，于本月廿五日齐集新堡子小学
校开会讨论成立。甘肃省镇原县电

臺灣飛机籌募 支会陳組织大綱
实施方案廿件另文頒發外合行電
令該校知照爲要
局長 張銀祥
民國二十七年十一月十八日

镇原县抗敌后援会关于抄发各区民众抗敌后援会组织纲要致第二区署的通令（一九三九年一月二十五日）

通令

第21.

鎮原縣抗敵後援會通令 第 1 號

令第二區區長陳崇

頃准

甘肅民衆抗敵後援會組字第W00017號通令內開：“茲修訂各縣局各區民衆抗敵後援會組織綱要，隨令頒發，仰即遵照，並轉飭所屬遵照辦理，仍將辦理情形具報備查為要。此令。”等因，附發組織綱要一份

4

奉此，除分行外，合亟抄发纲要，令仰该区长迅即遵办具报，以凭

汇转为要！

此令。

附抄发各区民众抗敌后援会组织纲要一份

函第十二区民众抗敌后援会常[illegible]

主任委员 邹[illegible]

中华民国二十八年元月廿五日

镇原县政府关于利用民众过年机会张贴抗战对联致各区署的训令稿（一九三九年二月八日）

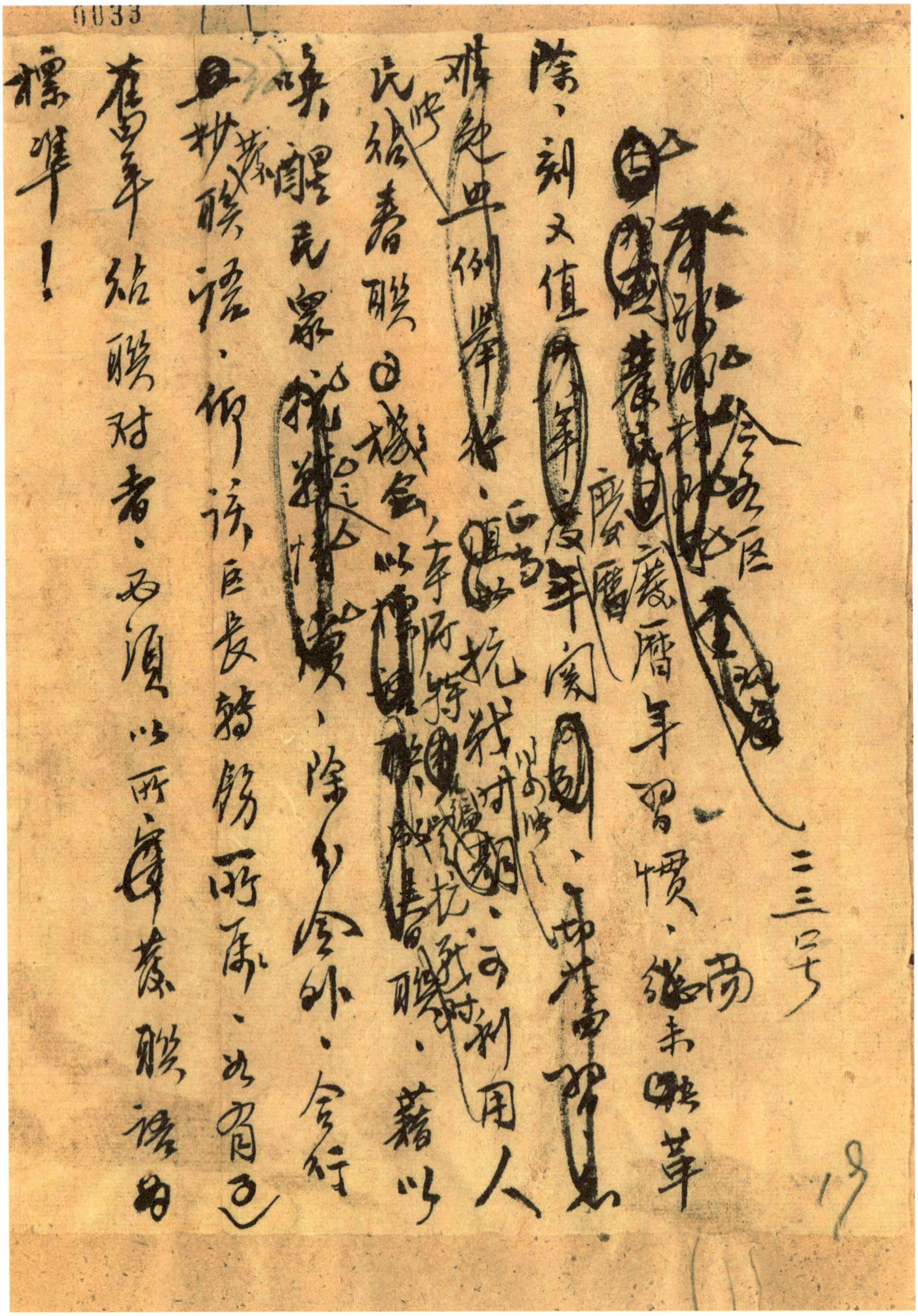

此呈

民國卅八年六月八日

縣長鄧

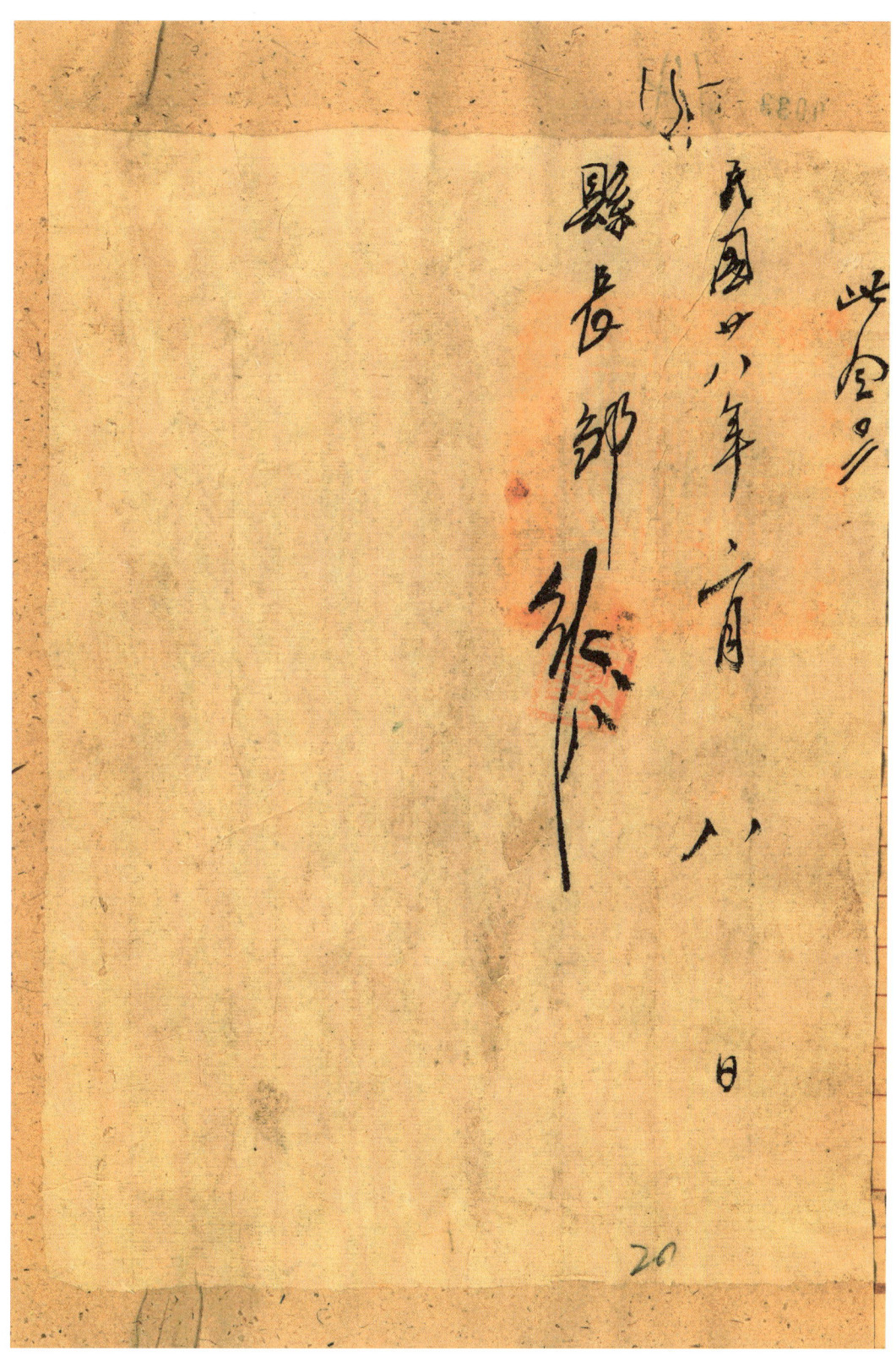

附：抗战联语

(一)驅逐倭寇，還我河山。(二)人人敵愾，步步設防。(三)自强不息，多難兴邦。(四)實行新生活，還我舊河山。(五)完成革命天職，發揚民族精神。(六)立身要言四維八德，建國大道三民五權。(七)有錢出錢，有力出力。鬪勝無驕，鬪敗無餒。(八)協力齊心，抗禦外侮，節衣縮食，捍衛國家。(九)救國不分男女老幼，守土莫論南北東西。(十)以弱禦强，在愈挫愈奮，轉敗為勝，須再接再厲。(十一)萬衆一心，保障國家獨立，百折不回，争取民族生存。(十二)澈底認識抗戰到底之意義，堅决抱定最後勝利之信心。(十三)当前抗戰，武力有賴，广大群衆，最後決勝，中心全在各地鄉村。(十四)人不分男女老少，共同供献能力，地無分東西南北，一致拼命抗戰。(十五)大丈夫獻身衛國，好男兒壯志凌云。(十六)為整個民族求解放，從長期抗戰謀復兴。(十七)革命完成，國家獨立，抗戰到底，民族復兴。(十八)發揚大西北精神，努力物質生產，收復我中華失土，争取民族光榮。(十九)開墾西北平原，培養抗戰財力，重建精神堡壘，驅除万悪倭奴。(二十)改守為攻，從今日開始，貢献全民才智，唯血與鉄作長期抗戰，鞏固西北國防。(廿一)努力開墾荒边荒，以供给長期抗戰的物質。一哭起当前國難，莫忘記無家可歸的同胞。(廿二)男兒快請纓，個々効傅介子縛虜。女子斎放

17

足人人学潘将軍乎。（三三）天下得先秦駟鉄尚武風，当弱而轉強也。隴上為民族

英雄策源地，可今不如古乎。（三四）齊心保衛大西北。協心規復舊河山。（三五）関西出将才，秉

時奮志。隴上多壮士，抗日争先。（三六）倭寇共驱，兴中華民族。漢奸不做，莫負黃帝子孫。

（三七）顧亭林謂天下兴亡，匹夫有責。霍去病云匈奴不滅，何以家為。

72

镇原县政府关于在农历年关利用贴对联习俗张贴抗战对联致第二区署的训令（一九三九年二月十一日）

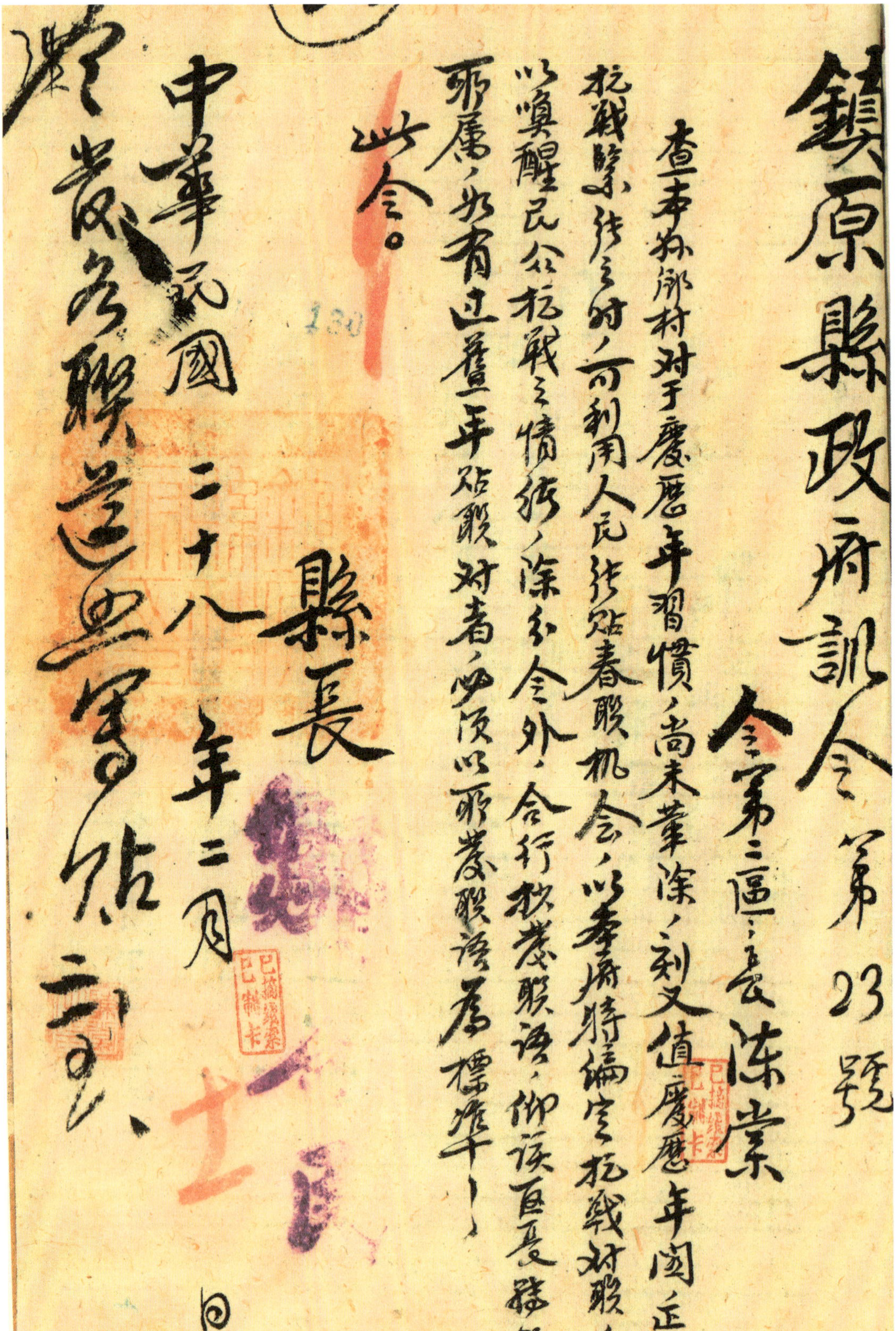
镇原縣政府訓令 第23號

令第二區區長陳崇

查本縣鄉村對于慶曆年習慣，尚未革除，刻又值慶曆年關，正當抗戰緊張之時，亟可利用人民張貼春聯機會，以本府特編寫抗戰對聯，藉以喚醒民眾抗戰之情緒，除分令外，合行抄發聯語，仰該區長轉飭所屬，凡有過舊年貼聯對者，必須以所發聯語為標準！

此令。

縣長

中華民國二十八年二月 日

镇原县抗敌后援会关于抄发各县民众抗敌后援会工作组织办法等致第二区署的训令（一九三九年三月八日）

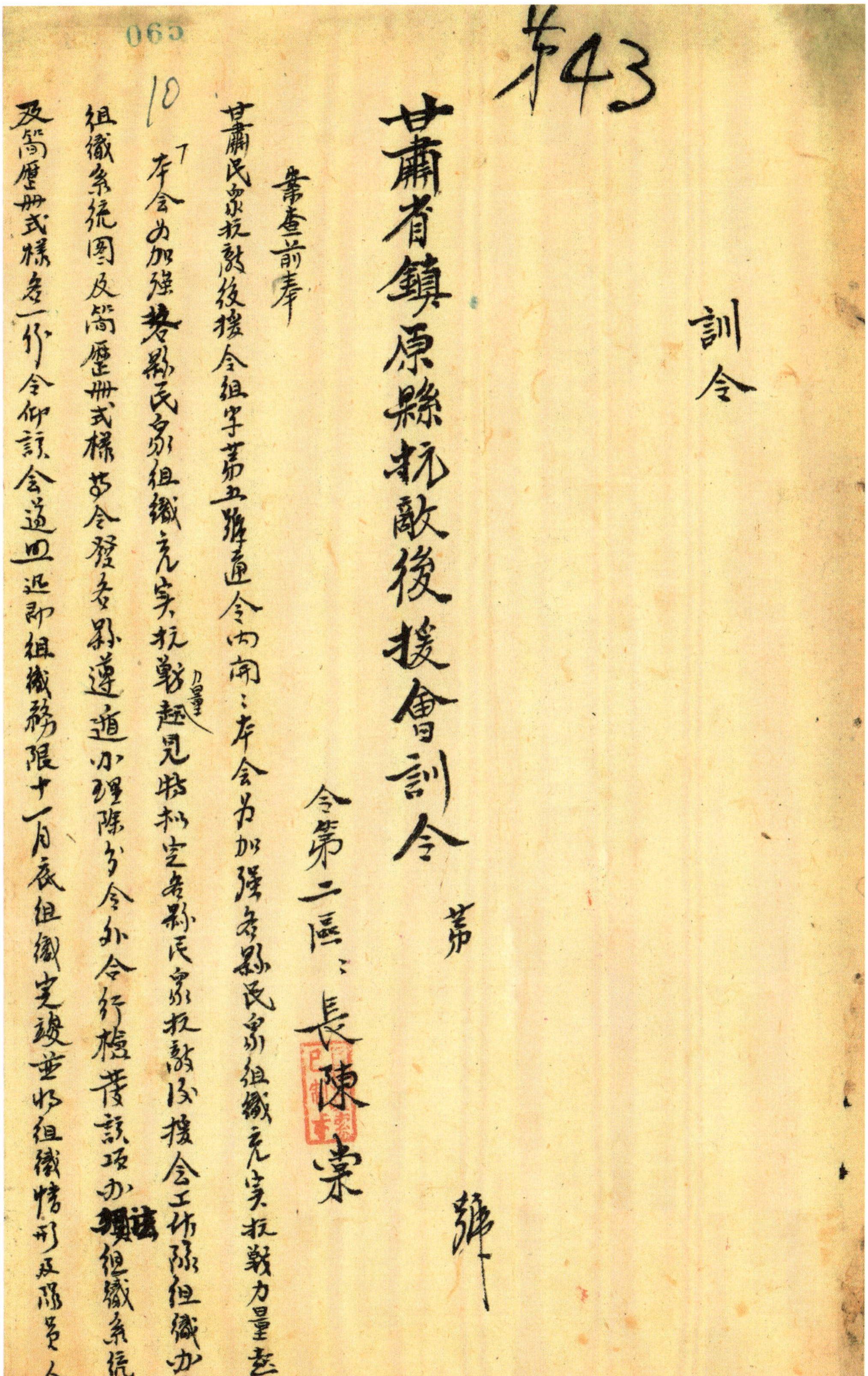
训令

甘肅省鎮原縣抗敵後援會訓令　第　號

令第二區區長陳宗

案查前奉

甘肅民眾抗敵後援會組字第五號通令內開：本會為加強各縣民眾組織充實抗戰力量起見，本會為加強本縣民眾組織充實抗戰力量起見，特擬定各縣民眾抗敵後援會工作隊組織辦法、組織系統圖及簡歷冊式樣，分令發各縣遵照辦理。除分令外，合行檢發該項辦法、組織系統圖及簡歷冊式樣各一份，令仰該會遵照，迅即組織，務限十一月底組織完竣，並將組織情形及隊員人數

造冊具報來會以憑查考為要再各縣有之各抗戰團應即取消合併飭知此令
等因計附發各縣民眾抗敵後援會工作隊組織辦法組織系統圖隊長隊員簡歷式樣各一份正
遵辦間復奉組字第1200032號通令略開飭即遵照前令限文到十日內辦理完竣並將辦理
情形詳細具報備查等因奉此除分行外合亟抄同原件令仰該區長遵即遵照辦理限
十日內造冊具報來會以憑彙轉事關緊要勿稍延為要！
此令。

附抄發各縣民眾抗敵後援會工作隊組織辦法組織系統圖隊長
隊員簡歷冊式樣各一份

華池縣後援會遵照印
繕造

主任委員 鄧令民

中華民國二十八年三月八日

镇原县政府关于通报抗战形势致第二区署的训令（一九三九年三月二十七日）

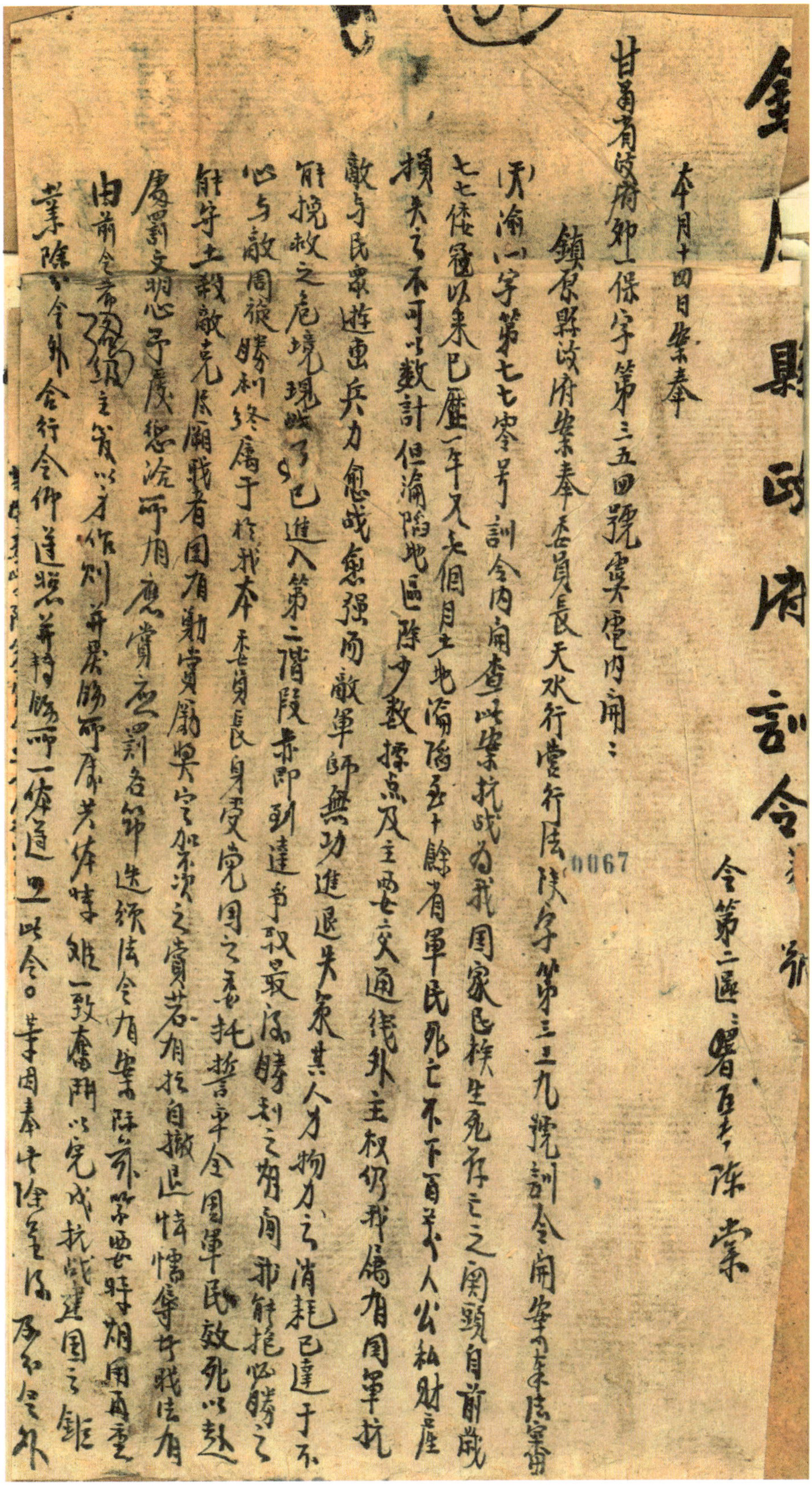
鎮原縣政府訓令

令第二區署區長陳棠

本月十四日案奉
甘肅省政府卯一保字第三五四號寒電內開：
鎮原縣政府案奉委員長天水行營行辰陝字第三三九號訓令開：案奉
天渝一字第七七零號訓令內開：查此次抗戰為我國家民族生死存亡之關頭，自前歲
七七倭寇以來，已歷一年又八個月，土地淪陷五十餘省，軍民死亡不下百萬人，公私財產
損失之不可以數計。但淪陷地區除少數據點及主要交通線外，主權仍我屬，有國軍抗
敵与民衆遊擊兵力愈戰愈强，而敵軍師老無功，進退失策，其人力物力之消耗已達于不
能挽救之危境。現戰事已進入第二階段，亦即到達爭取最後勝利之期間，非能把握必勝之
心与敵周旋，勝利終屬于我。本委員長身受黨國之重托，誓率全國軍民效死以赴，
能守土殺敵，克盡厥職者，自有勤賞獎勵，其它加案决之賞。若有擅自撤退、怯懦等犯戰法者，
處罰文明心予處懲治，所有應賞應罰各節，迭經法令有案。際茲緊要時期，用再重
申前令，希即轉飭主管以身作則，並嚴飭所屬共体時艱，一致奮鬥，以完成抗戰建國之鉅
業。除分令外，合行令仰遵照，並轉飭所屬一体遵照為要。此令。等因奉此，除呈復外，

令行令仰遵照，并转饬所属一体遵照。等因；除分电外，合行电仰遵照，并饬遵照

为要。

等因。奉此，除分令外，合亟令仰该区长遵照为要！

此令。

县长 鄒介民

中华民国二十八年 月 芝 日

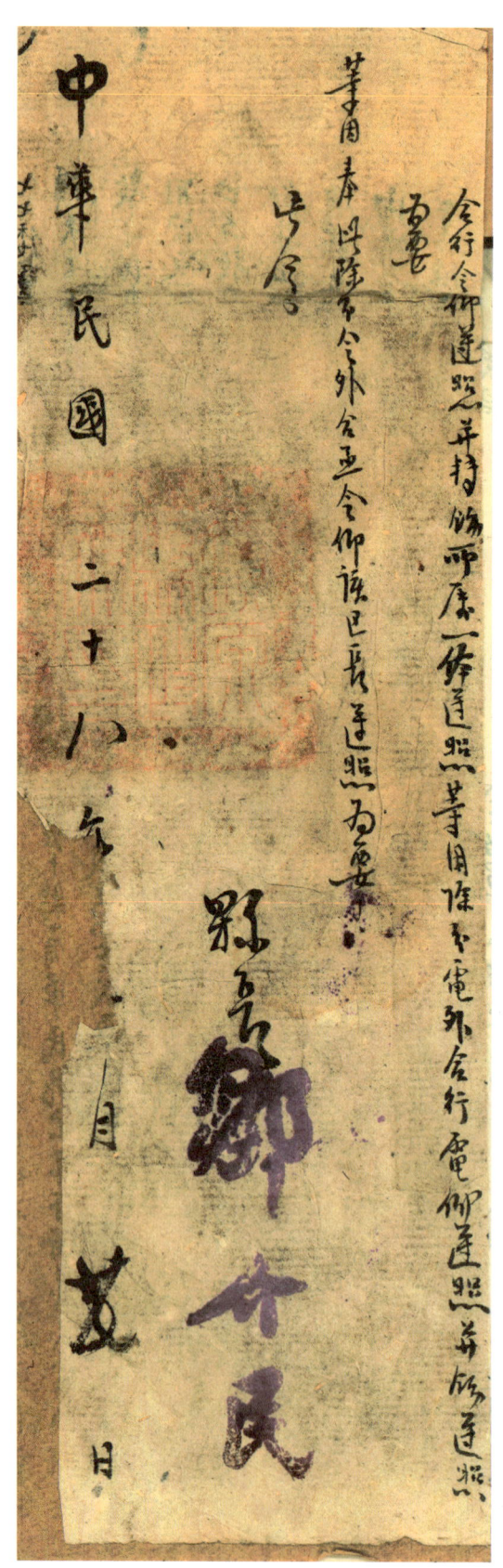

镇原县第二区署关于抄发各县民众抗敌后援会工作办法等事宜致屯子镇、肖金镇抗敌后援会的训令
（一九三九年四月二日）

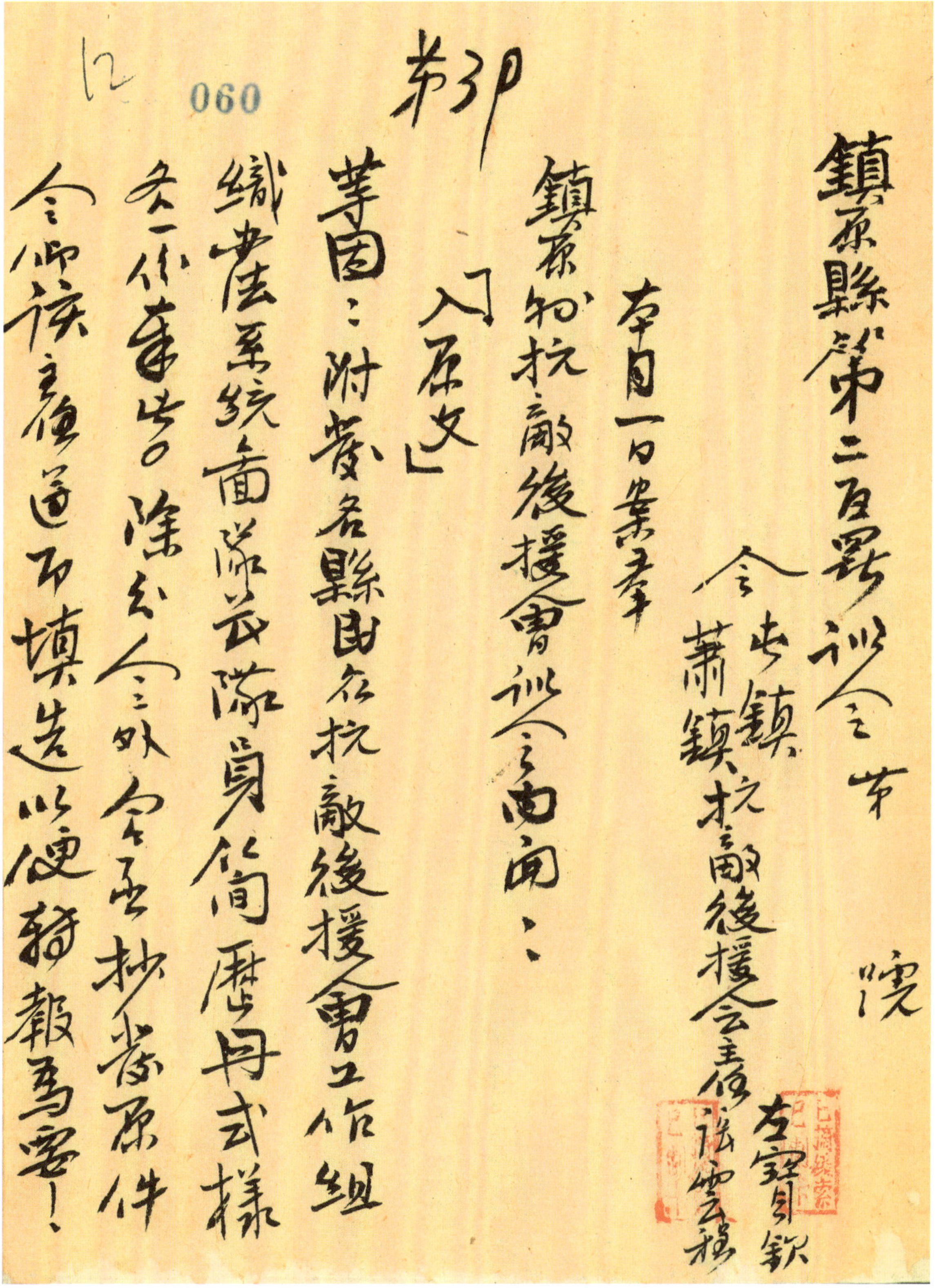
12
060
第31

鎮原縣第二區署訓令　第　號

令屯鎮
蕭金鎮抗敵後援會主任　左寶欽
張雲程

本月一日案奉
鎮原縣抗敵後援會訓令內開：
「入原文」
等因；附發各縣民眾抗敵後援會工作組織法、系統、會員表、隊員簡歷表式樣各一份等件。除分令外，合亟抄發原件，令仰該主任遵照，即速填造，以便轉報為要！

13

叁之二

計抄發各縣民衆抗敵後援會工作組織辦
法
組織系統會隊長隊員簡歷
表式樣各一份

中華民國二十八年四月二日

區長陳

镇原县政府关于抗战时期应以人力物力增加抗战力量并抄发相关抗战服务办法大纲等致第二区署的训令（一九三九年四月六日）

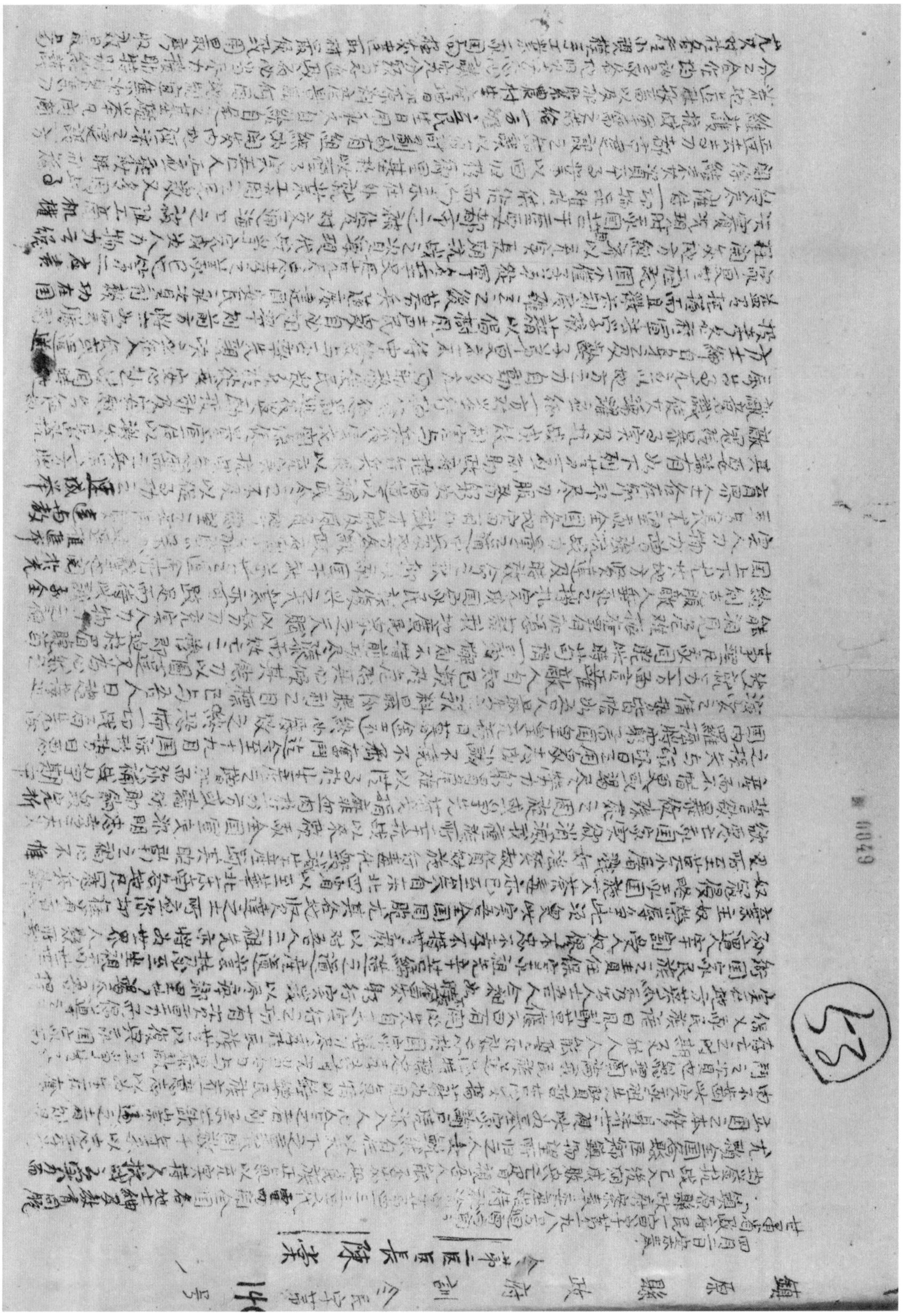

防偽宣傳

中華民國二十八年四月 日

縣長 郭介民

計抄發[illegible]抗戰建國綱領及[illegible]各一份。

[illegible]

甘肃省第三区行政督查专员公署关于征集抗战史料致镇原县政府的训令（一九三九年四月十二日）

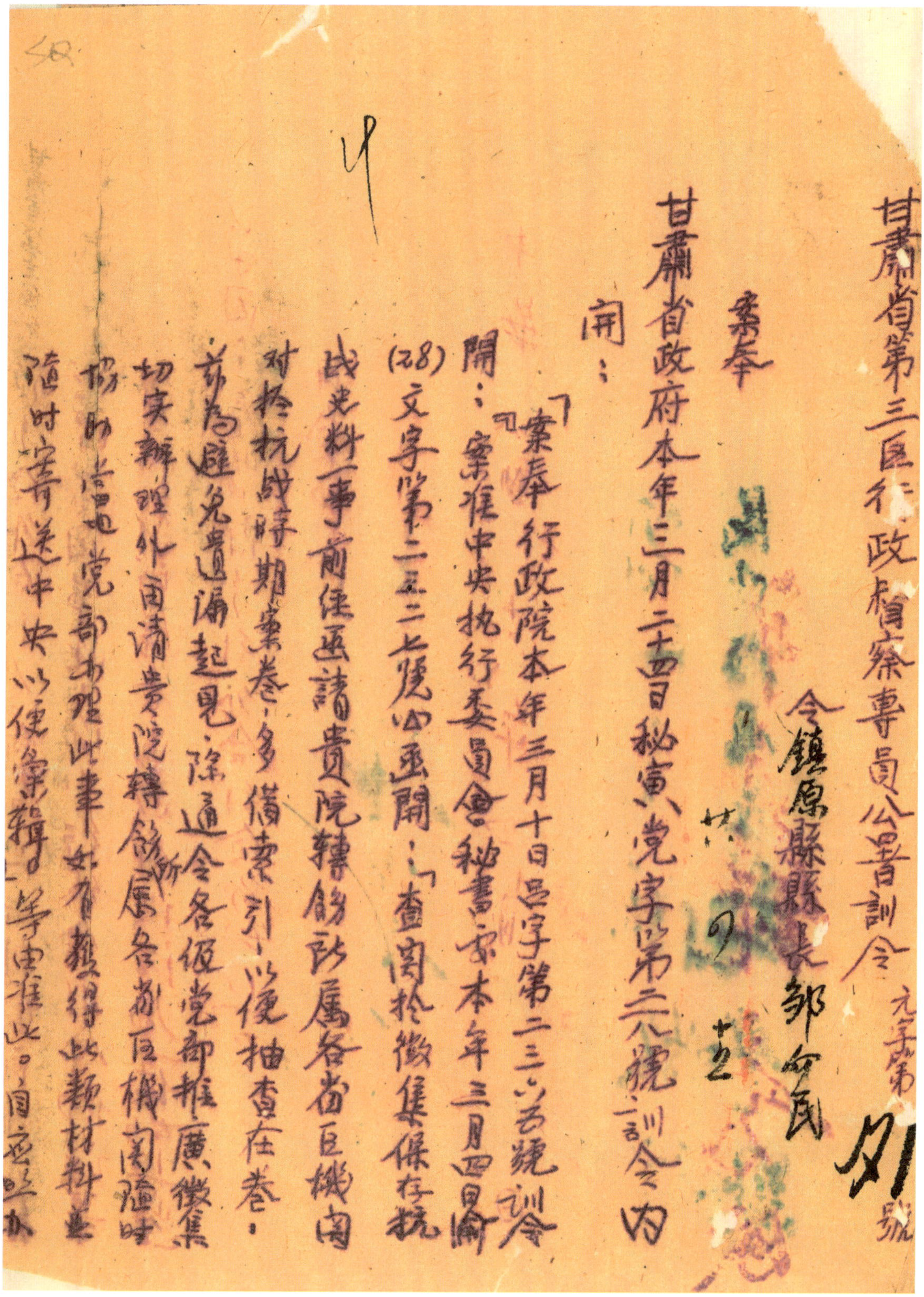
甘肅省第三區行政督察專員公署訓令　元字第91號

令鎮原縣縣長鄧命民

案奉

甘肅省政府本年三月二十四日秘寅黨字第二八號訓令內開：

「案奉行政院本年三月十日吕字第二三六五號訓令開：『案准中央執行委員會秘書處本年三月四日渝(28)文字第一二三二七號公函開：「查關於徵集保存抗戰史料一事，前經函請貴院轉飭所屬各省區機關對於抗戰時期案卷，多備索引，以便抽查在卷。茲為避免遺漏起見，除通令各級黨部推廣徵集，切實辦理外，再請貴院轉飭所屬各省區機關隨時協助當地黨部辦理此事，如有獲得此類材料，並隨時呈送中央，以便彙輯」等由；准此。自應照辦除分令外，合行令仰知照，并轉令所屬一體知照。此等因奉此。除分行外，合行令仰該專員轉飭所屬各縣政府設治局一體知照遵辦等因。奉此。除分行外，合行令仰知照。

此令。

20

中華民國二十八年四月十[illegible]日

專員錢[illegible]

為令飭關於征集保存抗戰史料案希飭保存以便考查由

擬並保存抗戰案卷

戌

四一六

镇原县政府关于转发欧洲形势与南昌战事临时宣传要点致第二区署的密令（一九三九年五月二十五日）

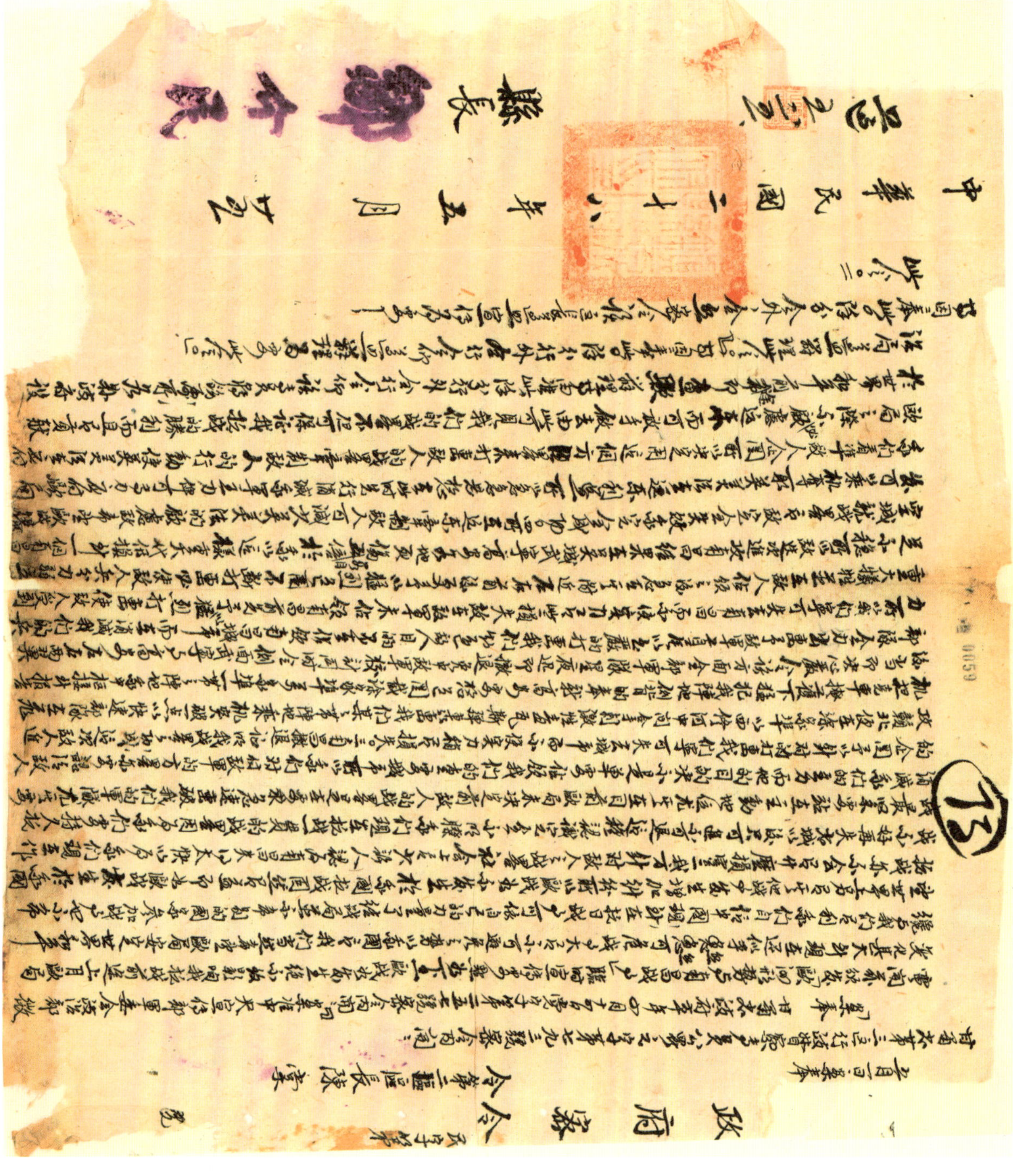
中華民國二十八年五月廿五日
縣長

镇原县政府关于禁售包装印有离间分化抗战字画的火柴致第二区署的训令（一九三九年十月十三日）

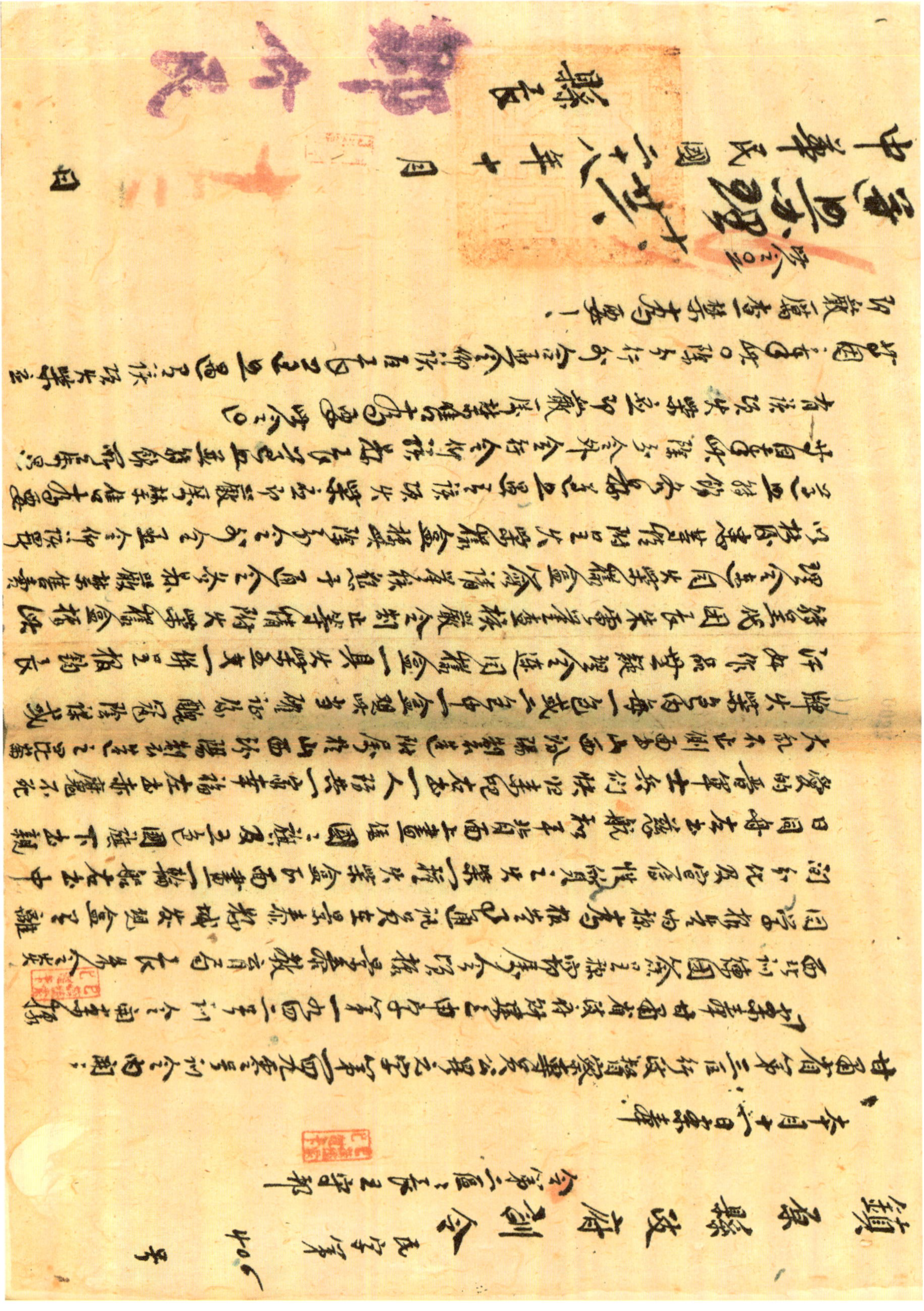

鎮原縣政府訓令

中華民國二十八年十月

縣長

平秦师管区司令部关于抗敌后援会工作人员缓役问题致镇原县政府的训令（一九三九年十月二十五日）

平秦師管區司令部訓令　役募字第10[illegible]號

令鎮原縣政府

會奉

軍政部渝役常字第七一七五號訓令內開：

「案據江西省軍管區司令部呈爲准江西省動員委員會函請釋抗敵後援工作人員可否緩役轉請核示等情，除以如抗敵後援會係屬臨時組織，其總幹事如係專任，准援照修正兵役法施行暫行條例第卅條一項四款上半段「主管官公事務之規定」准予緩役，其餘工作人員未便予以緩役等詞，除指令外，抄發原呈，令仰轉飭所屬一體遵照」

等因；附原呈乙件，奉此，除分令外，合抄原呈，仰即遵照，並飭屬遵照！

此令。

附原呈乙件

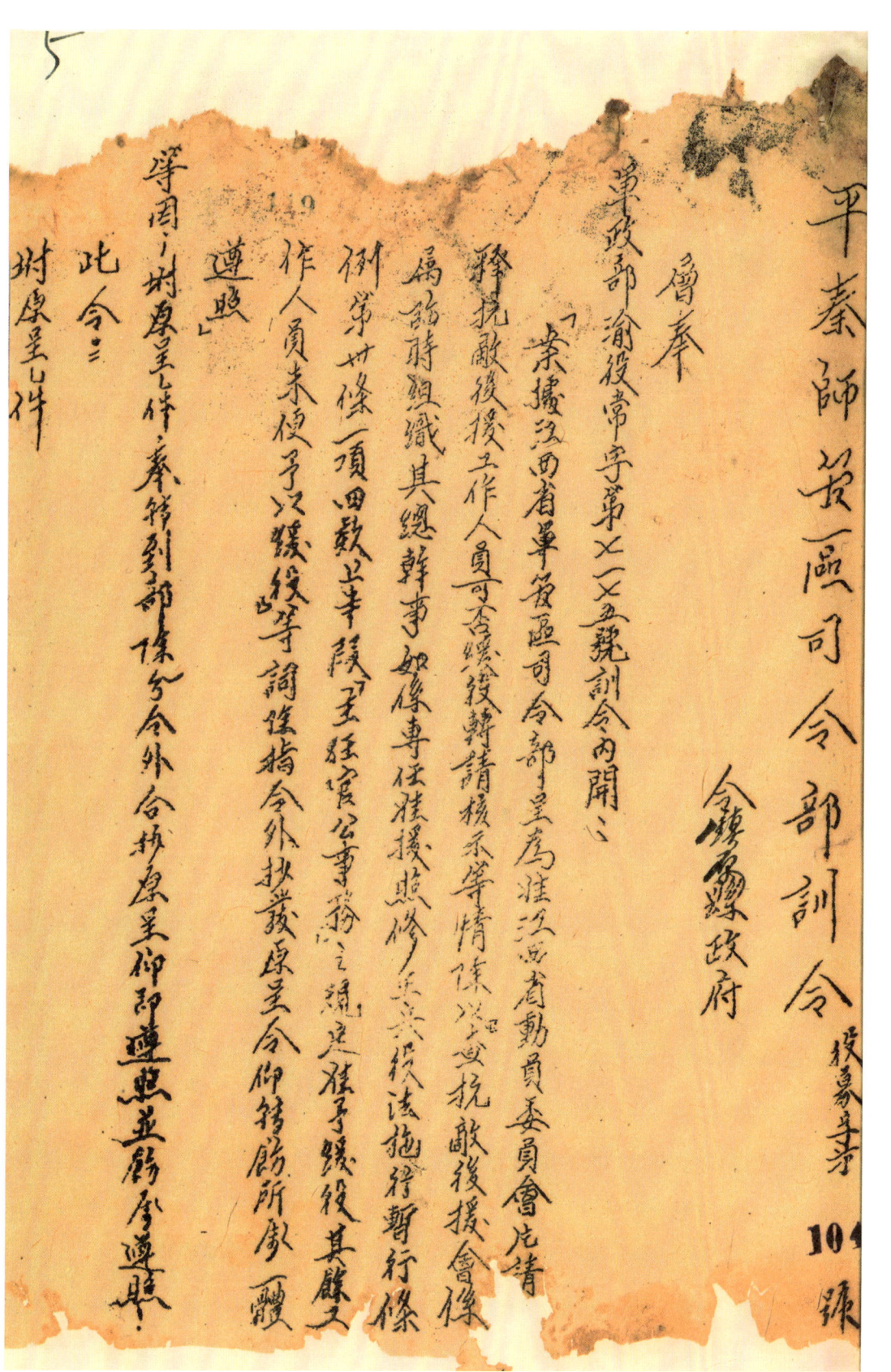

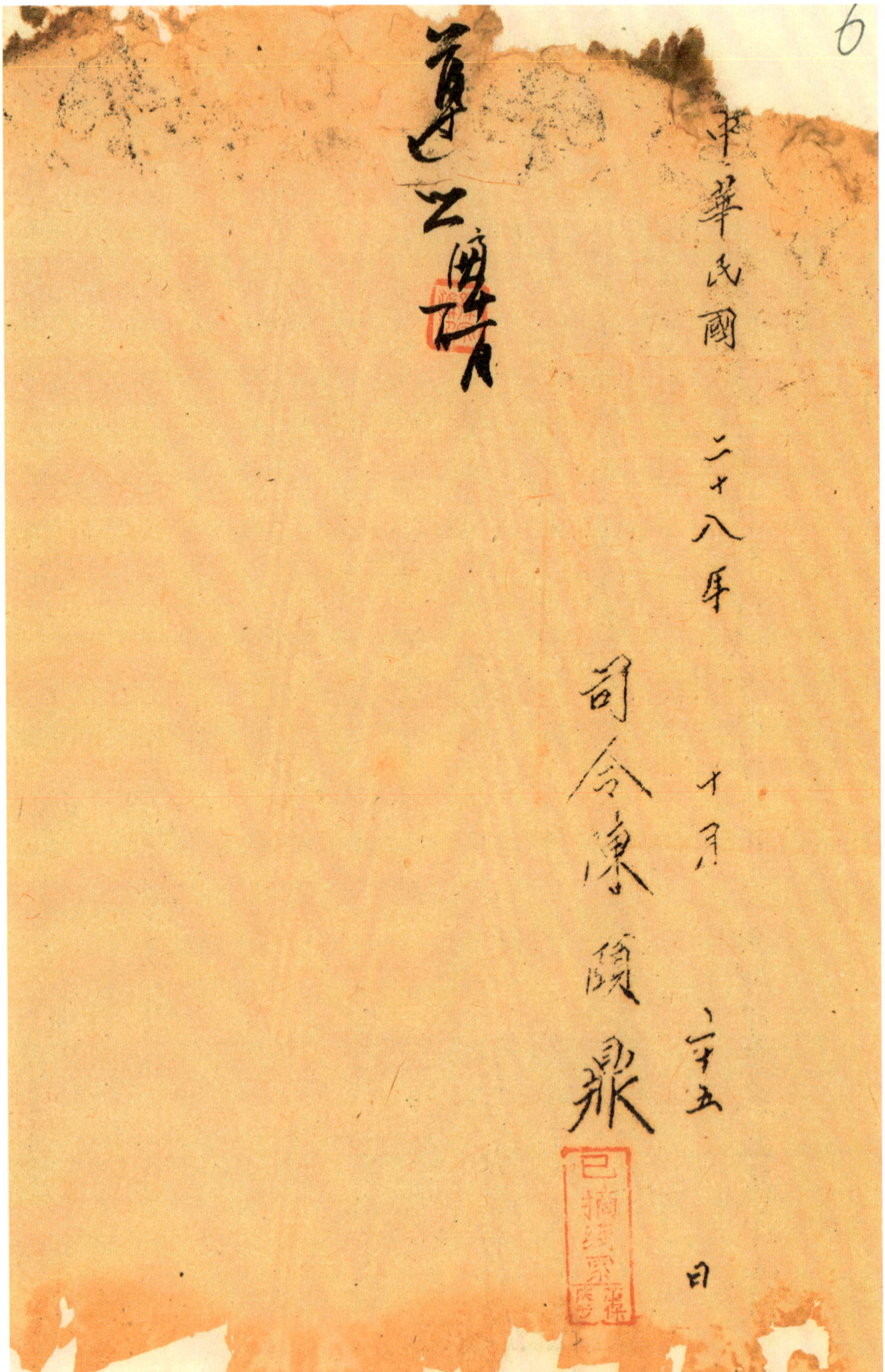

6

司令陳頤鼎

中華民國二十八年十月廿五日

已摘錄案

照抄原呈

案准江西動員委員會轉據江西各界民眾抗敵後援會呈稱：「案據吉安分會抗敵後
會振稱：案據本會宣慰工作團團員何君美報告稱：竊當此抗戰第二期生死存亡繫於一髮，
亟宜上下一致，精誠團結，以期眾志集中，救亡圖存，實繫於此。查各界民眾抗敵後援會職
務原為喚醒民眾，改革以前一切萎靡頹惰散漫腐敗之習氣，激發民眾蓬勃奮發愛國之
精神，加強抗戰力量，穩定後方治安，責任之重至深且鉅。後援會所負之使命既如此重大，而担
任工作人員事務又屬艱辛，如兵役宣傳、徵募慰勞物品、農村訪問、通俗講演、實行國民公約、
堅定民眾抗戰意志等工作，非深達鄉村作普遍宣傳，不足以達成任務。就此以觀，工作雖側
重後方，然與應徵抗戰似無二致。未卜担任後援工作人員可否緩服兵役，為特備文報告鈞會
鑒核示遵。等語。據此，查該員所報各節，核與總裁訓示後方重於前方、政治重於軍事之旨
相符合。所請後援工作人員緩役之處，事關法制，本會未敢擅專。據報前情，理合據情轉報鈞
會鑒核，並乞指令祗遵，以便轉飭知照。等情。前來。理合據情轉呈鈞會鑒核，懇請解釋示遵」
等情。兹呈等由准此。經以查兵役法第卅條第四項關於「担任官公事務」之緩役規定，已奉令
修正為「主任及公事務」。各級後援會工作人員若係專任於「綜辦事」者，自可援例聲請緩
役。其餘事務人員可否援例聲請，應候本部移請核示。茲詞光復在卷，查抗敵後援會
工作人員可否緩役之處，理合備文呈請鈞部鑒核示遵。

镇原县第二区署关于抗战期间不准无故辞职致第二区区员李景涛的指令（一九三九年十二月七日）

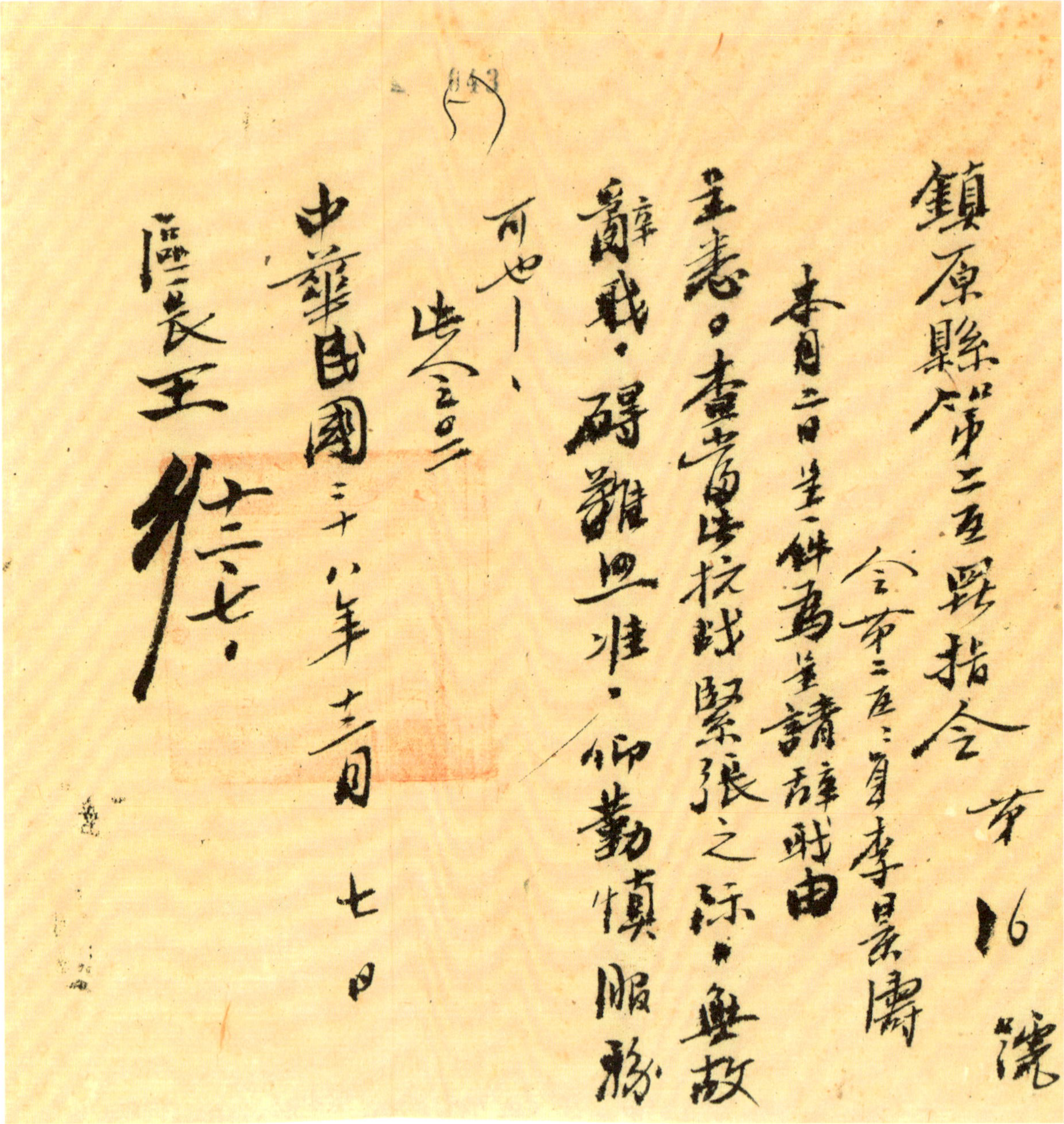
鎮原縣第二區署指令　第16號

令第二區區員李景濤

本月二日呈一件為呈請辭職由

呈悉。查當此抗戰緊張之際，無故辭職，礙難照准，仰勤慎服務可也！

此令

中華民國二十八年十二月七日

區長王[illegible]

附：李景涛辞呈（一九三九年十一月二十八日）

呈

呈為呈請辭職另委賢能以資接替而利公務事竊以現值抗戰特期後方之整飭事務愈形繁難非精敏強幹者決不能勝其任而蕆其事兼以地
方環境極形特殊鬼蜮伎倆特懷射影尤須有靈活之才智以為之隨機應變職
自信自己誠樸有餘而機警不足在此機構萬狀之場合角鬥心之地不宜
置身雲務中非僅面面不克認清直覺己身之才應付隕越之慮刻刻縈心惟恐貽誤地方致累國家寤寐迴溯徹宵難已加以職
家庭父老弟
幼管理無人今夏自鄒前縣長令職
服務以來小大事務率置頹唐值此生活問題緊張之期亦不便長此置之不問也肅此聊表積私掬誠
上達懇祈
鈞座電鑒下情俯准辭退另委賢能實為公私兩便謹呈

59

鎮原縣第二區區長王

抗戰期間無故辭職確難照准 十二、六

職李景濤呈

民國二十八年十一月二十八日

當此緊張之際無故請假碍難准

甘肃省新生活运动促进会关于切实倡导救国公债事宜致镇原县新运会的代电（一九四〇年五月二十日）

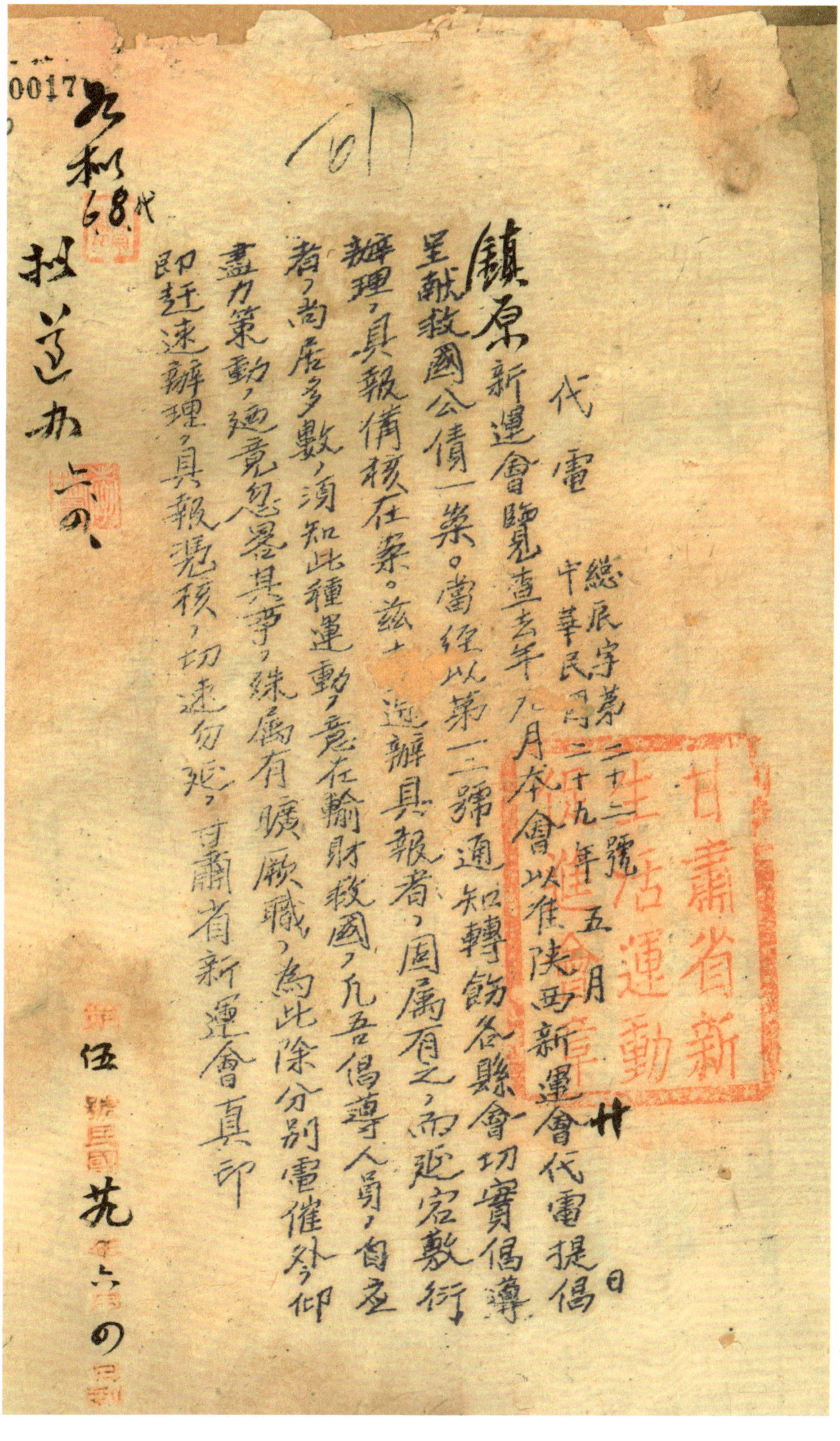

代電

總展字第二十三號

中華民國二十九年五月廿日

鎮原新運會覽：查去年九月本會以准陝西新運會代電提倡呈獻救國公債一案。當經以第一三號通知轉飭各縣會切實倡導辦理，具報備核在案。茲查遵辦具報者，固屬有之，而延宕敷衍者，尚居多數，須知此種運動，意在輸財救國，凡吾倡導人員，自應盡力策動，遍竟忽略其事，殊屬有曠厥職，為此除分別電催外，仰即迅速辦理，具報憑核，切速勿延。甘肅省新運會真印

甘肃省军管区政治部关于抗战前后所绘制的标语问题致镇原县国民兵团的训令（一九四〇年八月二十七日）

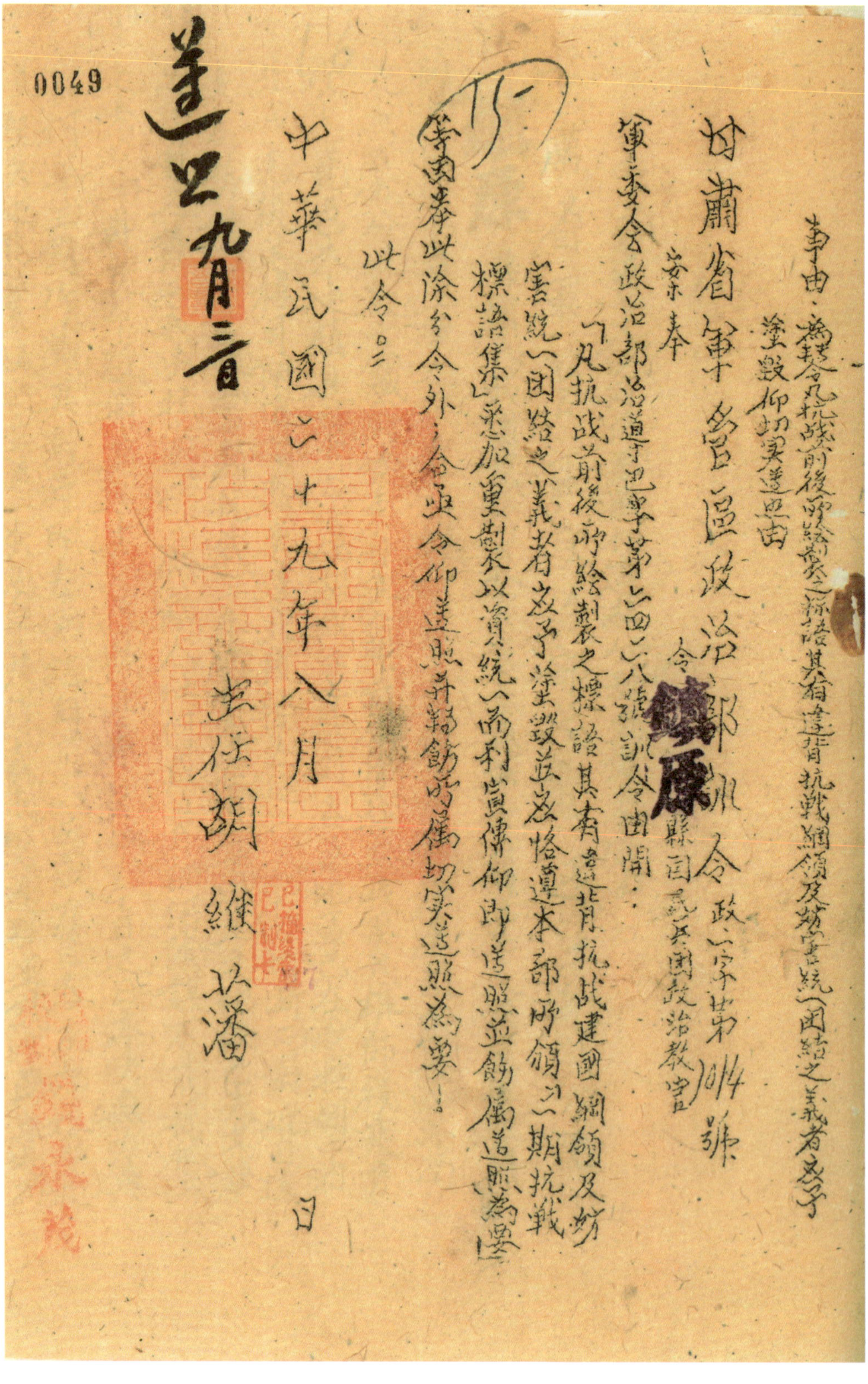
0049

事由：為奉令凡抗戰前後所繪製之標語其有違背抗戰綱領及妨害統一團結之義者應予塗毀仰切實遵照由

甘肅省軍管區政治部訓令　政二字第1014號

令鎮原縣國民兵團政治教官

案奉

軍委會政治部治道字巴字第六四二八號訓令開：

「凡抗戰前後所繪製之標語其有違背抗戰建國綱領及妨害統一團結之義者應予塗毀並應恪遵本部所頒之一期抗戰標語集」悉加重製以資統一而利宣傳仰即遵照並飭屬遵照為要

等因奉此除分令外合亟令仰遵照並轉飭所屬切實遵照為要！

此令。

中華民國二十九年八月　日

主任胡維藩

蓬巳九月三日

甘肃省教育厅关于转发中国童子军总会领导全国童子军为抗战将士征募寒衣代金运动办法致镇原县立初级中学的训令（一九四一年十一月二十七日）

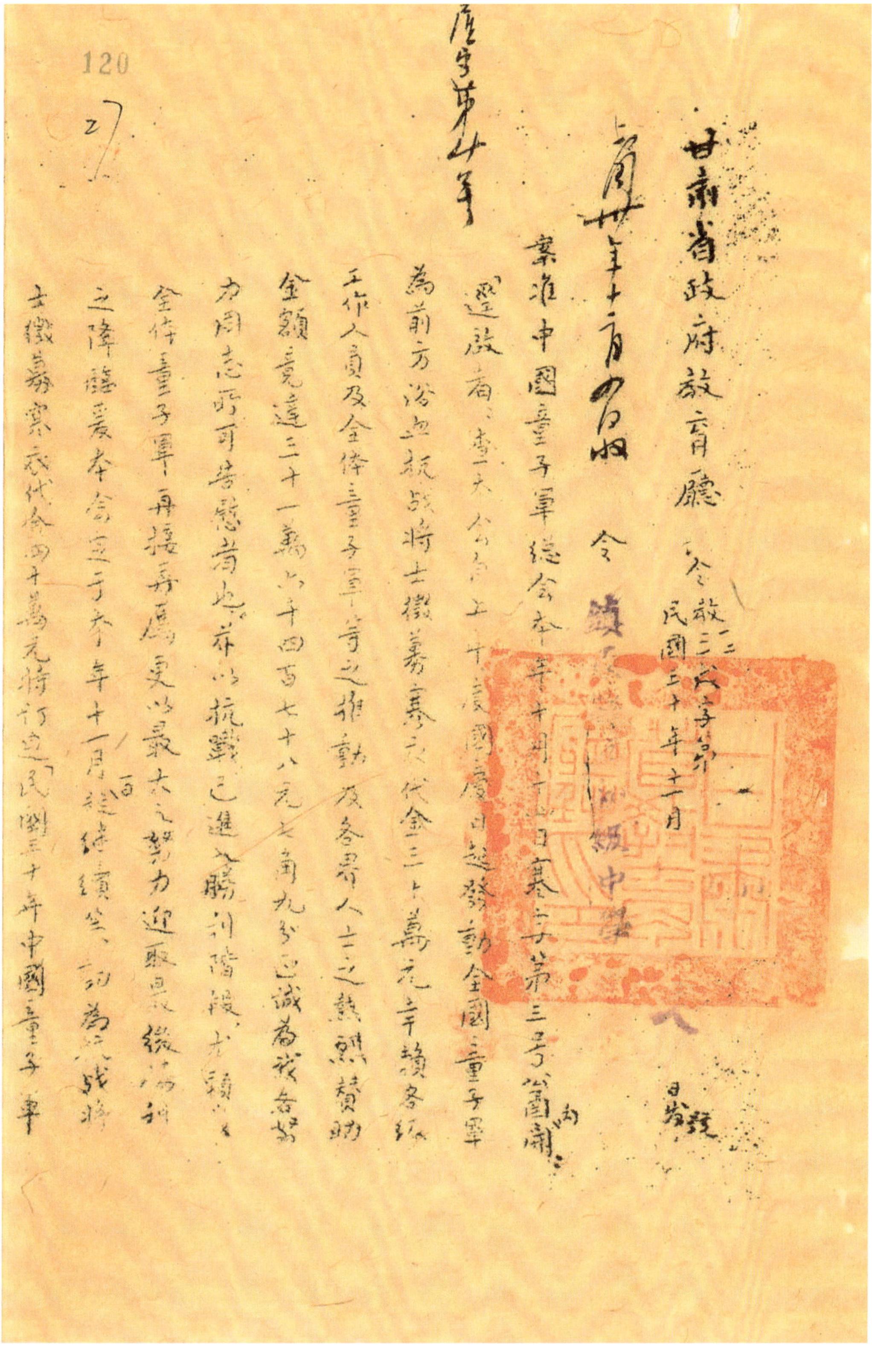

甘肅省政府教育廳訓令 令教三戊字第 號 民國三十年十一月 日發

令 鎮原縣立初級中學

上月廿七日收

案准中國童子軍總會本年十月廿三日寒字第三号公函開：内

「逕啟者：查本會此次發動全國童子軍

為前方浴血抗戰將士徵募寒衣代金三十萬元，業經各級

工作人員及全体童子軍等之推動，及各界人士之熱烈贊助，

全額竟達三十一萬六千四百七十八元七角九分，已誠為我各努

力同志所可告慰者也。惟以抗戰已進入勝利階段，尤須以

全体童子軍再接再厲，更以最大之努力迎取最後勝利

之降臨。爰本會並于本年十一月起繼續發動為抗戰將

士徵募寒衣代金四十萬元，特訂定「民國三十年中國童子軍

120

27

廣字第 號

28

總会領導全國海外僑胞童子軍為抗戰將士徵募寒衣運動办法綱領，除分行外，相應抄送是項办法一份，即希轉飭所屬該省童子軍、各校及社團查照，迅予協助進行為荷。等因，附徵募寒衣办法一份，准此，除分令外，合行抄發原办法一份，令仰遵照办理為要。

此令。

附抄發民國三十年中國童子軍總会領導全國及海外僑胞童子軍為抗戰將士徵募寒衣運動办法一份

縣長 鄭遜和

縣無童子軍
但俟健全再辦
十二、五。

監印

校對

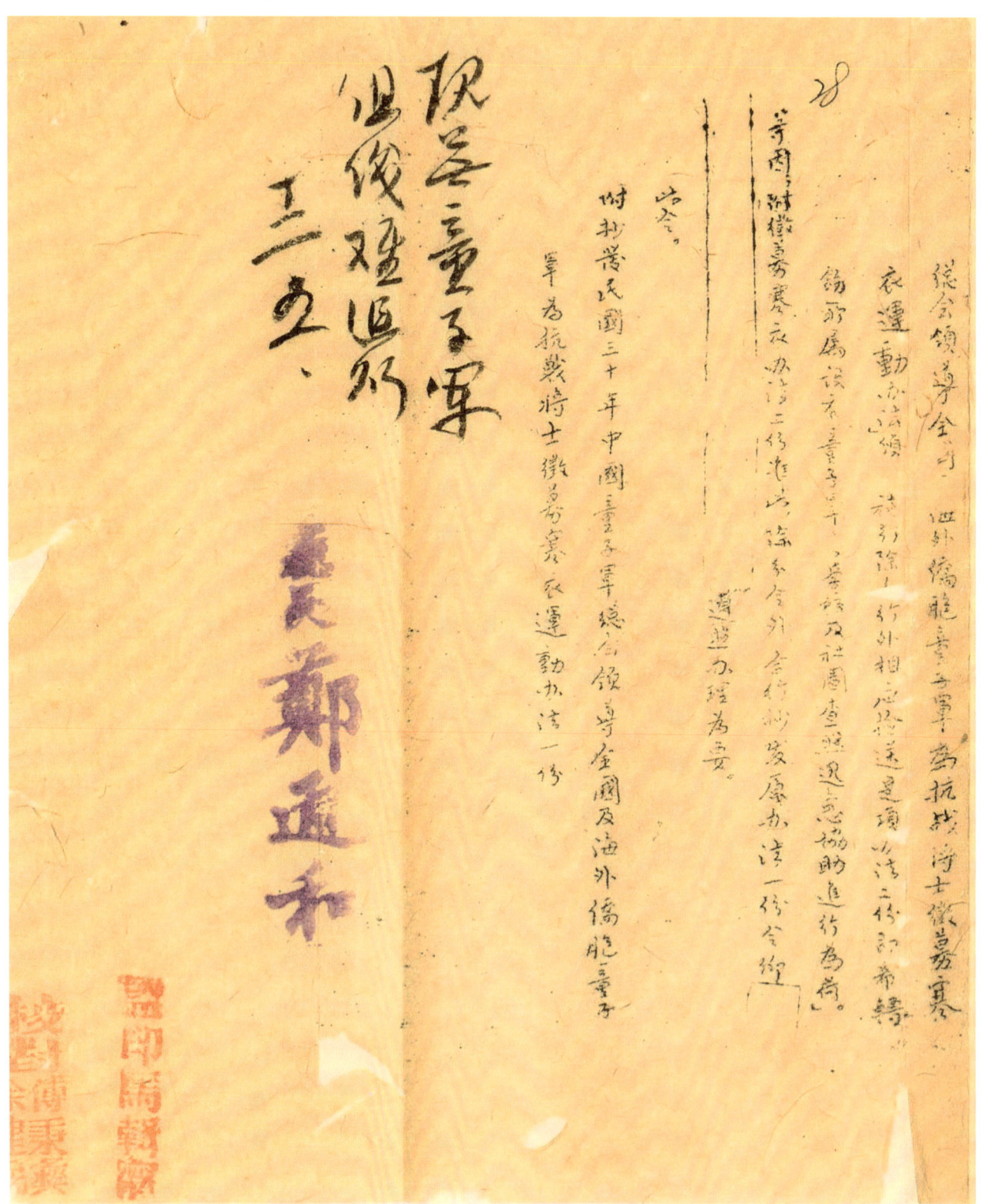

民國三十年

中國童子軍總會領導全國童子軍為抗戰將士徵募寒衣代金運動辦法

一、中國童子軍為表示對抗戰將士之敬愛及加強抗戰力量爭取最後勝利起見，特由中國童子軍總會（以下簡稱本會）繼續領導全國及海外僑胞男女童子軍徵募寒衣代金四十萬元運動，其方法依本辦法行之。

二、中國童子軍三十年度徵募寒衣運動自中國童子軍總會成立之週年紀念日（三十年十一月一日）開始至三十一年五月底結束。

三、凡中國童子軍無論男女每人最少須自捐或向親屬勸募寒衣代金國幣一元，除由內部籌措徵自行節約外，須募外并由團部彙齊造冊。

四、凡經募人員按照年齡徵募數目，可送呈重慶青木關中國童子軍總會核收，同時呈報所在省市理事會備查，以為便於統計核算起見，各單位捐款一律請逕送本會，其他徵募寒衣機關

五、本會以外團部請飭導指揮全國童子軍士有積極及熱烈性

30

贊之，乃以下為外，不論功若干，製發收據，并捐款彙送本團，以上作推動募
時必須穿著者之童子軍制服
五、不屬於團之童子軍，欲服務者，得就近向附近團部領取收據，以資協助
募，惟捐款仍須交由原團部，如不屬童子軍會之人得單獨匯送
六、募衣捐款須由郵局掛號或由受託銀行匯寄，十元以上之捐款不得以郵
票代現金
七、本會收到捐款時，以團為單位填發收據，各團得將該項收據與全團經
募數目同時公布
八、各團為工作便利起見，得由團長約請一般熱心童子軍事業人士組
織募衣徵募設計委員會，協助團長計劃徵募工作之進行
九、各團經募代金，經本會分別登記後，彙案呈送國民政府轉交主管機
關代製，翌年冬令贈與各戰區抗戰將士，各單位經募數目在重
慶中央公報上公佈
十、凡不屬於中國童子軍之團體，願與本會合作者，均竭誠歡迎，惟須依本辦

31

函行之

凡本團童子軍或成人（包括團務委員、團長、服務員等）不論個人自捐或發動僑胞代募全數超過下列標準者，由總會分別頒給紀念章及特種獎章、紀念狀，其成績特優者，由總會另特頒榮譽章（童子軍組）。獎牌人榮譽標準分列如下：

別：（一）童子軍組：特等國幣一百元（海外須捐國幣二百元）；

（一）童子軍組：特等國幣一百元五十元（海外須捐國幣二百元一百元）

甲等國幣五十元（海外須捐國幣一百元）

乙等國幣二十元（海外須捐國幣四十元）

（二）成人組：特等國幣五百元（海外須捐國幣一千元）

甲等國幣一百元（海外須捐國幣二百元）

乙等國幣五十元（海外須折國幣一百元）

七、凡童子軍團全團徵募款數超過國幣五百元（海外須折國幣一千元）者，由總會分別給予一級錦旗榮譽證書，規程另規定特頒榮譽證書。其徵募款數超過國幣五千元（海外須折國幣一萬元）以上者，由本會呈請國民政府或商請各當地政府特予褒狀，不備格。童子軍之團體續送榮譽紀念品另由總會定之。

八、各省市理事會或教育廳協助其徵募成績優良者，由本會專函獎勵；成績特優者，由本會呈請國民政府或商請當地政府予以傳獎。

九、為求經濟之經費起見，本會咨請各省市及海外各地領事館暨本會各地黨部轉令各有關政府推動，期臻普遍之中國童子軍依本辦法之規定徵募之。

十、本辦法由中國童子軍總會理事會核准施行。

镇原县政府关于集中人员宣读对日宣战布告致显圣乡公所的训令（一九四二年二月二日）

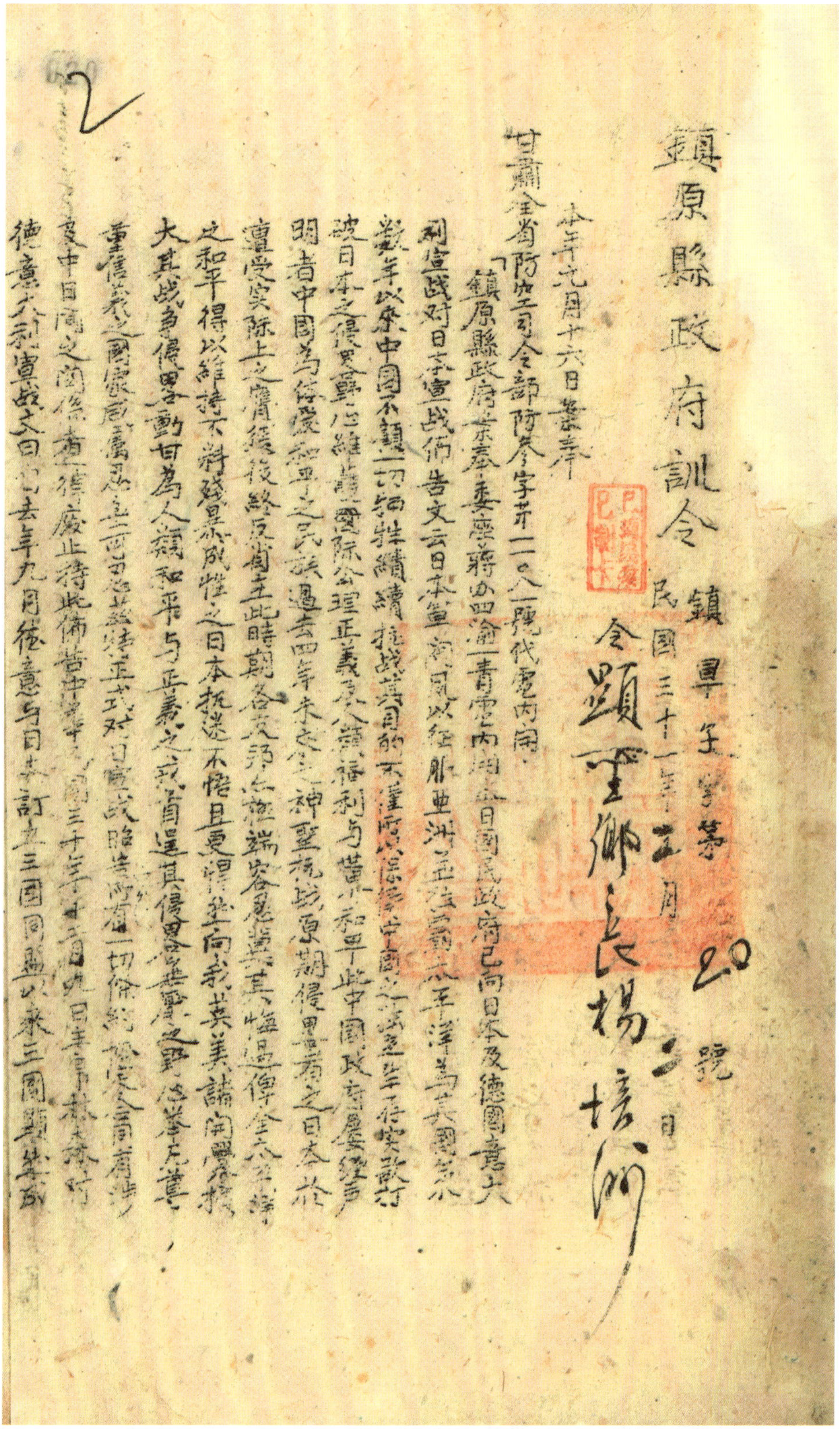

镇原县政府训令 镇皋字第 20 号

民国三十一年二月二日

令显圣乡长杨[illegible]

本年元月十六日案奉

甘肃全省防空司令部防参字第一一〇八一号代电内开：

「镇原县政府案奉委座蒋世四渝一青电内开：九日国民政府已向日本及德国意大利宣战。对日本宣战布告文云：日本军阀夙以征服亚洲并独霸太平洋为其国策。数年以来，中国不顾一切牺牲，继续抗战，其目的不仅所以保卫中国之独立生存，实欲打破日本之侵略野心，维护国际公理正义及人类福利与世界和平，此中国政府屡经声明者。中国为爱好和平之民族，过去四年余之神圣抗战，原期侵略者之日本于遭受实际上之惩创后，终能反省。在此时期，各友邦亦极端容忍，冀其悔祸，俾全太平洋之和平得以维持。不料残暴成性之日本，执迷不悟，且更悍然向我英美诸友邦开衅，扩大其战争侵略行动，甘为破坏人类和平与正义之戎首，逞其侵略无厌之野心。举凡尊重信义之国家，咸属忍无可忍。兹特正式对日宣战，昭告中外，所有一切条约、协定、合同有涉及中日间之关系者，一律废止。特此布告。中华民国三十年十二月九日，主席林森。

德意大利宣战文曰：自去年九月德意与日本订立三国同盟以来，三国[illegible]

一侵畧集团德意两国始則承認偽滿繼復承認南京偽組織中國政府業經宣佈與兩國斷絕外交關係最近德意與日本一復擴大其侵畧行動破壞全太平洋之和平此實為國際正義之蟊賊人類文明之公敵中國政府與人民對此礙難再予容忍茲正式宣佈自中華民國三十年十二月九日十二時起中國對德意志意大利兩國立於戰爭地位所有一切條約協定合同有涉及中德與中意關係者一律廢止特此佈告中華民國三十年十二月九日主席林森等因奉令仰即轉飭所屬集中全部官兵敬謹宣讀為要等因奉此除分電外仰即遵照轉飭所屬各防空監視隊哨及防護團集中全体官兵宣讀為要等因奉此，除分令外，合亟令仰該鄉鎮長遵照宣讀為要。

此令

縣長 胡□陞

镇原县政府关于发动国民兵运动捐献飞机致各乡镇公所的训令（一九四二年八月十一日）

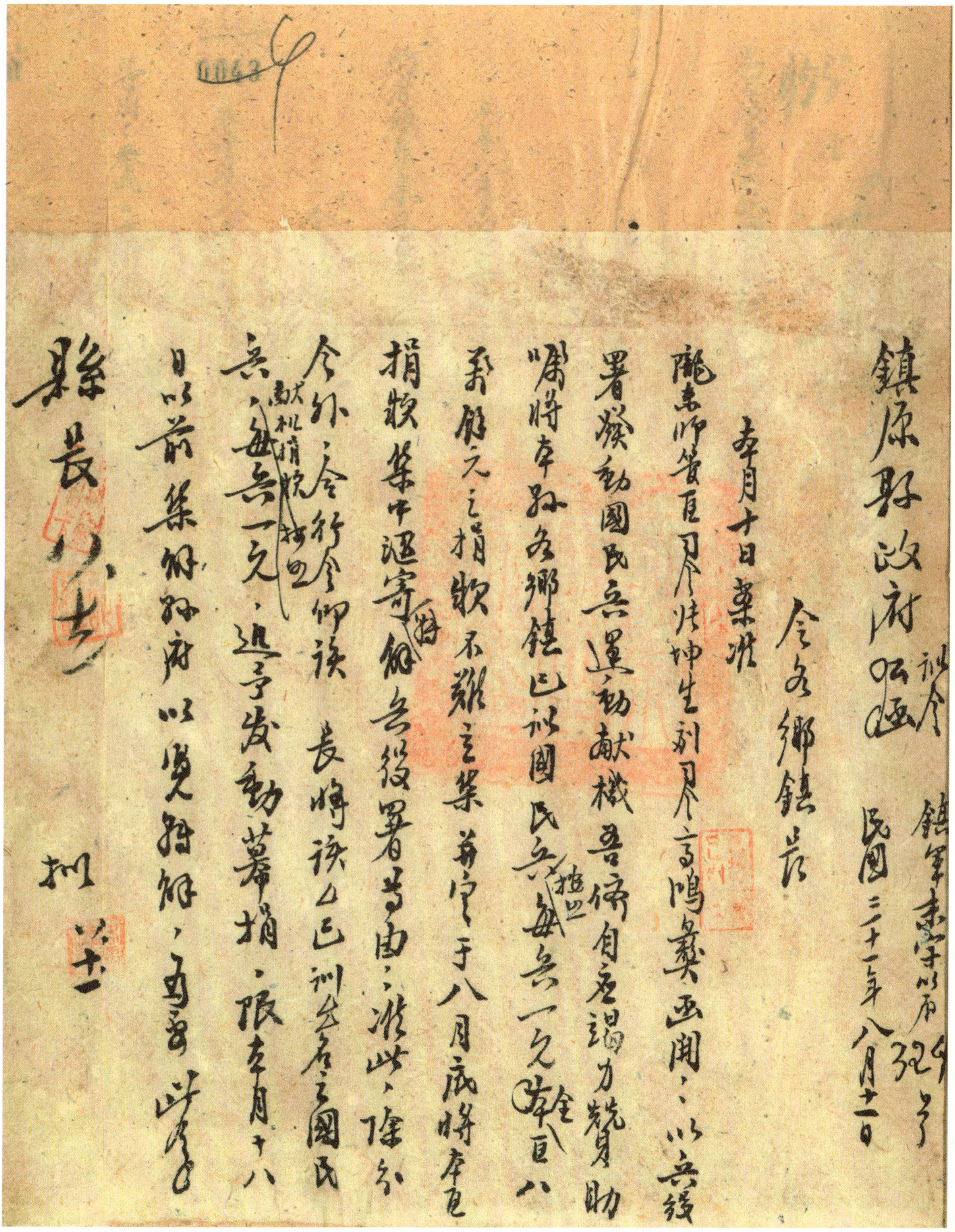
镇原县政府训令 镇军秘字第32号
民国三十一年八月十一日
令各乡镇长
本月十日案准
陇东师管区司令侍坤生副司令高鸿龚函開：以兵役署发動國民兵運動獻機，吾侪自应竭力赞助，嘱将本县各乡镇区社国民兵，每兵一元，本区八万余元之捐款不难立集，前定于八月底将本区捐款集中汇寄师管区备兵役署，等由，准此，除分令外，合行令仰该长将该乡区训练各国民兵，每兵一元，迅予发動募捐，限本月十八日以前集解县府，以凭转解，勿违，此令。
县長

镇原县政府关于献机捐款如数募齐致兰州军管区司令部的代电（一九四二年九月二十八日）

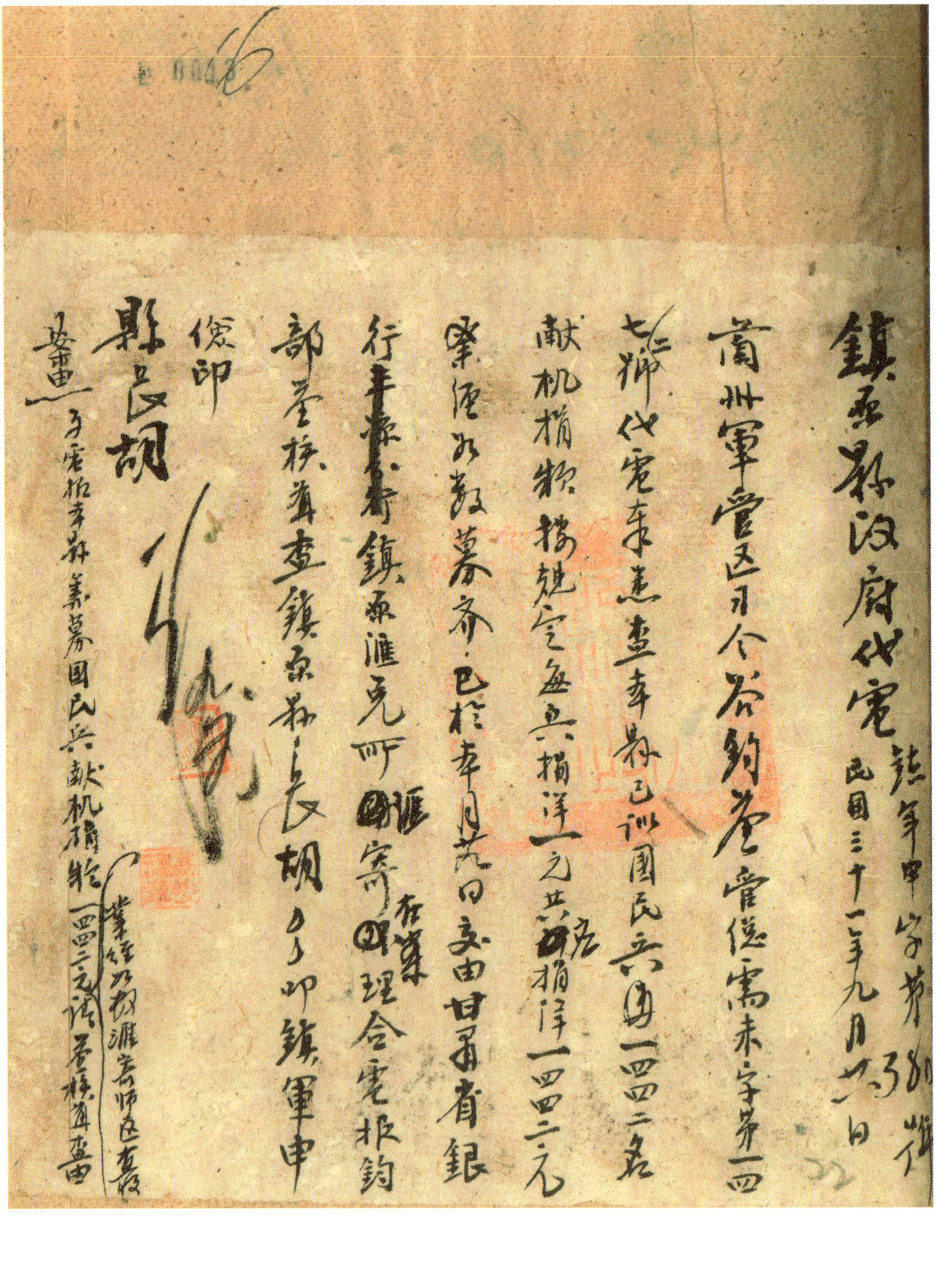

镇原县政府代电　社军字第380号
民国三十一年九月廿八日

兰州军管区司令部钧鉴：會继需未字第一四七六号代电奉悉，查本县已认国民兵额一四四二名，献机捐款按规定每兵捐洋一元，共应捐洋一四四二元，业经如数募齐，已于本月廿日交由甘肃省银行汇寄，在案，理合电报钧部鉴核。镇原县县长胡叩。镇军申俭印

县长胡

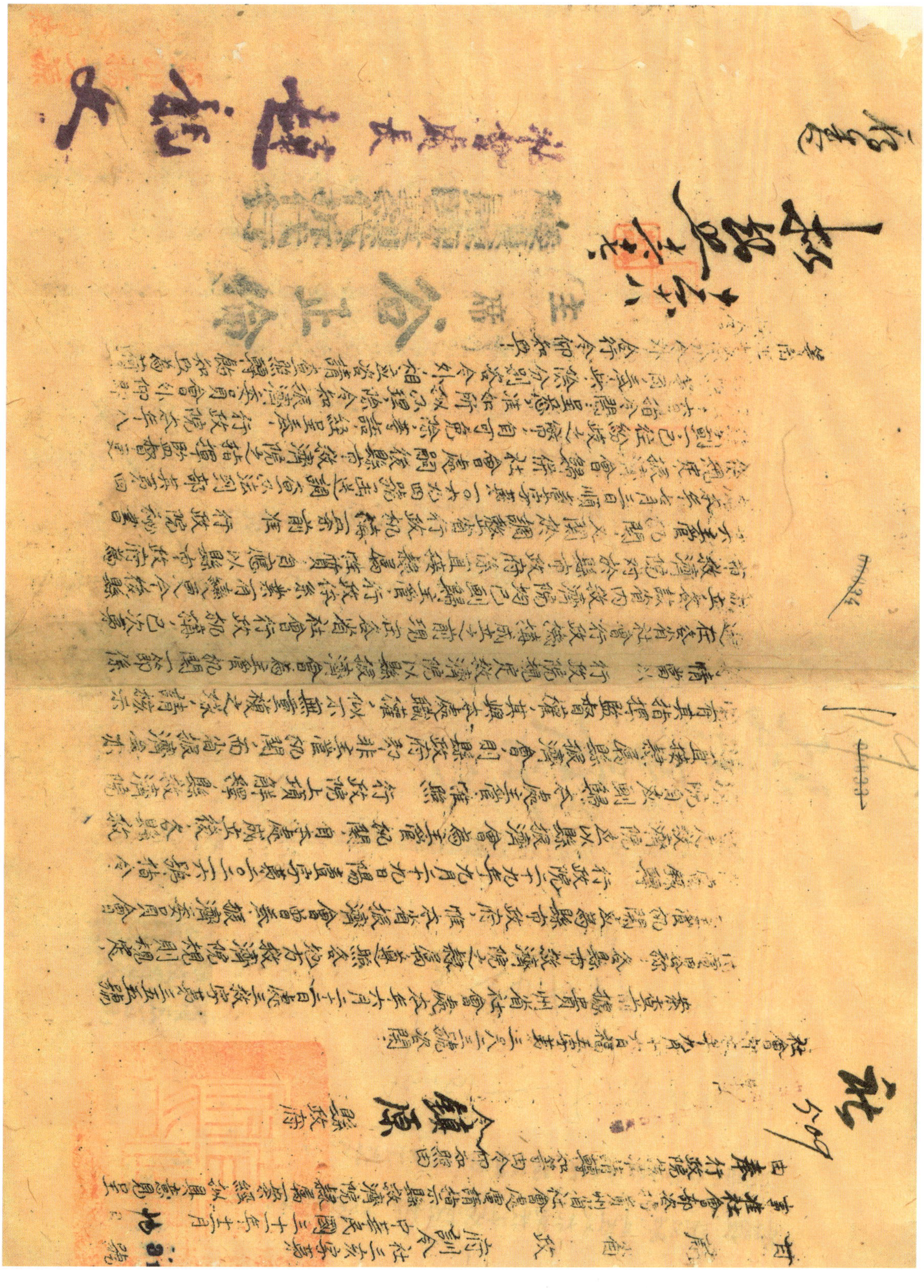

甘肃省政府关于县救济院隶属事致镇原县政府的训令（一九四二年十二月九日）

镇原县政府关于抗战时期厉行节约致开边中心学校的训令（一九四四年五月四日）

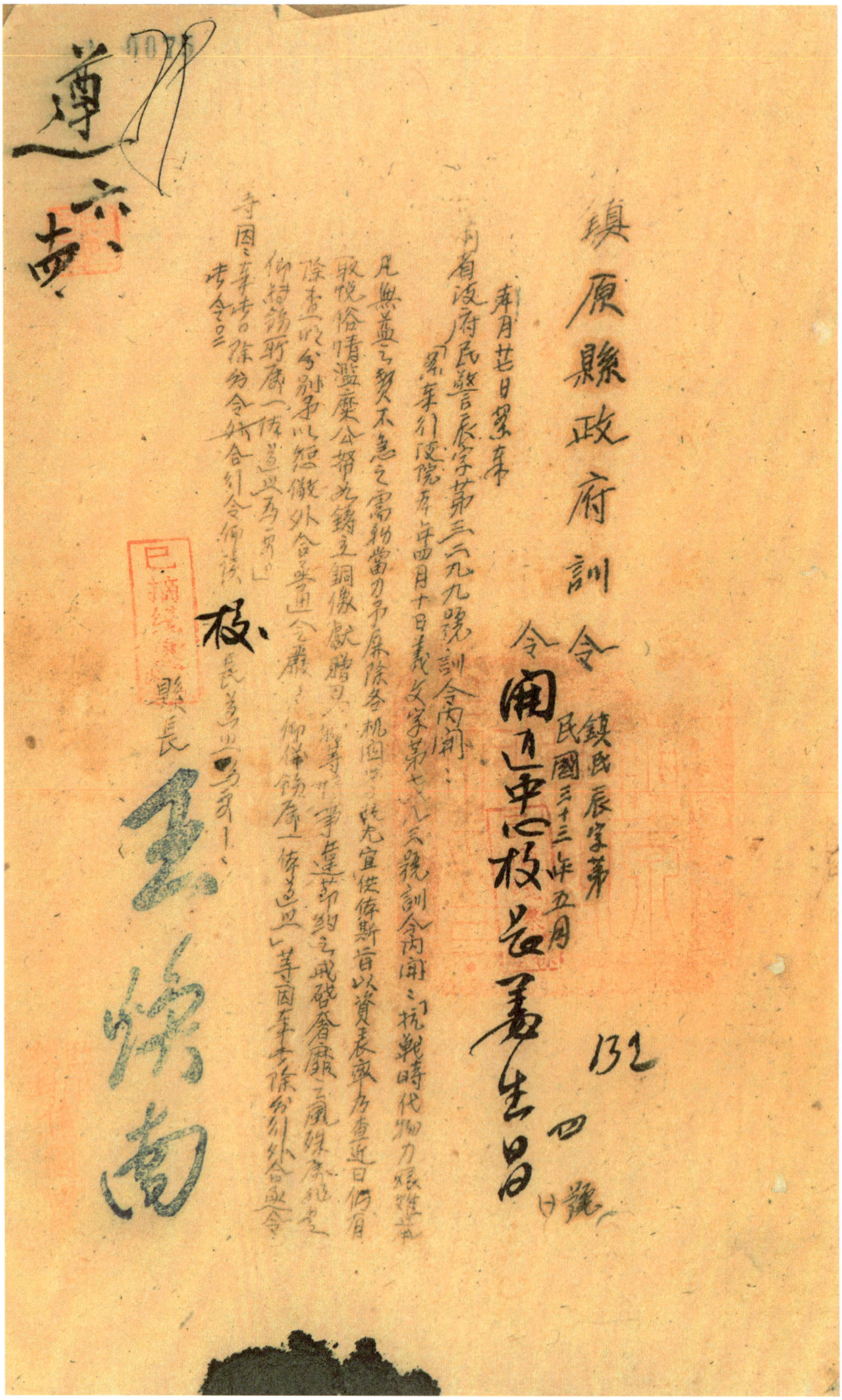

镇原县政府训令

镇民辰字第132号 民国三十三年五月四日

令开边中心校校长萧生昌

案奉

甘肃省政府民督辰字第三一二九九号训令内开：

"案奉行政院本年四月十日义文字第七九三号训令内开：'抗战时代物力艰难，举凡无益之费、不急之需，均当力予屏除，各机关团体尤宜从俭，斯旨以资表率。乃查近日仍有取悦俗情，滥靡公帑，如铸立铜像、献赠旗……等事，违节约之戒，启奢靡之风，殊属非是。除查明分别予以惩儆外，合亟通令严行饬属一体遵照'等因，奉此，除分令外，合亟令仰遵照'等因，奉此，除分令外，合行令仰该校长遵照为要。此令。"

县长 王维南

宁县劳军献金委员会关于为抗战前方将士捐款致王议长的代电（一九四四年七月二日）

寧縣勞軍獻金委員會代電　寧獻字第　　號　卅三年七月　日

王議長覽案奉第八戰區特別党部命令因豫省戰區日趨激烈我忠勇將士堅苦奮鬥迭挫敵鋒值此勝利在握之際茲為鼓勵前方將士再接再勵痛殲頑寇起見本會特發動當地党政軍各機關首長在團部中山室開會討論決議除各機關公務員扣發一日所得薪金滙交外並製訂勸募捐冊十三本依鄉鎮等級（甲等五千元乙等四千元丙等三千元但與又望寧兩鄉鎮免募）分配數目限於七月十五日前將捐款數額連同捐冊送交縣商會以便滙解事關救國美舉除通知外相應檢寄捐冊一本務希依限辦理萬勿延悮是所至盼主任委員雷振副主任委員曹建人寧獻午冬印

陇东专员公署关于一九四四年征收公粮公草致各县政府的指示信（一九四四年十一月八日）

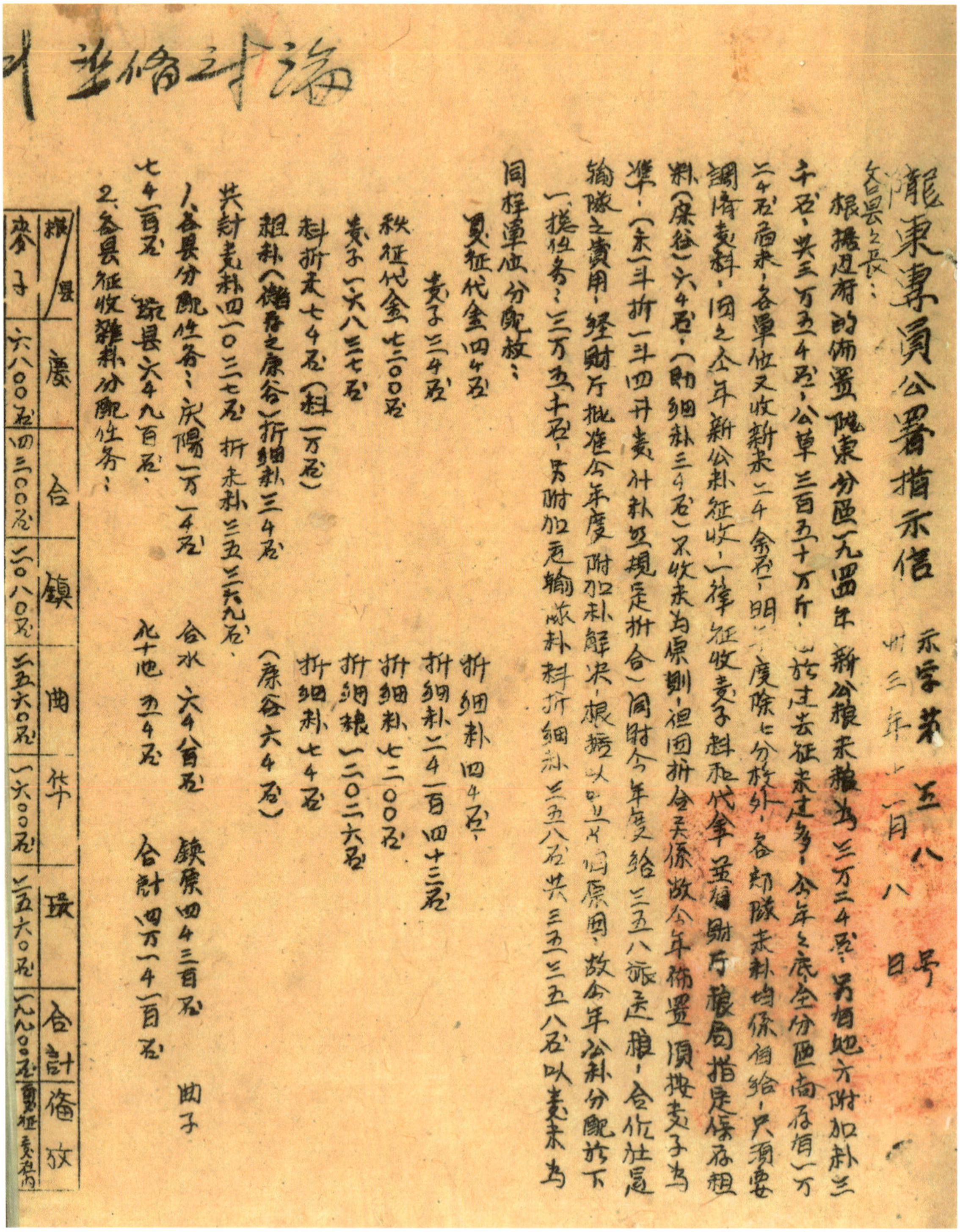

隴東專員公署指示信　示字第五八号　卅三年十一月八日

各县長：

根據邊府的佈置，隴東分區一九四四年新公糧米糧為三万二千石，另有地方附加糧三千石，共三万五千石，公草三百五十万斤。由於過去征米过多，今年之底全分區尚存有一万二千石糧米，各單位又收新米二千余石，明年度除七分校外，各部隊米糧均係自給，只須要調濟麥料，因之今年新公糧征收，一律征收麥子、料和代金，並有財庁糧局指定係存粗糧（康谷）六千石，（即細糧三千石）不收米為原則，但因折合关係，故今年佈置須按麥子為準，（米一斗折一斗四升麥計糧並規定折合）同时今年度給三五八旅之糧，合作社運輸隊之費用，經財庁批准今年度附加糧解決，根據以上的原因，故今年公糧分配於下：

一、總任务：三万五千石，另附加運輸隊糧料折細糧三五八石，共三五三五八石以麥米為準，

同样單位分配数：

夏征代金四千石　折細糧四千石，

麥子三千石　折細糧二千一百四十三石

秋征代金七二〇〇石　折細糧七二〇〇石

麥子一六八三七石　折細糧一二〇二六石

料折米七千石（料一万石）　折細糧七千石

粗糧（储存之康谷）折細糧三千石（康谷六千石）

共計麥糧四〇二七石　折米糧三五三六九石、

1、各县分配任务：庆陽一万一千石　合水六千八百石　鎮原四千三百石　曲子七千一百石　環县六千九百石、　华池五千石　合計四万一千一百石

2、各县征收雜糧分配任务：

糧/县	慶	合	鎮	曲	华	環	合計	备攷
麥子	六八〇〇石	四三〇〇石	二〇八〇石	三五六〇石	一六〇〇石	三五六〇石	一九八〇〇石	夏征麦在内

机乙二和

代金夏征	代金秋征	储存粗粮折细粮	料折细粮	合计
一4石	一千二百石	（一二00石）六00石	（二000石）一四00石	一一000石
	一二00石	（一二00石）六00石	（一4石）七百石	六八00石
六00石	一二00		（六00石）四二0石	四三00石
一000石	一四00石	（一二00石）六00石	（三二00石）一五四0石	七一00石
四00石	一000石	（一二00石）六00石	（二000石）一四00石	五4石
一000石	一二00石	（一二00石）六00石	（二二00石）一五四0石	六九00石
一四000石	七二00石	（六000石）三000石	（一0000石）七000石	四一000石
每小斗五00元	每小斗二4元	以糜谷计	以黑豆小豆为主	

指定由子庄料内收高粱六百石，镇原收购好三百石，除此庄料内以黑豆小豆为主，其他什粮不能超过总数的三分之一。

3、运输任务：今年三五八旅三八五旅之草料粮全部自给，政府没有供给他们的任务，只供给抗大七分校米一五00石，料一六五四石，麦子三4石；具体运输任务分配于下：

运输地点	东华池			豹子川		上平川		合水或大凤川		合计
粮料类	米	麦	料	麦	料	麦	料	麦	料	
华池县	五00石	一千石	六百石		一八0石					三三八0石
合水		五百石		五百石		五百石	五00石	五百石	六百石	二八七四石
合计	五00石	五百石	六百石	五百石	一八0石	五百石	五00石	五百石	六百四0石	六一五四石

三、什粮折合麦子表：以米为本位，在收补征收时计算（小斗计）

麦子1斗

2斗	荞麦	高粱	糜谷
1.5斗	豆	黑黄	荞麦
1.8斗	荞	苦	玉麦
0.7斗	米		大
0.6斗	籽	蓿	苜
1斗	籽		盘
1斗	豆		绿
1斗	子		菜
1斗	麻		胡
1斗	子		蓖
1斗	麻		老
1.5斗	麻		小
1.5斗	芥		芸
0.7斗	蔴		芝

兑其说明：1、蔬菜以甲平市价折细粮，2其他附出按条例征收，3、老麻荞麦豆芥等麦一种不收，4、料以黑豆小豆为主，其他什料至多只能占三分之一，5烟叶不收，由贸烟公司收买，由条子运来顶料，6棉籽不收。

储粮及备仓问题：

1、储粮问题：1、四三年度之新公粮，凡存未出者，加以检查，仍回封保存，须俟公者万俩公保存，由各县自定。2、四二年之公粮，应迅速处理，能开支者首先开支，开支不完者设法借给群众，明年秋收归还，因利害说明切了，还是要百姓出，如不吃即要还于军队吃，应有组织有计划的借出，以免损失。3、不能食用之粮食，能做酒者做酒，或卖给机关部队，作为喂牲畜，以减少损失。4、各科及负绝对责任，彻底检查，迅速报告，以免受到大的损失。5、公草之粗粮各县可酌量可暂又有保证之群众保存，并将保存人之家庭情形、保存之地点、数目，详细登记成册，报告本署，此种保存地点必须适中，保险便于供给方也。

2、备仓：1、庆阳建筑十余间房之仓库，并补修西仓。2、曲子华池之中心仓库暂停工，明春开始建修。3、其他仓库一律补修。4、有须设临时仓库者，各县自行计划，必须照顾保险安全及便于供给的条件，并须呈报专署转财厅备案。

四、公草的布置：

1、随粮征草每斗粮十斤草，本分区应布置草为三百五十万斤，因为今年给三五八旅应粮财厅批准附加一部份草，所以随粮征草又便于计算，兹将各县分配于下：

庆阳一百十万斤， 合水六十八万斤， 镇原四十三万斤 曲子七十一万斤 华池五十万斤，环县六十九万斤 合计四百一十一万斤。

征收代金及实草分配于下：

	庆阳	合水	镇原	曲子	华池	环县	合计
实草	六十万斤	六十八万斤	十五万斤	廿万斤	五十万斤	廿五万斤	二百卅八万斤
代金	五十万斤		廿八万斤	五十一万斤		四十四万斤	一百七十三万斤
合计	一百一十万斤	六十八万斤	四十三万斤	七十一万斤	五十万斤	六十九万斤	四百一十一万斤

实草内连同征草在内，草代金一百斤以十五元纸[illegible]。

2、草的折合率：

1、麦草 各草一斤折一斤，（山草 原草不收） 2、蒲丝破布一斤折一斤， 3、马兰草一斤折二斤，（余米生也尽量的收，不加限制） 4 乱麻绳头一斤折三斤各县可不限制的收，越多越好以做造币的原料。

五、征收办法及日期步骤：

1、按照农累税征收，唯要照顾到地主负担问题，按实收租额计税。 2、其他各县按卅三年度之征收条例征收，唯每县要实习一个乡的农累税，前乡总劳动英雄会、配合起来做，一律进行调查登记，以行政村代表及乡公所组织评议委员会民主评议， 3、县政府的粮草数须经县参议会讨论批准，乡政府所数目须经乡参议会讨论批准，最后决定应征数（经县议过后）必须经乡参议会讨论批准，做最后决定，乡政府方得正式宣布开征数。

六、征收工作的几个阶段及时期： 1、十月为调查（讨论评议时期县乡参议会讨论征收办法和数目，乡村组织评议会，开始进行调查登记工作，并进行评议， 2、十二月初正式宣布征收数目开始入仓，入仓办法和手续根据财厅规定执行，（办法另发）总的直接或间接指挥各县自定， 3、十二月底入仓结束，县政府於一九四五年一月十日至十五日总结征收，分区一月廿日开始总结征收工作，一月底全部结束， 4、以上三个阶段及征收开始布置工作，县政府须给专署报告，临时特殊问题随时提出以免防碍工作，

七、县政府根据此指示作订出具体征收修仓计划及步骤，上报本署，以便转边府为职

此致

敬礼

专员 马锡五

镇原县开边乡公所关于筹集本年从军奖励金及慰劳金致第十五保的代电（一九四四年十一月三十日）

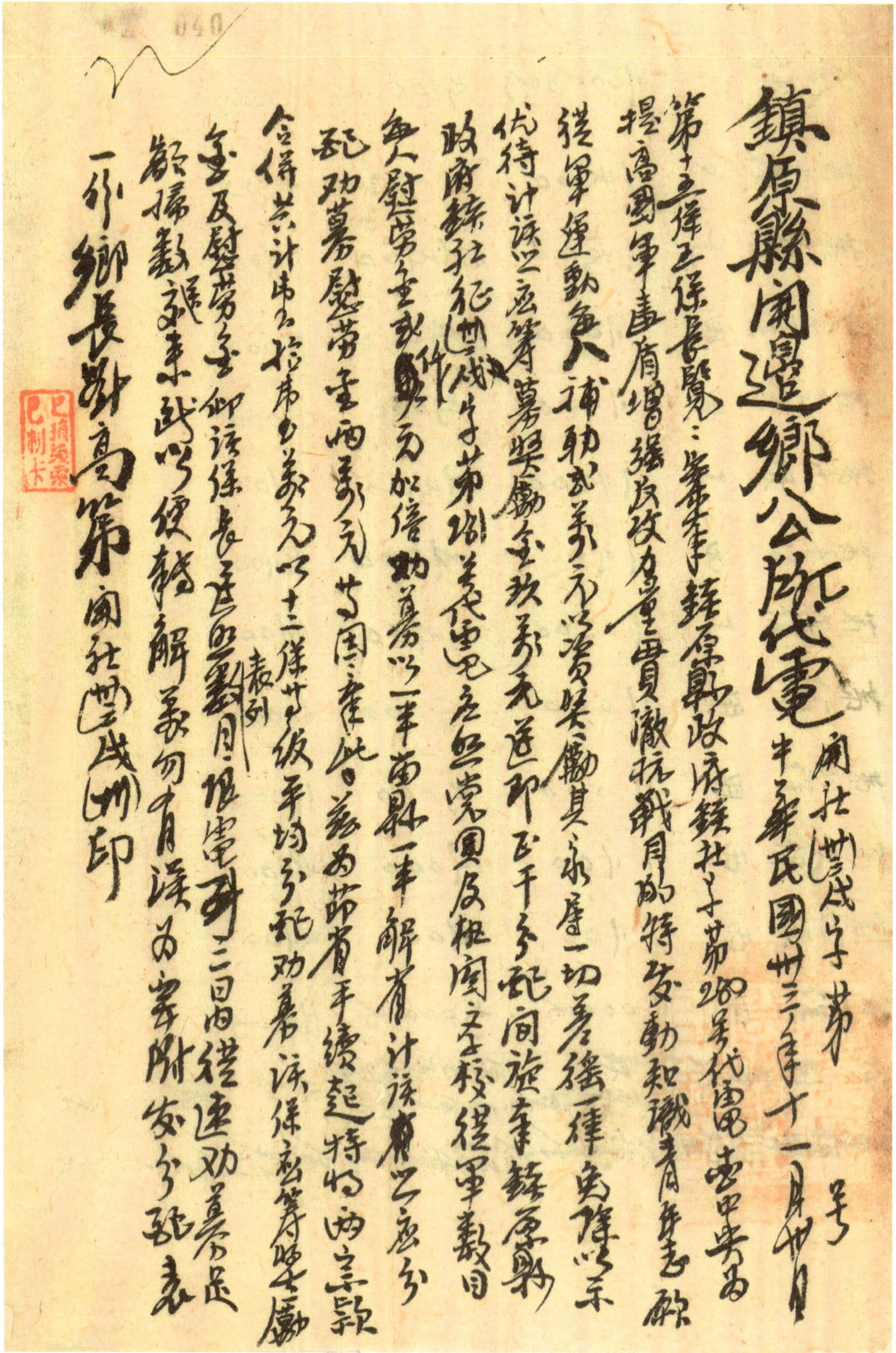
镇原縣開邊鄉公所代電 開社卅三戌字第 號 中華民國卅三年十一月卅日

第十五保保長覽：案奉鎮原縣政府鎮社子第280號代電開：「中央為提高國軍素質、增強反攻力量、貫徹抗戰，月前特發動知識青年志願從軍運動，每人補助貳萬元，以資獎勵，其家屬一切善後一律免除，以示優待。計該鄉應籌募獎勵金款萬元，送即于令到分配。向旋本年鎮原縣政府鎮社子第卅戌字第 號代電，應照常員及根據之各校從軍數目，每人慰勞金貳萬元加倍勸募，以一半留縣，一半解省，計該鄉應分配勸募慰勞金兩萬元。」等因，奉此，茲為節省手續起見，特將兩宗款合併共計伍拾萬元，以十三保廿甲級平均分配勸募，該保應籌獎勵金及慰勞金（表列），仰該保長遵照數目，限電到二日內從速勸募足額，掃數送來，以便轉解，並勿有誤為要。附發分配表一份。

鄉長 劉高第 開社卅三戌卅印

宁县知识青年志愿从军征集委员会关于印发省颁各县发动知识青年从军运动宣传要点等办法致早胜镇中心学校的公函（一九四四年十二月七日）

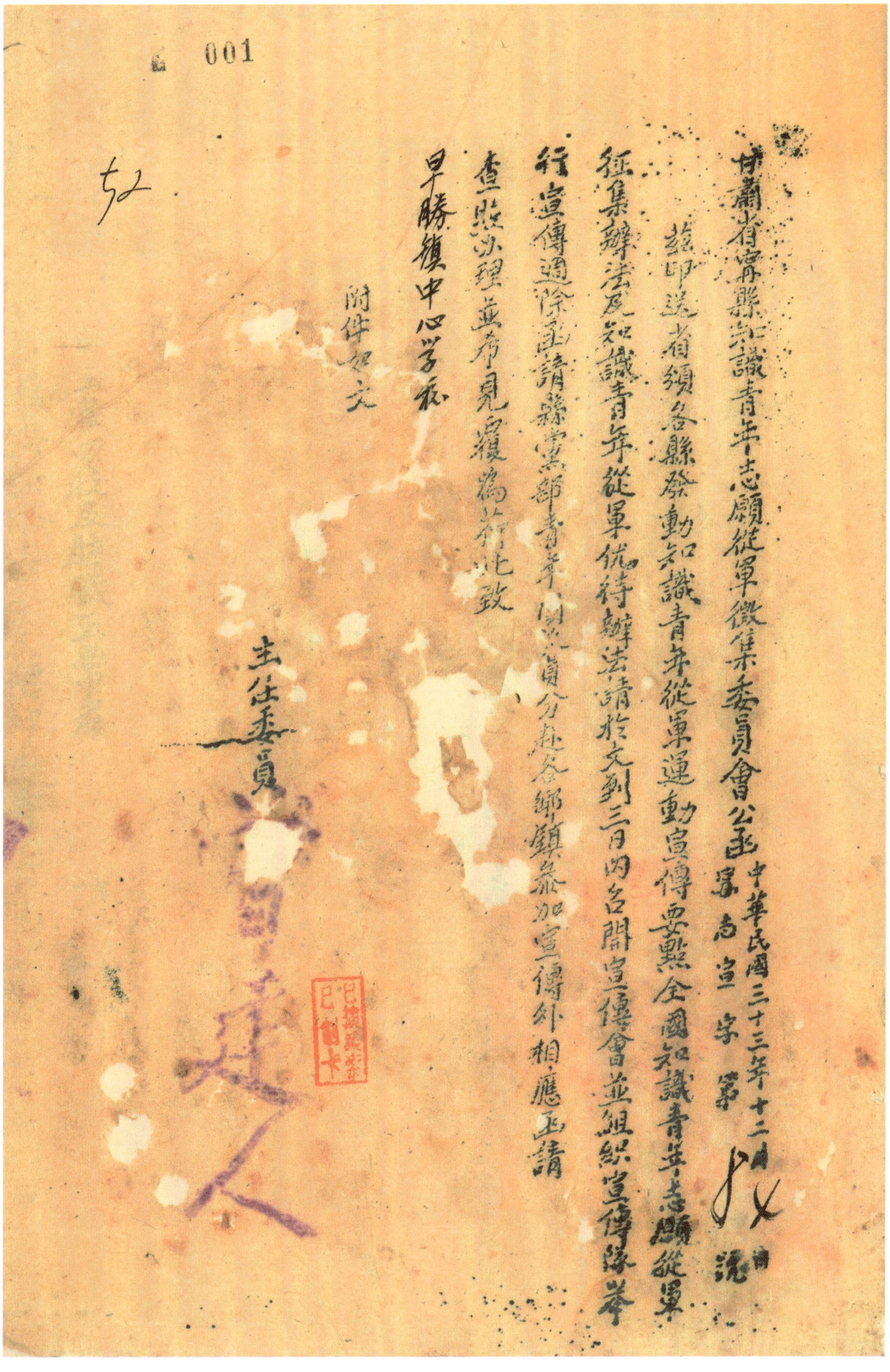
001

甘肅省寧縣知識青年志願從軍徵集委員會公函　寧忠宣字第　號
中華民國三十三年十二月　日

茲印送省頒各縣發動知識青年從軍運動宣傳要點全國知識青年志願從軍徵集辦法及知識青年從軍優待辦法請於文到三日內召開宣傳會並組織宣傳隊舉行宣傳週除函請縣黨部青年團派員分赴各鄉鎮參加宣傳外相應函請查照辦理並希見覆爲荷此致

早勝鎮中心學校

附件如文

主任委員

附一：全国知识青年志愿从军征集办法

002

53

全國知識青年志願從軍徵集辦法

一、宗旨：為提高國軍素質增強反攻力量爭取最後勝利貫澈抗戰目的起見特徵集知識青年編組遠征軍

二、標準：甲、知識青年（男性）年滿十八歲至屆滿三十五歲者依法緩征緩召及應征服役者均得行志願參加

1. 年滿三十五歲如經特准者亦得志願參加

2. 女青年徵集辦法另訂

乙、受中等以上之教育或具有相當知識程度者

丙、體格標準合於下列各條件者

1. 身長一百五十二公分以上者

2. 體重四十六公斤以上者

3. 胸圍七十六公分以上者

4. 五官四肢及肺臟正常者

5. 無重大眼疾痔疾及精神病者

54

三、數額：暫定為十萬人其各省市分配數額另訂之

各省市徵集知識青年數額准擬備各該省市原定征額

四、征集：甲、征集機關為發動知識青年踴躍從軍並籌劃辦理徵集期間有關事項特設下列各級機構

1、中央設全國知識青年志願從軍指導委員會

2、各省市設知識青年志願從軍徵集委員會

3、各縣市設知識青年志願從軍徵集委員會

4、各專科以上學校及機關得設知識青年志願從軍徵集委員會

二、上項組織辦法另訂之各機關之徵集委員會組織辦法各自訂定呈報全國指導委員會備案

乙、集中地點應徵入伍知識青年按照下列三個步驟分別向指定地點[illegible]

1、各縣市及機關學校應徵青年應先向各該縣市及各機關學[illegible]徵集委員會報到

003

55

2.在各縣市及各機關學校征集中後即分別開赴所屬及所在地之各該省征集委員會或其指定之集中地點集中其路線由各省征集委員會自行規定之

3.在各省徵集後應遵照全國知識青年志願從軍指導委員會指定之地點分別集中

丙、集中時期：自三十四年一月一日起至二月底止

各省市縣集中辦法另訂之

丁、集中管理

1.各縣市及各機關學校徵集集中期間由各該縣市或機關學校徵集委員會遴派適當人員負責編組並率領到所屬之各該省徵集委員會或其指定之地點交接

2.各省徵集委員會接收後即遴派適當人員負責編組並率領到指定入伍地點交接

上項詳細辦法另定之

戊.徵集費用

1.徵集期間所需之糧食及副食費除另有規定外其他如宿舍等準備應由徵集或集中所在地之徵集委員會負責準備

2.應征青年在未到達入伍地點以前仍着自備服裝

3.交接輸送力求迅速應以車舟飛機為原則不得已時徒步行軍.

4.徵集所需各項費用另表規定之

5.入伍：應征入伍之智識青年除特種兵外以按其學[illegible]編組原則

6.待遇：除照遠征軍之待遇辦理外副食費酌量增加

7.服役：服役期間定為兩年期滿後退伍

8.優待：入伍期間家屬之優待及退伍後就學就業之獎勵另訂規定

附二：各县发动知识青年从军运动宣传要点

各縣發動知識青年從軍運動宣傳要點

（一）發動知識青年從軍之意義

一、我抗戰軍事經七年之艱苦奮鬥，促進同盟國家之勝利，與軸心國家之沒落，已收獲輝煌之戰果。

二、敵寇最近在中國之蠢動：一在挽救其在太平洋之失敗；一在妄想打通粵漢路，以為南洋撤兵之準備。殊不知其失敗之命運已經註定，此種垂死掙扎，終難挽救敗亡。

三、現為我抗戰以來最艱苦之時期，亦為勝利前夕必經之階段，我全國軍民應盡最大之努力，克服一切困難，爭取最後勝利，尤望知識青年負起此時代的使命。

四、本黨青年同志與青年團團員，尤應於此時發揚大無畏的革命精神，為全國知識青年模範，以身首倡，務期互相策勉，踴躍從軍，以完成本黨革命之使命。

五、國父組興中會時，及參加興中會諸先烈，均係青年。興中會之檀香山會員自動自覺參加軍事教練，從事軍訓，準備為革命奮鬥。今日發動大批幹部，予以特種訓練，配備精良武器，正是有志有為有守的知識青年，抓緊良機，應效法先烈，踴躍從軍，完成抗戰大業。

六、委員長發出號召知識青年從軍告全國青年書，業經正式發表，政府並定有種種優待辦法。希望該地人民團体及中等以上學生青年，熱烈響應號召參加，在「軍事第一」「軍人第一」之前提下，為民族先驅，為國家骨幹，發揚見義勇為，當仁不讓之精神，完成為國家盡忠，為民族盡孝的天職，以為全民表率。

七、懦弱畏避責任，不僅為青年恥辱，亦為國家恥辱。今日英美蘇俄國家之國民，無論貧富及皇室子弟，均一律踴躍參加兵役，義無返顧，而我國因無知識青年參加兵役，使國軍戰鬥力受其影響，我愛國知識青年，應即聞風而起，加強反攻力量。

八、嚴密注意反動力量之潛伏，凡有妨害整軍救國之言論，無異為阻

005

51

礙工作，均可以漢奸論。

(乙)宣傳要項與步驟

一、宣傳對象：一、為適齡知識青年。二、為廣大社會群眾。

二、注重精神鼓勵，設法激發其愛國心、責任心，及榮譽心，多用示範競賽等方式。

三、文字口頭藝術行動各種宣傳方法，要靈活運用。

四、宣傳方面，尤須與編組招待取得密切聯繫，發動之始，宣傳要配合編組，發動之後，宣傳要配合招待。

五、宣傳工作可分為兩大時期：第一期十一月十二日起至十二月十日止，為發動時期，各縣可斟酌情形、至少舉行兩次宣傳大會。第一期為集中入伍時期發動歡送大會協助特招待慰劳等事宜。

(丙)標語

一、軍事第一、軍人第一　二、一切為前線一切為勝利

三、好青年上前線，　四、放下筆桿、拿起槍桿。

五、没有國家、知識何用　六、消滅敵人再回学校。

七、一寸山河一寸血、十萬青年十萬軍。

八、為保衛祖國而戰　九、為建設新中國而戰

十、為國防正義而戰　十一、新青年、新战士、新國家。

陇东专员公署关于夏征小麦一万担新办法要点致各县政府的指示信（一九四五年七月三十日）

隴東專員公署指示信

示字第一五号
中華民国卅四年七月卅日

各縣縣長：

接边府財厅電令：今年隴東分區夏征麦子壹万石，經本署第二十五次政务會議討論決定，慶陽叁仟五百石，合水二仟五百石（並隨征草十二万伍仟斤（每斗五斤）），鎮原壹仟石，曲子壹仟伍百石，環縣伍百石，華池壹仟石。今年夏征和去年夏征的性質是一樣的，还是壹种預借的性質，待秋征時，再按條例，計算其負担，以达公平合理之原則。不过我们应注意到今年的情况与去年是不同的，今年是处在一個夏田歉收和有些縣份部份秋禾不好，而是備荒情况下進行的，这样就可能使民夏征中发生些困难，因此我们在今年夏征中，就要很好的抓紧这一工作，在群众中進行深入的宣傳解釋，使群众了解公粮的意義及戰争的需要，集中力量研究討論、佈置征收、督促檢查，按期完成，在思想上不应存絲毫的輕視观

念、觉得这是一個历年的经常工作我们有了些经验、数目字又不大可以
很容易完成而輕視疏忽以及放任其自流、那就將在工作中遭受到損
失同時我们还应該估計到、在今年夏征情况下可能頑固份子、利用我
们歉收及偏荒情况下、進行造謡中傷破坏我们、甚至掃扰我倉庫、或扰乱
我运粮群众、尤以边地區更应注意、由此我们应很好警惕、如发现造謡
中伤者、即隨時揭穿並应加強游击隊及自卫軍工作、隨時防範破坏份
子之掃扰、以安全的順利的完成这一任务、
第二、夏征因為是預借的性質、同時今年夏因歉收直至今日还不下雨
秋收如何难以預料、所以在佈置征收時、应以存粮多者多出的原則進行之
、但最多不得超過其全年負担之一半、不过在這情形下可能有些群众相互对
比他出的重你出的輕、就須要我们很好的给他们解釋清楚、这是預借的还
不是全年的負担。
第三集中地点、：庆陽全部集中城裡倉庫、合水集中縣倉庫、可根據狀
況需要集中太白集中一个区）鎮原集中孟坝三岔倉庫、但要注意安全

四子集中縣倉庫、华池集中縣倉庫、如因群众送粮路远可以部份集中元城倉庫。

第四、手续：这是一個很重要的工作几年来我们在手续上是有些缺点的，有些縣一直到今天去年秋征还没能將手续搞清，甚至弄不清楚，以至现在不能结束，如果我们再不很好的研究去改進，只停留在这個階段上，那就使我们的工作將永远無進步，而且要受到大的損失，夏征手续虽然簡单，但也要注意。今後為了我们在粮草工作上要弄得清楚，搞不紊乱，賬項实粮，能夠上下去得一致，我们就应该从今年夏征開始建立其新的制度（可根据倉庫人員手册上的一些制度办法加以研究实施），研究出新的办法，作為改進今後粮草工作上的起点，这裡只提出几點：

(一)群众送完粮后，發给去年公粮証，但公粮証上須加蓋三十四年度夏征章子字样以示區别，待秋征時收回計算，再换新粮征（無公粮証者可未必需領去），

(二)入倉時要新的粮分倉保管，不要混合在一起，以免清理舊粮時的困难，同時在支付粮也方便，如舊粮麻賬不清者可重新建立新賬，这样分開一

方面可使这次清倉帳工作易於進行，不至前拉后扯。另一方面，从这開始

建立新的制度办法，奠定以後糧草工作上的基礎，使今后工作更趋於正

規，不至再使其拉扯不清。因此这次应很好研究，下最大决心，將過去实糧实

草帳項手續作一澈底清查结束，同時用最大努力建立新的制度办法。

續、庆陽、合水过去糧草工作上問題最，这次即可將新旧糧分開保管，建立新

帳，其他各縣是否建立新帳，可根據具体情形進行这一工作。

（四）新糧入倉，不得支付，先要支付旧糧，如因無旧糧而過去所存欠机关

部隊等之糧，可將其旧糧証存來專署更換後再作支付，縣与倉庫也应这

样手續，以便掌握，使上下取得一致。

（五）征收時將糧完全集中倉庫，無論任何机关部隊不得直接由群众中

直接收糧，以免手續混亂。

第五，完成日期：各縣於八月十五日前，為調查佈置征收時期，十五日

至九月十五日為入倉結束時期、

第六、報告制度、

(一)調查佈置完後、要寫一次報告

(二)入倉結束后進行總結報告 須於九月二十五日前寄來。

(三)在工作進行中隨時發現問題、即可隨時報告、

第七、办公經費、由專署統發実物、只發办公麻帋 其(底)不發的标準、征粮的鄉平均每鄉發麻帋半刀、收粮(底)區平均發麻帋二刀、(即可派人來取)

以上所提、希即迅速佈置研究、開始進行抓緊時間按期完成為要

此致

敬礼

專員 馬錫五

代行 趙蒼璧

镇原县肖金镇公所关于呈报举行庆祝抗战胜利大会情形致镇原县政府的呈（一九四五年八月二十一日）

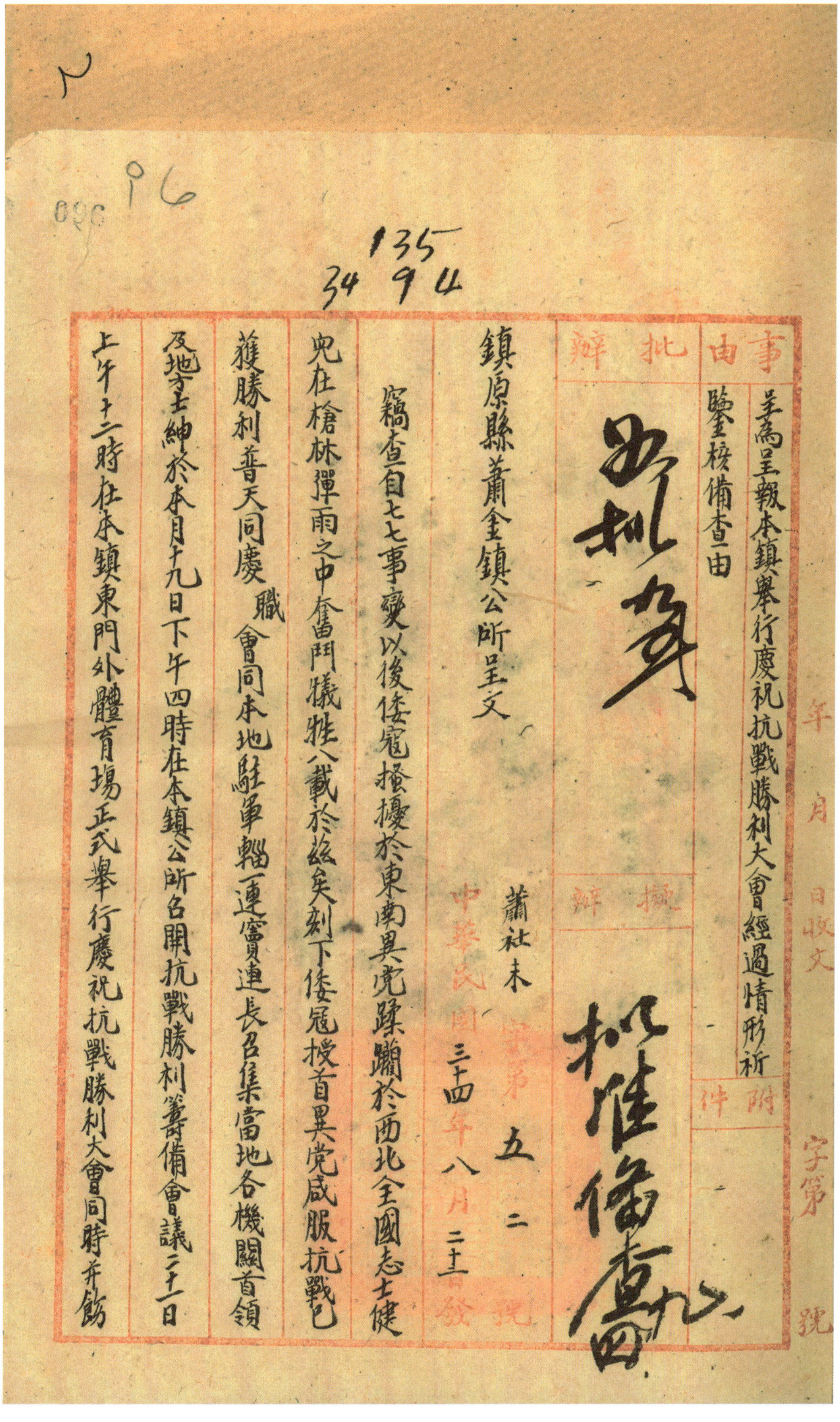

事由：呈為呈報本鎮舉行慶祝抗戰勝利大會經過情形祈鑒核備查由

批：如擬存

辦：擬准備查

鎮原縣蕭金鎮公所呈文

蕭社未字第五二號

中華民國三十四年八月二十一日發

竊查自七七事變以後倭寇擾攘於東南異党蹂躪於西北全國志士健兒在槍林彈雨之中奮鬥犧牲八載於茲矣刻下倭寇授首異党咸服抗戰已獲勝利普天同慶　職會同本地駐軍輜一連賈連長召集當地各機關首領及地方士紳於本月十九日下午四時在本鎮公所召開抗戰勝利籌備會議二十一日上午十二時在本鎮東門外體育場正式舉行慶祝抗戰勝利大會同時并飭

97

本鎮街商民懸旗結彩一併慶祝直至下午四時散會由竇連長指揮率領該本部官佐士兵本鎮中心學校學生及各保甲長游行宣傳計參加者二千餘人情緒異常熱烈當日晚續開張燈會放紙炮并演劇三日以祝勝利理合將職鎮慶祝抗戰勝利大會經過情形備文呈報

鈞府鑒核備查實為公便！

謹呈

鎮原縣縣長王

蕭金鎮鎮長孫作祿

镇原县政府关于印发《胜利进行曲》以教学生演唱致镇原县立初级中学的训令（一九四六年二月十六日）

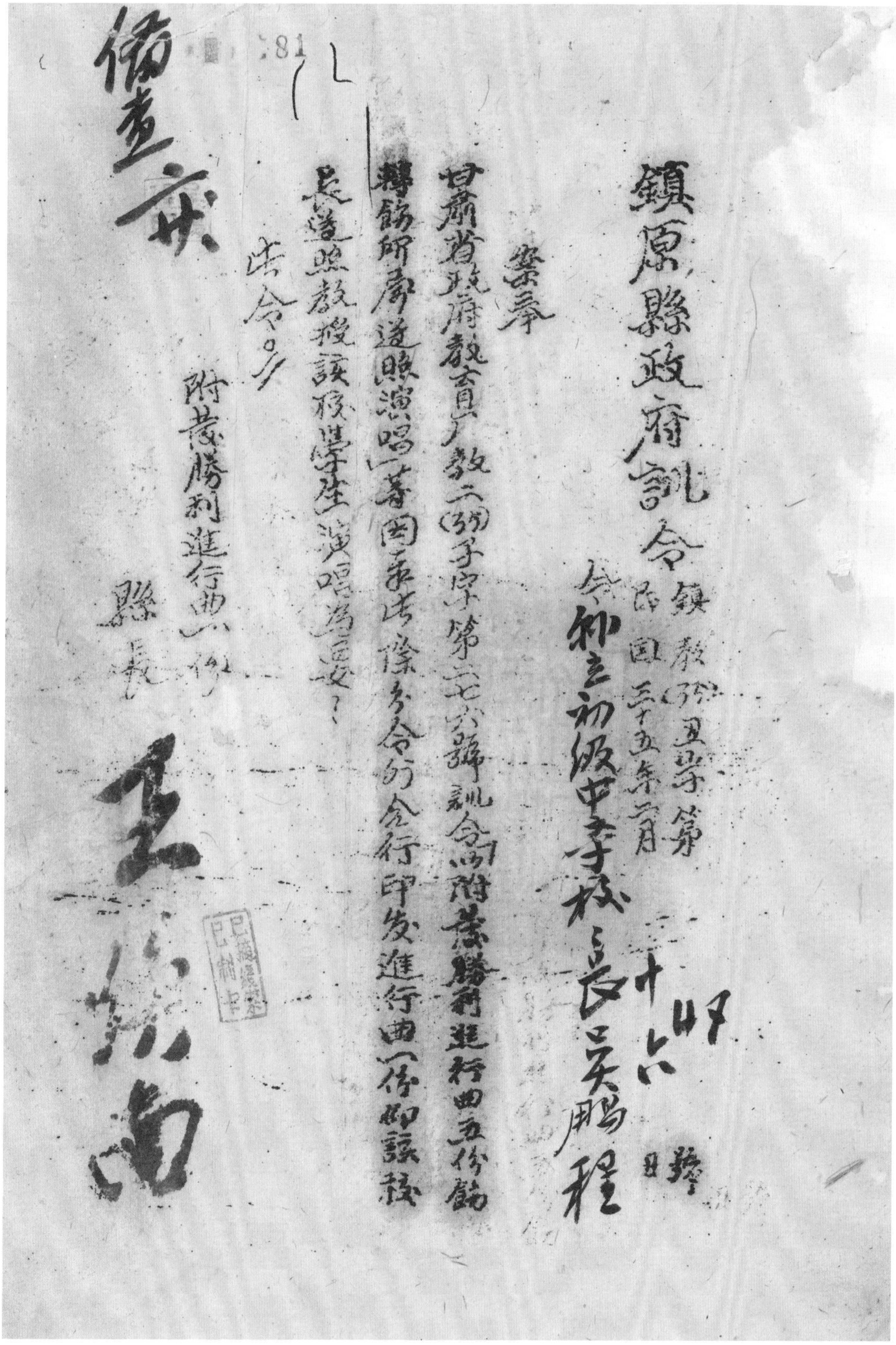
镇原县政府训令　镇教（35）丑字第　号
民国三十五年二月十六日　发
令县立初级中学校长吴鹏程
案奉
甘肃省政府教育厅教二（35）子字第二七六号训令内附发胜利进行曲五份饬
转饬所属遵照演唱"等因，奉此，除分令外，合行印发进行曲一份，仰该校
长遵照教授该校学生演唱为要！
此令。
附发胜利进行曲一份
县长

附：《胜利进行曲》（一九四五年九月初版）

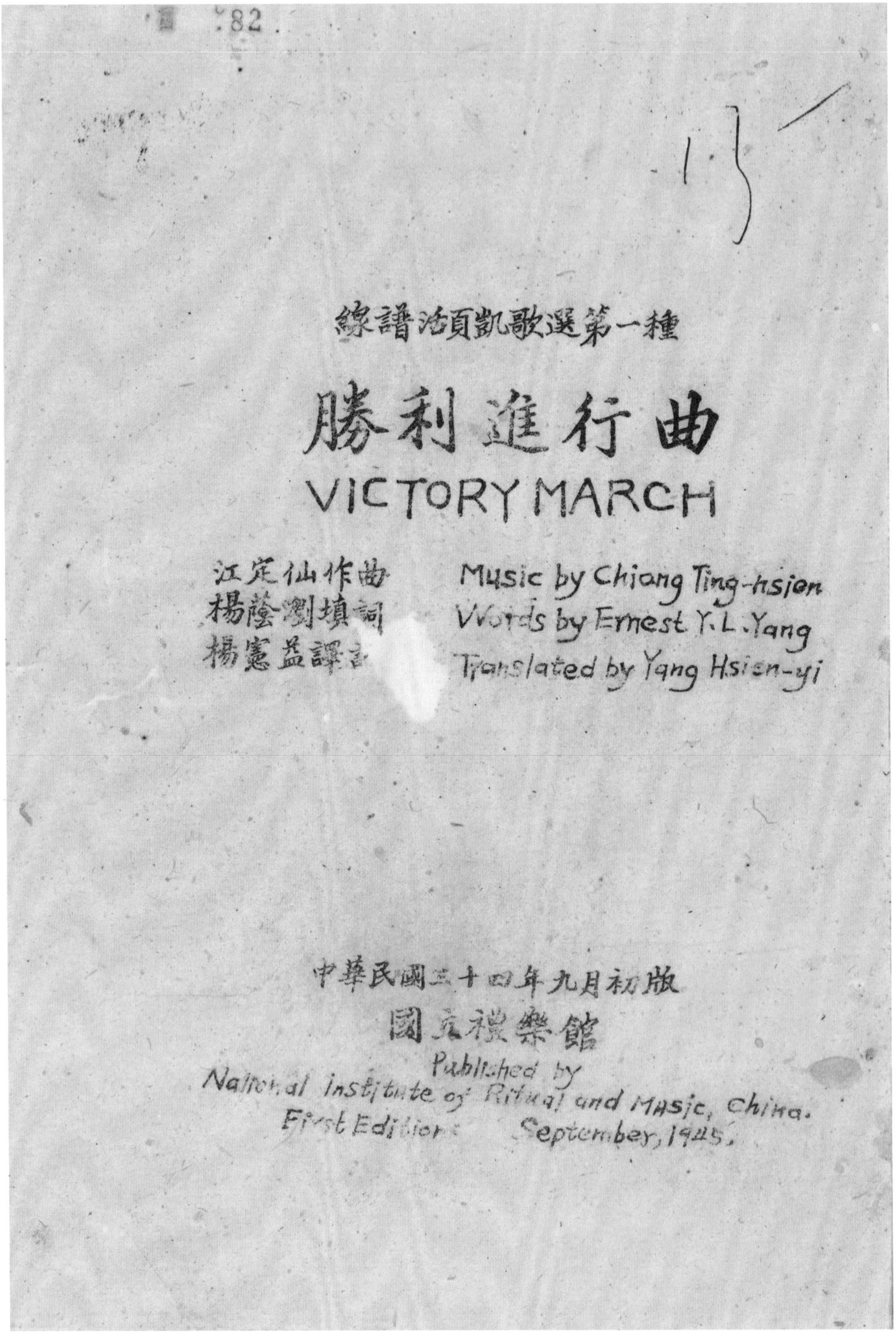
82

13

線譜活頁凱歌選第一種

勝利進行曲

VICTORY MARCH

江定仙作曲 Music by Chiang Ting-hsien
楊蔭瀏填詞 Words by Ernest Y. L. Yang
楊憲益譯詞 Translated by Yang Hsien-yi

中華民國三十四年九月初版
國立禮樂館
Published by
National Institute of Ritual and Music, China.
First Edition September, 1945.

14
勝利進行曲
VICTORY MARCH
Music by Chiang Ting-hsien
Words by Ernest Y. L. Yang
Translated by Yang Hsien-gi
江定仙作曲
楊蔭瀏填詞
楊憲益譯詞
tempo di marcia
勝利，勝利，勝利！慶祝抗戰成功。勝
勝利，勝利，勝利！慶祝抗戰成功。勝
We've won, we've won, we've won! Sing a-loud for the war is won. We've
We've won, we've won, we've won! Sing a-loud for the war is won. We've
利，勝利，勝利！中華無量光榮。賢
利，勝利，勝利！中華無量光榮。太
Won, we've won, we've won! For the glorious deed is done. He-
Won, we've won, we've won! For the glorious deed is done. Now
2

明領袖，千古所難逢；將士都用命，馳騁前鋒；四
平寧見，民衆可歸農；復興的事業，從此開工。全
vo-ic youths, surpassing men of yore, Have fought with all their might and won the war; And
peace has come, we'll plough again our lands, And build anew our homes with our own hands; With
萬萬人，一般地英勇，堅強地挺立，貫澈始終。
民一德，萬邦是弟兄，後利而先義，大國之風。
proud our men, four hundred millions strong, All stood firm at their posts the war was long.
our allies in peace we'll ever remain, Befitting our great past, let justice reign.
歡欣，歡欣，歡欣，歡欣！大地歌聲雷動！歡
Re-joice, re-joice, re-joice, re-joice! Let all men hear our call! Re-
欣，歡欣，歡欣，歡欣！待看天下為公！
joice, re-joice, re-joice, re-joice! A brave, new world for all.
3

抗敌出征

甘肃省第三区行政督察专员公署关于同日军作战情况致镇原县政府的代电（一九三七年九月八日）

甘肅省第三區行政督察專員公署代電

鎮原縣縣長覽奉主席賀冬機蘭電開：茲綜合最近一週各方敵我概况如下南口方面敵約兩師一旅於敬有兩日攻我居庸關横嶺城等處並包圍懷來我湯軍發桑園涿鹿一帶經我衛縱隊增援敬日擊破大村敵軍後感日先後收復馬刨泉横嶺城等處敵向懷來退去張北方面敵約一師餘養日由神威台口指向孔家莊敬日經我傅司令側擊左李家莊包圍敵軍一部有日我劉師一部暫守第二線待机反攻崇礼仍由我刘師文旅駐守津浦方面敵約一師一旅宥日抵靜海另以步一千餘砲十餘门攻我惠豐橋現正对峙中平漢方面敵約一師自永定河北岸龐各庄亘南各庄之線有敵千餘砲三十门佔領陣地

14

70.

與我國安涵部對峙中上海方面楊樹浦虹口一帶敵約萬餘屢圖反攻未逞現仍為我軍包圍中吳淞口張華濱蘊藻濱右敵援軍三師已登陸者約一師一旅迭經我軍殲擊過半現僅羅店附近尚有一部未肅清又敵有佔崇明島作空軍根據地以便與海空軍同時進犯云云特聞專員羅人驥印秘書蔣思痛代行

中華民國二十六年九月八日

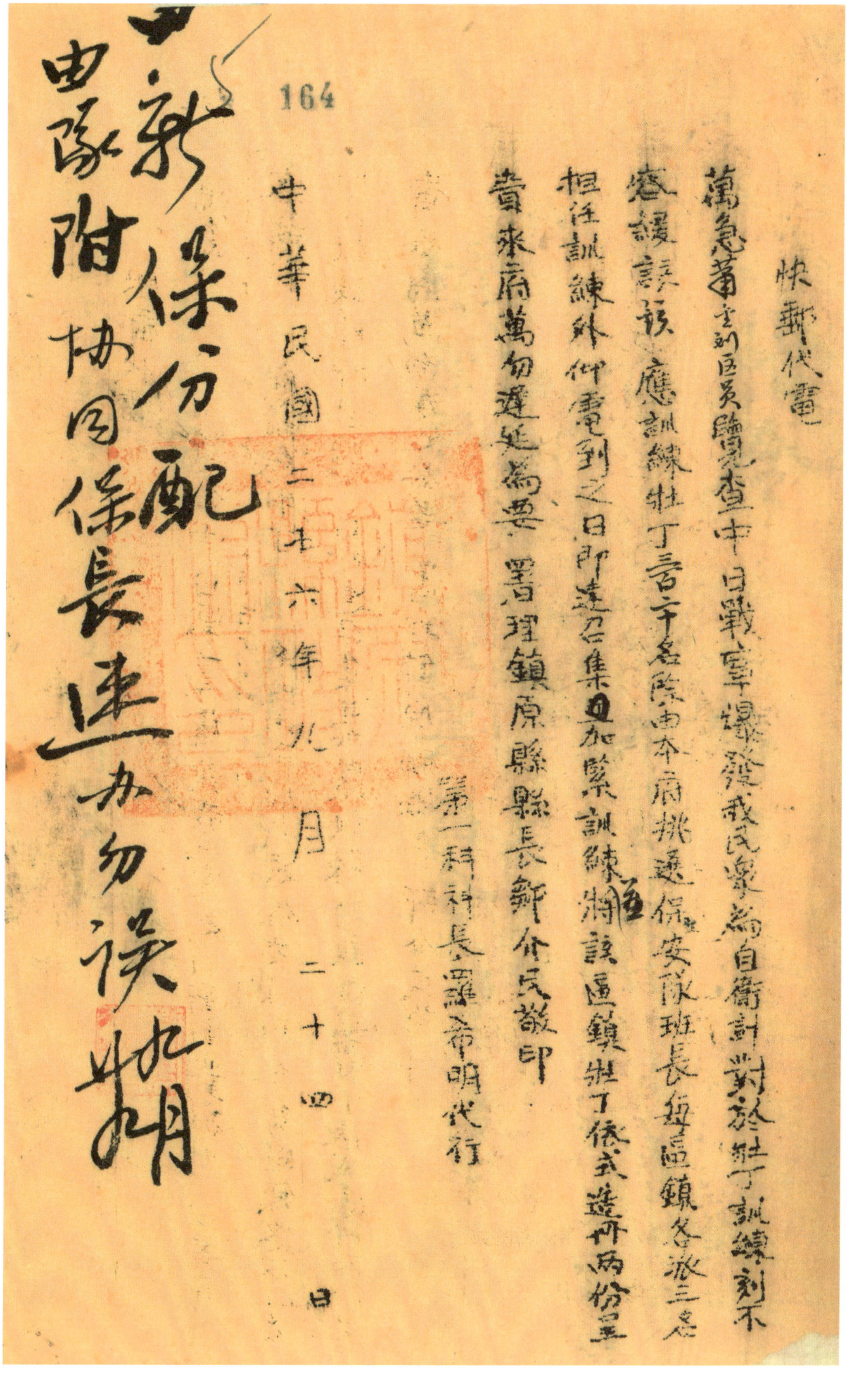
164

快郵代電

蕭急萧金劃區長覽查中日戰事爆發我民眾為自衛計對於壯丁訓練刻不容緩該鎮應訓練壯丁壹百名除由本府挑選保安隊班長每區鎮各派三名担任訓練外仰電到之日即速召集並加緊訓練並將該區鎮壯丁依式造冊兩份呈賫來府萬勿遲延為要 署理鎮原縣縣長鄭介民敬印

第一科科長羅希明代行

中華民國二十六年九月二十四日

新保分配由隊附協同保長速办勿误 九卅

镇原县政府关于抓紧训练壮丁致肖金镇公所的代电（一九三七年九月二十四日）

甘肃省政府关于陕甘宁各地红军改编为第八路军致镇原县政府的密令（一九三七年九月二十九日）

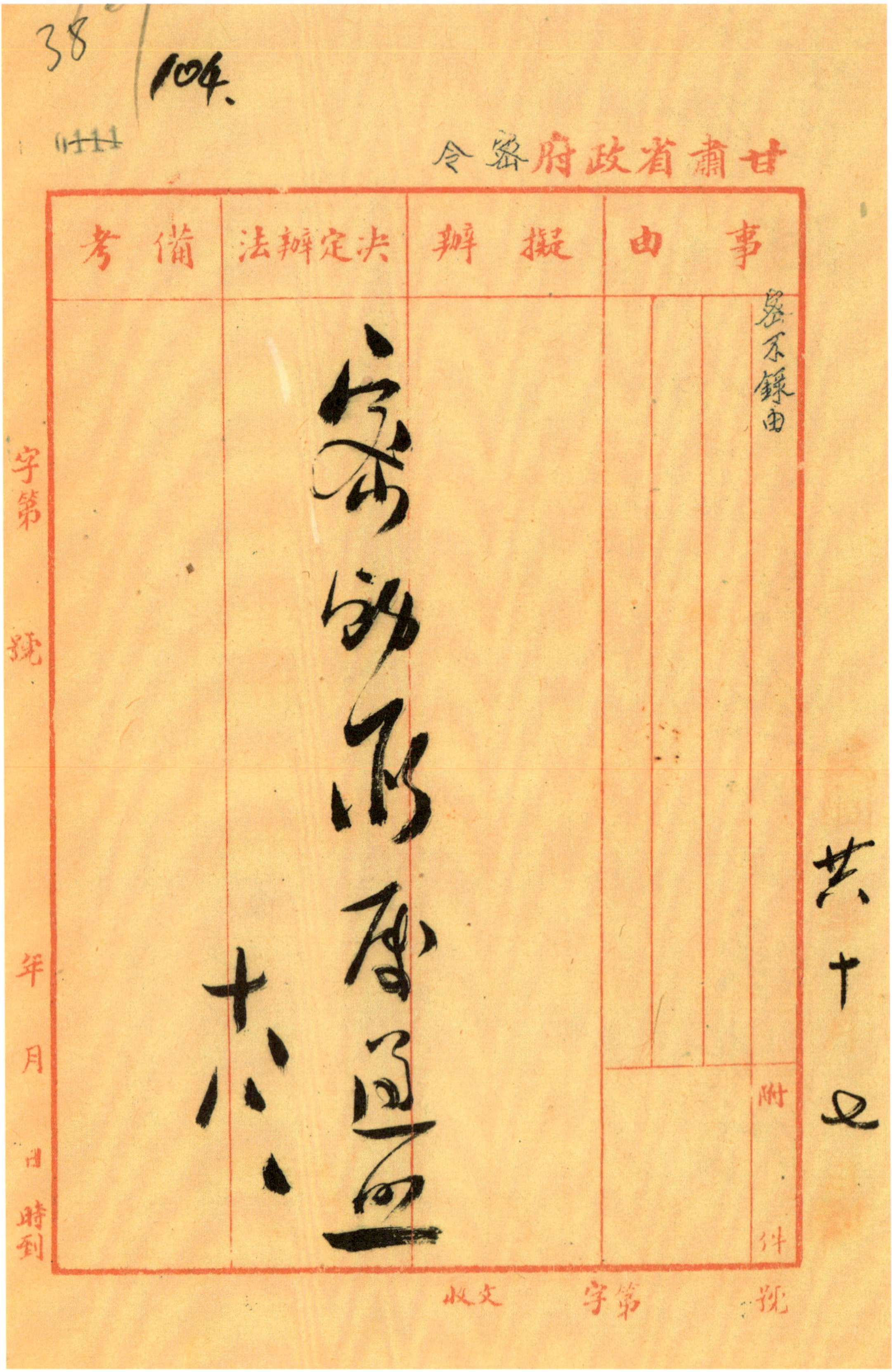
甘肅省政府密令

事由	擬辦	決定辦法	備考
密不錄由	密飭所屬遵照		

附件

第 字 號 收文

字第 號 年 月 日 時到

甘肅省政府密令

秘機甲字977號

令鎮原縣政府

案奉

西安行營陝行政義字第七三二號密令內開

查陝甘寧各地紅軍，近以國難嚴重，悔禍請纓，業由京本會依據三中全會根絕赤禍議決案，予以全部收編，成立第八路軍在案。值此強鄰緊逼，動關民族存亡，自應集中國力共赴國難。惟該軍改編伊始，社會觀感，尚恐未能即時改變，尤其以往官方所稱「匪」「偽」等類名詞，難免不有仍舊沿用之事。語近歧視，殊碍

40

105.

0112

招攜觀效之誠，既許自新，應示一視同仁之意。為此除分令外合行令仰該代主席遵照，並密飭所屬以後對於一切文報凡有涉及該軍事項，應改稱第八路軍番號，以資導正社會之觀聽，俾增全民赴難之功能。是為至要！！此令。」

等因，奉此。除分令外合行令仰該縣長遵照并密飭所屬一体遵照為要。！

此令。

41

中華民國二十六年九　日

甘肅省政府印

先

代主席賀耀組

監印高華藻

国民革命军第八路军第一二九师留守处驻镇办事处关于改编事宜致镇原县政府的通知（一九三七年九月二十九日）

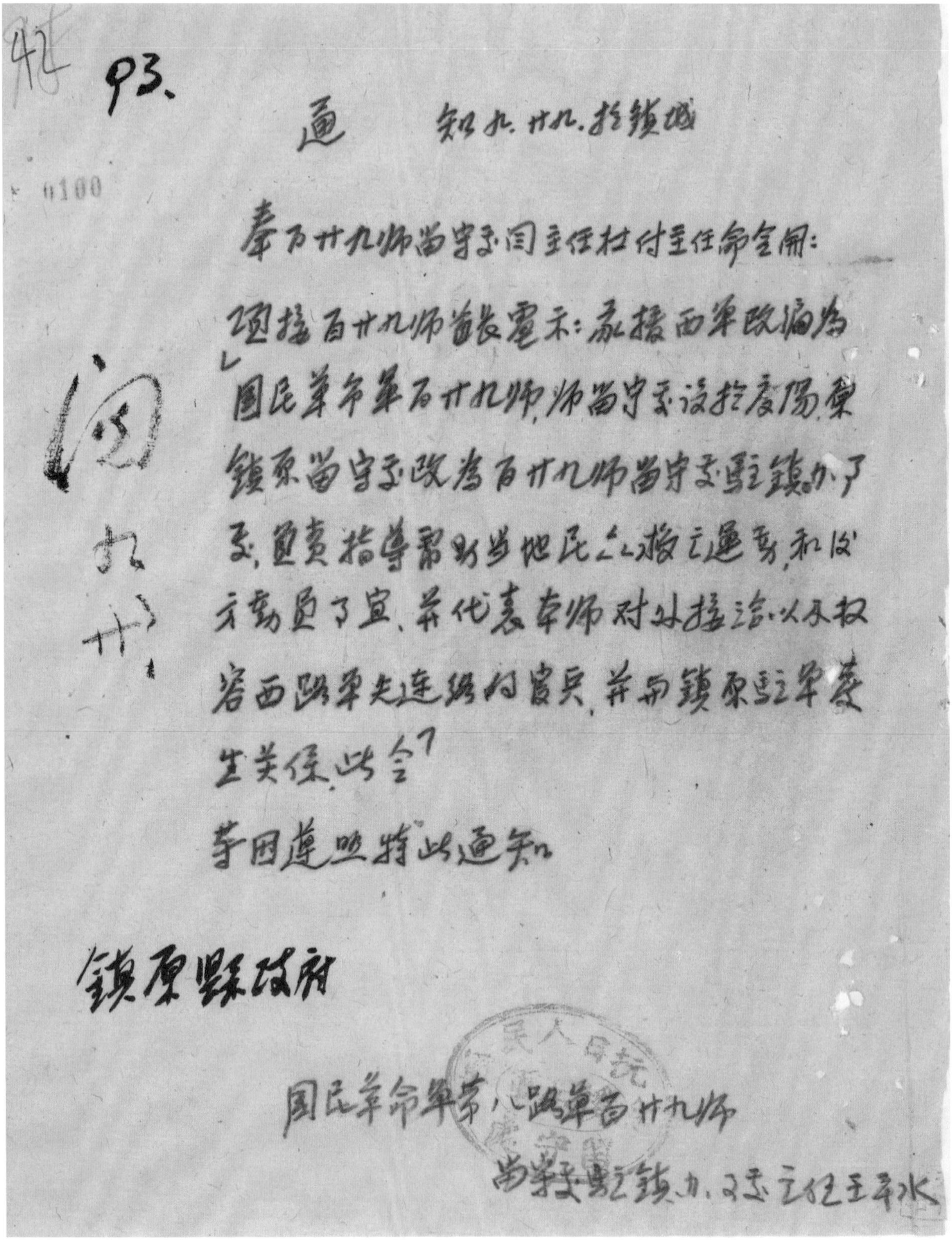

93.

通知　九.廿九.於镇城

奉百廿九师留守处同主任杜付主任命令开：

頃接百廿九师首长电示：我據西军改编为国民革命军百廿九师，师留守处设於庆阳，案镇原留守处改为百廿九师留守处驻镇办事处，负责指导帮助当地民众救亡运动和改方动员事宜，并代表本师对外接洽，以及收容西路军失连络的官兵，并与镇原驻军发生关系，此令。

等因遵照，特此通知。

镇原县政府

国民革命军第八路军百廿九师
留守处驻镇办事处主任王子水

甘肃省政府关于抄发筹募伤兵被服式样说明书表致镇原县政府的训令（一九三七年十月十三日）

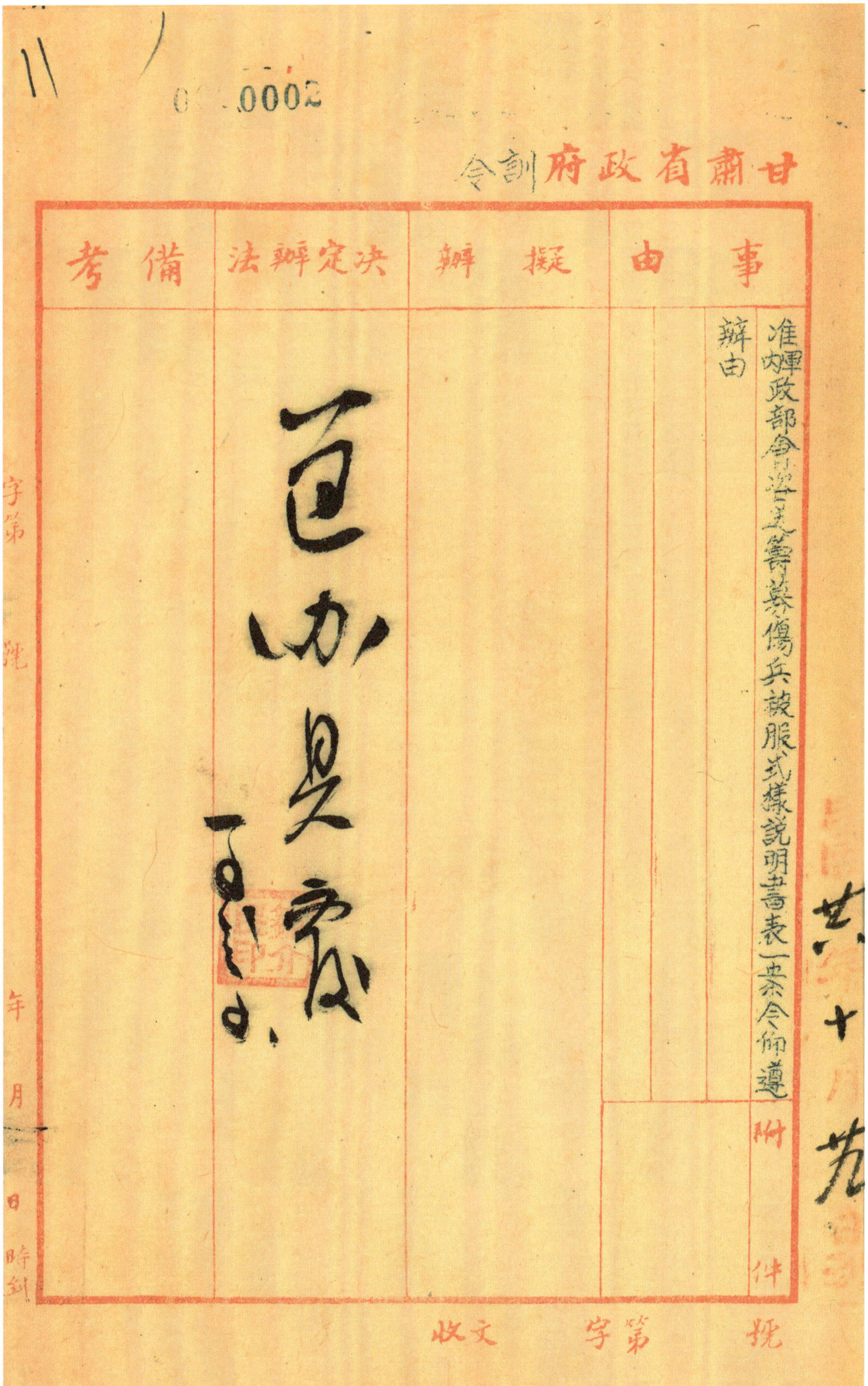
甘肅省政府訓令

事由	擬辦	決定辦法	備考
准內政部咨抄發籌募傷兵被服式樣說明書表一案令仰遵辦由 附件			

字第　號　年　月　日　時到

收文　第　字　號

甘肃省政府训令　秘保事第　　號

令镇原县县长

案准

军政部
内政部本年八月三十一日署经(二六)字第零六九四號及警字第零零七一七九號會咨開：

「查現時國步艱危各方戰事爆發凡我國民均應在統一領導之下抱同仇敵愾之心前方戰事既由我忠勇奮發之將士迭奏膚功後方之資養供應尤賴我全國民眾之輸將協助戰區既廣負傷之將士必多衣被供應一時容有未週用特咨行貴省政府轉令各縣市慈

善機關務於三個月内籌募款項依照頒發之傷兵被服式樣及附表數目趕製衣被悉數繳存貴省政府以備分發各該駐地陸軍醫院傷兵之用庶群策群力衆擎易舉傷兵得有安慰士氣益可振奮克敵致果實利賴之除分咨外相應咨請查照並將辦理情形咨復為荷。

等因，並附送傷兵被服式樣說明書數目表到府。除咨復，並分行外，合亟照抄書表，令仰該縣長遵照辦理，并將辦理情形隨時報核，此令。

計抄發傷兵被服式樣說明書一份、數目表一紙。

中華民國二十六年十月十三日

代主席賀耀組

監印 高華藻

校對 張雲錫 羅文翔

傷病兵及殘廢兵棉衣褲製作說明書

甲　制式

照圖及核定標樣格式。

乙　主要材料

一、面用十六磅粗布。傷病兵用機染硫化深灰色。殘廢兵用機染硫化深藍色。色樣均另規定。

二、棉花，品級另規定。

三、裏用十四磅白粗布。

丙　附屬材料

一、十字用十三磅細布二條，長十一公分，寬三公分，機染陰丹士林朱紅色。

二、車工及絎棉，均用三十二支三合股線，傷病兵用機染硫化深灰色。殘廢兵用機染硫化深藍色。

甘肃省政府关于抗战时期征兵事宜致镇原县政府的训令（一九三七年十月十八日）

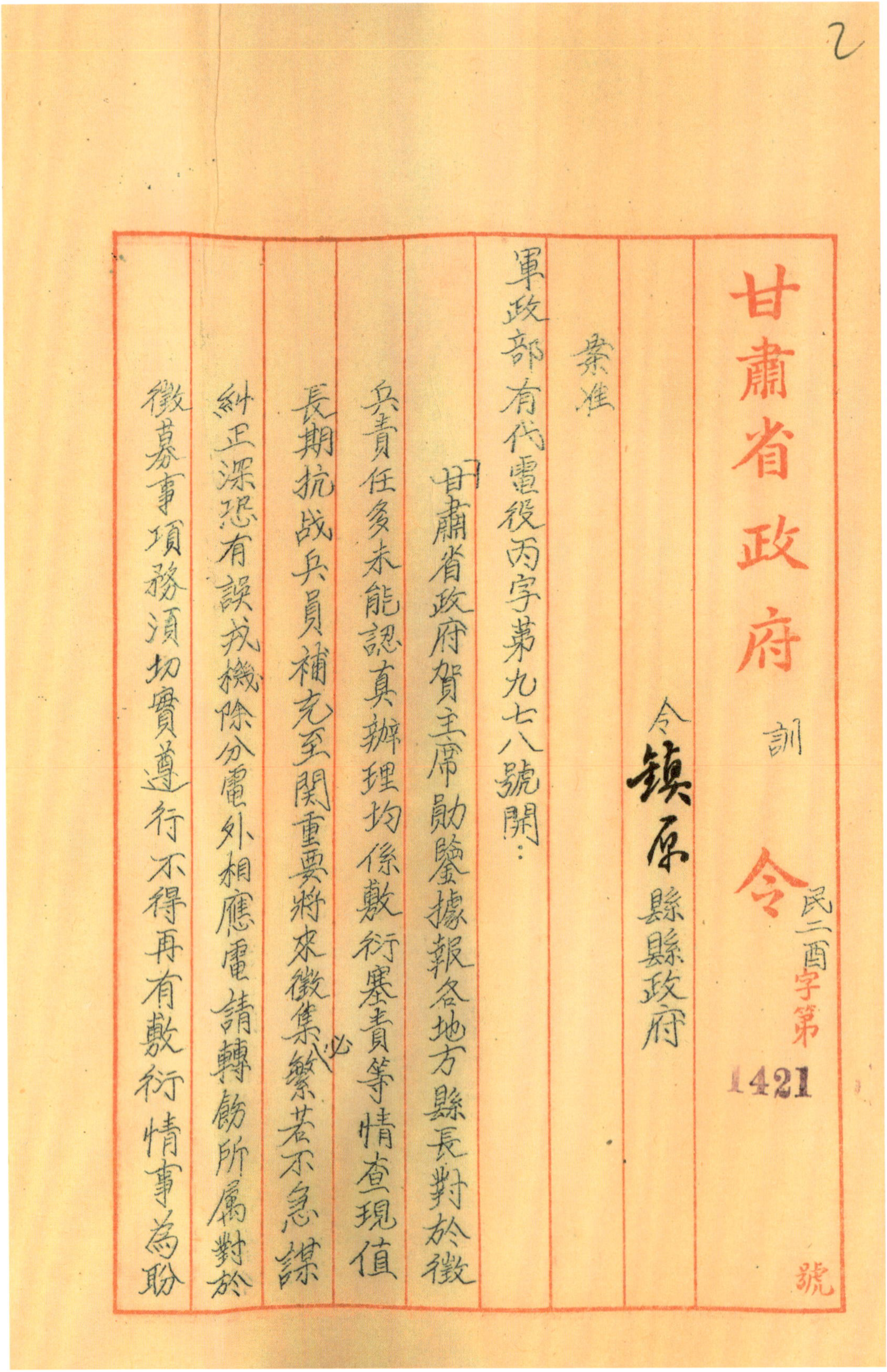
甘肅省政府訓令　民二酉字第1421號

令鎮原縣縣政府

案准

軍政部有代電役丙字第九七八號開：

甘肅省政府賀主席勛鑒：據報各地方縣長對於徵兵責任多未能認真辦理，均係敷衍塞責等情，查現值長期抗戰，兵員補充至關重要，將來徵集必繁，若不急謀糾正，深恐有誤戎機。除分電外，相應電請轉飭所屬，對於徵募事項務須切實遵行，不得再有敷衍情事為盼

3

186.

弟何應欽有役丙印」

等由，准此，除分行外，合行令仰該縣長切實遵照辦理為要。

此令。

4

中華民國二十六年十　　十八日

代主席賀耀組

民政廳廳長羅貢華

監印高華藻

校對曾世岳
張樹棻

甘肃省第三区行政督察专员公署、保安司令部关于第八路军派员至新疆购买皮货准予通行并保护事宜致镇原县政府的代电（一九三七年十月十八日）

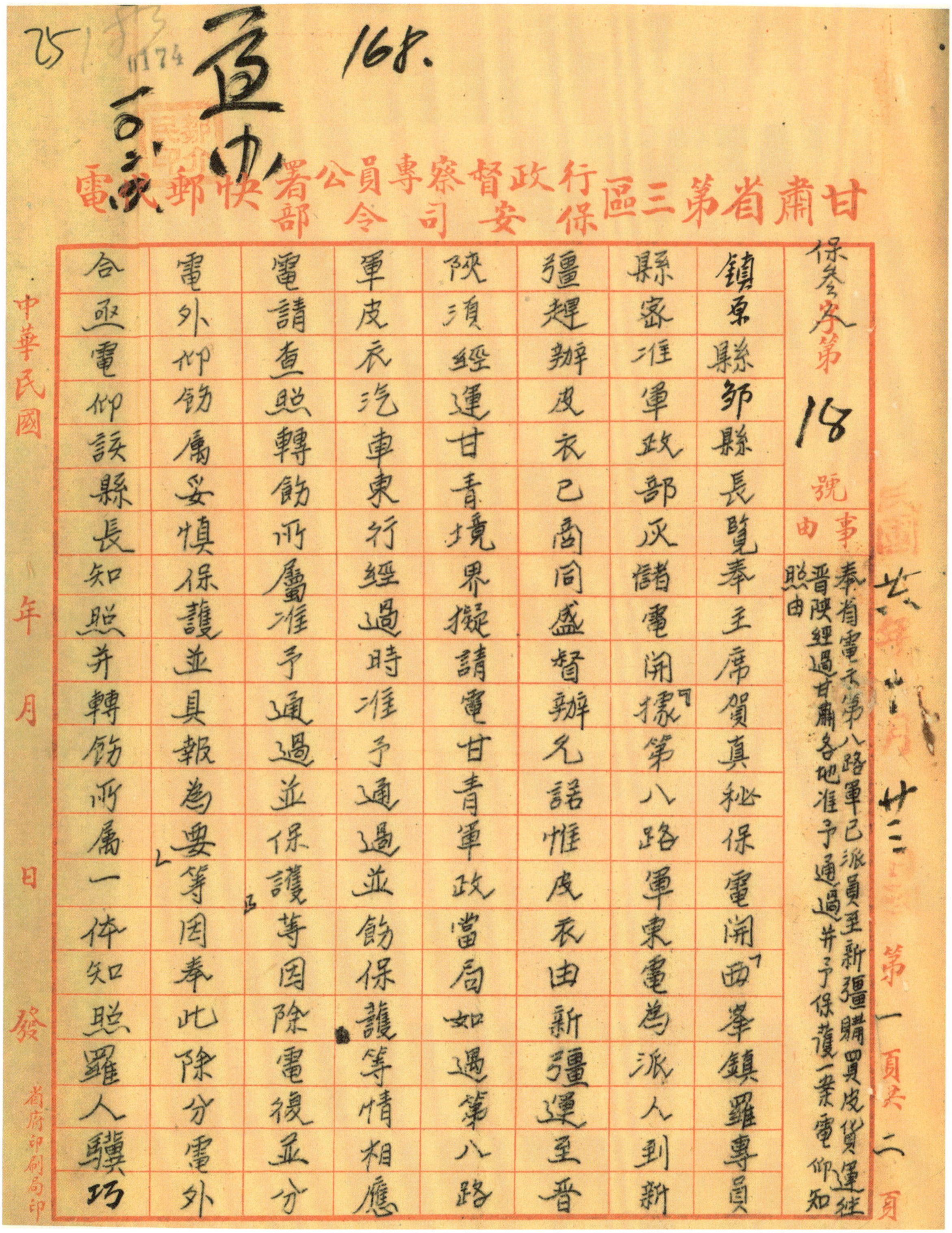
甘肅省第三區行政督察專員公署
保安司令部 快郵代電

保參字第18號

民國廿六年十月廿二日 第一頁共二頁

事由：奉省電示第八路軍已派員至新疆購買皮貨運往晉陝經過甘肅各地准予通過并予保護一案電仰知照由

鎮原縣鄧縣長覽：奉主席賀真秘保電開：「西峯鎮羅專員、縣密，准軍政部灰儲電開：『據第八路軍東電，為派人到新疆趕辦皮衣，已商同盛督辦允諾，惟皮衣由新疆運至晉陝，須經運甘青境界，擬請電甘青軍政當局，如遇第八路軍皮衣汽車東行經過時，准予通過並飭保護等情，相應電請查照轉飭所屬准予通過並保護』等因，除電復並分電外，仰飭屬妥慎保護並具報為要」等因。奉此，除分電外，合亟電仰該縣長知照，并轉飭所屬一体知照。羅人驥巧

中華民國 年 月 日發

省府印刷局印

26
134
0175
168.

甘肃省第三区行政督察专员公署保安司令部快邮代电

保参印

字第　号

由

中华民国二十六年十月　日发

省府印刷局印

甘肃省政府关于征送年富力强青年致镇原县政府的训令（一九三七年十月二十三日）

051

甘肅省政府

訓令

事由	擬辦	決定辦法	備考
據師管區籌備處呈請令飭各縣嗣後徵送新兵務選年富力強雖無嗜好者並註明地址一案令仰遵辦由 附件			

廿六 十 廿七

字第　號　年　月　日　時　刻

收文　字第　號

20

甘肅省政府訓令

秘保字第 1104 號

令鎮原縣縣長

案據甘肅師管區籌備處處長蔡呈稱：

「查此次各縣徵送新兵，在該縣所屬保甲內，有詳確住址，并覓就保人者，固居多數，而敷衍功令，以無業流氓，企圖充數者，實屬不少。彼輩頭腦簡單，頑固成性，一旦遇有開拔情事，勢必乘隙潛逃，致政府費財需時，良非易易。若不嚴令取締此種不良的辦法，殊礙徵兵抗敵之大計。茲為慎重征兵，以免逃亡，擬請鈞座令飭各縣長嗣後徵送新兵，務選年富力強確無嗜好者，方准保送，如住地不詳將

來有逃亡情事，應由各保甲長負連帶責任，並將逃亡以前伙食

等費，如數追繳，以重公帑，而肅法紀，可否之處，理合具文呈請

鈞座鑒核，示遵，實為公便。

等情，據此。除指令照准，並分行外，合亟令仰該縣長遵照辦理，此令

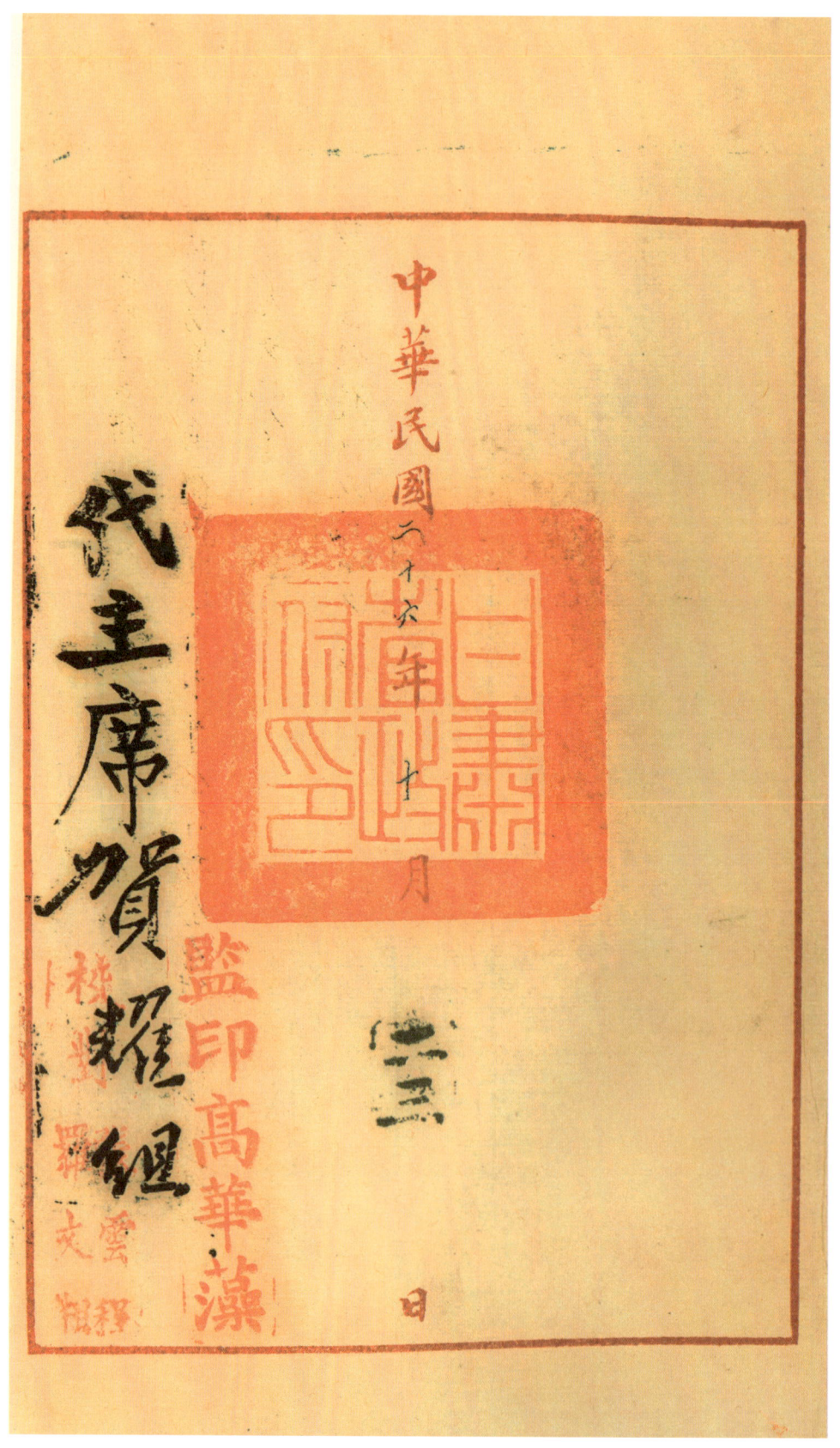

中華民國二十六年十二月　二三　日

監印高華藻

代主席賀耀組

校對[illegible]雲[illegible]

[illegible]文[illegible]

甘肃省政府关于赴前方救护看护慰劳应注意事项致镇原县政府的训令（一九三七年十月二十四日）

48　209　1P3.

0022

甘肅省政府訓令

事由	擬辦	決定辦法	備考
准軍委會第六部函送救護看護慰勞應注意事項一案令仰飭屬遵照由		爲三一〇	
附件			

民國廿六年十月廿四日

字第　號　年　月　日　時到

收文　字第　號

49

甘肅省政府訓令

秘保丙字第1112號

令鎮原縣政府

案准

軍事委員會第六部本年十月三日義字第四九五號函開：

「本部迭據前方慰勞人員歸來報告關於救護看護慰勞應注意之事項頗足以供各地抗敵後援團體及出發前方慰勞人員之參考茲由本部依據彙訂「救護看護慰勞應注意事項」分發各地抗敵後援團體切實注意藉利後援工作除已函送各省市黨部轉發各該地抗敵後援團體遵照辦理外相應檢發該應注意事項二份函請查照並希轉

50 209 1P4.

0023

飭所屬遵照爲荷」。

等因，並附送救護看護慰勞應注意事項二份，准此，除分行外，合亟抄

發原件，令仰該縣長飭屬一體遵照，此令。

計抄發救護看護慰勞應注意事項一份。

中華民國二十六年十月二四日

代主席賀耀組

監印 華藻

校對 張雲翔
羅文潮

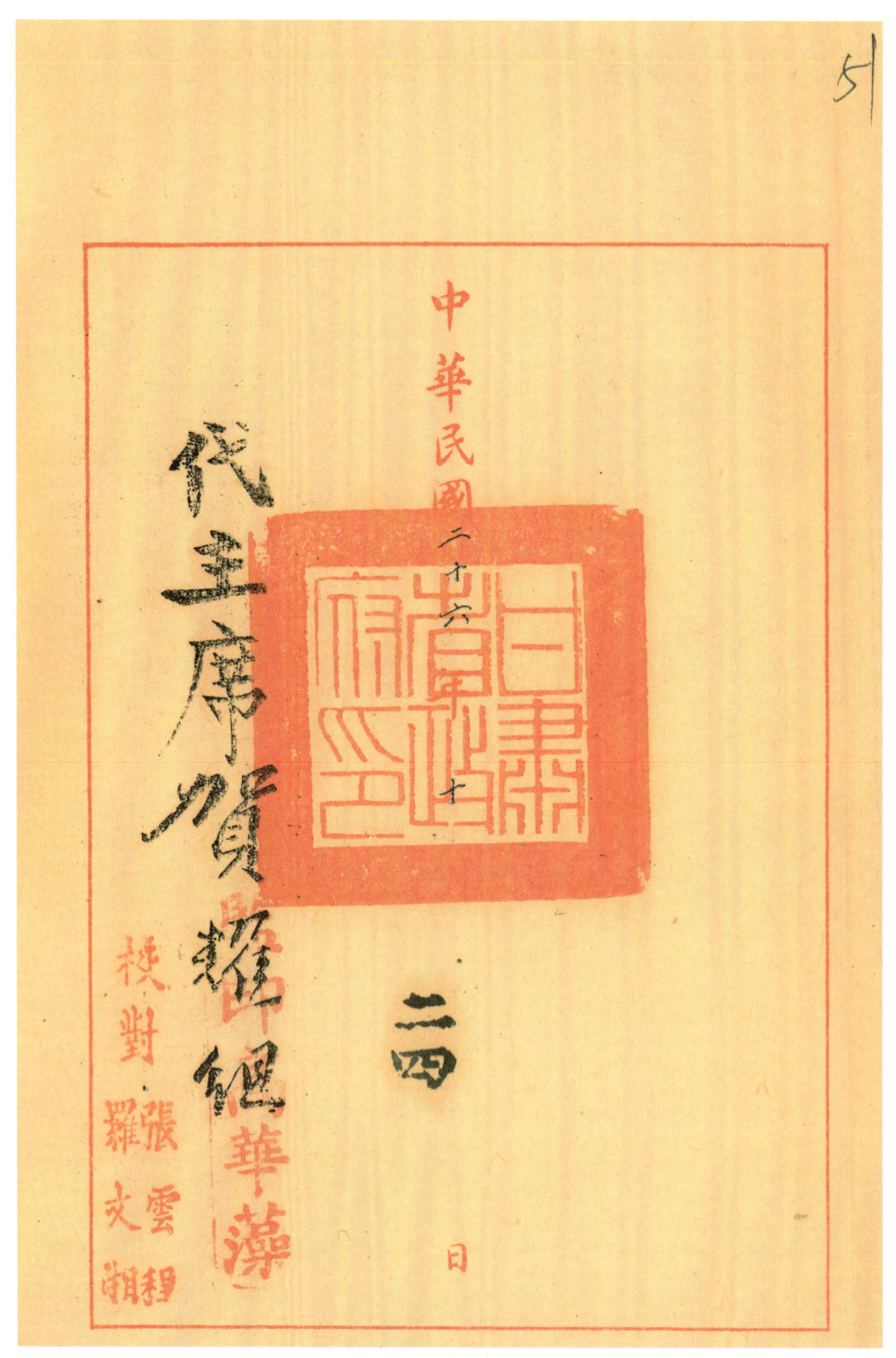

52

救護看護慰勞應注意事項

一、救護看護慰勞人員出發戰地服務時衣食一切均須自備

一、前方最急需之醫藥及其他用品

甲、醫藥

1、漂白精
2、破傷風抗毒素
3、十滴水
4、人丹
5、碘酒
6、硼酸
7、醋柳酸
8、樟腦安鈉

-291

53

9、脱脂棉

10、纱布

11、绷带布

12、絆創膏

乙、救護用具

1、担架

2、救急包

3、皮十字囊

4、布十字囊

5、鐵副木

丙、其他用品

1、傷兵冬季被服（式樣按軍政部規定）

2、傷兵冬季衣服（式樣按軍政部規定）

3、士兵綫棉背心

0025

大鋪板

分草墊

（上五項各地宜預先籌備）

三、前方對於醫生看護担架隊洗衣隊均感缺之急需增加

四、各界民衆應分别組織慰勞隊每隊至多不得過五人輪流赴前方慰勞

五、慰勞隊員應考核其思想行動是否純正

六、慰勞時宜用熱誠和藹態度視將士如兄弟姊妹與之個别談話（參觀演說方式恐引士兵反感不能談話者宜遵醫生之指導）應避免詢問前方作戰情形及軍隊分配狀況

七、慰勞隊員及看護隊員應代受傷將士書寫函件

八、慰勞隊員對於醫院應作縝密之考察如發現醫治設備等有影響於受傷士兵生命安全時應予院長醫生以懇切之勸告使其設法改進

九、慰勞隊應酌情將慰勞物品親自送遞士兵

十、看護隊組織完成應先與前方軍事机關或有關机關接洽確定（前方警備司令部）後再行出發以免發生分配不勻之現象

甘肃省政府关于转发慰劳前方将士募制寒衣办法致镇原县政府的训令（一九三七年十一月二十五日）

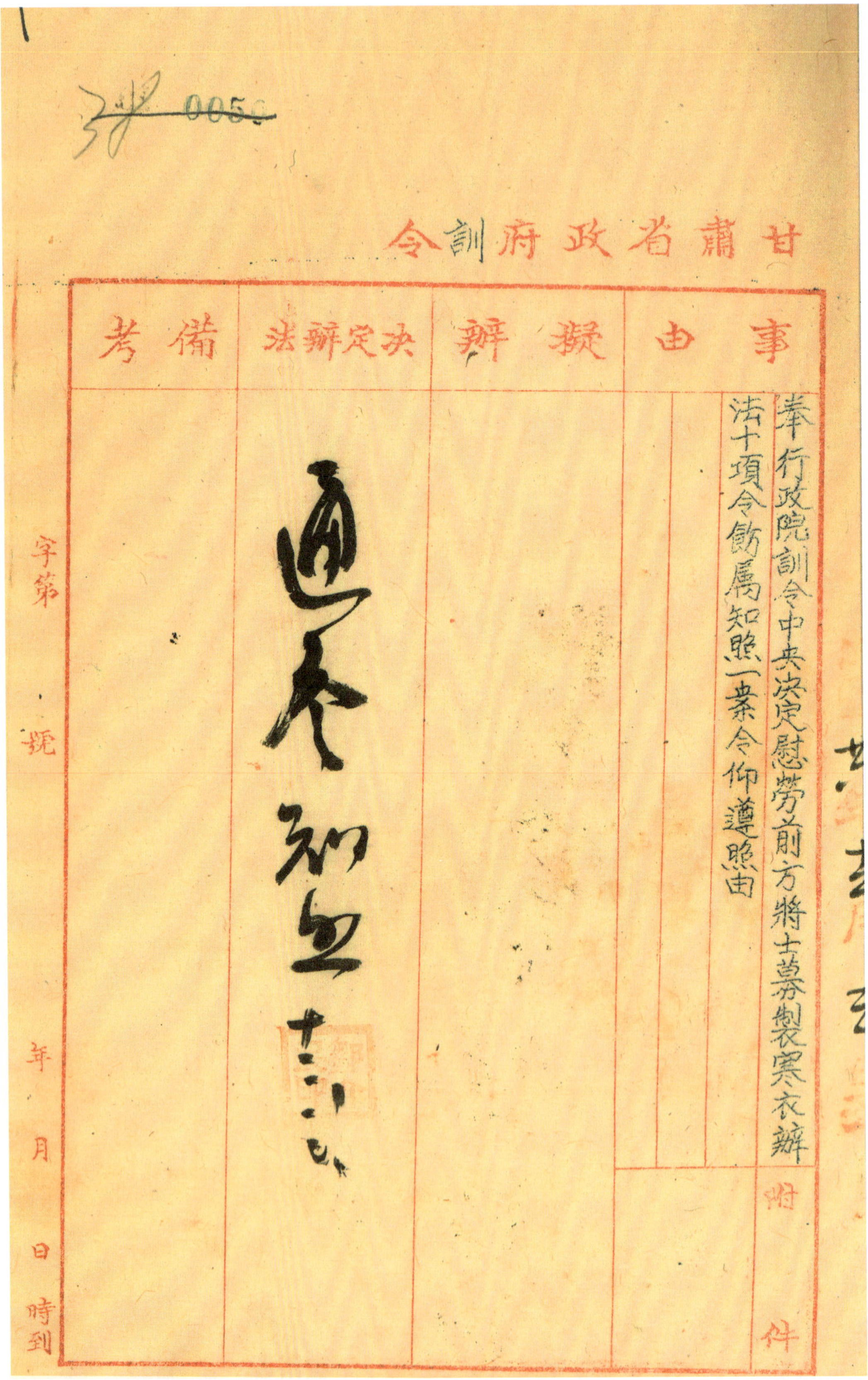
甘肃省政府训令

事由	拟办	决定办法	备考
奉行政院训令中央决定慰劳前方将士募制寒衣办法十项令饬属知照一案令仰遵照由		通令知照 十二.七	

附件

字第　號　年　月　日　時到

2

甘肅省政府訓令

秘保字第 1246 號

令鎮原縣政府

案奉

行政院本年十月二十八日總字第五九五七號訓令開：

「案准中央執行委員會秘書處本月二十二日孝字第一三八五八號公函開，『茲經中央決定慰勞前方將士募製寒衣辦法十項：㈠由各省市党政當局，督促各縣市下級機關，策動救國團体（如抗敵後援會，救濟會，民眾組織委員會等）舉行大規模之募製寒衣運動。㈡募製寒衣之種類，應以各該地所產原料為標準得分為皮棉、絲棉、等三種。(三)寒衣之尺寸須依照軍事機關之規定辦理之。(四)募製寒衣之數量，得依各該省市人口多寡及地方財富為標準，由最高黨政當局確定之。(五)各省市人民有捐贈原料或捐款指定購製寒衣者，得由地方當局策動紡織縫紉工人及家庭婦女製造之。(六)人民捐贈寒衣每人滿五百件者，由地方政府給予感謝狀，滿一千件者，由地方政府呈請省政府明令獎勉，滿一萬件者，由國民政府特獎之。(七)募製成績優良之地方黨政機關，得由其上級機關獎勵，並作為重要考成之一。(八)各地方機關團体及公務人員，須首先應募，以資表率。(九)各地方募制寒衣事項，應於最短期間完成，政府機關並應認為重要政務，不得延誤。(十)各地方募集之寒衣，應以最迅速之方法解送省市當局，以便統籌支配。」等由，准此。除分令外，合行令仰知照，並轉飭所屬知照。此令。」

等因，奉此，除分行各區專員外，合亟令仰該縣政府遵照，並轉飭知照。此令。

6

中華民國廿七年十一月二五日

甘肅省政府之印

代主席賀耀組

監印 高華藻

校對 張雲程
羅文翔

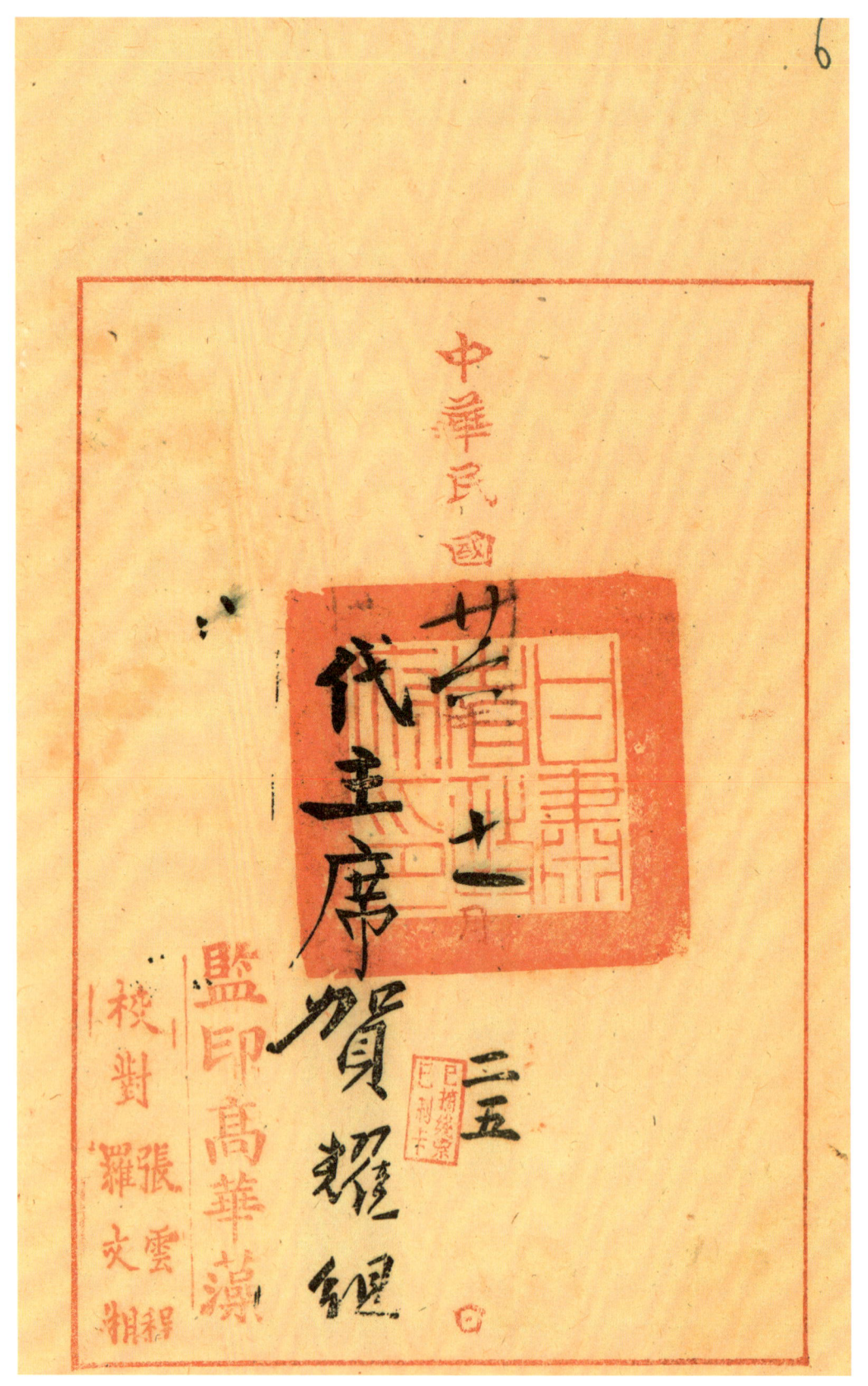

甘肃省师管区筹备处关于转发战时募兵办法致镇原县政府的训令（一九三七年十一月二十六日）

甘肅省師管區籌備處訓令　師字第　　號

令鎮原縣縣政府

案奉

軍政部長何陽役丙一七四九號代電內開：

「查關於戰時募兵辦法，亟宜統籌規定，以期劃一事權。茲據湘鄂豫陝黔贛各省當局電陳募兵意見，並請劃一各省募政到部。爰彙集各方面意見，擬訂戰時募兵統籌辦法十條，除分呈并分行外，檢發上項辦法，仰即遵照，并飭屬遵照。」

等因，奉此，除分令外，合行令仰遵照。

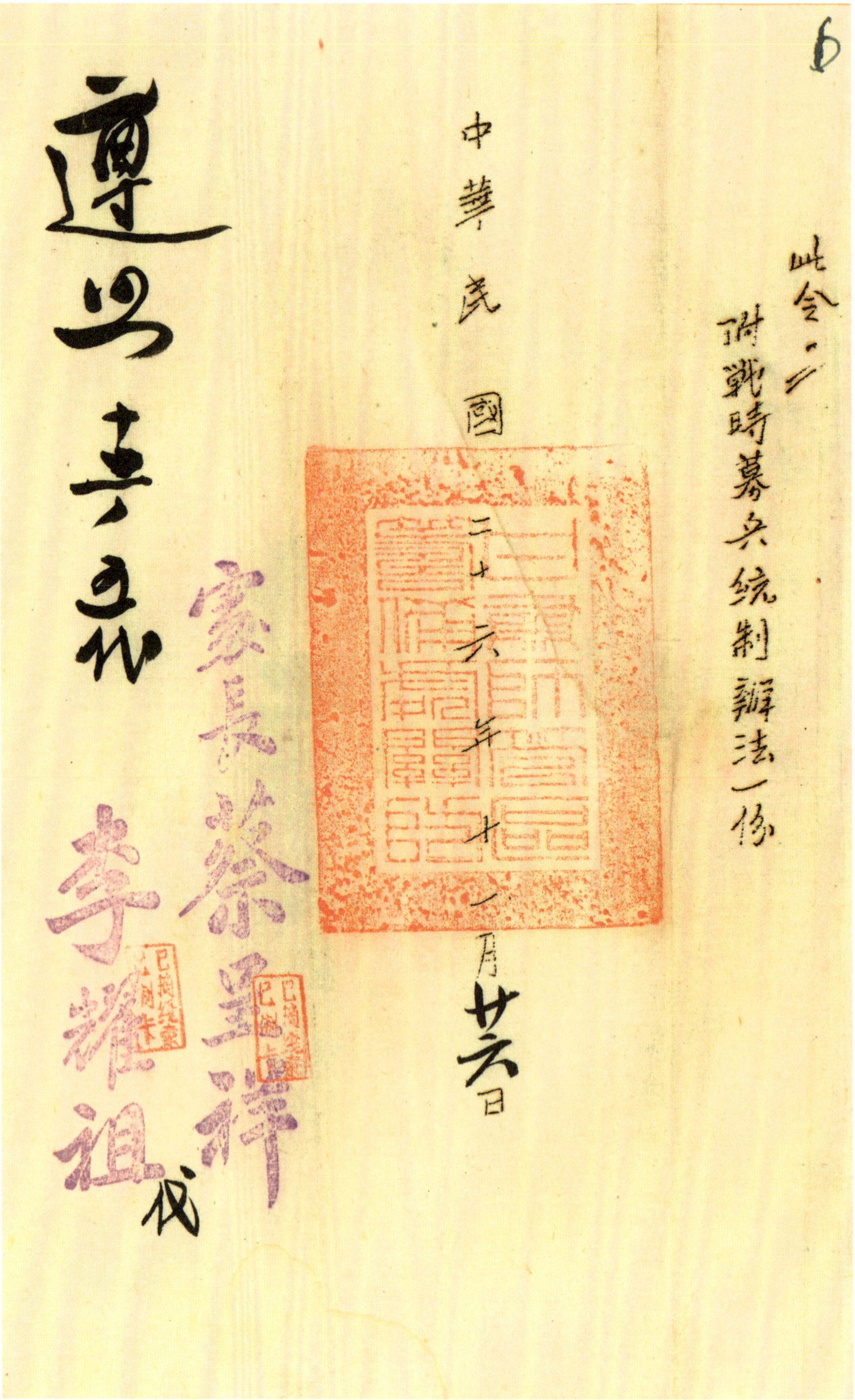

6

此令

附戰時募兵統制辦法一份

中華民國二十六年十一月廿六日

專員 蔡呈祥

李耀祖 代

17 037

甘肅省師管區籌備處關於征兵宣傳事宜致鎮原縣政府的訓令（一九三七年十一月二十六日）

甘肅省師管區籌備處訓令

師字第　　號

廿六 十一 五

令鎮原縣縣政府

案奉

軍政部役甲字第八四五號訓令內開：

「查役政推行，端賴各級兵役行政機關，積極宣傳，以期一般人民徹底明瞭，際茲抗戰時期，關於日寇侵略我國家，以陸海空軍殘殺我同胞之事實，與我全國青年對國家應服行兵役之義務等，應即以抗日為中心，制定標語，各就當地擴大宣傳，以喚醒民衆，激發其敵愾同仇之心，俾一般民衆踴躍應征，共赴國難，除分令外，合行令仰遵照辦理為要」

遵照，辦理為要」

18

等因，奉此，除分令外，合行印發標語數種，隨令附發，仰即張貼，並擴大宣傳為要。

此令。

附發各種標語72份

中華民國二十六年十一月廿六日

處長 蔡呈祥

李耀祖 代

分發各區傳館

十二、五代

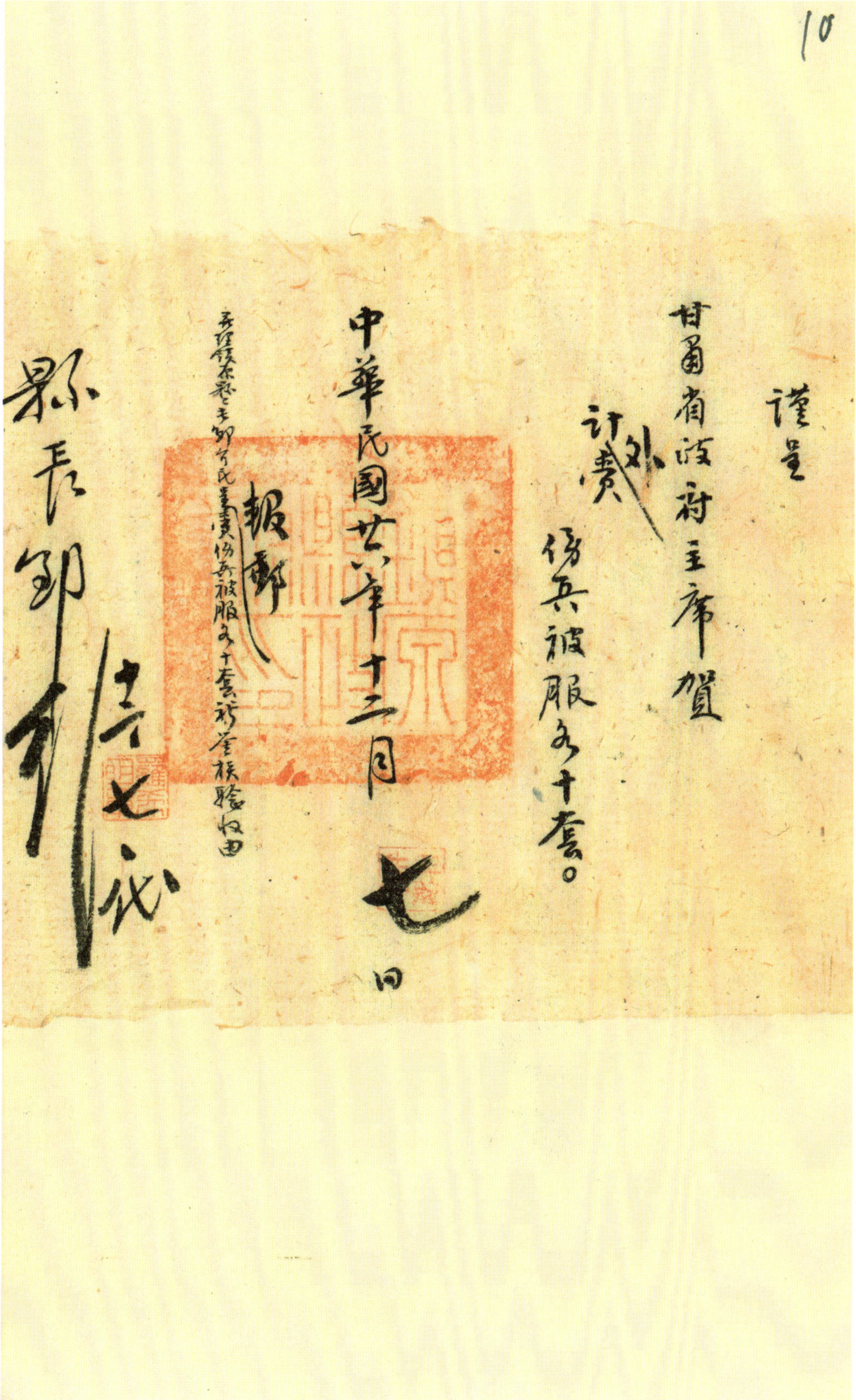

镇原县政府关于报邮伤兵被服各十套致甘肃省政府的呈（一九三七年十二月七日）

甘肃省政府关于前方抗战部队官佐归队事宜致镇原县政府的训令（一九三八年一月二十九日）

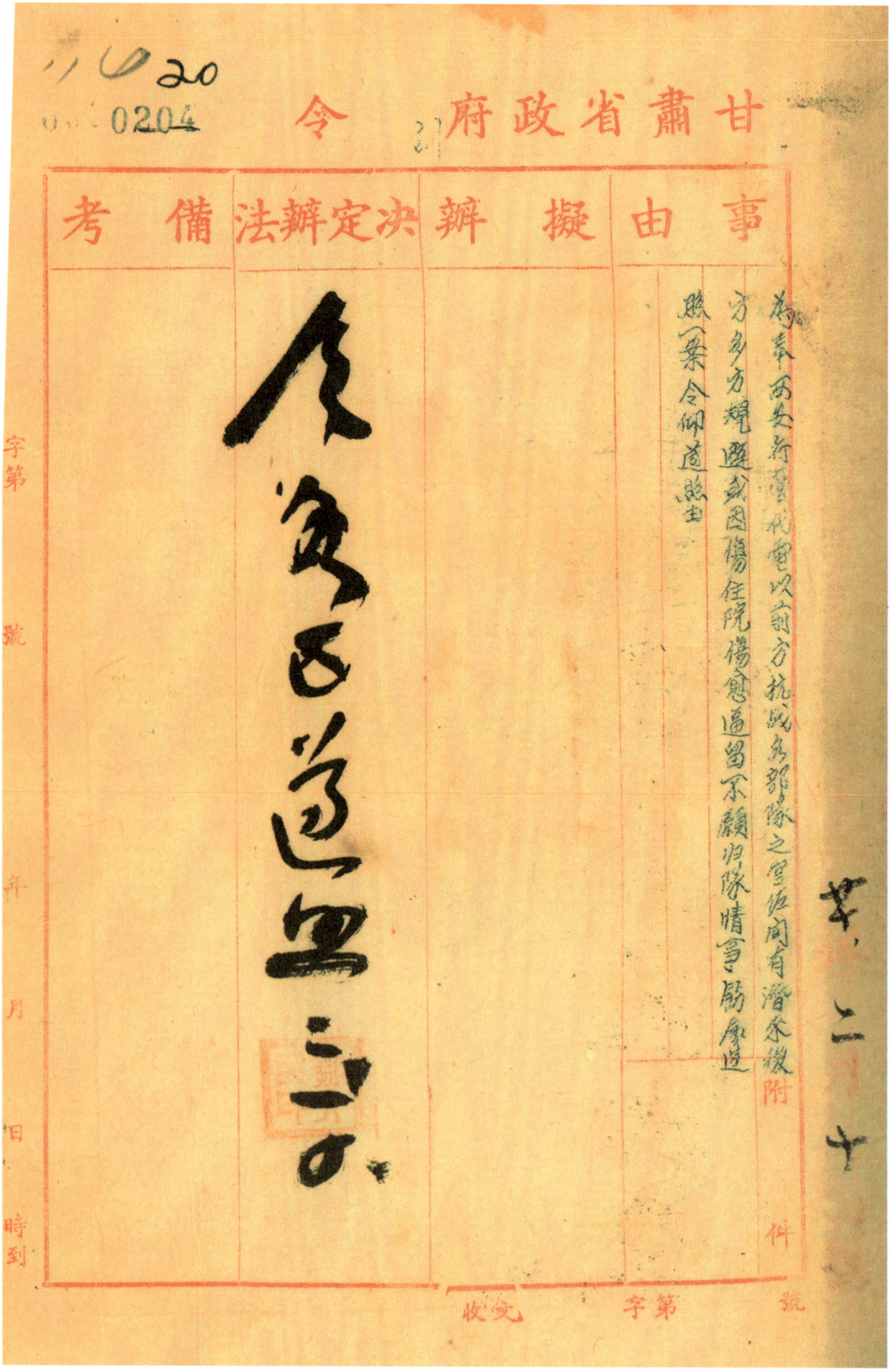
甘肅省政府訓令

事由	擬辦	決定辦法	備考
為奉西安行營代電以前方抗戰各部隊之官佐間有潛來後方多方規避或因傷住院傷愈逗留不願歸隊情事飭屬遵照一案令仰遵照由			

附件

收文　　字第　　號

020021

甘肅省政府訓令

秘一字第324號

令鎮原縣縣長

案奉

西安行營篠𡨥陝代電開：

「奉委座二十七年一月八日總文字第二三二號訓令開：查近以抗戰日久，前方各部隊之官佐間有潛來後方多方規避，或因傷住院傷愈逗留不歸情形，殊屬非是。茲規定（一）凡前方部隊之官佐因事赴後方時，須經直屬軍師長之許可，發給正式證明文件（必須註明出發及到達地點），以便各地憲兵及軍警稽查機關易於查稽。如無正式證明文件者，應予扣留押回原隊處辦，其情節重大者得由憲兵司令或警備司令執行槍決（二）後方之机關軍隊不得向前方部隊調用官兵（包含因傷病住院已愈之官兵在内）如有特殊情形須經本會核准辦理除分令外仰即轉飭所屬切實遵照為要此令。等因奉此除呈復并分令外希即轉飭所屬切實遵照。

等因。除分令外，合行令仰該縣長遵照，并轉飭所屬切實遵照為要！

此令。

02019

中華民國二十七年一月二九日

主席朱紹良

監印 [illegible]

校對 張雲程 羅文湘

甘肃省第三区行政督察专员公署关于协助兵役宣传致镇原县政府的训令（一九三九年五月二十九日）

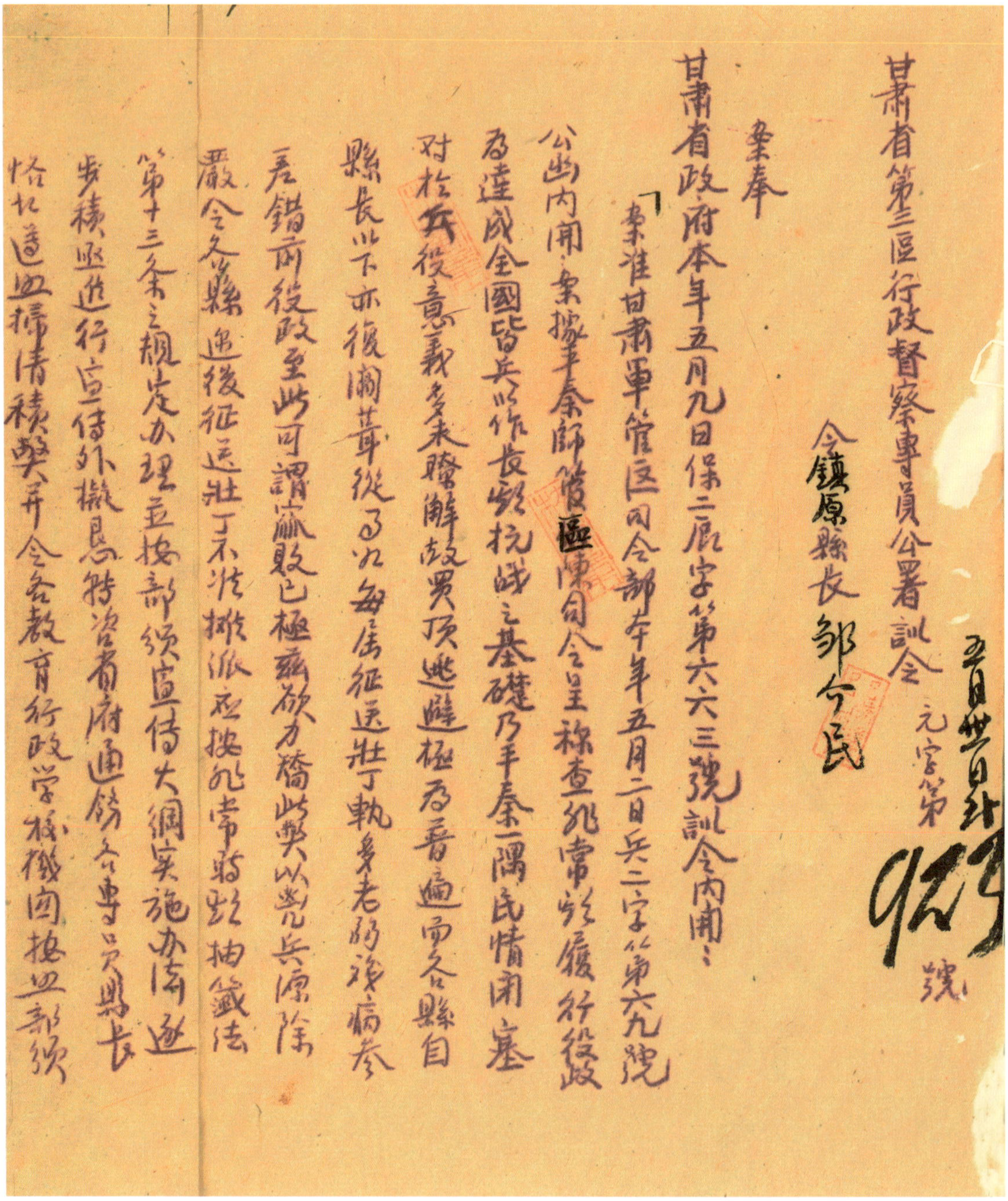

甘肅省第三區行政督察專員公署訓令 元字第1649號

令鎮原縣長鄒介民

案奉

甘肅省政府本年五月九日保三辰字第六六三號訓令內開：

「案准甘肅軍管區司令部本年五月二日兵二字第六九號

公函內開：案據平涼師管區陳司令呈稱查非常時期役政

為達成全國皆兵以作長期抗戰之基礎，乃平涼一隅民情閉塞

對於兵役意義多未瞭解，故畏役逃避極為普遍，而各縣自

縣長以下亦復闒茸從事，以每屆征送壯丁執多老弱殘病參

差錯雜，役政至此可謂窳敗已極，欲力矯此弊以免兵源，除

嚴令各縣迅速征送壯丁不准攤派應按非常時期抽籤法

第十三條之規定辦理並按部頒宣傳大綱實施辦法迅

步積極進行宣傳外，擬懇特咨省府通飭各專員縣長

恪於通知掃清積弊並令各教育行政學校機關按照部頒

0016

宣傳大綱協助兵役機關群策群力作普遍宣傳，以利役政

等情，據此，查各縣辦理役政，未按部頒各種法令之規定，及

缺乏普遍兵役之宣傳，均屬無可諱言之事，茲據前情，相

應函請貴府查照，轉飭所屬遵照掃除以往征兵積弊，

極力協助兵役宣傳，並希見復為荷」等由，准此，除分令外，合行

令仰該員遵照，并轉飭所屬各縣，一體遵辦為要」

等因，奉此，除分行外，合行令仰遵辦為要！

此令。

中華民國廿八年五月 廿九 日

為遵照掃除已往積弊並極力協助兵役宣傳由

專員 [illegible]

擬遵照辦理並令各區

[illegible]遵照辦理

五、卅

如擬

記[illegible]

[illegible]已存查遵[illegible]

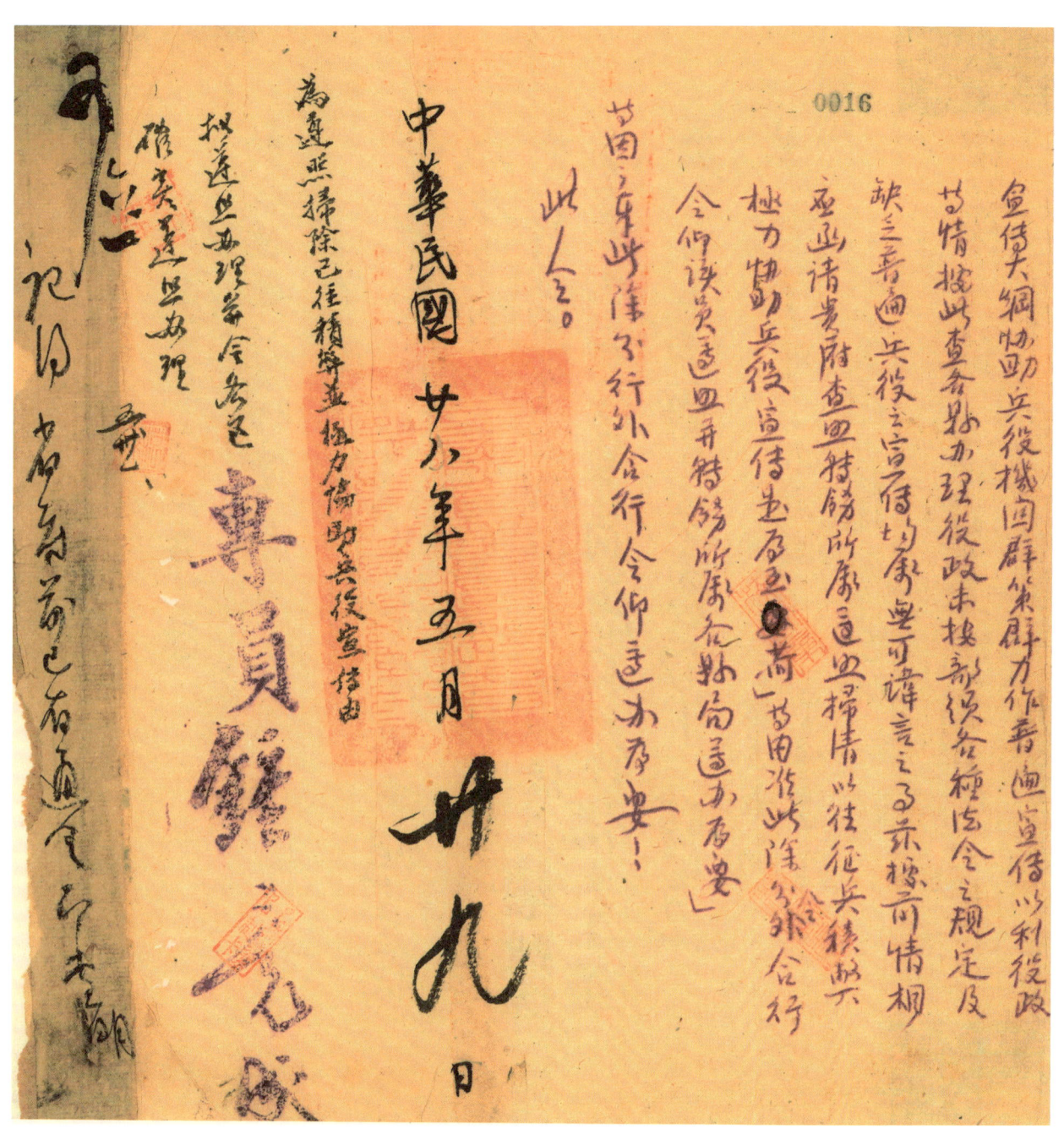

镇原县第二区署关于呈报民众抗敌后援会队员简历致镇原县民众抗敌后援会的呈（一九三九年八月一日）

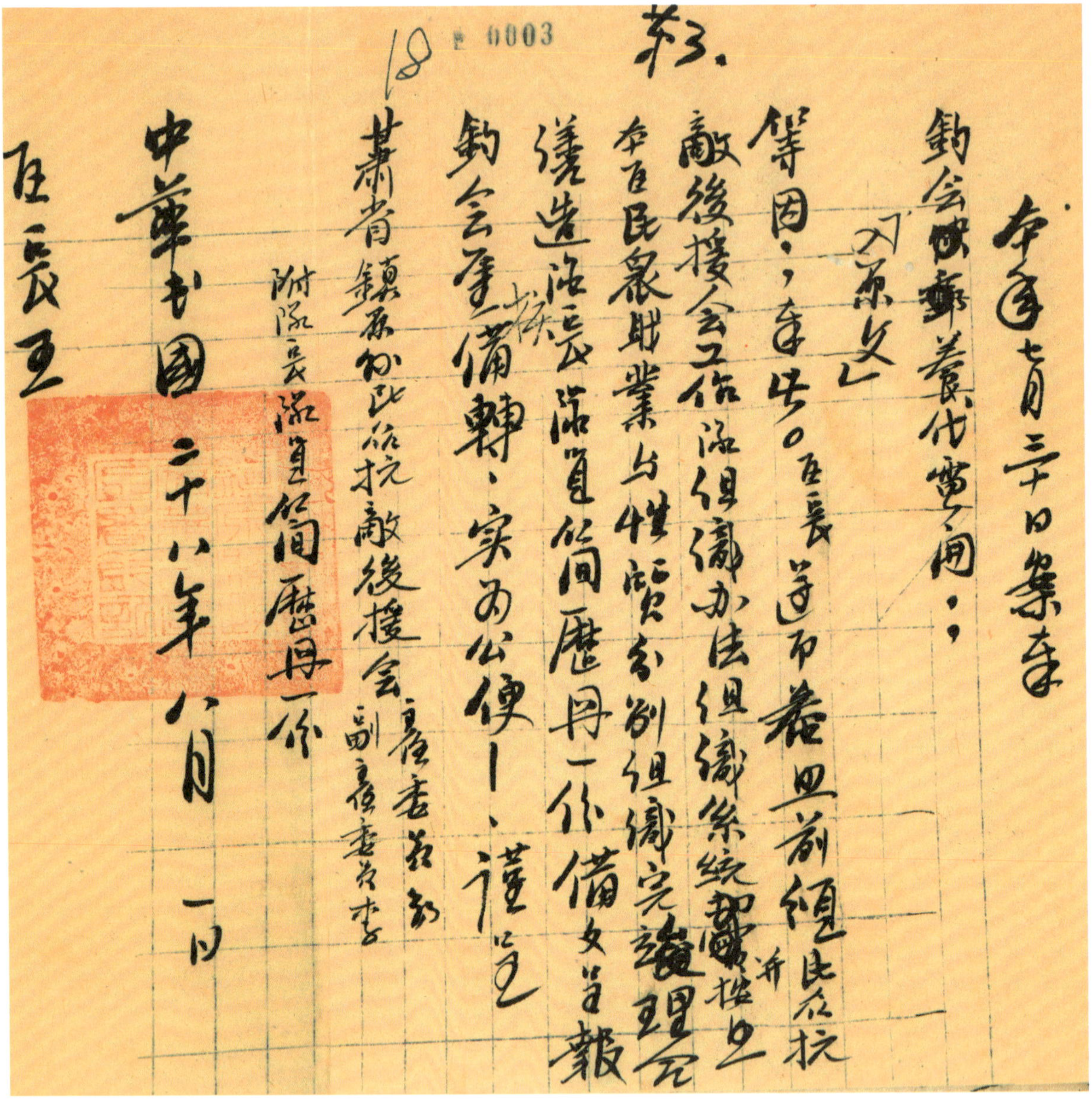

第3.

本年七月二十日案奉
钧会戍养代电开：
「（原文）」
等因，奉此。区长遵即按照前颁民众抗敌后援会工作队组织办法、组织系统，督饬按照本区民众职业与性质分别组织完竣，理合缮造队长队员简历册一份，备文呈报
钧会鉴核备转，实为公便！谨呈
甘肃省镇原县民众抗敌后援会主任委员郭
副主任委员李
附队长队员简历册一份
中华民国二十八年八月一日
区长王

镇原县政府关于填报阵亡士兵张兆祥乙种调查表致第二区署的训令（一九三九年九月十九日）

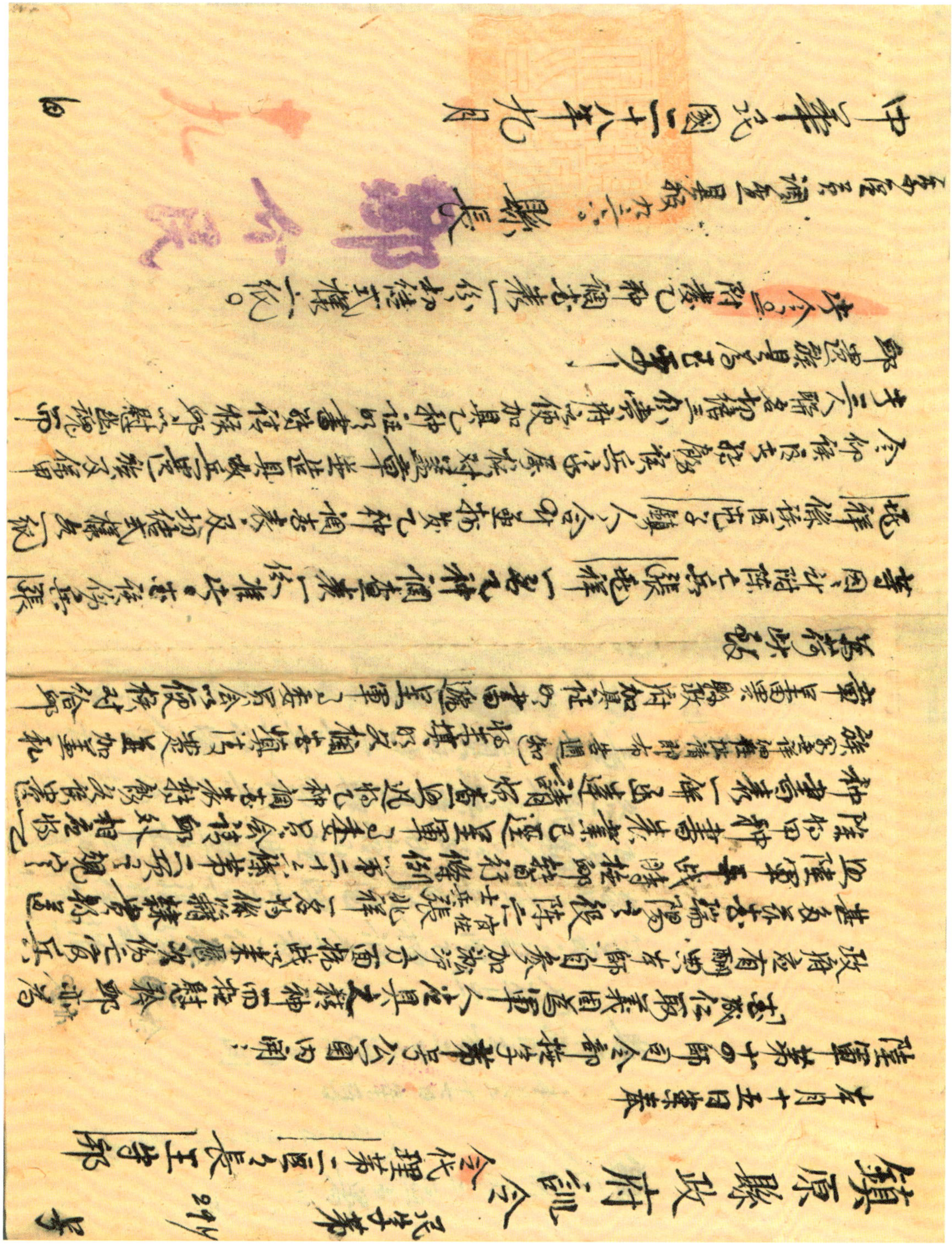
鎮原縣政府訓令
令代理第二區區長王守郁
縣長
中華民國二十八年九月

镇原县政府关于对王得禧遗属进行抚恤并填报乙种调查表致第二区署的训令（一九三九年十月十日）

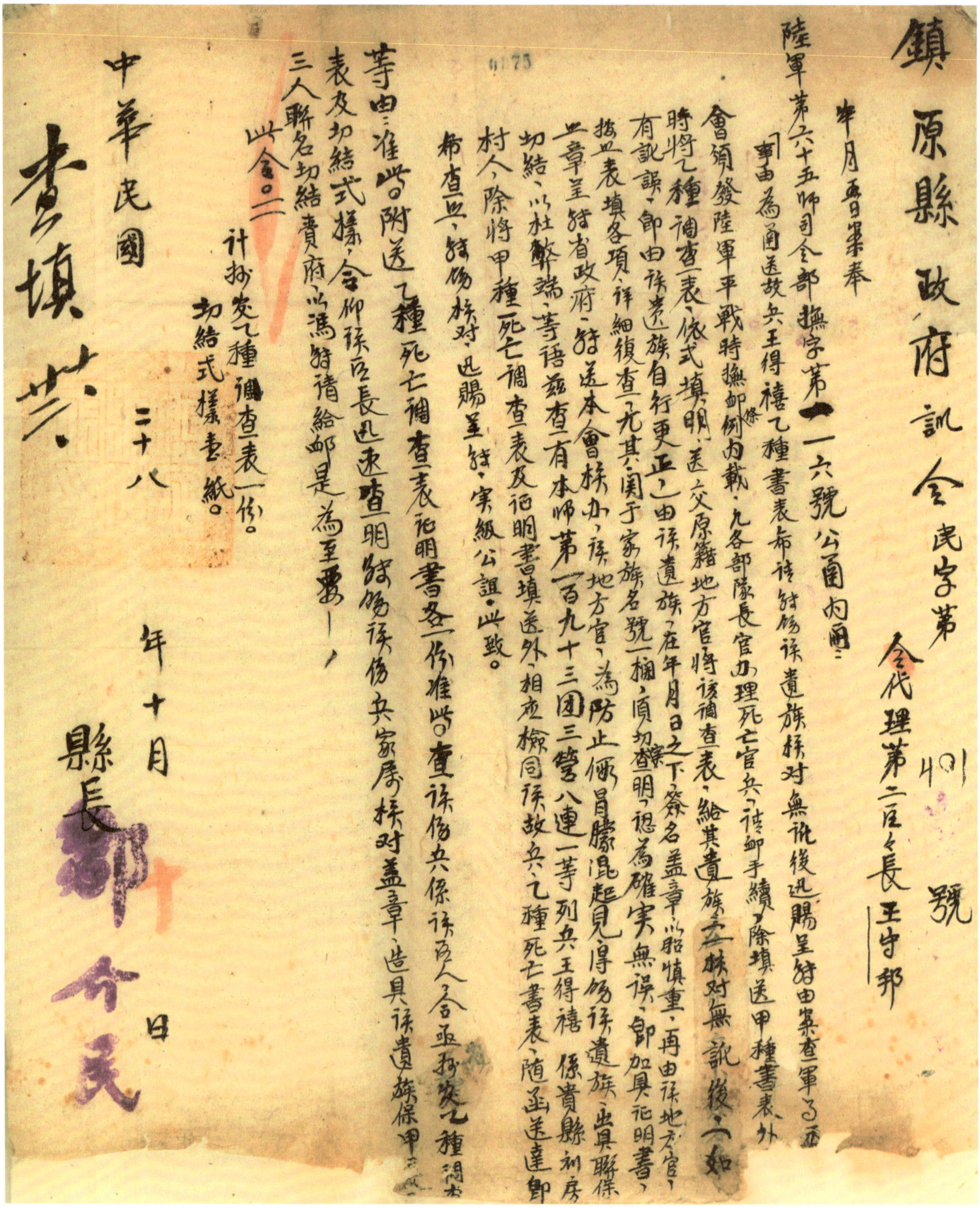
鎮原縣政府訓令　民字第401號

令代理第二區區長王守邦

案奉

陸軍第六十五師司令部撫字第一一六號公函內開：

"事由為函送故兵王得禧乙種書表希詳飭該遺族據對無訛後迅賜呈轉由案查軍召函會頒發陸軍平戰時撫卹例內載：凡各部隊長官辦理死亡官兵之請卹手續，除填送甲種書表外，時將乙種調查表，依式填明，送交原籍地方官，將該調查表，給其遺族核對無訛後，如有訛誤，即由該遺族自行更正，由該遺族在年月日之下簽名蓋章，以昭慎重，再由該地方官按照表填各項，詳細復查，尤其關于家族名號一欄，更切查明，認為確實無誤，即加具証明書，照章呈轉省政府，轉送本會核辦，該地方官，為防止假冒朦混起見，得飭該遺族，出具聯保切結，以杜弊端，等語。茲查有本師第一百九十三團三營八連一等列兵王得禧，係貴縣祁房村人，除將甲種死亡調查表及証明書填送外，相應檢同該故兵乙種死亡書表，隨函送達，即希查照，轉飭核對，迅賜呈轉，實級公誼。此致。"

等由；准此，附送乙種死亡調查表、証明書各一份，准此。查該傷兵係該區人，合亟抄發乙種調查表及切結式樣，令仰該區長，迅速查明，轉飭該傷兵家屬，據對蓋章，出具該遺族保甲三人聯名切結，齎府，以憑轉請給卹，是為至要！

此令。

計抄發乙種調查表一份，切結式樣壹紙。

中華民國二十八年十月　日

縣長　鄧介民

查填

镇原县政府关于按照寒衣捐款限期从速募齐致商会及各区署的训令（一九三九年十月十一日）

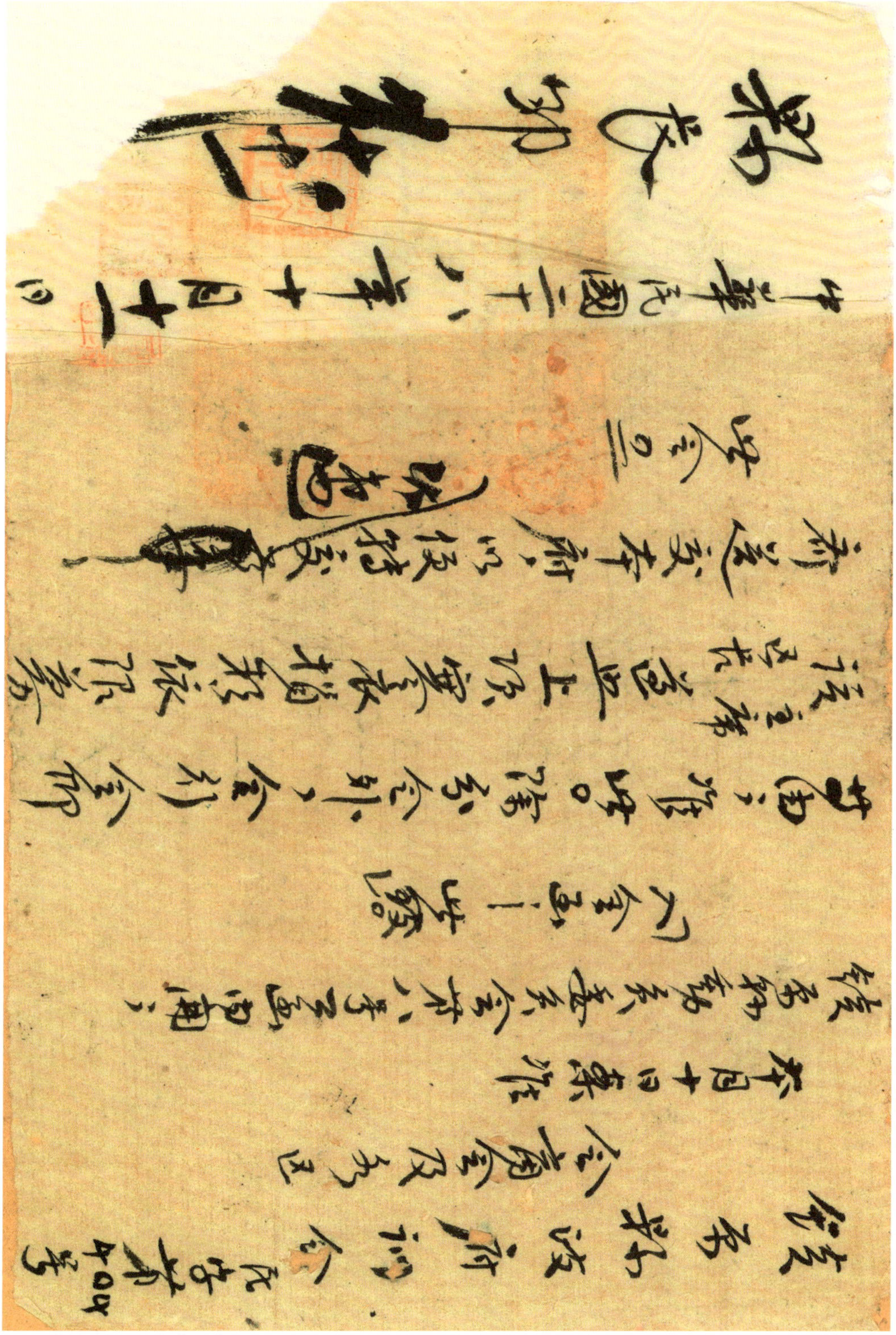

甘肃省军管区政治部关于「七七」纪念日举行追悼阵亡将士大会办法致镇原县国民兵团的代电（一九四〇年七月三日）

（事由：「七七」三週年紀念舉行追悼陣亡將士令停止娛樂等仰遵照由）
甘肅省軍管區政治部代電 政字第七六號
鎮原 國民兵團教育長案奉軍委會政治部巳梗治蒙電令內開本年
七月七日為抗戰建國三週年紀念日茲定舉行追悼陣亡將士辦法如次（一）
全國各軍隊各機關各團体各學校分別舉行追悼并由各地高級黨政
軍机關召開各界追悼陣亡將士大會（二）全國一律下半旗誌哀并停止
娛樂宴會（三）全國各軍隊各機關各團体各學校派員撫慰陣亡
將士家屬（四）全國各報紙刊物出版追悼陣亡將士特刊（五）全國各地建
立陣亡將士紀念墓并擴大轉送工作上項辦法除呈會轉請國府通令
全國一致遵行外仰即遵照立即發動積極籌備進行并將實施結
果專案報部憑核為要等因自應遵辦除分令外合亟電仰知照并
將辦理情形專案具報以憑核轉為要 主任胡維藩 印
中華民國二十九年七月 日
七月三日
遵照具報 七月十一日

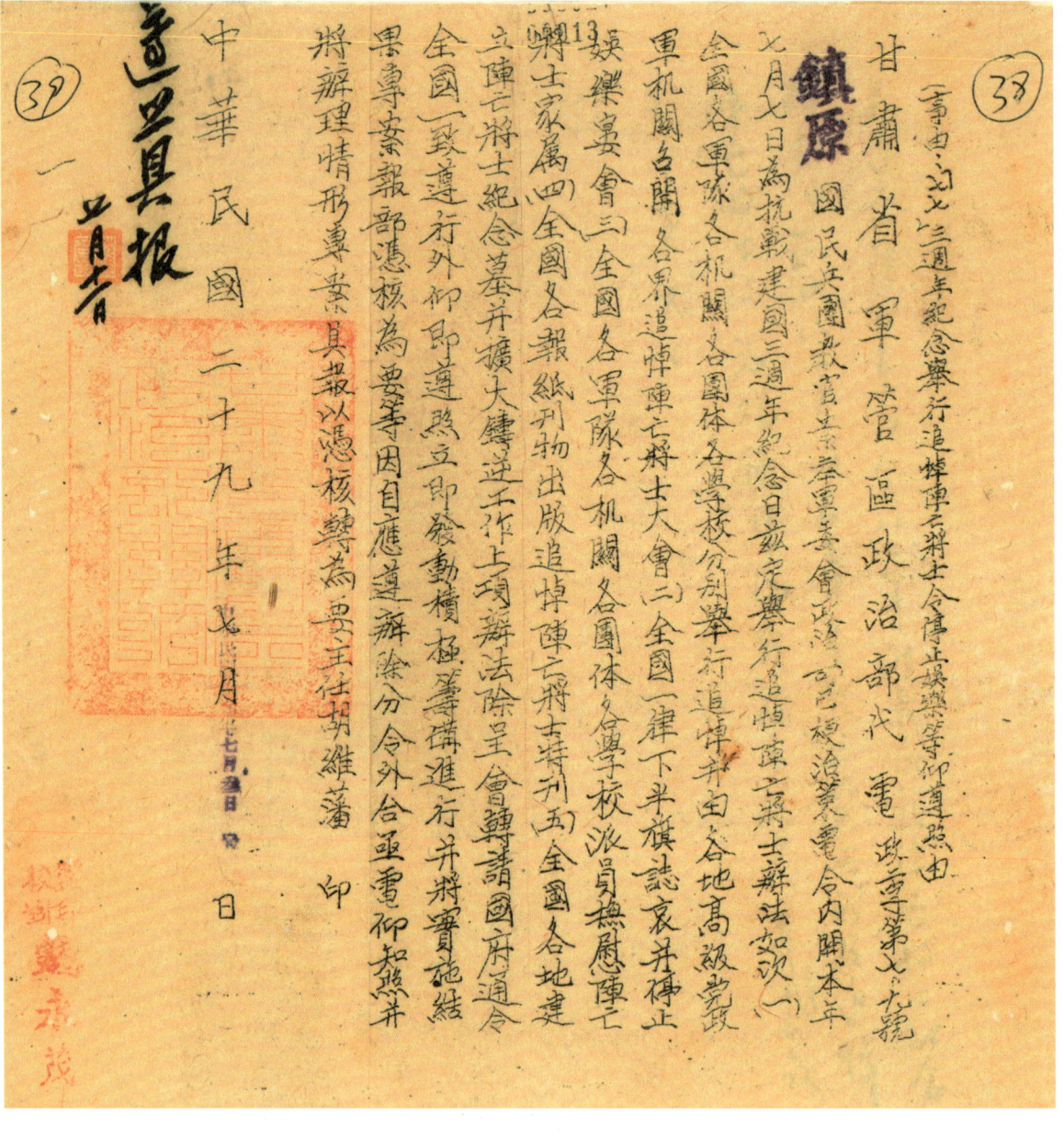

镇原县政府关于送交「七七」献金致肖金镇公所的电话命令（一九四〇年七月二十三日）

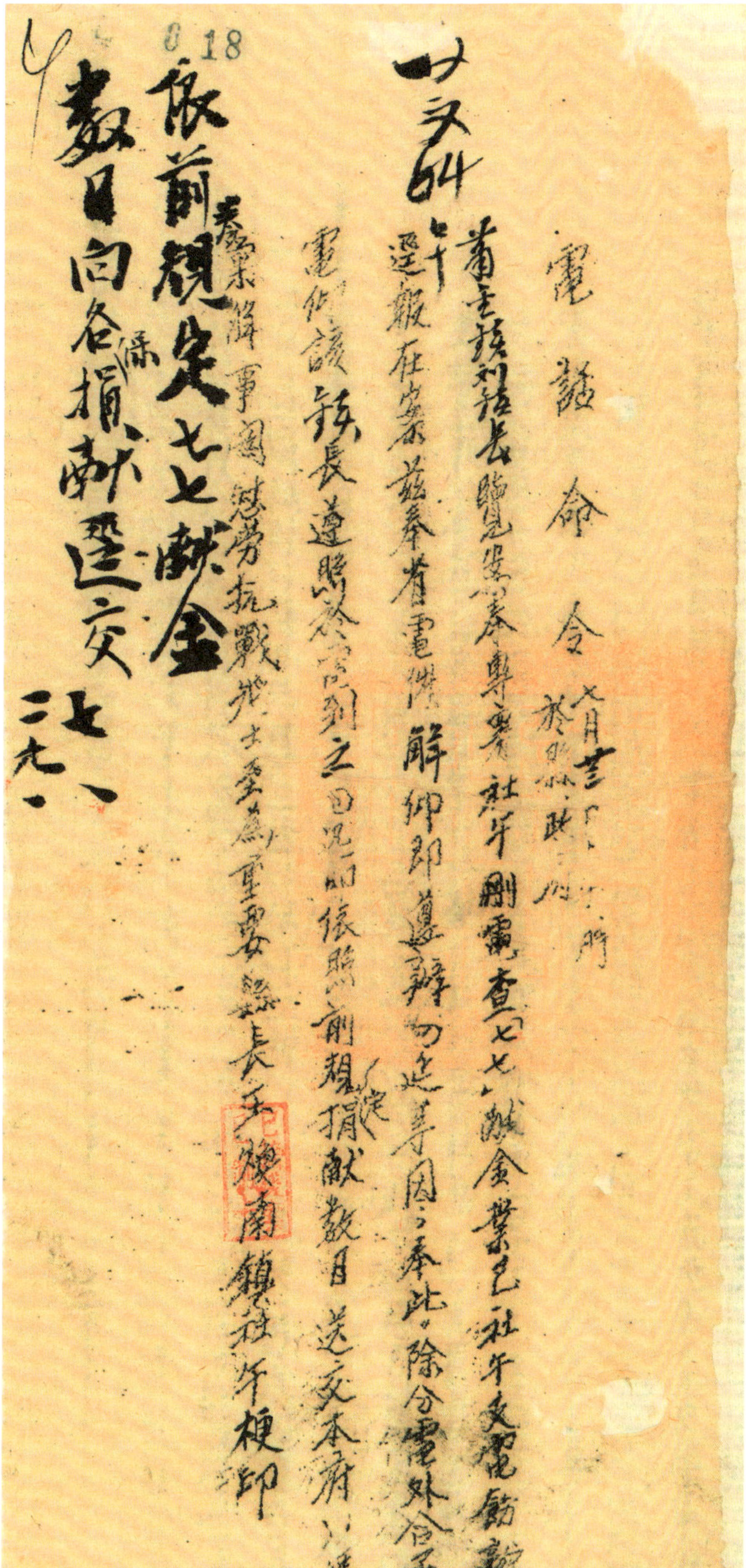

电话命令 七月廿三日 于县政府

肖金镇社长览：案奉专员社午删电，查「七七」献金业已社午文电饬办，迭据在案。兹奉前电，仰即遵办，勿延等因。奉此，除分电外，合亟电仰该镇长遵照，于文到之日迅即依照前规定捐献数目，送交本府，以凭汇案转解。事关慰劳抗战将士，至为重要。县长王德南 镇社午梗印

依前规定七七献金数目向各保捐献迅交

二七、九、一八

镇原县肖金镇出征抗敌军人姓名、家属状况清册（一九四〇年九月六日）

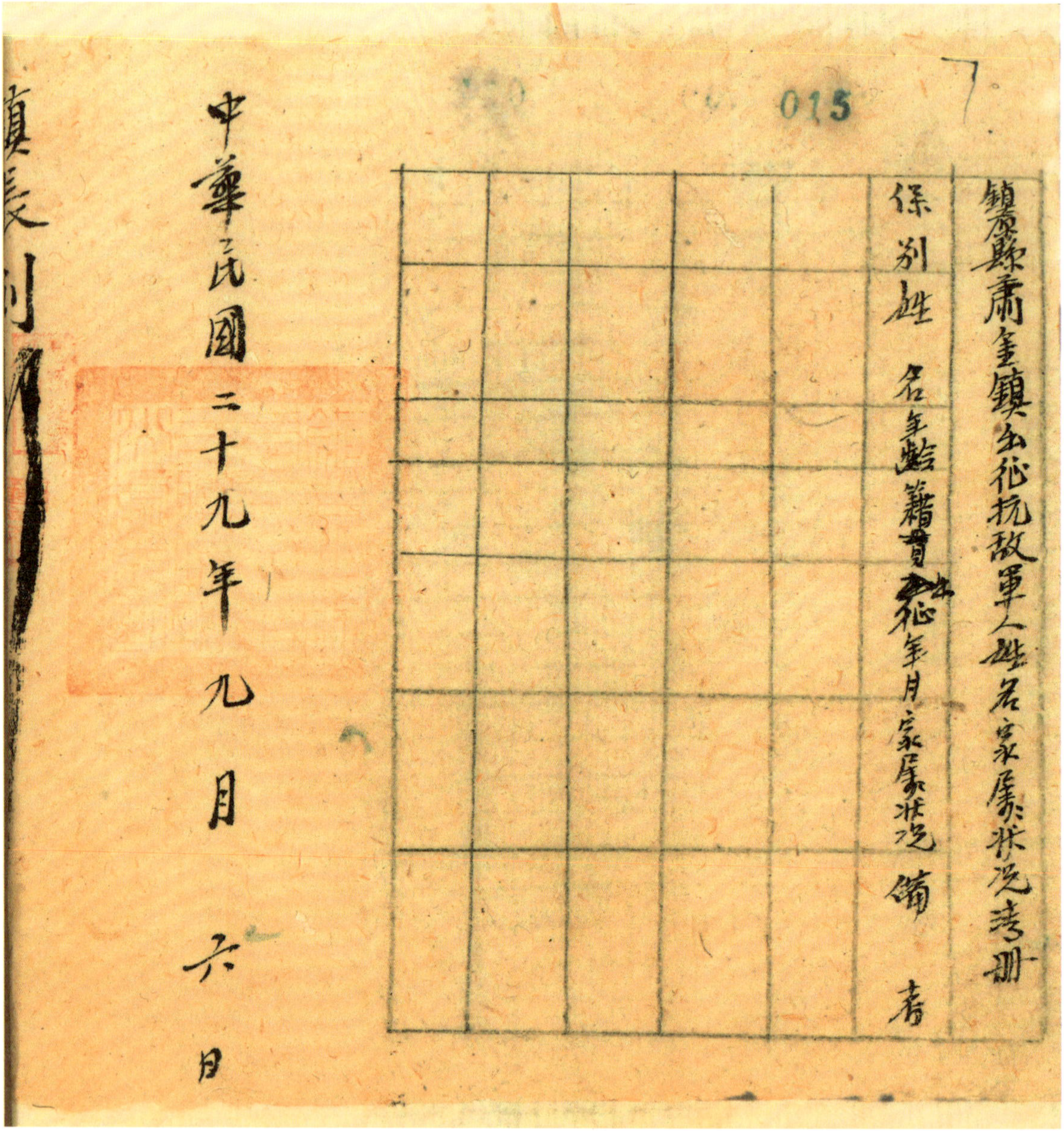

镇原县肖金镇第七保出征军人姓名表册（一九四〇年九月）

鎮原縣蕭金鎮第七保出征軍人姓名表册

甲別	戶數	姓名	年齡	出征年月日	家屬狀況	備考
第一甲	七戶	王~~[illegible]元~~世喜	二七	二十八年四月十五日	最貧	
第二甲	九戶	張~~康娃~~牛娃	二八	二十七年十月初九日	最貧	自動入伍
第三甲	九戶	何~~虎兒~~永蒼	二八	二十七年十月初五日	普通	
第四甲	一戶	何仲保	二二	二十八年八月二十日	次貧	
第五甲	二戶	何~~來儉~~五財	三五	二十七年八月二十四日	次貧	
第五甲	七戶	金積祿	三五	二十七年三月十五日	普通	
第五甲	一戶	何占德	三〇	十六年五月初五日	次貧	自動入伍
第八甲	一戶	何~~[illegible]周~~傳傑	三九	二十七年八月二十四日	最貧	
第八甲	十戶	趙根福（智奎）	二二	二十七年十一月初八日	~~普通~~最貧	

20

第九甲	二户	金根兜	二三	二十七年七月十六日	次貧
第九甲	七户	金聚有	二四	二十七年三月十五日	普通
第九甲	九户	金[illegible]	三三	二十七年四月十五日	普通
第十甲	三户	金西珍	二五	二十六年七月初五日	最貧
第十甲	八户	金奇珍	二五	二十六年四月初六日	普通
仝上		金緯珍	三〇	二十七年十一月初三日	次貧
第四甲	二户	何占榮	三三	二十六年十月初七日	最貧
第八甲	三户	李長義	三三	二十六年十月十四日	最貧
第八甲	九户	[illegible]	三六	二十六年十月十四日	最貧

[illegible]

025

中華民國二十九年九月　日

甘肃省政府关于设立抗战殉难烈士忠烈祠及填报相关调查表致镇原县政府的训令（一九四一年一月九日）

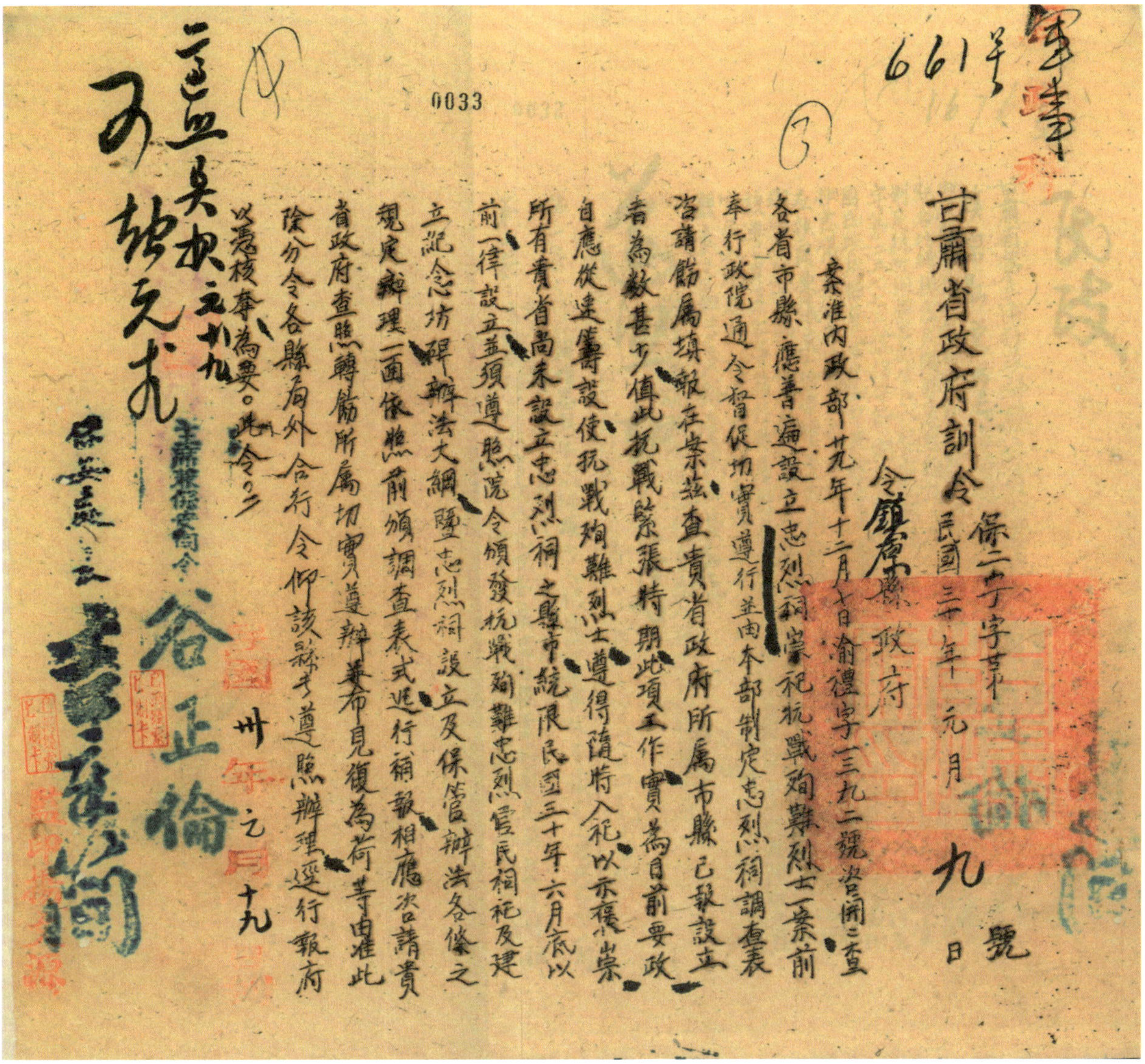

甘肅省政府訓令 保二十字第 號
民國三十年元月九日

令鎮原縣政府

案准内政部二十九年十二月七日渝禮字一三九二號咨開：「查各省市縣應普遍設立忠烈祠，崇祀抗戰殉難烈士一案，前奉行政院通令督促切實遵行，並由本部制定忠烈祠調查表咨請飭屬填報在案。茲查貴省政府所屬市縣已報設立者爲數甚少，值此抗戰緊張時期，此項工作實爲目前要政，自應從速籌設，使抗戰殉難烈士遵得隨時入祀，以示褒崇。所有貴省尚未設立忠烈祠之縣市，統限民國三十年六月底以前一律設立，並須遵照院令頒發抗戰殉難忠烈官民祠祀及建立紀念坊碑辦法大綱暨忠烈祠設立及保管辦法各條之規定辦理，一面依照前頒調查表式逐行補報，相應咨請貴省政府查照轉飭所屬切實遵辦，並希見復爲荷」等由，准此，除分令各縣局外，合行令仰該縣長遵照辦理，逕行報府，以憑核奪爲要。此令。

主席兼保安司令 谷正倫

卅年元月十九

镇原县入祀忠烈祠烈士姓名清册（一九四一年一月十五日）

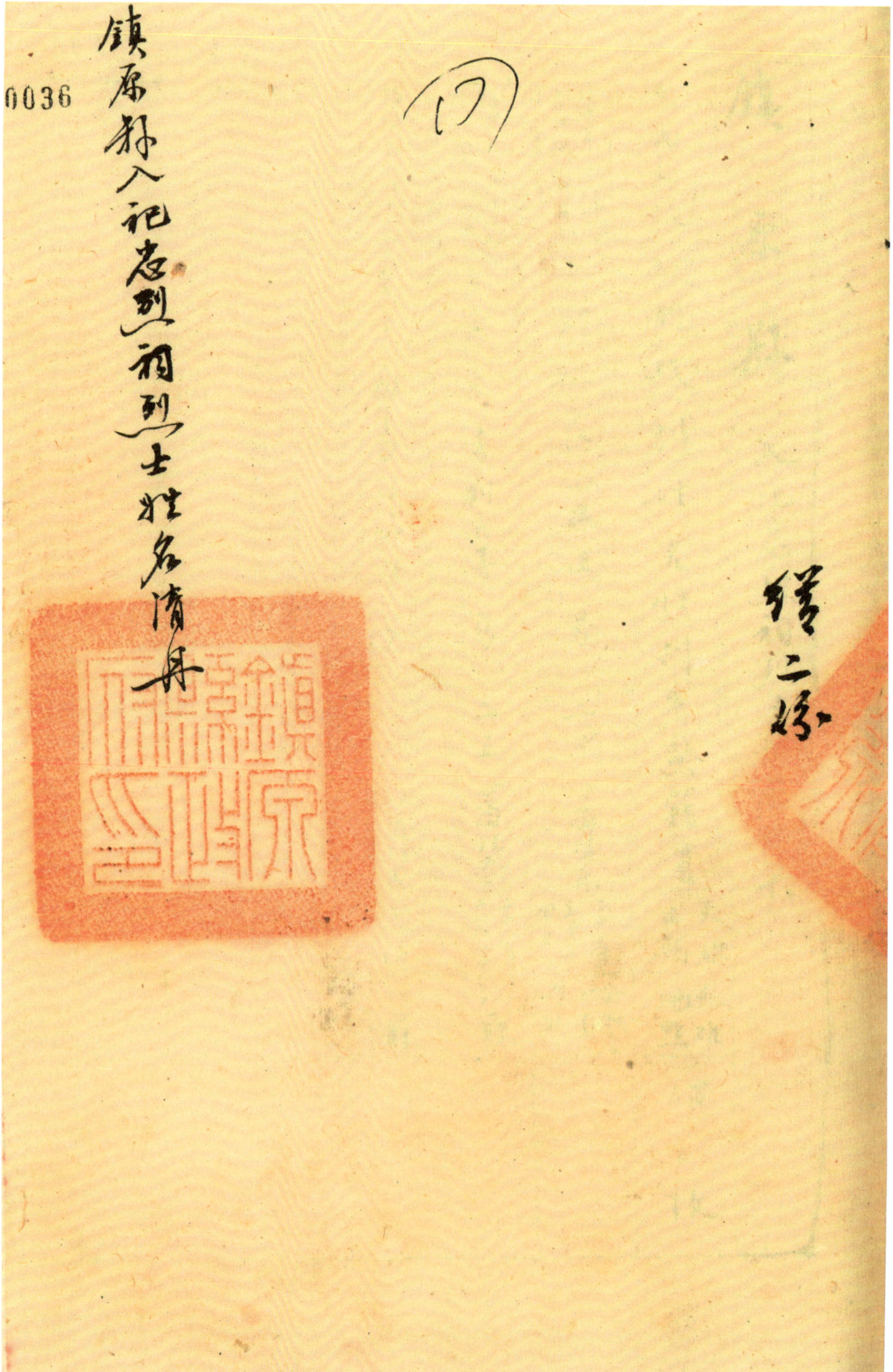
缮二份

镇原县入祀忠烈祠烈士姓名清册

0036

0037

18

鎮原縣入祀忠烈祠烈士姓名清冊

原屬部隊	級別	職別	姓名	性別	年齡	籍貫	死難日期	死難地點	備攷
陸軍第四十八師一百四十四旅二百八十八團三營四連	中尉	排長	田泰正	男	二四	甘肅鎮原	二十七年五月十四日	安徽合肥南門外	
陸軍三二師九四旅一八八團三營九連	上士	文書	劉廣喜	男	二三	甘肅鎮原	二十八年十月6日	江蘇	
陸軍第十四師八三團三連	中士	班長	張郁林	男	二六	甘肅鎮原	未詳	江蘇	

0038

中

代理鎮原縣長栗飞

秘書[illegible]代行

鎮原縣印

中華民國三十一年元月十五日

镇原县政府填报张郁林、田养正、刘庚喜三烈士事迹申报表（一九四一年一月十五日）

0039

（20）

烈士事蹟表

姓名	張郁林	別號	
性別	男		
年齡	二六歲	籍貫	甘肅鎮原縣
黨籍	[illegible]		
學歷	無		
經歷	第十四師八三團三連中士		
生平事蹟	生平事蹟未詳		
死難情形	查該士在江蘇抗戰陣亡		
遺族概況	查該士遺族世居本縣屯子鎮第十一保，該士家屬（全家共有七人）因家境困難，現狀未能維持。		

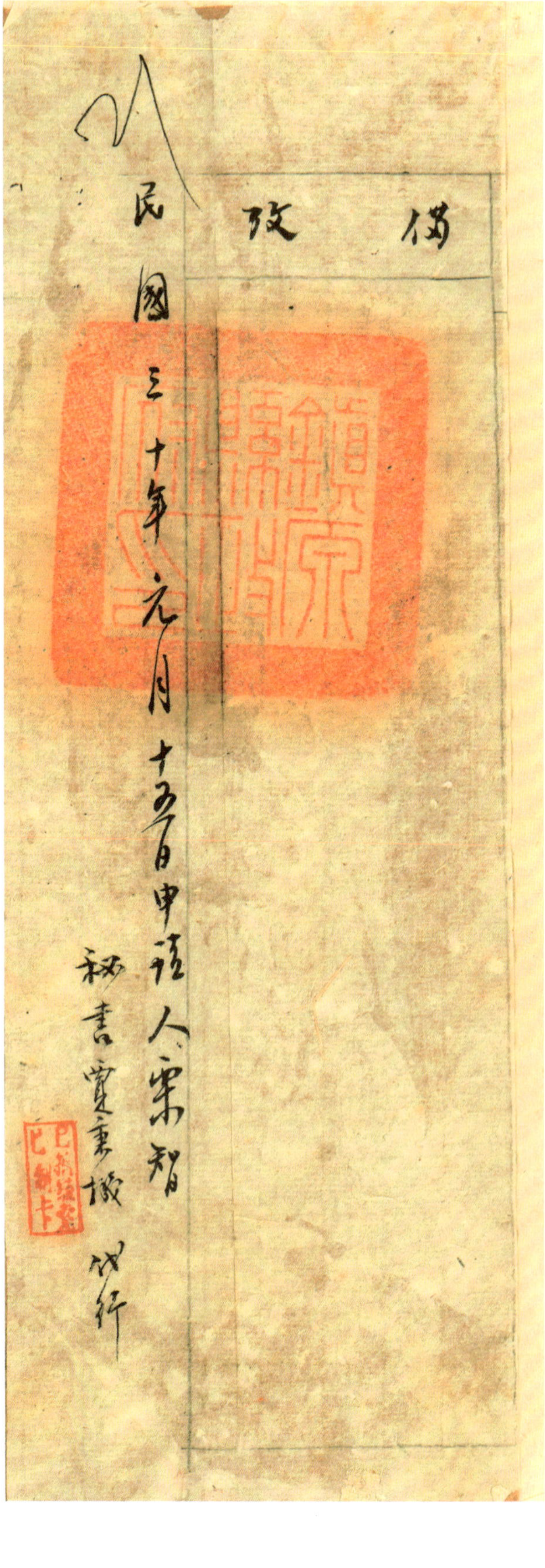

備攷

民國三十年元月十五日申請人宋智

秘書寶秉鐵代行

0040

烈士事蹟表

姓名	田春正
别號	聖陶
年齡	二十四歲
籍貫	甘肅省鎮原縣
性别	男
黨籍	
學歷	甘肅省平涼中学畢業
經歷	任第[illegible]軍八[illegible]師[illegible]百[illegible]四旅六百八十八團二營四連中尉排長
生平事蹟	查該員幼時被其父送入学校讀書，努力功課，由初中期滿畢業，後即前往部隊服務了未及兩年，因外為中尉排長。
死難情形	查該員於民二十七年五月十四日在安徽合肥南門外抗敵作戰，英勇當前，進攻敵數晝夜，卒於戰場。
遺族概況	查該員遺族世居本縣北原寇家口，弟七保四年，其父母現年六十餘歲，伊之全家二十餘人，家有薄田八十餘畝，自耕自食，每年僅能維持現狀。

備

經辦 孝

民國三十年元月十五日 申請人宋智

秘書 竇章機 [illegible]

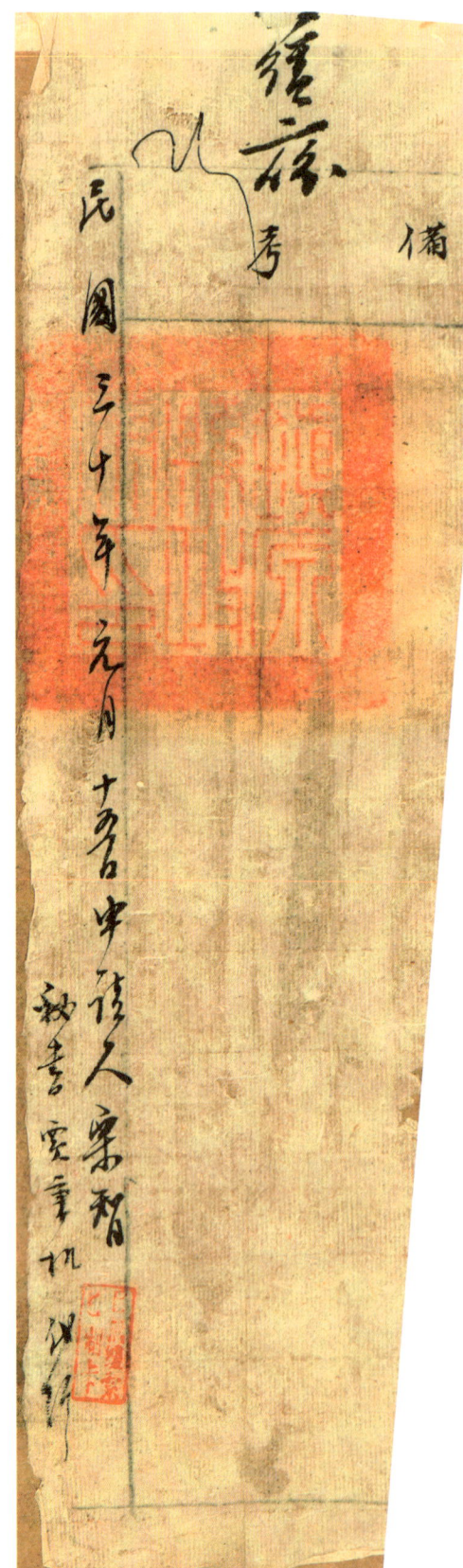

0041

24

烈士事蹟表

姓名	唐[illegible]喜
別号	
年齡	二十三歲
籍貫	甘肅省鎮原縣
性別	男
党籍	
學歷	鎮原縣立高小學校畢業
經歷	陸軍三二師九四旅一八八團三營九連上士
生平事蹟	未詳
死難情形	查該士於民二十八年十月在安慶江蘇附衡陽抗敵陣亡
遺族概況	查該士遺族世居鎮原縣第六區頭重第七保第五戶，該士家庭人口甚大，家境困窘，現狀未能維持。

备考

民国二十七年元月十五日申请人栗智

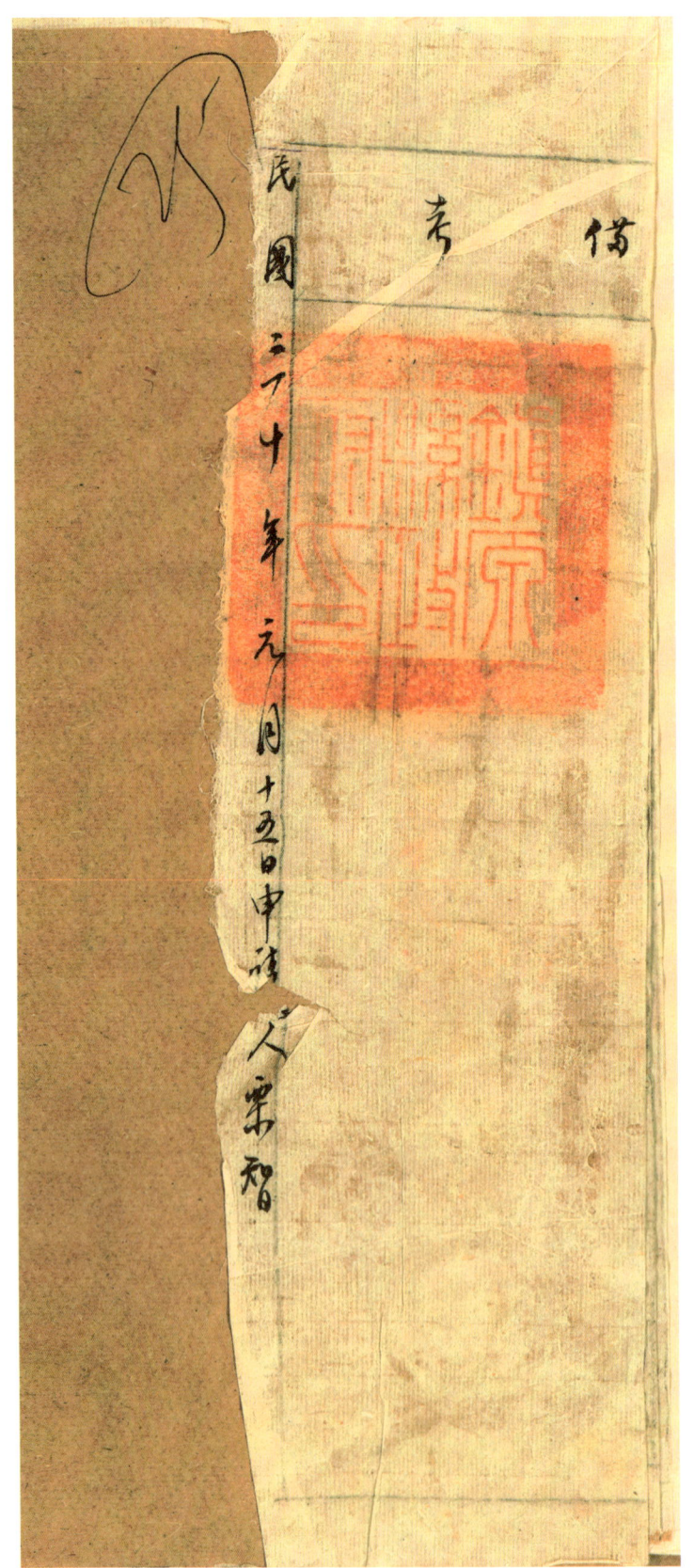

甘肃省第三区行政督察专员公署关于抄发抗战殉难忠烈入祀忠烈祠仪式致镇原县政府的代电

（一九四一年三月二日）

民政

0032

16766号

2153

西寅字第　號

民國三十年三月　日

甘肅省第三區行政督察專員公署代電

鎮原縣梁縣長：奉甘肅省政府保二字第一二七號訓令開：「案准內政部本年一月八日渝禮字六七〇號咨開：查抗敵殉難忠烈官民祠及建立紀念坊碑辦法大綱暨忠烈祠設立及保管辦法業經國民政府公佈在案，茲制定抗敵殉難忠烈官民入祀忠烈祠儀式，經呈奉行政院廿九年十二月二十日陽壹字第二五七七三號指令，許可呈件，均悉，原送儀式草案業經酌加修正，符呈國民政府備案，並分函中央秘書處及軍事委員會與仰即公佈施行，等因；附抄叢儀式一份，奉此，除以部令於廿九年十二月三十一日公佈施行，並分別咨令外，相應抄同原儀式一份，咨請貴政府查照，並希布見復為荷，等由；附送抗敵殉難忠烈官民入祀忠烈祠儀式一份，准此，除分令外，合行抄發原件，令仰該專員遵照，并轉飭所屬縣局遵照。此令。」等因；附發抗敵殉難忠烈官民入祀忠烈祠儀式一份，奉此，除分行外，合亟抄發原附件，電仰該縣長遵照。專員鐘竟成。西寅冬印

附抄發抗敵殉難忠烈官民入祀忠烈祠儀式一份。

遵照

抗敵殉難忠烈官民入祀忠烈祠儀式　二十九年十二月卅一日內政部公佈

第一條　抗敵殉難忠烈官民經核准入祀忠烈祠者，依本儀式之規定舉行入祀。如有多數士人祀得定期合併舉行。

第二條　抗敵殉難忠烈官民入祀，由各該忠烈祠保管機關先期製定牌位，屆時通知當地機關法團學校各派代表，指定地點集合，恭送入祀。

(6)

第三条：牌位出发时行列如左：

(一)党国旗(二)白布横幅(上书「抗敌殉难忠烈官民入祀典礼」字样)(三)乐队(四)军队(枪口向下)(五)警察队(枪口向下)(六)牌位(七)殉难忠烈官民家属(八)各机关法团学校代表。

前项军队警察队之名额由保管机关会商当地军警长官临时定之。

无乐队地方得用鼓吹或其他音乐。

第四条：参加人员除民众团体外一律须着制服。

第五条：牌位经过时军警应行最敬礼，车辆及行人应停止进行，戴帽者脱帽，未戴帽者注目致敬。

第六条：牌位抵忠烈祠后即举行安位典礼，其秩序如下：(一)典礼开始(二)全体肃立(三)奏乐(四)主席就位(五)献花(六)读祭文(七)全体向烈士牌位行三鞠躬礼(八)默哀(九)主席报告烈士抗敌殉难事迹(十)奏乐(十一)礼成。

前项主席得以忠烈祠设立及保管办法第八条所规定之主祭人员充之。

第七条：抗敌殉难忠烈官民入祀之日当地机关团体学校及工厂商店均应悬旗示敬。

第八条：抗敌殉难忠烈官民入祀之日应分别慰问其家属并举行扩大宣传或展览烈士遗物以资观感。

第九条：纪念碑坊落成仪式参照本仪式第六条之规定行之。

民國卅年三月七日到

甘肃省政府关于准予镇原县田养正等三位抗战殉难烈士入祀原籍县忠烈祠致镇原县政府的代电
（一九四一年四月十日）

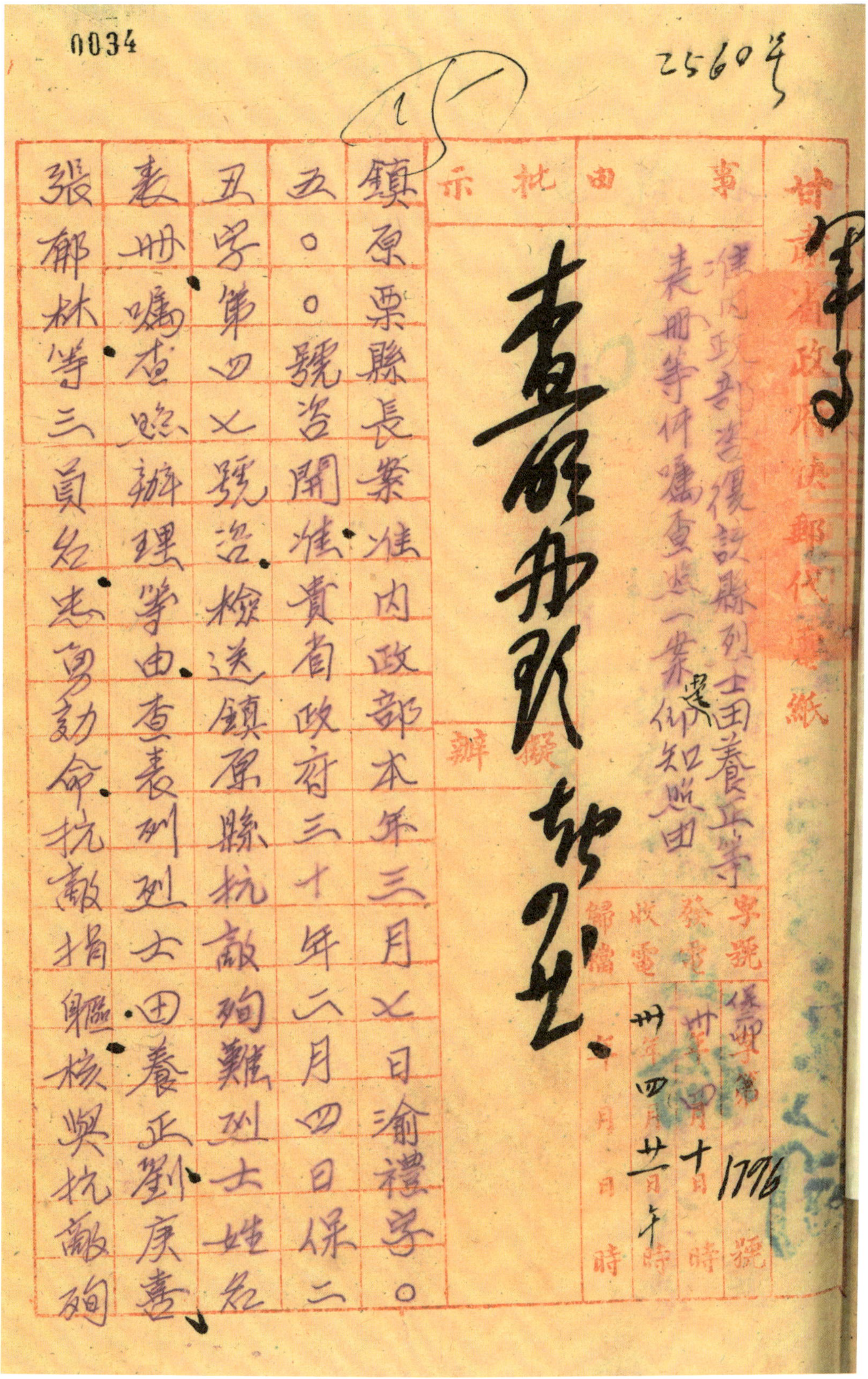
0034
2560号
甘肅省政府快郵代電紙
事由：准內政部咨復該縣烈士田養正等表冊等件囑查照一案仰知照由
批示
擬辦
字號
發電 卅年四月十日
收電 卅年四月廿一日午時
歸檔
1796

鎮原縣長案准內政部本年三月七日渝禮字〇五〇〇號咨開准貴省政府三十年二月四日保二丑字第四七號咨檢送鎮原縣抗敵殉難烈士姓名表冊囑查照辦理等由查表列烈士田養正劉庚喜張鄘林等三員名忠勇効命抗敵捐軀核與抗敵殉

(16)

0035

難忠烈官兵祠祀及建立紀念坊碑辦法大綱第三條第十款規定相合應准入祀原籍縣忠烈祠以資矜式除登記外相應復請查照飭知等由准此合亟電仰知照谷正倫保二卯灰印

甘肃省政府关于抗敌殉难忠烈官民入祀忠烈祠安位祭文及公祭文致镇原县政府的训令（一九四一年六月二十六日）

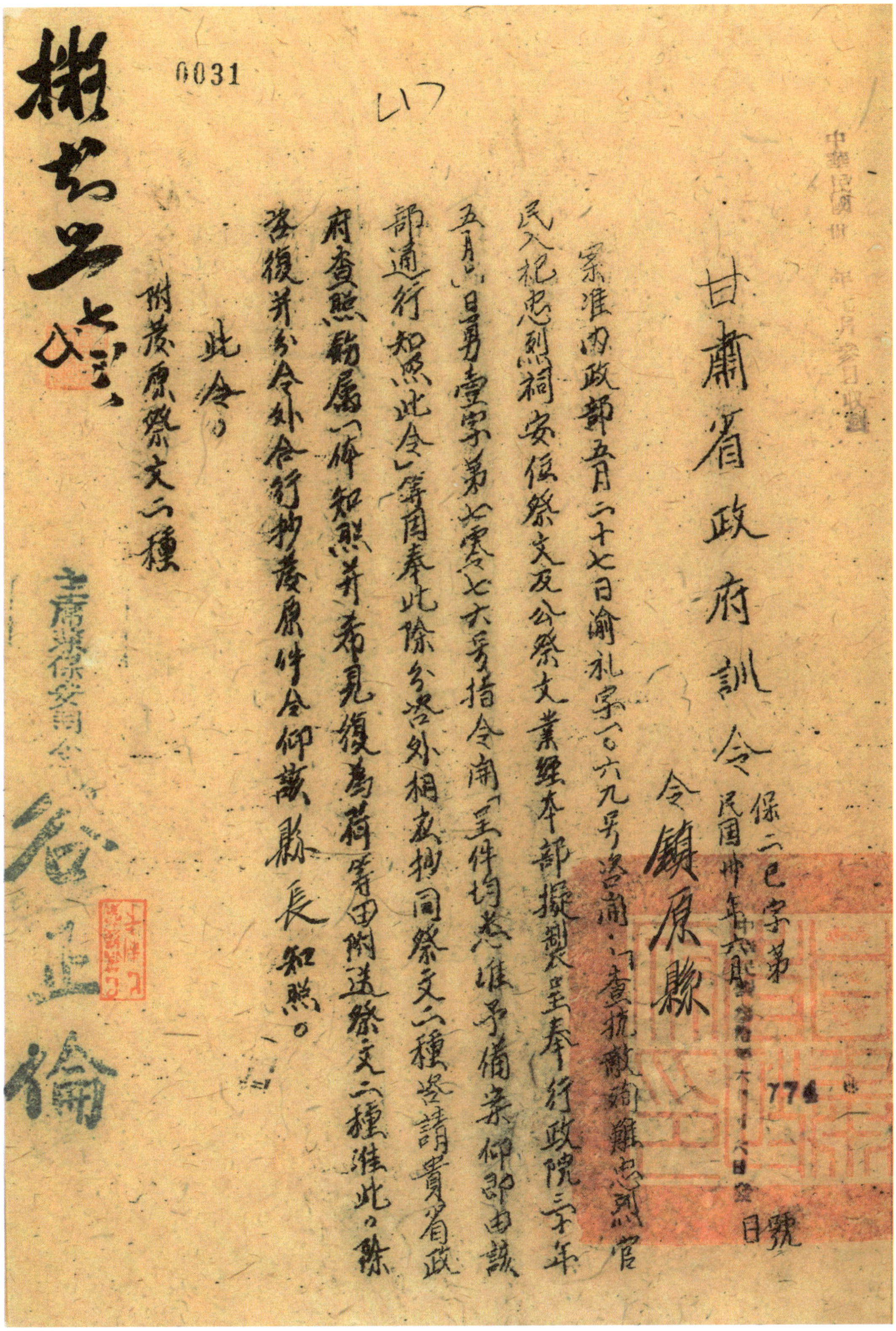
甘肅省政府訓令 保二巳字第 號

民國卅年六月 日

令鎮原縣

案准內政部五月二十七日渝禮字〇六九号咨開：「查抗敵殉難忠烈官民入祀忠烈祠安位祭文及公祭文業經本部擬訂，呈奉行政院三十年五月三十一日勇壹字第七零七六号指令開：『呈件均悉，准予備案，仰即由該部通行知照。此令』等因，奉此，除分咨外，相應抄同祭文二種，咨請貴省政府查照飭屬一體知照，並希見復為荷」等由，附送祭文二種，准此，除咨復並分令外，合行抄發原件，令仰該縣長知照。

此令。

附發原祭文二種

主席兼保安司令 谷正倫

七〇代

保安處

入祠忠烈祠烈士安位祭文（烈士牌位入祀安位時用）

國步多艱蠻夷猾夏衛我河山寔惟健者風雲慘淡龍戰玄黃殲敵致果允為国殤日月焜燿天地寥廓設位招魂实兮是託報功崇德生榮死哀馨香俎豆萬古昭回。

入祀忠烈祠烈士公祭文（每年七月七日公祭用）

惟

靈抗敵效命為国捐軀武功彪炳麗河嶽而常新大節昭垂與日星而并耀宜肅蒸禴之祀用申崇報之誠嗚呼褒封之賜勵六師忠義之心碧血千年立百世懦頑之志載陳尊簋求格几筵尚饗。

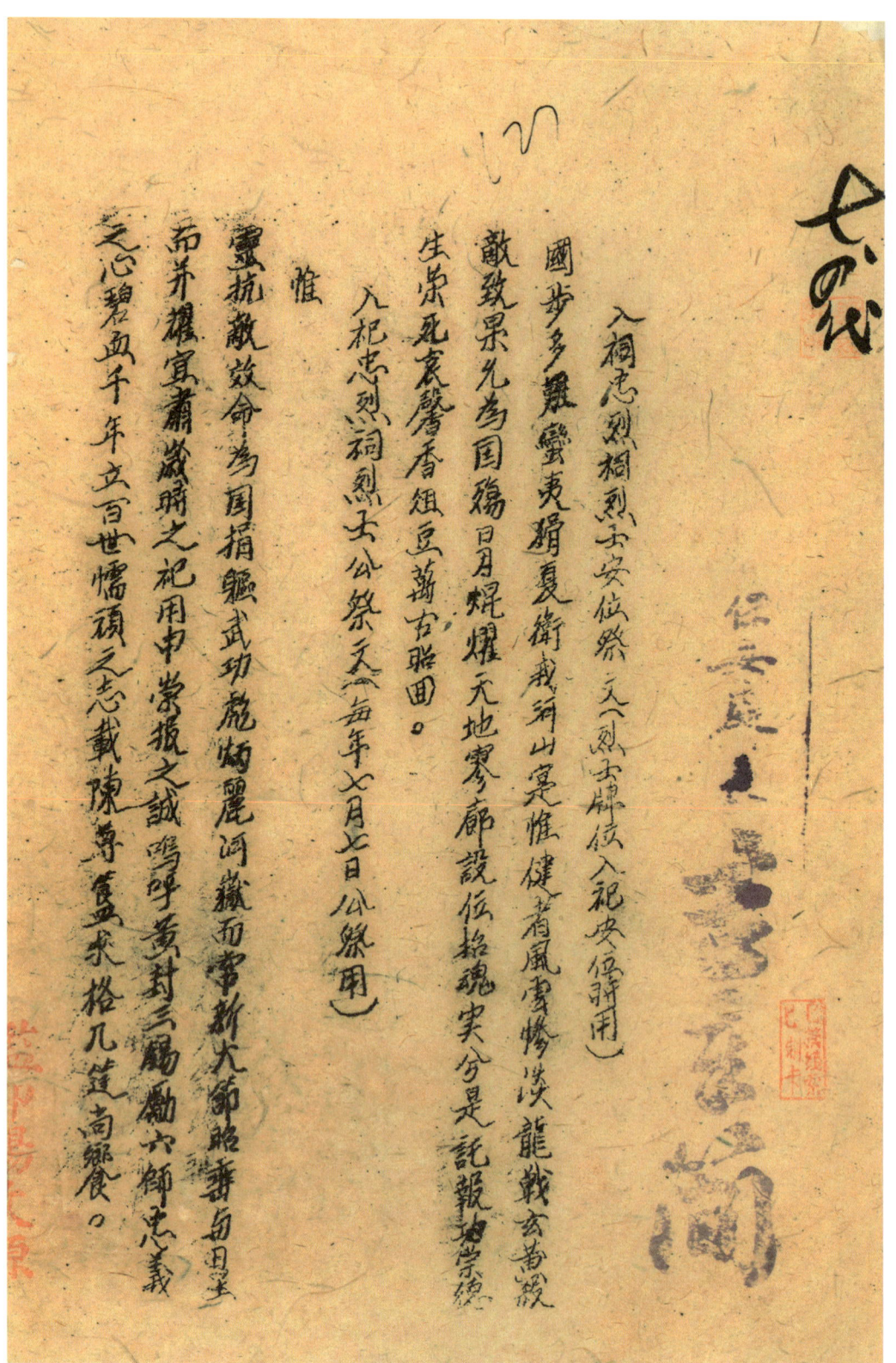

甘肃省政府与镇原县政府关于填报忠烈祠实况调查表的来往文书（一九四一年十月至十一月）

甘肃省政府致镇原县政府的指令（一九四一年十月二十九日）

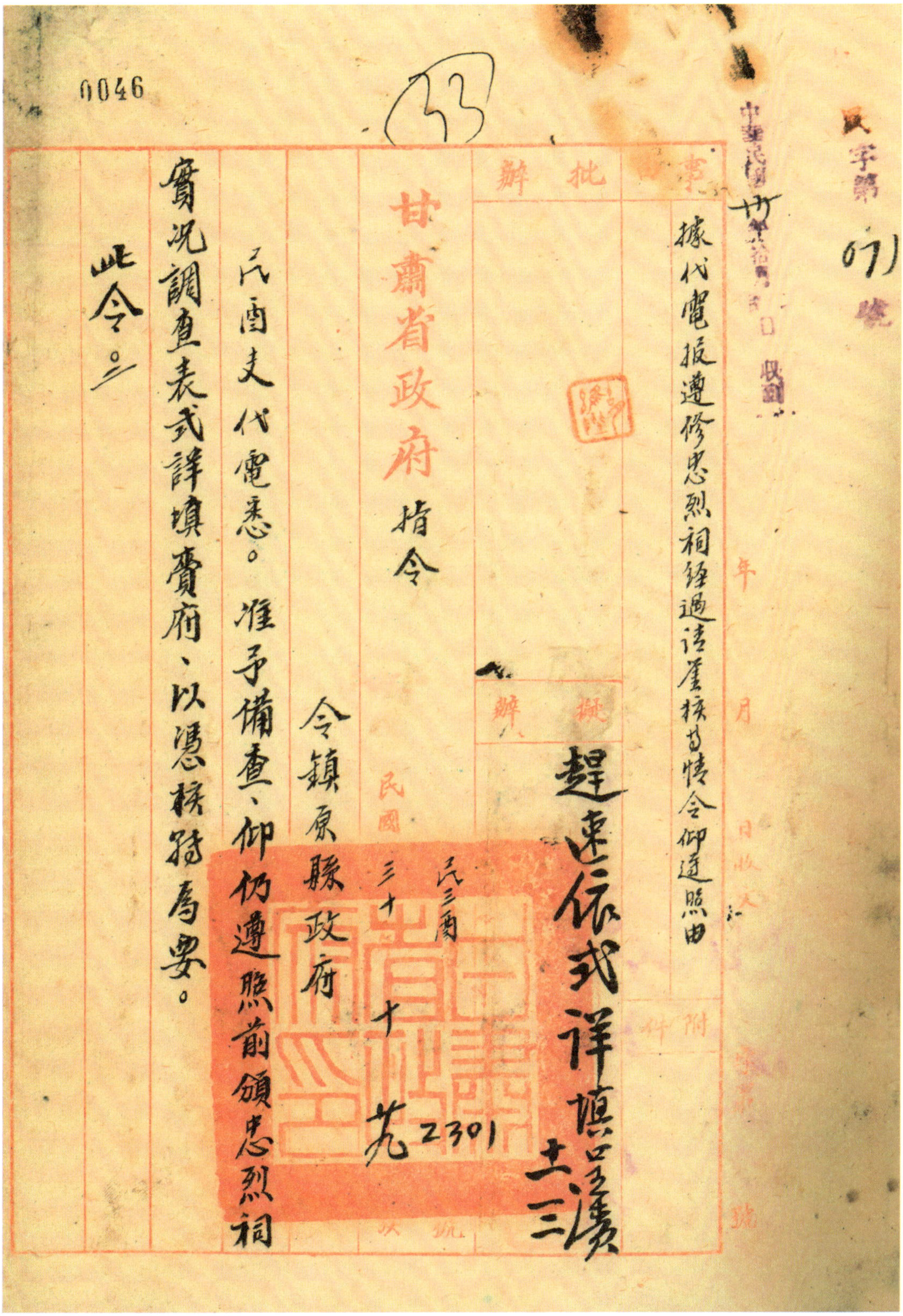
0046

33

民字第071號

事由：據代電報遵修忠烈祠經過請鑒核由

擬辦：趕速依式詳填 十一.三

甘肅省政府指令

令鎮原縣政府

民酉支代電悉。准予備查、仰仍遵照前頒忠烈祠實況調查表式詳填賫府、以憑核辦爲要。此令。

民國三十年十月艽 民三酉 2301

34

主席 谷正倫

民政廳廳長 鄭震宇

監印 楊文源

校對 葉光垚 白修錦

镇原县政府致甘肃省政府的呈（一九四一年十一月二十一日）

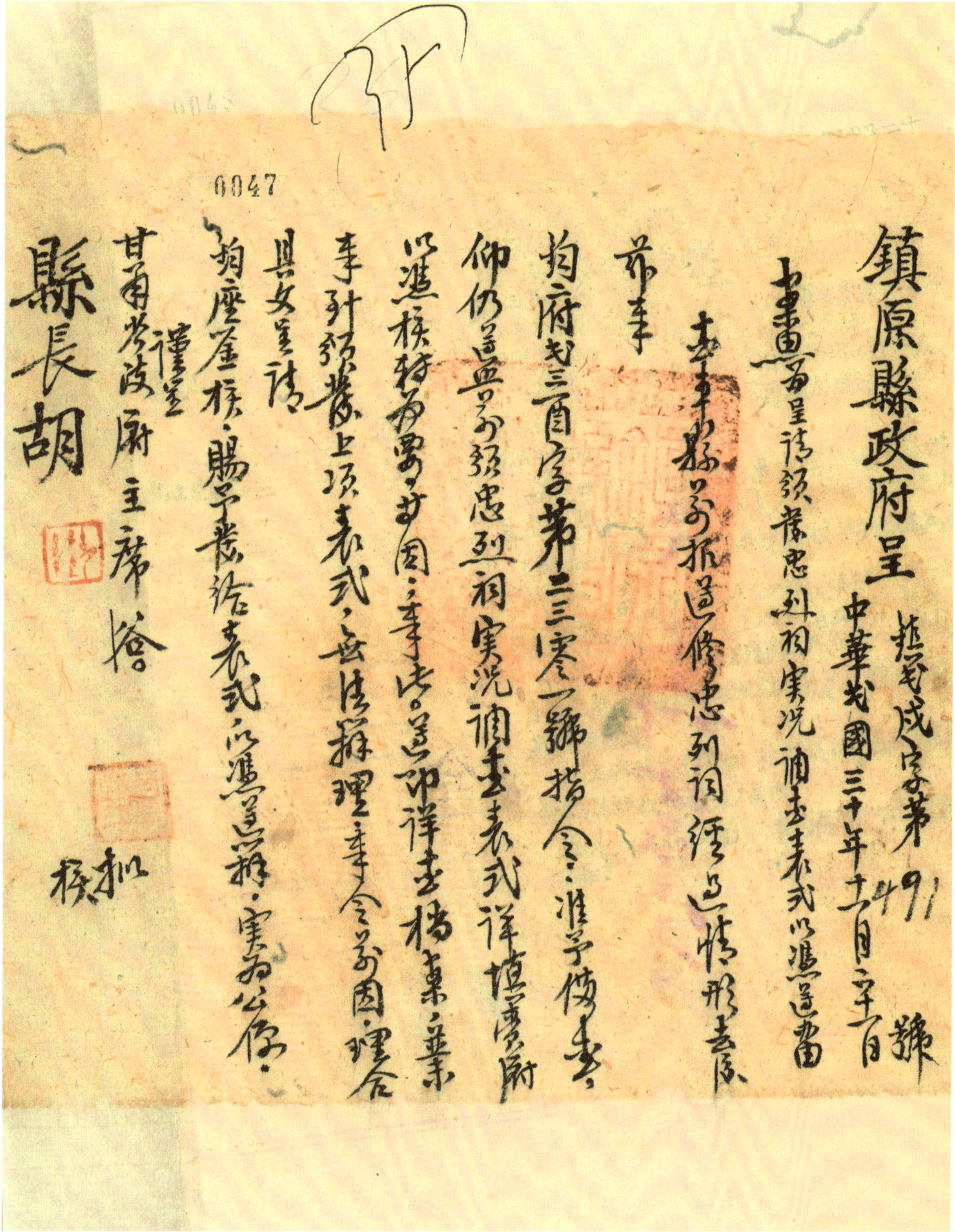

鎮原縣政府呈　振民字第491號

中華民國三十年十一月二十一日

為呈請頒發忠烈祠實況調查表式以憑遵辦由

查本縣前於抗建已修忠烈祠經過情形業經

前奉

鈞府民三酉字第二三零一號指令，准予備查

仰仍遵照前頒忠烈祠實況調查表式詳填賚府

以憑核轉為要等因，奉此遵即詳查，楊某某業

奉到頒發上項表式，無法辦理，奉令前因，理合

具文呈請

鈞座查核，賜予發給表式，以憑遵辦，實為公便。

謹呈

甘肅省政府主席谷

縣長胡

校　擬

甘肃省政府关于检送入祀忠烈祠王义生等二十九名烈士事迹表致镇原县政府的训令（一九四二年四月九日）

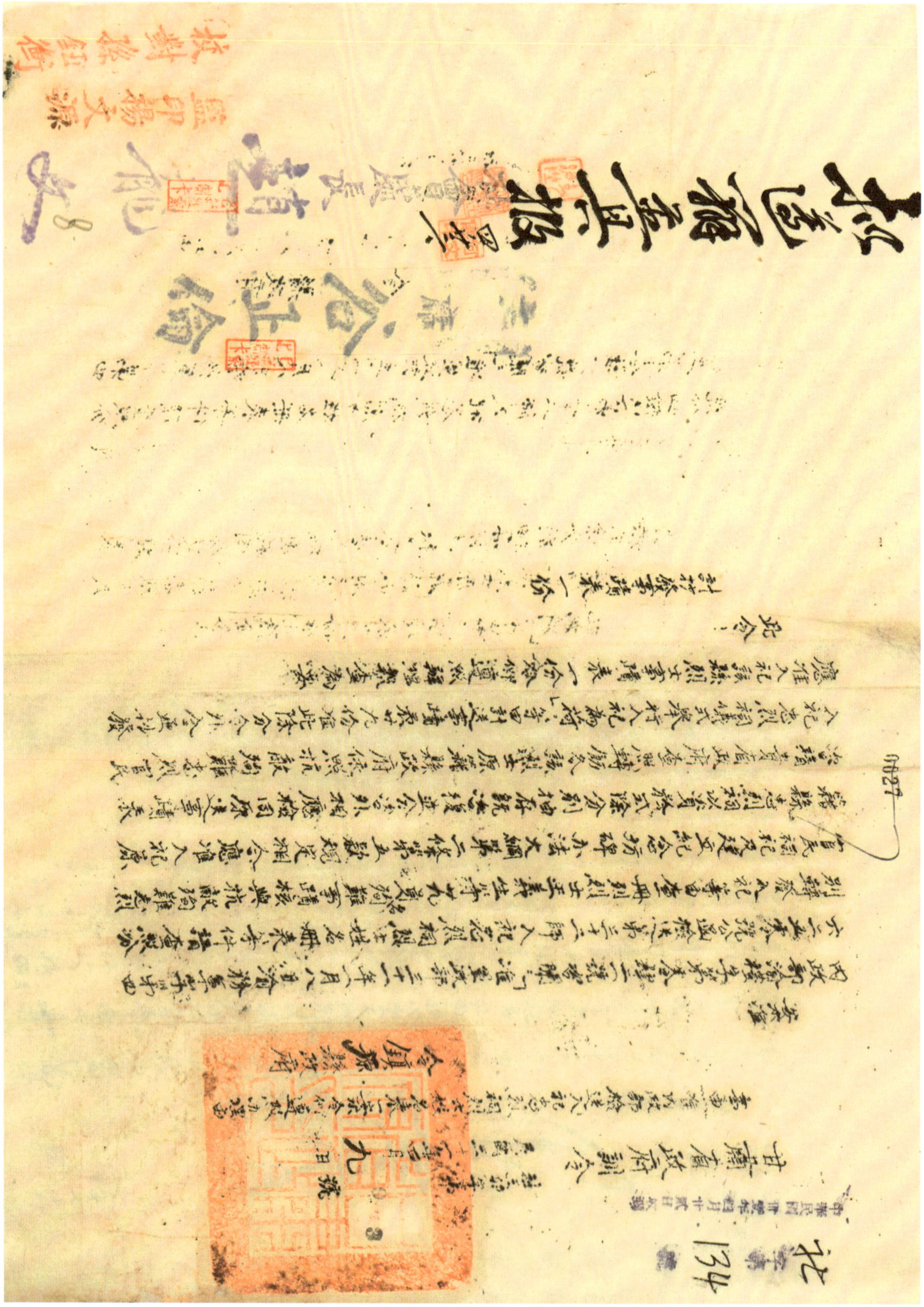

镇原县政府关于遵令举行刘庚喜入祀本县忠烈祠仪式致甘肃省政府的呈（一九四二年六月二十三日）

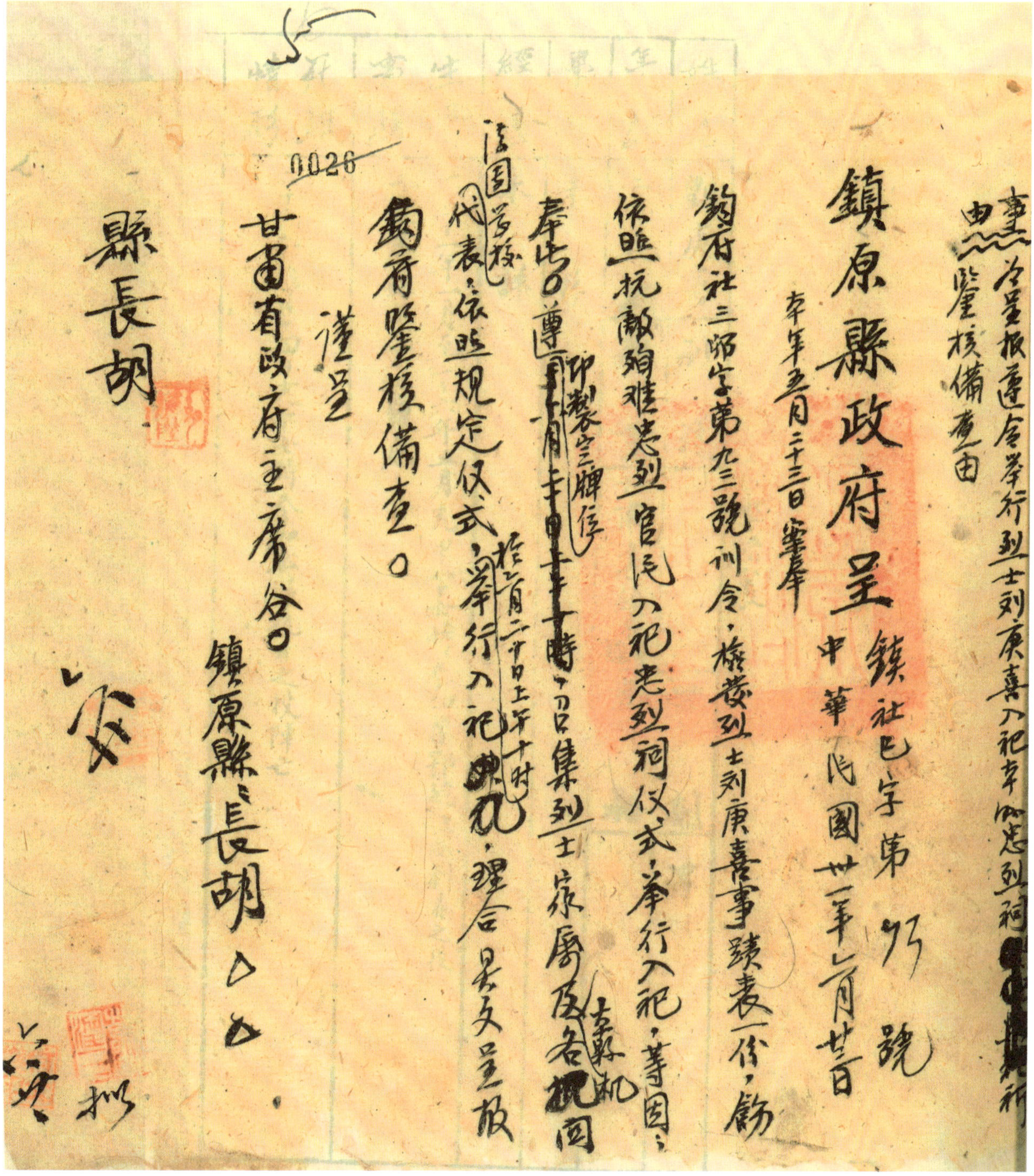
事由：為呈報遵令舉行烈士刘庚喜入祀本縣忠烈祠仰祈鑒核備查由

鎮原縣政府呈　鎮社巳字第　號

中華民國卅一年六月廿三日

本年五月二十三日案奉
鈞府社三佈字第九三號訓令，檢發烈士刘庚喜事蹟表一份，飭依照抗敵殉難忠烈官民入祀忠烈祠儀式，舉行入祀，等因；奉此，遵印製牌位，於六月十日集烈士家屬及各機關團體學校代表，依照規定儀式，舉行入祀典禮，理合具文呈報
鈞府鑒核備查。

謹呈
甘肅省政府主席谷

鎮原縣縣長胡〇〇

縣長胡

甘肃省政府关于转发军事委员会抗战阵亡殊勋将士定期祭慰办法致镇原县政府的训令（一九四二年七月十日）

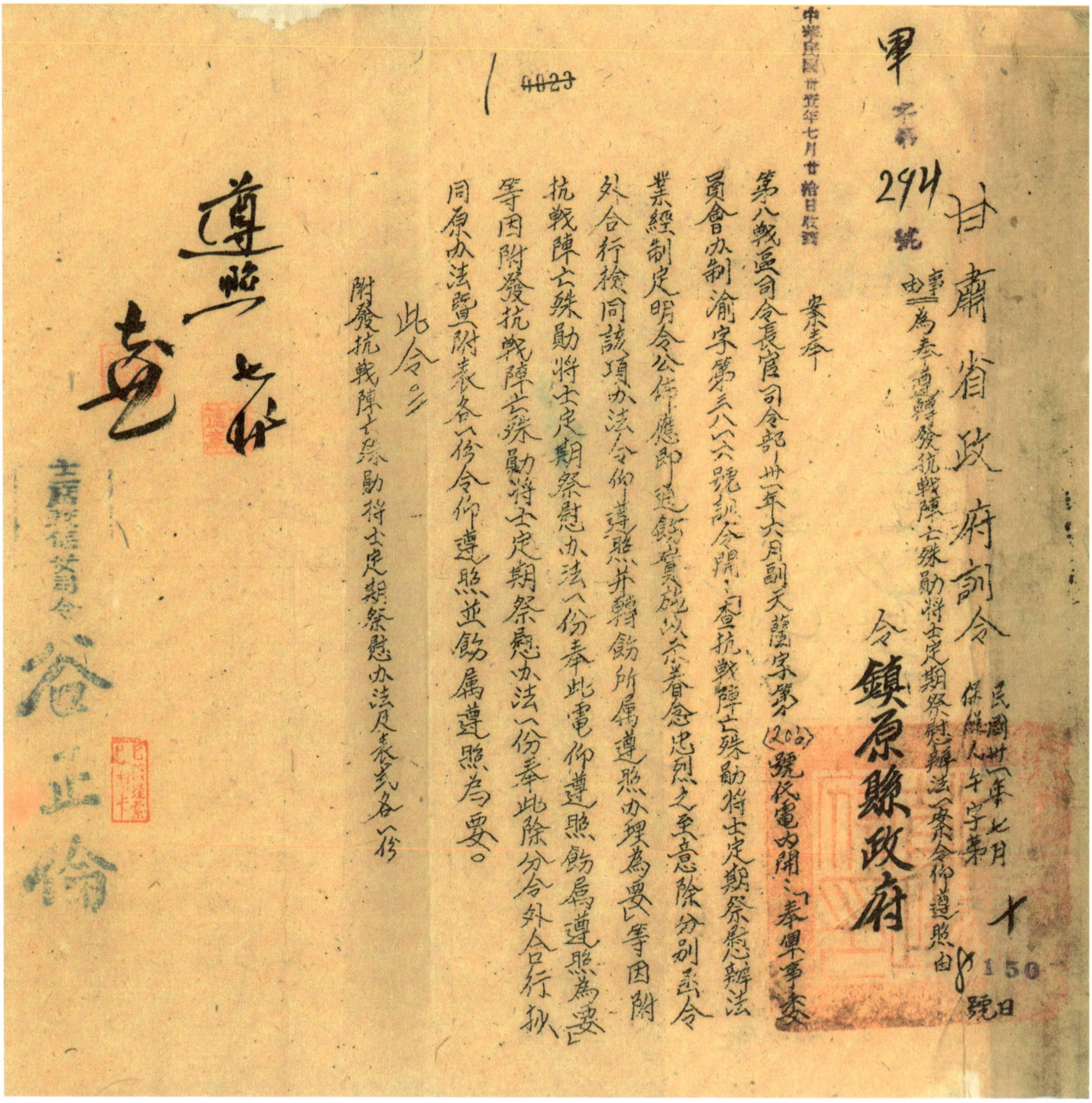

甘肅省政府訓令 軍字第294號

令鎮原縣政府

民國卅一年七月十日 保儀人午字第 號

事由：為奉電轉發抗戰陣亡殊勛將士定期祭慰辦法一案令仰遵照由

案奉

第八戰區司令長官司令部卅一年六月副天蘭字第〈262〉號代電內開："奉軍事委員會辦制渝字第三八一六號訓令開：'查抗戰陣亡殊勛將士定期祭慰辦法業經制定，明令公佈，應即通飭實施，以示眷念忠烈之至意。除分別函令外，合行檢同該項辦法令仰遵照，並轉飭所屬遵照辦理為要。'等因，附抗戰陣亡殊勛將士定期祭慰辦法一份。奉此，電仰遵照，飭屬遵照為要。"等因，附發抗戰陣亡殊勛將士定期祭慰辦法一份。奉此，除分令外，合行抄同原辦法暨附表各一份，令仰遵照，並飭屬遵照為要。

此令。

附發抗戰陣亡殊勛將士定期祭慰辦法及表式各一份

主席兼保安司令 谷正倫

遵照

~~0024~~

2

抗戰陣亡殊勳將士定期祭慰辦法

第一條 抗戰陣亡殊勳將士每年定期依本辦法舉行祭慰

第二條 前條殊勳祭慰將士依軍令部之建議由軍事委員會政治部會同銓敘廳及撫卹委員會於各戰區呈准特卹及表揚之陣亡將士中擇其特著者數員詳列事跡及家屬情形呈報軍事委員會核定之（附表式）

第三條 殊勳將士之祭慰每年於陸軍紀念日（七月九日）舉行

第四條 祭慰辦法如左

一、中央舉行公祭由 最高統帥親臨主祭或派員主祭

二、殊勳將士陣亡地點或忠骸墓地由當地最高軍事長官及地方政府長官舉行公祭

2

三、殊勳將士所屬原部隊於其本軍或本師舉師兵陣亡之日由全体官兵特別致祭并慰問其遺族（該部隊如有變迁特別指定其承接部隊以軍或師為通則）

四、前項公祭特發起黨政軍學商各界均應參加

五、殊勳陣亡將士家屬由所在省（市）長或派員慰問

第五條　本辦法自公佈日起施行

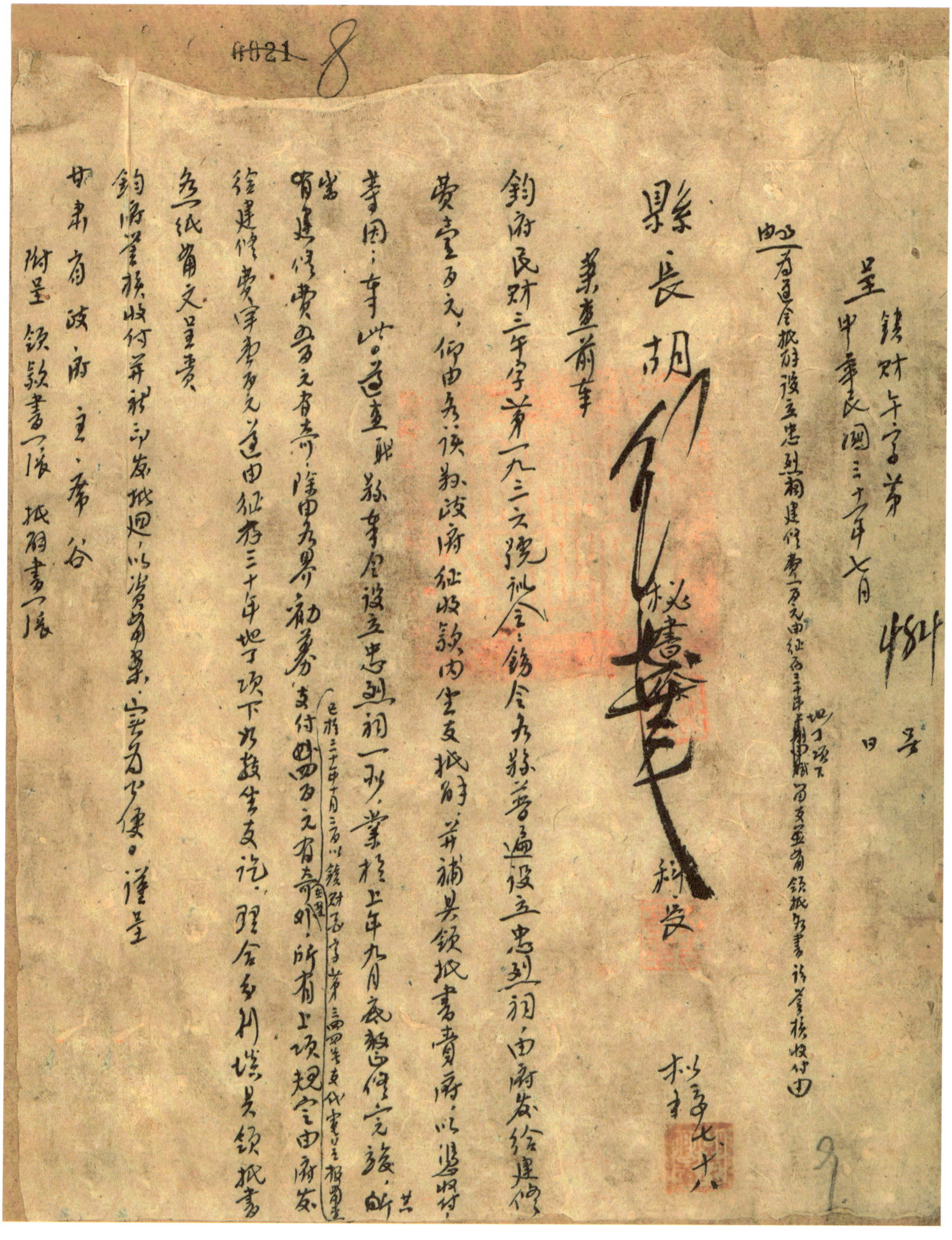

呈 镇财午字第 号
中华民国三十一年七月 日

事由：为省通令抵解设立忠烈祠建修费一百元由征存三十年地丁项下坐支，备文呈省领抵书请鉴核收付由

县长 胡 秘书 科长 科员

案查前奉
钧府民财三十年字第一九三六号训令：饬令各县普遍设立忠烈祠，由府发给建修费壹百元，仰由各该县政府征收款内坐支抵解，并补具领抵书赍府，以凭收付，等因；奉此，遵查职县业已设立忠烈祠一所，业于上年九月底整修完竣。所共需建修费四百元有奇，除由各界劝募支付四百元有奇外（已於三十年十月二十日以镇财西字第三四四号支代电呈报有案），所有上项规定由府发给建修费壹百元，遵由征存三十年地丁项下如数坐支讫，理合备利填具领抵书各一纸，备文呈赍
钧府鉴核收付，并祈示发抵回，以资备案。实为公便。谨呈
甘肃省政府主席谷
附呈 领款书一张 抵解书一张

镇原县政府关于在政府征收款内坐支抵解忠烈祠修建费一百元致甘肃省政府的呈（一九四二年七月）

附一：抵解存根（一九四二年七月十九日）

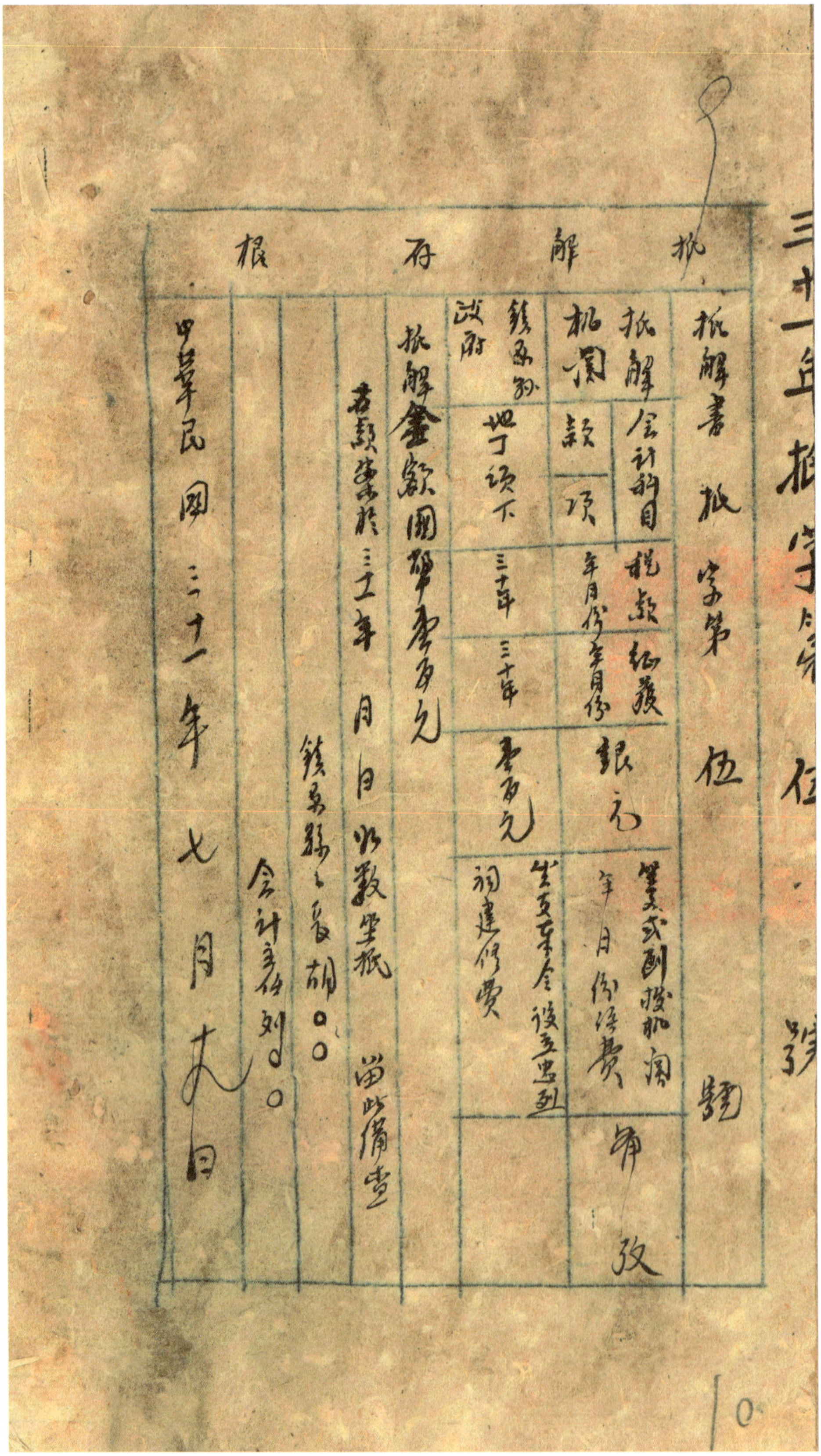
三十一年抵字第伍號

抵解存根

抵解書 抵字第 伍 號 第 次

抵解會計科目 稅款

抵解機關 款 項 三十年 年月份 三十年 年月份 銀元

鎮原縣政府 壹百元

抵解金額國幣壹百元

右款業於三十一年 月 日如數照抵 留此備查

鎮原縣縣長胡〇〇

會計主任劉〇〇

中華民國三十一年七月十九日

附二：领款存根（一九四二年七月）

第一联存根

镇 伍佰

镇原县政府

民财三十年字第一九三二号训令

三十年九月份

设立忠烈祠建修费

三十年地丁项下

国币壹佰元

镇原县县长 胡〇〇

会计 刘〇〇

中华民国三十一年七月 日

镇原县政府关于拟为张自忠等三十八人于「九一八」纪念日举行入祠典礼致甘肃省政府的呈

（一九四三年八月五日）

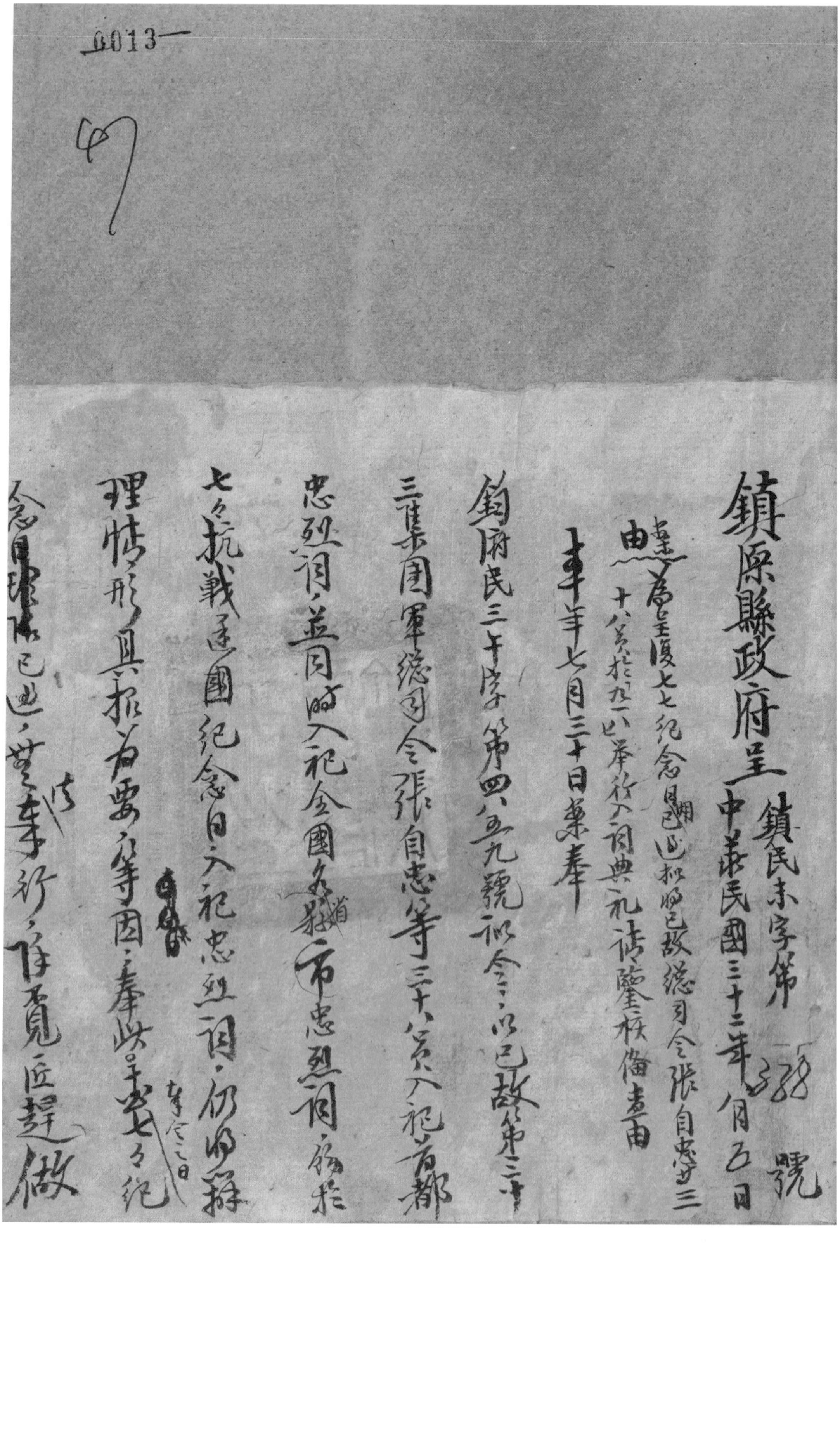

0013

鎮原縣政府呈　鎮民未字第388號

中華民國三十二年8月5日

事由：為呈復七七紀念日追擬以已故總司令張自忠等三十八員於九一八日舉行入祠典禮請鑒核備查由

本年七月三十日案奉

鈞府民三十字第四八五九號訓令：以已故第三十三集團軍總司令張自忠等三十八員入祀首都忠烈祠，並同時入祀全國各縣市忠烈祠，應於七七抗戰建國紀念日入祀忠烈祠，仰即辦理情形具報為要等因，奉此，本年七七紀念日因限已過，茲擬九一八舉行，除覓匠趕做

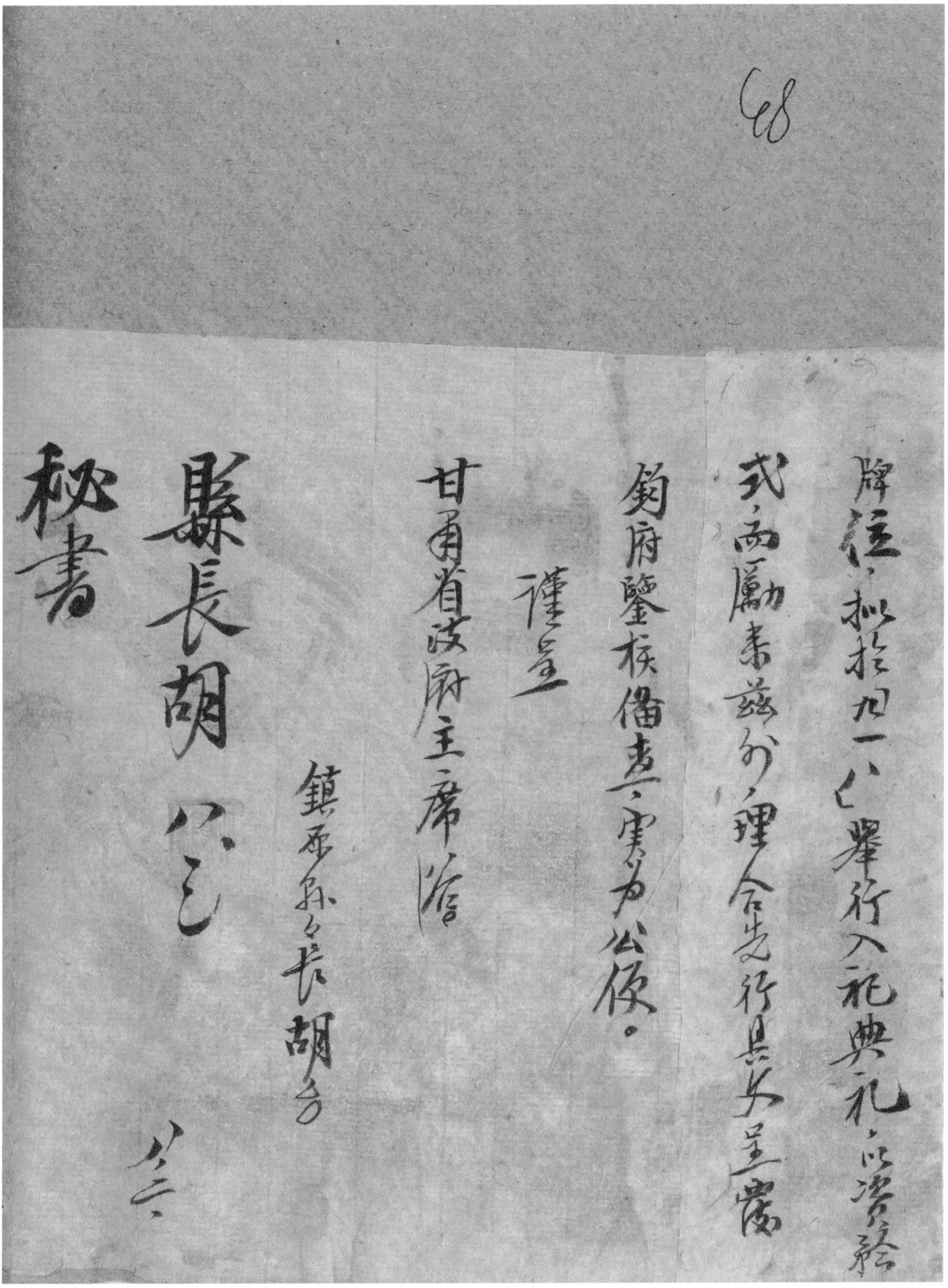
牌位，擬於九一八日舉行入祀典禮，以資矜
式，而勵來茲。所有理合先行具文呈賫
鈞府鑒核備查，實為公便。
謹呈
甘肅省政府主席谷
鎮原縣縣長胡公
縣長胡公
秘書
八、二

甘肃省政府关于调查全省抗战中殉职官兵情况致镇原县政府的代电（一九四六年六月二十九日）

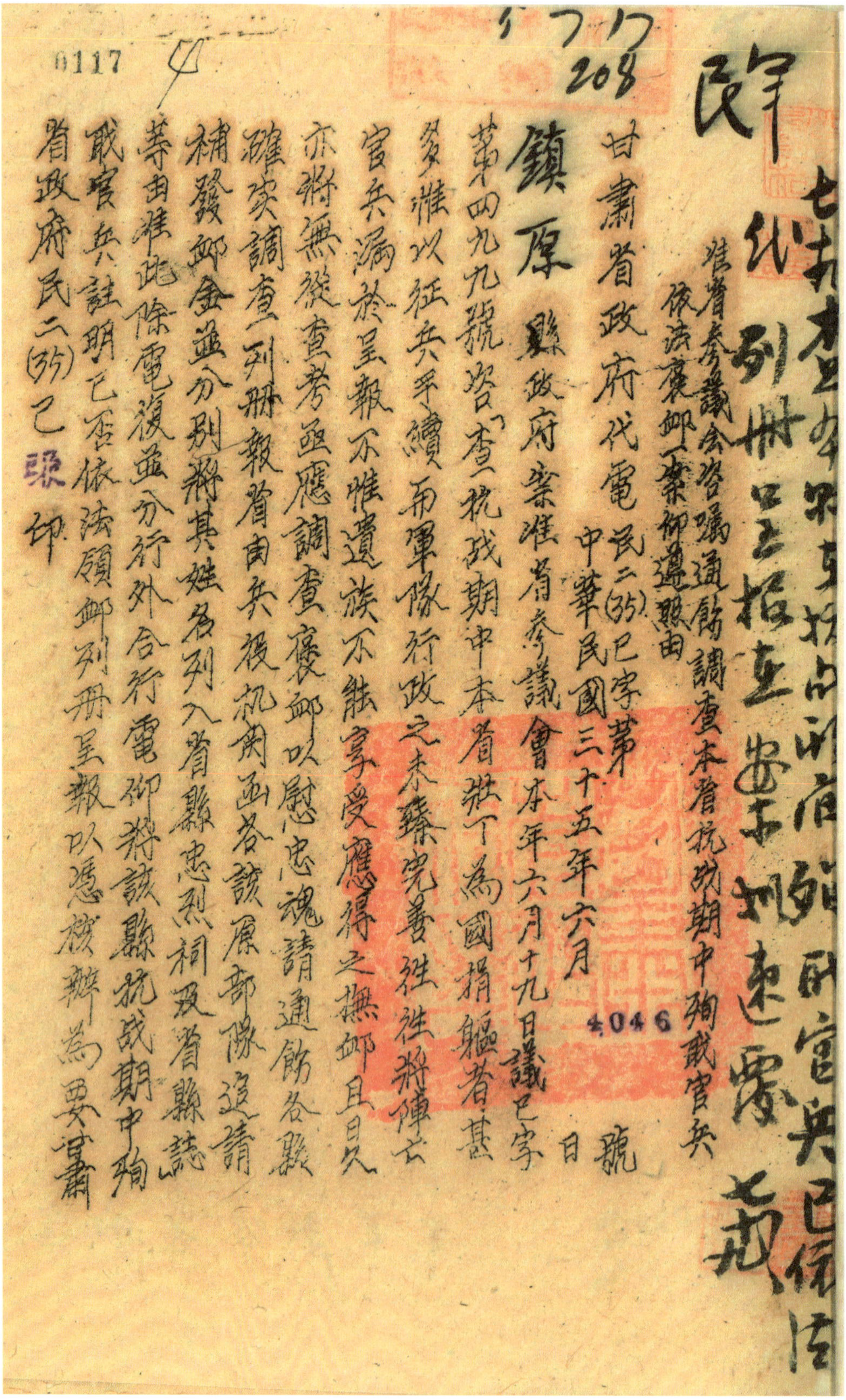
准省參議会咨囑通飭調查本省抗戰期中殉職官兵依法褒卹一案仰遵照由

甘肅省政府代電　民二(35)巳字第　號

中華民國三十五年六月　日

鎮原縣政府：案准省參議會本年六月十九日議巳字第四九九號咨「查抗戰期中本省壯丁為國捐軀者甚多，惟以征兵手續而軍隊行政之未臻完善，往往將陣亡官兵漏於呈報，不惟遺族不能享受應得之撫卹，且日久亦將無從查考，亟應調查褒卹，以慰忠魂，請通飭各縣確實調查，列冊報省，由省兵役機關函咨該原部隊追請補發卹金，並分別將其姓名列入省縣忠烈祠及省縣誌書」等由，准此。除電復並分行外，合行電仰該縣將抗戰期中殉職官兵註明已否依法領卹，列冊呈報，以憑核辦為要。甘肅省政府民二(35)巳（琛）印

镇原县阵亡官兵调查表（一九四六年七月）

10061
426

镇原縣陣亡官兵調查表

鎮原縣陣亡（病故）官佐士兵姓名調查冊表

隸屬部隊番號	職級	姓名	原籍縣市鄉鎮保甲	遺族稱謂名氏	陣亡（病故）日期	陣亡（病故）地點	埋葬地點	備考
陸軍六五師一九三團八連	上等兵	金恒倉	太平鎮第一保	父 正民				
獨七師二〇團迫砲隊	二等兵	牛自美	孟壩鎮	父 正官				
陸軍一四一師八三團三連	中士	張郁林	屯字鎮	父 子安				
陸軍三三師九四旅一八八團三營九連	上士	刘庚孟	永[illegible]鄉	父 義順				
陸軍三六七團二連	中尉排長	刘礦鋒	蕭金鎮	父 郭銀				
陸軍四二師二五一團機一連	准尉特務長	左智清	永和鄉	父 殿				
陸軍五一師一五三團六連	下士	慕文福	臨涇鎮	父 廷存				
陸軍三二師九六團	上尉書記	金[illegible]乾	蕭金鎮	父 品三				

已制卡

陆军六军	列兵	何忠孝	马渠镇	父洛昌
陆军三三师见习上尉於一八八团二营七五连	批准	郭生连	開边乡	兄生实
陆军七八师	列兵	申宪忠	临泾镇	父三友
陆军一四师	列兵	张屯禄	屯字镇	父鹏鸣
陆军八三师	上士	武谆福	新城镇	父宗成
陆军六五师	列兵	王世杰	马渠镇	父志奎
陆军六五师	列兵	李志忠	马渠镇	父子有
独四六旅	列兵	张文奎	孟坝镇	父伯添
陆军六五师	列兵	王昭禧	太平镇	父清保
陆军一七师	列兵	赵九禄	太平镇	父汉德

063 4

已制卡

陆军二八师 战士 闫德元 新城镇 父治邦

陆军一七师 列兵 许文远 平泉镇 父廷生

陆军八六师五一三团中尉连附 马占良 临泾镇 母张氏

陆军一二师三一团三营三连 一等兵 朱世林 马渠镇 母王氏

陆军一二五师 列兵 袁正春 萧金镇 父根保

陆军一七师 列兵 杨之福 临泾镇 父延祥

陆军七师 列兵 姜田胜 临泾镇 父育才

陆军四八师二八八团二营四连 中尉排长 田善正 永安乡 父家生

陆军九二师 列兵 刘世瑞 萧金镇 母张氏

陆军三六军三二师 列兵 杨发有 新城镇 父義正

陸軍四三師 列兵 田占新 中原鎮 母李氏

第一預備師 列兵 姜萬積 新城鎮 父銀祿

陸軍第一預備師二團 上等兵 梁廷寶 永寧鄉 父宗全

第一預備師 列兵 張世杰 新城鎮 父吉名

第一預備師 列兵 吳占有 屯子鎮 母王氏

陸軍六師 列兵 劉玉桂 萬全鎮 父克信

陸軍五七師 少尉排長 張清儒 中原鎮 生 逃就

合計 三五

附記 查表列陣亡日期及地點（葬埋）（及桐）無從查填故此從缺謹此陳明

51/0064

镇西社社长极呈

中华民国三十五年七月

镇原县政府关于印发抗战军人忠烈录征集办法致太平镇公所的训令（一九四六年十二月二十九日）

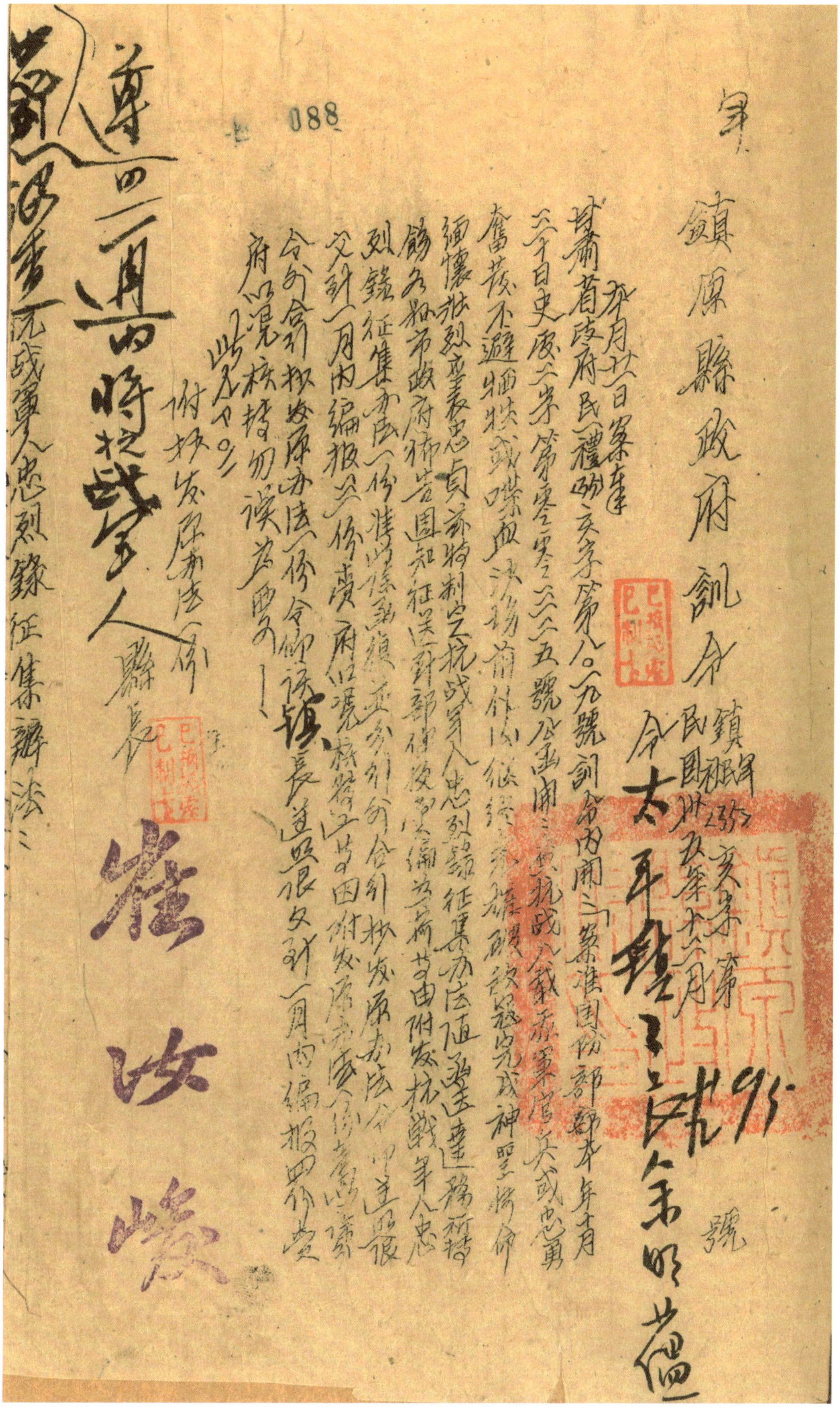

088

镇原县政府训令　　字第　　號

令太平镇公所

镇[illegible]　民国卅五年十二月

本月廿六日案奉

甘肃省政府民（禮）酉亥字第八〇九號训令内開：「案准国防部本年十月

二十日吏度六字第〇〇〇五號公函開：「查抗战八載，忠勇

奮發，不避犧牲，或喋血沙场，前仆後继，[illegible]，致成神聖使命，

缅懷壮烈，亟應表彰忠貞，兹特制定抗战军人忠烈録征集办法，随函送達，務祈轉

飭各縣市政府，布告周知，征[illegible]呈部，俾[illegible]编成冊，茲由附發抗戰軍人忠

烈録征集办法一份，[illegible]，並分别分令外，合行抄發原办法，令仰遵照，限

文到一月内编报[illegible]府，以憑核轉[illegible]

令分合行抄發原办法，令仰該镇長遵照，限文到一月内编报四份來

府，以憑核轉，勿誤為要！

此令。

附抄發原办法一份

縣長　崔汝峻

遵　四一月　將抗战军人

[illegible]抄發抗战军人忠烈録征集辦法

编造忠烈录实施办法

（一）为使参加抗战军人忠烈事略不致湮没及生前服役勋绩得以彰显，特征集阵亡与死难之官兵事迹，编纂抗战军人忠烈录，俾垂久远。

（二）凡在抗战期间因指挥作战牺牲阵亡或被俘不屈殉难，或在敌后从事[illegible]工作被炸死亡，或因公殉职而[illegible]劳绩者，有勋绩者，均宜蒐集编纂入忠烈录[illegible]，均由所属部[illegible]劳，由家属亲友代编，或由原属机关部队编报之。

（三）忠烈录之篇幅不加限制，视其对抗战之事迹之多寡以为断，但须力求确实，毋得虚造。

四、编造体例以志其人之身世、个性、学历、经历、言行与功及死难时之情形等项，以明畅之文字叙述之。

五、忠烈录一律用十行纸毛笔楷书加标点，并附其人遗像封面（共[illegible]）[illegible]永久保存，以供[illegible]编之用。

六、编造此项忠烈事迹时，以能检附其所遗存之照片（大小各一张）及其他[illegible]著作书画及血衣遗物等为佳。

七、此项忠烈事迹之征集，除饬由各机关部队遵照编报外，并登报[illegible]征求，得由亲属戚友代编，均送南京黄埔路国防部史政局[illegible]。

八、凡由征集所得阵亡将士之血衣遗物著述书画[illegible]陈列以资纪念而[illegible]崇仰。

九、此项忠烈录[illegible]征集不时起拟长期办理，征集不待[illegible]，查合格后印集编[illegible]编印发。

十、本办法自卅五年十月起实施，如有未尽之处[illegible]

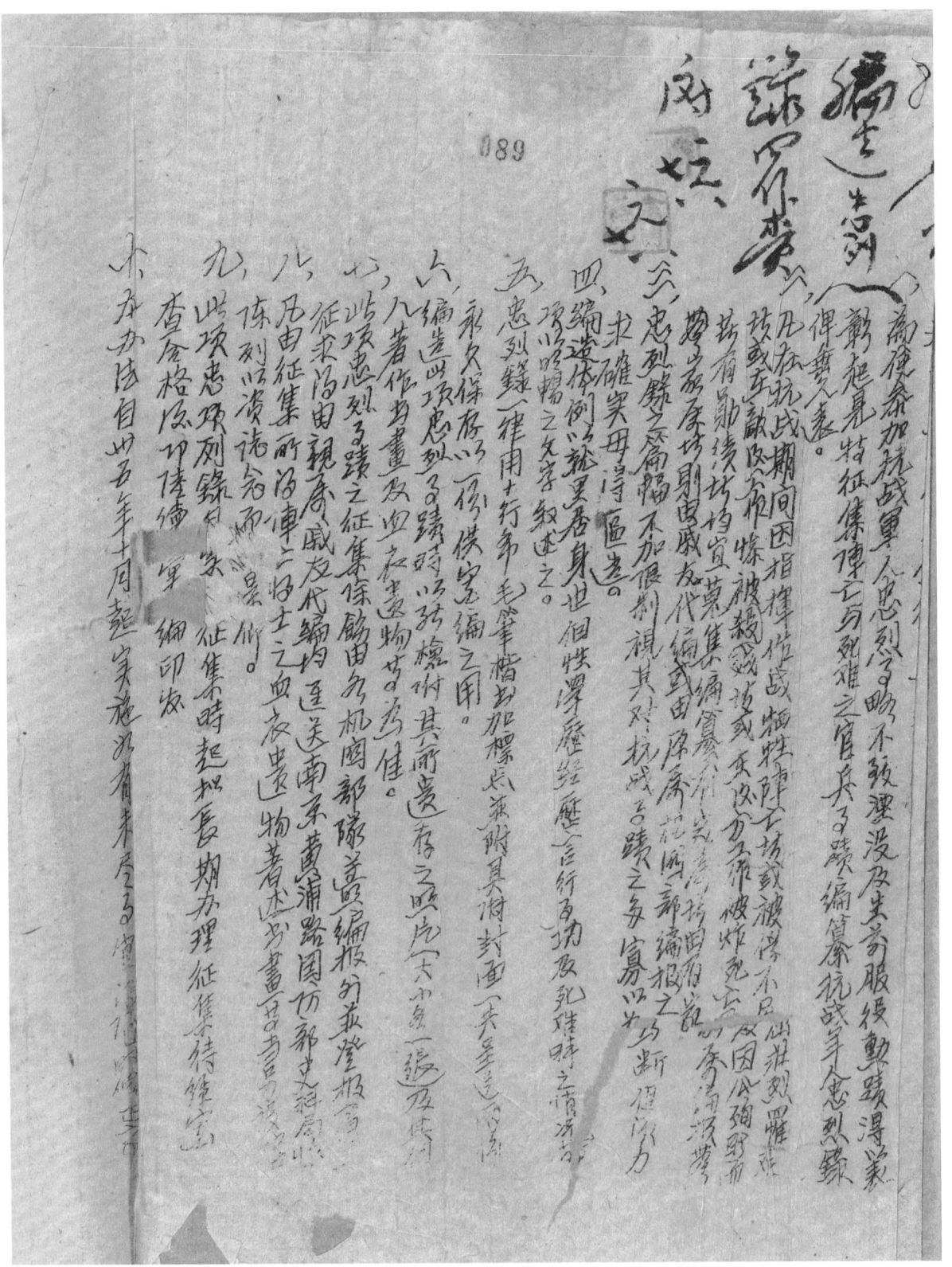

优待抗属

宁县县政府关于优待抗日军人索秉科家属致第三区署的训令（一九三八年十一月十二日）

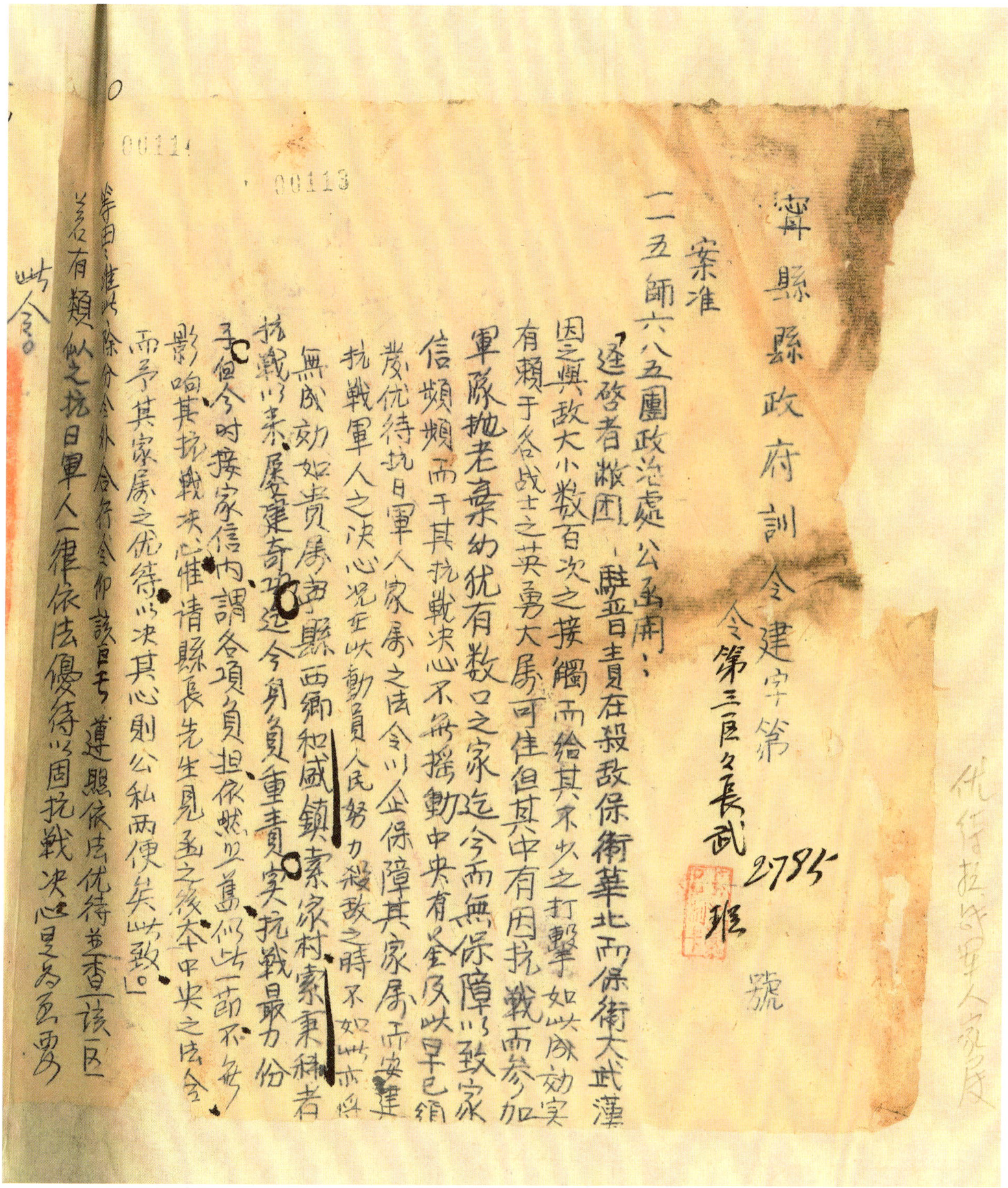

寧縣縣政府訓令 建字第 號

令第三區區長武班 2785

案准

一一五師六八五團政治處公函開：

「逕啓者：敝團駐晋責在殺敵保衛華北而保衛大武漢，因之與敵大小數百次之接觸，而給其不少之打擊，如此成效實有賴于各戰士之英勇。大房可佳，但其中有因抗戰而參加軍隊拋老棄幼，猶有數口之家，迄今而無保障以致家信頻頻而干其抗戰決心不無搖動。中央有令，各級政府早已頒發優待抗日軍人家屬之法令，以企保障其家屬而安抗戰軍人之決心，況在此動員人民努力殺敵之時，不如此亦將無成效。如貴屬寧縣西鄉和盛鎮索家村索秉科者，抗戰以來，屢建奇功，迄今負重責，實抗戰最力份子。但今時接家信，內謂各項負担依然，以一萬似此一節不無影响其抗戰決心，惟請縣長先生見函之後，本中央之法令而予其家屬之優待，以決其心，則公私兩便矣。此致」

等由，准此，除分令外，合行令仰該區長遵照依法優待并查該區若有類似之抗日軍人一律依法優待，以固抗戰決心是為至要。

此令。

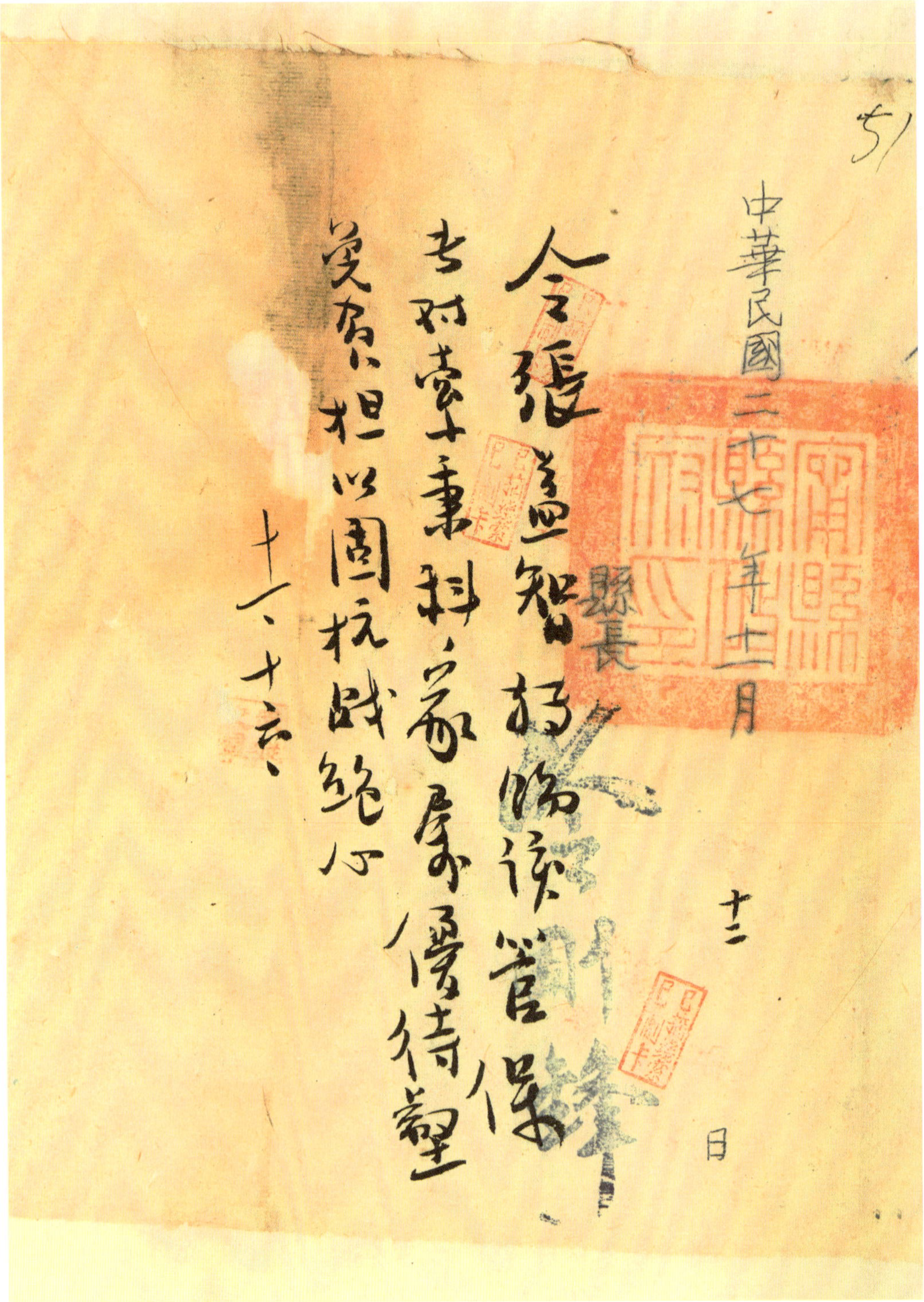
中華民國二十七年十二月十二日
縣長
令張益智搭路費管保人
吉村壹千秉料、家屬優待望
莫負之担以圖抗戰絕心
十一、十六

宁县县政府关于陆军第一七七师为请恤阵亡军人罗玉明遗属致第三区署的训令（一九三八年十一月二十二日）

48

00128

寧縣縣政府訓令 建字第 2829 號

令第三區區長武琥

案准

陸軍第一百七十七师辦理陣亡官兵委員會公函開：「逕啓者，查本部晋南戰役陣亡官兵內有籍隸貴縣者一名，因生前表册不詳，以致無法請卹遺族，因甚忠魂不安，貴府為地方服務，想對于抗戰軍人家屬關恤最切，用特列單並附調查表一份函請查希轉飭所屬聯保按戶調查填妥函達敝查核辦理，实紉公誼。此致。」

1284 十一、廿三、

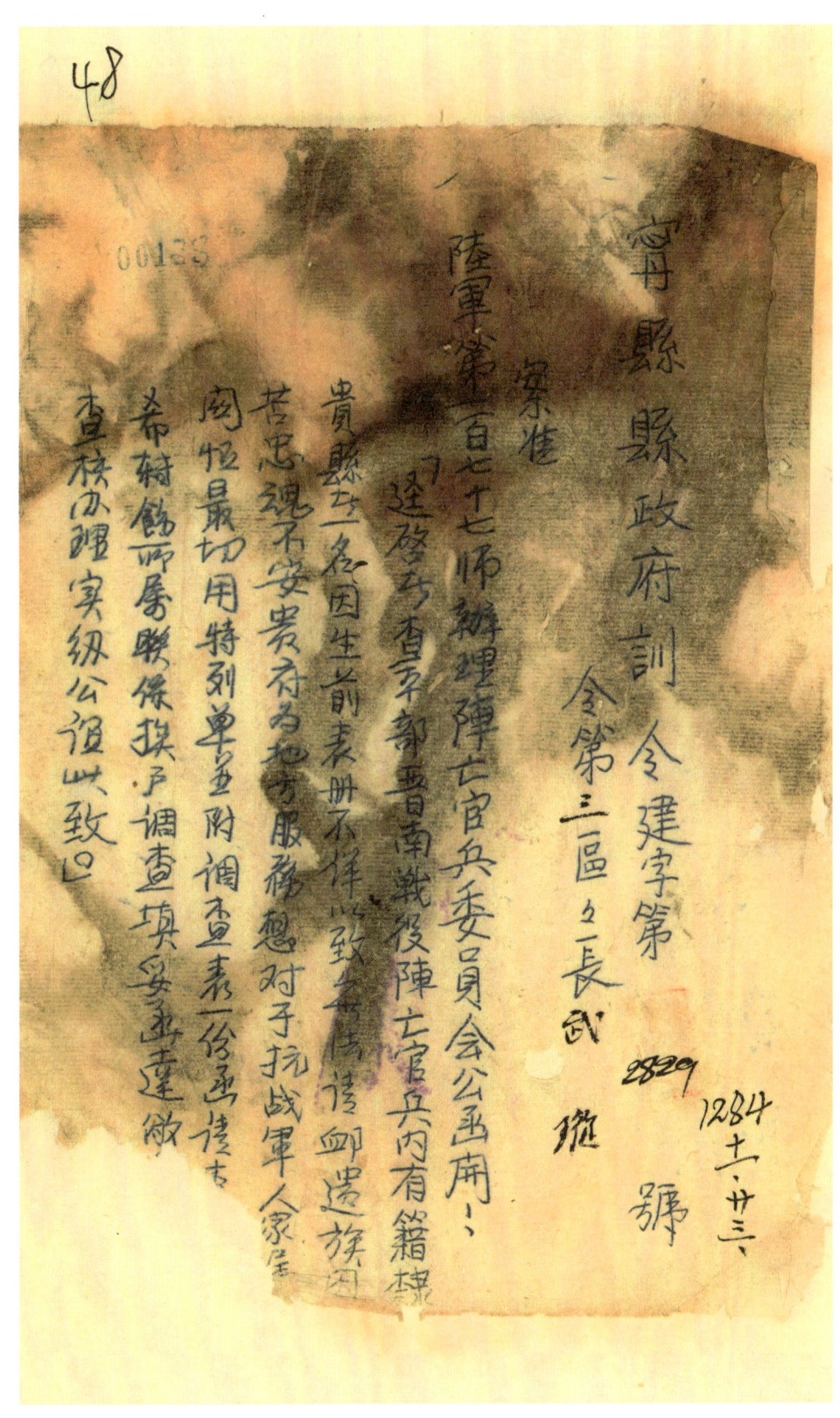

等因，附发调查表一份，准此。除分令外，合行照抄原表，令仰遵照挨户调究竟该罗玉明之遗族为谁，依表晰呈赍来府，以凭转送为要！

此令

计抄发调查表一份

县长

中华民国二十七年十一月　日

依式抄发各联保调查表一份，转饬保甲长调查具报。

十一、廿二

镇原县政府关于优待出征抗敌军人家属证明事宜致第二区署的训令（一九三九年二月十三日）

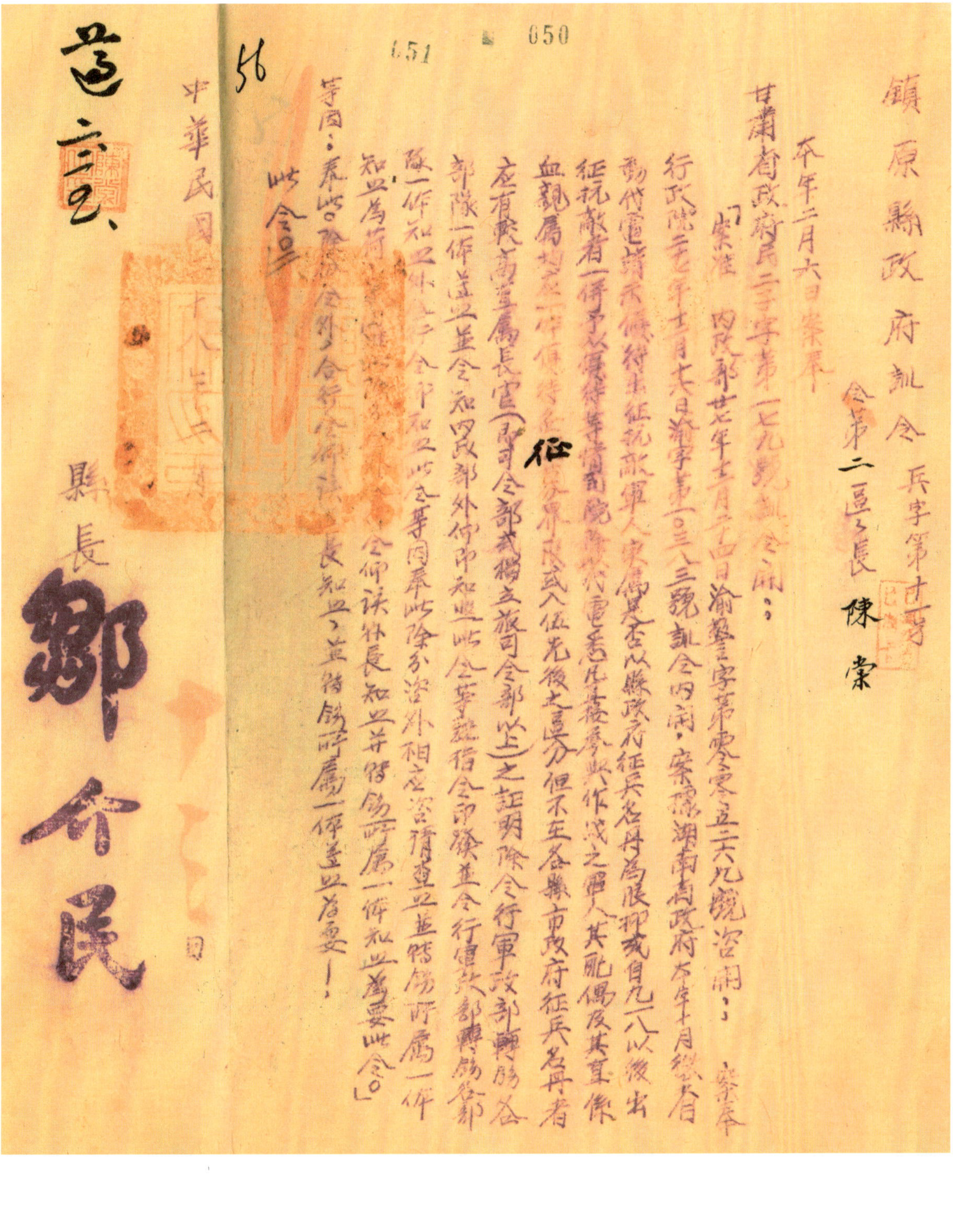

鎮原縣政府訓令 兵字第十一號

令第二區區長 陳榮

本年二月六日案奉

甘肅省政府民三字第一七九號訓令開：

「案准 內政部廿七年十二月廿四日渝警字第零零五二六九號咨開：『案奉

行政院二十七年十一月十六日渝字第一○三八三號訓令內開：案據湖南省政府本年十月佳日

動代電請示優待出征抗敵軍人家屬是否以縣政府征兵名冊為限，抑或自九一八以後出

征抗敵者一律予以優待等情，前院據此，當經電覆：凡參與此次作戰之軍人，其配偶及其直系

血親屬均應一律優待，至於服役界限或入伍先後之區分，但不在各縣市政府征兵名冊者，

應有該管直屬長官（即司令部或獨立旅司令部以上）之證明。除令行軍政部轉飭各

部隊一體遵照並令知內政部外，仰即知照。此令。等因。奉此，除令行軍政部轉飭各部

隊一體知照外，令仰知照。此令。等因。奉此，除分咨外，相應咨請查照並轉飭所屬一體

知照為荷』等由，准此，除分令外，合行令仰該縣長知照並轉飭所屬一體知照為要。此令。」

等因。奉此，除分令外，合行令仰該區長知照，並轉飭所屬一體遵照為要！

此令

中華民國二十八年二月十三日

縣長 鄒介民

镇原县第二区署关于催缴抗战军人家属安家费致前第十二保的训令（一九三九年三月七日）

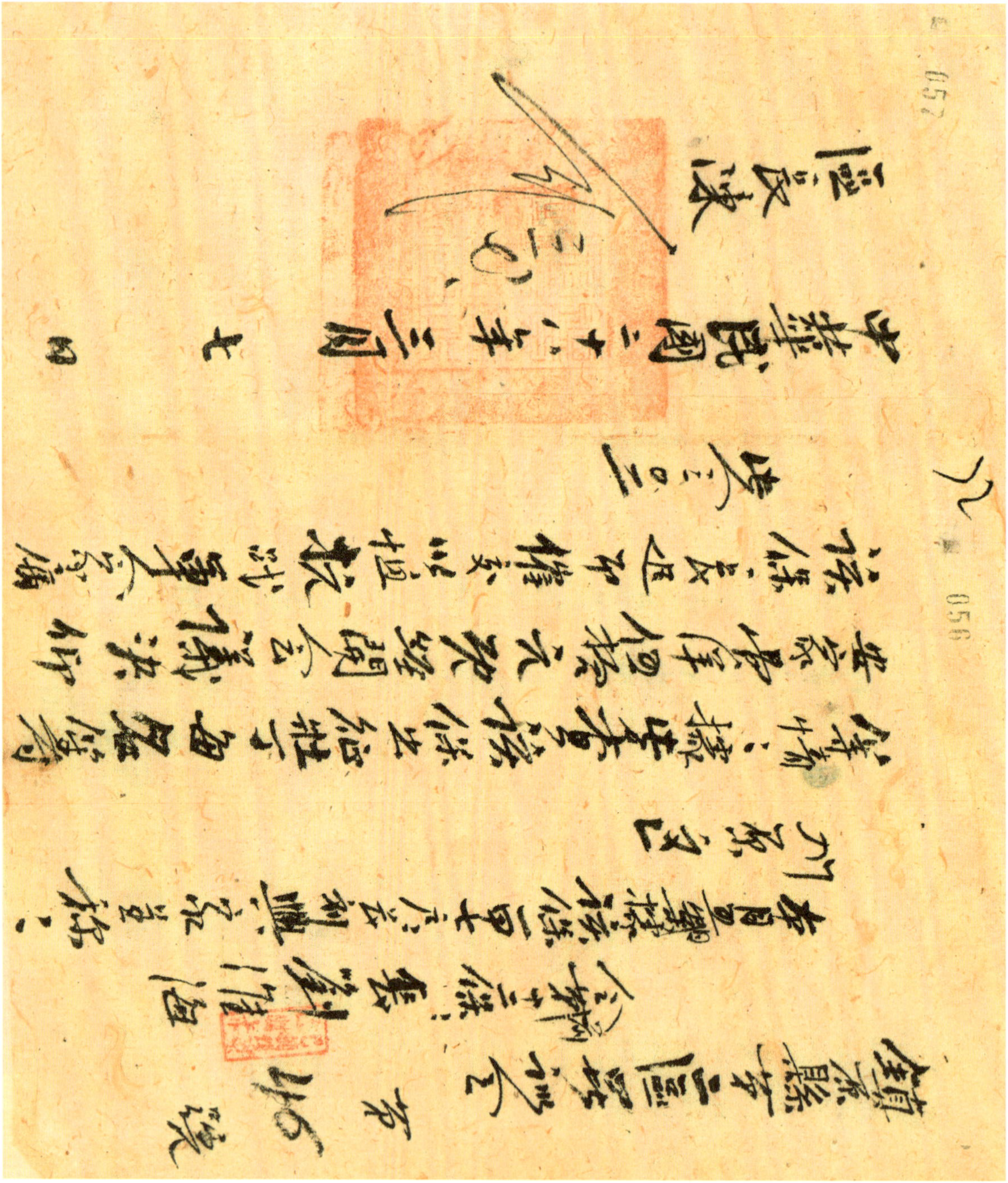
鎮原縣第二區署訓令　第46號
令前第十二保保長劉維海
本月四號據該保甲七戶花利興家呈稱：
刖原文已
等情。據此。查該保出征壯丁每名等
安家費洋四拾元，現經開會議決，仰
該保長迅即催交，以恤抗戰軍人家屬，
此令。三〇二
中華民國二十八年三月七日
區長陳

镇原县政府关于减免出征抗敌军人家属捐款和劳役致第二区署的训令（一九三九年三月十三日）

鎮原縣政府訓令　兵字第17号
令第二區區長陳棠
本年二月十九日案奉
甘肅省第三區行政督察專員公署元字第118號訓令開：
「案奉　甘肅省政府二十八年元月二十五日保二字字第五〇一號訓令內開：　案准內政部渝警字
第零零四八一七號咨開：案奉　行政院二十七年十二月七日渝字第九〇四五号訓令內開：　案據湖南
省政府本年十月各省動電請示对於家資富裕人口繁榮之軍人家屬可否援照優待出徵抗
敵軍人家屬辦法酌量減免一切地方差務等情到院經以代電悉查優待出徵抗敵軍人家
屬條例第五第六兩條除但負法定賦稅外得減免各項臨時捐款」及「得免服勞役」之規定
本屬具有救恤性質各縣市優待委員會自可斟酌各該軍人家屬之生活環境辦理家資富裕人
口繁榮之軍官家屬对于地方差務之義務自亦得不減免除令知內政軍政兩部外仰即
遵照此令等語指令即遵照除令知軍政部外合行抄發原代電令仰知照此令等因附抄發原湖

南省政府原代电一件，奉此，除函达军政部查照及分行外，相应抄同原件，咨请查照，并转饬

知照为荷。等因，附抄发湖南省政府原代电一件，准此，除分行外，合亟抄发原件，令仰

该署遵照，并饬所属各县政府转饬[illegible]遵照。此令。等因，附抄发湖南省政府原代电一件，奉

此，除分令外，合行抄发原代电，令仰遵照。此令。

等因，附抄发湖南省政府原代电一件，奉此，除分令外，合亟照抄原代电，令仰该区长遵照。

此令。

附抄发湖南省政府原代电一件

中华民国二十八年三月　日

县长　邓介民

等遵照备理　三·廿七

镇原县政府关于执行优待抗敌军人家属法令致第二区署的训令（一九三九年三月十六日）

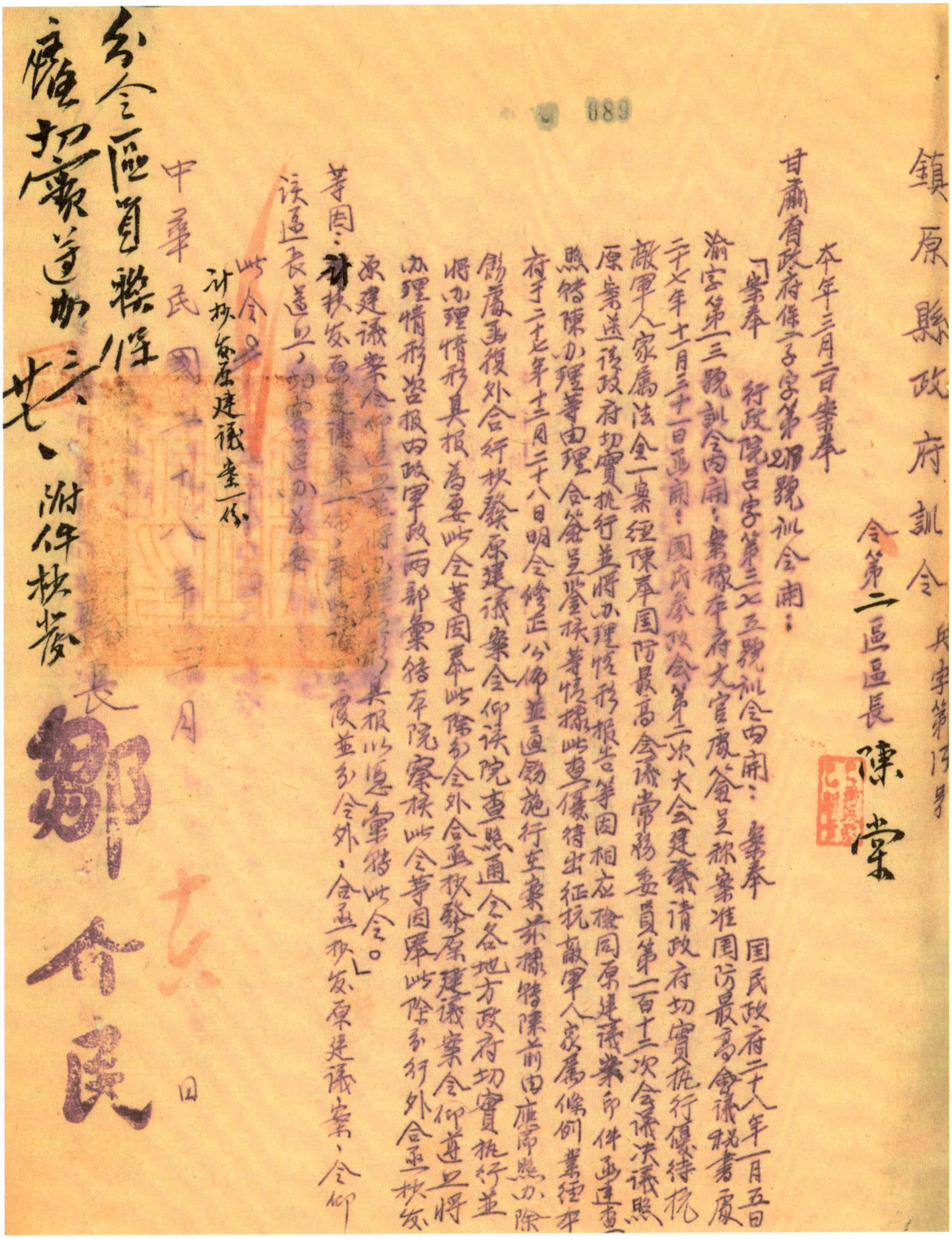

镇原县政府训令　兵字第[illegible]号

令第二区区长

陈棠

本年三月二日案奉

甘肃省政府保二字第2130号训令开：

「案奉　行政院吕字第三七五号训令内开：案奉　国民政府二十八年一月五日渝文字第一三号训令内开：案据本府文官处签呈称：案准国防最高会议秘书处二十七年十二月三十一日函开：国民参政会第二次大会建议请政府切实执行优待抗敌军人家属法令一案，经陈奉国防最高会议常务委员第一百十二次会议决议：照原案送请政府切实执行，并将办理情形报告等因。相应检同原建议案，函达查照转陈办理等由。理合签呈鉴核等情。据此，查优待出征抗敌军人家属条例业经本府于二十七年十二月二十八日明令修正公布，并通饬施行在案，兹据转陈前由，应即照办。除饬函复外，合行抄发原建议案，令仰该院查照，通令各地方政府切实执行，并将办理情形具报为要。此令。等因。奉此，除分令外，合亟抄发原建议案，令仰遵照，并将办理情形咨报内政、军政两部汇转本院察核。此令。等因。奉此，除分行外，合亟抄发原建议案，令仰[illegible]具报，以凭汇转。此令。」

等因。计抄发原建议案一份。奉此，除分令外，合亟抄发原建议案，令仰该区区长遵照，切实遵办为要。

此令。

计抄发原建议案一份

中华民国二十八年三月　日

县长　郑[illegible]

宁县县政府关于填报阵亡上等兵杨德荣遗属调查表致第三区署的训令（一九三九年九月四日）

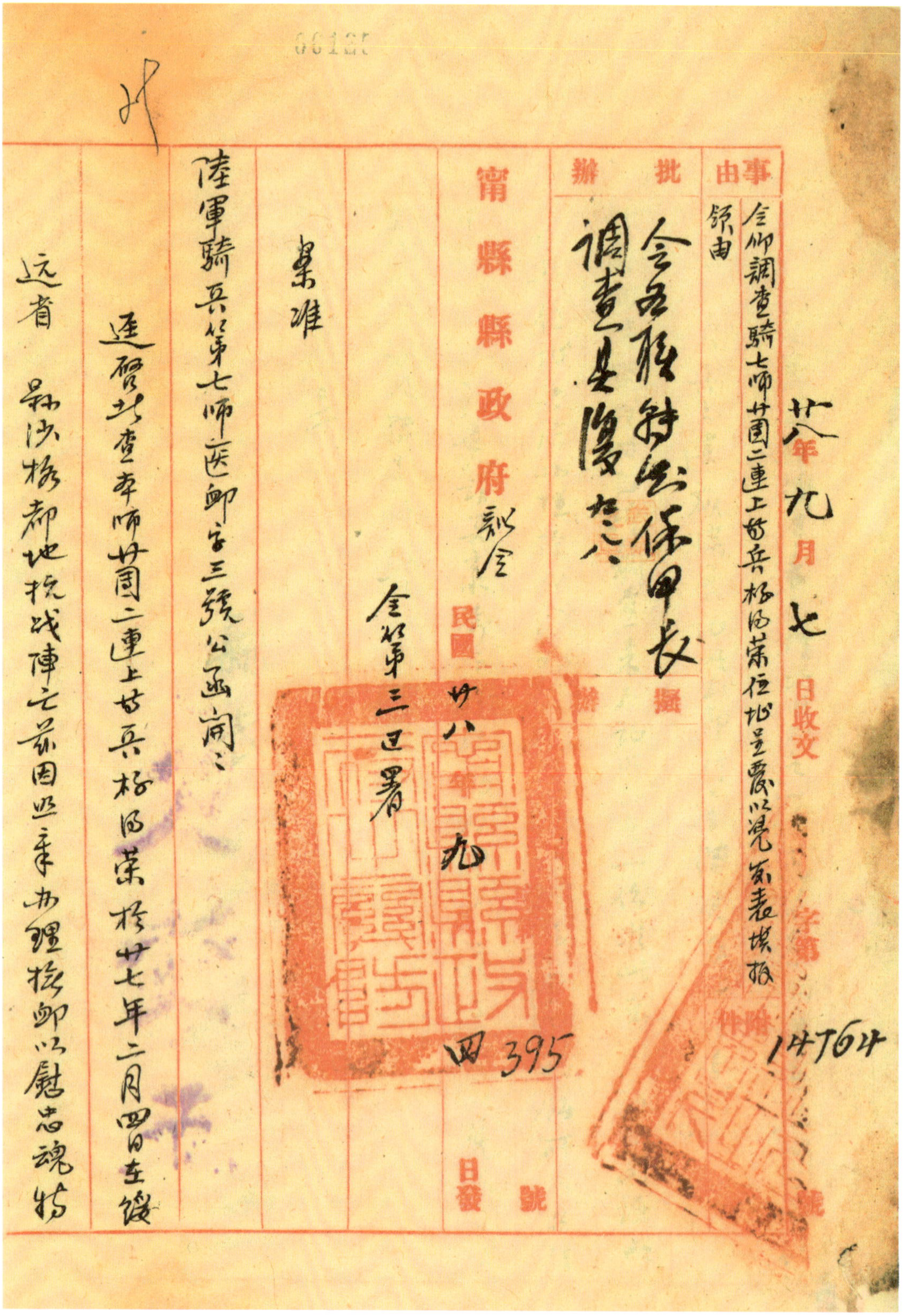
事由：令仰調查騎七師廿團二連上等兵楊得榮住址呈覆以憑發表填報領由

廿八年九月七日收文　14764

批：令各聯保甲長調查具復　九.八

寧縣縣政府訓令

民國廿八年九月四日發　395

令第三區署

案准

陸軍騎兵第七師醫院第三號公函開：

逕啓者查本師廿團二連上等兵楊得榮於廿七年二月四日在綏遠省歸綏縣郝地抗戰陣亡茲因照章辦理撫卹以慰忠魂特

检寄乙种调查表乙种证明书各一份函请贵政府查照调查该员之遗族填具证明书即行层转实纫公谊等由

甘固附陆军战时乙种调查表及证明书各一份准此查来函并未注明该员住地无法办理除分令外合行令仰该区长遵照转饬所属各保甲长调查究竟该员家属住于何保何甲据实呈覆以凭发表填发具行证明转呈请卹

此令〇二

县长 方镇五

镇原县政府关于执行优待出征抗敌军人家属条例致第二区署的训令（一九三九年十月六日）

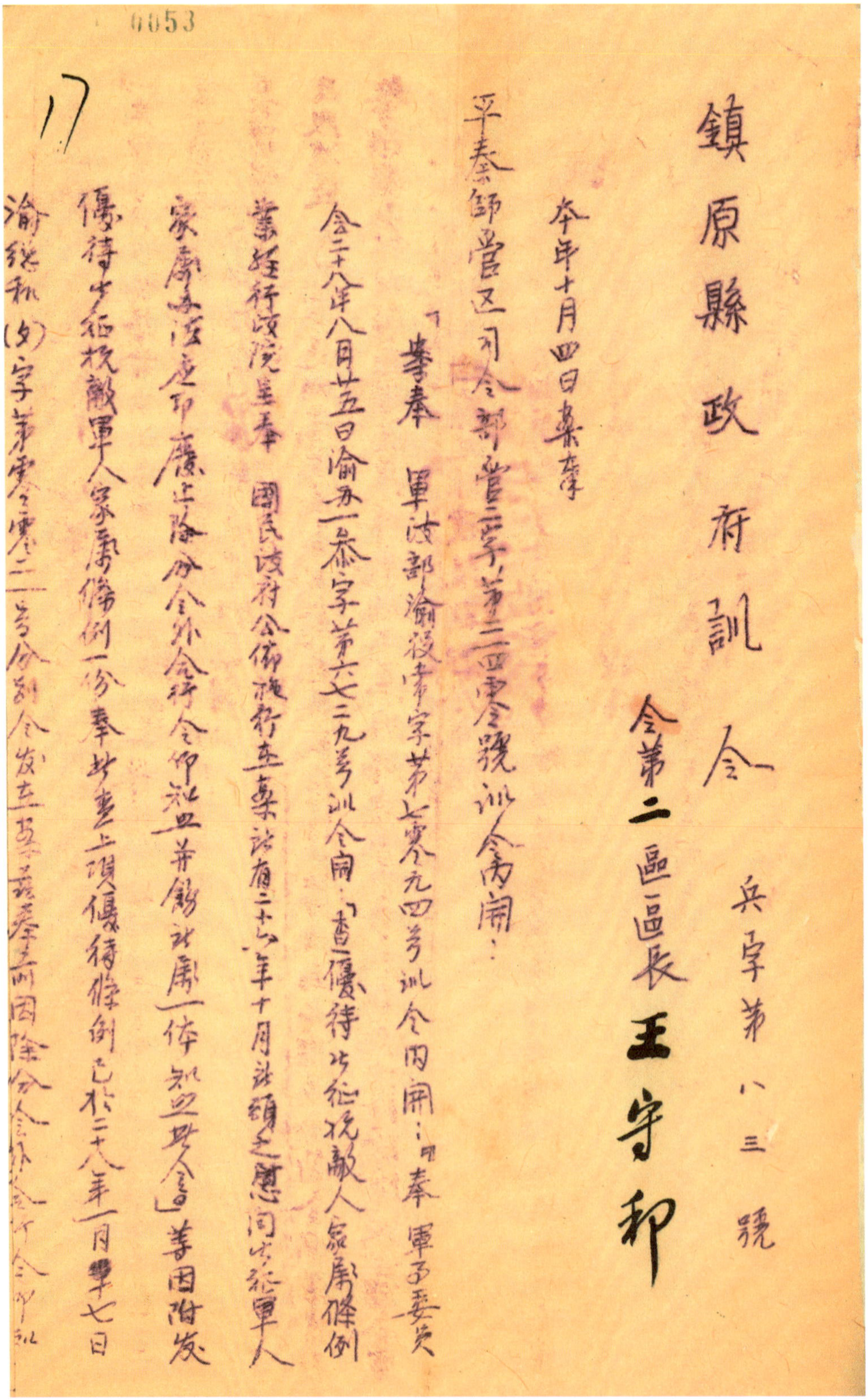
0053

17

镇原县政府训令　兵字第八三号

令第二区区长王守和

本年十月四日案奉

平秦师管区司令部管二字第二四零零号训令内开：

「案奉　军政部渝役（字）字第七零九四号训令内开：「奉　军事委员会二十八年八月廿五日渝办一泰字第六七二九号训令内开：「查优待出征抗敌人家属条例业经行政院呈奉　国民政府公布施行在案，该有二十六年十月该颁之惠同出征军人家属各该应即广为除分令外，合行令仰知照，并饬该属一体知照，此令。」等因，附发优待出征抗敌军人家属条例一份，奉此，查上项优待条例已於二十八年一月廿七日渝总礼（文）字第零零二一号令饬令发在案，兹奉令前因，除分令外，合行令仰知照……

18

照並飭該處一體知照此令」等因奉此，除分行外，合行抄發上項辦法一份，令仰遵照

並轉飭遵照為要。此令」

等因，附發優待出征抗敵軍人家屬條例一份，奉此，除分令外，合行抄發原條例，令仰該

區長遵照為要！

此令。

附發優待出征抗敵軍人家屬條例一份

中華民國二十八年十月二　日

縣長　鄧介民

附：优待出征抗敌军人家属条例

優待出征抗敵軍人家屬條例

第一條　出征抗敵軍人家屬由當所在地之縣市政府及自治团体或法团依本條例之規定予以優待。

第二條　本条例所称之出征抗敌軍人家屬以直接参战軍人軍屬之配偶及其直系血親屬為限。

第三條　对于出征抗敌軍人家屬之待優，宜由各縣市政府組织出征抗战軍人家屬優待委員会办理之，以各縣市長為主任委員及各自治团体或法团之負責人及當地正公之人為委員。

第四條　前條優待委員会对于本轄內出征抗敵軍人之家屬狀况详細加调查列表冊。

第五條　出征抗敵軍人家屬除負担法定賦税外得减免各项臨時捐款。

第六條　出征抗敵軍人家屬得免役勞並優先享受一切公益設施。

第七條　出征抗敵軍人家屬有左列情事之一者得由保甲長或逕向優待委員会請求救济。

一、生活不能維持者。

二、疾病無力治療者。

三、死亡不能埋葬者。

四、子女無力教養者。

五、遭遇意外災害者。

第八條　優待委員会对前条請求應迅速查明酌予金錢物品或其他之救济。

第九條　出征抗敵軍人在應征以前所負之債務無力清償者得展至服役期滿後第二年

20

内法、價之在服役期內其家屬賴以生活維持之財產債權不得強求執行。

第十條 出征抗敵軍人或其家屬承租耕作之地或自住之房屋在服役期內出租人不得收回或改租與他人。

第十一條 出征抗敵軍人因作戰陣亡或受重傷致成殘廢時除依法令呈請撫卹及優待褒揚外其家屬得繼續享受本條例所規定之優待至其子女成年為止無子女者至其配偶死亡為止無配偶及子女者至其直系血親尊親屬死亡為止。

第十二條 關于救濟所需經費得由優待委員會按地方情形酌予捐募負責保管不足時由縣市政府籌集呈由省政府核准施行。

第十三條 出征抗敵軍人或其家屬經褫奪公權者不得享受本條例之優待。

第十四條 假冒出征抗敵軍人家屬希圖規避勞役減少擔負或請求救濟者應依法懲罰之。

第十五條 各縣市政府辦理本條例所規定各項事務應列表呈由省政府彙報內政部軍政部核查。

第十六條 本條例施行細則由省政府定之並報內政部軍政部備案。

第十七條 直隸於行政院之市辦理優待出征抗敵軍人家屬事項準用本條例規定之。

第十八條 本條例自公佈日施行。

宁县县政府关于抄发优待出征抗敌军人家属条例致第三区署的训令（一九三九年十月十八日）

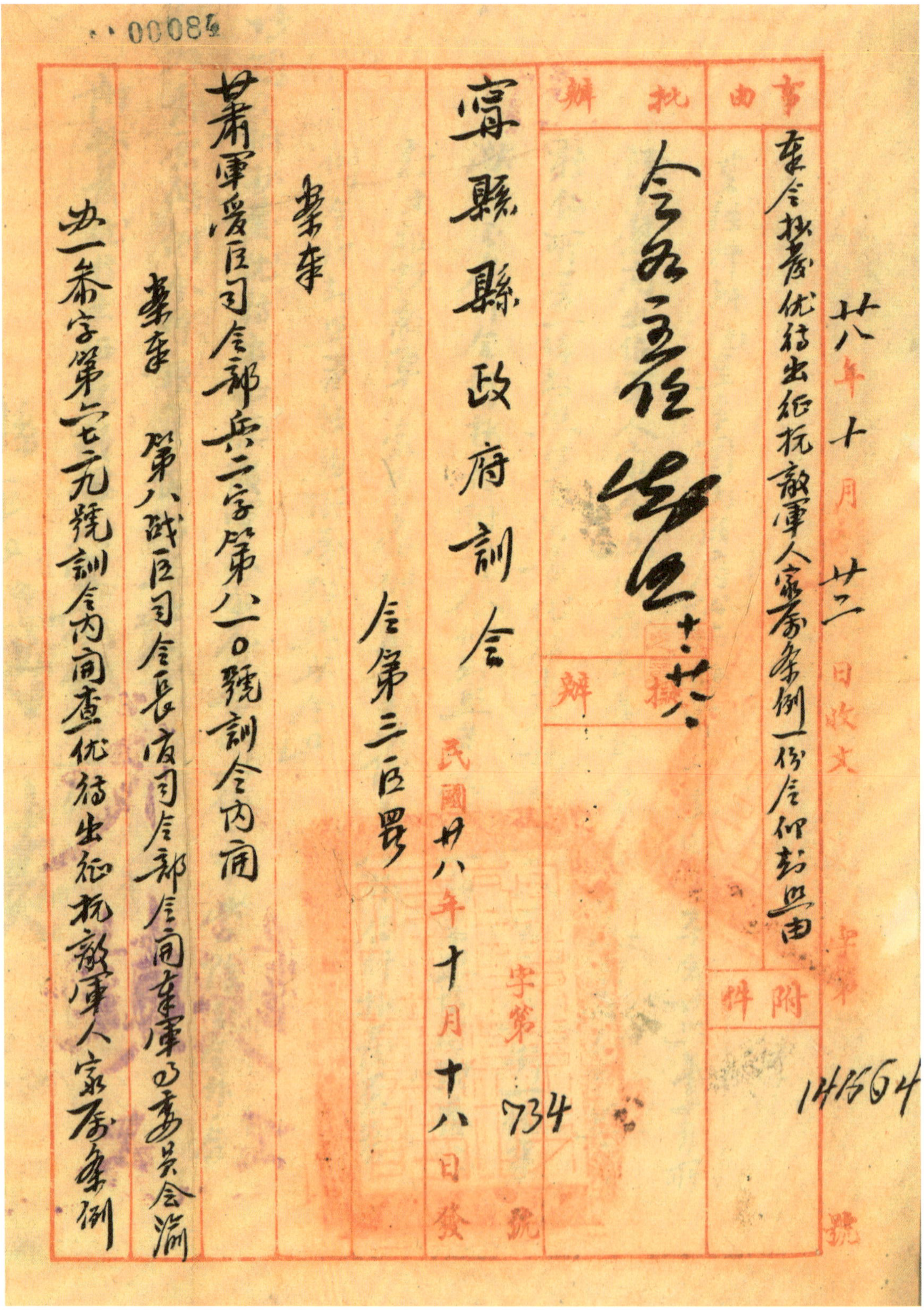

00084

事由	批	辦
奉令抄發優待出征抗敵軍人家屬條例一份令仰知照由	令存查 十·廿六	

廿八年十月廿二日收文 字第 號

附件

14564

寧縣縣政府訓令

令第三區署

民國廿八年十月十八日發 字第734號

案奉

甘肅軍管區司令部兵二字第八一〇號訓令內開

案奉

第八戰區司令長官司令部會同軍委員會渝

也一条字第六七九號訓令內開查優待出征抗敵軍人家屬條例

2 00085

業經行政院呈奉國民政府公佈施行在案，所有本會廿六年十月所頒之慰問出征軍人家屬辦法，應即廢止，除分令外，合行令仰知照，并轉飭所屬一体知照。等因，附發優待出征抗敵軍人家屬條例一份。奉此，除分令外，合行抄發附件，令仰知照，并飭屬一体知照。等因，附發優待出征抗敵軍人家屬條例一份。奉此，除分令外，合行抄發原條例，令仰知照，并轉飭所屬知照。此令。

等因，附抄發優待出征抗敵軍人家屬條例一份。奉此，除分令外，合行抄發原條例，令仰該區長知照。此令。

附抄發優待出征抗敵軍人家屬條例一份

縣長 方鎮五

镇原县抗敌后援会关于颁发奖章戒指致第二区署的公函（一九四〇年二月二十九日）

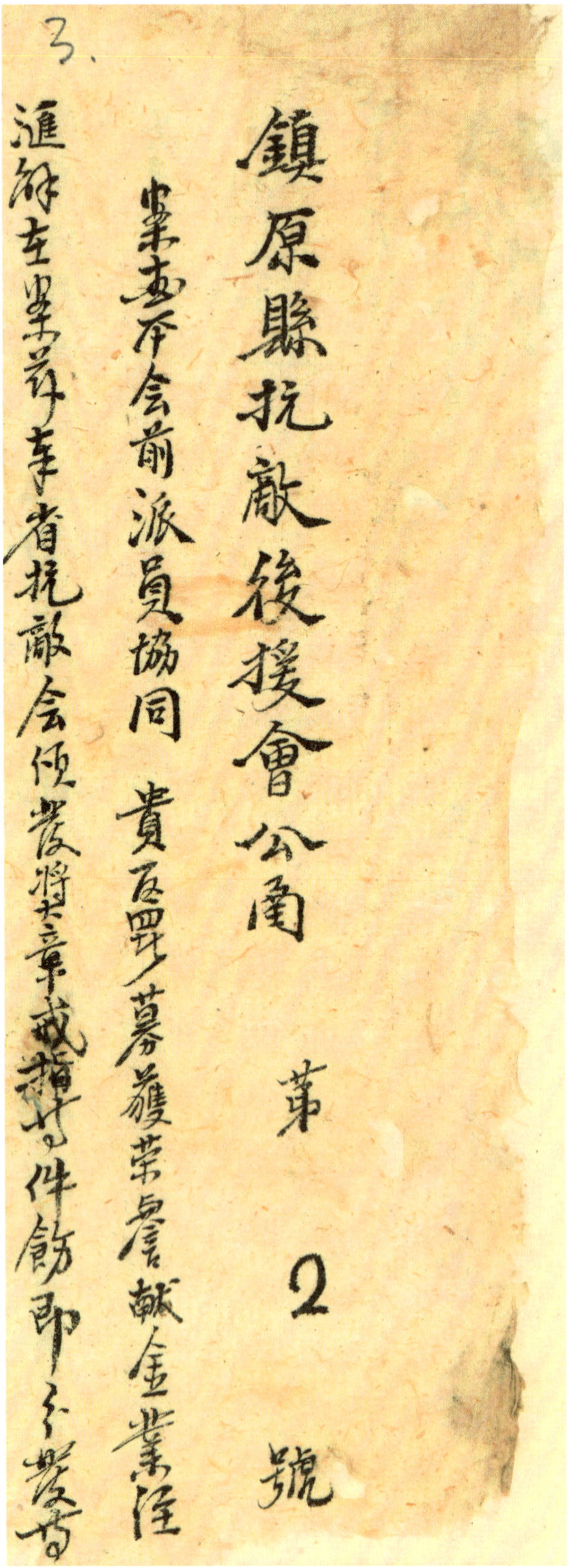

3.

鎮原縣抗敵後援會公函　第2號

案查本會前派員協同　貴區署募獲榮譽獻金業經

滙解在案茲奉省抗敵會頒發獎章戒指等件飭即分發

因奉此相應隨送函附送省抗敵會戒指伍個希即查收轉發
爲荷！
此致
第二區署 附戒指伍個
財務主任
主任委員 孫秉[illegible]
中華民國二十九年二月廿九日

镇原县政府关于出征军人家属贫苦等级分类调查造册事项致肖金镇公所的训令（一九四〇年七月三十一日）

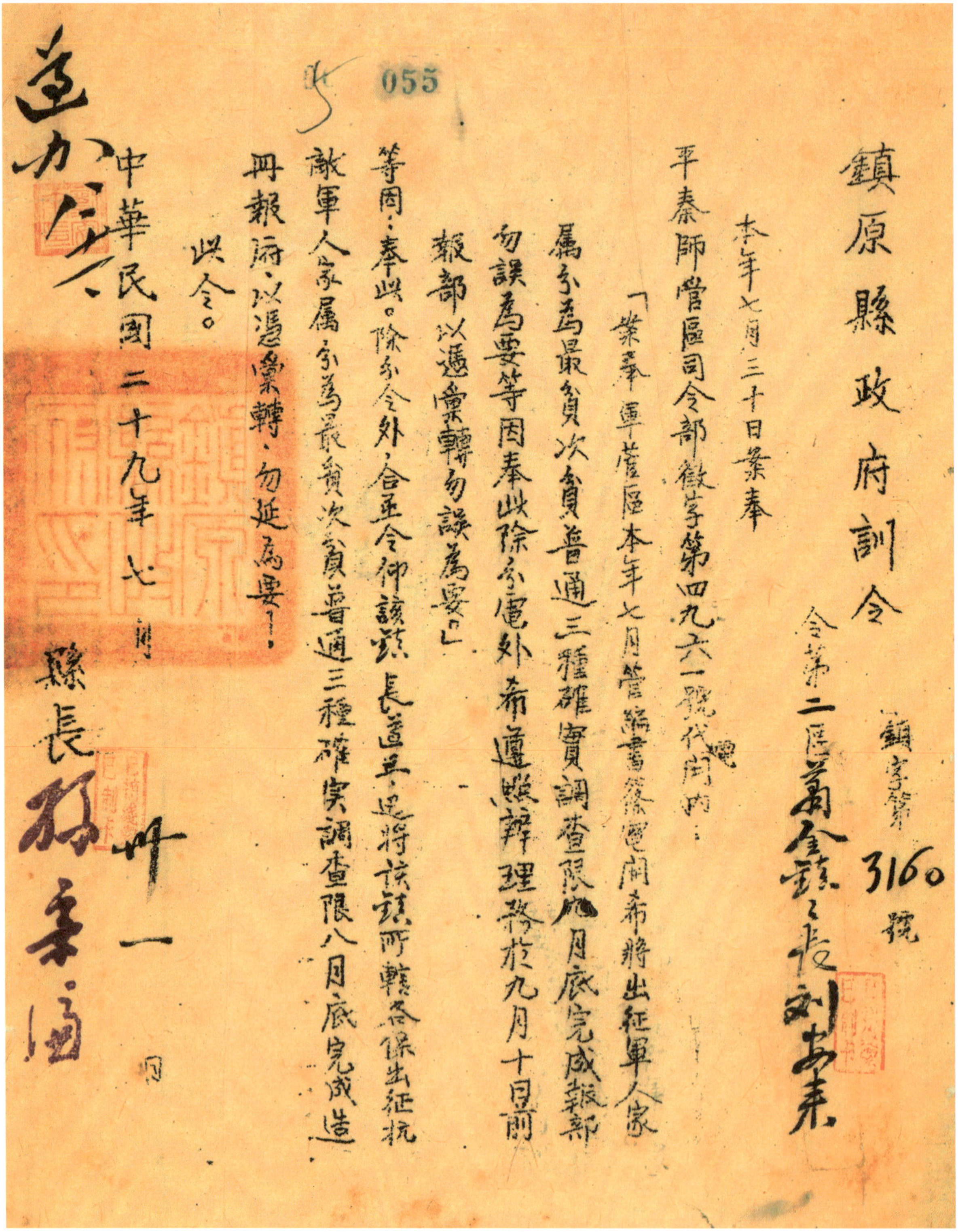

055

鎮原縣政府訓令

鎮字第3160號

令第二區肖金鎮鎮長劉安來

本年七月三十日案奉

平秦師管區司令部徵字第四九六一號代電內開：

「案奉軍管區本年七月管編審發電開希將出征軍人家屬分為最貧、次貧、普通三種確實調查，限九月底完成報部，勿誤為要等因，奉此，除分電外，希遵照辦理，務於九月十日前報部，以憑彙轉，勿誤為要。」

等因，奉此。除分令外，合亟令仰該鎮長遵照，速將該鎮所轄各保出征抗敵軍人家屬分為最貧、次貧、普通三種確實調查，限八月底完成造冊報府，以憑彙轉，勿延為要！

此令。

中華民國二十九年七月卅一日

縣長 孫秉通

镇原县出征抗敌军人家属优待委员会关于转发出征抗敌军属证明书致肖金镇公所的公函（一九四〇年八月）

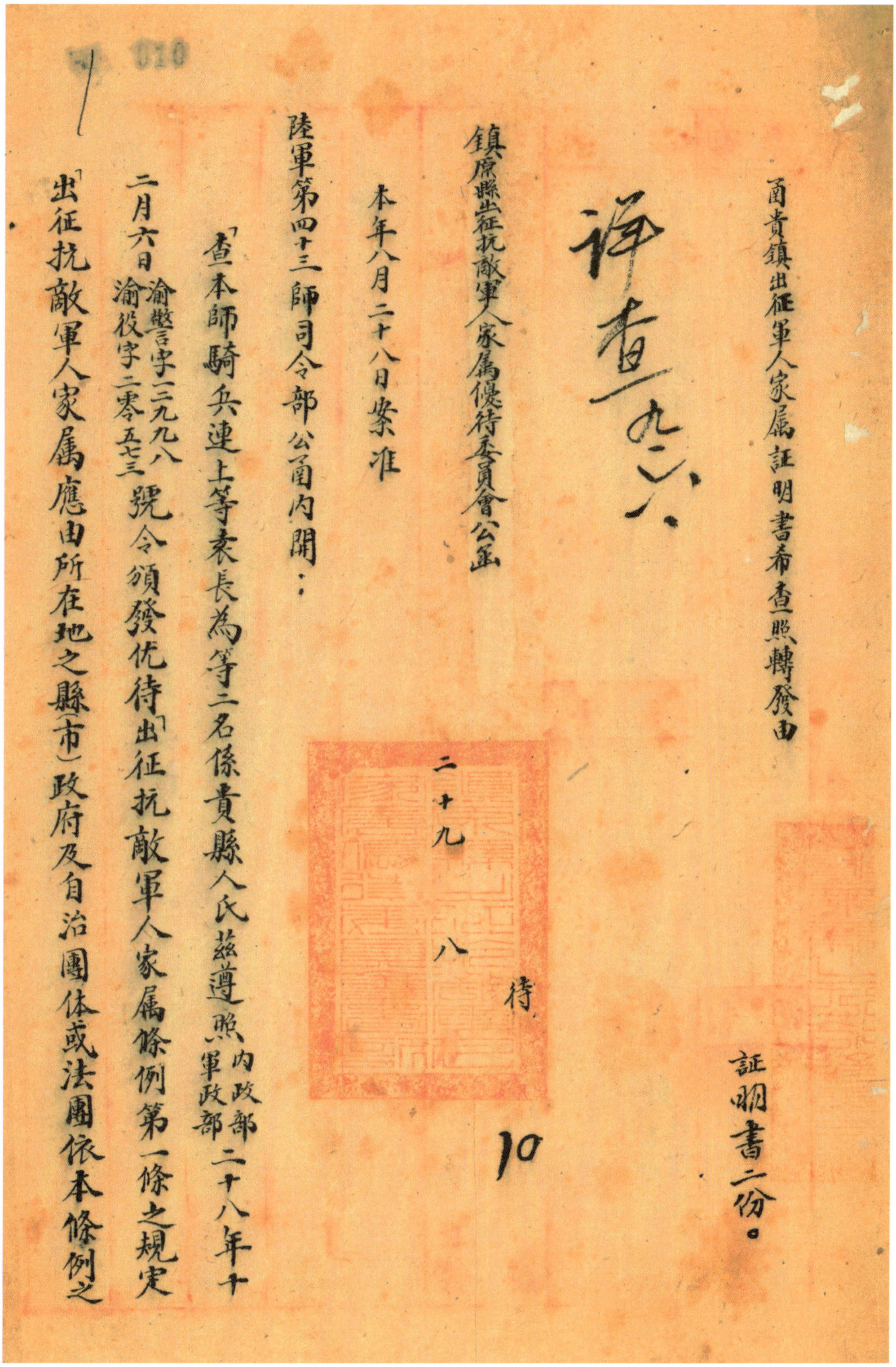

函貴鎮出征軍人家屬証明書希查照轉發由

詳查 九、二、八

鎮原縣出征抗敵軍人家屬優待委員會公函

二十九 八 待 10

本年八月二十八日案准

陸軍第四十三師司令部公函內開：

「查本師騎兵連上等兵長為等二名係貴縣人氏茲遵照內政部軍政部二十八年十二月六日渝整字一三九九八渝役字二零五七三號令頒發優待「出征抗敵軍人家屬條例第一條之規定「出征抗敵軍人家屬應由所在地之縣（市）政府及自治團体或法團依本條例之

証明書二份。

011

2、

規定予以优待」等因自應填發該兵証明書一紙隨函送達即希查照轉發

該兵家屬祇領至級公誼此致。」

等由；附優待出征軍人家屬証明書一份，准此。查一等兵劉拴棟、上等兵袁長為係該鎮尚家寨子、池利魁人，相應檢同原件函達

貴鎮查照轉發，為荷！

此致

鎮原縣蕭金鎮鎮公所。

附發优待出征軍人家屬証明書二份。

主任委員

镇原县政府关于准予汇转所呈报调查抗敌军人家属状况致肖金镇公所的指令（一九四〇年九月二十日）

據呈報調查出征抗敵軍人家屬狀況准予彙轉仰知
當

備查 九廿

指令

鎮 3627
二十九 九 廿

令肖金鎮鎮長劉安來

本月十九日呈一件為呈報調查出征抗敵軍人家屬狀況請鑒核彙轉由

呈暨附件均悉。准予彙轉，仰即知照！

此令。附件存。

縣長 [illegible]

镇原县出征抗敌军人家属优待委员会关于转发上士左维杰证明书致肖金镇公所的公函（一九四〇年九月）

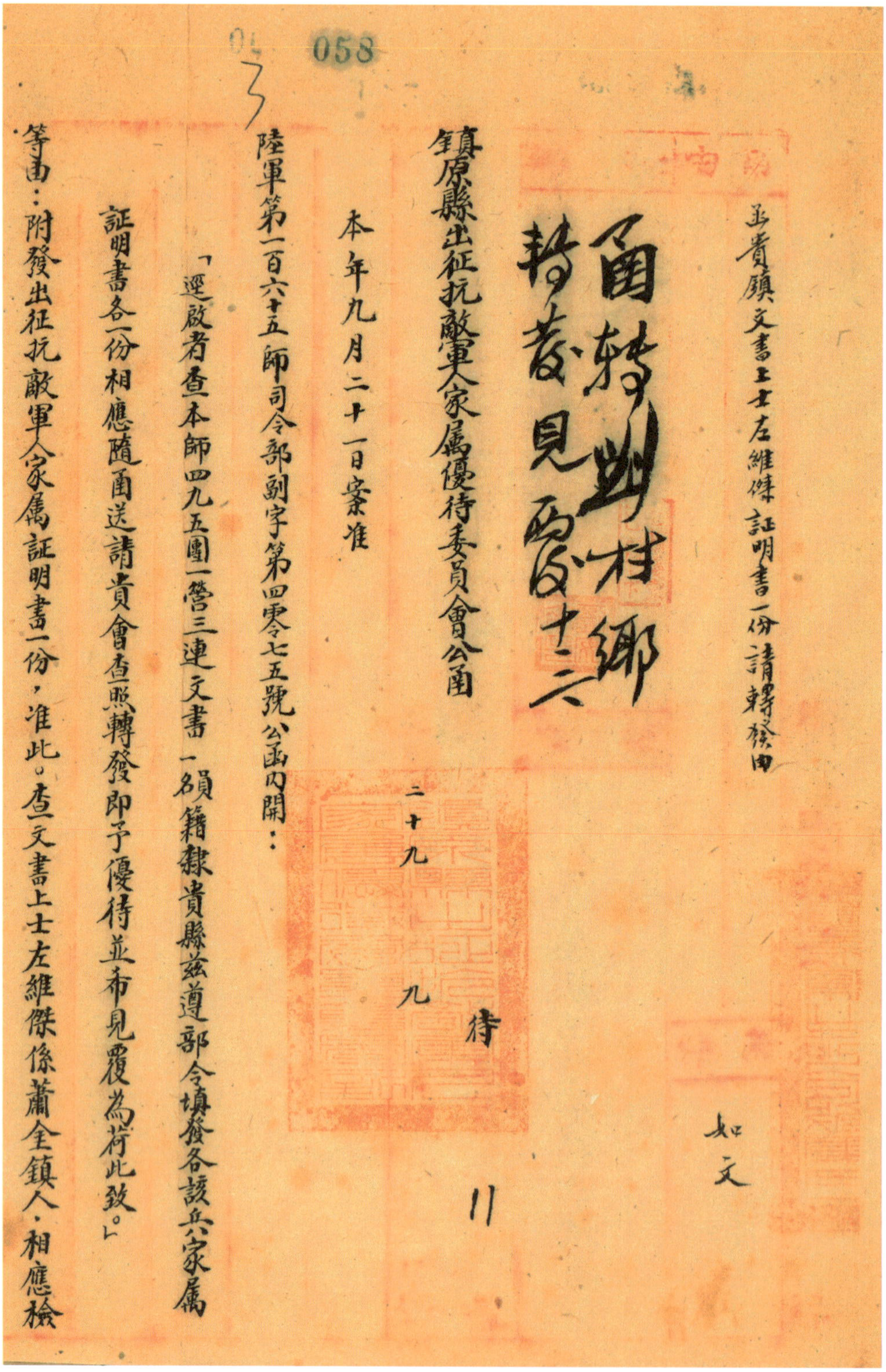

函貴鎮文書上士左維傑證明書一份請轉發由
函轉肖村鄉
轉發見覆 十六
鎮原縣出征抗敵軍人家屬優待委員會公函
本年九月二十一日案准
陸軍第一百六十五師司令部副字第四零七五號公函內開：
「逕啟者查本師四九五團一營三連文書一員籍隸貴縣茲遵部令填發各該兵家屬
證明書各一份相應隨函送請貴會查照轉發即予優待並希見覆為荷此致。」
等由：附發出征抗敵軍人家屬證明書一份，准此。查文書上士左維傑係蕭金鎮人，相應檢

同原件函達
貴所查照轉發，為荷！
此致
蕭金鎮公所。
附出征抗敵軍人家屬証明書一份，
主任委員 [illegible]

镇原县政府关于转发上等兵王天寿优待出征抗敌军人家属证明书致肖金镇公所的训令（一九四〇年十一月二日）

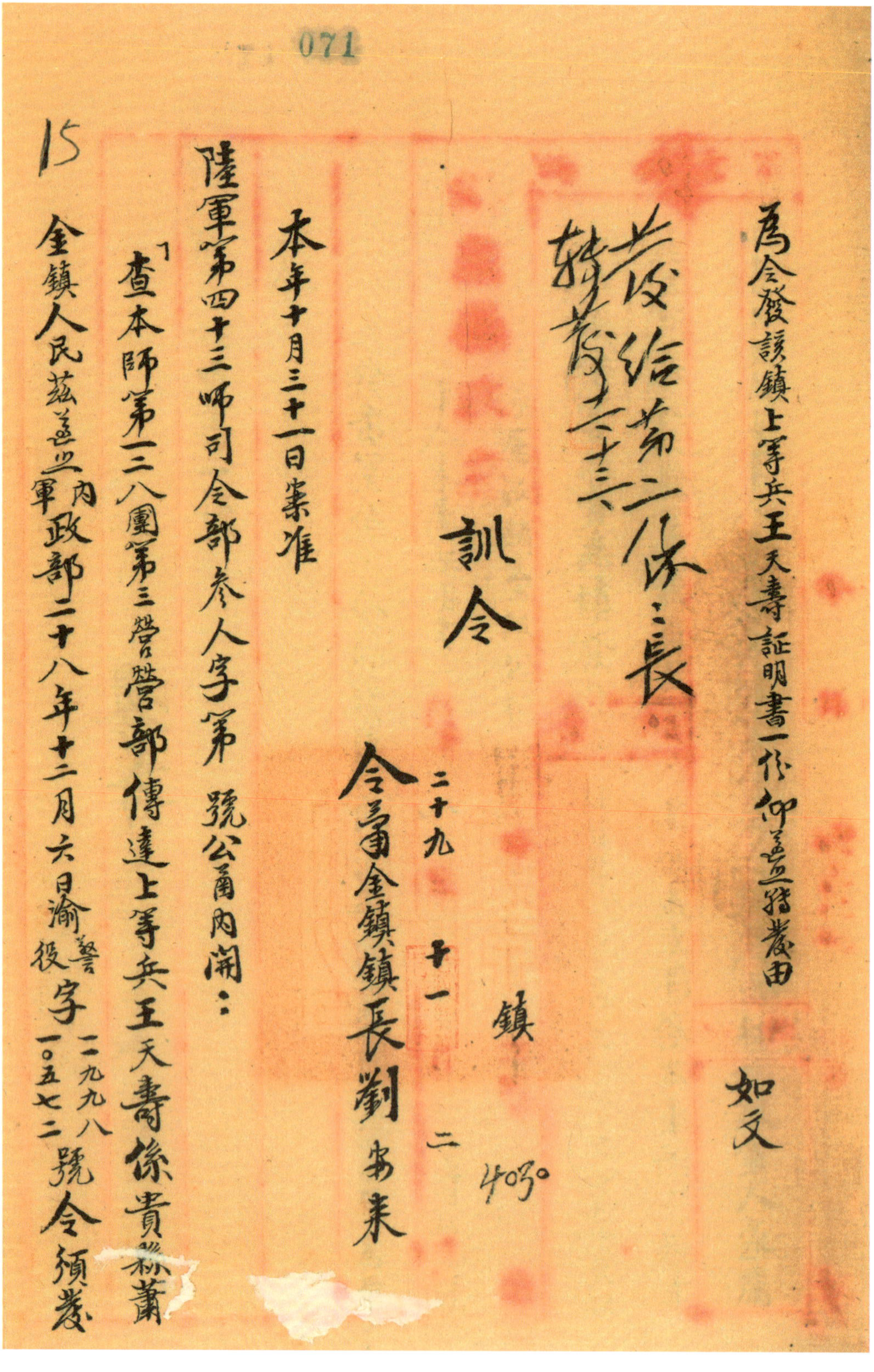
071

15

為令發該鎮上等兵王天壽証明書一份仰遵照發由

如文

發給第二保保長

訓令

二十九 十一 二

鎮

4030

令肖金鎮鎮長劉 案来

本年十月三十一日案准

陸軍第四十三師司令部參人字第　號公函內開：

「查本師第一三八團第三營營部傳達上等兵王天壽係貴縣肖

金鎮人民茲遵照軍政部二十八年十二月六日渝役警字一二九九八/一〇五七二號令須發

072

16

优待出征抗敵軍人家屬条例第一条之規定出征抗敵軍人家屬應由所在地之縣（市）政府及自治團体或法团依本条例之規定予以優待。等因自應填發該兵證明書一紙隨文送達仰希查照轉飭該兵家屬祇領至級公誼此致。

等由；附优待軍人家屬証明書一紙，准此。查該上等兵王天壽係該鎮人，合亟检发原件，令仰該鎮長遵照，轉飭該兵家屬為要！

此令。

附發証明書一份。

縣長 [illegible]

甘肃省军管区政治部关于准备元旦慰劳荣誉军人及抗战军人家属致镇原县国民兵团的代电（一九四〇年十二月二十日）

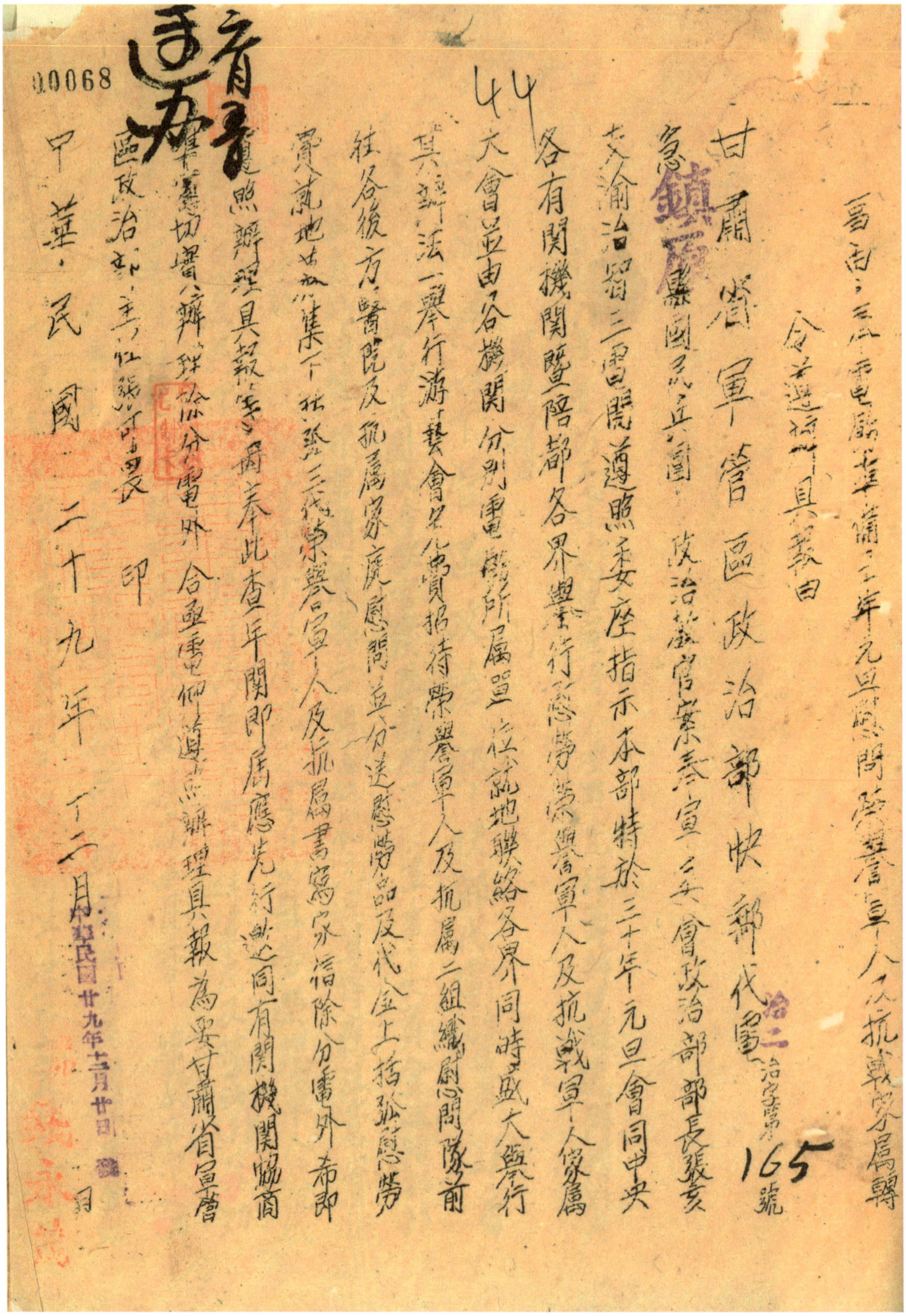
00068

為三十年元旦慰問榮譽軍人及抗戰家屬轉
令知照辦具報由

甘肅軍管區政治部快郵代電 治二字第165號

急。鎮原縣國民兵團：頃准政治部部長張
文渝治留三電開：“遵照委座指示，本部特於三十年元旦會同中央
各有關機關暨陪都各界舉行慰勞榮譽軍人及抗戰軍人家屬
大會，並由各機關分別電飭所屬，並就地聯絡各界同時盛大舉行。
其辦法：一、舉行遊藝會，派員招待榮譽軍人及抗屬。二、組織慰問隊，前
往各後方醫院及抗屬家庭慰問，並分送慰勞品及代[illegible]慰勞
賞。[illegible]就地[illegible]集[illegible]榮譽軍人及抗屬書寫家信。除分電外，希即
照辦理具報”等因。奉此，查年關即屆，應先行邀同有關機關協商
[illegible]切實舉辦。除分電外，合亟電仰遵照辦理具報為要。甘肅省軍管
區政治部主任張[illegible]印

中華民國二十九年十二月 日

中華民國廿九年十二月廿日

甘肃省军管区政治部关于死亡官兵遗族填送乙种书表办法致镇原县国民兵团的训令（一九四一年一月二十日）

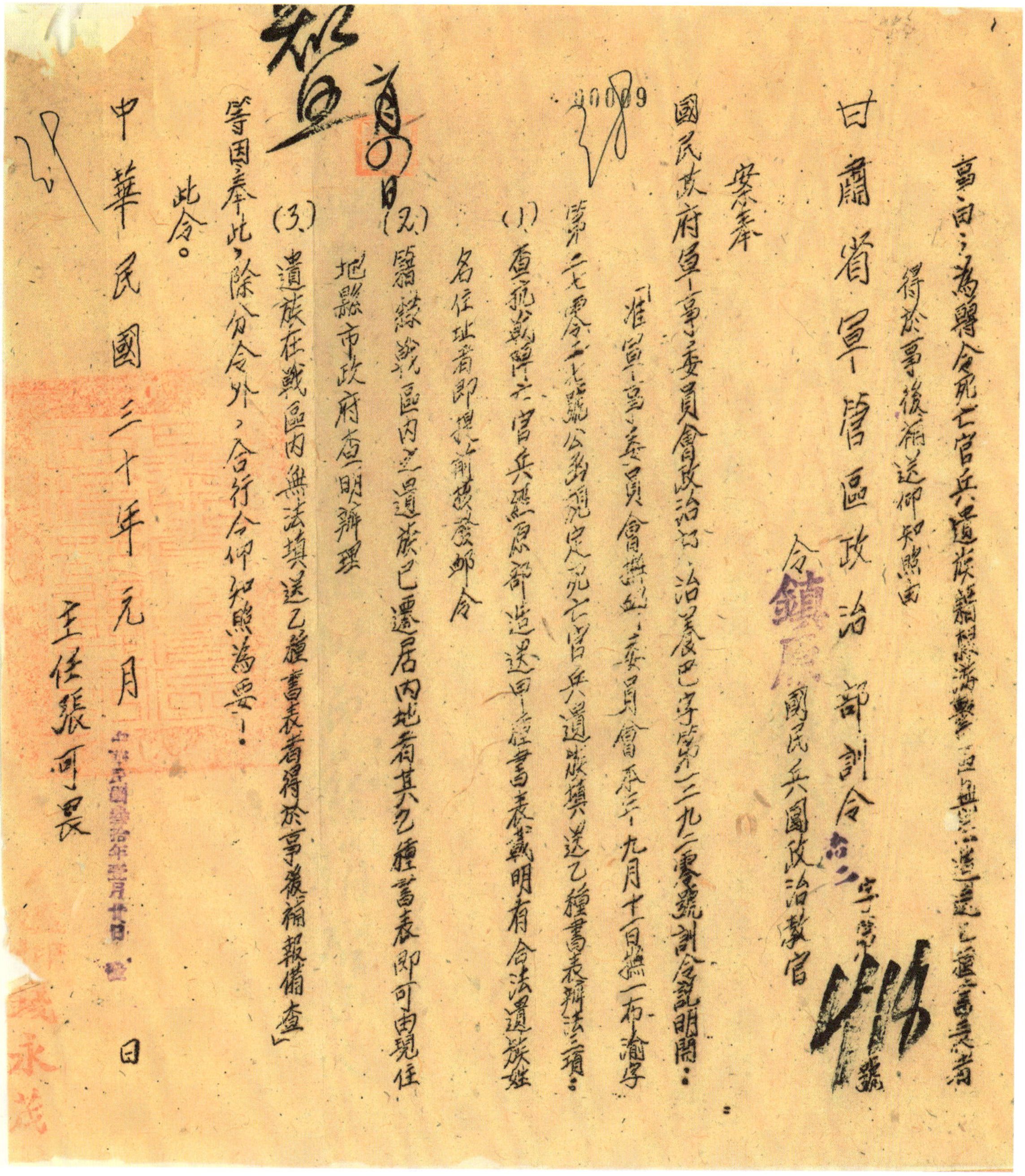

事由：為轉令死亡官兵遺族籍隸淪陷區無從造送乙種書表者得於事後補送仰知照由

甘肅省軍管區政治部訓令 [illegible]字第 號

令鎮原國民兵團政治教官

案奉

國民政府軍事委員會政治部治義巳字第二九〇二零號訓令說明開：

「准軍事委員會撫卹委員會（廿九）九月十日撫一布渝字第二七零〇二七號公函開：死亡官兵遺族填送乙種書表辦法三項：

（1）查死亡官兵照原部造送甲種書表載明有合法遺族姓名住址者即據以補發卹令

（2）籍隸戰區內之遺族已遷居內地者其乙種書表即可由現住地縣市政府查明辦理

（3）遺族在戰區內無法填送乙種書表者得於事後補報備查」

等因奉此，除分令外，合行令仰知照為要！

此令。

中華民國三十年元月 日

主任張可畏

镇原县政府关于优待出征军人家属致肖金镇公所的训令（一九四一年七月十七日）

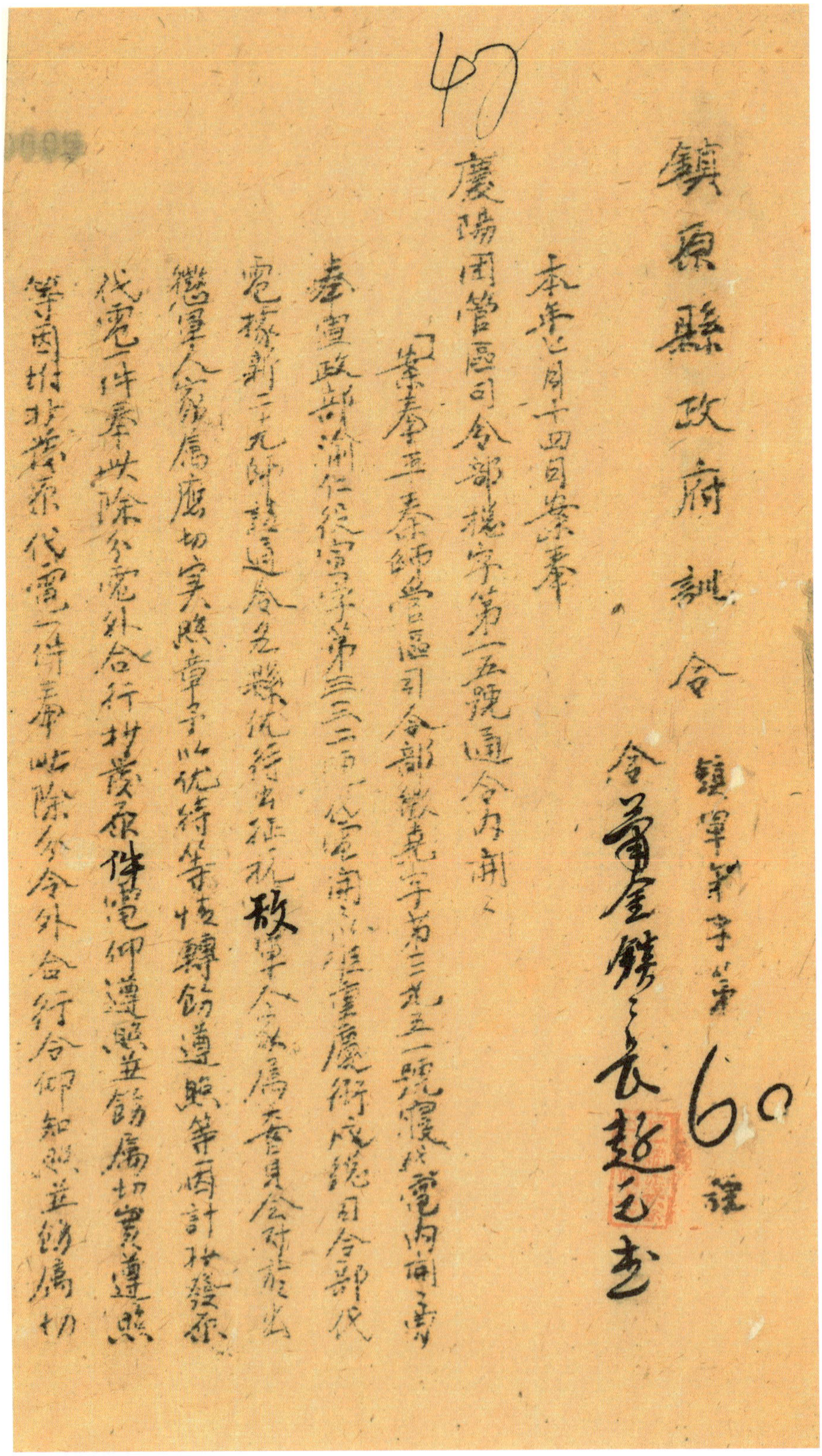

40

鎮原縣政府訓令

鎮軍字第60號

令蕭金鎮鎮長趙□

慶陽團管區司令部揔字第一五號通令內開：

本年七月十四日案奉

「案奉天水師管區司令部徵兆字第三九五一號代電內開：查

奉軍政部渝征役字第三三〇一代電開：以准重慶衛戍總司令部代

電據新二十九師請通令各縣優待出征抗敵軍人家屬，查本令前頒出

徵軍人家屬應切實照章予以優待等情，轉飭遵照等因，計抄發原

代電一件，奉此。除分電外，合行抄發原件，電仰遵照並飭屬切實遵照

等因，附抄發原代電一件，奉此。除分令外，合行令仰知照，並飭屬切

48

实遵照為要此令。」等因。附抄發原代電一份。奉此。除分行外，合亟抄發原電令仰該鄉鎮長遵照，切实办理，為要！

此令。

附抄發原代電一件

中華民國三十年七月十七日

縣長 胡維陞

存卷 八、七

附：原代电

41

附抄原代電一件

重慶軍政部部長何鈞鑒：案據新二十九師師長馬維驥二十九年十二月二十日參勤字第九四三二號呈稱：據該師八十六團團長何樹屏轉據該團第二營轉呈第四連長陳待鐘報告稱：竊職前奉鈞部轉給師司令部頒發之出征軍人家屬優待證明書，當經遵令陸續分發去訖。嗣以職連先後接據家屬領得證明書後，仍未享受優待等權利等語，旋經分函詢問各縣辦理優待機關，見復者不達十縣，其說非一，察其原因，實係辦理優待人員意見紛歧，以致推動不利，地方保甲長處而左右一切，對此國難臨頭，應級當以艱無家屬處此情況實不寒　即以職本人而論，年來身為國奔馳於勤務，擔驚年遺子女家屬，量禪卸事，衛育而亦惟職係是賴，既沐優崇，休恤准予優待，而辦理優待者又不履行，日昨職家屬持證

50

關章國殉大眾暨保甲任領優待時竟被保甲人員持械個個毆打擲詆如書於地下

情殊可憫為此據情是否妥當報請鈞府嚴予轉飭該屬保甲亦証明書之性能懲

以儆人之不善俾收實效各屬無論如何之處均令祇遵等情據此查該員報

稱各縣優待情形確屬敷衍理合具文呈請鈞座鑒核轉請通令各縣優待

委員會照章予以優待俾入營者安心服役應徵踴躍參加以維役政而利抗

戰等情據此查該團長報稱各節尚屬實情除函知該連長原籍涪陵縣

政府照章予以優待外理合具文呈請鈞座鑒核轉請通令各縣優待委員會

對於出征軍人家屬切實照章予以優待以維役政而利抗戰可否之處敬祈

鑒核示遵等情據此除指令外電呈鑒核示遵職劉峙副總司令賀國光

叩魚坤巳印

甘肃省政府教育厅关于抗战有功将士子女入学事宜致镇原县立初级中学的训令（一九四一年十月）

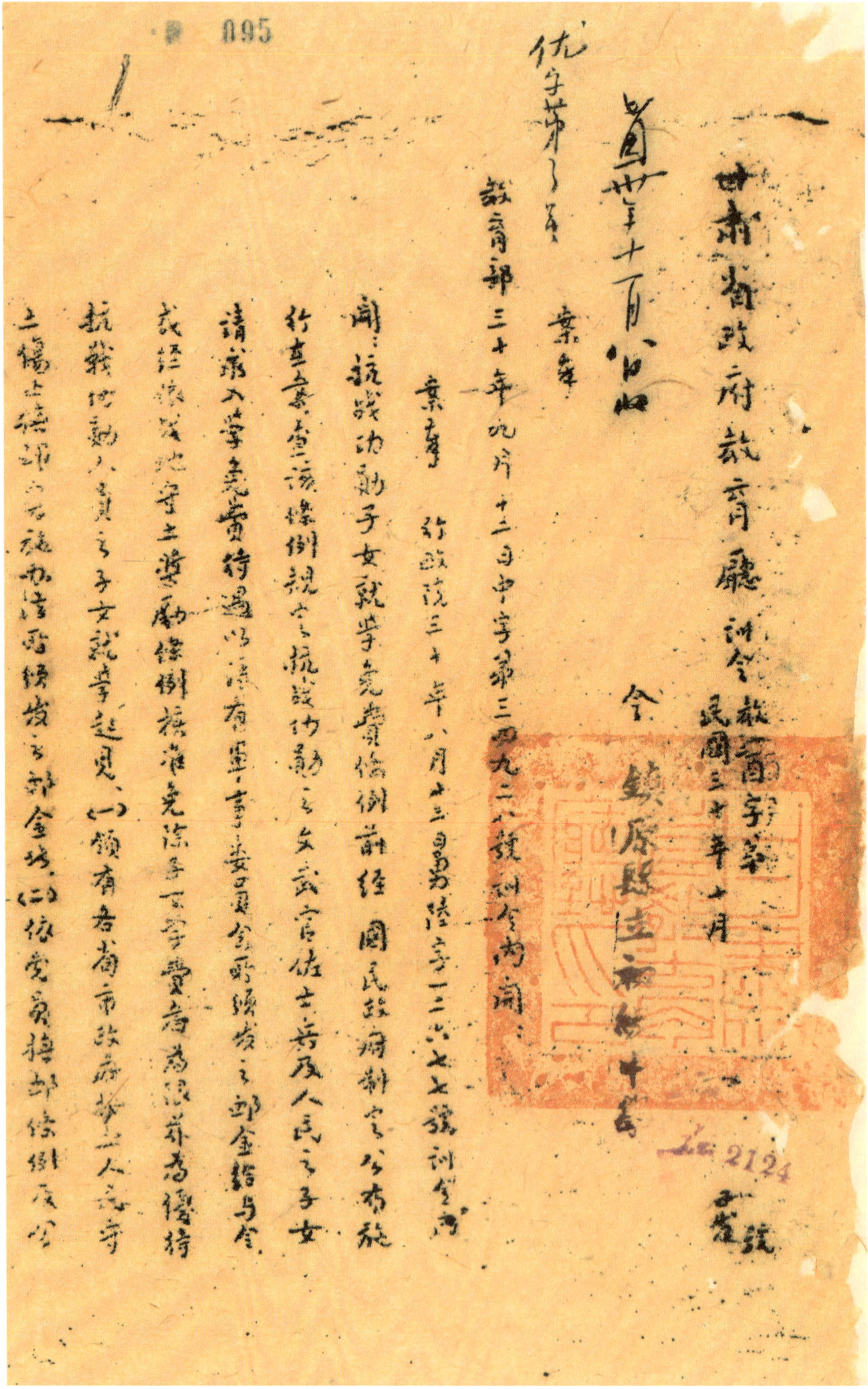

095

甘肃省政府教育厅训令　教育字第　号　民国三十年十月　日发

令镇原县立初级中学

首卅年十月八日收

优字第　号

案奉

教育部三十年九月十二日中字第三四九二八号训令内开：

案奉　行政院三十年八月十三日勇陆字一二六七七号训令内开：抗战功勋子女就学免费条例前经国民政府制定公布施行在案。查该条例规定之抗战功勋之文武官佐士兵及人民之子女请求入学免费待遇，以该有关事实要员全部颁发之勋金证与令或经依战地守土奖励条例核准免除其学费者为限，并为优待抗战功勋人员之子女就学起见，(一)领有各省市政府抗敌人员之奖上褒上榜证之各种荣誉颁发之部金奖，(二)依党员抚邮条例及公

2124

務員卹金條例請卹金者，由市政府自行核給卹金人員無論所領者
為是否卹令或卹金証或卹金証書，只須有核准給卹之處
政機關証明為抗戰殉國義勇傷殘者，亦均得依照該條例
之規定，請求免費待遇，以資於卹而勵激功，除分行外合行令仰
知照並轉飭所屬一体知照為要，此令。等因，奉此，除分行外合行令
仰該區知照並轉飭所屬一体知照此令。
等因，奉此，除分令外合行令仰該鎮

區長 鄭適和

閱 十二日

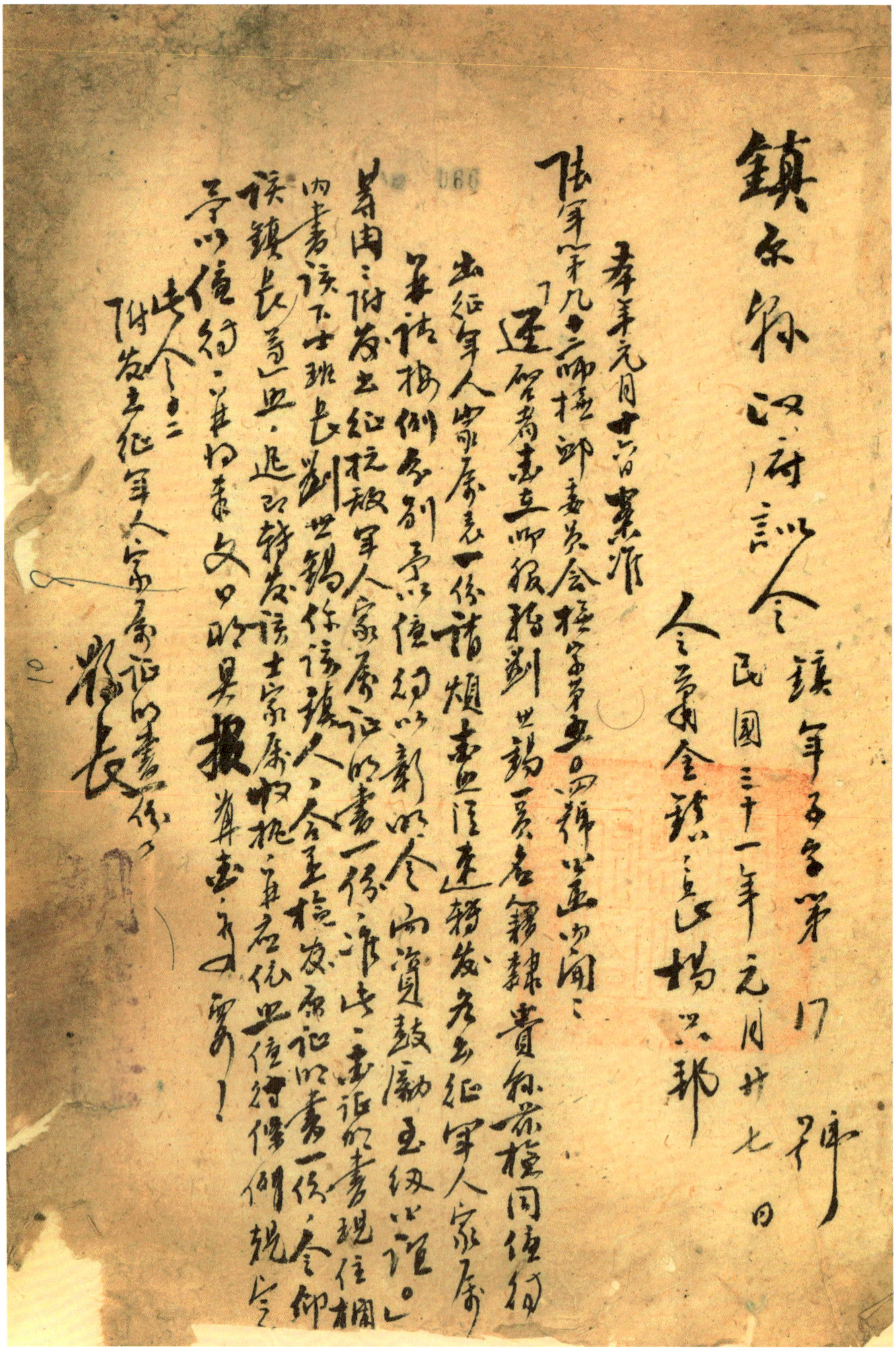

镇原县政府训令　镇军字第17号

民国三十一年元月廿七日

令肖金镇镇长杨兴邦

本年元月十六日案准

陆军第九十二师特别党部委员会检字第五〇四号公函开：

「逕启者：查本师独指刘世锡一员，原籍贵县，兹检同优待

出征军人家属证明书一份，请烦查照，迅转发该出征军人家属

等语，检附各种书类借约以新明令向资鼓励至级以证。」

等由；附发出征抗敌军人家属证明书一份，准此，查证明书规佳相

内书该下士班长刘世锡，系该镇人，合亟检发原证明书一份，令仰

该镇长查照，迅即转发该士家属收执，并应依照优待条例规定

予以优待，并将奉文日期具报备查，为要！

此令。

附发出征军人家属证明书一份。

县长

镇原县政府关于转发下士班长刘世锡出征抗敌军人家属证明书致肖金镇公所的训令（一九四二年一月二十七日）

甘肃省政府教育厅关于优先给予抗属子女家境清贫者公费待遇致镇原县立初级中学的训令
（一九四二年三月七日）

甘肃省政府教育廳訓令　教一寅字第　號
民國三十一年三月　日發

事由：奉令轉飭儘先給予抗屬子女家境清貧者之公費待遇由

令鎮原縣立初級中學

原字第8号

案奉

教育部三十一年一月十三日國字第零一七三七號訓令內開：

「案准中國婦女慰勞自衛抗戰將士總會等公函節開：「查抗戰軍興以來，後方壯丁紛紛調赴前綫，所遺子女教育雖經政府一

5 再令飭各校予以優待免費入學，然所免僅限於學費，他如書籍文

131 6

員及雜費等仍不能解决，故有志向学之子女每以父兄出征及經濟困難而失受教育之机会……」等由，准此，除分行外，合行令仰該廳將飭所屬對於抗屬子弟就学，應遵照抗戰功勛子女就学免費條例規定各項切實實施，各級学校設置之公費学額尤应對於家境清貧之抗屬子女按照其学業成績儘先給予公費待遇。

此令。」

等因，奉此，除分令外，合行令仰該校遵照辦理。

此令。

閱

甘肃省政府教育厅关于转发现职军官佐属在抗战期间无力求学子女救济办法致镇原县立初级中学的训令
（一九四二年三月三十日）

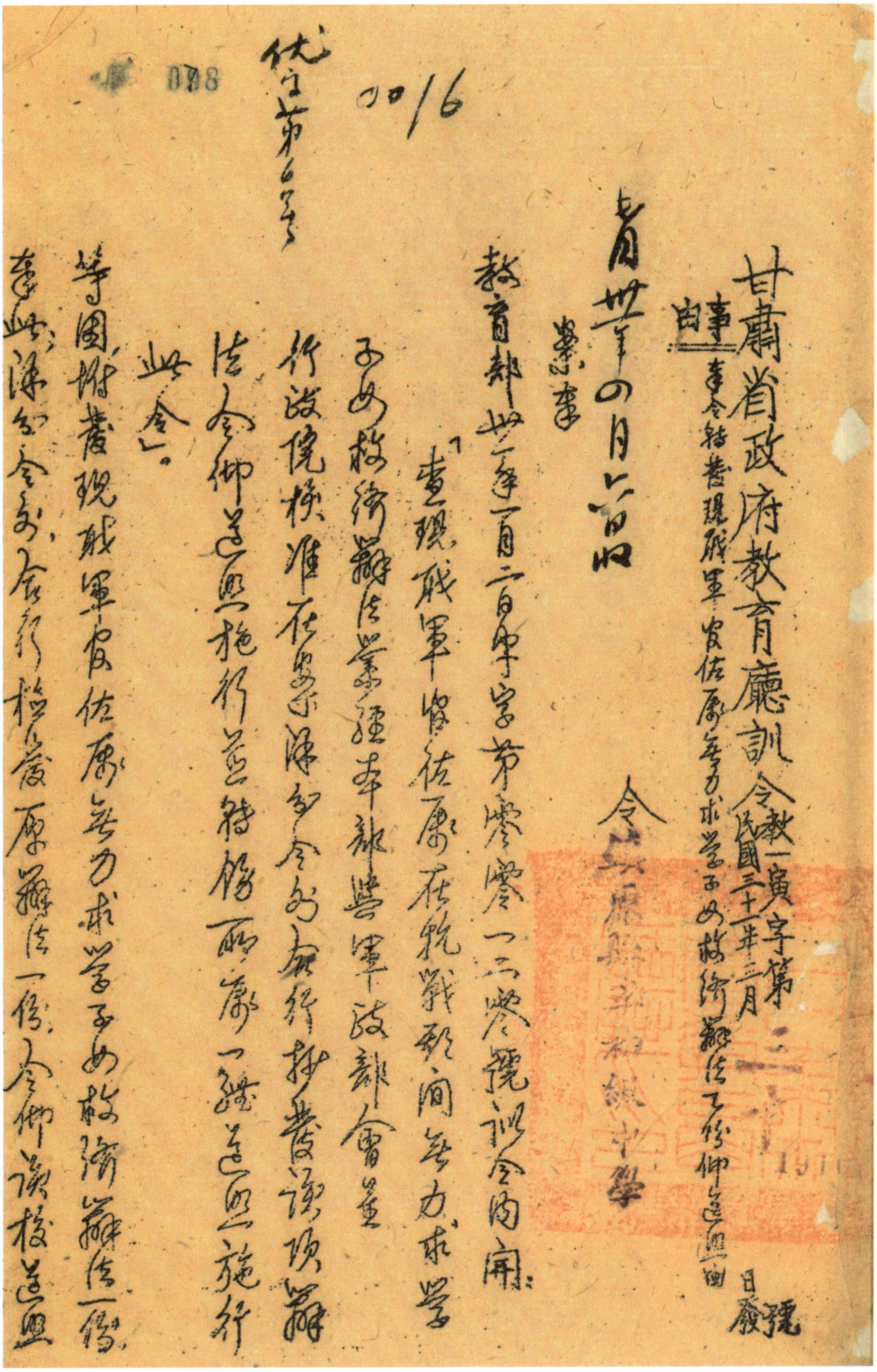
收字第6号

0016

甘肃省政府教育厅训令 教一寅字第 号 民国三十一年三月 日发

事由：奉令转发现职军官佐属无力求学子女救济办法仰遵照由

令 镇原县立初级中学

青卅年四月六日

案奉

教育部卅一年二月二日字第零零一二零号训令内开：

"查现职军官佐属在抗战期间无力求学子女救济办法业经本部与军政部会呈行政院核准在案，除分令外，合行抄发该项办法，令仰遵照施行，并转饬所属一体遵照施行。

此令。"

等因，附发现职军官佐属无力求学子女救济办法一份。

奉此，除分令外，合行检发原办法一份，令仰该校遵照

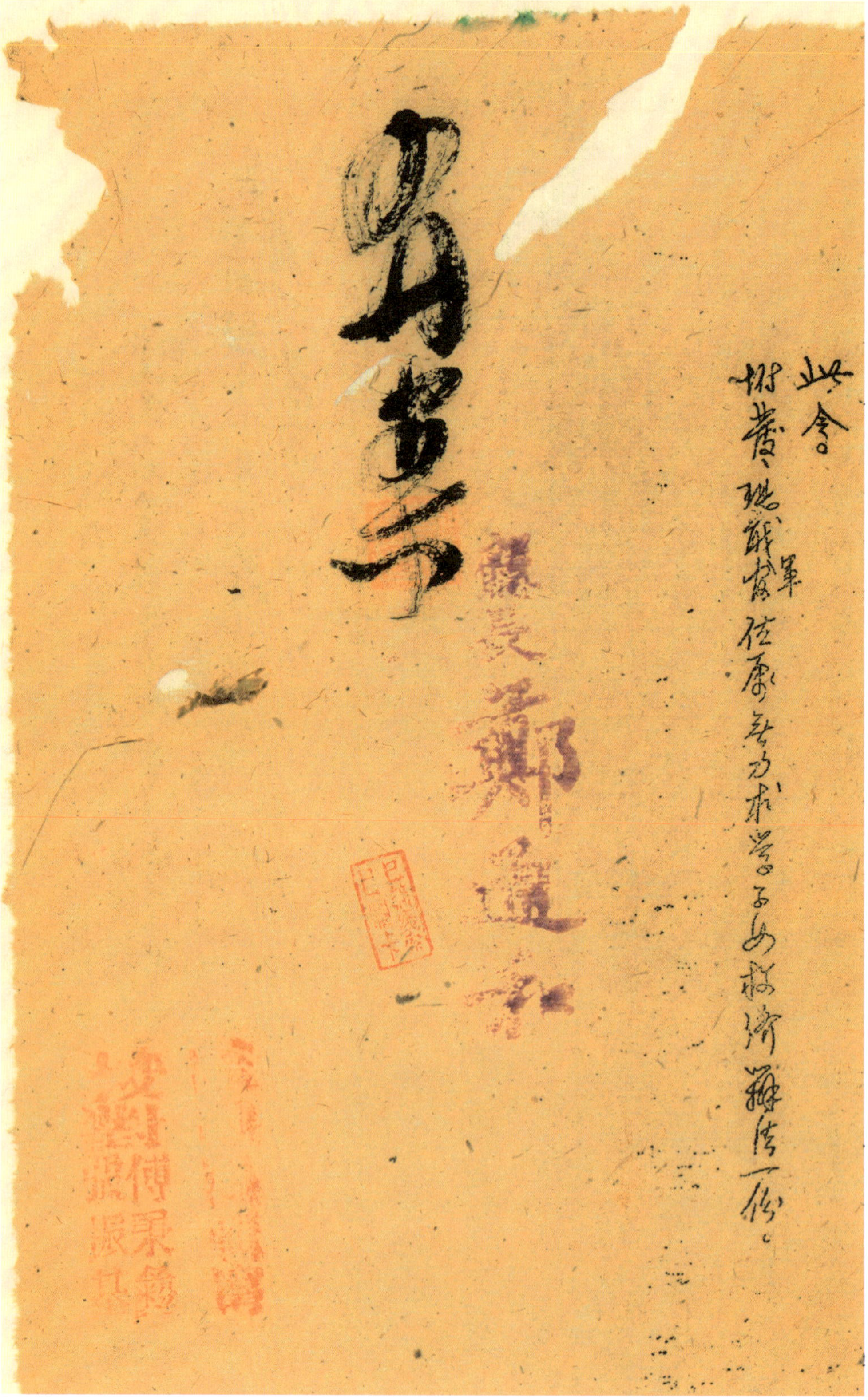
此令
附發聯戰軍佐處盡力求學子女救濟辦法一份。

存查

縣長鄭道和

镇原县政府关于收悉并汇转优待出征抗敌军人家属月报表致肖金镇公所的指令（一九四二年五月十三日）

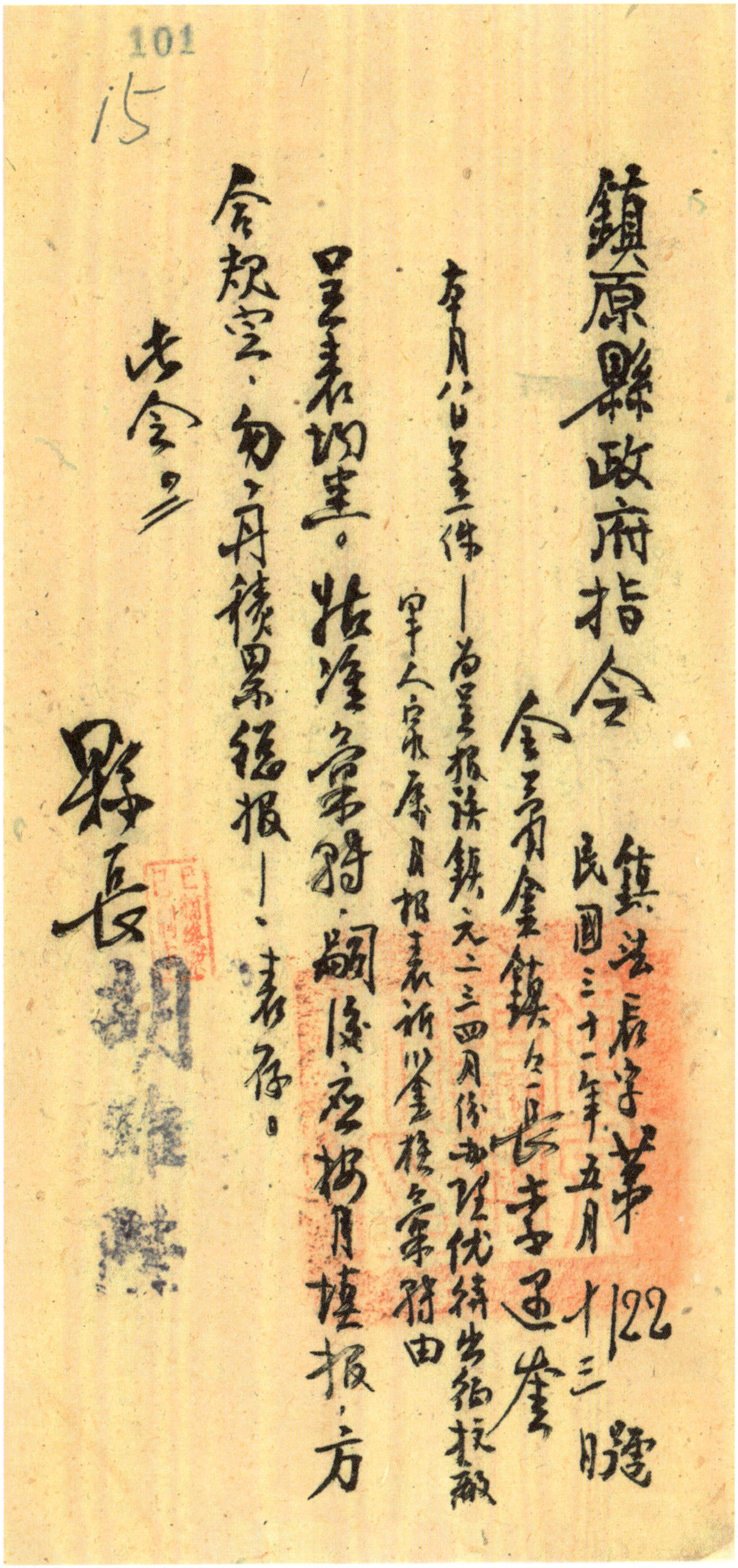

鎮原縣政府指令

鎮法振字第122號
民國三十一年五月十三日

令肖金鎮鎮長李逢春

——為呈報該鎮元二三四月份辦理優待出征抗敵軍人家屬月報表祈以彙核令案轉由

呈表均悉。據准彙案轉報，嗣後應按月填報，方合規定，仰再續呈彙報——表存。

此令

縣長 胡維藩

镇原县张清喜出征抗敌军人家属证明书（一九四二年八月一日）

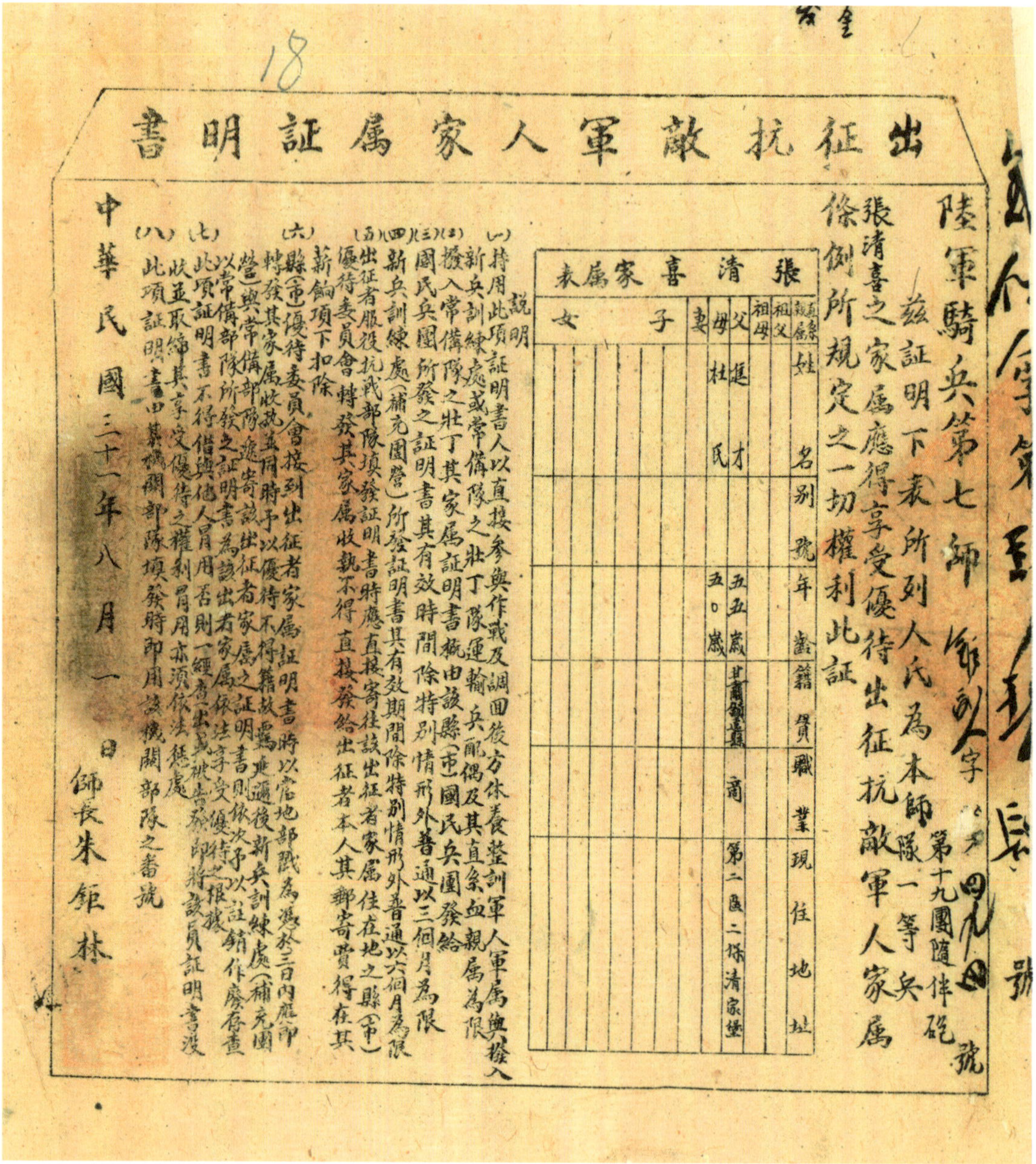

18

出征抗敵軍人家屬証明書

陸軍騎兵第七師[illegible]字[illegible]號

茲証明下表所列人氏為本師第十九團隨伴砲隊一等兵張清喜之家屬應得享受優待出征抗敵軍人家屬條例所規定之一切權利此証

張清喜家屬表

親屬	姓	名	別號	年齡	籍貫	職業	現住地址
祖父							
祖母							
父	廷	才		五五歲	甘肅鎮原縣	商	第二區二保清家堡
母	杜	氏		五〇歲			
妻							
子							
女							

說明

(一)持用此項証明書人以直接參與作戰及調回後方休養整訓軍人軍屬與撥入新兵訓練處或常備隊之壯丁隊運輸兵配偶及其直系血親屬為限

(二)撥入常備隊之壯丁其家屬証明書概由該縣(市)國民兵團發給

(三)國民兵團所發之証明書其有效時間除特別情形外普通以三個月為限

(四)新兵訓練處(補充團營)所發証明書其有效期間除特別情形外普通以六個月為限

(五)出征者服役抗戰部隊填發証明書時應直接寄往該出征者家屬住在地之縣(市)優待委員會轉發其家屬收執不得直接發給出征者本人其郵寄費得在其新餉項下扣除

(六)縣(市)優待委員會接到出征者家屬証明書時以當地部隊為憑於三日內應即轉發其家屬收執並同時予以優待不得藉故留難延遲接新兵訓練處(補充團營)與常備部隊遞寄該出征者家屬之証明書則依次予以註銷作廢存查以常備部隊所發之証明書為該出征者家屬依法享受優待之根據

(七)此項証明書不得借與他人冒用否則一經查出或被告發即將該員証明書沒收並取締其享受優待之權利冒用者亦須依法懲處

(八)此項証明書由填發機關部隊填發時即用該機關部隊之番號

中華民國三十一年八月一日

師長朱鉅林

镇原县屯子镇关于呈报七、八两月优待出征抗敌军人家属月报表致镇原县政府的呈（一九四二年九月三日）

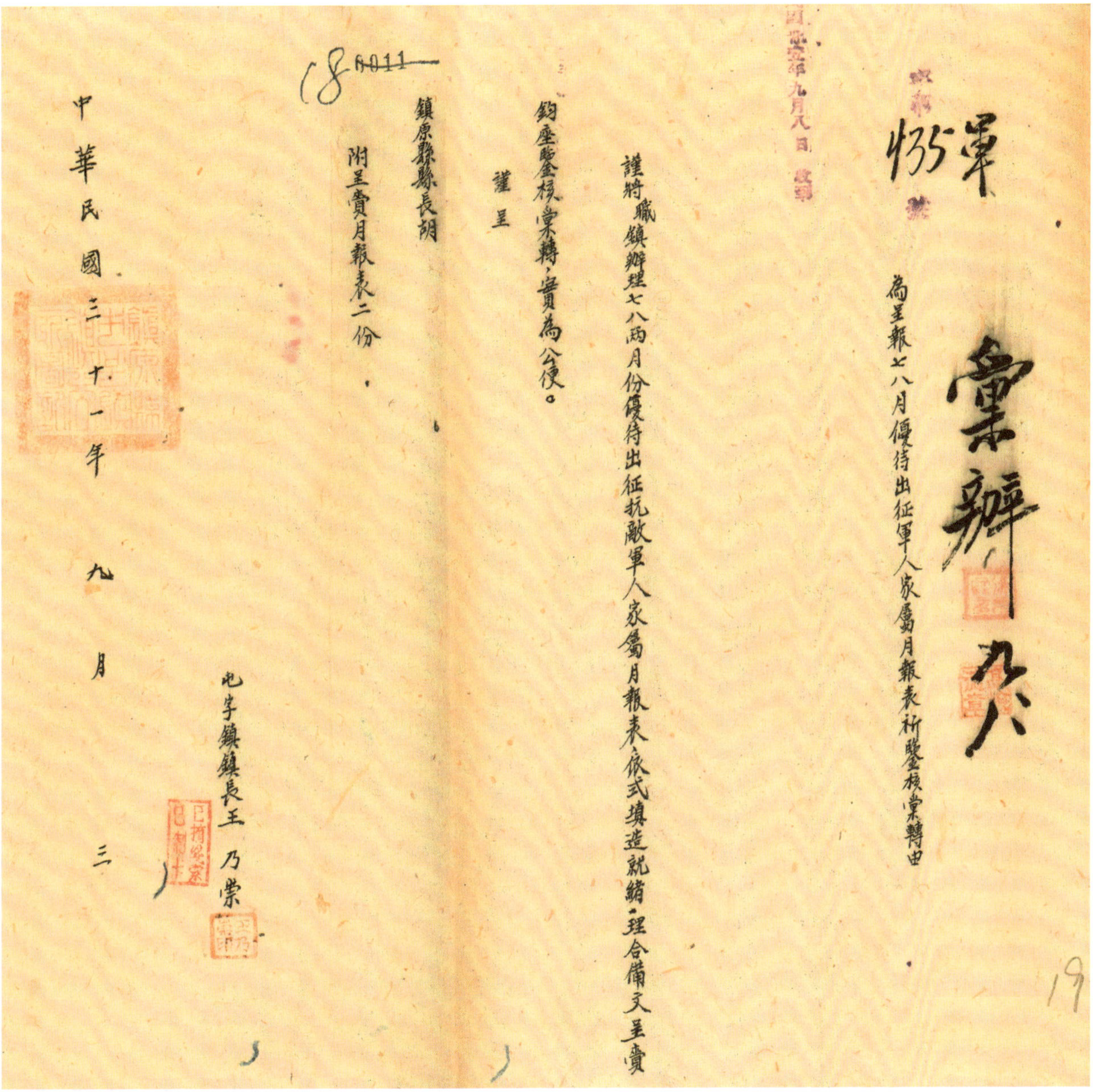

為呈報七八月優待出征軍人家屬月報表祈鑒核彙轉由

謹將職鎮辦理七八兩月份優待出征抗敵軍人家屬月報表，依式填造就緒，理合備文呈賫

鈞座鑒核，彙轉，實為公便。

謹呈

鎮原縣縣長胡

附呈賫月報表二份

屯子鎮鎮長王乃崇

中華民國三十一年九月三

镇原县政府关于转发金宝贵出征抗敌军人家属证明书致肖金镇公所的训令（一九四二年九月二十七日）

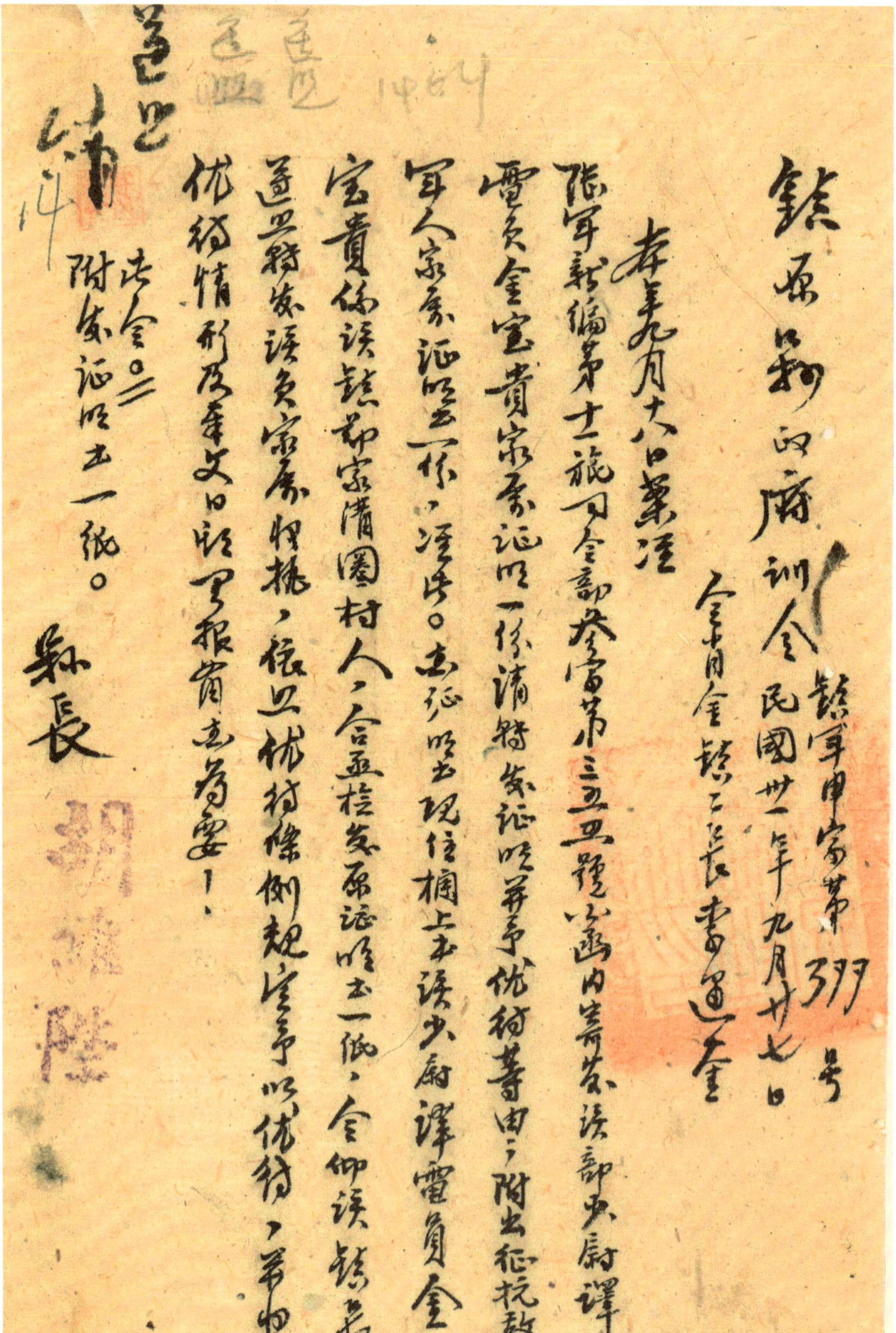
镇原县政府训令
镇军甲字第397号
民国卅一年九月廿七日
令肖金镇镇长肖通全
本年九月十八日案准
陆军新编第十一旅司令部参字第三五五号公函内开：兹据本部少尉译电员金宝贵家属证明一份，请转发证明并予优待等由，附出征抗敌军人家属证明书一张。准此。查证明书现住桐上，该少尉译电员金宝贵系该镇郭家清圈村人，合亟检发原证明书一纸，令仰该镇长遵照转发该员家属收执，依照优待条例规定予以优待，并将优待情形及奉文日期呈报为要！
此令
附原证明书一纸。
县长 胡□陞

甘肃省政府关于优先收容不能维持生活之出征军人家属致镇原县政府的训令（一九四三年二月三日）

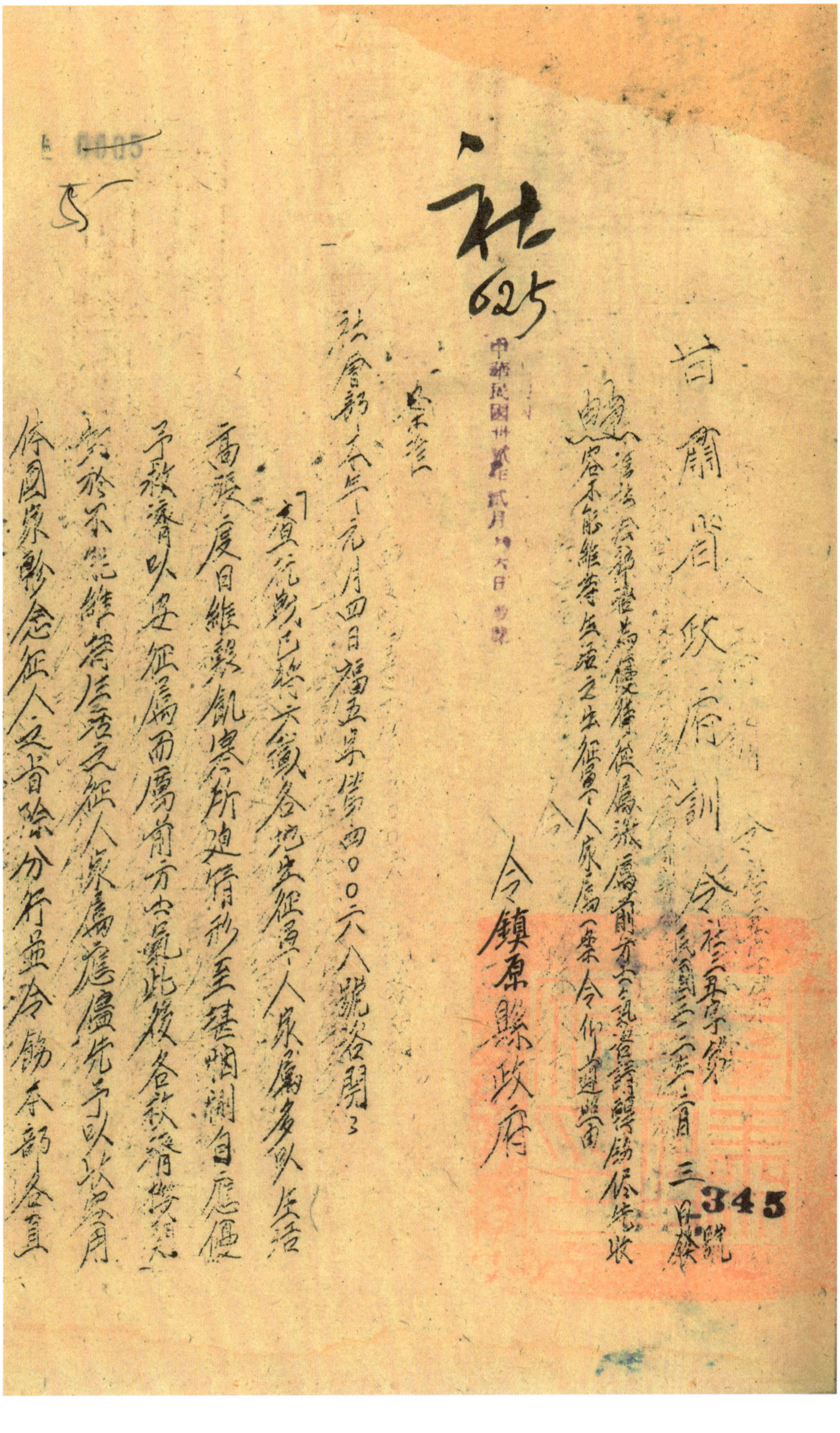

社
625

中華民國卅二年貳月十六日收

甘肅省政府訓令　社三五字第345號
民國三十二年二月三日發

事由：據社會部電為優待征屬振奮前方士氣請轉飭儘先收容不能維持生活之出征軍人家屬一案令仰遵照由

令鎮原縣政府

案准

社會部本年一月四日福五字第四〇〇六八號代電開：

「查抗戰已經六載，各地出征軍人家屬多賴生活高漲，度日維艱，飢寒所迫，情形至堪憫惻，自應優予救濟，以安征屬而勵前方士氣。此後各救濟機關對於不能維持生活之征人家屬，應儘先予以收容，用符國家軫念征人之旨。除分行並令飭本部各直

屬救濟機關外，相應函請查照轉飭所屬救濟機
關遵照爲荷」

等由，准此。除分行並令飭各縣府、各直屬救濟機關外，合
行令仰遵照並轉飭所屬救濟機關遵照爲要。

此令。

社救四二九

二卅

主席 谷正倫

社會處長 趙龍文

已摘

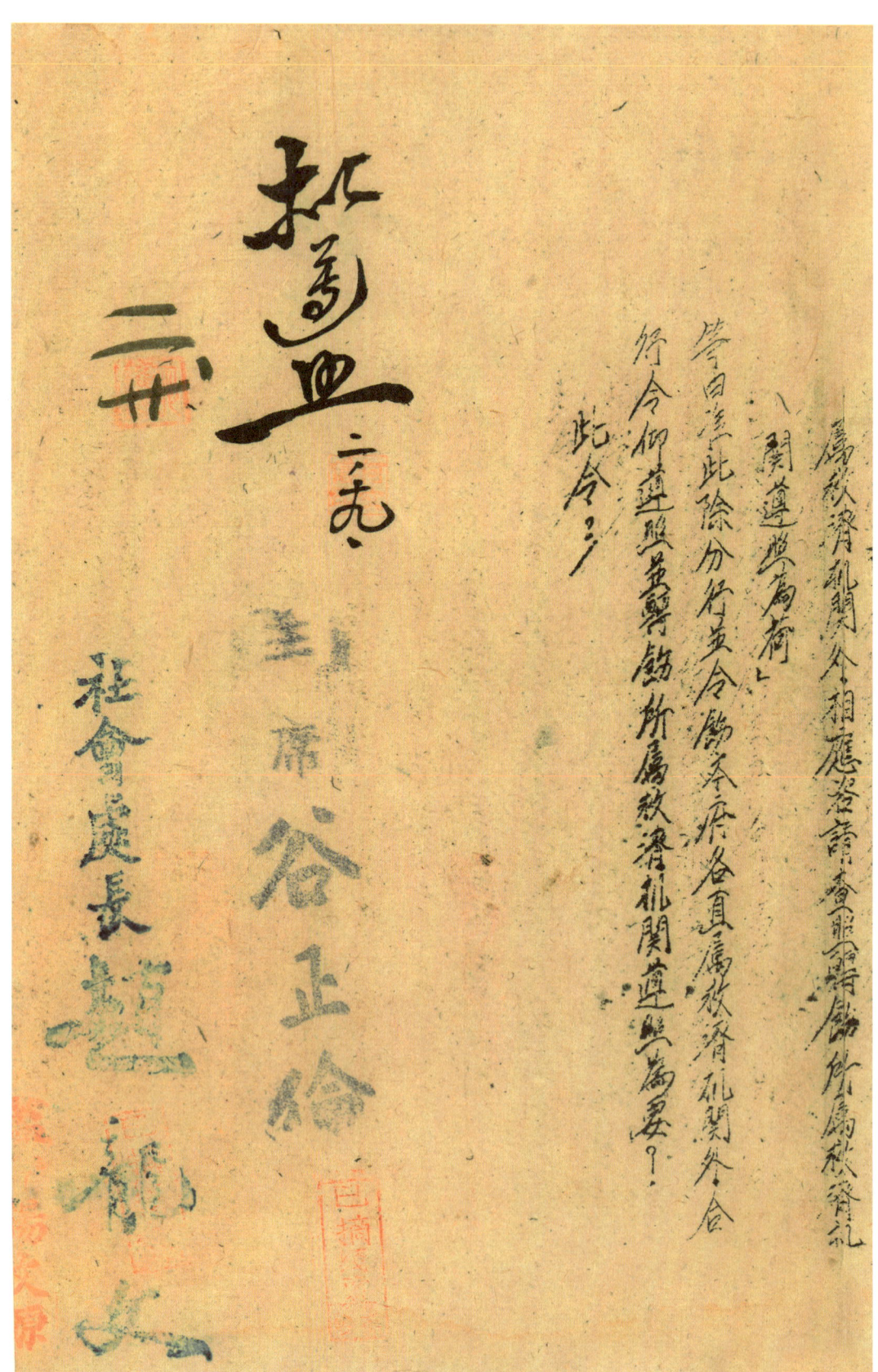

镇原县夏兴隆出征抗敌军人家属证明书（一九四三年三月九日）

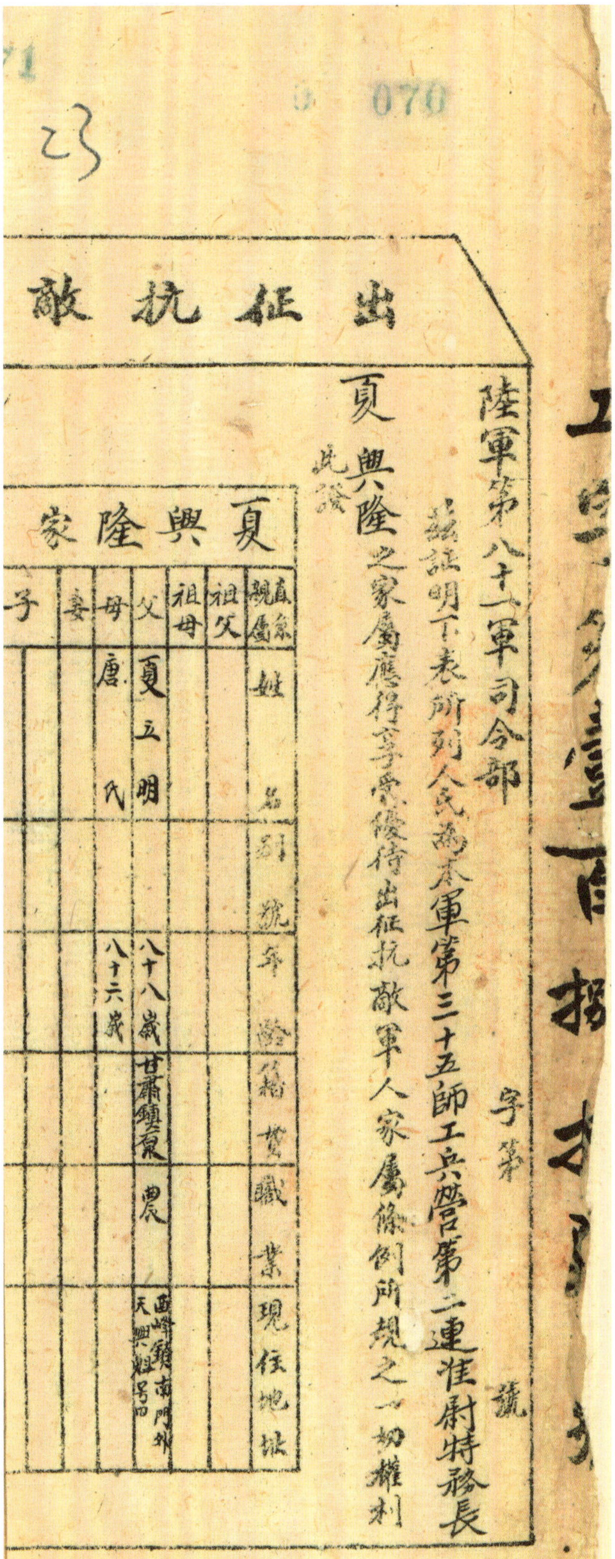

出征抗敵

陸軍第八十一軍司令部　　字第　　號

茲証明下表所列人民為本軍第三十五師工兵營第二連准尉特務長

夏興隆之家屬應得享受優待出征抗敵軍人家屬條例所規之一切權利

此證

夏興隆家

直系親屬	姓名	别號	年齡	籍貫	職業	現住地址
祖父						
祖母						
父	夏五明		八十八歲	甘肅鎮原	農	西峰鎮南門外天興魁號
母	唐氏		八十六歲			
妻						
子						

24

軍人家屬證明書

屬	
妻	女

一、持用此項證明書人以直接參與作戰及調回後方休養整訓軍人家屬與撥入新兵訓練處或常備隊之壯丁及運輸兵及其直系血親者為限

二、撥入常備隊之壯丁其家屬證明書概由該縣（市）國民兵團發給

三、國民兵團所發之證明書其有效時間除特別情形外普通以三個月為限

四、新兵訓練處（補充團營）所發之證明書其有效時間除特別情形外普通以三個月為限

五、出征者之服役機關部隊填發之證明書特應直接寄往該出征者家屬住在地之縣（市）優待委員會轉發其家屬收執不得直接發給出征者本人其郵寄費得在新餉項下扣除

六、縣（市）優待委員會接到出征者家屬證明書時以當地歸戶為憑應於二日內應即轉發其家屬收執或轉予以優待不得藉故稽延遇有新兵訓練處（補充團營）與常備隊遞寄該出征者家屬之證明書則依次予以註銷作廢存查以常備隊所發之證明書為該出征者家屬依法享受優待之根據

七、此項證明書不得借與他人冒用否則一經查出或被告發即將該證明書沒收並取消其享受優待之權利冒用人亦須依法懲處

八、此項證明書由其機關部隊填發時即用該機關部隊番號

中華民國三十二年三月 九

镇原县政府关于成立乡镇优待出征抗敌军人家属委员会致各乡镇公所的训令（一九四三年三月十五日）

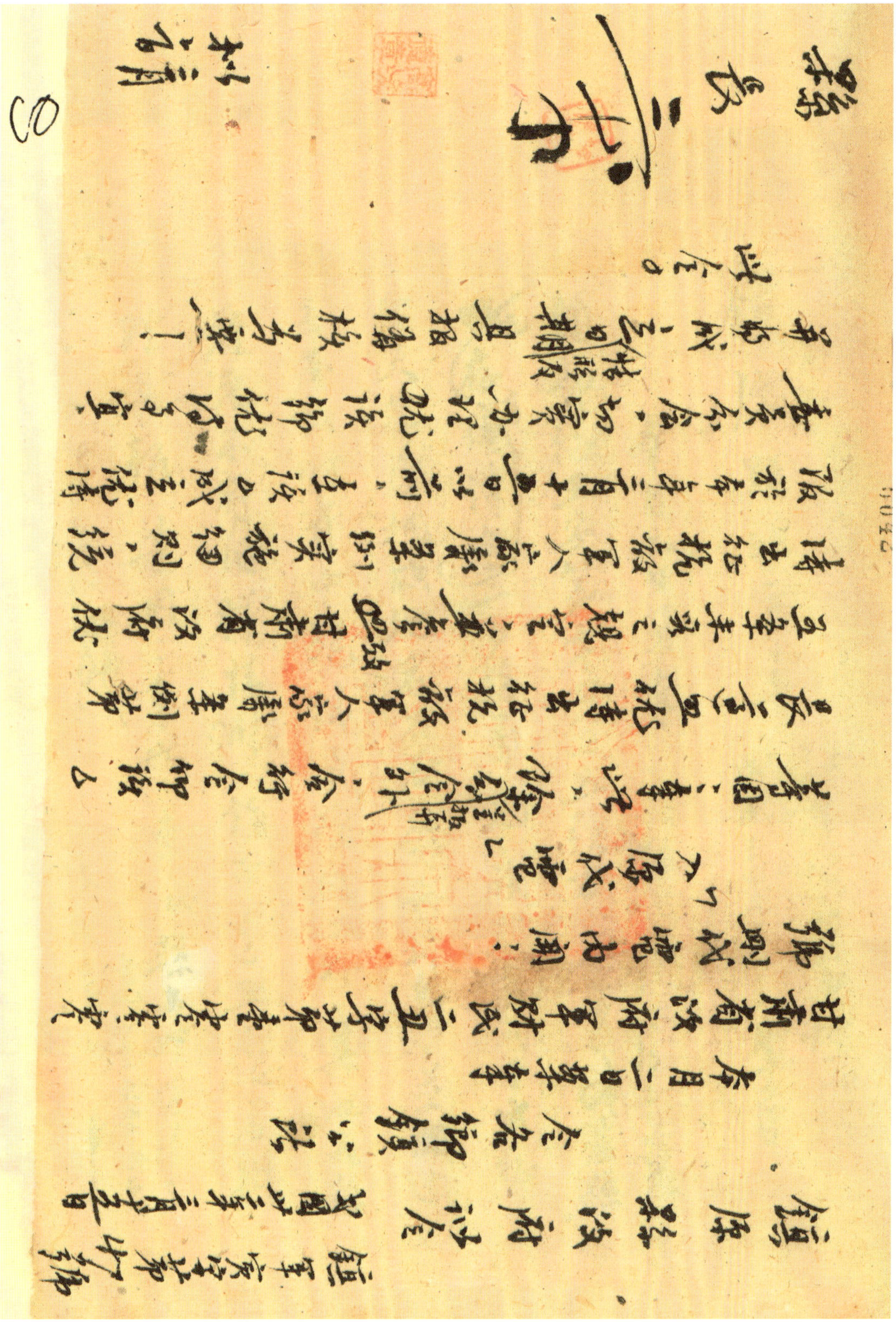

镇原县政府关于优待出征抗敌军人家属致肖金镇公所的训令（一九四三年三月十五日）

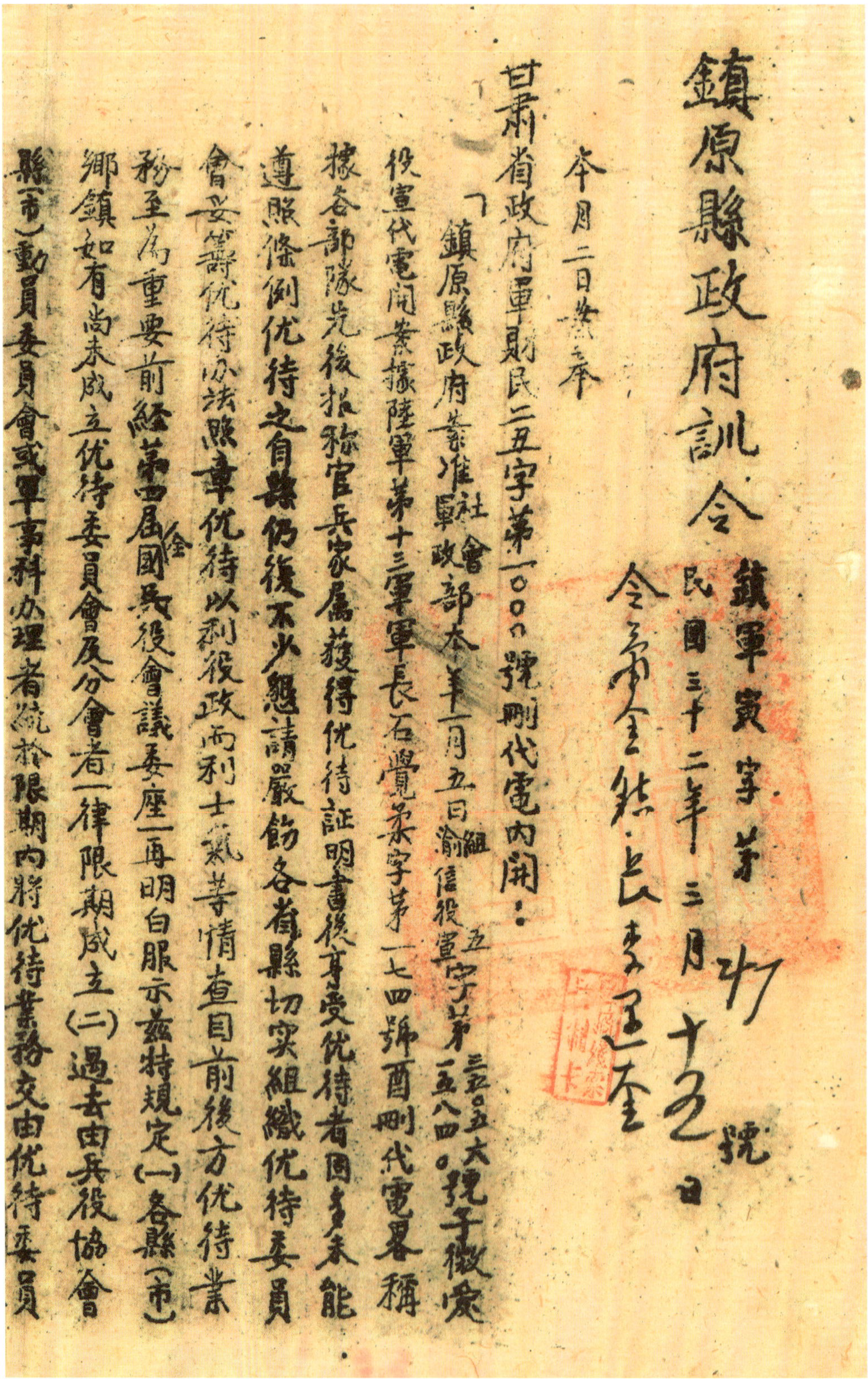

鎮原縣政府訓令

鎮軍寅字第47號

民國三十二年三月十五日

令肖金鎮長李呈奎

本月二日案奉

甘肅省政府軍財民二五字第一〇〇〇號删代電内開：

「鎮原縣政府案准社會部本年一月五日渝組五字第三五〇五大號子微處役宣代電開案據陸軍第十三軍軍長石覺某字第一七四號酉删代電略稱據各部隊先後報稱官兵家屬獲得優待證明書後享受優待者固多未能遵照條例優待之自縣仍後不少懇請嚴飭各省縣切實組織優待委員會妥籌優待辦法照章優待以利役政而利士氣等情查目前後方優待業務至爲重要前經第四屆全國兵役會議委座一再明白指示茲特規定(一)各縣(市)鄉鎮如有尚未成立優待委員會及分會者一律限期成立(二)過去由兵役協會縣(市)動員委員會或軍事科辦理者統於限期内將優待業務交由優待委員

062　061

2

會接收切实办理以專責成除分電外特電查照轉飭所屬遵照办理見復爲荷等由准此除電復並分電外仰遵照優待出征抗敵軍人家屬条例第五条末段之規定並參攷甘肅省優待出征抗敵軍人家屬条例實施細則統限於本年二月底將所屬鄉、鎮一律成立優待委員分會切实辦理該鄉鎮優待事宜仍仰將成立情形具報備核為要

等因，奉此，除呈報並分令外，合行令仰該鎮長遵照優待出征抗敵軍人家屬条例第五条末段之規定，並參攷甘肅省政府優待出征抗敵軍人家屬条例实施細則，統限於本年三月十五日以前，在該鎮成立優待委員分會，切实办理該鎮優待事宜，並將成立情形及日期，具報備核為要！

此令。

縣長 胡[illegible]

镇原县政府关于呈送该县一九四二年度优待征属总报告表致甘肃省政府的呈（一九四三年三月十九日）

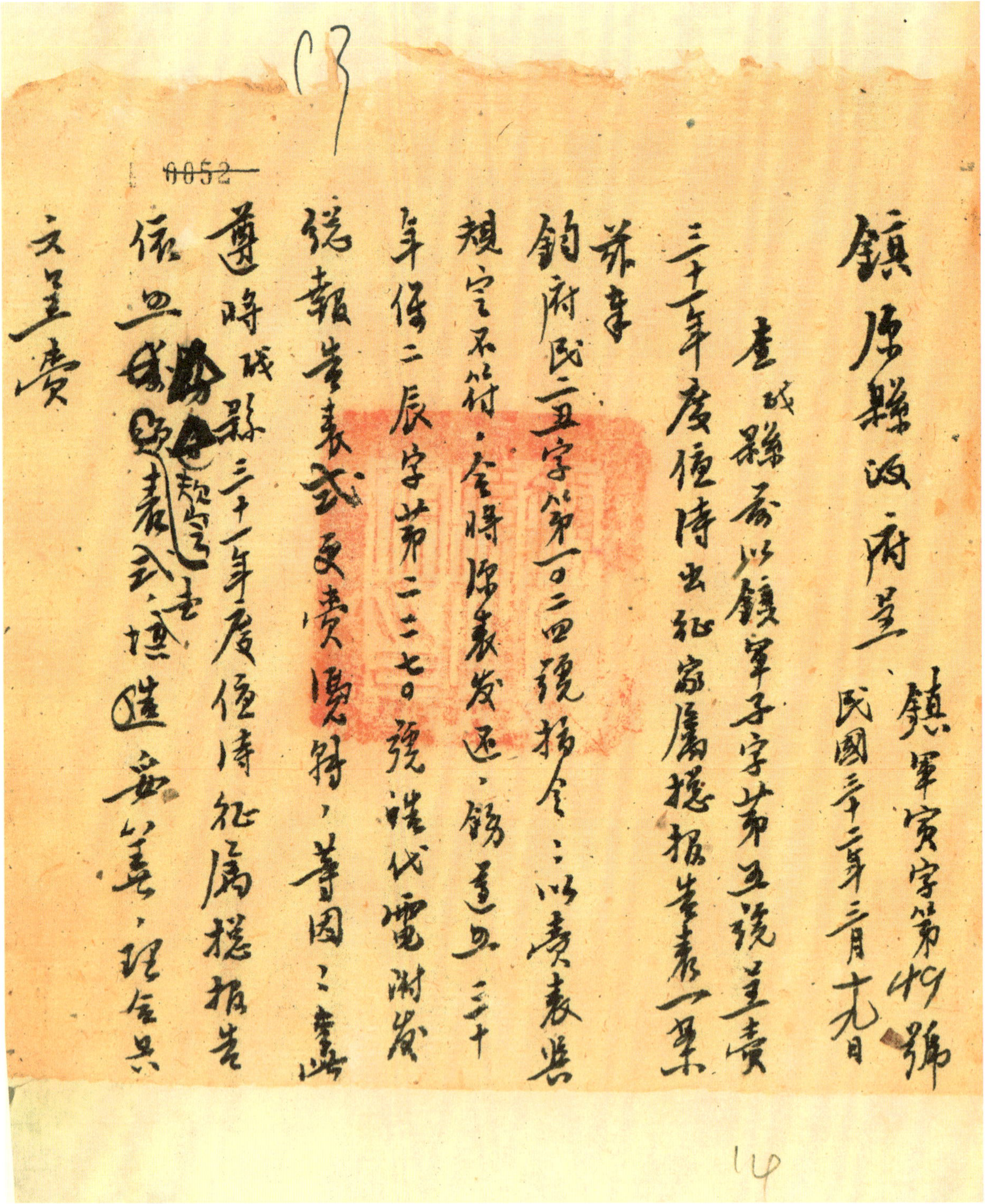
镇原县政府呈 镇军寅字第49号 民国卅二年三月十九日

查我县前以镇军子字第五号呈赍三十一年度优待出征家属总报告表一案，奉钧府民二丑字第一〇二四号指令：以赍表与规定不符，令将原表发还，饬遵照三十年保二辰字第二二七〇号代电附发总报告表式更赍凭转，等因。奉此，遵将我县三十一年度优待征属总报告依照规定表式，填造无误，理合具文呈赍

0053 15

鈞府電鑒備查！

謹呈

甘肅省政府主席谷。

附呈　三十年度優待征屬總報告表一份

案查為呈賷戒縣三十一年度優待征屬總報告表一份請電鑒備查由

縣長三一九

擬請

十二月十日

16

附：甘肃省镇原县办理优待出征抗敌军人家属全年总报告表

甘肃省镇原县办理优待出征抗敌军人家属全年总报告表

月份	出征军人家属户数	出征军人家属口数	本月受救济人数：受经常救济人数	本月受救济人数：受一次救济人数	本月受救济人数：共计	上月结存救济钱物	本月募集发放情形：筹募办法	本月募集发放情形：募集钱物实发钱物	本月底结存钱物	备考
元月	二七八九	二一五三	五〇	一二〇	一七〇	無	令饬各乡镇长按照各保殷实之户募捐	募集小麦三石二斗谷子四石高粮四石五斗 實發小麦三石二斗谷子四石高粮四石五斗	無	
二月	仝	仝	一六三	四七	二一〇	無	仝	募集小麦四石八斗谷子五石二斗高粮五石五斗 實發小麦四石八斗谷子五石三斗高粮五石五斗	無	
三月	仝	仝	一四〇	五五	一九五	無	仝	募集小麦五石二斗谷子四石八斗糜子四石五斗 實發小麦五石二斗谷子四石八斗糜子三石五斗	無	
四月	仝	仝	一四四	四四	一八八	無	仝	募集小麦四石八斗谷子五石二斗糜子四石五斗 實發小麦四石八斗谷子五石二斗糜子四石五斗	無	
五月	仝	仝	一四四	一〇〇	二〇〇	無	仝	募集小麦六石谷子七石二斗糜子五石高粮二石 實發小麦六石谷子七石二斗糜子五石高粮二石	無	
六月	仝	仝	一四四	一三九	二八三	無	仝	募集小麦五石二斗谷子八石糜子五石 實發小麦五石二斗谷子八石糜子五石	無	

七月	仝	仝	一〇〇	七八	一七八	無	仝	募集小麦二石六斗谷子三石糜子二石五斗 實發小麦二石六斗谷子三石糜子二石五斗	無
八月	仝	仝	一〇〇	八〇	一八〇	無	仝	募集小麦三石五斗谷子五石糜子一石五斗 實發小麦三石五斗谷子五石糜子一石五斗	無
九月	仝	仝	九五	八三	一七八	無	仝	募集小麦二石三斗谷子三石五斗糜子一石七斗 實發小麦二石三斗谷子三石五斗糜子一石七斗	無
十月	仝	仝	五〇	三八	八八	無	仝	募集小麦一石谷子一石五斗糜子一石 實發小麦一石谷子一石五斗糜子一石	無
十一月	仝	仝	六二	四五	一〇七	無	仝	募集小麦二石三斗雜粮十二石三斗國幣一百二十元 實發小麦二石二斗雜粮十二石三斗國幣一百二十元	無
十二月	仝	仝	六八	四七	一一五	無	仝	募集小麦二石六斗雜粮十三石二斗國幣一百五十元 實發小麦二石六斗雜粮十三石二斗國幣一百五十元	無
合計			一二七〇	八七六	二一〇二	無		募集小麦四十三石三斗谷子四十七石四斗高粮十二石糜子二十四石七斗雜粮二十五石五斗國幣二百七十元 實發小麦四十三石三斗谷子四十七石四斗高粮十二石糜子二十四石七斗雜粮二十五石五斗國幣二百七十元	無
附記	14								

镇原县政府关于转发夏兴隆、刘生福、马祖武出征抗敌军人家属证明书致肖金镇公所的训令

（一九四三年三月三十一日）

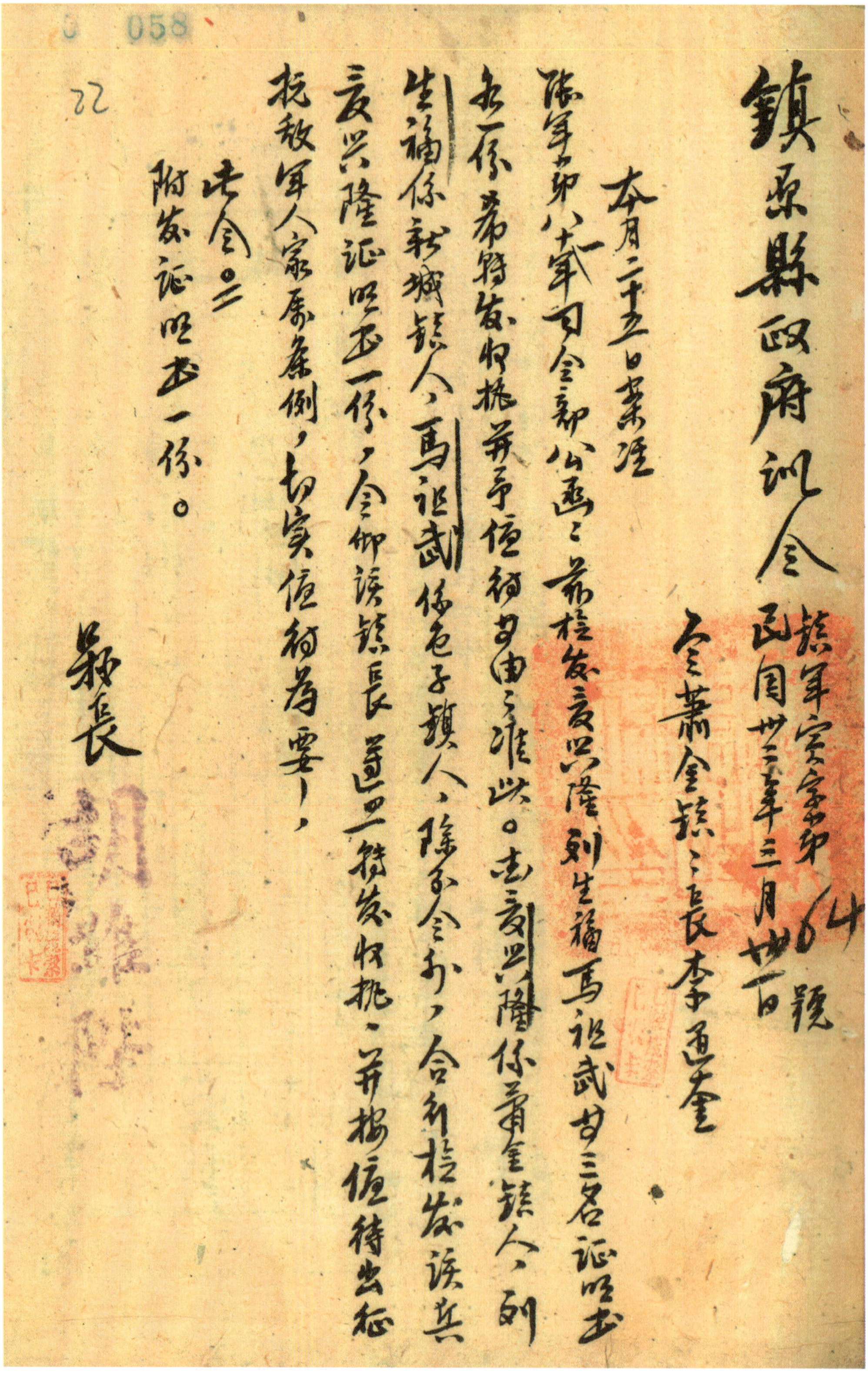

镇原县政府训令

县军字第64号
民国卅二年三月卅一日

令萧金镇镇长李遇奎

本月二十五日案准
陆军第八十一军司令部公函开：「兹检发夏兴隆、刘生福、马祖武等三名证明书各一份，希转发各家属收执，并予优待为荷」等由，准此。查夏兴隆系萧金镇人，刘生福系新城镇人，马祖武系包子头人，除分令外，合行检发该兵夏兴隆证明书一份，令仰该镇长遵照转发收执，并按优待出征抗敌军人家属条例，切实优待为要！

此令。

附发证明书一份。

县长 胡

镇原县政府关于转发张清喜出征抗敌军人家属证明书致肖金镇公所的训令（一九四三年四月三十日）

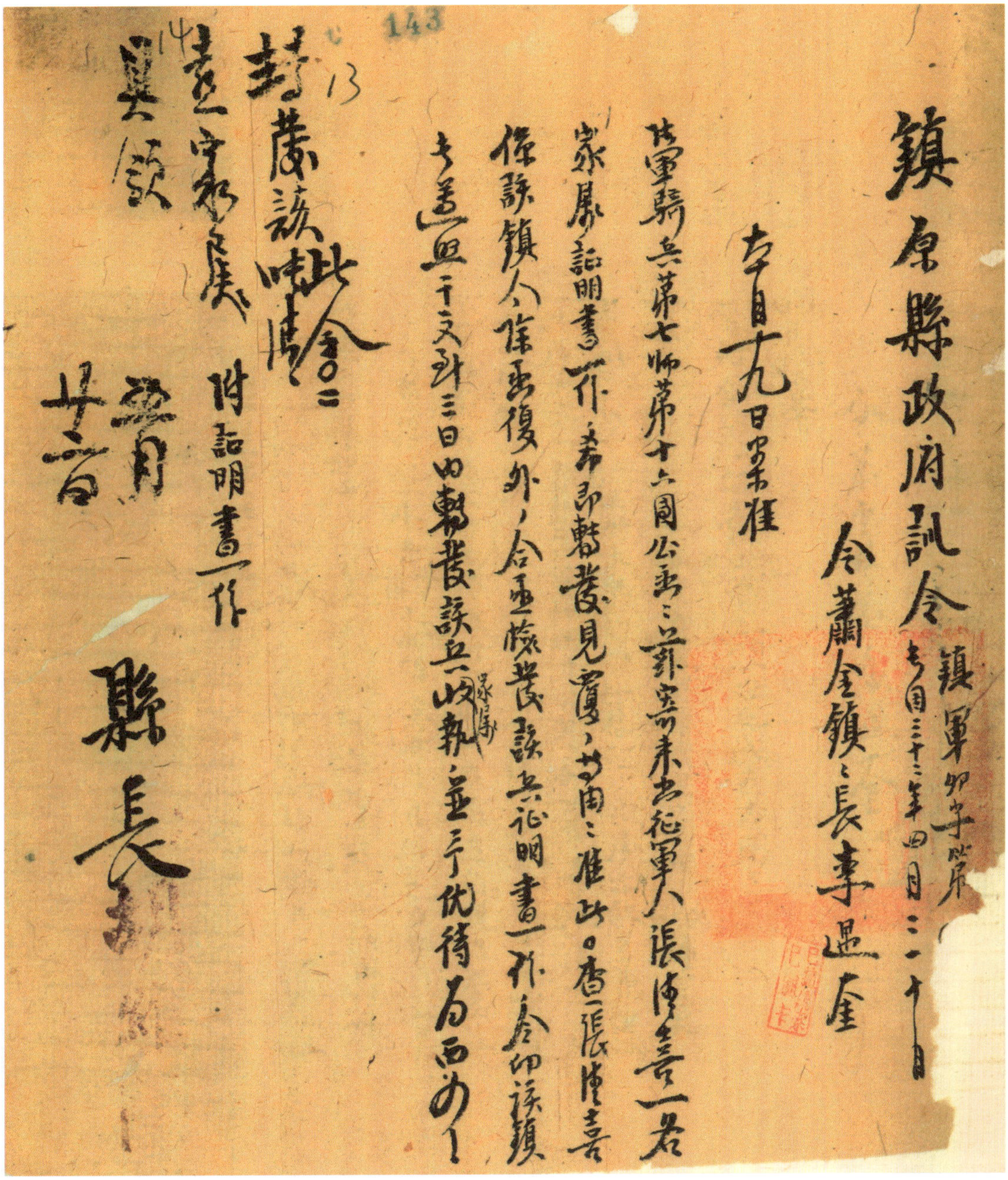
鎮原縣政府訓令 鎮軍卯字第 號 三十二年四月三十日

令蕭金鎮鎮長李遇奎

本月十九日案准

陸軍騎兵第七師第十六團公函：「茲寄來出征軍人張清喜一名家屬証明書一張，希即轉發見覆。」等由；准此。查張清喜係該鎮人，除函復外，合亟檢發該兵証明書一張，令仰該鎮長遵照，于文到三日內轉發該兵（家屬）收執，並予優待為要。

此令。

附証明書一張

四月廿日

縣長

镇原县永和乡优待出征军人家属月报表（一九四三年十二月三十一日）

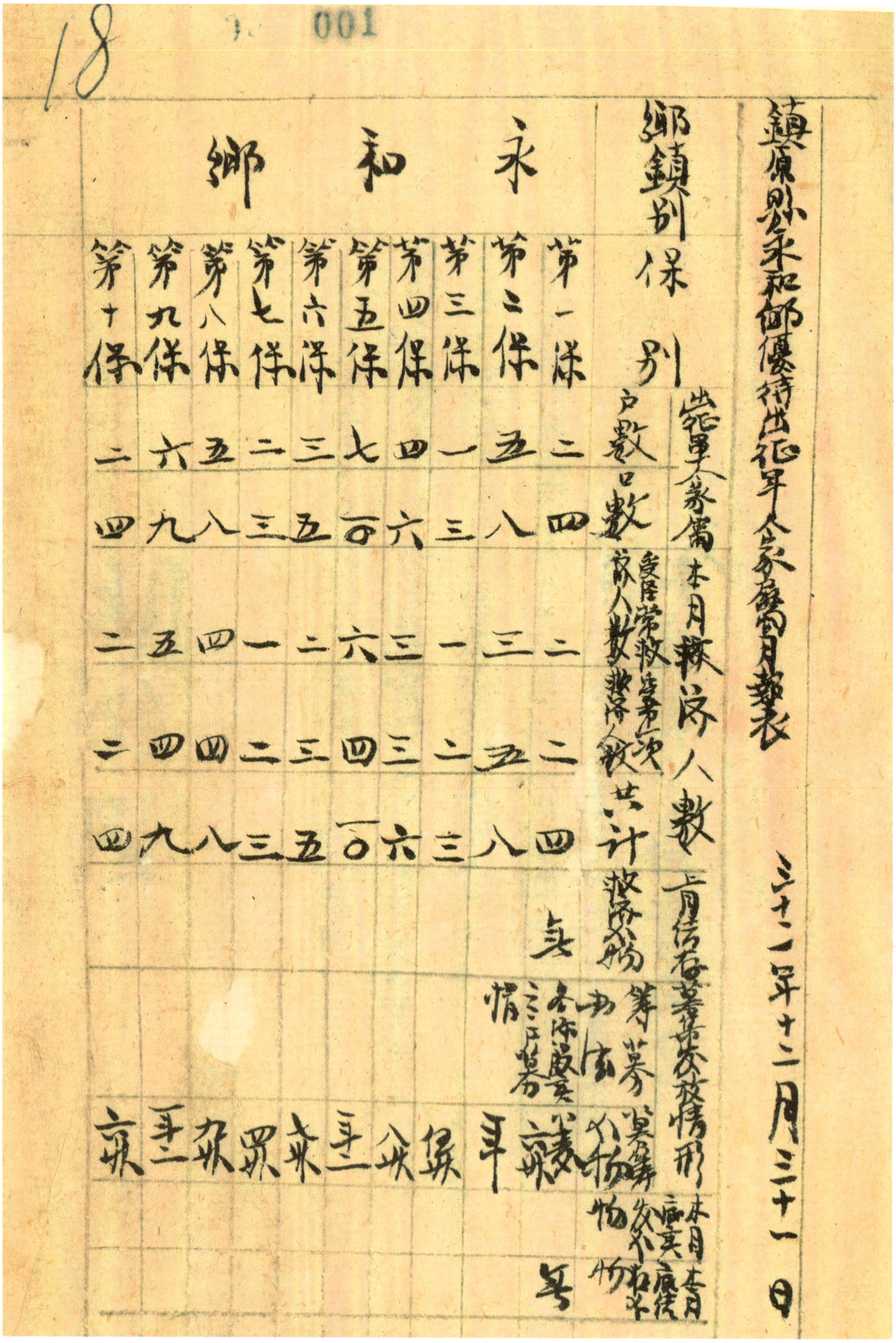

镇原县永和乡优待出征军人家属月报表

三十二年十二月三十一日

乡镇别	保别	出征军人家属户数	出征军人家属口数	本月救济人数：受优待常救济户次	本月救济人数：救济人数	本月救济人数：共计	救济物	上月结存募集优待金情形：筹募办法	筹募优待金	收入优待物	备考
永和乡	第一保	二	四	二	二	四	无		[illegible]		无
	第二保	五	八	三	五	八			[illegible]		
	第三保	一	三	一	二	三			[illegible]		
	第四保	四	六	三	三	六			[illegible]		
	第五保	七	一〇	六	四	一〇			[illegible]		
	第六保	三	五	二	三	五			[illegible]		
	第七保	二	三	一	二	三			[illegible]		
	第八保	五	八	四	四	八			[illegible]		
	第九保	六	九	五	四	九			[illegible]		
	第十保	二	四	二	二	四			[illegible]		

镇原县政府关于组织优待抗战出征真正贫苦军人家属委员会致肖金镇公所的训令（一九四三年）

令蕭金鎮公所保甲長

本月二十日案奉

甘肅省政府民二卯字第二二一三號微代電內開：

「鎮原縣政府案准軍政部本年二月信役宣字第一二七六號灰代電開：『案准三民主義青年團中央團部幹宣(丙)字第七六六〇號公函開：「案據本團團員王屏藩三十一年十二月二十八日報告為懇轉呈內政部軍政兩部令飭各省市縣姓族從速組織出征真正貧苦軍人家屬優待委員會，給予優待，以勵軍心，而安征屬等情，並附組織辦法一份。查該辦法尚屬切要，既不需用公帑，抗屬可得實惠，足以鼓勵人民出征，而利役政，除分函外，相應抄附該項辦法，函請查照辦理見復為荷」等由。附各省市縣姓族優待抗戰出征真正貧苦軍人家屬委員會辦法一份。准此，查該項辦法原則尚可採行，特抄同原辦法一份，電請從速督飭所屬各縣，參酌地方情形，並盡量獎導民間姓族辦理為荷』等由；附送各省市縣姓族優待抗戰出征真正貧苦軍人家屬委員會辦法一份。准此。除分電外，合行抄發原辦法一份，電仰參酌地方實際情形，獎導民間姓族辦理具報」

等因；附各省市縣姓族組織優待抗戰出征真正貧苦軍人家屬委員會辦法。奉此。除分令外，合行抄發原辦法，令仰該鎮長遵照，轉飭各保甲抗戰出征真正貧苦家屬，迅速依法組織委員會，報府核辦為要！

此令！

附辦法一份。

縣長 胡[illegible]陞

附：组织优待抗战出征真正贫苦军人家属委员会办法

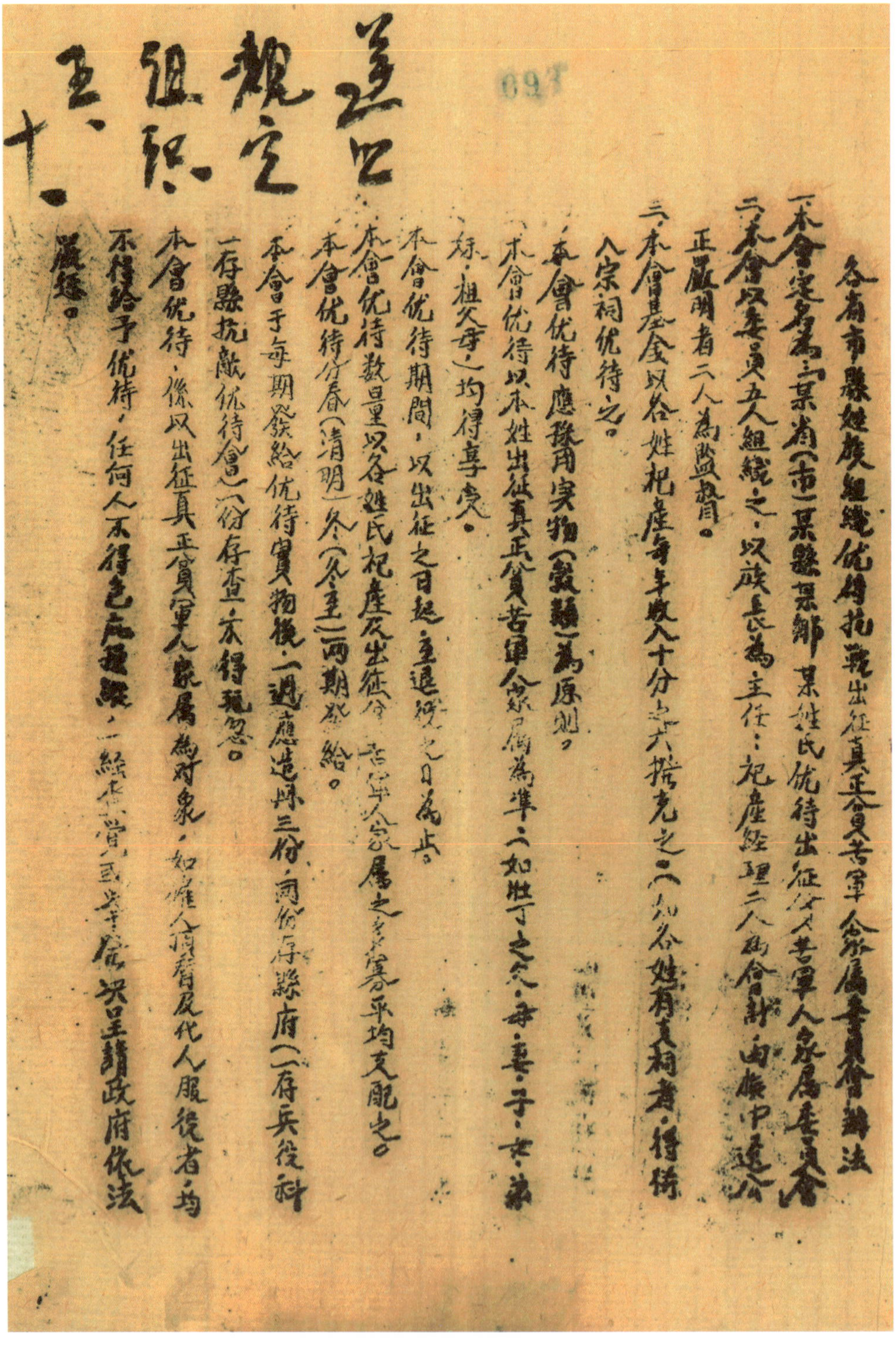
各省市縣姓族組織優待抗戰出征真正貧苦軍人家屬委員會辦法
一、本會定名為××省（市）××縣××鄉××姓氏優待出征貧苦軍人家屬委員會。
二、本會以委員五人組織之，以族長為主任，祀產經理二人為副主任，由族中選公正嚴明者二人為監督。
三、本會基金以各姓祀產每年收入十分之六撥充之（如各姓有支祠者，得轉入宗祠優待之）。
四、本會優待應採用實物（穀類）為原則。
五、本會優待以本姓出征真正貧苦軍人家屬為準（如壯丁之父、母、妻、子、女、弟妹、祖父母）均得享受。
六、本會優待期間，以出征之日起，至退伍之日為止。
七、本會優待數量以各姓氏祀產及出征貧苦軍人家屬之多寡平均支配之。
八、本會優待分春（清明）冬（冬至）兩期發給。
九、本會于每期發給優待實物後，一週應造冊三份，一份存縣府，一份存兵役科，一份存縣抗敵優待會，一份存查，不得疏忽。
十、本會優待，係以出征真正貧苦軍人家屬為對象，如雇人頂替及代人服役者，均不得給予優待，任何人不得包庇徇縱，一經查覺或告發，報呈縣政府依法嚴懲。

甘肃省政府关于填报失业义民及抗战军人家属调查表、伤残人员访问表致镇原县政府的训令（一九四四年二月十日）

333.14

社

151

36

甘肃省政府训令　社三五字第卌十号

中华民国三十三年二月十日发

事由：为抄发失业义民及抗战军人家属调查表、伤残人员访问表式令仰遵照查填具报由

令镇原县政府

社会处案呈奉社会部三十二年十二月二十日福四字第五八六九号训令开：“一、本部为筹备复员时期人才调剂事宜起见，拟对因抗战而失业之人员及伤残人员加以调查，以为将来复员时配置参考之依据，兹经订定义民（即失业义民）及抗战军人家属调查表、伤残人员（包括荣誉军人及受伤民众）访问表各一种，发交该处查看，即依式付印转饬所属，于表列（六个月内）切实办理完毕汇报到部，以凭办理”除分令外，合行抄发调查表式及访问表式各一份，令仰

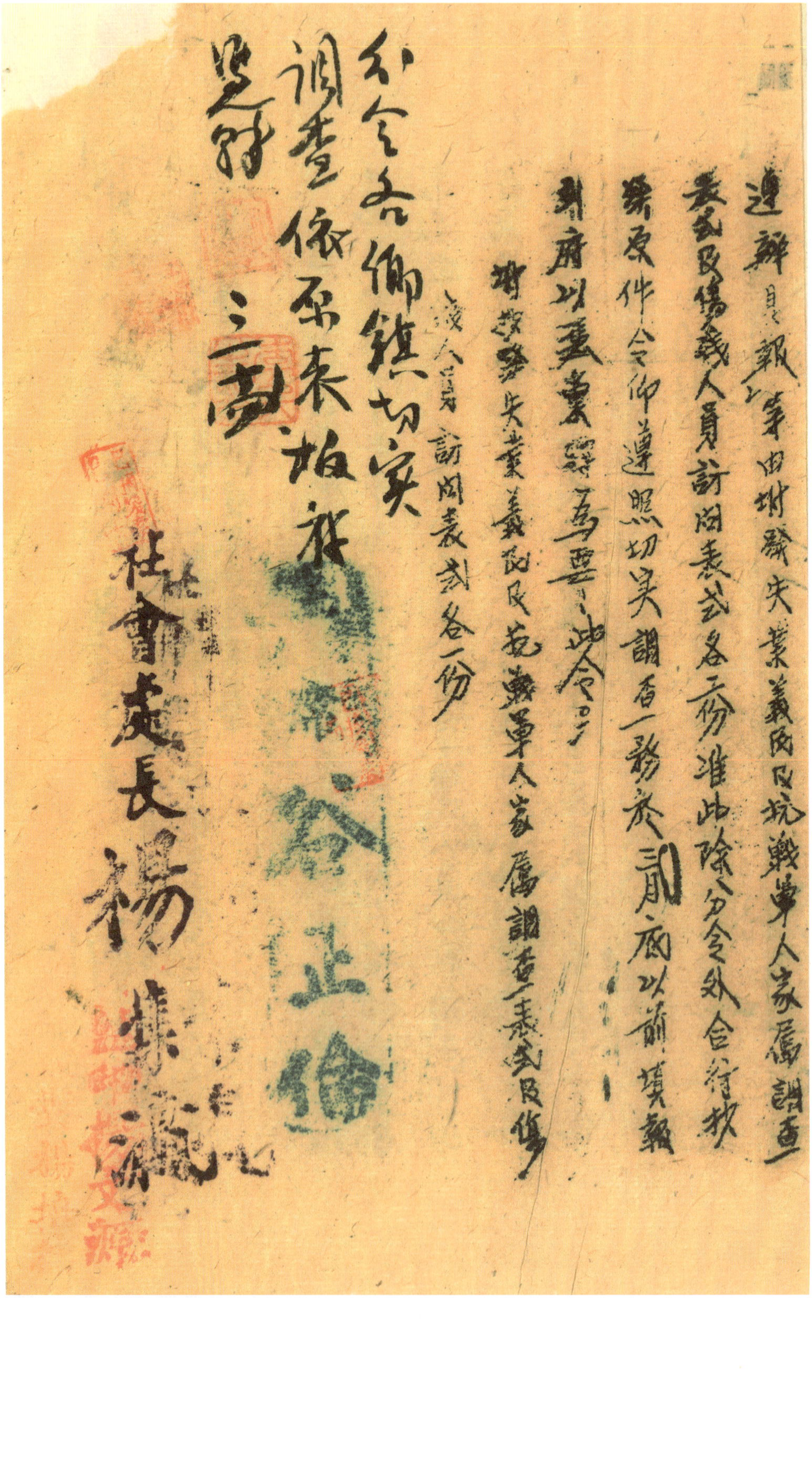

遵辦具報等由，附發失業義民及抗戰軍人家屬調查表式及傷殘人員訪問表式各二份，准此。除分令外，合行抄發原件，令仰遵照，切實調查，務於三月底以前填報本府，以憑彙轉為要。此令。

附發失業義民及抗戰軍人家屬調查表式及傷殘人員訪問表式各一份

分令各鄉鎮切實調查，依原表填報。照轉

三、高

社會處長 楊集瀛

（　　）傷殘人員訪問表　　姓名號碼________

姓名		性別		年齡		籍貫	省　縣
現在通訊處				永久通訊處			
教育程度	總共讀過幾年書　年　個月 最後在　學校　系科　年級（畢業肄業）			特殊技能			
經歷	最後在那兩處作事	1.在　擔任　計　年 2.在　擔任　計　年		家庭經濟	收入（每年）　元 負擔（每年）　元		
戰時職業				傷殘原因			
傷殘部位				傷殘程度			
希望	職務	1.　2.		備註			
	地點	1.　2.					
	待遇	薪金　元	津貼　元				

填表人________　年　月　日

079

37

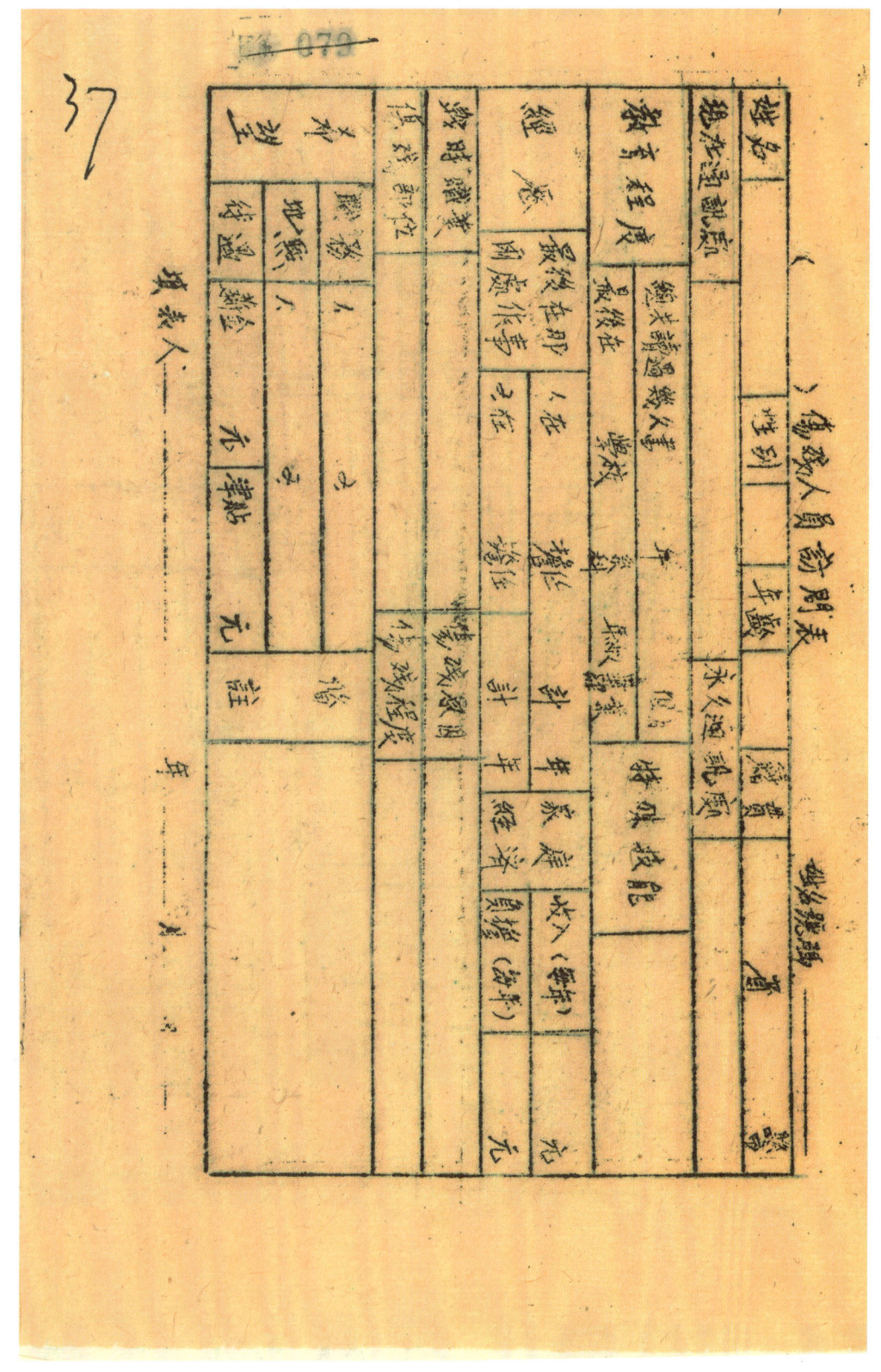

甘肃省镇原县开边乡出征军人家属调查册（一九四四年二月十五日）

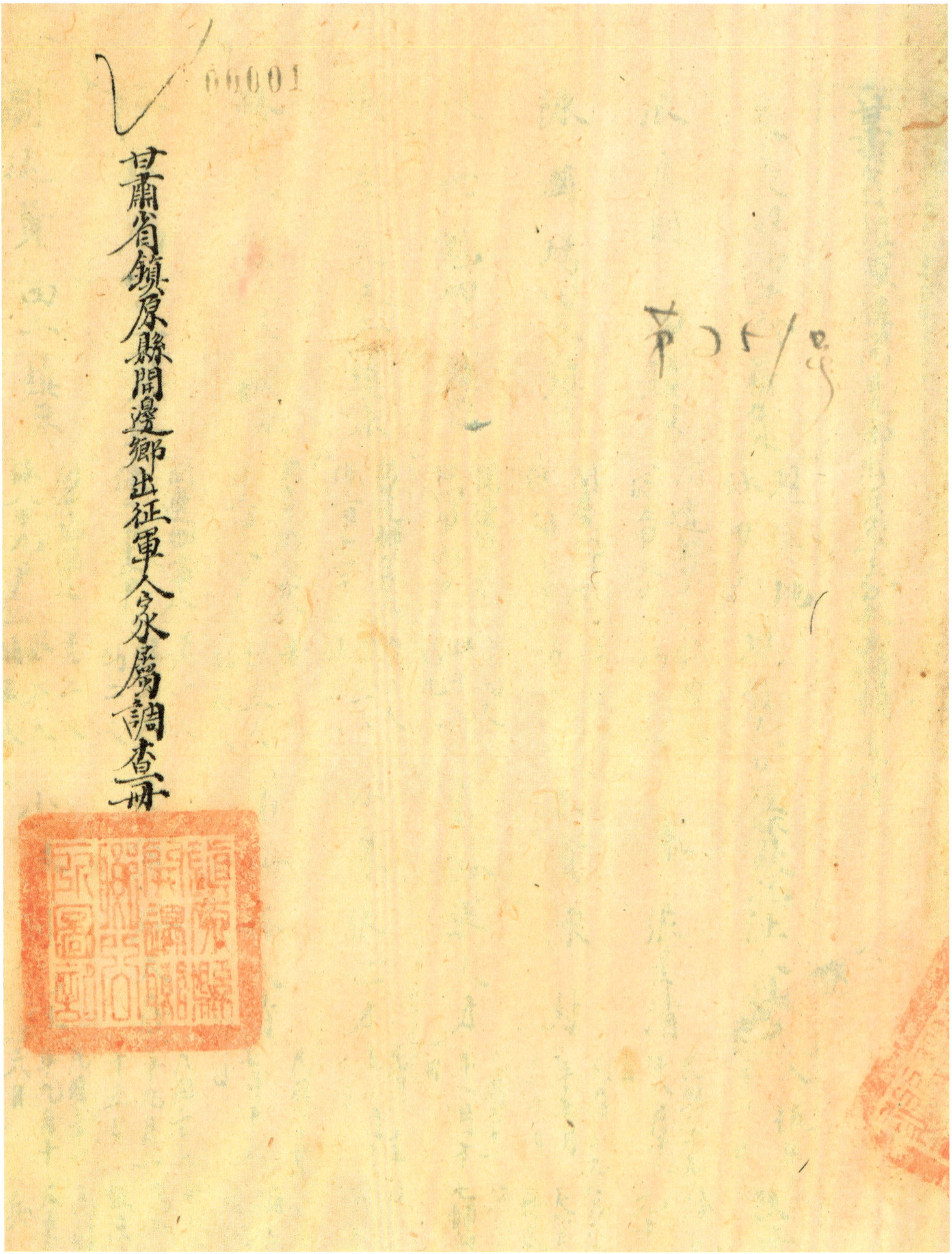

00001

甘肅省鎮原縣開邊鄉出征軍人家屬調查冊

2: 00002

甘肅省鎮原縣開邊鄉出征軍人家屬調查冊

家長姓名	年齡	籍貫	現住地係甲戶	現有人口	經濟狀況	征人姓名	入伍年月日	服務部隊	備考
張彥明	二四	鎮原	開邊鄉第一保五甲三戶	壯四人 幼一人	小康	張彥清	民國二十九年八月十二日	陸軍第九十七師	
陳國琦	四五	鎮原	開邊鄉第一保六甲七戶	壯四人 幼一人	赤貧	陳澍	民國二十九年七月三十日	第八戰區副長官部軍務處	
張世魁	四八	鎮原	開邊鄉第一保四甲四戶	老四人 壯十八人 幼九人	富裕	張天才	民國三十一年二月十日	綏西百川保騎七師政治部	
張益友	五二	鎮原	開邊鄉第六保二甲十一戶	老二人 壯三人 幼三人	小康	張世才	民國二十七年七月十三日	四十二軍預備第七師	
路天傑	三五	鎮原	開邊鄉第八保三甲八戶	老二人 壯五人 幼四人	富裕	路天青	民國二十七年七月十五日	三十五軍新編第十師迫砲連	
路和瑞	三一	鎮原	開邊鄉第八保三甲十二戶	老一人 壯二人 幼二人	赤貧	路天存	民國二十七年九月二十五日	軍政部一百先傷兵收容所服役	
劉述賢	四二	鎮原	開邊鄉第七保八甲九戶	老二人 壯六人 幼五人	小康	劉光祖	民國三十一年九月十六日	高射砲第五連充任學兵	

甄占儒	四九	鎮原	開邊鄉第十一保八甲四户	老五人壯四人幼十二人	小康	甄相臣	民國三十二年六月二十五日	酒泉縣施送運服役
陳扶祝	四九	鎮原	開邊鄉第十一保六甲六户	老二人壯四人幼五人	小康	陳佐良	民國二十七年七月八日	第九十七師指導員
甄占文	六七	鎮原	開邊鄉第十一保八甲八户	老三人壯八人幼七人	小康	甄玉財	民國三十二年六月二十五日	新四師十一團七連排長
甄占儒	四九	鎮原	開邊鄉第十一保八甲四户	老五人壯四人幼十二人	小康	甄良傑	民國三十四年七月十三日	一六五師一團二營四連
王克俊	五一	鎮原	開邊鄉第十一保五甲六户	老五人壯四人幼三人	富裕	王得英	民國三十四年五月六日	第三十五師當兵
張好善	四九	鎮原	開邊鄉第十一保二甲五户	老二人壯五人幼六人	赤貧	張好林	民國三十三年五月六日	預備第七師當兵
王萬愷	二九	鎮原	開邊鄉第十二保七甲十二户	老四人壯三人幼五人	赤貧	王萬喜	民國三十二年八月十三日	鎮原縣保安大隊第二中隊

S-00004

問邊鄉鄉長馬价

乙制卡

中華民國三十三年二月十五日

甘肃省政府关于转发陪都优待抗属周工作要目等致镇原县政府的通令（一九四四年二月二十三日）

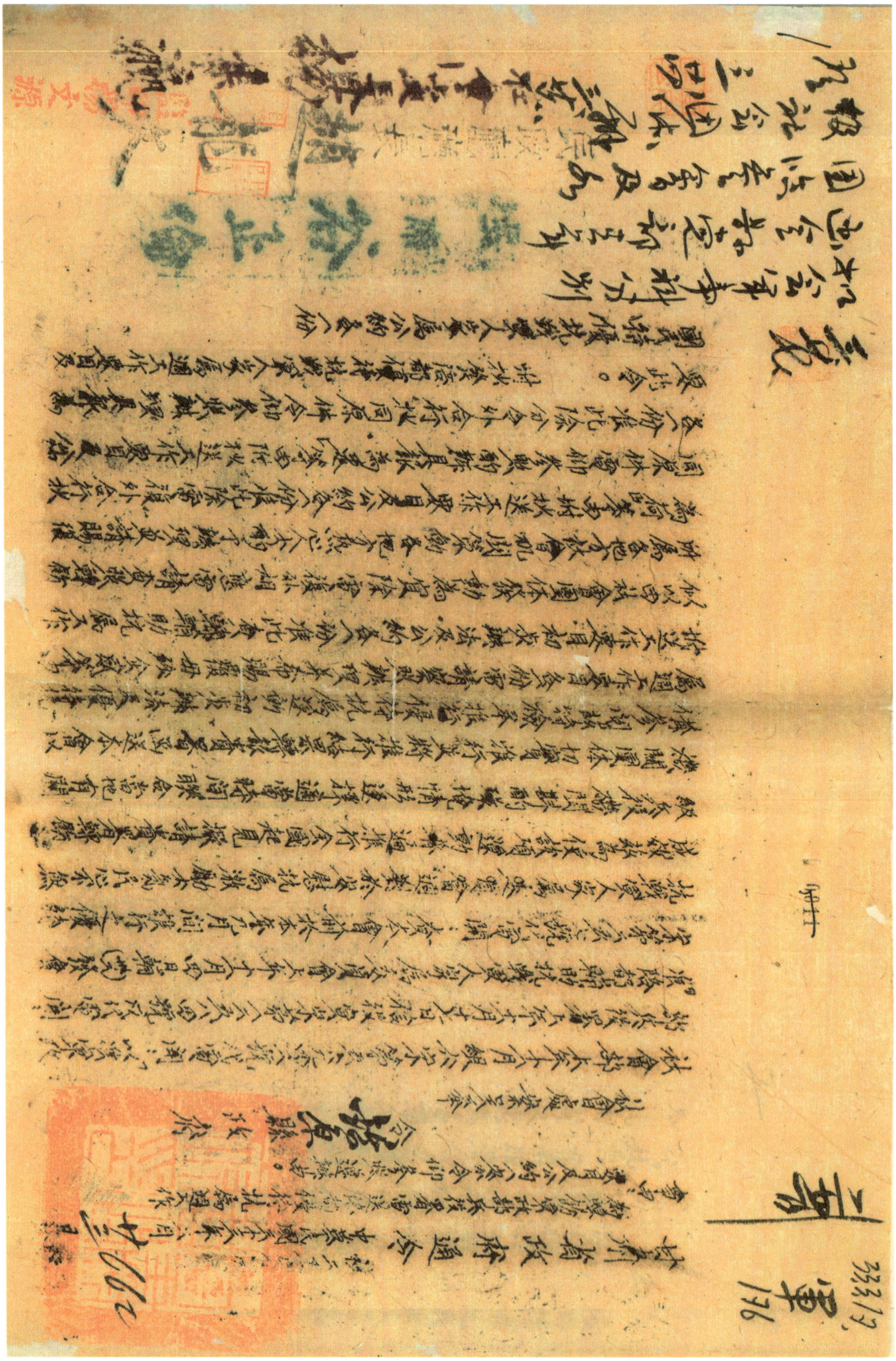

镇原县政府关于减免军属张举元差徭致临泾镇公所的训令（一九四四年二月二十六日）

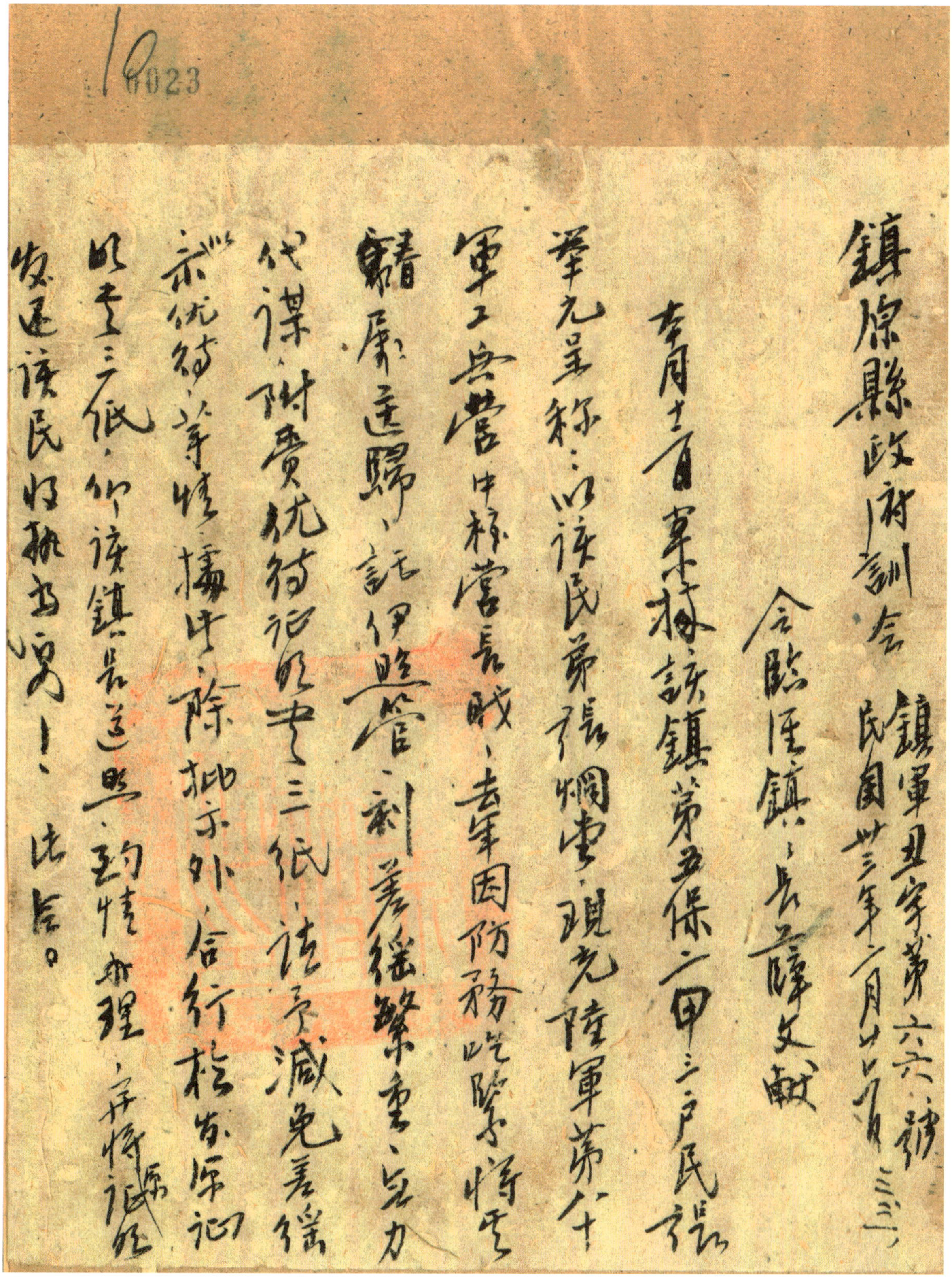

鎮原縣政府訓令　鎮軍丑宥第六六、社三三一

民國卅三年二月廿六日

令臨涇鎮鎮長薛文獻

本月十日案據該鎮第五保二甲三戶民張舉元呈稱：以該民弟張子炯雲，現充陸軍第八十軍工兵營中校營長職，去年因防務吃緊，特電飭屬速歸，託伊照管，刻差徭繁重，無力代謀，附賚優待證明書三紙，請予減免差徭示優待等情。據此，除批示外，合行檢發原證明書三紙，仰該鎮長遵照，斟情辦理，并將原證發還該民收執為要！此令。

附記錄三紙
縣長胡
擬
石菁

镇原县开边乡第一保关于出征军人张天才家属优待事宜致镇原县抗敌出征军人家属优待委员会的呈
（一九四四年三月四日）

民張天才現於陸軍一八一軍充任上尉連長之職住於綏遠伊克昭盟東攻日
本南衝兵寨並先後於前防躬身對敵血戰計有數次查伊家屬於開邊鄉第一保大
户塬庄旋以民兄久出征於前綫民叔去世已有四年之久叔母及嫂侄子計有數口託民
照管現值非常時期勝利年関民本應代負其一切支應但以民確係小康家庭人口衆繁除
竭力應負自己之差務外對於伊家屬之現行担負實覺力薄無法代籌茲奉該管軍部迭
予發給優待家屬証明書一紙似應照章給予優待刻下民不悉其究竟何以優待能否減免
雜差糧款理合檢賫原發証明書一紙具文一併呈請
鈞會鑒核俯准惠予優待并祈示遵實為公便

謹呈

鎮原縣抗敵出征軍人家屬優待委員會

開邊鄉第一保張天運呈

民國三十三年三月四日

镇原县政府关于吴生文呈诉孙光裕偷卖抗战军人吴志德未婚妻案致肖金镇公所的训令（一九四四年三月九日）

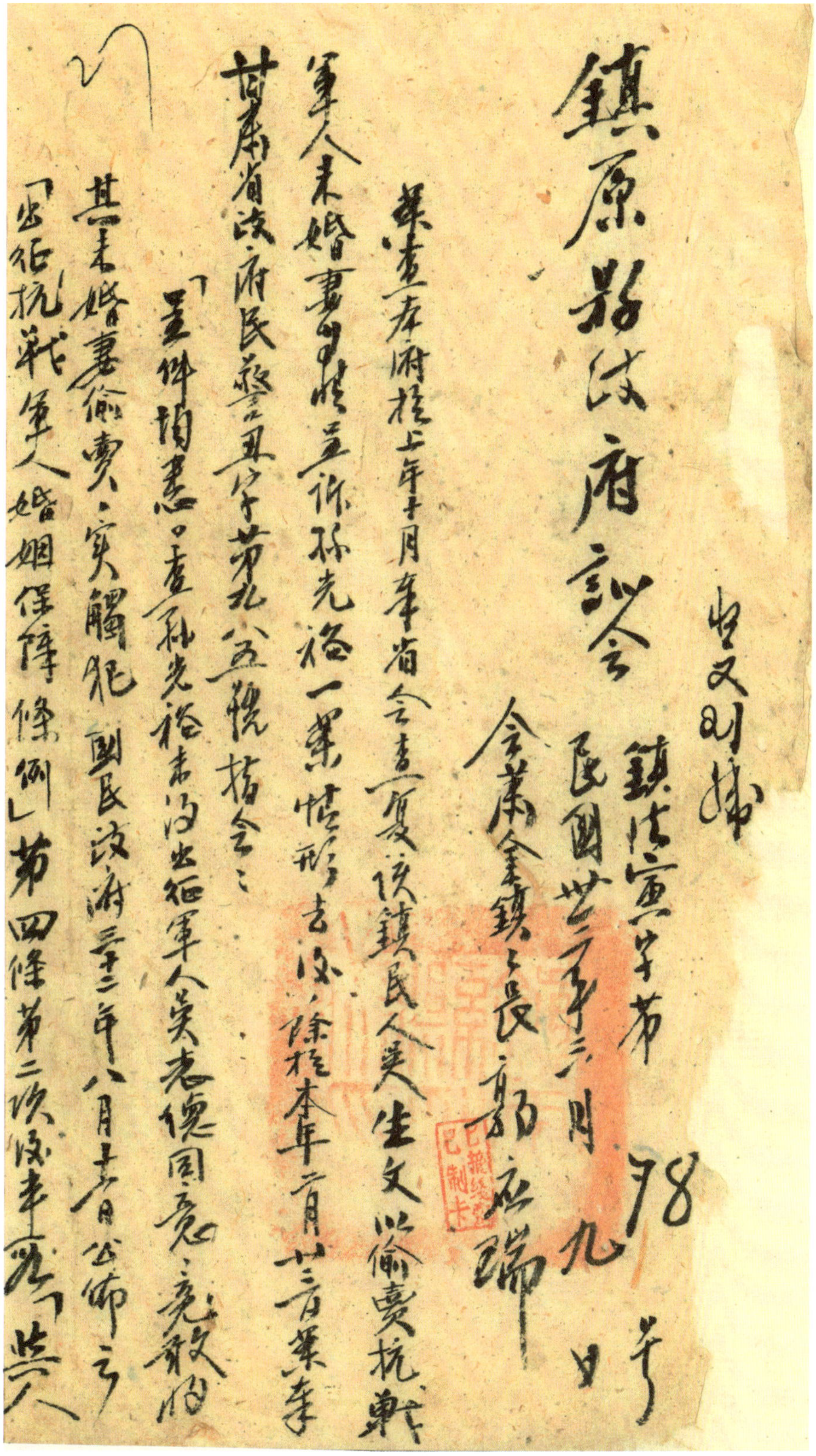

镇原县政府训令

镇法寅字第78号

民国卅三年三月九日

令萧金镇镇长萧应瑞

案查本府据上年十月奉省令查复该镇民人吴生文以偷卖抗战军人未婚妻[illegible]呈诉孙光裕一案情形去后，兹据本年二月廿三日案奉甘肃省政府民[illegible]丑字第九八五号指令：

「呈件均悉。查孙光裕串同出征军人吴志德同意，竟敢将其未婚妻偷卖，实触犯国民政府三十二年八月十七日公布之「出征抗战军人婚姻保障条例」第四条第二项，依本条规定「共犯

108

結婚並除撤銷其婚姻外，處一年以下有期徒刑或拘役

係犯三千元以下罰金之規定，除轉審呈甘肅高等法院

第一分院查照審核外，仰即轉飭知照為要！

等因。附發還吳志法家書一件、吳生文判決一份。奉此。除將附件留

存備查外，合行令仰該鎮長遵照，轉飭該民吳生文悉照為要

此令。

特飭知照。

縣長 胡維陞

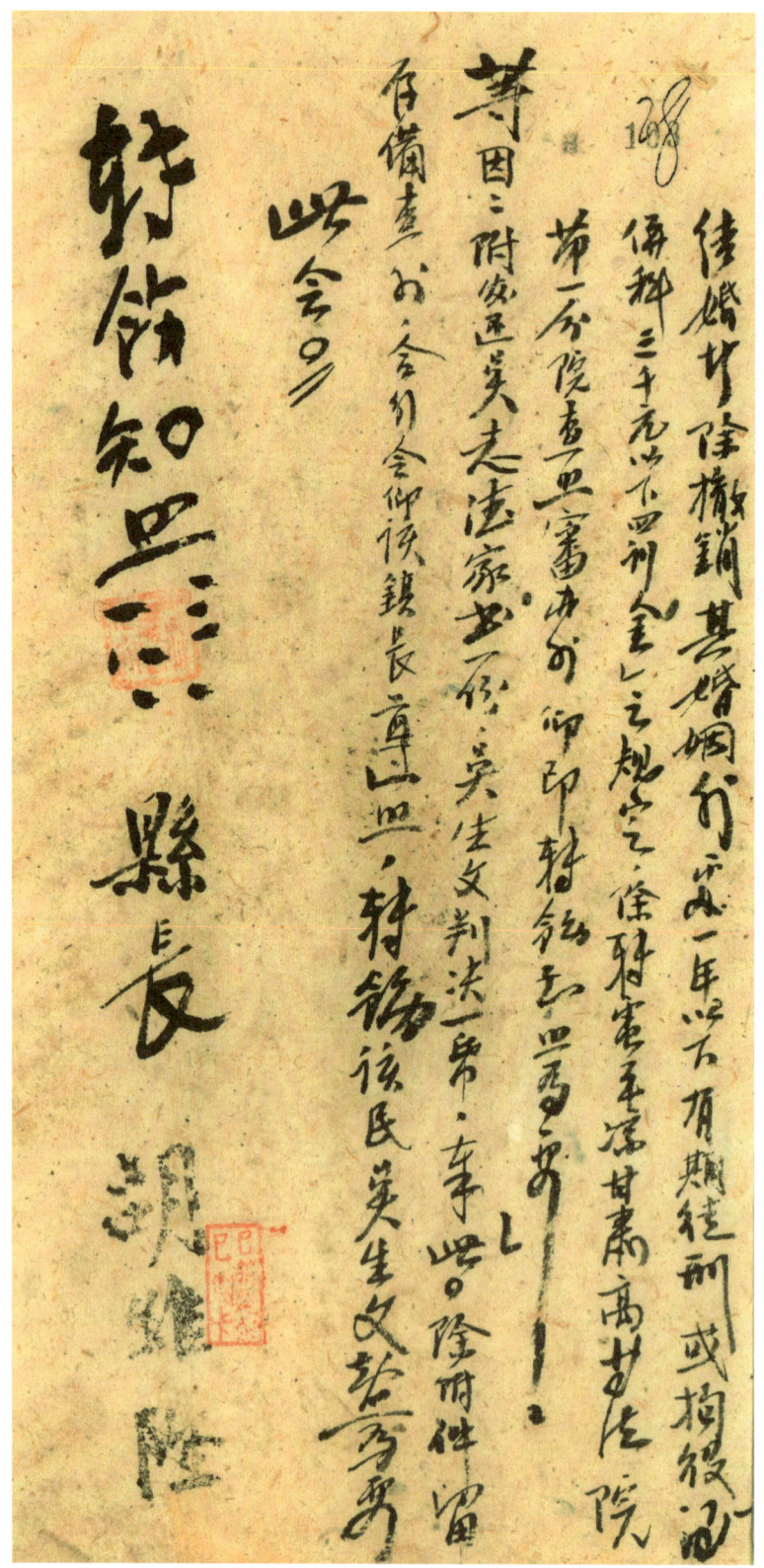

镇原县政府关于抄发失业义民及抗战军人家属调查表、伤残人员访问表致永和乡公所的训令
（一九四四年四月十四日）

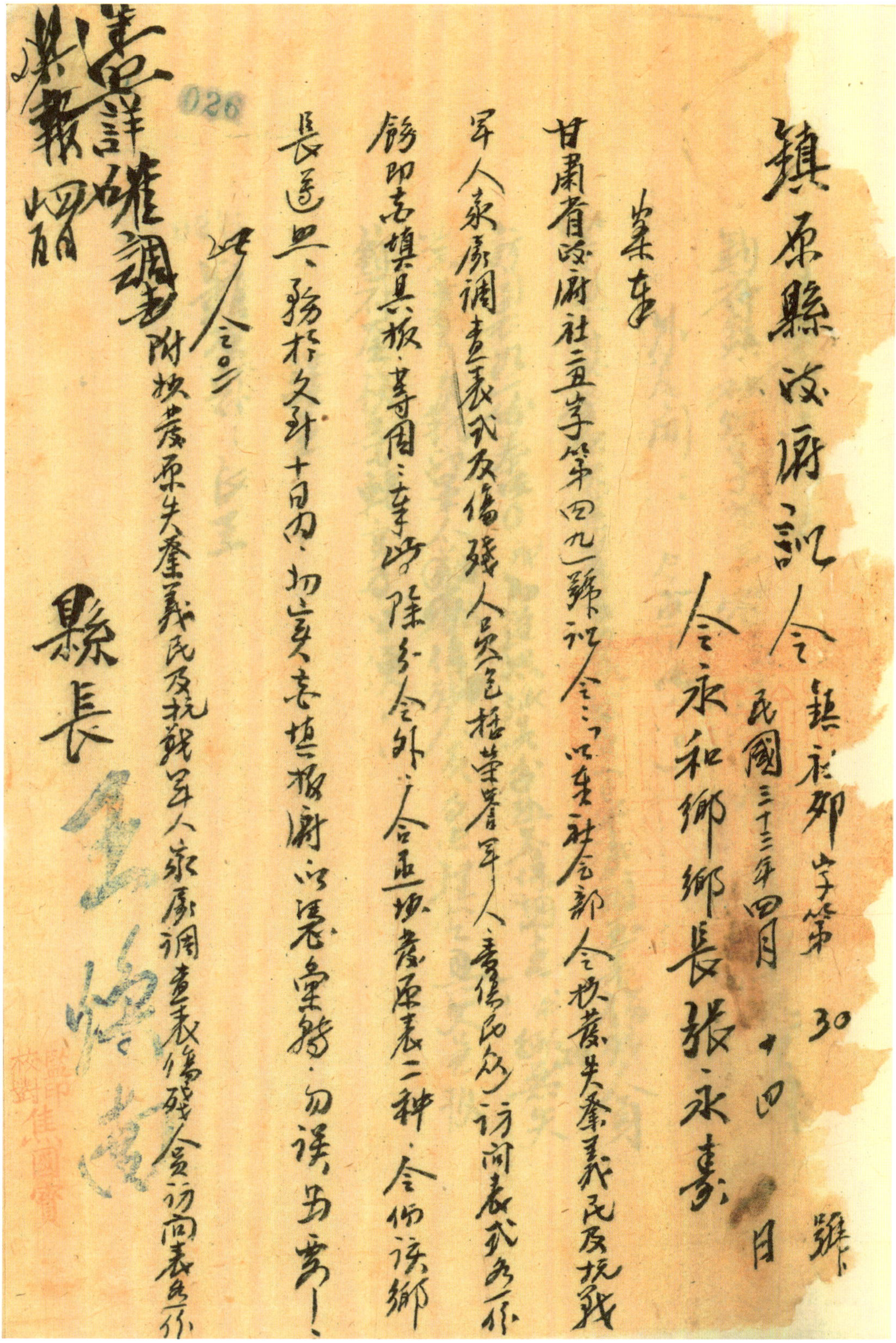

鎮原縣政府訓令 鎮社卯字第30號
民國三十三年四月十四日
令永和鄉鄉長張永燾
案奉
甘肅省政府社三五字第四九一號訓令：以奉社會部令，抄發失業義民及抗戰軍人家屬調查表及傷殘人員包括榮譽軍人、普通民眾訪問表式各一份，飭即查填具報，等因；奉此，除分令外，合行抄發原表二種，令仰該鄉長遵照，務於文到十日內切實查填報府，以憑彙案轉報，勿誤，為要！
此令。
附抄發原失業義民及抗戰軍人家屬調查表、傷殘人員訪問表各一份
縣長 王
詳確調查具報

镇原县十户乡公所关于呈报抗战军人家属调查表致镇原县政府的呈（一九四四年四月二十二日）

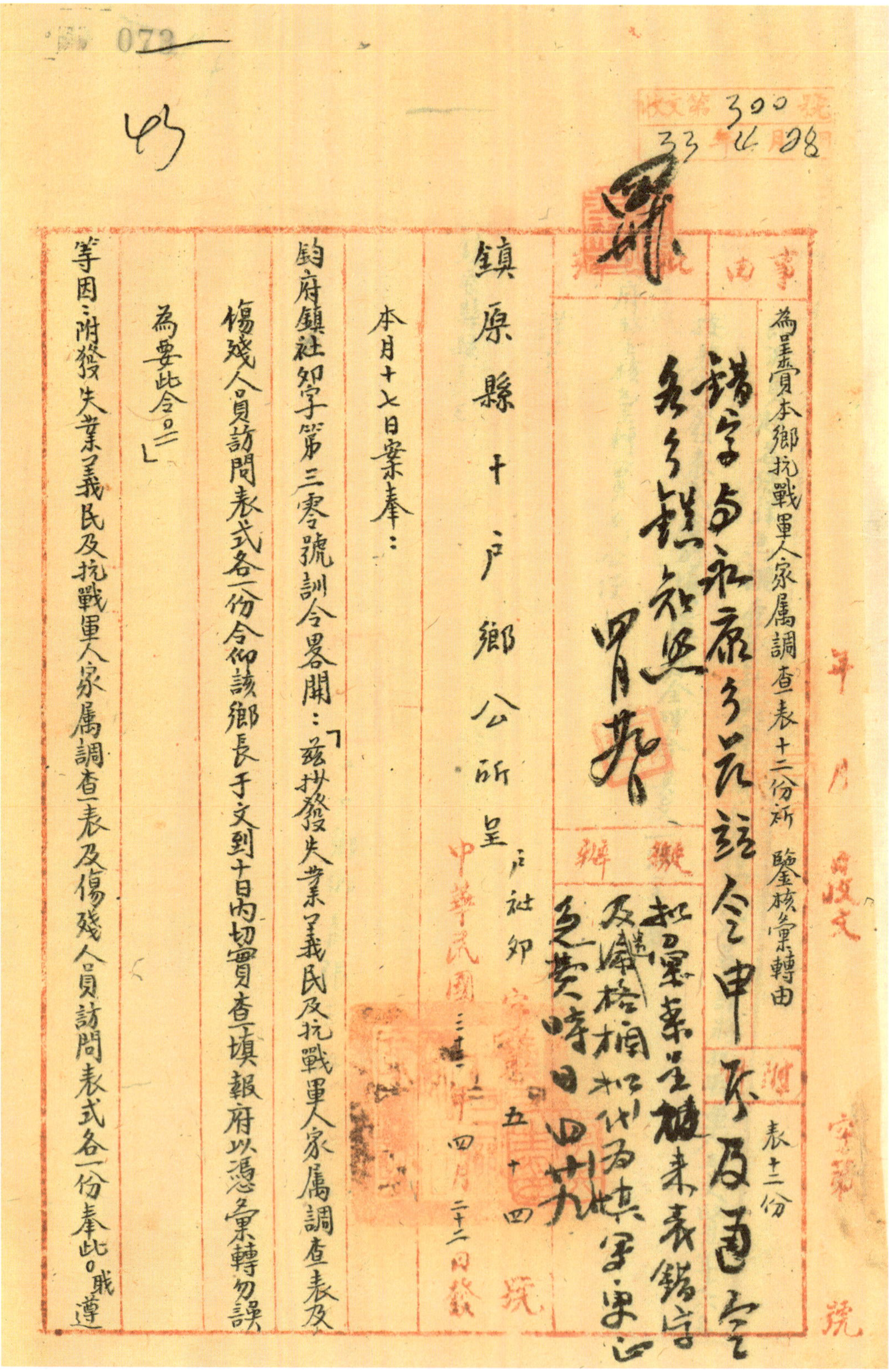
收文第300號 33 4 28

事由：為呈賫本鄉抗戰軍人家屬調查表十二份祈 鑒核彙轉由

附：表十二份

擬辦：[illegible]

批示：[illegible]

鎮原縣十戶鄉公所呈 戶社卯 五十四 號

本月十七日案奉：

鈞府鎮社知字第三零號訓令略開：「茲抄發失業義民及抗戰軍人家屬調查表及傷殘人員訪問表式各一份，仰該鄉長于文到十日內切實查填報府，以憑彙轉，勿誤為要，此令。」等因；附發失業義民及抗戰軍人家屬調查表及傷殘人員訪問表式各一份。奉此，遵

中華民國三十三年四月二十二日發

0094

即派員赴各保詳為調查，并無失業義民及傷殘人員，謹將抗戰軍人王文賢等六名按照頒發表式分別填造齊全，理合具文一併呈賫

鈞府鑒核彙轉，實為公便！

謹呈

鎮原縣縣長王

十戶鄉鄉長張三仁 呈

甘肃省政府教育厅关于奉令抄发修正公布抗战功勋子女就学免费给予规则致镇原县政府的训令

（一九四四年五月二十六日收）

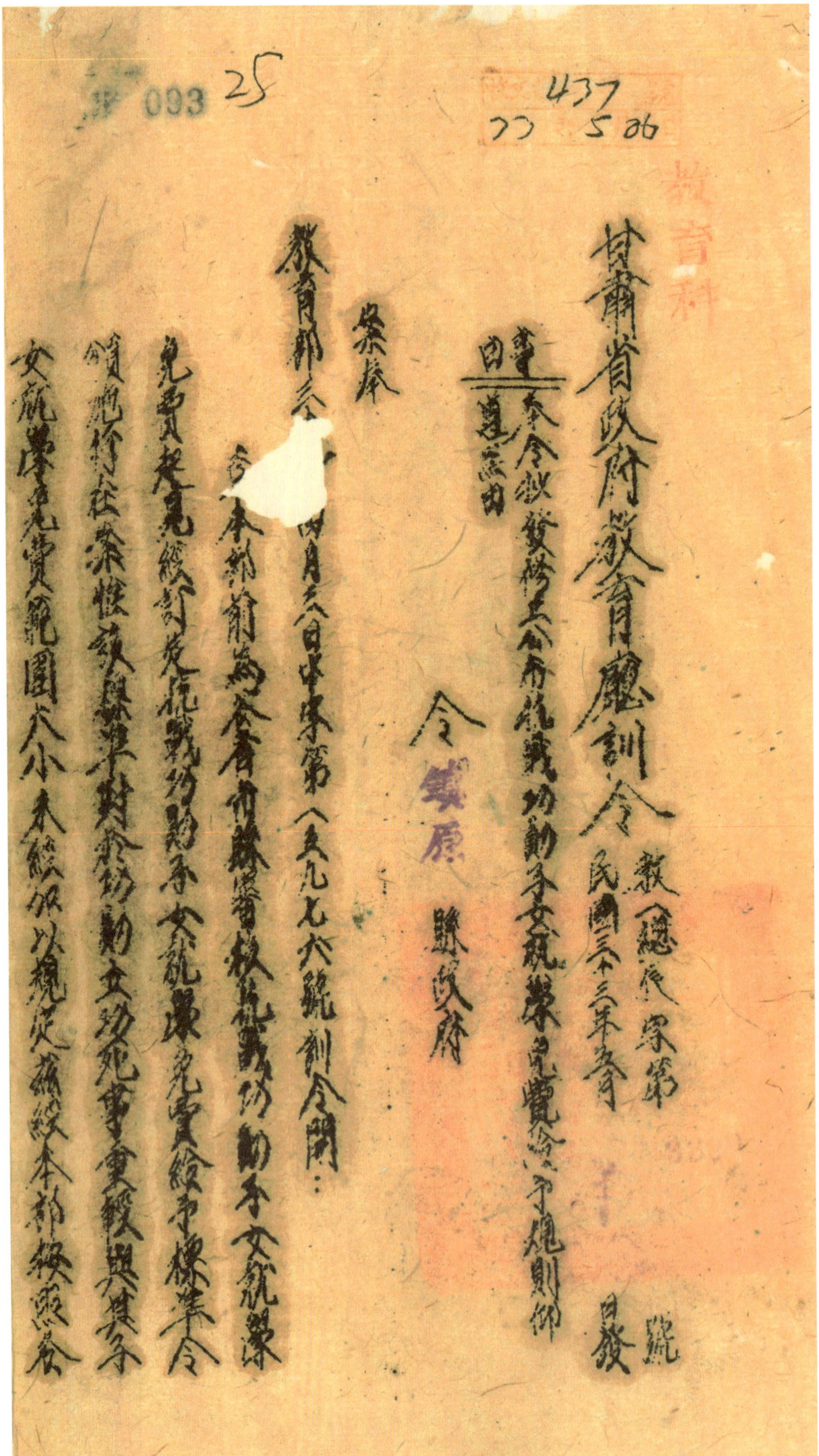
甘肅省政府教育廳訓令 教（總）字第 號
民國三十三年五月 日發
事由：奉令抄發修正公布抗戰功勳子女就學免費給予規則仰遵照由
令鎮原縣政府
案奉
教育部參〔缺〕年四月六日參字第一九九七六號訓令開：
查本部前為奉行政院令核定抗戰功勳子女就學
免費暨發給公費，頒發抗戰功勳子女就學免費給予辦法，業令
飭遵行在案。惟該項辦法對於功勳子女之功死事實之證明與其子
女就學免費範圍大小未能明以規定，茲經本部擬

26

省府實施特形縣長補充法令草案奉　行政院三〇十文
年三月九日義渡條第八四七號指令以原標準應改為
規則[illegible]修正飭即遵照由部公布等因除遵照公布並
分令外合行檢發規則一份令仰遵照並轉飭所屬一體
知照

等因附發抗戰功勳子女就學免費給予規則奉此除分令外
合行照抄原件令仰遵照並轉飭知照！

此令。

計抄發抗戰功勳子女就學免費給予規則一份

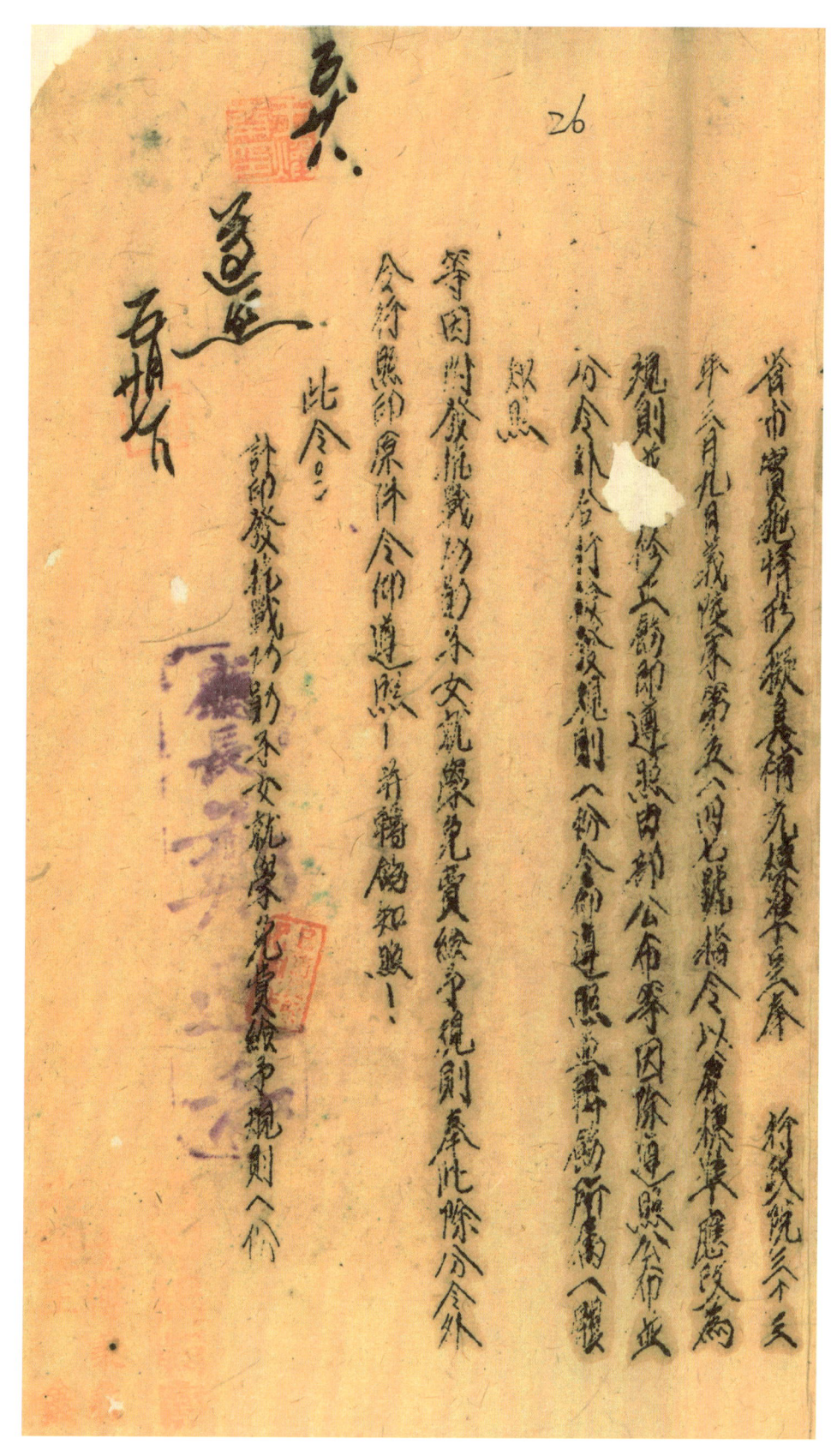

镇原县政府关于制发出征抗敌军人家属荣誉牌致永和乡公所的训令（一九四四年九月二十二日）

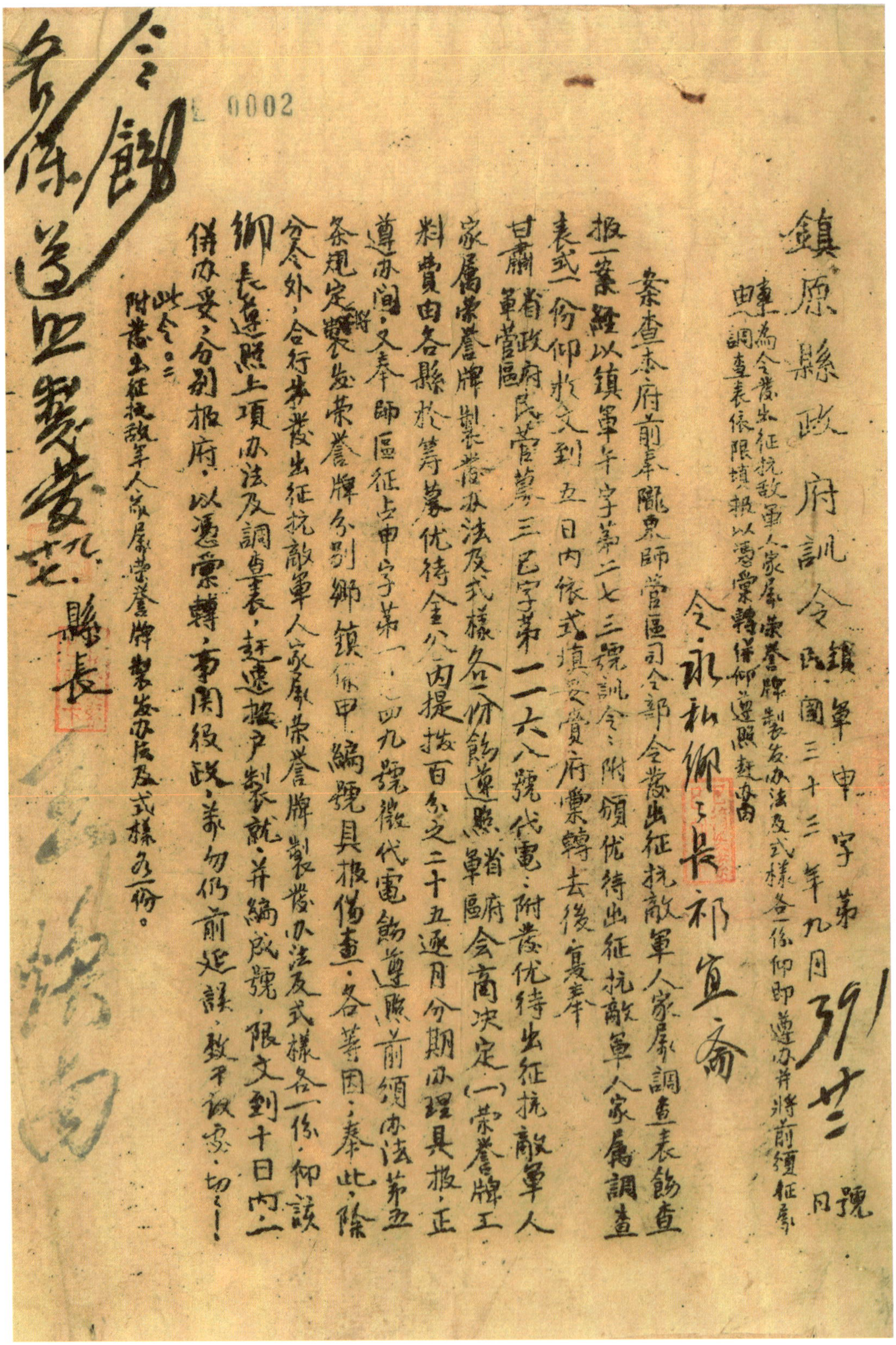

鎮原縣政府訓令　鎮軍申字第791號

民國三十三年九月廿二日

事由：為令發出征抗敵軍人家屬榮譽牌製發辦法及式樣各一份仰即遵辦并將前頒征屬調查表依限填報以憑彙轉保仰遵照趕辦由

令永和鄉鄉長祁宜齋

案查本府前奉隴東師管區司令部令發出征抗敵軍人家屬調查表飭查報一案，經以鎮軍午字第二七三號訓令附頒優待出征抗敵軍人家屬調查表式一份，仰於文到五日內依式填妥賫府彙轉去後，茲奉甘肅軍管區省政府民管薦三巳字第二二六八號代電：附發優待出征抗敵軍人家屬榮譽牌製發辦法及式樣各一份，飭遵照。省府會商決定（一）榮譽牌工料費由各縣於籌募優待金項內提撥百分之二十五逐月分期辦理具報，正遵辦間，又奉師區征卓申字第一〇四九號代電飭遵照前頒辦法第五條規定製發榮譽牌分別鄉鎮保甲編號具報備查，各等因，奉此，除分令外，合行抄發出征抗敵軍人家屬榮譽牌製發辦法及式樣各一份，仰該鄉長遵照上項辦法及調查表，趕速按戶製就，并編成號，限文到十日內併辦妥分別報府，以憑彙轉。事關役政，萬勿仍前延誤，致干議處。切切！

此令。

附發出征抗敵軍人家屬榮譽牌製發辦法及式樣各一份。

縣長

令飭各保遵照製發　九.廿七

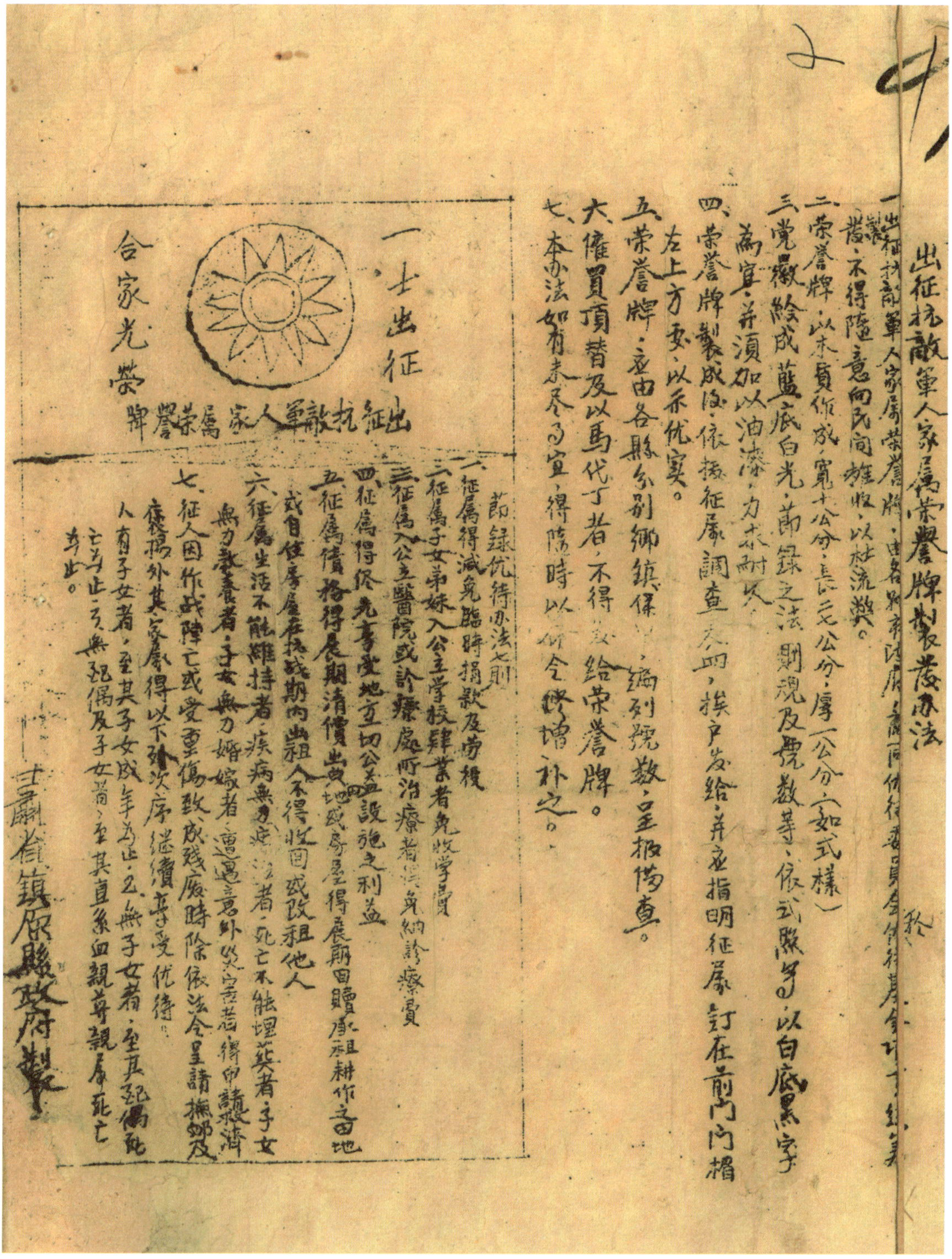

出征抗敌军人家属荣誉牌制发办法

一、出征抗敌军人家属荣誉牌，由各县政府制发，不得随意向民间摊收，以杜流弊。

二、荣誉牌以木质作成，宽十公分，长二七公分，厚一公分（如式样）

三、党徽绘成蓝底白光，节录之法则规及号数等，依式照写，以白底黑字为宜，并须加以油漆，力求耐久。

四、荣誉牌制成后，依据征属调查表四，挨户发给，并应指明征属钉在前门门楣左上方，以示优实。

五、荣誉牌应由各县分别乡镇保，编列号数，呈报备查。

六、雇买顶替及以马代丁者，不得发给荣誉牌。

七、本办法如有未尽事宜，得随时以令增补之。

节录优待办法七则

一、征属得减免临时捐款及劳役

二、征属子女弟妹入公立学校肄业者免收学费

三、征属入公立医院或诊疗处所治疗者得免纳诊疗费

四、征属得尽先享受地方一切公益设施之利益

五、征属债务得展期清偿，出典地或房屋得展期回赎，承租耕作之田地或自住房屋在抗战期内出租人不得收回或改租他人

六、征属生活不能维持者、疾病无力医治者、死亡不能埋葬者、子女无力教养者、子女无力婚嫁者、遭遇意外灾害者，得申请救济

七、征人因作战阵亡或受重伤致成残废时，除依法令呈请抚恤及褒扬外，其家属得以下列次序继续享受优待：一、有子女者，至其子女成年为止；二、无子女者，至其配偶死亡为止；三、无配偶及子女者，至其直系血亲尊亲属死亡为止。

甘肃省镇原县政府制

防空防特

甘肃省政府关于健全地方防空防毒及救护组织致镇原县政府的密令（一九三七年八月二十六日）

31

甘肅省政府密令　民二耒字第1104號

令鎮原縣縣政府

案准

内政部警十一7廿六年七月二十九日發〇〇六二七六號密咨開：

「案准行政院秘書處二十六年七月二十二日防字第四號函以奉

院長諭：以參謀本部函送行政院各部，應急办事項，請轉飭分

別提出一案，並抄送各部会署參考」請為查照等由到部，查原

送行政院各部應急办事項，關于内政部者第四項，健全各地方

防空防毒及救護之組織，在此時局緊張之際，確為必要之當

39 67.

0472

関于各地防護團組織規則，業經軍事委員会於二十五年六月八日通行在案，各級警察机関，應即確實遵照办理，務使組織健全，足以擔當防護之任務，以衛地方，而保護人民生命財產，除分行外，相應咨請查照轉飭遵照為荷。此咨。

等由，准此，除分令外，合行令仰該局長遵照，並轉飭所屬一体遵照，此令。

33

中華民國二十六年八月　日

代主席 賀耀組

民政廳廳長 羅貢華

監印 高華藻

校對 曹世岳 張樹棻

镇原县政府关于保护铁路及电报电话线路安全问题致肖金镇公所的训令（一九三七年八月二十八日）

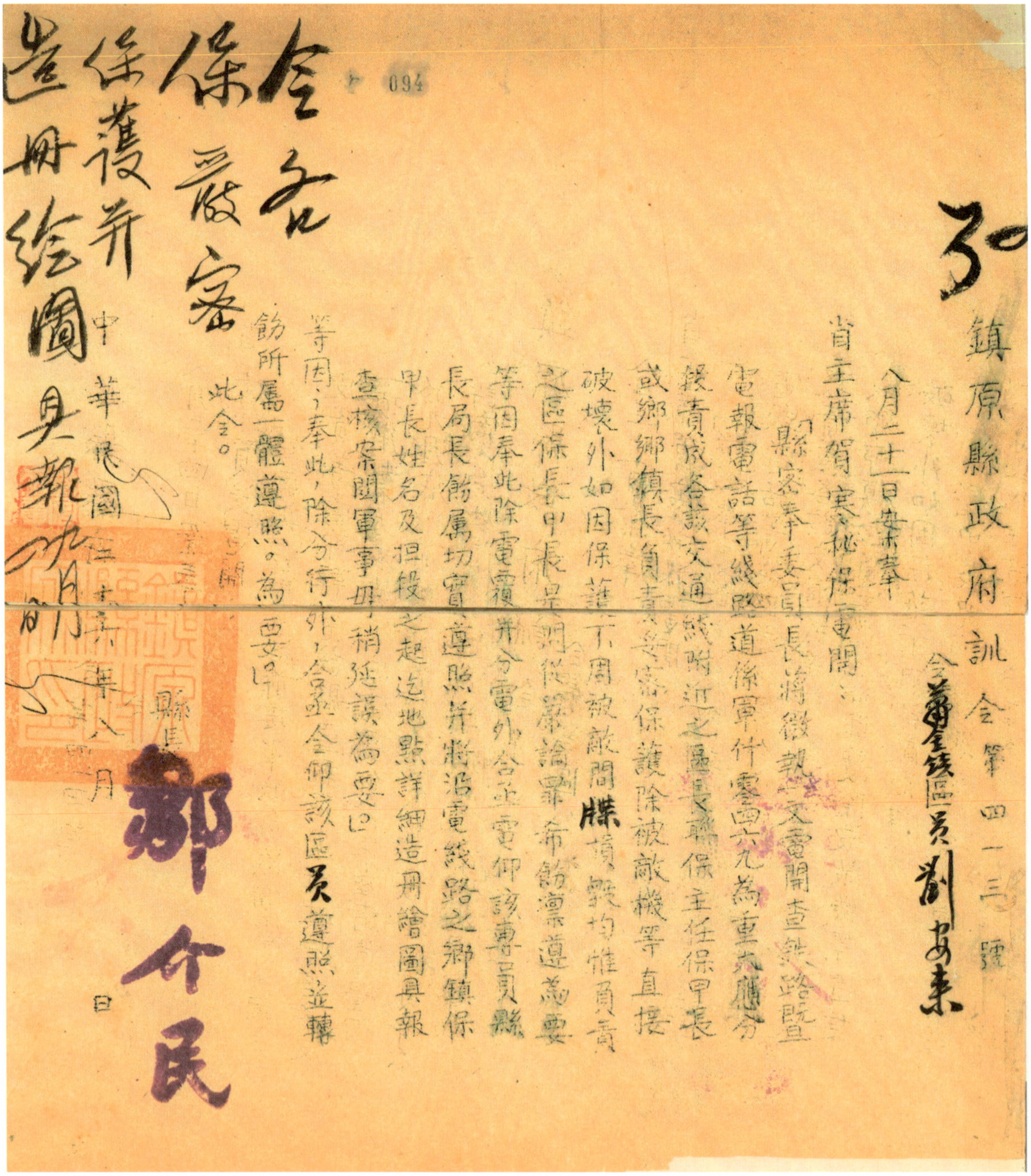

甘肃省政府关于遵照执行防止汉奸间谍活动办法大纲及惩治汉奸条例致镇原县政府的密令
（一九三七年十月二十日）

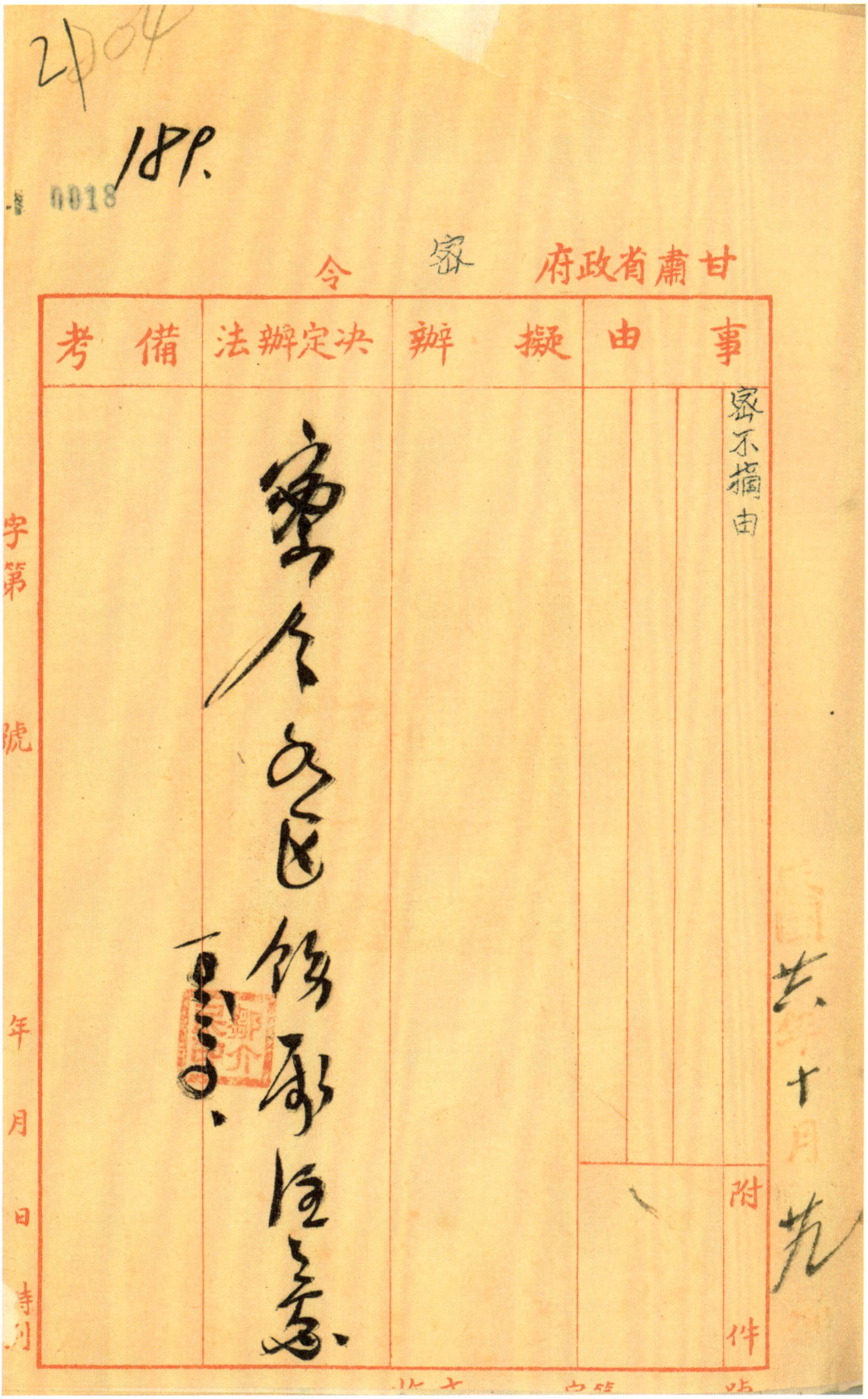

22

甘肅省政府密令

秘保 字第1083號

令鎮原縣政府

案奉

軍事委員會本年十一月三日法審丑字第七四號密令開：

「查作戰以來，漢奸充斥，無知愚民，既易受其煽惑，即機關職員，亦竟靦顏通敵，影響軍事，至為重大。以後各部隊及文武機關，應嚴密注意所屬員兵役伕行動，如發覺有漢奸間諜行為，應即依法嚴懲，倘有疎虞，各該直接長官應連帶負責。其省市縣各行政機關，併應切實遵照行政院通飭施行之防止漢奸間諜活動辦法大綱辦理，尤須特別注意清查户口。除分令外，合行撿發懲治漢奸條例令仰遵照，並飭屬一体知照。此令。」

等因，並發懲治漢奸條例，奉此。除分行外，合亟照抄條例令仰該縣政府遵照飭屬一体嚴密注意。此令。

計抄發懲治漢奸條例一份。

24

中華民國二十六　十　二十　日

甘肅省政府印

代主席賀耀組

監印　高華藻

校對　雲毅

繕　文翔

懲治漢奸條例

二十六年八月二十三日
軍事委員會公布

第一條　漢奸案件依本條例處斷

第二條　通謀敵國或其官兵有左列行為之一者為漢奸處死刑

一、圖謀連合敵國與本國抗戰者

二、圖謀暴動者

三、為敵軍執役者

四、為敵國招募軍隊或其他軍用人工役伕者

五、接濟敵軍或為敵軍購辦或運輸軍用品者

六、偵察或盜竊軍情或機密者

七、為敵軍通訊者

八、阻碍本國公務員執行職務者

九、煽惑本國軍人公務員或人民逃叛或通敵或與之勾結者

十、為前款之人犯所煽惑而從其煽惑者

26

十一、運輸或販賣可以製造軍器之原料與敵國者
十二、擾亂金融者
十三、破壞封鎖交通或通訊者
十四、於上列各款以外以其他方法圖謀不利於本國者
本條例之未遂犯罰之
預備或陰謀犯本條例之罪者處七年以上有期徒刑

第三條　犯本條例之罪者概歸有軍法權之軍事機關審判

第四條　依本條例審判之案件應將卷判呈送最高軍事機關核定其應緊急處置者得電請核示或先行處決補報
在作戰期內前項案件授權與戒嚴司令部、戰區司令長官司令部或集團軍總司令部代核呈報備案

第五條　本條例自公布日施行

甘肃省第三区保安司令部关于发放民间消极防空设施、防空壕及避难所图形并加紧设施建设致镇原县政府的密令（一九三七年十月二十二日）

33　0119

甘肅第三區保安司令部密令　保副字第　號

令鎮原縣長鄒介民

案奉

甘肅省政府秘甲字第八三九號密令開：

案奉軍事委員會防空字第三四五六號密令內開：查現在時局緊急，各都市防空實施，亟要注重防空監視情報，已一再令飭切實注意，迅速辦告。各消極防空之防護組織規則及訓練綱要，並早經頒發各在案。外關於民間各家戶團體（分家戶防空、家戶聯合防空組及各機關學校工廠等之防空）之消極防空設施，尤應格外認真辦理，以資減少一切意外之損害。更應予各式避難所及地下室之構築，各省市當可因地質之不同，而廣施建設，以應急需。茲檢發民間消極防空設施式圖冊，各式防空壕及避難所圖形每份十張，並仰合亟令仰該府務於令到之日，遵照上項圖書，認真實施，翻印分發，並於目前之事實，警惕民眾，而為廣大之防空應急宣傳及建設也。切切此令。

34

0195

等因。奉此。除分行外，合行檢發原件，令仰該專員遵照翻印，轉飭所屬各縣一体遵照。此令。計發民間消極防空之設施二十本，防空壕及避難所圖形各一份。

等因。奉此。除分令外，合行檢發原件，令仰該縣長遵照翻印，督飭所屬一体遵照，加緊設施建築，毋稍玩延，切切。此令。

計發民間消極防空設施一本，防空壕及避難所圖形各一份。

兼司令 羅人驥

副司令 陳積善

中華民國二十六年十月廿二日

交防空分會遵照翻印

實行以前所發防空書籍

奉批交該會參考

一〇三〇

交該會周傳軒□甫

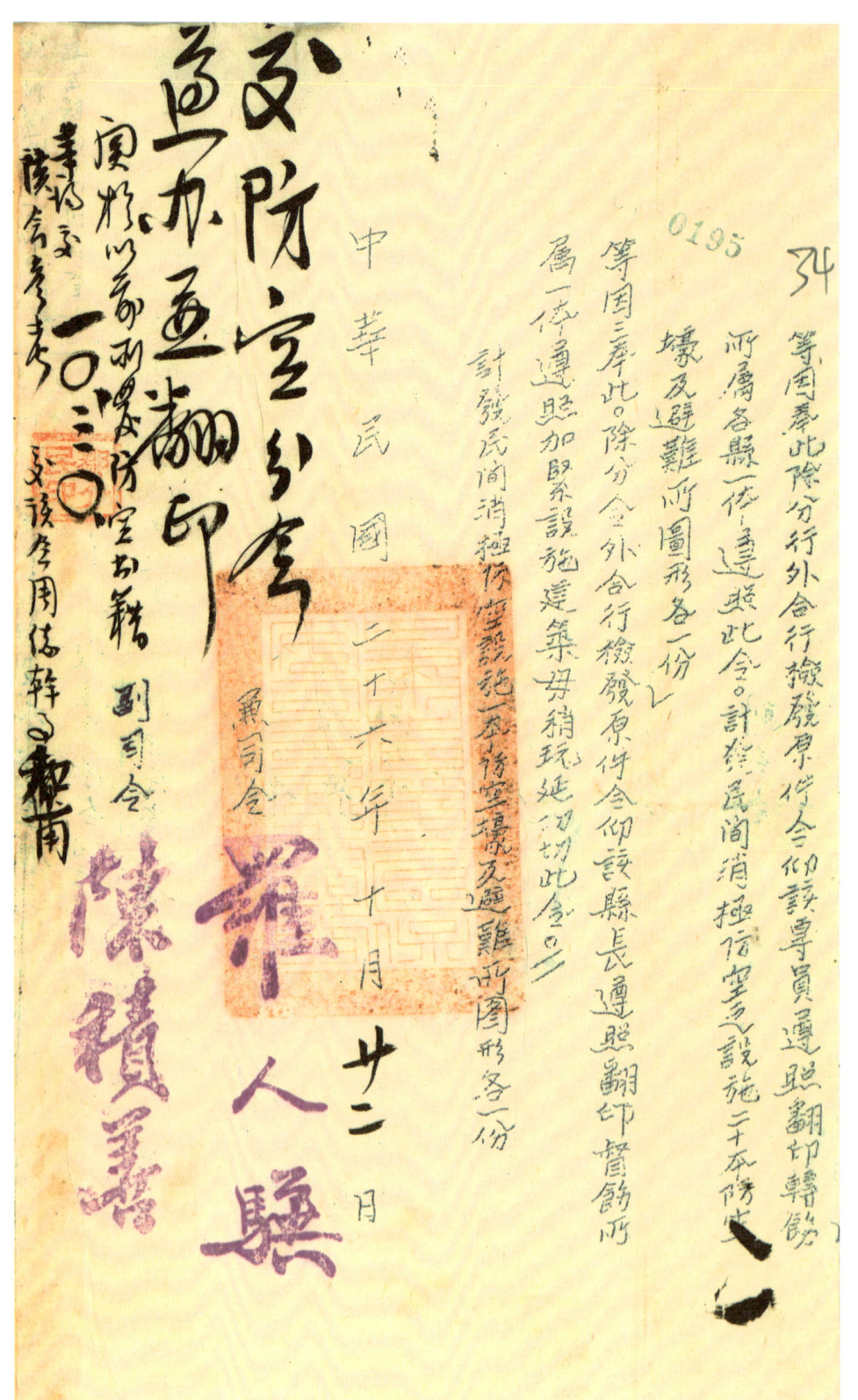

附：民间消极防空设施、防空壕及避难所图

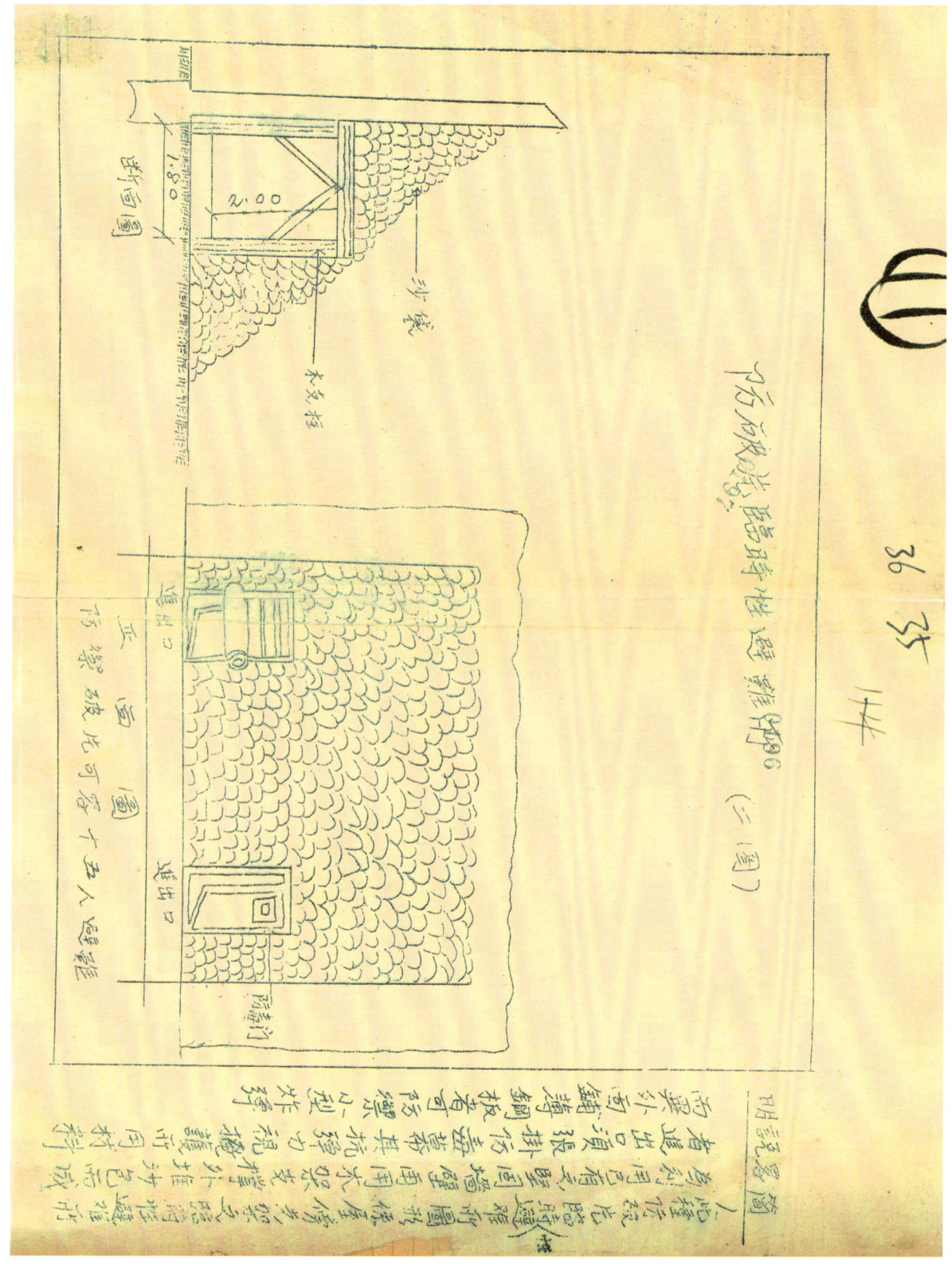

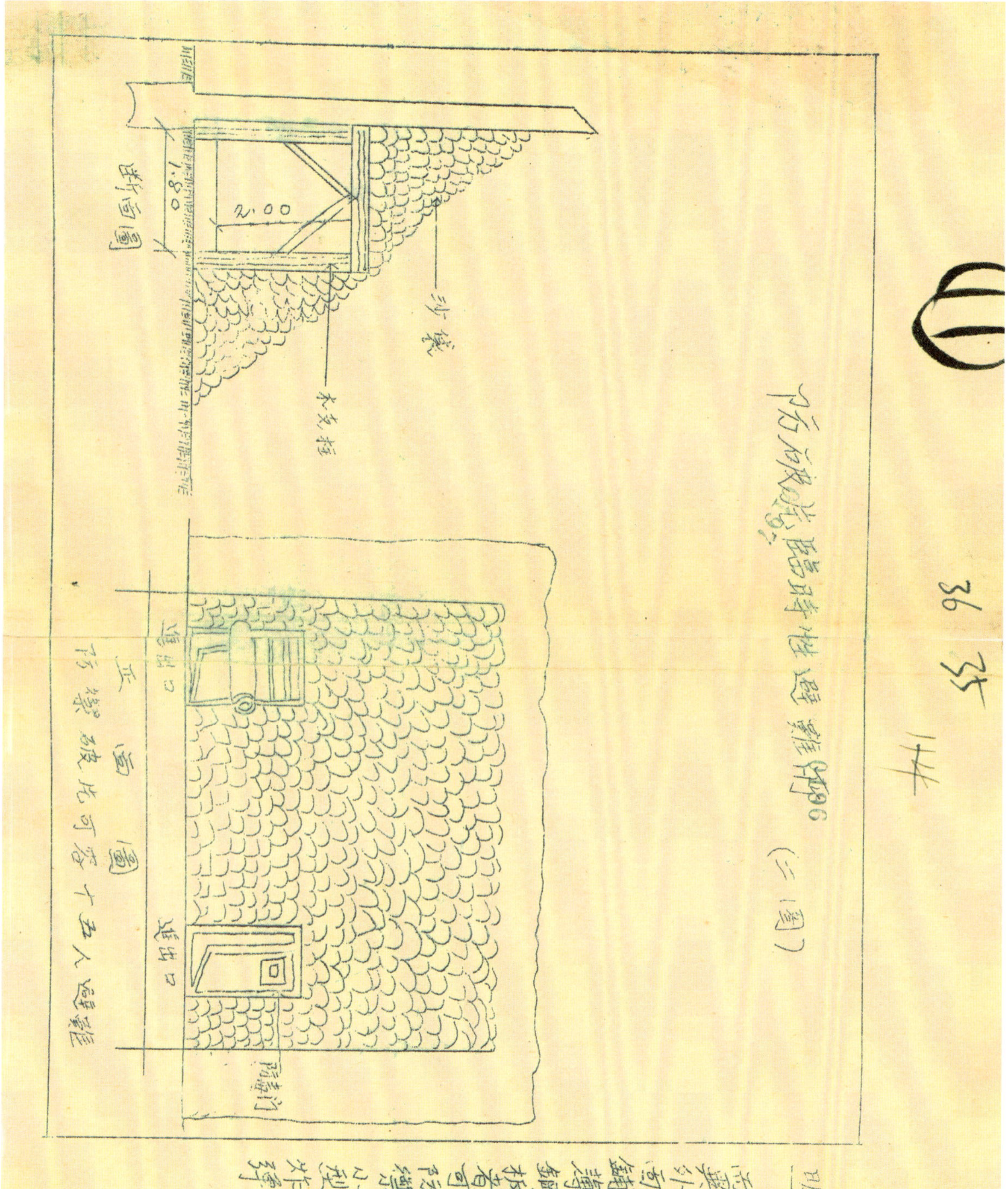

混凝土小形避難所（一圖）

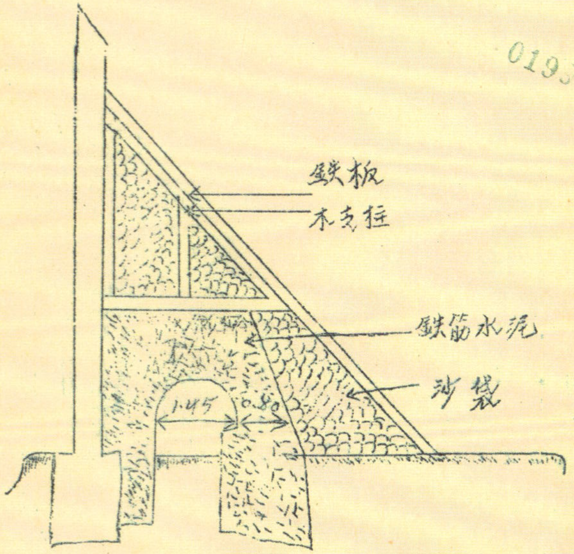

断面圖

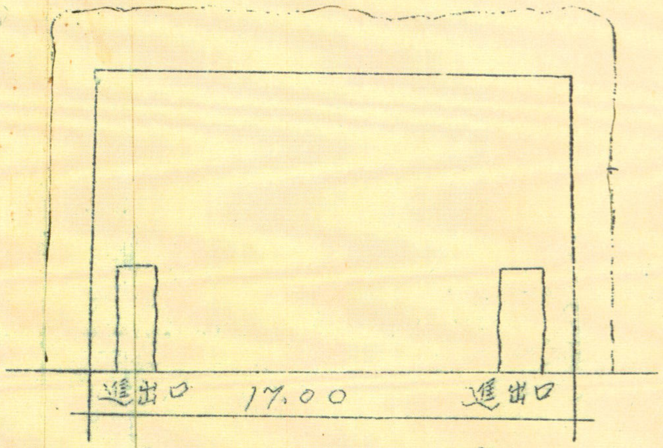

半圓形避難所正面圖
防禦百公斤炸彈可容五十人避難

簡畧說明

1、建築避难所之目的為非常時期供一般民衆及參加防空業務人員避难之用
因抗彈力之大小及建築時所取材料之區别与容納人数之多寡而定
2、此種避难所可防禦百公斤以下之炸彈内部用混凝土構成外面用木板或鋼板沙袋
掩蓋成斜坡形内部靠牆壁所築之混凝土壁可較外面稍薄
3、此種避难所可按人数之多寡酌量建築不拘大小但避难室上面掩蓋之
土總須一丈五尺（市尺）之原方為合宜

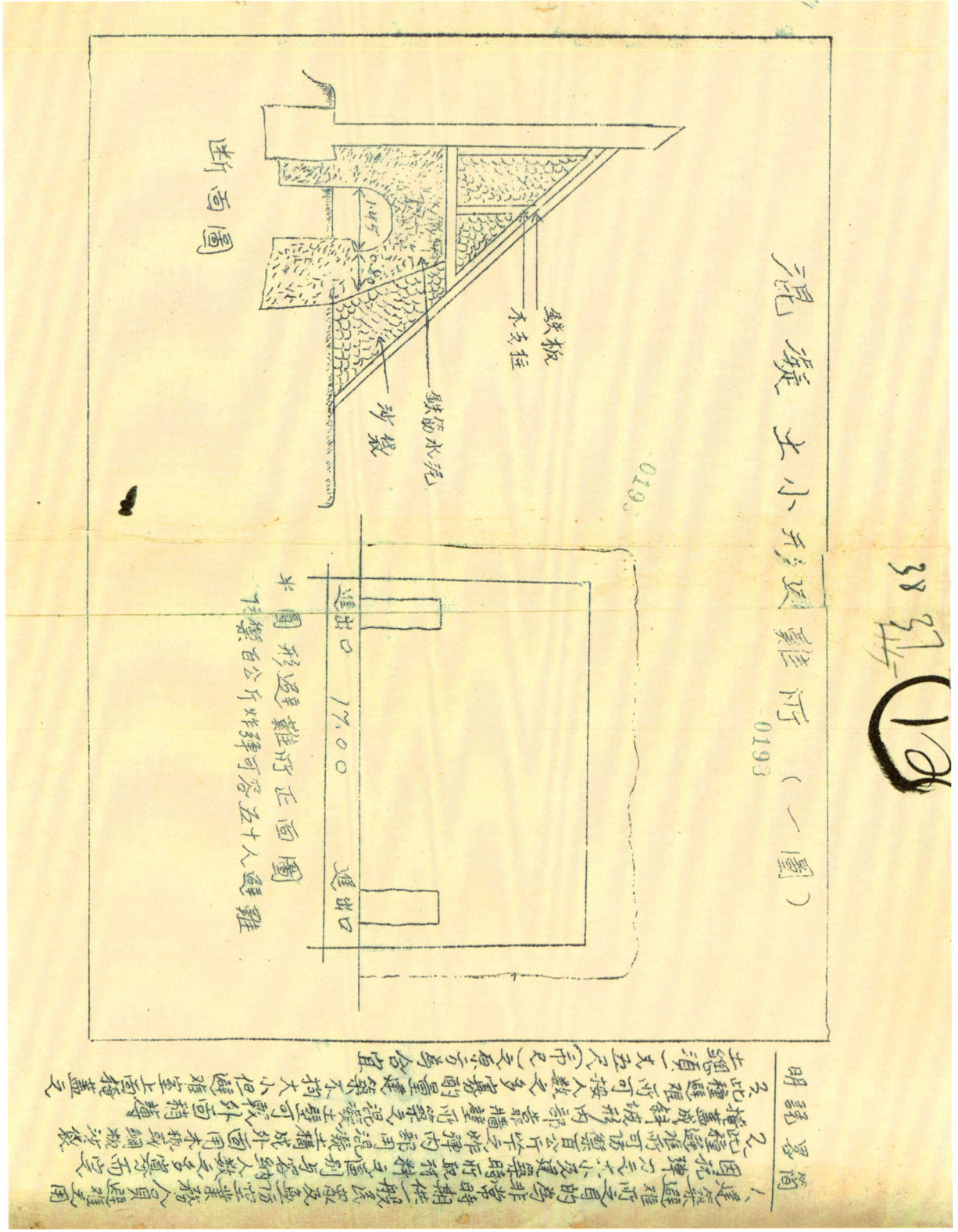

各式防空壕圖形

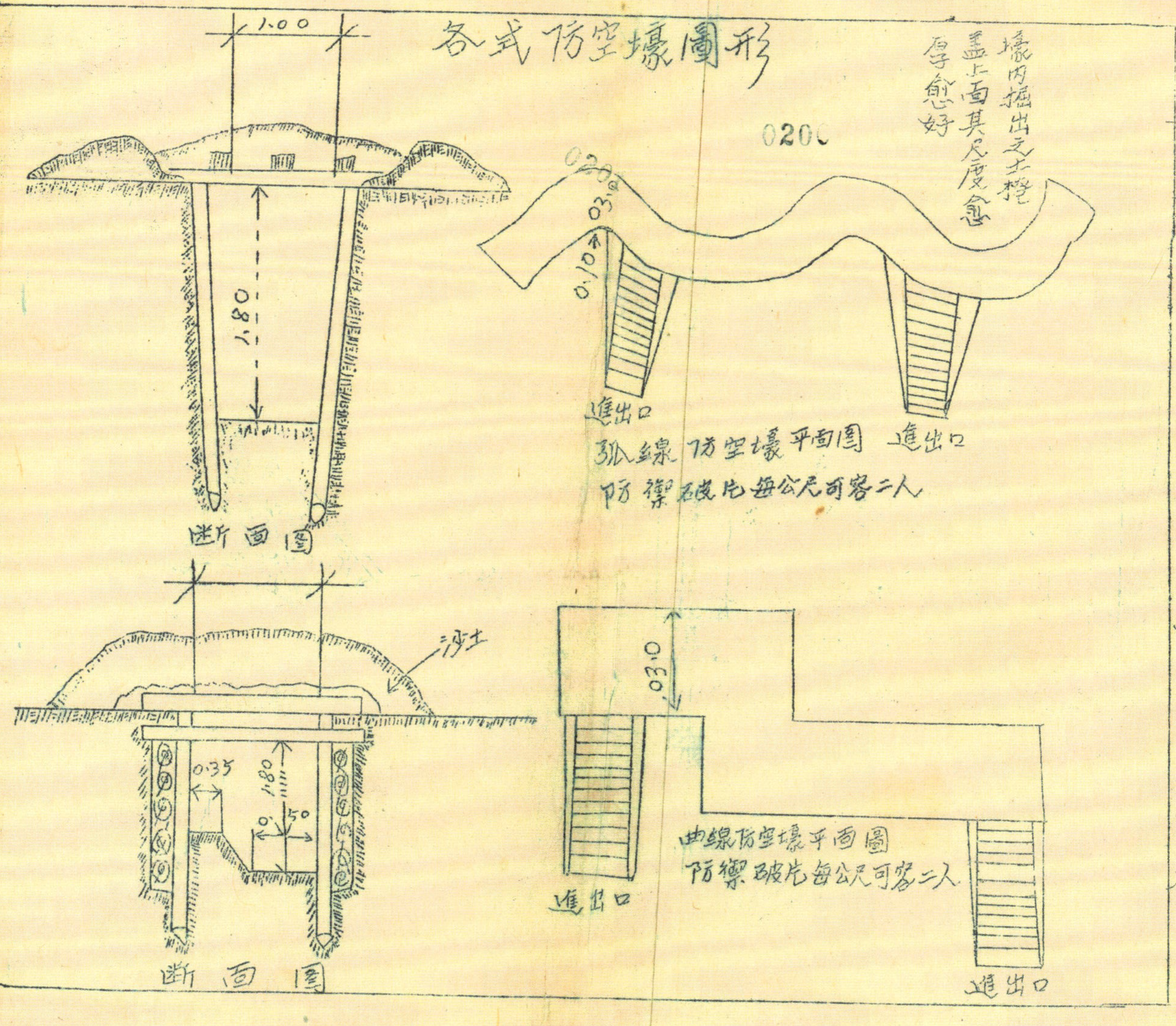

簡畧說明

一、此種防空壕為防禦破片及毒氣之用地基最好擇高爽地面距房屋之距離宜稍遠至少須與房屋之高度相等到防空壕路線及進口地点均須以標記於明施工時先用石灰在地面上打樣然後動工開掘以開掘之露天防空壕先用木板遮蔽再將鬆土覆於板上即成掩蔽防空壕掩蔽防空壕之進出口安置木框張掛毛氈或棉被造成簡單防毒簾

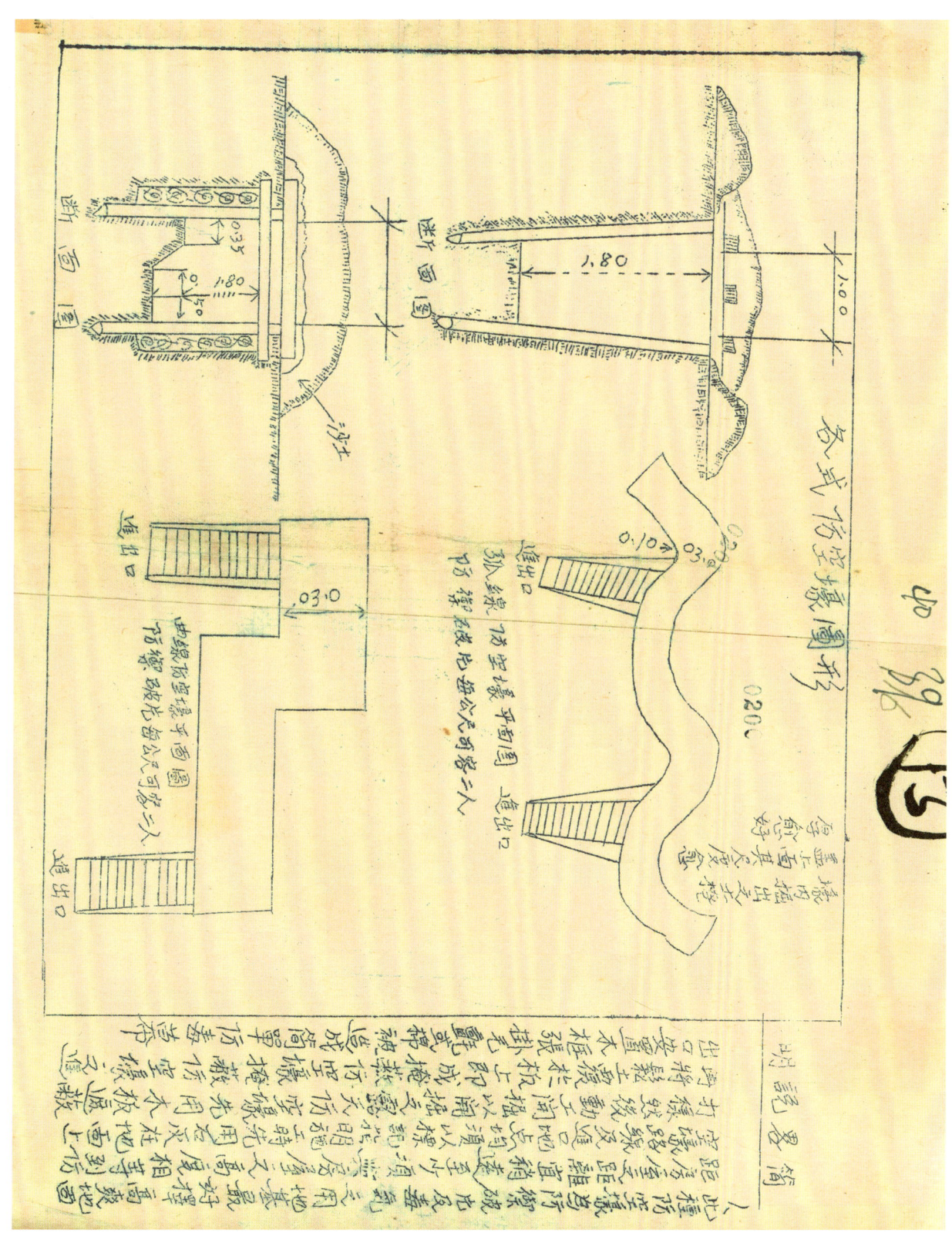

甘肃省政府关于严防汉奸混入各部派来人员致镇原县政府的代电（一九三七年十月二十六日）

197

6026

甘肅省政府快郵代電

秘文字第482號

事由

第 頁共 頁

鎮原縣縣長奉行政院本年十月齊總代電開准軍事委
員會第一部一總文東代電開據薛總司令岳艷巳參戰
電稱近查各机関各部隊派參前方工作及參觀人員多無証明
文件有使漢奸乘機混入之弊擬請通令凡赴前方工作
人員或參觀者必須由該管最高長官發給證令以為憑
據免致疏虞洩漏軍情等情除電復照辦並分行外特電
查照並希轉飭知照等由准此自應照辦仰即遵照等因
除分電外合亟電仰遵照飭屬一体遵照為要甘肅省政

中華民國 年 月 日 發

0027

甘肅省政府快郵代電

字第　號

府寢秘文印

事由

第　頁共　頁

中華民國二十六年十　二六日發

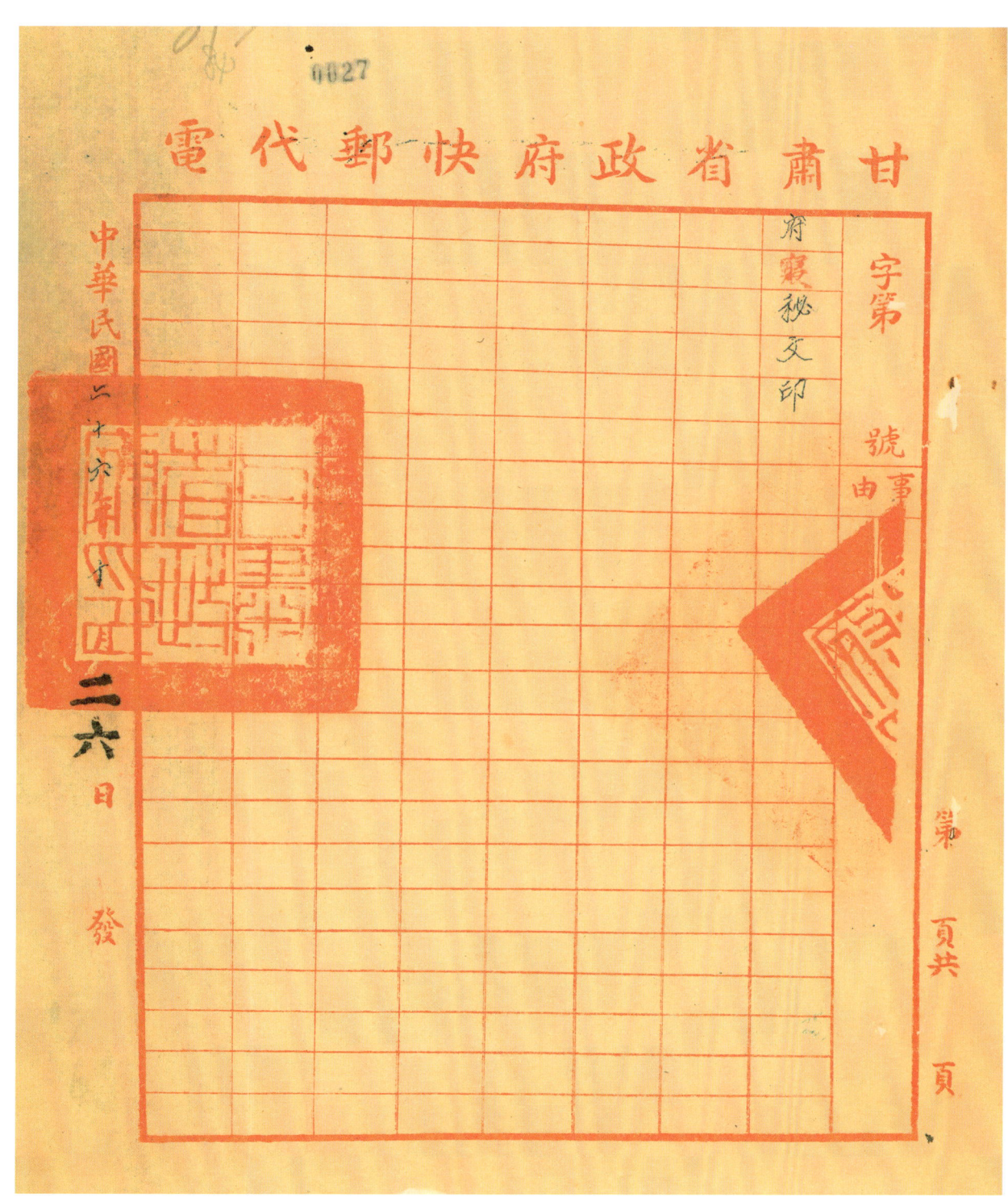

甘肃省政府关于加强防空设备维护致镇原县政府的代电（一九三七年十一月一日）

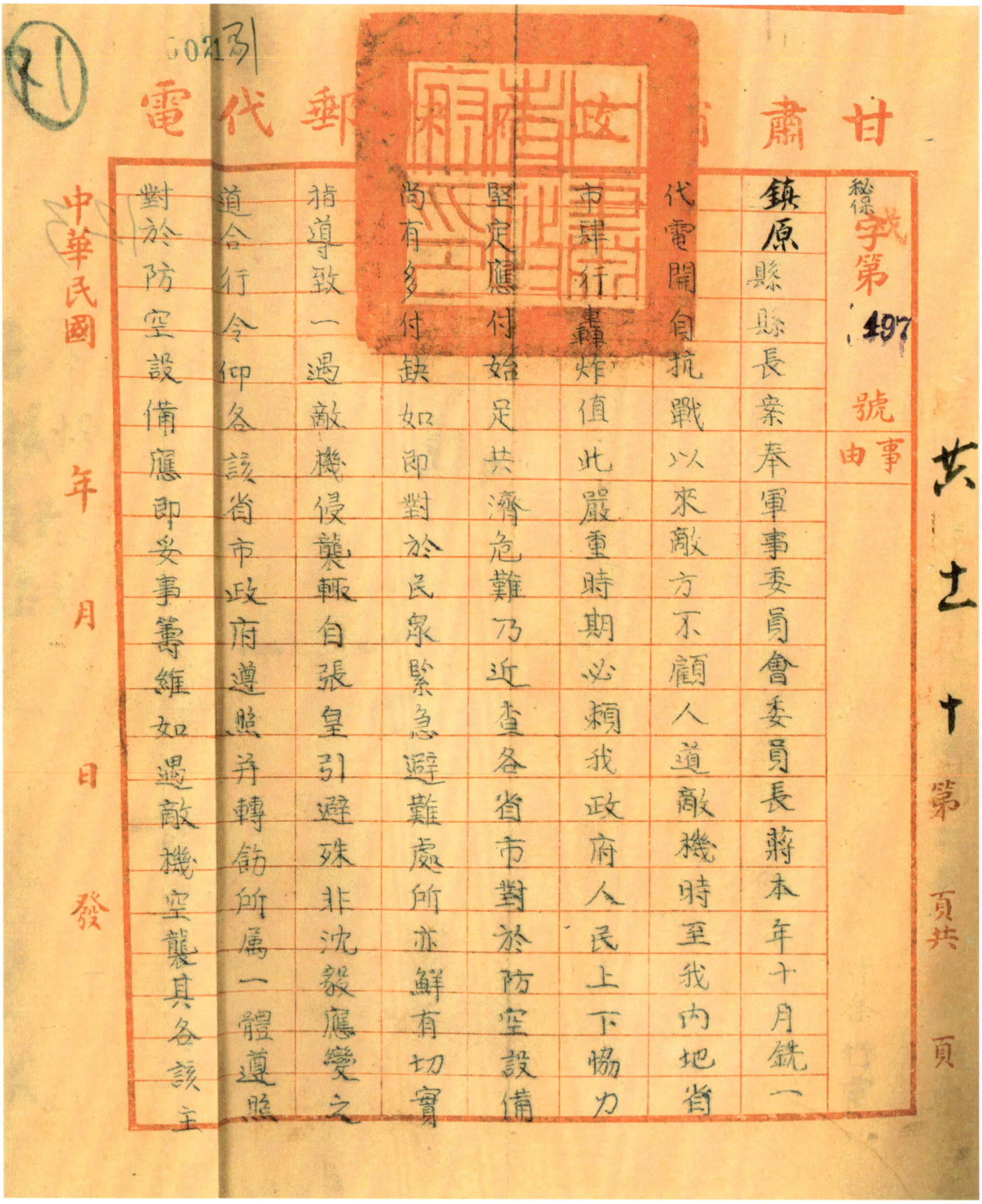

甘肅省政府郵代電

秘保字第497號

事由

鎮原縣縣長案奉軍事委員會委員長蔣本年十月銑一代電開自抗戰以來敵方不顧人道敵機時至我內地省市肆行轟炸值此嚴重時期必賴我政府人民上下協力堅定應付始足共濟危難乃近查各省市對於防空設備尚有多付缺如即對於民衆緊急避難處所亦鮮有切實指導致一遇敵機侵襲輒自張皇引避殊非沈毅應變之道合行令仰各該省市政府遵照并轉飭所屬一體遵照對於防空設備應即妥事籌維如遇敵機空襲其各該主

中華民國　年　月　日發

共　頁　第　頁

肅 郵代電

管長官尤應鎮靜應付維持秩序以圖公共之安全勉為
僚屬之表率是為至要等因奉此除分行遵辦外合行電
仰該縣長遵照妥慎辦理為要賀耀組東秘保

中華民國二十六年十一月一日發

甘肃省政府关于填报敌机轰炸伤亡人数调查表致镇原县政府的训令（一九三七年十一月六日）

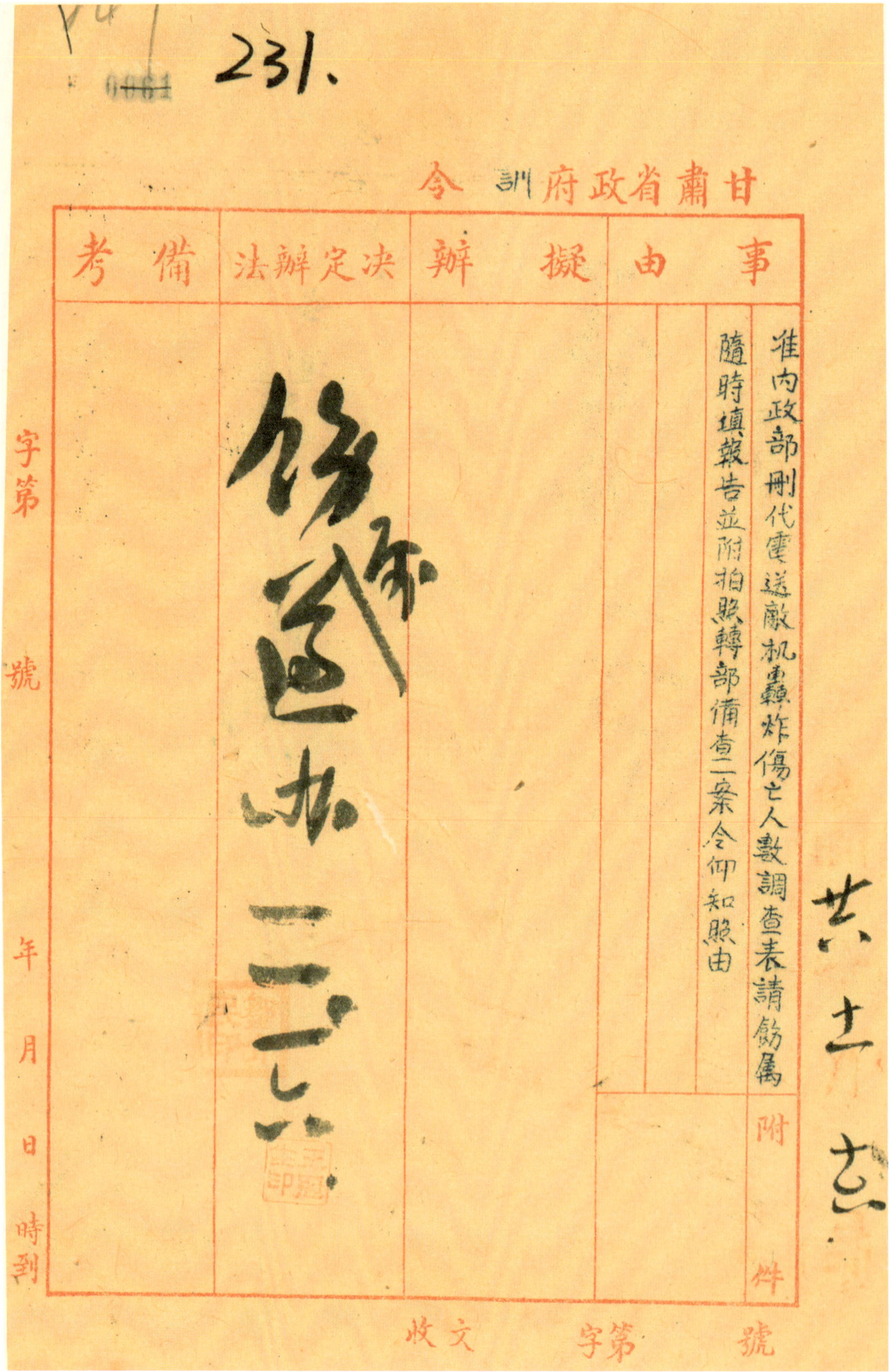
231.

0061

甘肅省政府訓令

事由	擬辦	決定辦法	備考
准内政部删代電送敵机轟炸傷亡人數調查表請飭屬隨時填報告並附拍照轉部備查一案令仰知照由	飭遵辦		

廿六 十一 六

附件

第 字 號 年 月 日 時到

收文 第 字 號

2

甘肅省政府訓令

秘保字第1168號

令鎮原縣政府

案准

內政部本年十月删代電開：

「查自倭寇內犯飛机到處轟炸經本部於八月世日代電請將損害情形查明並編製照片報部在案近今月餘敵机暴虐日亟哀我人民傷亡慘重此種行為既為人道正義之蟊賊且為國際公法所不容亟應調查確實統計藉廣宣傳以示敵人之殘酷而正國際之視聽茲經本部擬就敵机轟炸傷亡人數調查表相應電達飭屬隨時填

报并饬拍照转部备查为荷

等因，到府。除分行外，合行抄同原件，令仰该县政府遵照转饬所属一体遵照。此令。

计抄发敌机轰炸伤亡人数调查表一纸

4

中華民國二十六　　十一　　六　　日

監印　高華藻

代主席　賀耀組

校對　張雲穉

羅文相

附：敌机轰炸伤亡人数调查表

549

0083

○○省○○縣
○○市

敵機轟炸傷亡人數調查表

日期	被炸地方	被炸情形	死亡人數	受傷人數	備註

6

說明：一、被炸情形欄，如敵机施用炸彈燃燒彈或毒氣彈轟炸民房火車輪船等項須詳細填明。

二、死亡暨受傷人數兩欄，對於婦孺數目須特別填明。

三、備註欄備填本表未列應行填明之事項。

镇原县政府关于敌我战机降落后处置事宜致肖金镇公所的训令（一九三七年十一月七日）

镇原縣政府訓令　民字第二一七號

令蕭金鎮區員刘安業

本月四日案奉

省政府秘保酉字第二一三號訓令内開：

「案准

航空委員会魚莫代電開自我空軍出動應戰以來，敵机被我擊落者各地多有，而我机於战鬥之餘，或因机件发生障礙，或因油量已經告罄，以致強迫降落者間亦有之。各地民眾每有不能分辨，以為凡是降落之机均屬敵机，机中人員均屬敵人，因仇心熾，对人对机均予敵視，毀傷雪憤，情本可原。惟是飛机降落已失威力，我方飛机固宜極力愛護以保軍實，即屬敵机，既落我手，即可轉為我用。毀机雪憤，無於自喪其利器，而机中飛航人員果為我英勇抗戰之空軍战士，自應敬愛有加，妥為救護；其為我之俘虜，亦應活擒押解中央，弗加傷害，以彰我軍民武德，揚我大國風度。全国同胞如能明瞭此旨，既不致加怒俘虜，更何致誤害我空軍戰鬥人員。務請迅將上述各節通令所屬縣區政府机關轉飭各地同胞，嗣後遇有飛机降落時，对於飛机及其附件、武器，均應一面派員妥為看管

一面速電本会聽候處置对於随机降落敌飛保險傘降落之人不分敵我
均亟先行救護其為我空軍將士者並立加慰恤如已受傷並迅速護送當地醫
院診治同时即電本会报告人員姓名及飛机號碼備查敵人先視其態度
如何運用相當力量將其捕護送交就近軍警机関或縣政地方机関收押看管電
告本会聽候處置一面阅地方軍務除分電外相應電請查照办理見復為荷等
由除電復并分令外合亟令仰該縣長飭屬一体遵照此令。
因。奉此除分行外合亟令仰該區員遵照並轉飭所屬一体遵照。

此令。

縣長 郎介民

七

中華民國二十六年十一月　日

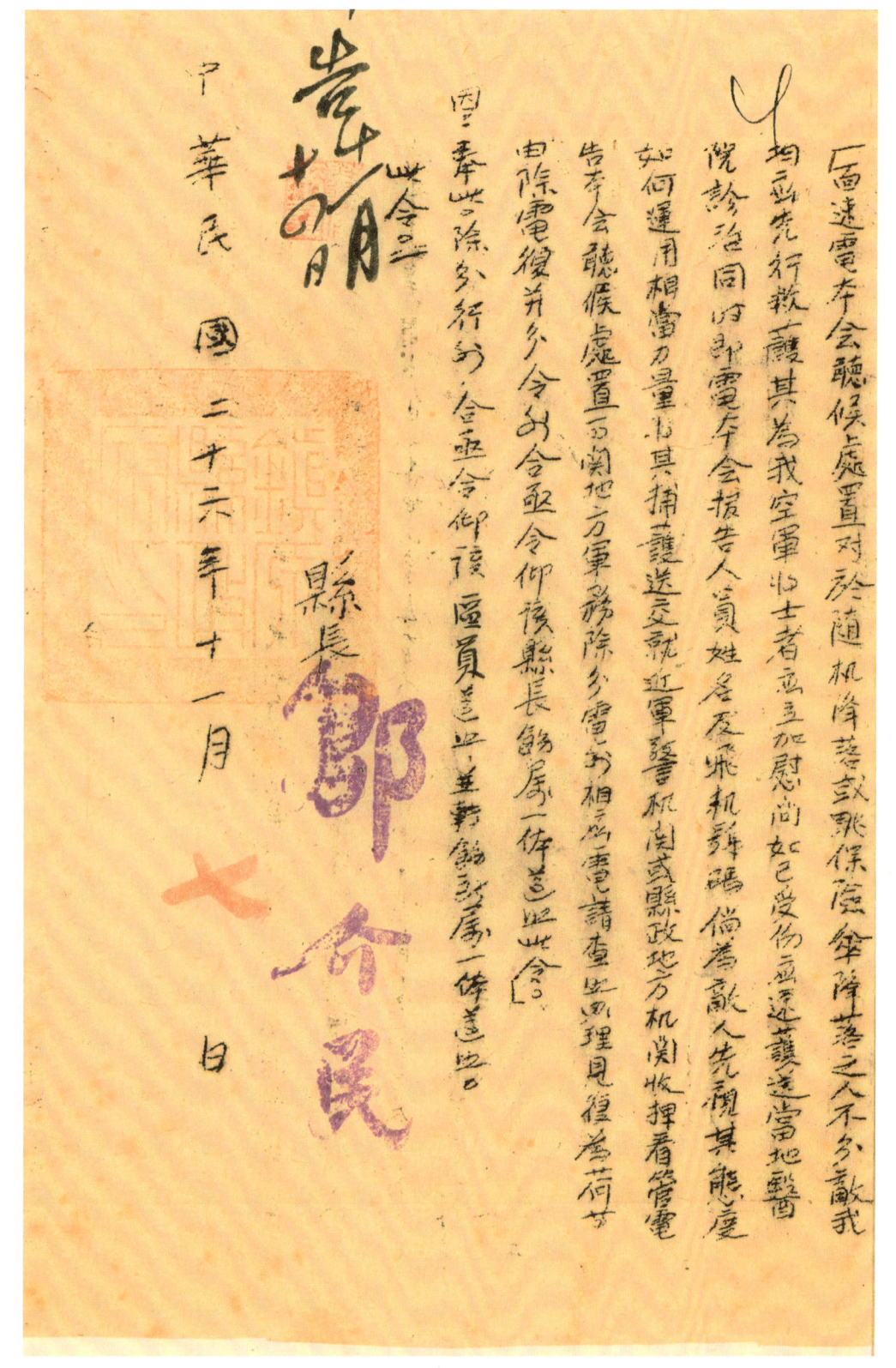

甘肃省政府关于军事要塞交通桥梁建筑等物四周平顶多用黄沙堆置以防御轰炸致镇原县政府的训令

（一九三七年十一月十日）

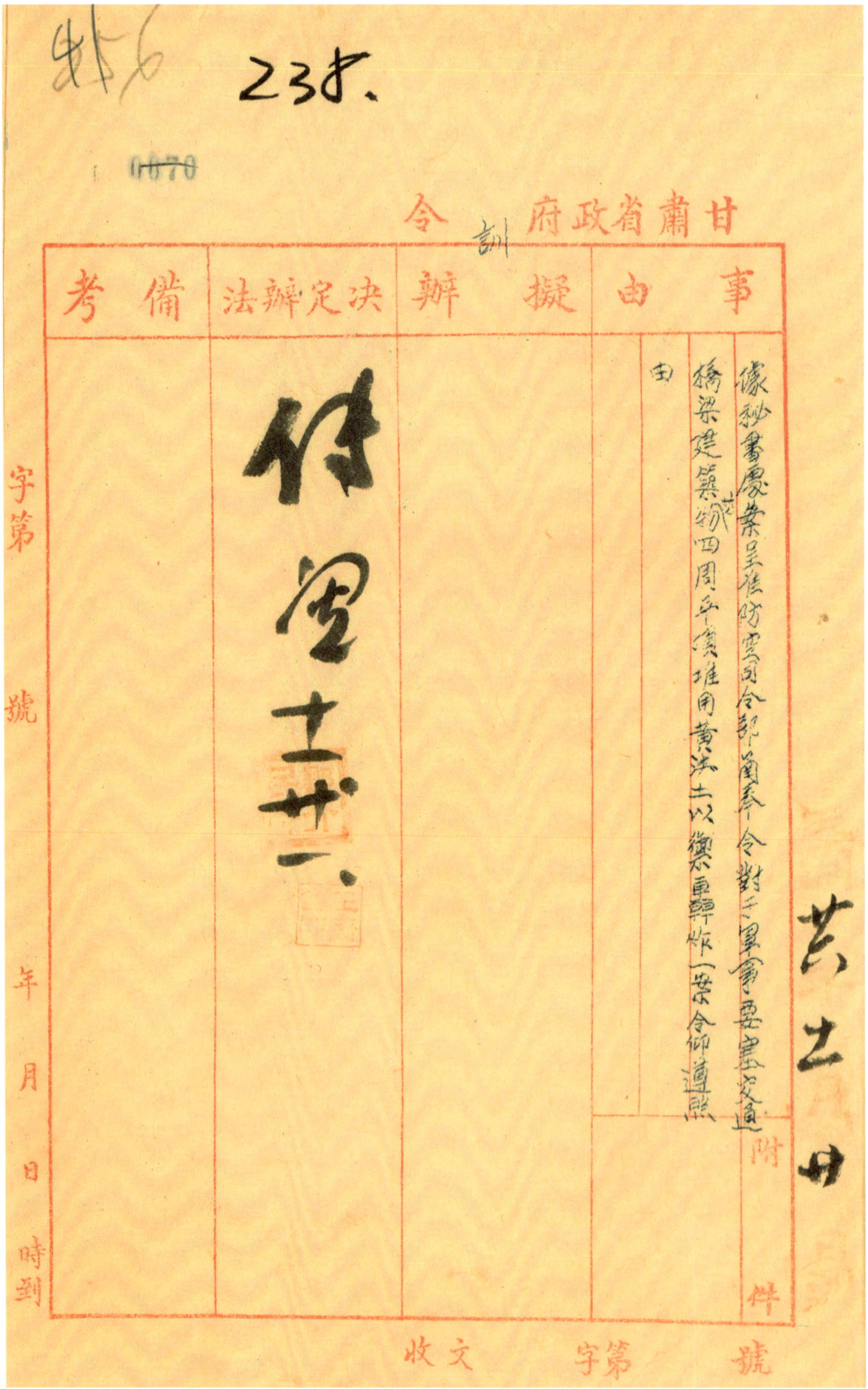
238.
0070
甘肅省政府訓令
事由：據秘書處案呈准防空司令部蘭秦令對于軍事要塞交通橋梁建築等物四周平頂須堆用黃沙土以禦炸彈爆炸一案令仰遵照由
擬辦
決定辦法：付閱 十一 廿八
備考
附件
字第 號
年 月 日 時到
收文 字第 號

42

甘肅省政府訓令

秘保發第1180號

令鎮原縣縣長

據秘書處案呈准甘肅省會防空司令部本年十一月五日防字第一九八號函開：「案奉國民政府軍事委員會二十六年十月十八日防三字第四二三六號訓令開：『案據上海各界抗敵後援會十月五日呈稱：案准本會設計委員會函開：案據市民區悅禮函稱：查敵機到處濫肆轟炸，我既無多數空軍，又乏高射炮、高射機關槍可以防禦，不免損失過大。擬請轉函軍事當局，通令全國各人民機關、軍事要塞、交通橋梁及大建築物四周，平須多用黃泥堆置，最低須六尺深厚，以作防禦，收效必宏，此事輕而易舉，一得之愚，伏希採擇施

85

23P.

0071

附等情據此查該項建議雖屬吾常實關重要應請即轉軍當局以供參孜等因准此爲特備文轉請仰祈鑒核示遵等情據此查所呈各大建築物並、頗多用黃泥堆置以禦敵機轟炸一節尚屬可行除分令外合亟令仰該甘肅省防空協會轉飭所屬知照此令。等因，奉此。除分函各機關并分令所屬知照外，相應函請貴處查照辦理爲荷。

等情。除分行各專署外，合亟令仰該縣長遵照。此令

44

中華民國二十六年十二月十日

甘肅省政府印

代主席賀耀組

華藻

校對
張雲程
羅文湘

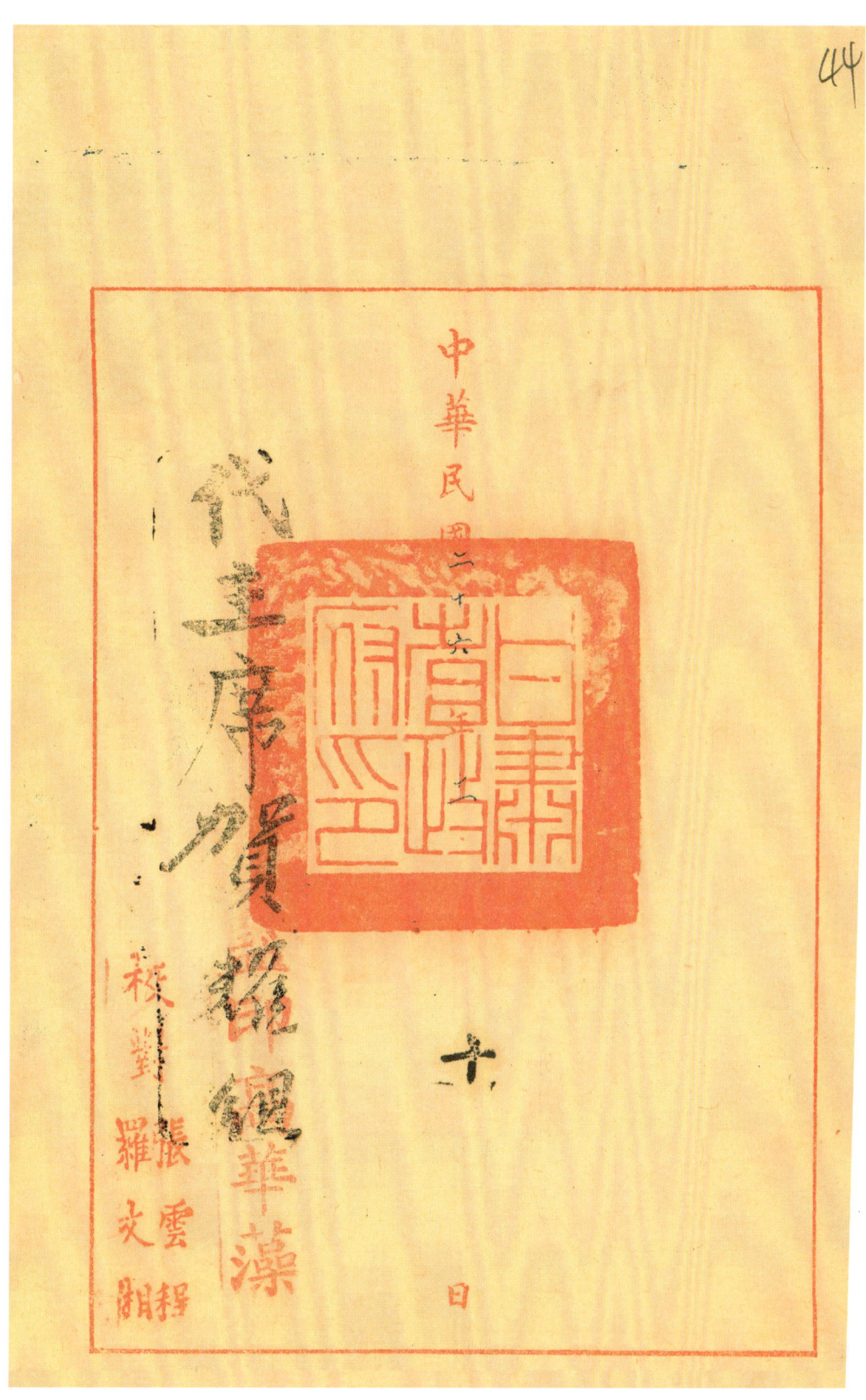

甘肃省第三区行政督察专员公署关于抄发马骡等兽畜简易防毒口罩说明致镇原县政府的训令

（一九三七年十一月十二日）

甘肅第三區行政督察專員公署訓令　專建戌字第七號

令鎮原縣政府

甘肅省政府建設廳建三酉字第一三四七號訓令內開：

案奉

「案奉實業部漁字第五四九五號訓令內開：案准軍政部函開：案據陸軍獸醫學校校長陳爾修呈稱：查現在時局緊急，防毒事宜極為重要，惟我國各部隊及一般民眾對於馬騾及各種牲畜之防毒設備尚未週全，如將來敵機散佈毒氣之時，各種獸畜勢必難免遭受損害，是以不能不亟謀防範之方法，但完善之防毒器具所費實屬不貲，若廣事製備，在目前情形，力所不逮，現戰機已啟，緩不濟急，爰特參照各項防毒原理，製成簡易馬騾防毒口罩，經試驗可以應用，該口罩製法簡便，成本低廉，並易普遍採用，如照該項辦法製成小型口罩，並可以資小牲畜之用，事關獸畜防毒，理合繕具該項口罩說明一份，請鑒核，俯賜分別咨令轉飭所屬及民眾採用等情，附呈馬騾簡易防毒口罩說明二份，據此，查該校長所稱

0215

45

各節核尚屬實馬騾單簡防毒口罩確係需要除指令准予照辦並分別函令外相應印送原件一份函請查照飭屬遵照辦理為荷等由准此合行抄發原件令仰遵照並轉飭所屬一體遵照此令等因並附發馬騾簡易防毒口罩說明一份奉此除分行外合行檢抄原件令仰該署遵照轉飭所屬一體遵照此令等因等因附發馬騾簡易防毒口罩說明一份奉此除分令外合行令仰遵照並飭屬遵照。

此令二二

附抄發馬騾簡易防毒口罩說明一份

中華民國二十六年十一月十二日

專員 羅人驥

十一廿二

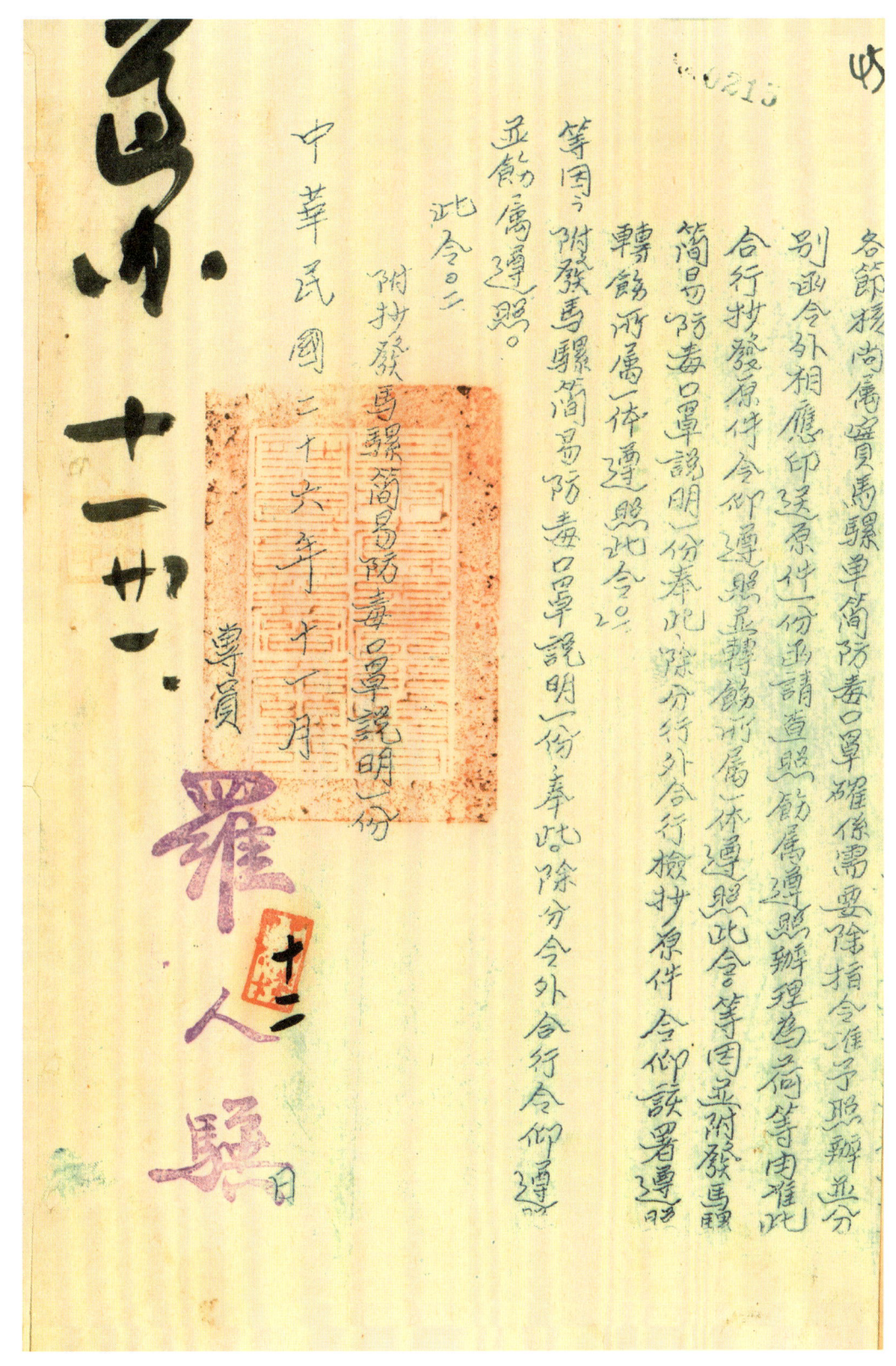

附：马骡简易防毒口罩说明

0216

馬騾簡易防毒口罩說明

一、口罩形式為一圓柱狀布質之囊，上口周圍分為甲乙兩種，甲種六十八公分，乙種六十六公分，下底周圍甲種六十公分，乙種五十八公分，口罩高甲種二十二公分，乙種二十公分，外表為國產灰色）布，內裏為國產白色）布（因此灰布價廉），內鋪棉花（用脫脂棉為佳），每（具約七五〇乃至八五〇克（並將此棉以縫線與外表灰布引結，以免浸水壓榨時棉花團結成塊），上口裏邊附縫附貼以寬三公分半鬆緊帶，再在上口成直對方向縫釘兩層重疊之灰布繫帶兩條（每條長六十五公分，寬三公分半），以便在頂部結繫。

一、口罩裝配（如圖）臨用時將口罩用5%重炭酸曹達水浸濕，用適宜壓榨以不向外滴水為度，裝配於馬騾頭部（籠頭裏面），掩護口鼻，嗣將兩條繫帶向上引伸，在頂部結合之。

一、實地檢驗，經將此項口罩照法裝配後，觀察馬匹之呼吸情形，暨全般狀況，歷時許久，毫無異常，惟在運動間，其吸呼作用難免發生多少障碍，但實際上有毒瓦斯侵襲

47

0217

之處時總以掩蔽馬匹使之安靜為主一時似不至多有劇烈之運動因之此項口罩在某配應用上似可持續二三小時藉以減損毒瓦斯之侵襲

一、改製為小型 各種小牲畜所用之口罩可按上述方法將口罩之各下底及內度酌量該牲畜之大小改製為小型口罩即可以資用

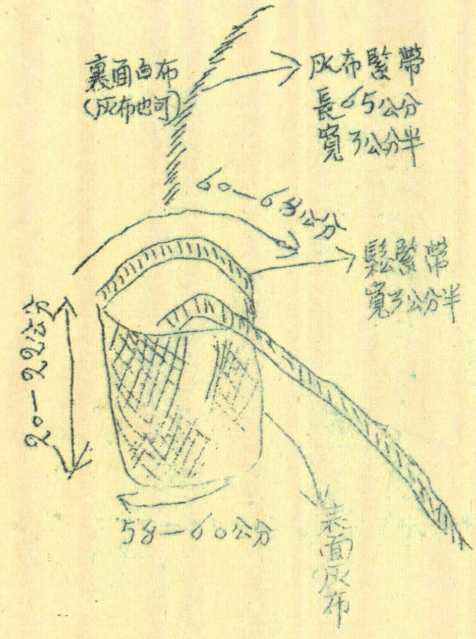

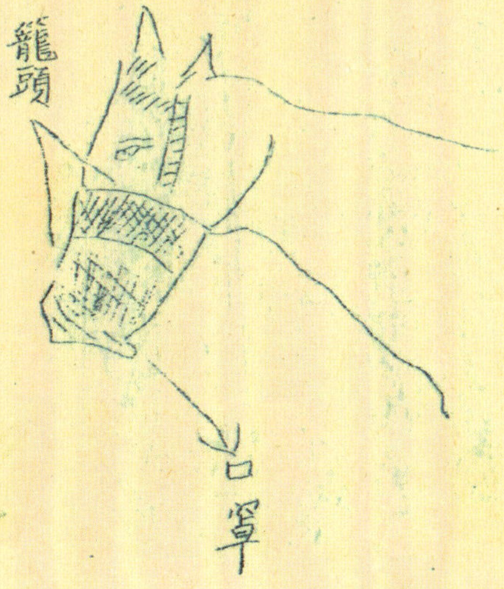

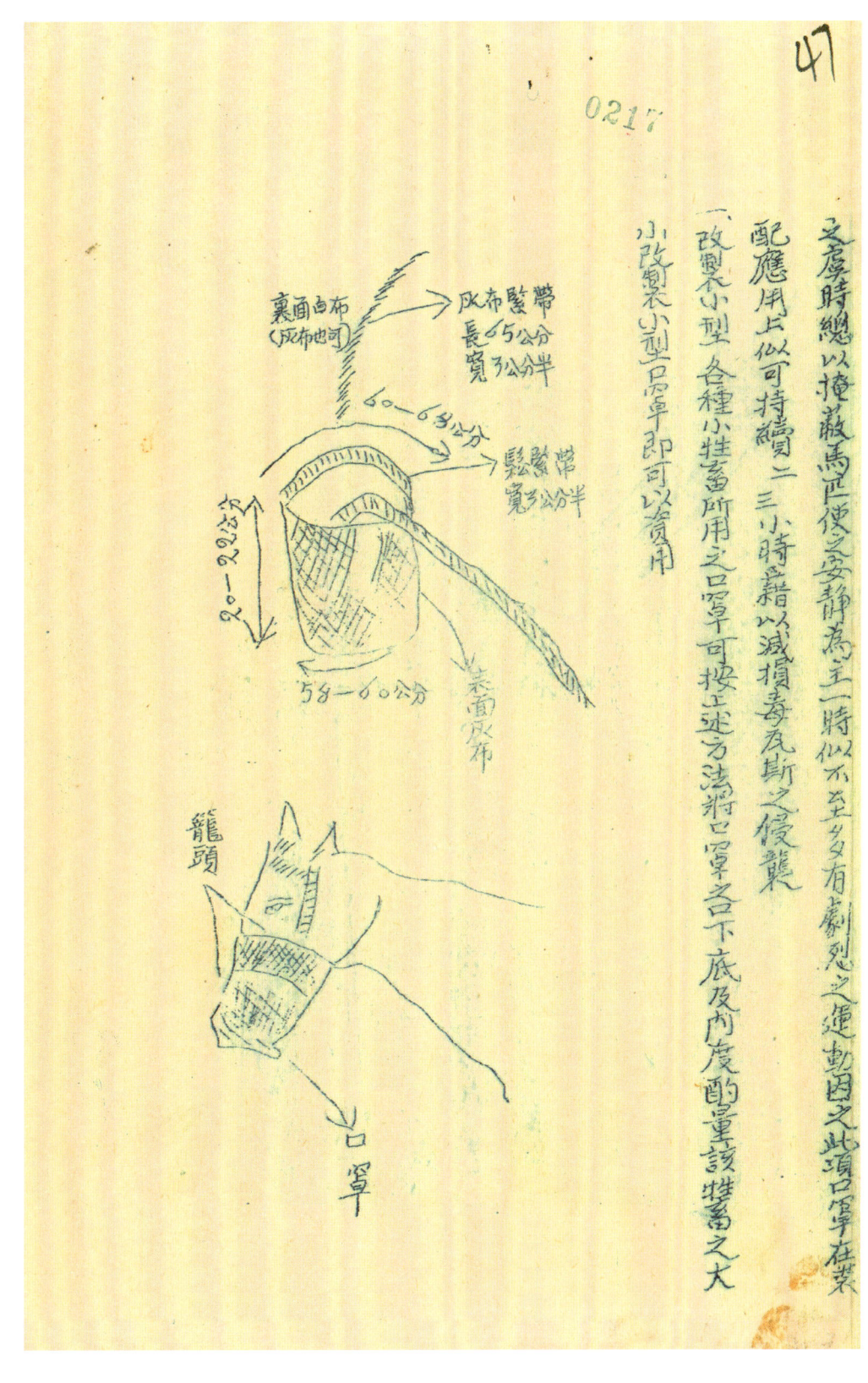

甘肃省第三区保安司令部关于防范不肖分子混入派往各地工作人员致镇原县政府的代电

（一九三七年十一月十八日）

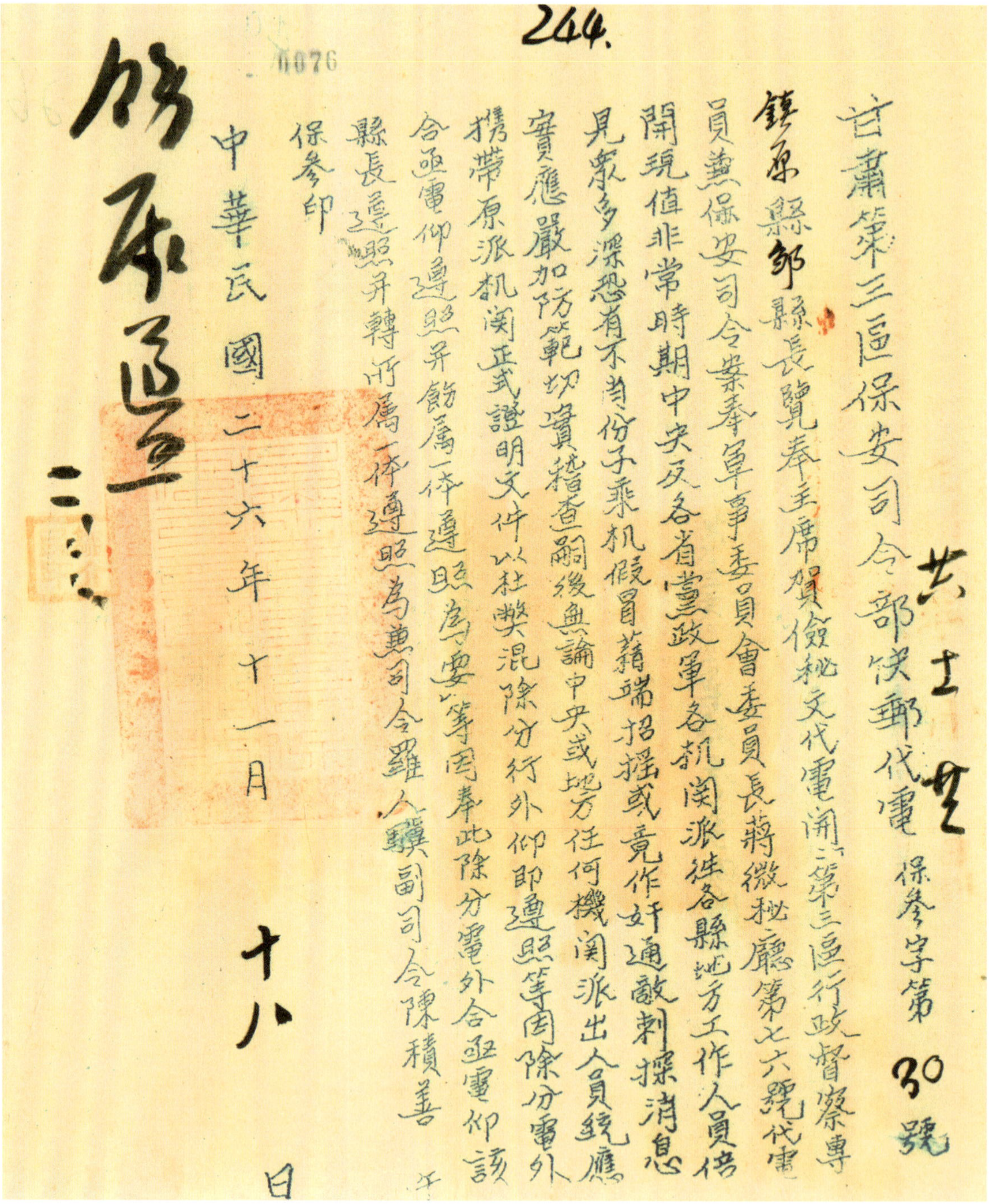
甘肅第三區保安司令部快郵代電　保參字第30號

鎮原縣部縣長覽：奉主席賀儉秘文代電開：「第三區行政督察專員兼保安司令案奉軍事委員會委員長蔣微秘廳第七六號代電開：現值非常時期，中央及各省黨政軍各机関派往各縣地方工作人員倍見衆多，深恐有不肖份子乘机假冒，藉端招摇，或竟作奸通敵，刺探消息，實應嚴加防範，切實稽查。嗣後無論中央或地方任何機関派出人員，統應攜帶原派机関正式證明文件，以杜弊混。除分行外，仰即遵照等因，除分電外，合亟電仰遵照并飭屬一体遵照為要」等因，奉此，除分電外，合亟電仰該縣長遵照并轉所屬一体遵照為要。司令羅人驥、副司令陳積善。保參印

中華民國二十六年十一月十八日

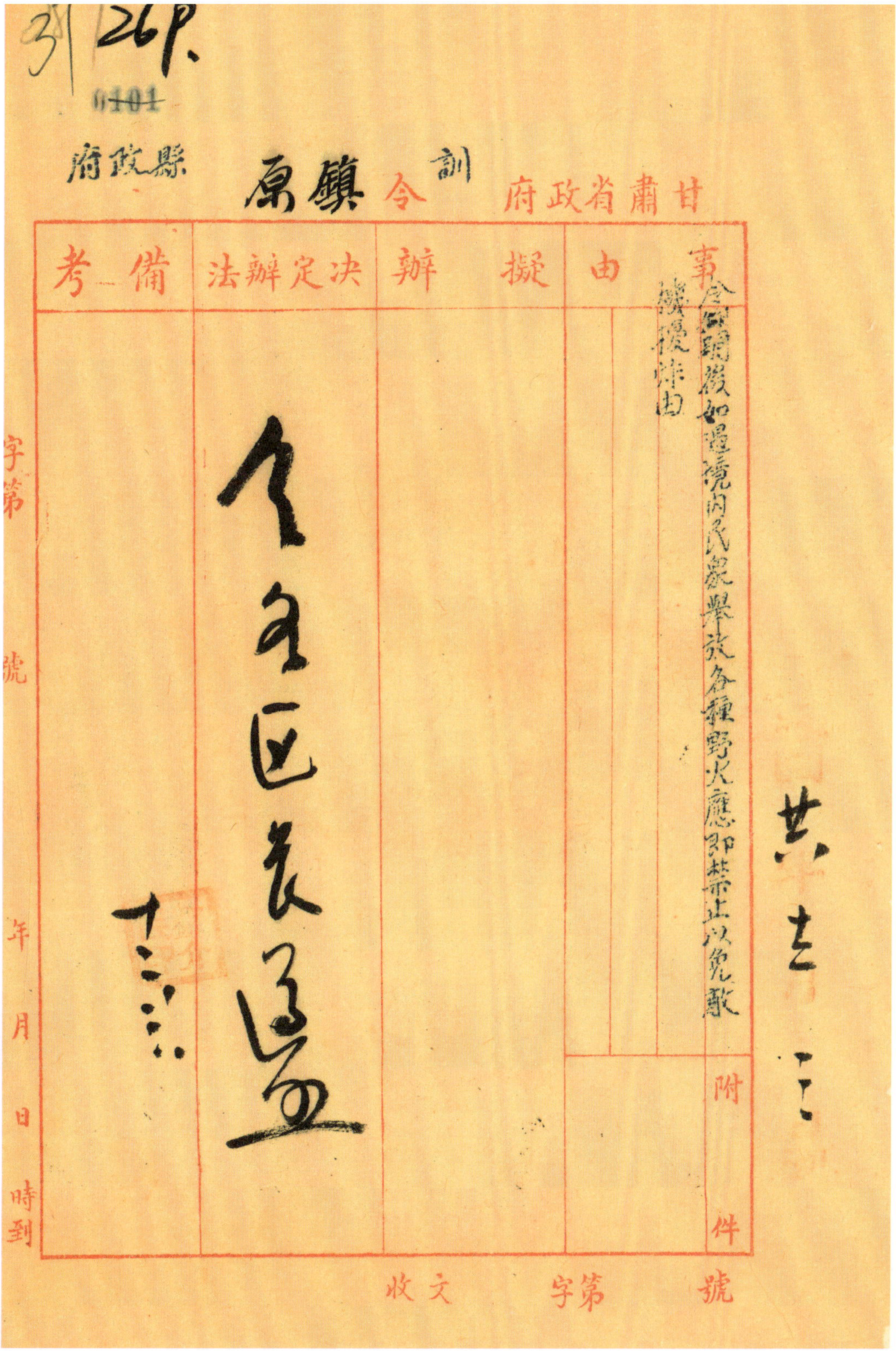

甘肅省政府訓令　鎮原縣政府

事由	擬辦	決定辦法	備考
令飭嚴如遇境內民衆舉放各種野火應即禁止以免敵機擾炸由			

附件

收文　字第　號

甘肃省政府关于禁止民众纵火焚烧野草避免敌机轰炸致镇原县政府的训令（一九三七年十一月二十三日）

38

甘肅省政府訓令　建三戌字第1506號

令鎮原縣政府

案准

湖北省政府省建三字第二一七三八七號公函內開：

「案據本府職員陸潤觀、劉先鍒、萬劉瑞生、黃照藻、孫汝麟等簽呈稱：查武漢附近鄉民，每於秋冬之交，大芋柴割竣之後，多有將剩餘稭稈縱火焚燒，如遇氣候乾燥，風色較大時，火隨風力，風助火威，有繼續燃燒數晝夜，或蔓延數十百里者，此種舉動，原無何種意義，我平時因亦無重大影響，未予注意。現武漢上空已發現敵機，市區以內燈火均有周密管制，當可無慮，惟此項野火，如不事先嚴加防範，則一旦蔓延，撲滅不易，實

270.

0102

予敵机以良好目標，其危害之烈，誠非可言喻。擬請衡情轉呈省府，飭令各縣政府保

安團隊轉飭各保甲長等，逐戶傳知，曉以利害，互相監視，倘有火星發現，附近團

隊居民，無分晝夜，應即群起撲滅，以杜蔓延。至市區居民信佛或安奉菩薩所

備燒錢鏢錠香燭鞭炮等燃燒物，由城廂附近憲警督令在指定空曠場所焚化，以免對

不准攜帶入山，以防漢奸利用。又查鄉民為積儲肥料，依季焚燒各種草澤，亦應

限定概一律於白晝辦理，至晚黑即須用土掩蓋，將火星完全消滅，俾免因一人

時疏忽而延及山林。再此種縱火燒山之事，恐亦不僅武漢各省市鄉村在所不免，似

應併請省府轉咨各省市防範，以免減損抗戰人力物力。是否有當，敬祈鑒核施

行等情。前來，查該員等所稱各節，不無見地，理合具文呈請鈞府鑒核轉呈

中央。准此。查甘肅地面遼闊，山嶺重疊，每屆冬季，民眾依然任意焚燒野草，值茲非常

以致敵機則雲霧瀰漫影響飛行，殊匪淺鮮。准函前由，合亟令仰該縣長遵照，如遇境內發現縱火燒山以及舉放各種野火，應即嚴行禁止，以免敵機藉為目標，橫施轟炸為要。

此令。

代主席 賀耀組

兼建設廳長 賀耀組

中華民國二十六年十一月 三 日

監印 高華藻

校對 趙從銘

镇原县政府关于禁止民众纵火焚烧秸秆避免敌机轰炸致第二区署的训令（一九三七年十二月六日）

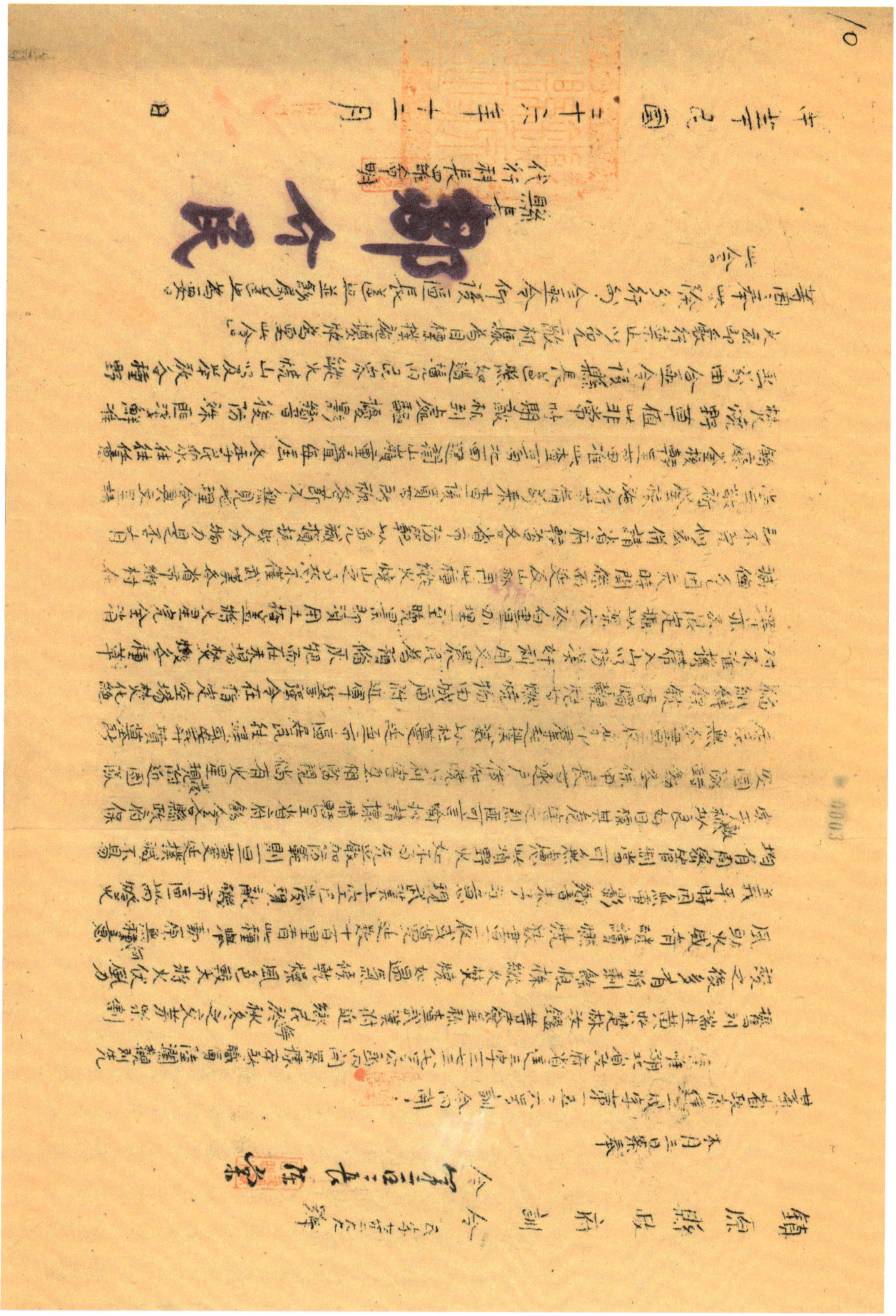

镇原县政府训令

甘肃省政府关于转发汉奸自首条例致镇原县政府的训令（一九三七年十二月六日）

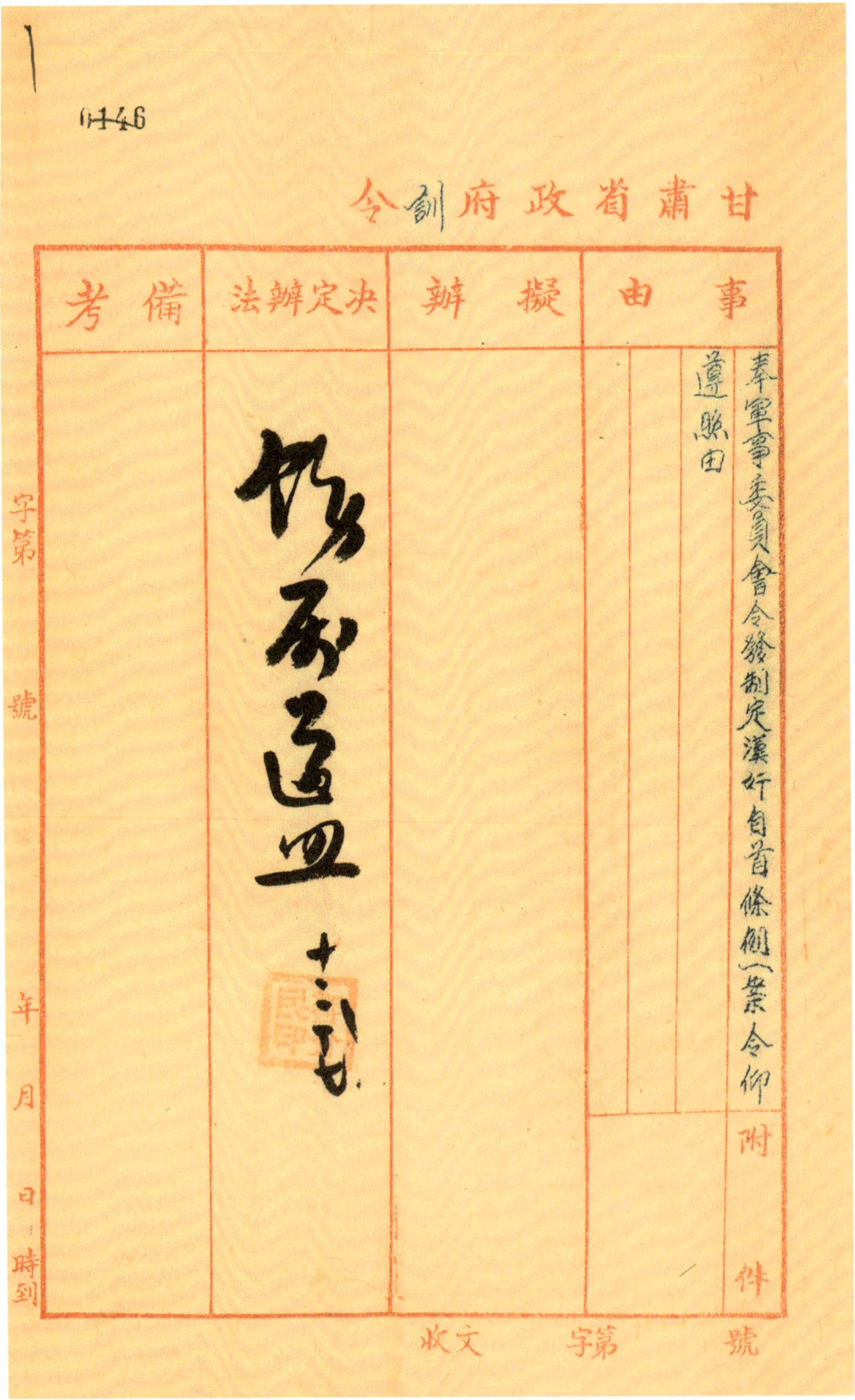
0146

甘肃省政府训令

事由	拟办	决定办法	备考
奉军事委员会令发制定汉奸自首条例一案令仰遵照由		饬分函遵照 十二、七	
附件			

字第　号　年　月　日　时到

收文　字第　号

2

甘肅省政府訓令

秘保 府字第 1315 號

令鎮原縣縣長

案奉

國民政府軍事委員會本年十二月法審丑字第一零六號訓令內開：

「茲經本會制定漢奸自首條例，除分佈外，合行檢發該條例令仰遵照，並飭屬一體遵照。此令。」

等因；奉此，除分令各專署外，合亟照抄原件，令仰該縣長遵照並轉飭所屬一體遵照。此令。

計抄發漢奸自首條例一份

代主席賀耀組

中華民國三十二年　月六日

監印　馬華藻

校對　張雲穆

羅文相

5

0006

漢奸自首條例

第一條、漢奸于發覺前自首合于左列各款之一者得免除其刑或免其刑之執行

一、檢舉其他漢奸案件經判決確定或查獲重要証據確有價值者

二、揭發漢奸或間諜之陰謀策略確實可信者

三、密告敵方機密確有利於本國者

四、携帶軍器來獻者

第二條 已發覺他罪後(而)自首其未發覺之漢奸餘罪合于前條所列各款之一者得免刑普罷刑之執行或緩刑

第三條 自首之漢奸依前二條免刑或免緩其刑之執行後復為漢奸者除併罰其前首之罪並不得原情酌減外再依左列各款加重處罰

一、沒收其財產之全部

1

6

二、其配偶直系血親及同居家屬並具保人均以幫助論罪但事先檢舉或年在八十歲以上十八歲以下者不論

第四條 前條之漢奸于未發覺前再行自首者除得免前條所列各款之加重處罰外依左列處斷

一、通常自首者不適用刑法總則自首減輕之規定但得原情酌減

二、自首而合於第一條所列各款之一者減輕其刑

前項自首人判處罪刑後執行刑期已逾二分之一確係悔悟有據者得予保釋保釋後在未執行刑期內無再犯情事者其未執行之刑以已執行論

第五條 漢奸自首應向左列各機關聲請之（聲請書式附）

一、有軍法權之機關或部隊

二、警察機關

三、各市縣政府及行政督察專員公署

四獨立旅以上之各級政訓處

自首人不識字者得以言詞為之但接受聲請机関應代填声請書令捺指摹

第六條 前條第一項所列之机関部隊對於漢奸案件無審判權者應于接受自首聲請後加具意見連同自首人移送當地或就近有審判權之机関或部隊核辦但有軍法權之部隊于作戰期内暫不辦理第一條第四條之自首案件

第七條 辦理自首案件之机関于核准自首後應依法判決

已判決之自首人應釋放時依左列辦理

一、飭由自首人之配偶或直係尊親並覓妥保二人共同負責監督（保結附）

二、如在原籍地其親族遠隔或無保可覓者送由其原籍市縣政府或行政督察專員公署看管依照前款辦理

8

三、因特種情形不能移送回籍者送由就近之縣市政府或行政督察專員公署暫予收容監督

第八條　年在八十歲以上十八歲以下者不得為保人

自首人之配偶直系尊親及其保人于此事係結束以前對自首人之言行須嚴加督察並賦予以下列特權

一、得禁止自首人發表國事之言論

二、得不准自首人與形跡可疑之人來往

三、得檢查自首人來往之信件

四、得干涉自首人之遷往或遠行

五、得扣留自首人不應閱讀之書報

前項之配偶直系尊親及其保人如發覺自首人有違法越軌及其他可疑情事應立即報告当地市縣政府或行政督察專員公署或原辦自首機關核辦

第九條　前條第二項所列各機關接到報告後應將自首人暫予管收察

10 - 9 0003

呈報書

類別 人類	自首人	保人
姓名		
性別		
年齡		
籍貫		
職業		
住址 市縣區鄉鎮街坊保甲門牌		

自首人照片

自首人之配偶直系血親及同居家屬之名氏年齡

自首人誤入漢奸之經過

漢奸之組織及活動情形	自首時檢舉之事實

右自首人　　經查訊明確依漢奸自首條例第　條第　款

判決宣告　　並依同條例第十一條檢同判決書呈報

備案謹呈

附呈判決書一份

中華民國　　年　　月　　日

11

6604

保結

類別／人別	保人		被保人
姓名			
性別			
年齡			
籍貫			
職業			
住址　市縣			
住址　區			
住址　鄉鎮			
住址　街坊			
住址　保			
住址　甲			
住址　門牌			
與被保人關係			
簽押或指摹			
對保簽押或指摹			

12

右被保人因誤入漢奸覺悟自首保人等願保外共同監督如
有再犯甘負帮助罪責謹呈

附粘被保人二寸照片一紙

中華民國　年　月　日

右保結派　查保

查保人

被保人照片

批示

13

0805

自首聲請書

自首人姓名	
性別	
年齡	
籍貫	
住址	市縣
	區
	鄉鎮
	街坊
	保
	甲
	門牌
稱謂	
名氏	
年齡	
稱謂	
名氏	
年齡	
簽押或指摹	

自首人前因誤入漢奸業已覺悟茲投案自首如蒙

俯准決不再犯違甘依法加重處罰謹呈

中華民國　　年　　月　　日

甘肃省第三区行政督察专员公署关于通报日方强行接收、检查上海电台一事致镇原县政府的密令

（一九三八年一月三日）

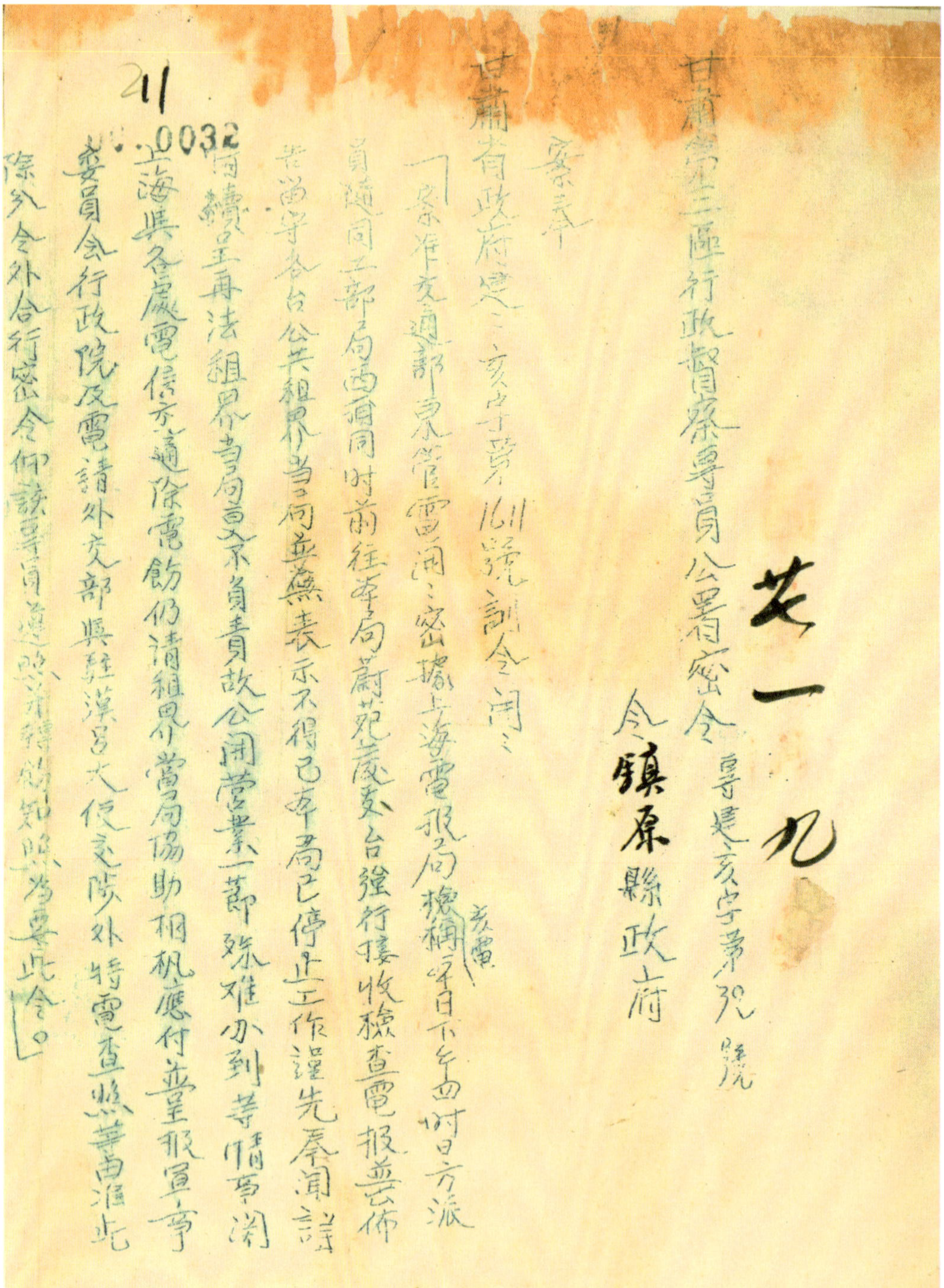
甘肅省第三區行政督察專員公署密令 專建亥字第39號
令鎮原縣政府
案奉
甘肅省政府建二亥字第161號訓令開：
「案准交通部東代電開：密據上海電報局損稱本日下午四時日方派員隨同工部局西捕同時前往本局蔚苑發台強行接收檢查電報並佈告滬寧各台公共租界當局並無表示不得已本局已停止工作謹先奉聞詳情續呈再法租界當局亦不負責故公開營業一節殊難办到等情准閱上海與各處電信交通除電飭仍請租界當局協助相機應付並呈報行委員會行政院及電請外交部與駐漢各大使交涉外特電查照等由准此除分令外合行密令仰該專員遵照並轉飭知照為要此令。」

抄送

一九卅

12

0033

等因，奉此。除分令外，合行令仰該縣長知照。

此令。

中華民國二十七年十一月三日

專員 羅人驥

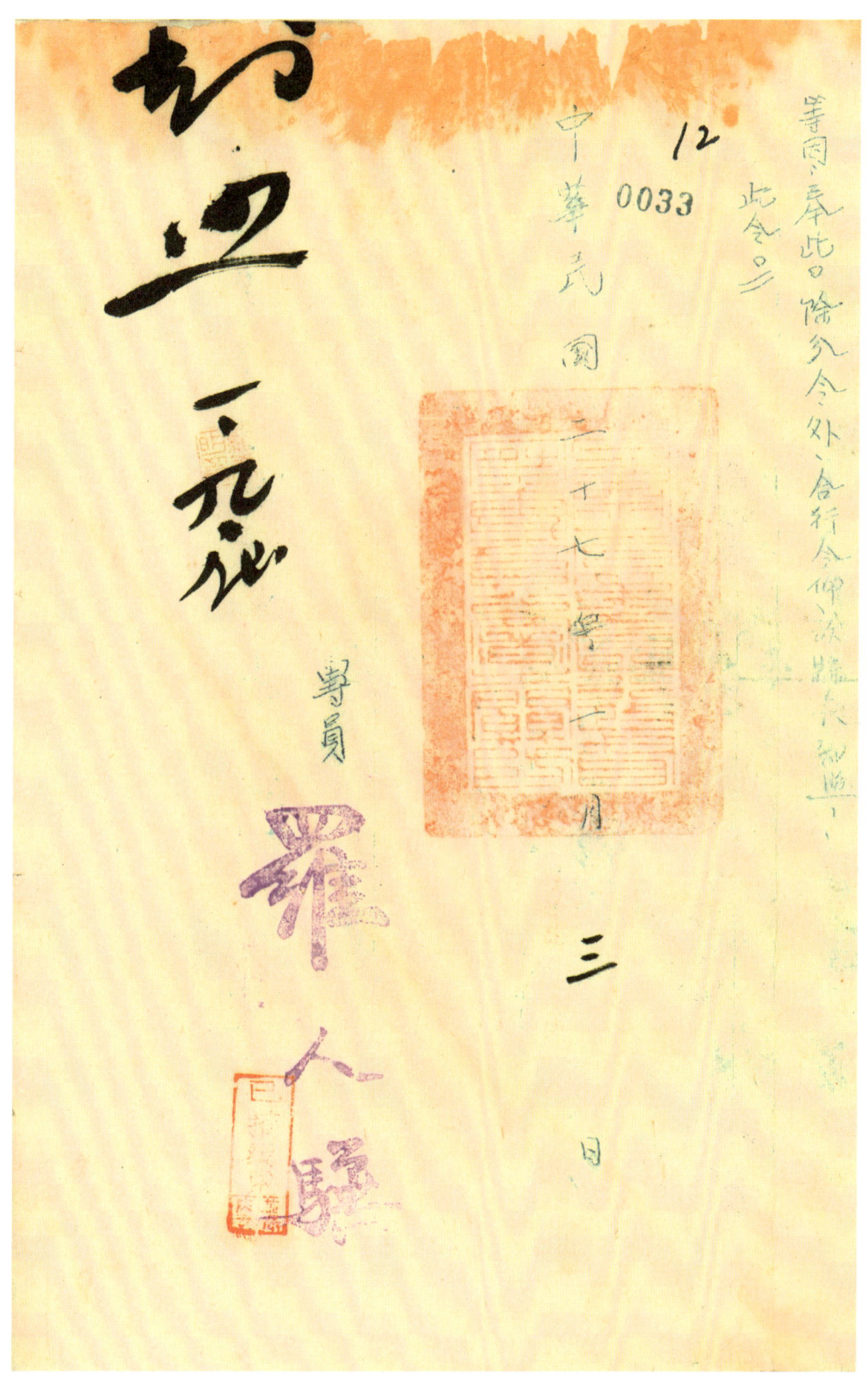

甘肃省政府关于处置汉奸马龙骥致镇原县政府的训令（一九三八年一月三日）

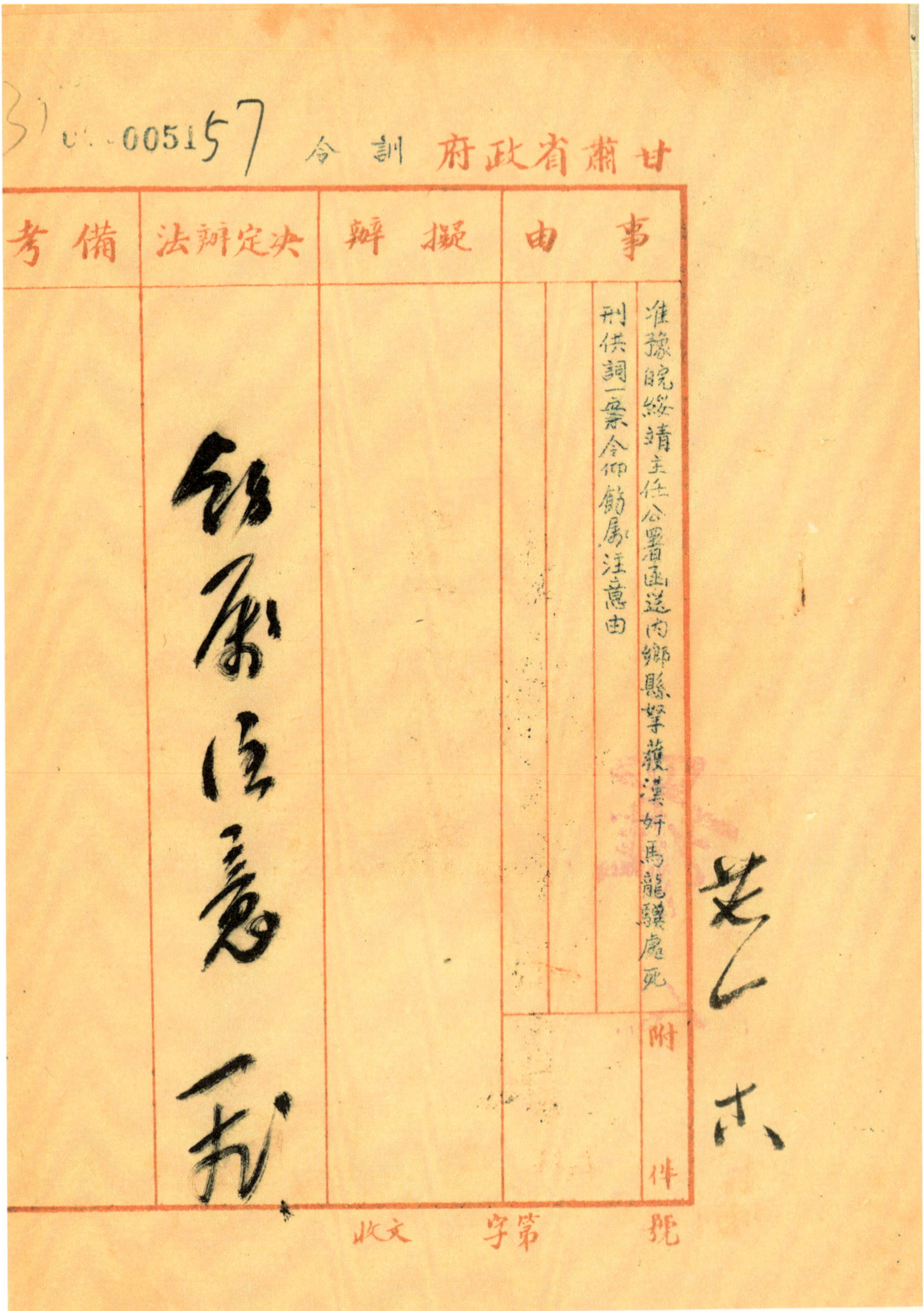

甘肃省政府训令　00515 7

事由	拟办	决定办法	备考
准豫皖绥靖主任公署函送内乡县拏获汉奸马龙骥处死刑供词一案令仰饬属注意由		饬属注意 一科	

附件

收文　第　字　号

甘肅省政府訓令

秘保字第129號

令鎮原縣政府

案准

豫皖綏靖主任公署本年十二月十四日法字第二四四八三號函開：

「案據河南內鄉縣縣長趙毓伯冬代電稱：頃據本縣警衛隊副總隊長別光漢呈稱：呈為呈送漢奸事，案據第三區區員楊石佛呈稱：據楊營鄉聯保主任楊德純呈稱：該聯閻灣村壯丁於陰曆十月十八日夜看更時查獲漢奸一名，當經職聯詳細盤問，據稱居住浙川縣第二區馬川村，名馬龍驥，十七歲，投入于學忠部，近在上海被日俘擄

32

59

扣留月餘日人信為心腹使其回國打探一切軍情伊同行三十人到徐昌後聽從首領分配各地打探壯丁多寡兵力厚薄等等情形並帶有轟葯毒葯各種記號理合扭同該奸備文呈報等情據此職復訊屬實除轉知各聯保密緝餘党外合將原案呈送前來等情據此當經詳加審訊該奸仍直認不諱惟事關重大職未敢擅專合將漢奸馬龍驥一名連同三角紅布色一個並口供一紙一併呈送鈞府依法辦理實為公便等情計呈送馬龍驥一名紅布色一個口供一紙據此當即提庭嚴訊該犯供認前情無異並供認在本縣灌漲鋪以北村莊路旁井內分投毒葯兩包又供稱同夥派往陝甘工作者四五十人所帶暗号不一伊之暗号在內服白褂左邊前襟捺一紅色指印復經驗明屬實其為暴

三興成印製

日派來密探毫無疑義查該犯身為軍人臨陣降敵已屬罪不容誅乃竟復受敵人唆使潛赴內地刺探軍情通報敵國投藥井內毒殺民眾良心喪盡罪大惡極若不置之重典何以固後防而遏亂萌茲擬依戰時軍律第四條及懲治漢奸条例第二条第一項第三第六第七三款分別處以死刑依刑法第五十一条第一款執行其一並依刑法第三十七條第一項褫奪公權終身以伸法紀而昭炯戒除呈報第六區專員公署及請淅川鎮平鄧縣各縣政府並通飭本縣各區嚴密查緝外所擬是否有當理合檢呈供詞一紙電請鈞座核示祇遵並請通令各縣查緝餘黨咨知陝甘省政府飭屬查緝實為公便附呈供詞一紙等情據此除指令呈交供詞均悉該馬龍驤身為軍人臨陣降敵

0055

61

復受敵人唆使潛赴內地刺探軍情通報敵國投藥井內毒殺民衆既經訊明供認不諱實屬罪大惡極應准如擬執行槍決以昭炯戒除分函西安行營及陝甘省政府飭屬注意外仰即遵照執行並將執行日期具報備查為要此令及分函外相應抄同原供函請查照飭屬注意為荷」

等因；並抄送原供詞一份准此。除分行各區專署外，合亟照抄原供詞，令仰該縣長飭屬嚴密注意為要。此令。

計抄發原供詞一份

中華民國二十七年一月三日

甘肅省政府之印

主席朱紹良

監印 蔣元蓁

校對 羅文湘 張雲程

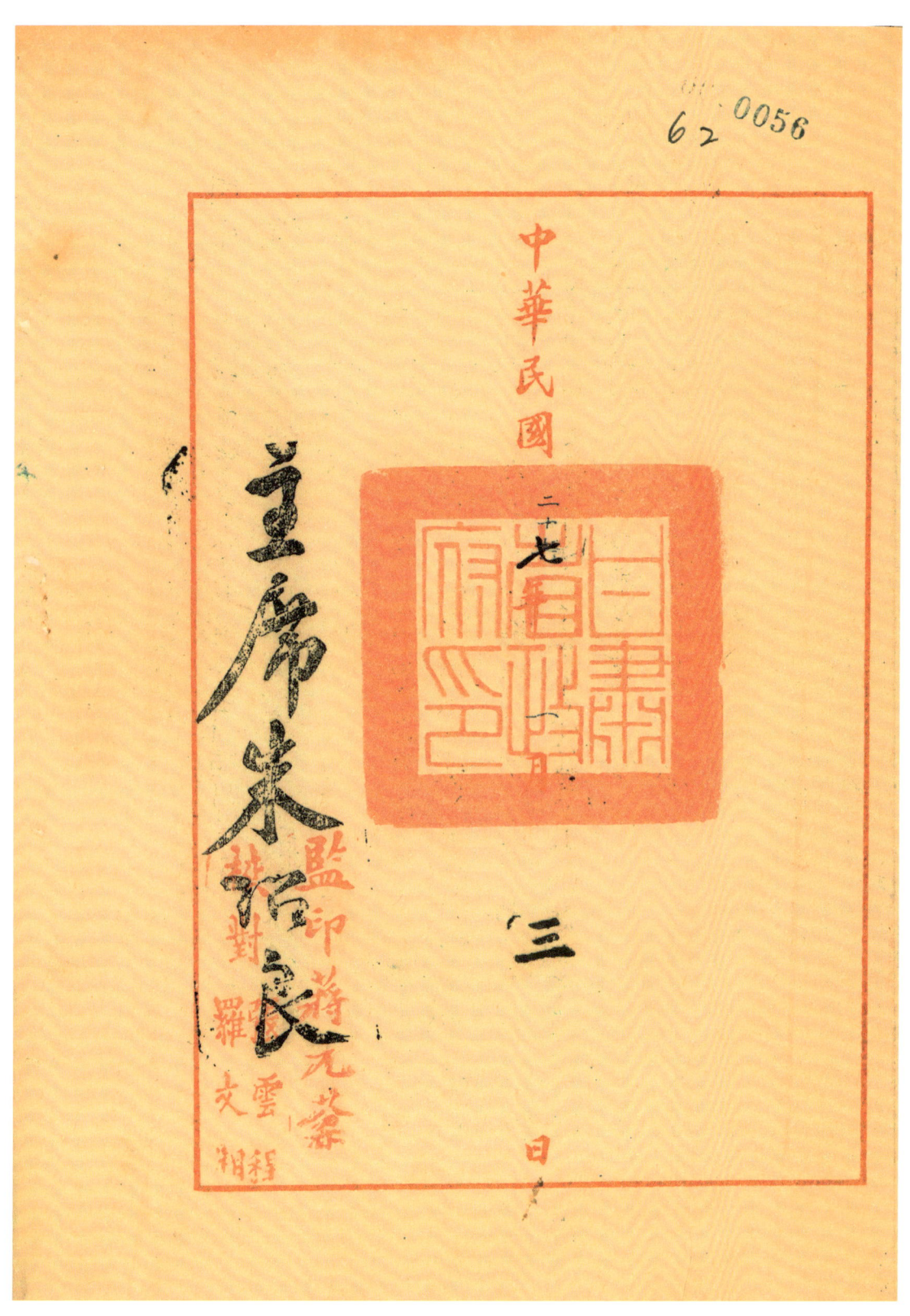

附：马龙骥供词（一九三七年十一月三十日笔录）

照抄馬龍驥供詞（二十六年十一月三十日內鄉縣庭訊筆錄）

問：你是馬龍驥年幾歲你住淅川𠯿庄村距城多遠」。

答：我是馬龍驥年三十二歲住淅川縣馬川距城八里地」。

問：你在那一部當兵幹有幾年啦」。

答：我十七歲出門在湖北河口與人家磨磨後于學忠部隊將我擄去當伙夫十五年打過范中秀吴大帥由鄧縣過上四川時我部歸馮玉祥後仍歸于學忠管帶今五月間我回家六月半間回營于學忠將我撥這一營到上海打日本這時上海失去一半」。

問：你隊伍去到上海住守𠯿地方怎樣被护」。

答：我在這一營開到海邊日本上是飛機下是坦克車軋死多少人我全營被圍營長連長看沒法子投順人家投順後上士以上長官都被殺了上士以下的兵他問誰的隊伍好若說他的隊伍不好就用洋油灌口鐵絲穿鼻若說他好就留活命我們沒法也只得

說他的隊伍好他叫我們在兵艦上住着。

問：你們在兵艦上住有幾天何時出艦同夥幾人如何組織分發何處任吓工作幾個頭目。

答：住在兵艦上一個多月陰曆八九月間派出去同夥七八十人分為六部內有四五十人去陝甘探看壯丁我們一起連總頭目三十人來南陽一帶打探壯丁代投毒葯。

問：你們出了日本兵艦隔着中國防線怎樣過來。

答：出了兵艦坐美國刻子船到青海下船到北徐州搭火車頭目開錢只兩三一起不坐在一個車上到許昌下車分派工作誰在那一縣熟誰赴那縣五個月一大集合分散南陽五人鎮平四人淅川五人內鄉五人每人每天只許走十里八里我是第六部來此五人。

問：來內鄉五人那四人都叫吓名多大歲數那裡人民身体高低面貌如何。

答：那四人一名叫王克榜山東東昌府人二十多歲中等身材白淨臉

是我們頭目一名叫賈保全南陽人二十多歲圓圪㙩臉左眉有黑記一名叫劉保全南陽西關人二十多歲黑方臉不高那一个我忘記了名字。

問：派你們來任幾種工作。

答：兩種工作一是打探壯丁槍枝一是投毒藥於井。

問：你們身上都有什麼記號頭目帶多少藥弟兄帶多少藥你帶幾色投井幾色。

答：往陝甘去的是內穿黃衣外穿黑褲藍袄我這一起用藍青白線將小布衫縫一个字或將小衫前襟捺一紅色記號還有將小布衫內前襟上端帶一白布条斑長腰帶一手錶帶五十色毒藥我是三色毒藥是三角形紅色裹也是記號在灌漲鋪北那个村路旁井內投一色在村南邊井內投一色色內是紅面色面寫一「王」字是表

0069
66

示日本國王的意思」。

問：你的頭目在那裡住預定在何處集合總頭目是吓名字總機關設在那裡」。

答：我的班長住在楊集西一里遠劉姓一个老太太家聽說他住三間房只頭目一人在那裡住住宿一夜總是大給人家有錢我被獲是在灘張舖這廂八里地之將黑了頭目王克榜跟着叶上營中找住處被查一夜捉着時頭目即跑了約會集合地點在城東關洋橋我們總頭目姓劉不知名字總機關在南陽旅館」。

問：南陽那一个旅館」。

答：我聽頭目說是住南陽旅館不知是那一个旅館」。

問：你們探得的情形及投藥的工作是怎樣報告你們上頭」。

答：在某村見幾枝槍就報告幾枝槍見幾个壯丁就報告幾个壯丁我是三天一報告是在夜間見面說說頭目報告人數寫信以款項寄少代表報告用郵局交鎮平機關機關在鎮平南關外劉姓飯舖

收轉報上。

問：你到過劉姓飯鋪沒有。

答：沒有我只是鎮平北邊過來。

問：你們弟兄頭目每月薪水多少。

答：頭目數百塊我實不瞞我每月是四十元。

問：每月薪水怎樣領發。

答：是五个月一大集合才發給薪餉現在與頭目三天一見面每天只給兩毛錢就不够化。

問：你們夜間住在那裡總集合在何地方。

答：自從許昌分散後到南陽獨山凹集合一次是夜間先給大家講話再教弟兄散開向班長講話班長弟兄夜裡都在野地或坟园裡就宿。

問：南陽鎮平淅川各有幾人都是什麽面貌那裡人民。

答：南陽有四五人三个姓全是直隸人二崔之祐北徐州人一王克新不

68

知那裡人鎮平三人一劉秃子荊紫關人李克榜山東太安府人班長姓崔面色黑二十多歲機關在鎮平南關劉家飯館去淅川是西宁人都不知姓名」。

問：你是中國人為什麽聽敵人的話來害中國」。

答：不聽他的話他就殺人」。

問：出了日本兵艦來到中國防線內他就管不着你啦為什麽給他探軍情放毒呢」。

答：被人拐去心迷了」。

右供朗讀當事人承諾無異自捺指印

甘肃省政府关于严密防范汉奸油印通告致镇原县政府的训令（一九三八年一月十三日）

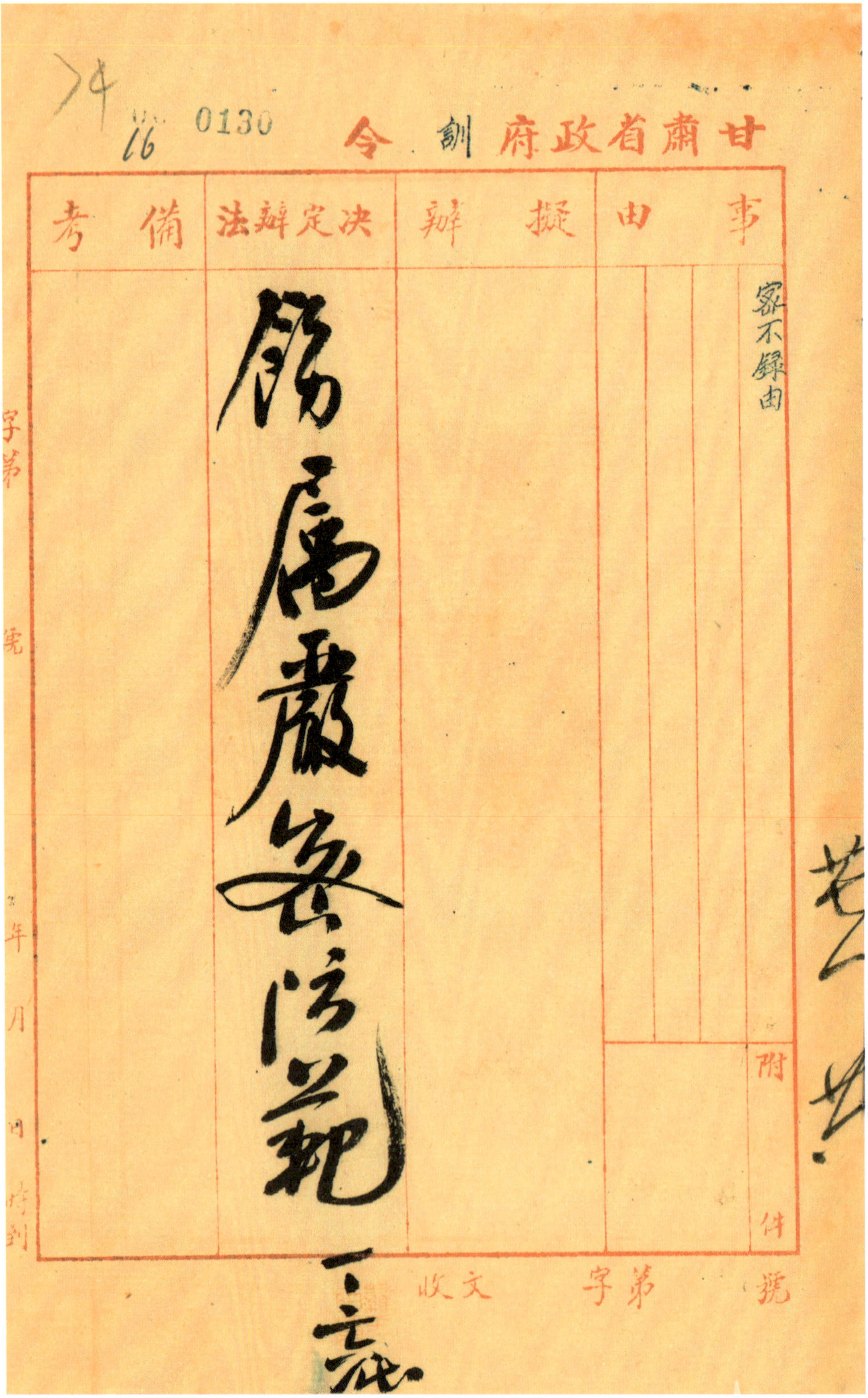

0131 17

甘肅省政府訓令

秘保字第208號

令鎮原縣政府

案准

軍事委員會第六部二十六年十二月二十三日義字第二四零四號密函開：

「准本會總辦公廳移送

委員長重慶行營代電據彭縣銅鑛籌備處呈以檢獲漢奸油印通告請通令嚴究等情請通飭防範等由並附油印通告一紙過部相應抄同原通告函請貴府查照希即飭令所屬一體嚴密防範為荷」。

等因，並附抄原通告一份准此。除分行各區專署外，合亟抄發原通告

令仰該縣長遵即飭屬一体嚴密防範為要。此令。

計抄發原通告一份

中華民國二十七年一月十三日

甘肅省政府之印

主席朱紹良

校對 羅炎翔 張雲龢

監印 蔣元棨

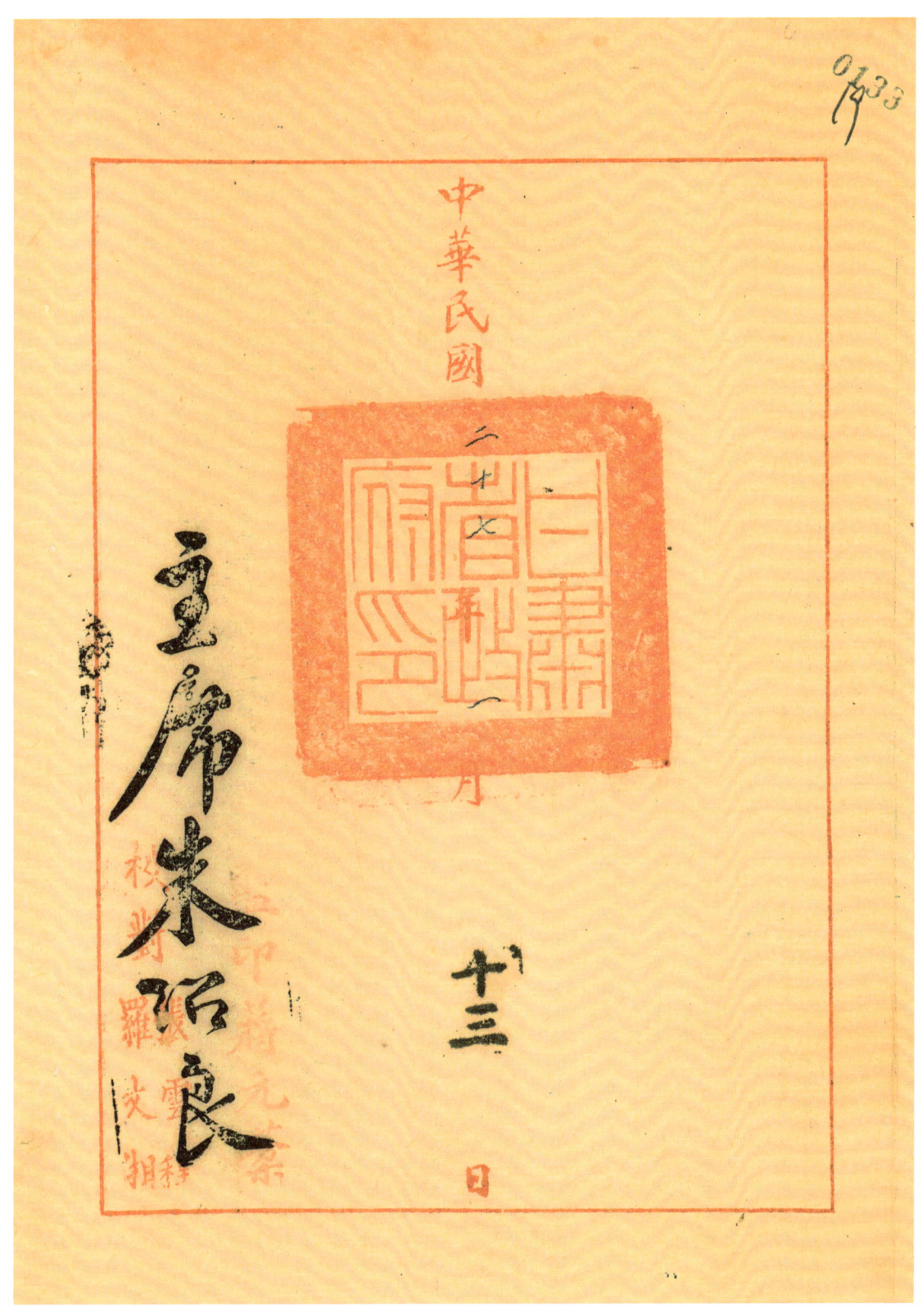

附：原通告

照抄十月一日漢奸通告一件

查邇來工作、稍形蕭沉，且各種符號，多被破獲、急應更改、為沿鐵路販賣手帕、已被河南商邱專署獲案、殉難道友，約有數人，至於交通機關附近地帶　暗設紅綠燈炮、以便飛機識別目標轟炸之用一項，又被武昌徐家棚車站探破，司其事者，亦罹於難、他如刺探軍情者衣扣所縫之標識、及蓋有英文之綢質圓形証章，早經破獲，一概作廢，似此破壞交通與刺探軍情工作難見發展，而一般忠誠道友竟遭非命蔣介石爪牙之荼毒，可惡孰甚、現在為改絃更張、並使工作從速發生實際效力起見、莫如利用內地負有声望之鄉紳、或勇於任事之青年份子等以搗亂地方行政為中心工作，則收效自必宏大、蓋從事於內政之攪毀、阻於所謂征兵積穀，及救國公債之勸募，與夫後方一切抗日工作，使其無從實現故耳，其辦法如下：（一）工作人員不另用標記

2135

專憑口號，如本月內則用「忠於職務」十一月用「促成自治」十二月用「戰爭勝利」，按月更換」嚴防洩漏。（二）試驗區域，暫以豫贛皖湘鄂川六省為活動地帶，尤宜深入各該省區鄉村，作搗亂縣政之唯一工作。（三）凡活動方式，先須聯絡縣以下之人員，然後作團体之運動，詳為參政，實則阻撓各項行政之進行。以上三項，凡我道友，務必認真運用切實進行，本特務机關長以後当視該特務員推行地域之廣狹，與搗亂社會秩序次數之多寡，而定工作成績之優劣，與支薪之厚薄，事關自治口口又屬考績方法，切勿因循從事，致誤机要，右通告

吳昌濬先生

特務机關長 雷茂成

副特務机關長 王石珊

已制卡

已制卡

甘肃省政府关于禁听敌方播送无稽消息致镇原县政府的训令（一九三八年一月十七日）

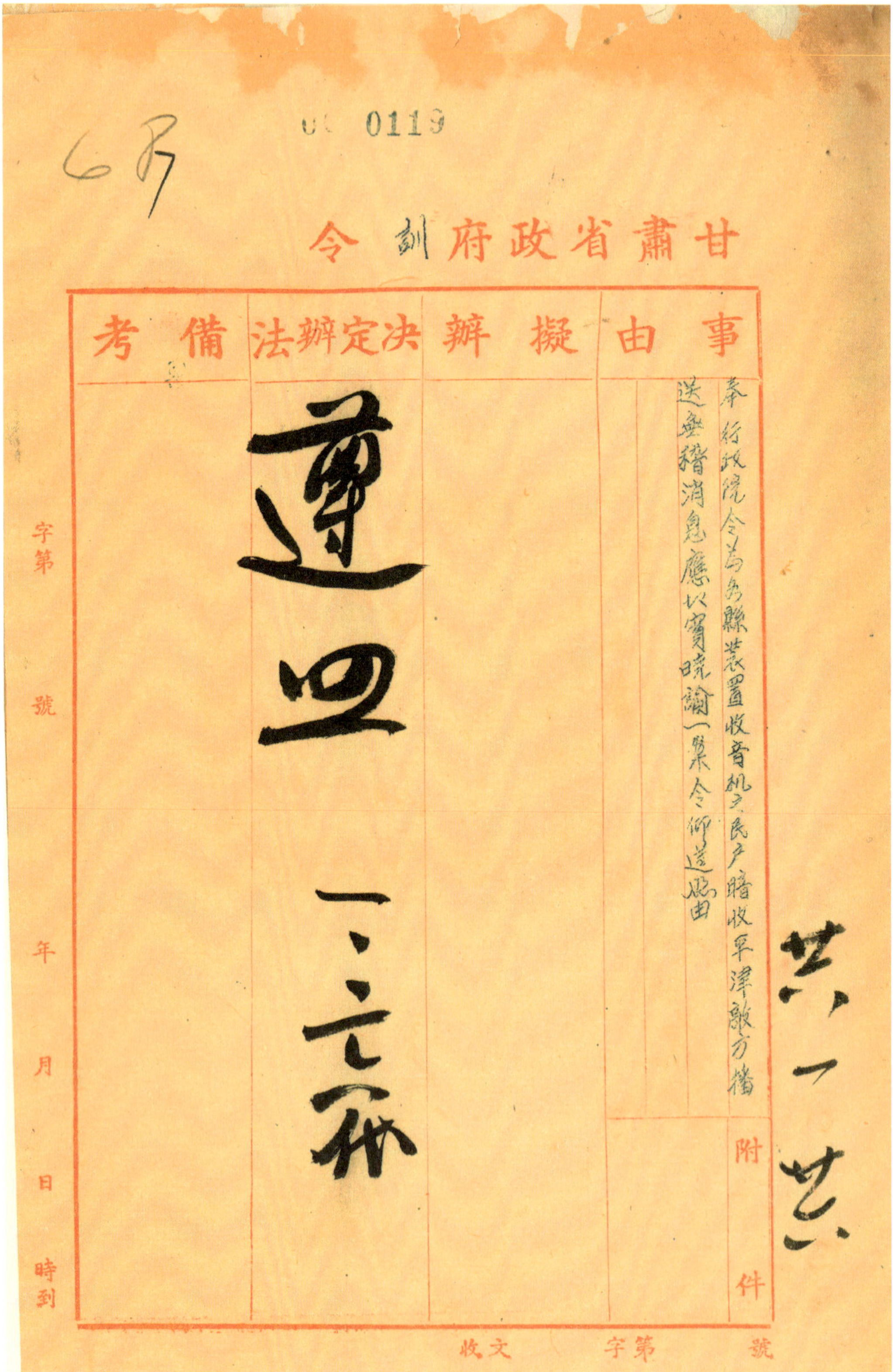

甘肃省政府训令

事由	拟办	决定办法	备考
奉行政院令为各县装置收音机之民户暗收平津敌方播送无稽消息应以实晓谕一案令仰遵照由		遵照 一、二六	

附件

字第　号　年　月　日　时到

收文　字第　号

0180

甘肅省政府訓令

秘係字第251號

令鎮原縣縣長

案奉

行政院漢字第四三六號訓令開：

「案准中央秘書處渝字第一四〇九三號公函開：『案奉 常務委員文下隴海平漢路沿線工作隊長姚委員大海代電稱：據報豫省各縣裝置收音机之民戶每有暗收平漢等處敵方播送之無稽消息相互傳告至足搖惑民心影響抗戰前途甚大且此項事件之發生恐不獨豫省各縣為然懇請鈞會函行政院電令各省市政府飭縣嚴禁以正

49

聽聞而安民心等情奉批交行政院相應函達即希查照核辦。等由准此查收聽平津敵方播送之無稽消息轉相傳告至足搖惑民心嗣後應由地方政府會同黨部隨時注意對於裝置收音機之民户切實指導曉喻以正聽聞除分令外合行令仰遵照辦理此令。

等因；奉此。除分令并函達省党部外，合亟令仰該縣長遵照。此令。

0122
10

中華民國二十七　一月十七日

主席朱紹良

監印蔣本棻

校對張雲程
羅文湘

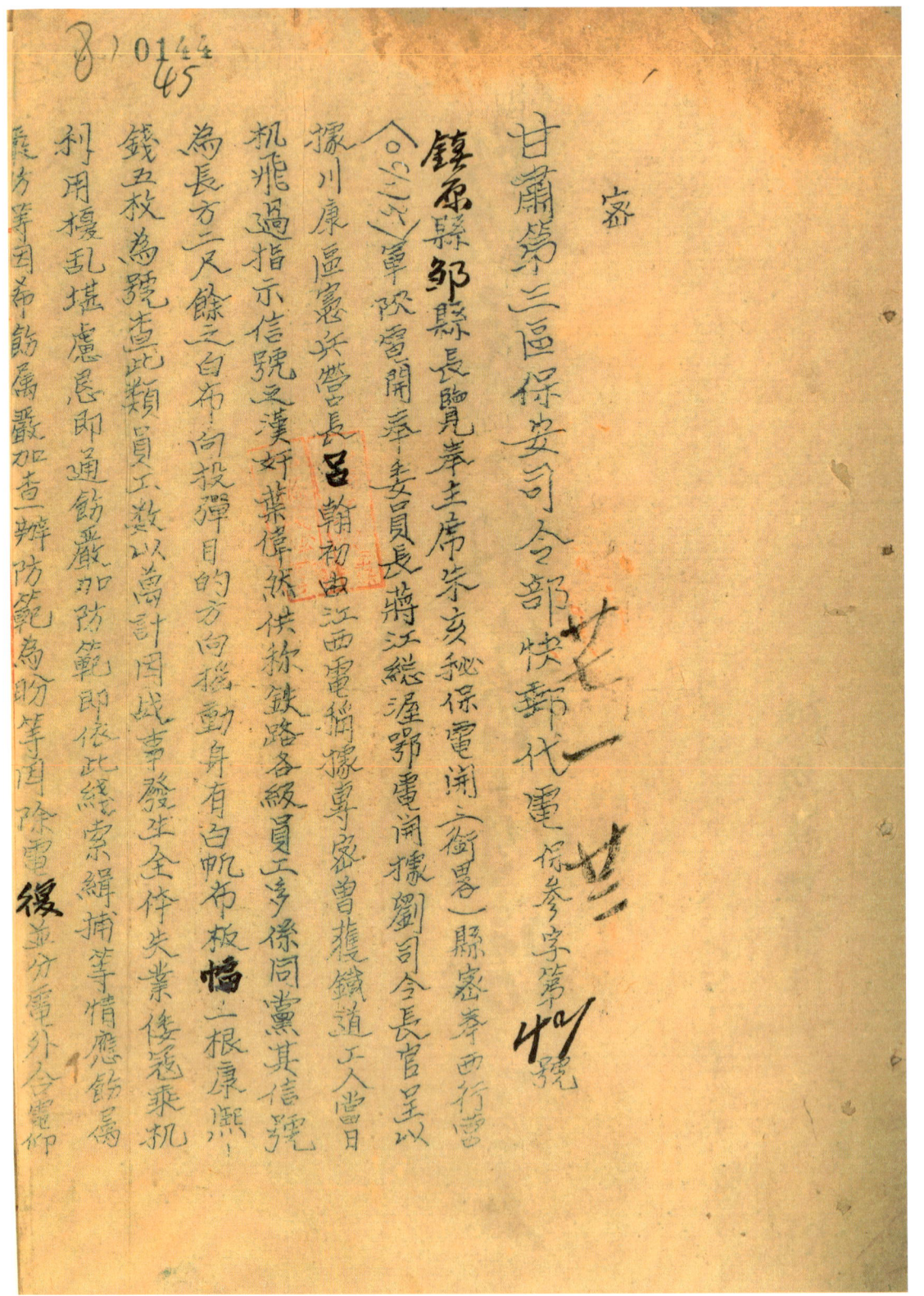

甘肃省第三区保安司令部关于严密侦防为敌机指示信号事宜致镇原县政府的代电（一九三八年一月十八日）

密

甘肅第三區保安司令部快郵代電 保參字第471號

鎮原縣邵縣長覽：奉主席宗亥秘保電開：（銜略）縣密。案奉西行營〈0232〉軍陝電開：奉委員長蔣江總渥鄂電開：據劉司令長官呈以據川康區憲兵營長呂翰初由江西電稱：據尊密曾獲鐵道工人當日机飛過指示信號之漢奸葉偉然供称，鐵路各級員工多係同黨，其信號為長方二尺餘之白布，向投彈目的方向搖動，身有白帆布板帶一根，康熙錢五枚為號。查此類員工數以萬計，因戰事發生，全停失業，倭寇乘机利用，擾乱堪慮，恳即通飭嚴加防範，即依此線索緝捕等情，應飭屬嚴防等因，希飭屬嚴加查辦防範為盼等因，除電復並分電外，合電仰

46 0145

該專員飭屬嚴加偵防為要」等因奉此除令電外合亟電仰該縣長

遵照轉飭所屬嚴密偵防為要專員兼司令羅人驥巧保參印

中華民國二十七年元月　日

飭屬嚴密偵防

一二卷

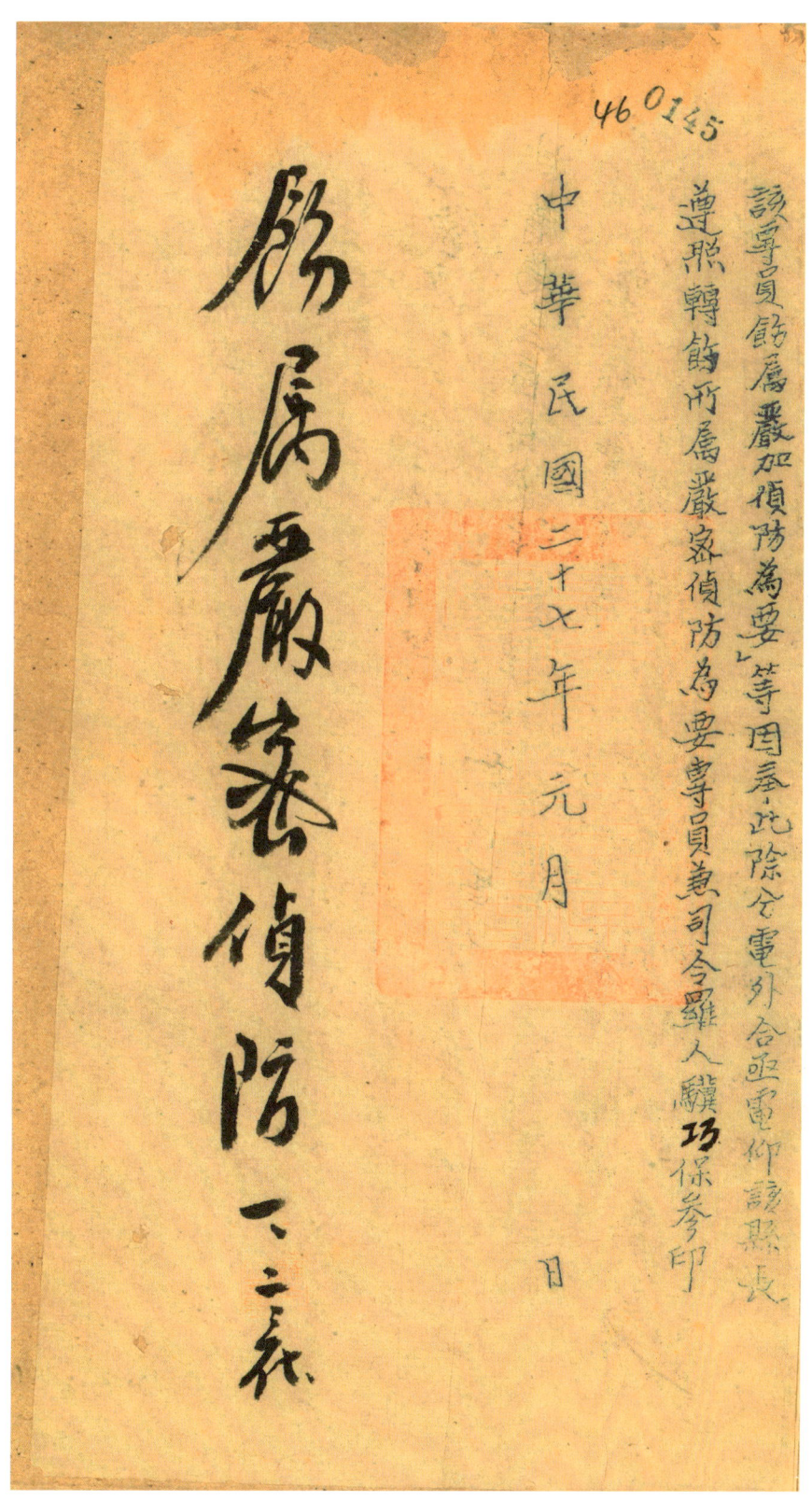

甘肃省防空协会关于防范降落敌机致镇原县防空分会的训令（一九三八年一月二十一日）

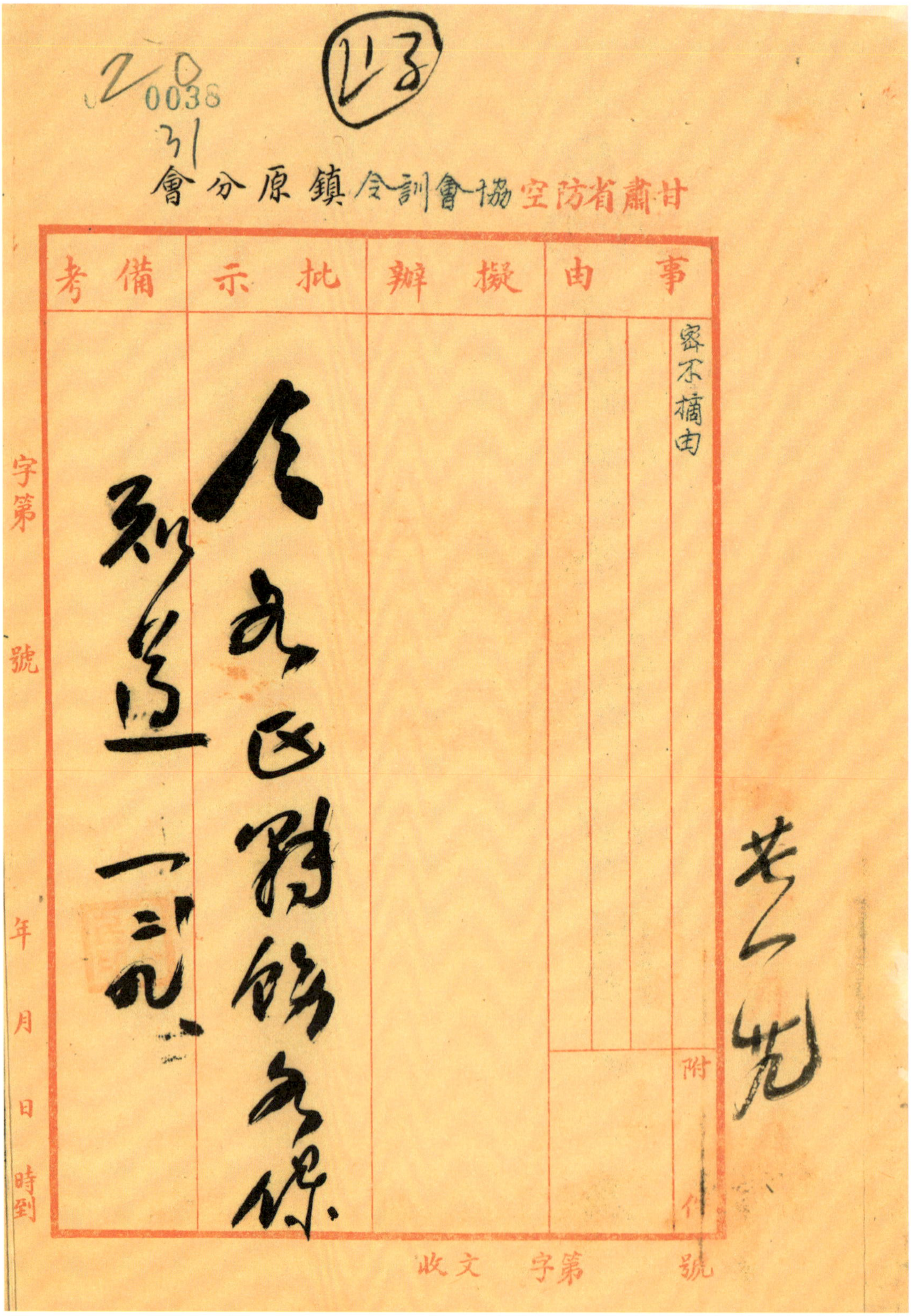
甘肅省防空協會訓令镇原分會

事由	擬辦	批示	備考
密不摘由			

字第　號　年　月　日　時到

收文　字第　號

320039

甘肅省防空協會訓令

組字第846號

令甘肅省防空協會鎮原分會

案奉

甘肅省政府本年一月十三日秘保字第二零六號訓令內開：

「案准

國民政府軍事委員會第六部義字第二四五四號公函內開：『逕啓者據報敵機侵入鄉僻空中有時因機器發生障礙降落修理鄉民無識往往不知捕捉或報知軍警任其逸去請通令各省責成地方負責人員注意嚴防並請規

218/33 （44）

定奬懲辦法等語查鄉民寬縱敵機多由平日缺乏宣傳並
不知敵機様式各省市党部暨各省市政府應予切實宣傳
在省政府方面尤須責成各縣政府令飭所有區鄉保甲長等
隨時嚴密注意同時對民衆指示敵機機身均有太陽標識俾
能辨認或凡遇飛机降落不能確識為敵机時一面報知就近軍警
一面即應設法以武装看管如由航空傘降落人員敵我不易辨
認不得遽加射擊倘確係敵人即設法加以拘捕解送就近軍警
机関發落此等関于敵机相机處理之辦法務令鄉僻民衆一体
週知除分函外相應函請查照辦理為荷」等由。准此。除分行
各縣政府遵照外，合亟令仰該部遵照指示各節，即便轉

0041 34

飭所屬隨時注意嚴防，恪遵辦理為要，此令」。

等因；奉此，除分令外，合亟令仰該分會遵照指示各節，切實

向民衆廣為宣傳，以便隨時嚴密注意防範，而免疏虞！仰即

遵照辦理為要！！

此令。

35

0000042

中華民國二十七年九月二十一日

主任委員朱紹良

校對

監印

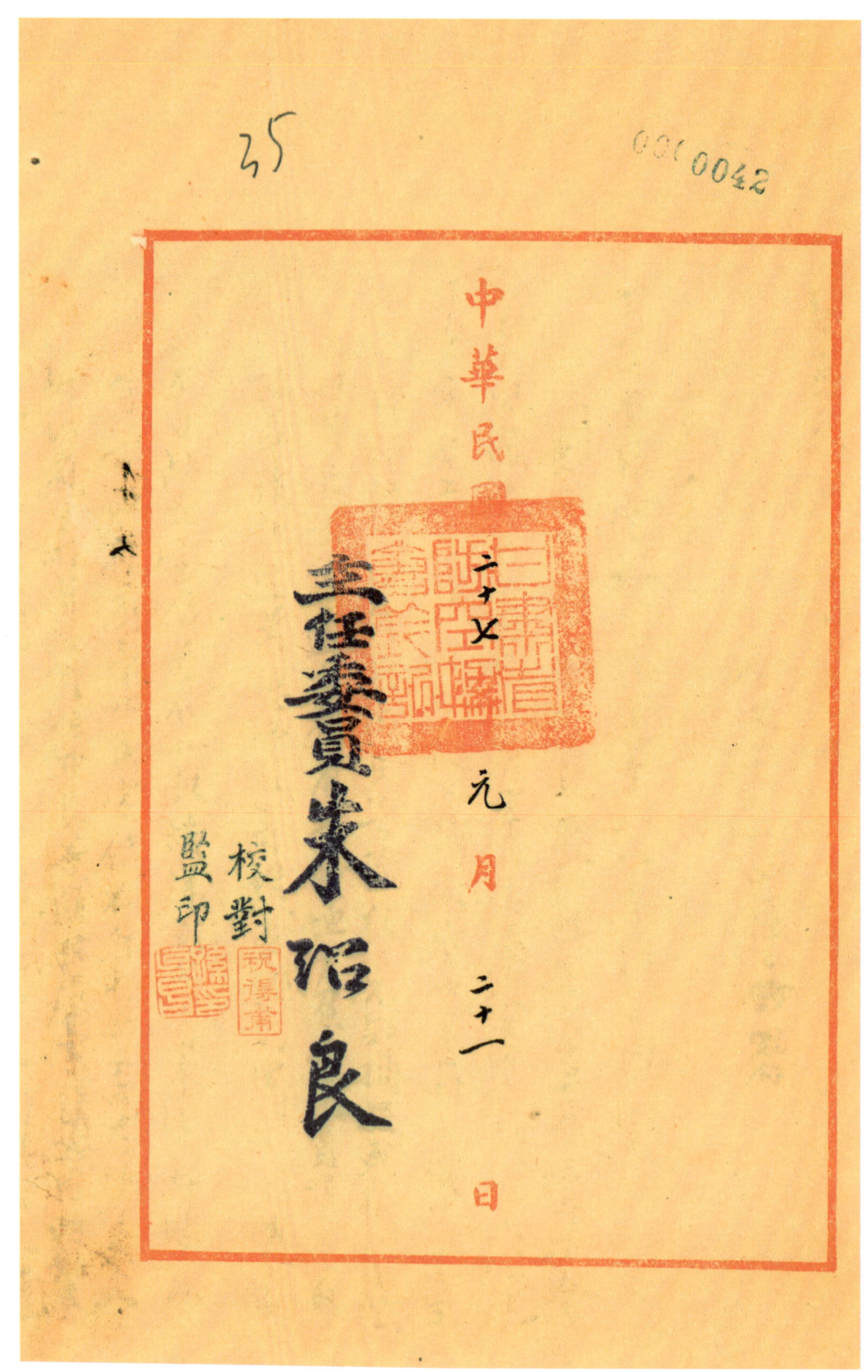

甘肃省政府关于通报日本传单内容致镇原县政府的代电（一九三八年二月七日）

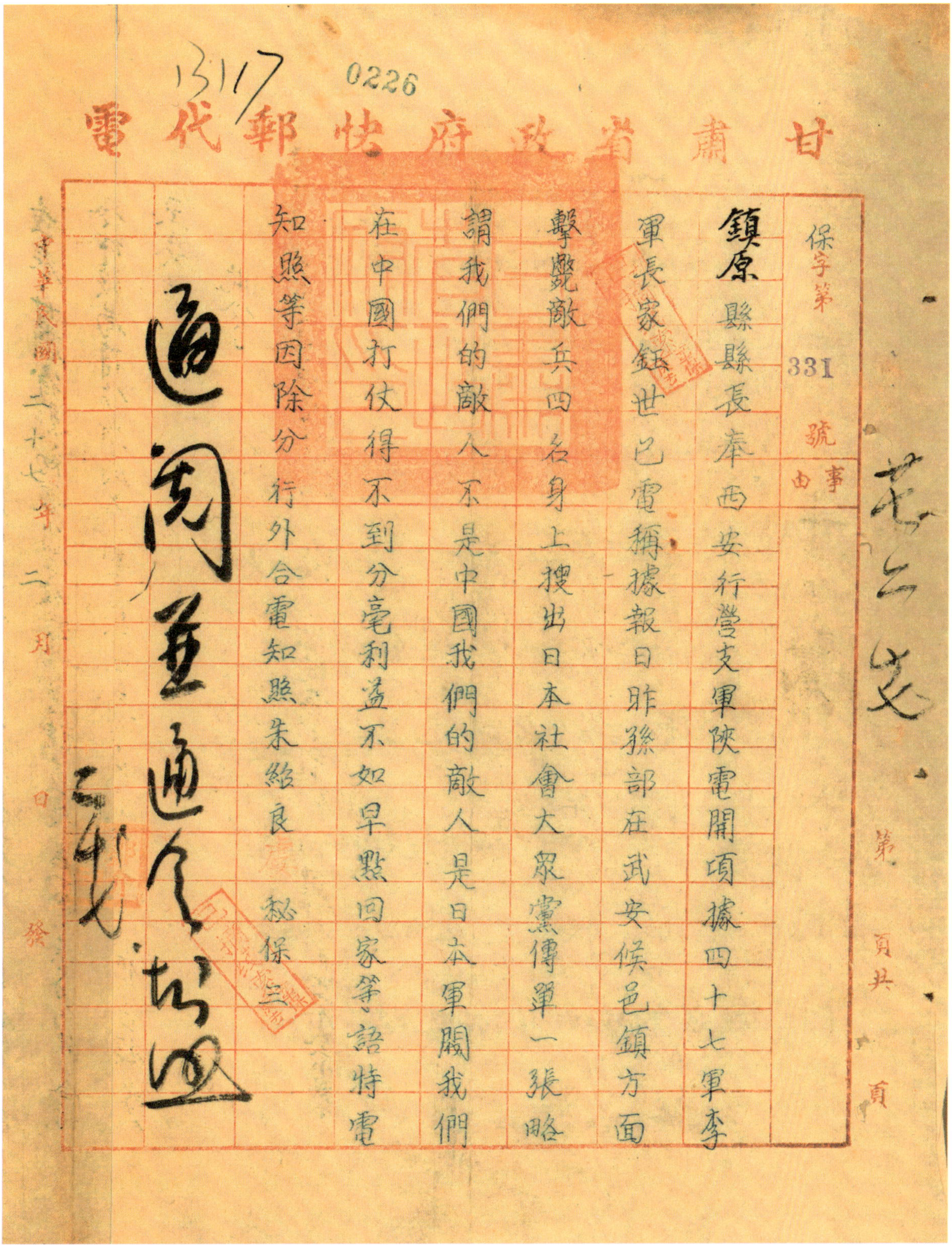
13117

0226

甘肅省政府快郵代電

保字第331號

事由

鎮原縣縣長奉西安行營支軍陝電開頃據四十七軍李軍長家鈺世巳電稱據報日昨孫部在武安侯邑鎮方面擊斃敵兵四名身上搜出日本社會大衆黨傳單一張略謂我們的敵人不是中國我們的敵人是日本軍閥我們在中國打仗得不到分毫利益不如早點回家等語特電知照等因除分行外合電知照朱紹良虞秘保三

中華民國二十七年二月 日發

第 頁共 頁

通閱並通飭知照

镇原县政府关于务使民众防范降落敌机事宜致第一、二、三、四区署的训令（一九三八年二月十日）

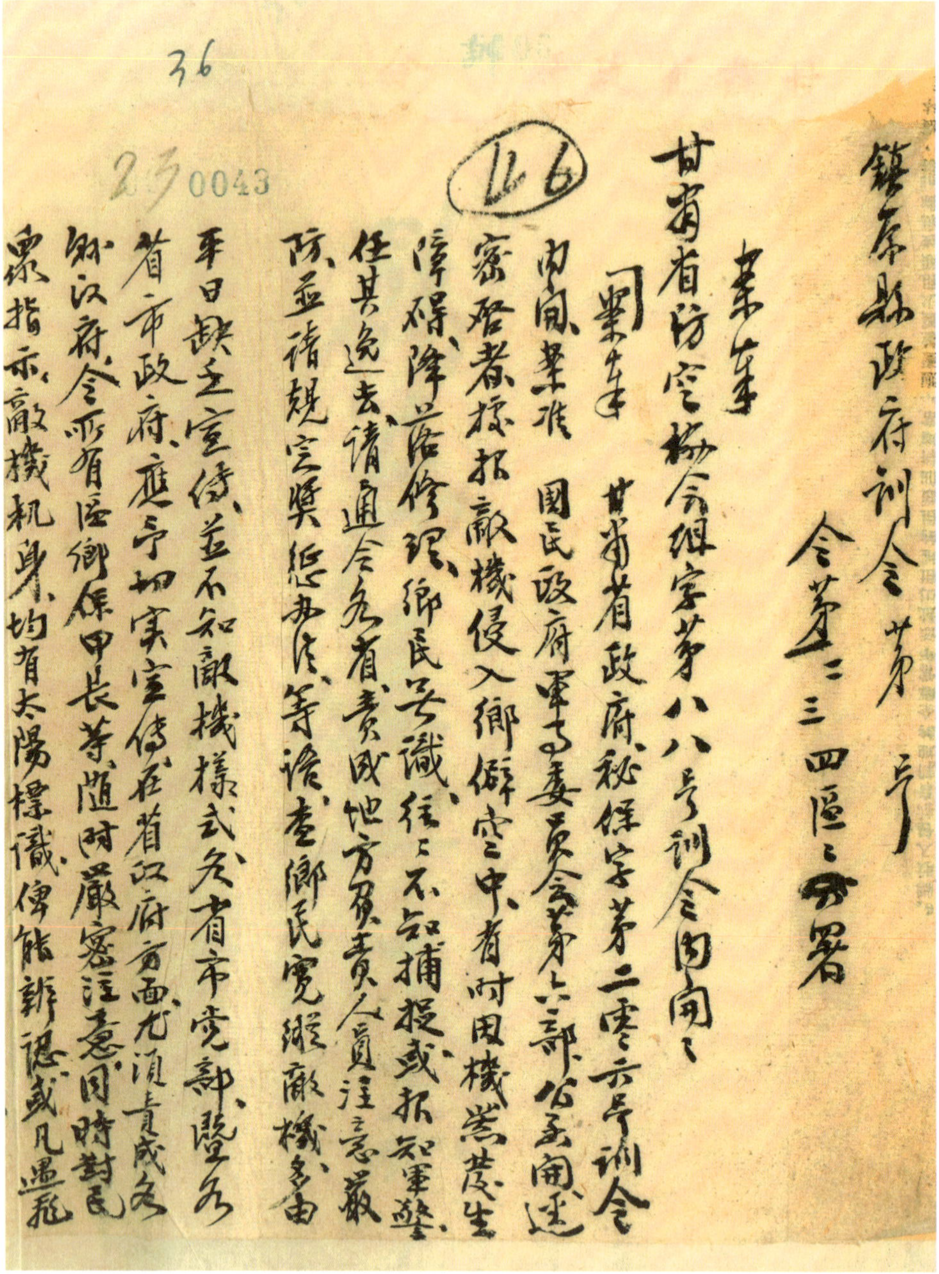
鎮原縣政府訓令　令第　號

令第一二三四區區署

案奉

甘肅省防空協會保字第八八號訓令內開：

案奉甘肅省政府秘保字第二零六號訓令

內開：案准國民政府軍事委員會第六部公函開述

密啓者，據報敵機侵入鄉僻空中，有時因機艙發生

障碍，降落修理，鄉民不識，往往不知捕捉，或報知軍警，

任其逸去，請通令各省責成地方負責人員注意嚴

防，並請規定獎懲辦法等語。查鄉民寬縱敵機，多由

平日缺乏宣傳，並不知敵機樣式，各省市黨部暨各

省市政府應予切實宣傳，在省政府方面尤須責成各

縣政府令所有區鄉保甲長等，隨時嚴密注意，同時對民

眾指示敵機機身均有太陽標識，俾能辨認，或凡遇飛

機降落，不能確識為敵機時，一面報知就近軍警，一面即迅
設法以武裝看管，並由航空機降落人員，敵我不易辨認，
不得遽加射擊，傷（？）維保敵人，即設法加以嚴捕，移送就近軍
警機關發落。此等關於敵機相機處理之办法，務令鄉保
民眾一律週知，等由，准此，除分行各縣政府並照分令函令
仰該部遵照指示之辦，嚴格遵办理為要，此令，等因，奉此，
除分行外，合亟令仰該分會遵照指示各節，切實向
民眾宣傳，以便隨時注意防範，而免疏虞，為要，此令，
等因，奉此，除分行外，合亟令仰該區長遵照，立即召集
所屬各該保甲長等，切實指導，廣為宣傳，務使民眾一
律週知，隨時注意，遵照辦理，毋稍疏虞，是為至要，切切，此令。

此令二

主任委員鄧○○

民國二十七年二月十日

縣長兼主任委員鄧

镇原县防空分会关于报送防空工作报告表致甘肃省防空协会的呈（一九三八年二月十一日）

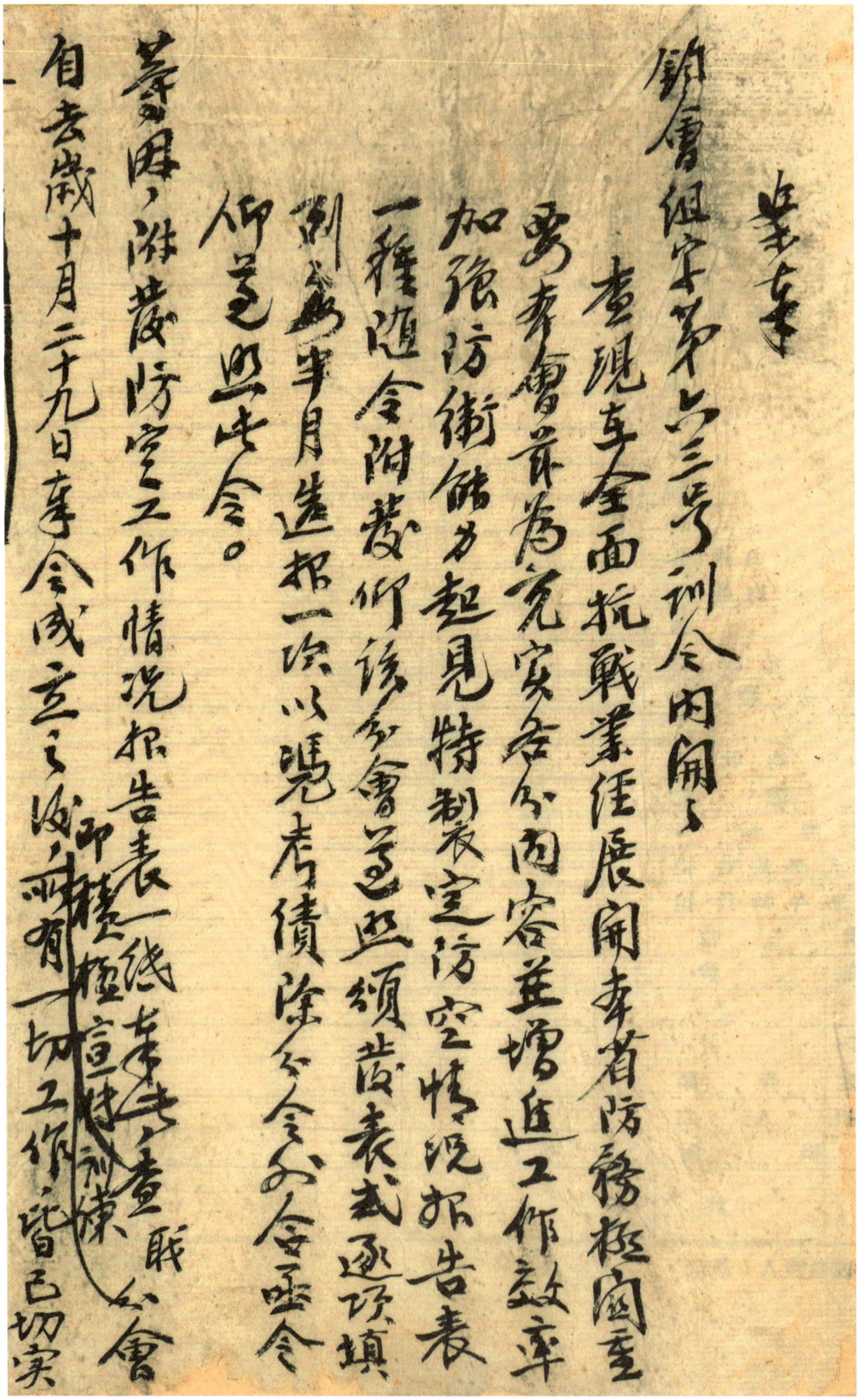

呈為呈事

鈞會組字第六三号训令內開：

查現本全面抗戰業經展開，本省防務極關重要，本會前為充實各分會內容並增進工作效率，加強防衛能力起見，特制表定防空情况報告表一種，隨令附發，仰該分會遵照，須將表式逐項填製，每半月造報一次，以憑考績，除分令外，合亟令仰遵照。此令。

等因，遵將防空工作情况報告表一紙存查，職分會自去歲十月二十九日奉令成立之後，即積極宣傳訓練，所有一切工作，皆已切实

進行，宣傳亦頗有效，茲謹遵照表式，逐一填明，理合具
文呈賫
鈞會鑒核備查，實為公便。
謹呈
甘肅省防空協會主任委員朱
計呈防空工作情況報告表一紙
鎮原縣防空分會主任委員鄒〇〇
縣長鄒——仁石
民國二十七年二月十二日

附：镇原县防空分会工作报告表（一九三八年二月一日）

30 29 28 0054 0053 (51)

鎮原縣防空分會工作報告表

主任委員姓名	鄒介民	原任職務：署理鎮原縣縣長	各組幹事姓名	總幹事周達 總務幹事吴子彬 設計幹事劉春融 組織幹事張文德 訓練幹事張元三 宣傳幹事芦呈春
防空設施計劃	本縣城垣倚山建築，街市雖係房屋，而居家半多在山，所住皆完全窰洞，可稱為自然避難室，四境鄉村亦皆如此。以故設施計劃專注重於防毒，窰洞僅小窗一方，則勸令購置油布做為窰幔，窰門華於必要時用羊毛毡依法作大門簾，手續簡單，價值亦廉，口罩則係特購置			
關於積極消極防空實施狀况	本縣既得自然避難室之積極建造，則大體可以無實積極方面，惟有將窰門築一短墻，以障避之，以免炸片飛入。消極方面則以窰頂高度而定，其高度不及兩丈者，則取沙土墊之，以高足兩丈為度，其取土不易者，則用樹股樹枝堆積之，亦以高度適宜不致炸穿窰頂為度			
防空宣傳情况	已於各學校常課外添入防空常識一門，切實講解，並飭各學校學生組織防空宣傳隊，指示飛機之威力，並示以識別敵機之標識及防避防毒之常識，俾民家一體通知			
督促人民對於空防及防止非常災害之自衛訓練	本縣已抽練自衛壯丁四個區，由社訓部教練，計四十人，對於空防及防止非常災害之自衛智識，列課訓練，並隨時督促。			
已否籌設防護區團及工作情况	城內已由保安隊兵士編作防護團，已在城內北山挖掏廣大公共避難窰洞四處，崇市並掘曲折地溝二十餘丈，並區及聯保均設防護區團			
經費	本分會現僅僱員一員，月支十二元，公役一名，月支八元，餘費皆實支實報。本分會於二十六年十月二十九日成立，會址設縣政府內			
附記				

中華民國二十七年二月一日 分會填報人 鄒○○

發二〇。

镇原县政府关于防范汉奸、逃兵及地方不肖之徒破坏抗战致第二区第二联保办公处的训令

（一九三八年三月十二日）

镇原縣政府訓令　第一〇号

令第二区第二联保主任郑子贵

查值此國難當頭，抗战緊張時期，所有各該區長及各聯保主任，極須負責努力，清查户口，實行聯保切結，以免汗奸乘隙而入，或有逃兵游勇，以及地方不肖之徒，造由搞乱，造謠煽惑人心，若不嚴加防範，則貽害地方，影響抗战前途甚大，刻下應即嚴禁三條：(一)嚴防漢奸反動份子，(二)嚴查破坏抗戰壯丁推動之惡妄言論，(三)所有無照軍人，不論何人，均扣留送縣，以上各条除分令並函請第一六五師及駐本縣之第三營查照外，合亟令仰該區長　任　業密防範，並轉飭所屬一体遵照為要。

此令　三、一二

6

縣長 鄭介民

中華民國二十六年三月十二日

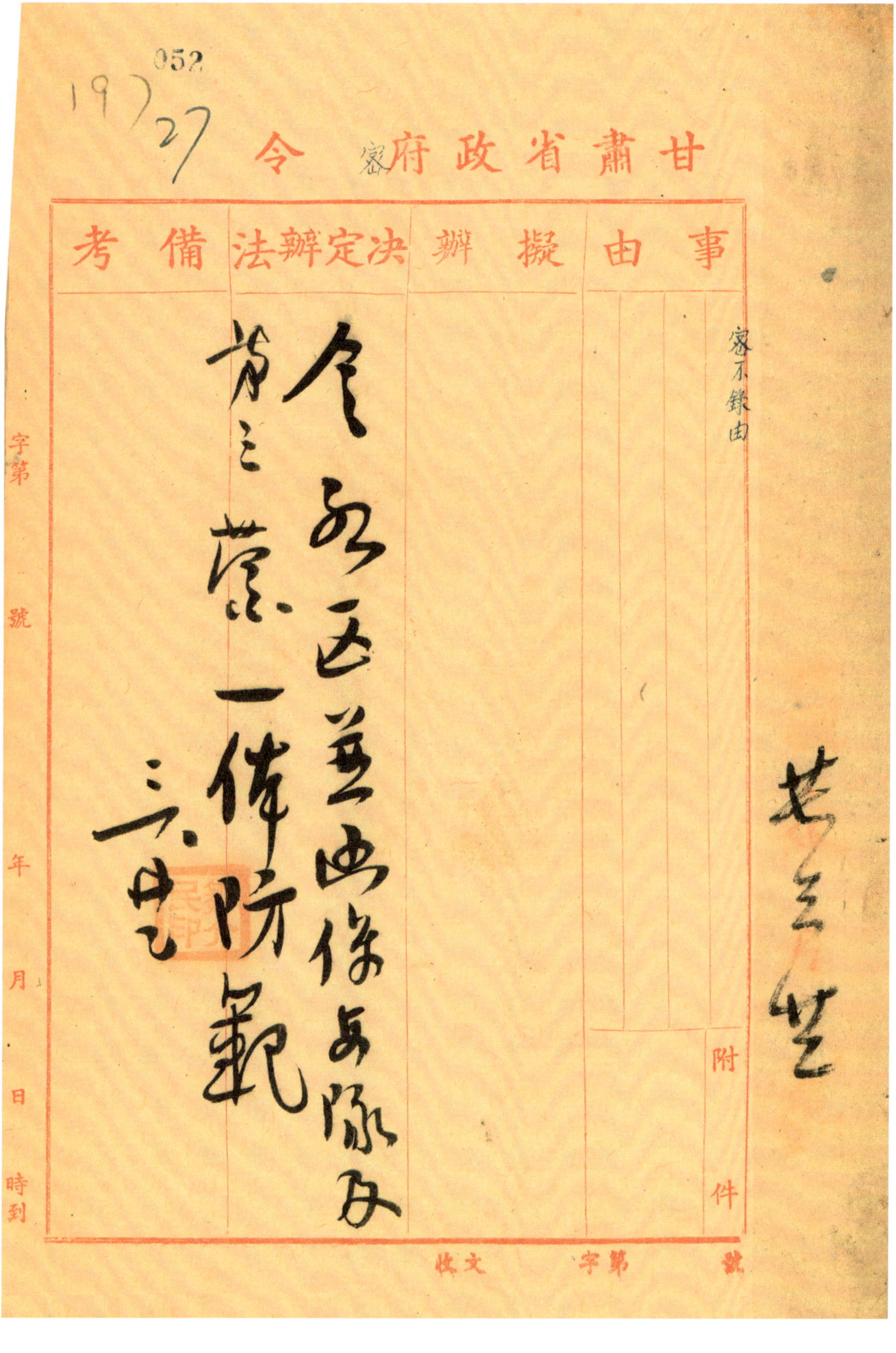
052

197/27

甘肅省政府 密 令

事由：密不錄由

擬辦

決定辦法：令各區並由保安隊及[illegible]營一律防範 三、廿二

備考

附件

字第 號 年 月 日 時到

收文 字第 號

[illegible]

甘肃省政府关于防范汉奸刺探军情致镇原县政府的密令（一九三八年三月二十二日收）

28

甘肃省政府密令

保字第544號

令鎮原縣政府

案奉

軍事委員會本年二月十七日辦秘字第五九零號密令開：「案據西安行營派駐蘭州辦公廳副主任賀耀組呈賫偵訊漢奸張郁文等藉販賣香煙羊腸等類為名刺探軍情用種種暗号通報敵方彙表呈核等情前來合亟抄同原表令仰該府遵照並通令所屬一体嚴密防範為要此令」等因，並附表一份奉此除分行外合亟抄發原表，令仰該縣長遵即飭屬一体嚴密防範。此令。

計抄發原表一份

附：侦讯汉奸刺探军情通报暗号一览表

189 31 054

偵訊漢奸刺探軍情通報暗号一覧表

破獲地址	漢奸姓名	訊問月日	我方情形	漢奸通報暗號	通報地址及收報人姓名	備考
蘭州西會大旅社	張郁文	十月三十日	來蘭汽油	紡	西安施文濮轉天津法租界十宮号孚皮貨舖	
			飛機	羢	同	
			兵	条子布	同	
			俄國飛机	五月廿林布	同	
			防空設備	紅條字布	同	
			出兵情形	電碼本内第一頁裡兩字代表	同	
			緊急事件	電碼第二頁字代表	同	
			馬軍長日前出軍	用上字及一第兩字代表	同	
平涼縣	劉鎮華等	十月二十二日	軍隊	大洋		
			保安隊	洋		
			土匪羣	彩		
			飛机場	翼行		

32

要錢	即寄貨一包十元十包即百元
軍隊出發	即赴洋
先月日	即信皮寄
步槍	即大馬
手槍	即小馬
大炮	即天字
机槍	即地字
彈葯	即風
作战	即雨
兵駐何處	明月速用
作勝战	即明
兵到何處	即月

民衆願投 即 入

或某界願投即 皇

元角毛分 師團營連

外宣傳者 即左手握頂左手回頂

甘肃省会防空司令部关于遇有击落敌机责成附近军民严密监护事宜致镇原县防空分会的代电

（一九三八年三月二十二日）

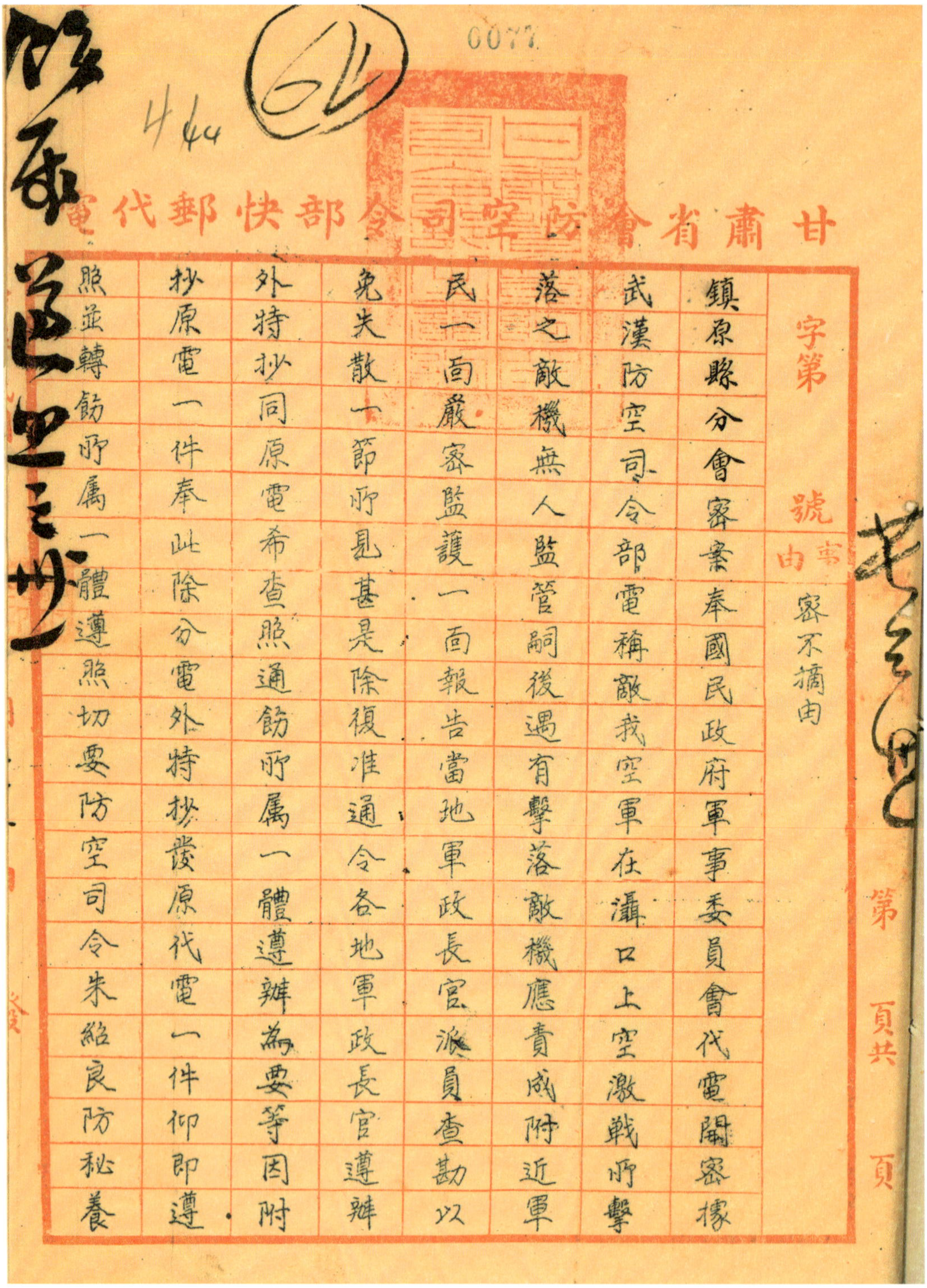

0077

甘肅省會防空司令部快郵代電

字第　號

事由　密不摘由

第　頁共　頁

鎮原縣分會密案奉國民政府軍事委員會代電開密據武漢防空司令部電稱敵我空軍在灘口上空激戰所擊落之敵機無人監管嗣後遇有擊落敵機應責成附近軍民一面嚴密監護一面報告當地軍政長官派員查勘以免失散一節所見甚是除復准通令各地軍政長官遵辦外特抄同原電希查照通飭所屬一體遵辦為要等因附抄原電一件奉此除分電外特抄發原代電一件仰即遵照並轉飭所屬一體遵照切要防空司令朱紹良防秘養

45

0078

原代電

（銜略）密本月巧午敵我空軍在灄口附近上空激戰情形當經電呈
在案查敵機被我擊落十一架業經本部在漢口郊外尋獲者均以無人
監管所有武器零件等致爲圍觀軍民隨便破壞携去甚至對於死
屍體任意支解附近鄉區保甲長暨駐軍等亦未及制止惟敵機擊落
之後關於機型種類以及武裝零件等項均有研究之必要自應極力保
持原狀至於敵人屍体生命既絶已無知覺何必再加残酷之支解惹起國
際間之不良宣傳且敵身附屬之命令地圖手簿等項亦在在足供軍事
上之探討尤應妥慎保留不准隨意取走如擊落之敵人尚未致死更不准
加以残殺以憑研究嗣後凡敵機降落處所應責成就近鄉區保甲長
暨附近駐軍一面嚴密監護一面通知本部派員查勘以免失散除分呈
航委會暨武漢衛戍總司令部外擬懇通令各地方政府暨各部隊遵
照當否謹電鑒核示遵職郭懺金巨堂 20.14 防一印

镇原县防空分会关于填报防空工作报告表致甘肃全省防空司令部的呈（一九三八年六月二十二日）

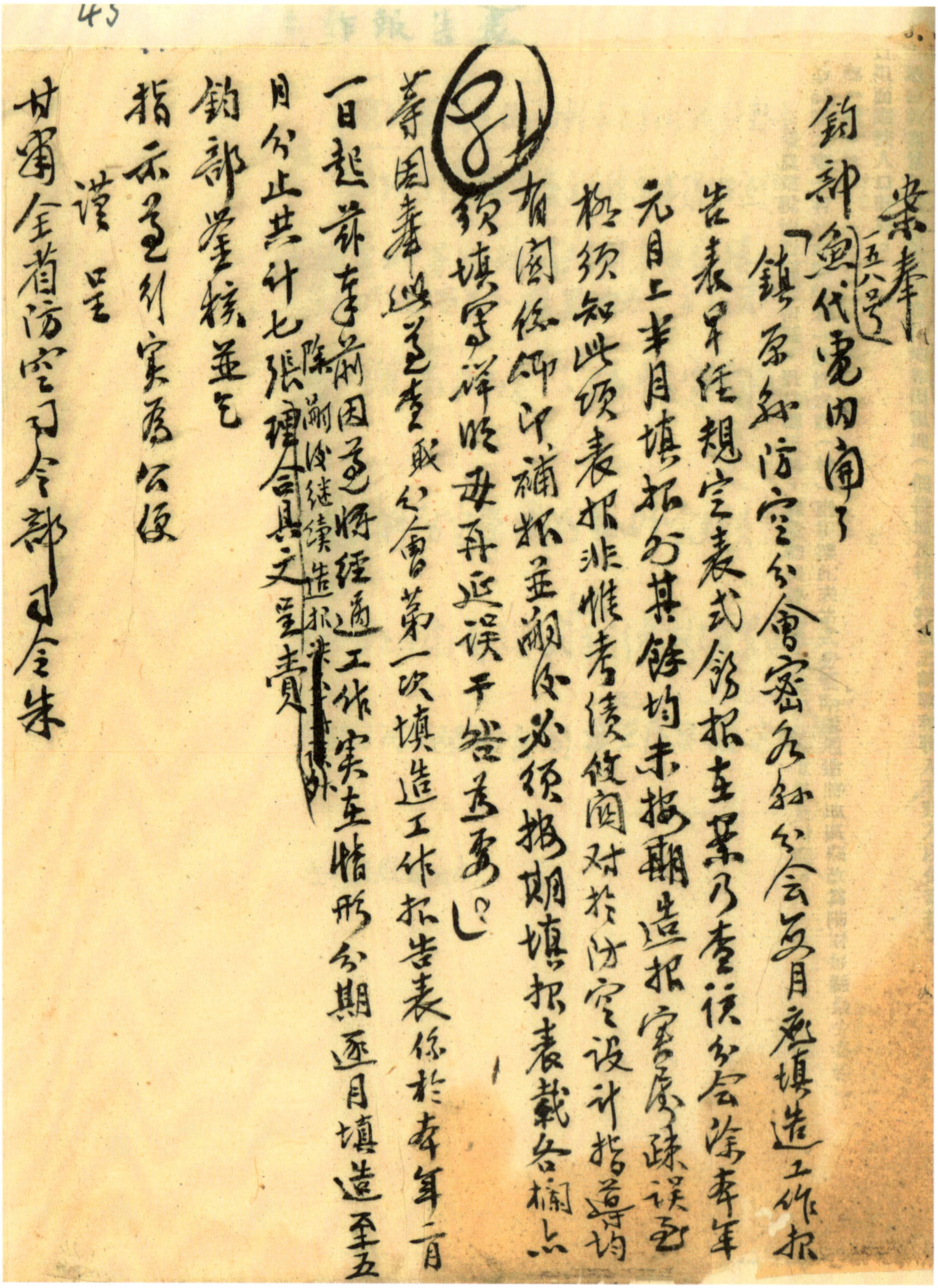

43

案奉

鈞部魚（五六號）代電開：

「鎮原縣防空分會密。各縣分會每月應填造工作報告表早經規定表式飭報在案。乃查該分會除本年元月上半月填報分期外，其餘均未按期造報，實屬疏誤至極。須知此項表報非惟考績攸關，對於防空設計指導均有關係。仰即補報，並嗣後必須按期填報，表載各欄，點須填寫詳明，毋再延誤干咎為要。」

等因；奉此。查職分會第一次填造工作報告表係於本年一月一日起，茲奉前因，遵將經過工作實在情形分期逐月填造至五月分止，共計七張，除嗣後繼續造報外，理合具文呈賷

鈞部鑒核，並乞

指示遵行，實為公便。

謹呈

甘肅全省防空司令部司令朱

計呈防空工作報告表七紙

鎮海縣防空分會主任委員鄭○○

為奉電造齎職縣防空工作報告表請鑒核示遵由

民國二十七年六月二十二日

縣長鄭[illegible]

镇原县政府关于防范汉奸特务活动致第二区署的密令（一九三八年八月五日）

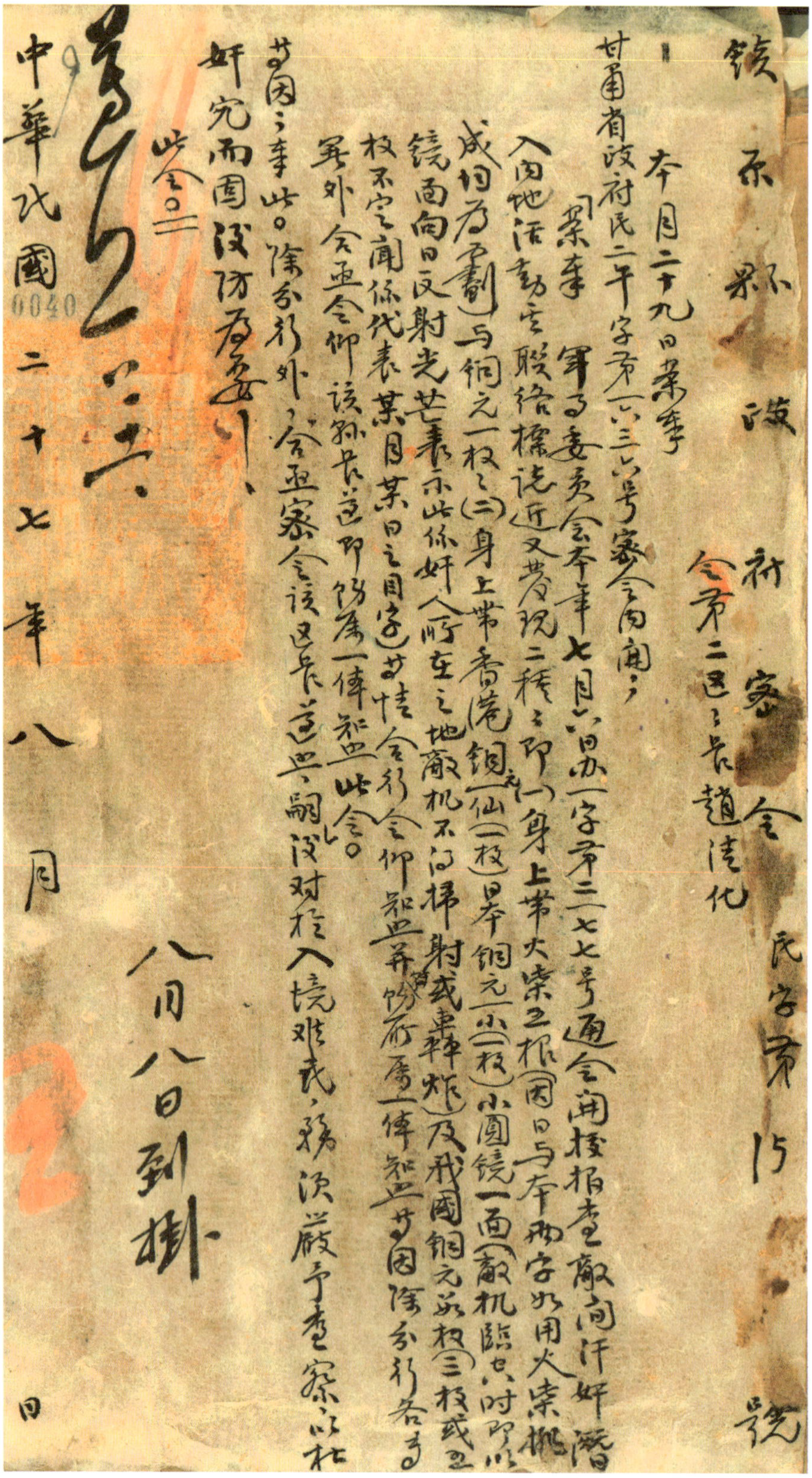

镇原县政府密令　民字第15号

令第二区区长赵清化

本月二十九日案奉

甘肃省政府民二午字第一六三六号密令开：

"案奉　军事委员会本年七月六日办一字第二七七号通令开：'据查敌向汗奸潜入内地活动，除给标志（近）又发现二种：（一）身上常带火柴三根（因日与本国所用火柴楼成旧为刻划）与铜元一枚；（二）身上常带香烟、铜元（仙）（一枚）或铜元一小（枚）、小圆镜一面（敌机临空时即以镜面向日反射光芒，表示此系汗奸所在之地，敌机不得掷射或轰炸）及我国铜元五枚（三枚或四枚不定，闻系代表某月某日之日字）'等情，令行令仰知照并饬所属一体知照等因，除分行各专署外，合亟令仰该县长遵即饬属一体知照。此令。"

等因；奉此，除分行外，合亟密令该区长遵照，对于入境难民，务须严予查察，以杜奸宄，而固治防为要！

此令。

县长

中华民国二十七年八月　日

八月八日到　挂

甘肃省政府关于指导民众防护工作灌输防空常识致镇原县政府的代电（一九三八年八月二十七日）

14
84
(101)
0145

甘肅省政府快郵代電

秘保乙字第1983號

事由

鎮原縣縣長奉委座23.11令一辦鄂電開寇以師老無功惱羞成怒近以空軍濫施轟炸破壞我後方損我民力物力政府為顧念民艱安定後方秩序計亟應設法減少無數犧牲仰各該省主席迅即通飭所屬各縣剋日實施消極防空積極派員指導民眾防護工作灌輸防空常識迅速完成防空情報網嚴密組織對空監視哨普遍構築防空洞以策人民安全而免人民無益之損害構築處應于山麓以坑道式防空洞為主以電光形防空壕為副務須切

中華民國　年　月　日發

甘肅省政府快郵代電

由

實遵行勿得敷衍干咎等因除分行外仰分別遵辦具報為要朱紹良感秘保乙

交縣防空分會遵照具報

中華民國二十七年八月　日發

甘肃省第三区行政督察专员公署关于印发各省市公路及水道交通之消极防空设施要领等事致镇原县政府的密令（一九三八年九月五日）

甘肅省第三區行政督察專員公署密令　專二中字第252號

令鎮原縣縣長鄒介民

案奉

省政府本年八月十四日建二未字第一五八二號訓令內開：

建設廳案呈奉交通部七月十日第一一九四五號令開：案准航空委員會六月二十五日防消戌字第二七五號公函略以廣州長沙漢口等各段公路之消積防空設備尚欠充分，茲擬訂各省市公路及水道交通之消極防空設施要領一份，除分令各省全省防空司令部遵照外，檢同該項設施要領，囑查照等由，准此。查各省市公路及水道交通之消極防空設施關於公路方面尚有應行補充各點，茲另列單，連同原件抄發，除分令外，合行令仰遵照密飭所屬遵照辦理具報為要。此令。計抄發各省市公路及水道交通之消極防空設施要領一份、關於公路方面補充意見一份。奉此，除分令外，

0151
18

合行令仰該專員密飭所屬遵照辦理具報為要此令」

等因。並抄發各省市公路及水道交通之消極防空設施要領一份，關於公路方面補充意見一份。奉此。除分令外，合行抄發原附件，令仰該縣長遵照辦理，並將辦理情形具報為要！

此令。

附抄發各省市公路及水道交通之消極防空設施要領一份。
關於公路方面補充意見一份。

中華民國二十七年九月五日

專員 賀其桑

分行寧分會
遵辦具報
九、十七

各省市公路及水道交通之消極防空設施要領

一、關於警報傳達者：1、設置音響警報器於車站輪渡及船隻內。2、指派警報專員任警報傳達及監視之責，并設聯絡員與當地防空指揮機關取密切之聯絡。3、各車站及船務公司对於所屬員工分別予以各種警報規定之說明及訓練。

二、關於防空通信者：1、各車站及船務公司應改善通信系統切實與都市防空指揮機關聯絡。2、各車站及船務公司應增設防空電話專綫專任所屬單位之情報及警報傳達。3、各車站及船務公司應派專員負防空通信之聯絡并切實予以訓練。4、在可能範圍內備無線電台配屬并編入对空通信及警報勤務。

三、關於燈火管制者：（甲）、各車站及船務公司內燈火之遮蔽設備：1、空襲時必須辦公之房屋一律用黑布製成窗帘緊密遮蔽。2、備置各種遮蔽用具。3、增設屋內外燈之自動開關。（乙）、車輛船隻燈火之遮蔽法：1、空襲時必要之汽車等其前照灯須備有遮蔽用之黑布遮蔽罩。2、船隻及輪渡灯火其不必要者須加以熄滅，其必要者須備黑色布罩。

四、關於消防者：1、備置藥沫滅火機懸掛於車站公司內部或船隻內部重要之處所。2、添

20

設消防水桶及砂包於適當地点為消防之用。3、汽油及有危險性之化學藥品均須安置於安全處并指派专员負責管理。4、指派消防人員任本車站公司及船隻火災之预防。5、設備安全箱櫃收存重要文件并指定人員保管。6、添置消防器材并予所屬以消防訓练。

五、関於防毒消毒者：1、購置油紙或油布以為防毒包裹物料之用。2、購備防毒用具及消毒藥品。3、如財力許可應設置公用防毒室并購置防毒面具或防毒被服。

六、関於救護避難者：1、船上应多備救生艇及救命圈并指派專員負責办理。2、沿公路傍及河岸特别是車站及輪渡附近須多建防空壕。3、組織救護隊由各車站及公司与船隻主管人員指定所屬担任之。4、設置救急治療所指定所屬醫務人員担任之。5、指定附近救護所避難所及醫務之名稱位置并經過之路線。6、購備救護用器材如担架藥箱等。

七、関於偽裝遮蔽者：指派專員組織偽裝遮蔽班以任所屬車輛船隻及道路橋梁之偽裝特[illegible]事宜。2、購置偽裝用具如偽裝網等以為車輛船隻之偽裝。3、注意車輛船隻之顔色及塗料。4、沿公路傍及河岸应多植樹木。

八、關於警備者：1、指定專員組織警備班以任車站公司及船隻之防衛。2、各重要地点須派路警水警及机踏車哨兵監視道路及河道。3、增置强警備力量添置防禦武器。

九、關於工務者：1、指派专员組織工務班担任道路橋梁之修復為宜。2、將公路區分為數段責成各段長分別负责担任。3、籌備或征僱工人担任道路建築及汽車修整与搶救業務

十、關於交通管制者：1、規定車輛船隻停置地点不得於汽油廠修理廠輪渡或渡口等窄隘場所及各地麕集并須指定负責人員指揮車輛船隻空襲時即令疏散為要。2、沿公路須選擇相當地点建築隱蔽停車場。3、規定車輛船隻之行駛及航行時間并須切實遵守。4、各車輛应確知并遵守何時何地祇能於日間行車何地祇能於夜間行車山地夜間行車須特別規定。

關於各省市公路交通之消極防空設施另錄補充意見

一、關於消防者 (1)、对於車庫之佈置与消防应有相當注意必須遇警時車輛得自由疏散趋避而免延燒之危 (2)、車輛上应備消防工具以便中途消防之用

二、關於救護避難者 (1)、对於汽車中途遭遇空襲时对於停車疏散旅客保護車輛上設備及旅客行李警报解除後对於各個旅客继续進行等事由公路機關規定办法飭車

0225

上員工預受訓練方所應付并在車上張貼簡要說明俾旅客知所適從　（2）、沿公路兩側如

建有防空壕或隱蔽車輛處所者應酌設簡單標誌以便司機人并乘客等於逃警報時

易循標誌指向趨避

三、關於存儲材料者　公路材料應設法分儲不宜集中一隅并應嚴密防範以免奸宄侵襲

四、關於交通管制者　（1）、各車站車廠渡口附近應按實地情形規定停車地點及數量以

避免擁擠及減少空襲目標為主宜用木牌明白佈告以備車地点停車滿額應立即通知鄰

站設法阻止車輛前進一俟疏通再通知鄰站放行　（2）、沿途各要点應酌備車輛以便救護

消防或工人班等赶往肇事之地点工作

五、關於公路區分為數段者　應將重要公路分設數段設段長負責段內車工機務之指

揮外對於沿之宜或就原有車務工務等處主管人員設法集中一處辦公密切聯絡俾可

迅赴之機滅火延誤

六、關於工務方面者　各公路重要橋梁及渡口要隘附近一百公尺處應酌予堆置材料以便搶

修時應用

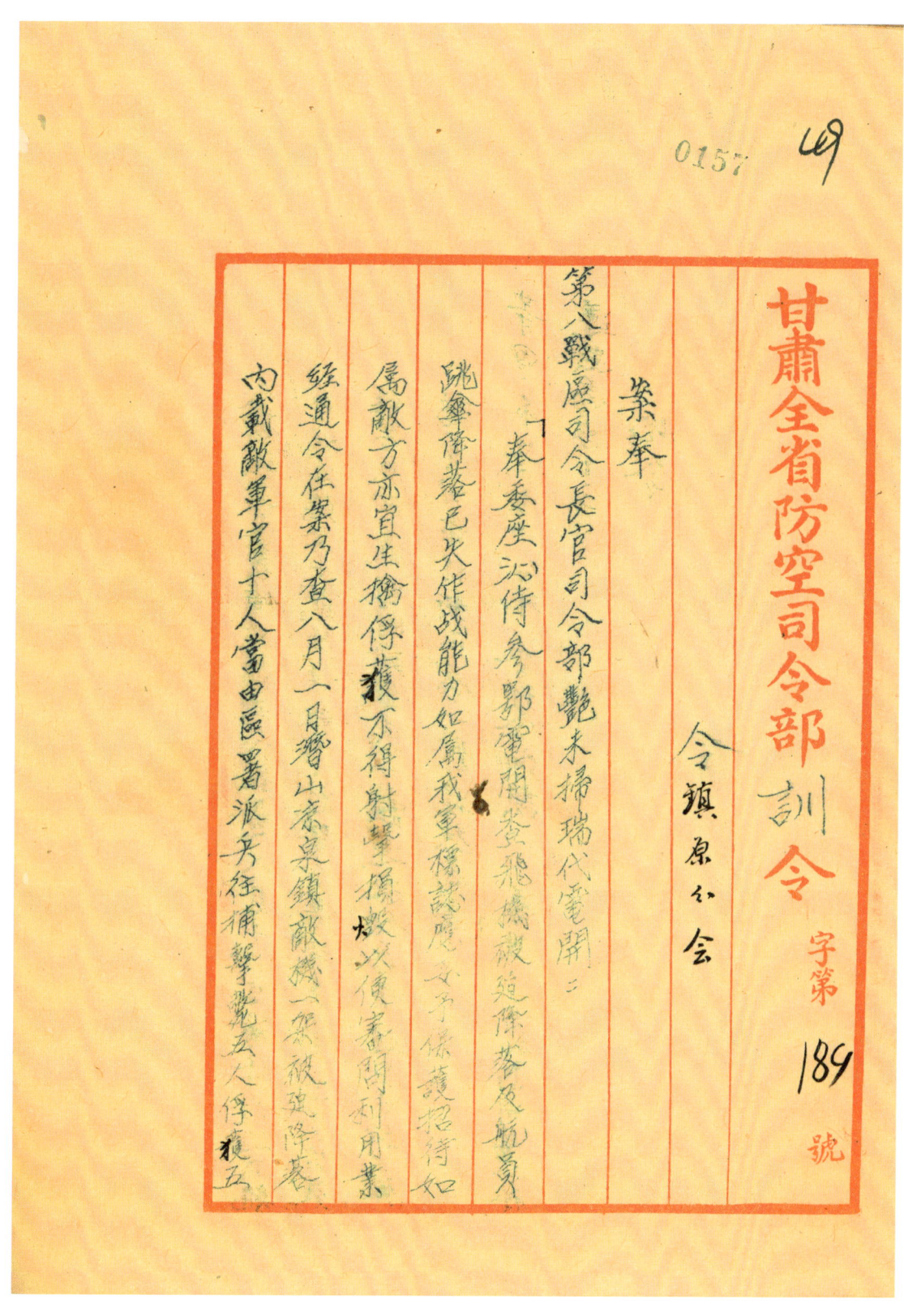

甘肃全省防空司令部关于保护被击落飞行员致镇原县防空分会的训令（一九三八年九月六日）

甘肅全省防空司令部訓令　字第189號

令鎮原分会

案奉

第八戰區司令長官司令部艷未掃瑞代電開：「奉委座沁侍參鄂電開：查飛機被迫降落及航員跳傘降落，已失作战能力，如屬我軍標誌顯然，亟予保護招待；如屬敵方，亦宜生擒俘獲，不得射擊擊斃，以便審問利用。業經通令在案。乃查八月一日潛山源泉鎮敵機一架被迫降落，內載敵軍官十人，當由區署派兵往捕，擊斃五人，俘獲五

9/50 (114) 0158

人嗣經土人義憤又將五人殺斃八月十二日浠修附近我航
員被迫跳傘落地後被駐軍射擊受傷殊屬不合除查究嚴
懲外應即嚴切曉諭軍民一體遵照如再有違犯定行嚴
懲等因希轉飭所屬一體遵照為要
等因，奉此，除分令外，合行令仰該会遵照，并轉飭所屬一体
遵照為要！之

此令

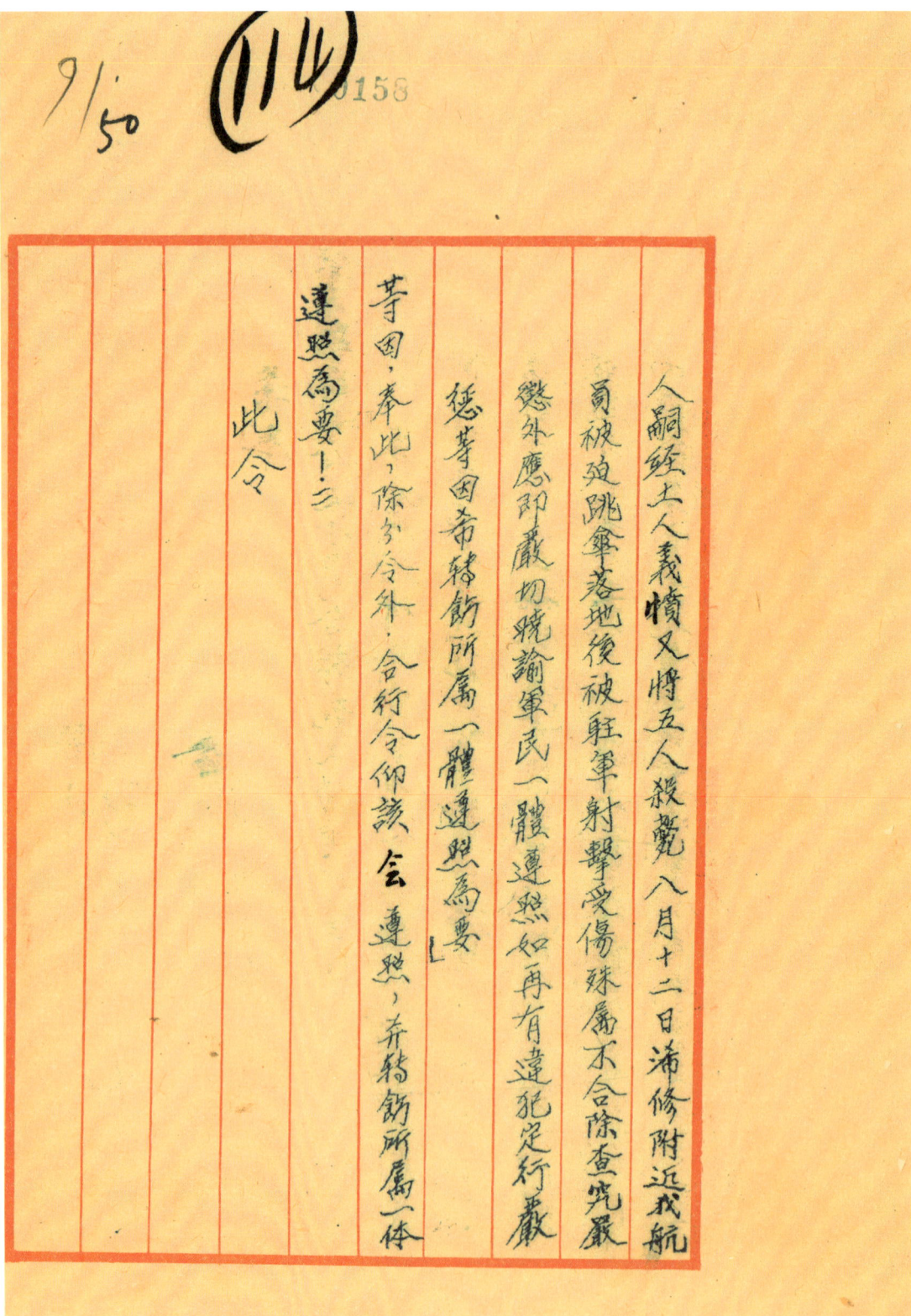

中華民國廿七年九月六日

司令朱紹良

副司令楊德亮

校對參延祿

甘肃全省防空司令部关于严密查缉敌特在镇原县附近地区破坏及侦察活动致镇原县防空分会的训令

（一九三八年九月十一日）

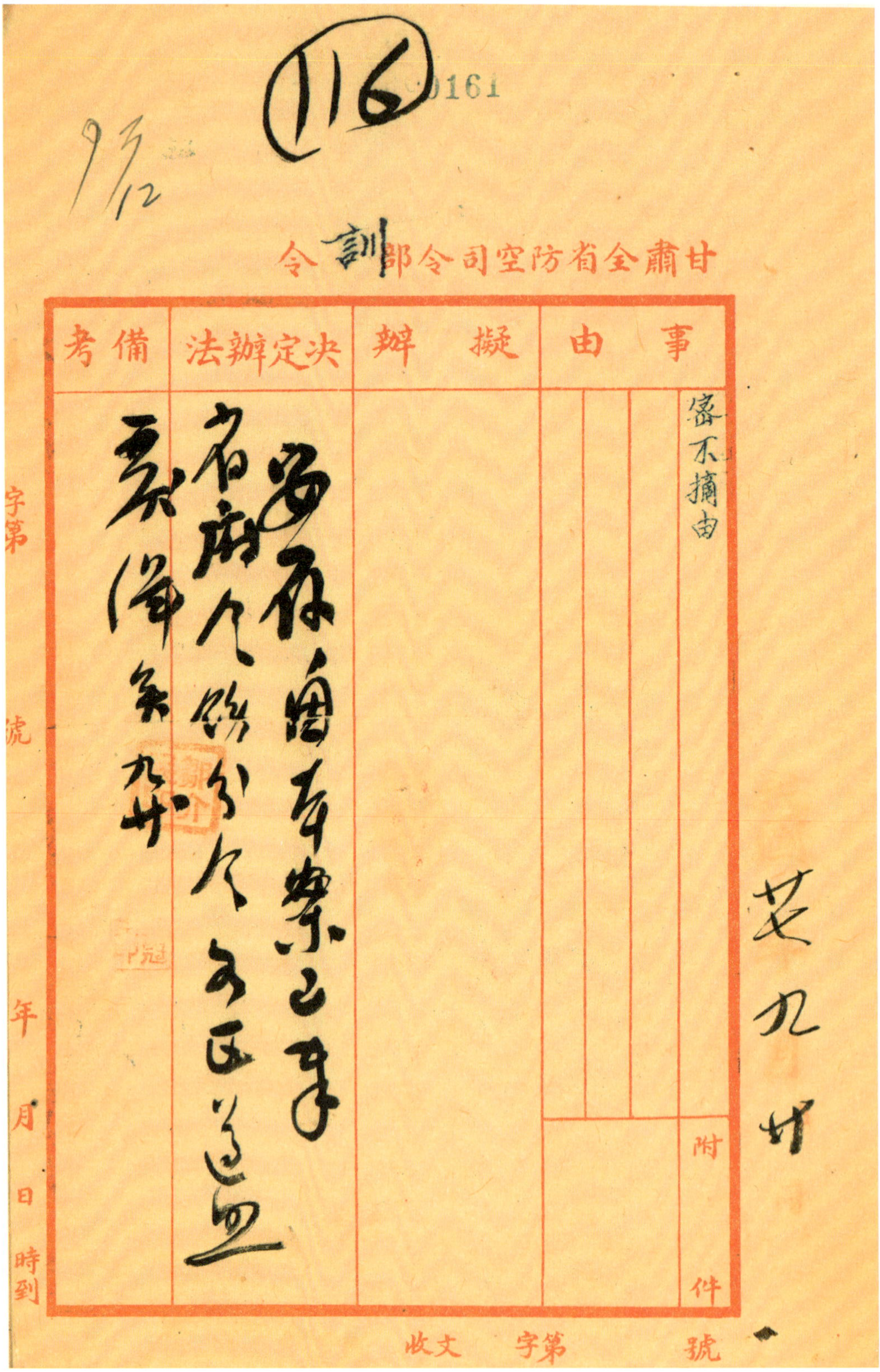
116

0161

甘肅全省防空司令部訓令

事由	擬辦	決定辦法	備考
密不摘由			

附件

收文 字第 號

字第 號 年 月 日 時到

13
0162

甘肅全省防空司令部訓令 組字第194號

令鎮原分會

案奉

第八戰區司令長官司令部參(二)字第一一零五號代電開：

「據本部高級參謀李浩恩號申電節稱：涇川窰店捕獲漢奸四名，內一名供出敵派何明、陳麻子等三十餘人，攜帶現款及輕電機，分佈于陝甘西蘭公路長武、靈涇、西峯鎮、鎮原等處，偵察交通工事、給養、駐軍番號等，現此二人尚未捕獲等語，希飭屬嚴密查緝為要」

等因，奉此，除分令外，合行令仰该会转饬所属随时注意，严密查缉为要。

此令

016415

中華民國廿七年九月十一日

司令朱紹良

副司令楊德亮

校對李延祿

甘肃全省防空司令部关于防范汉奸在高级司令部附近做暗号与敌空军联络等事宜致镇原县防空分会的训令

（一九三八年九月十七日）

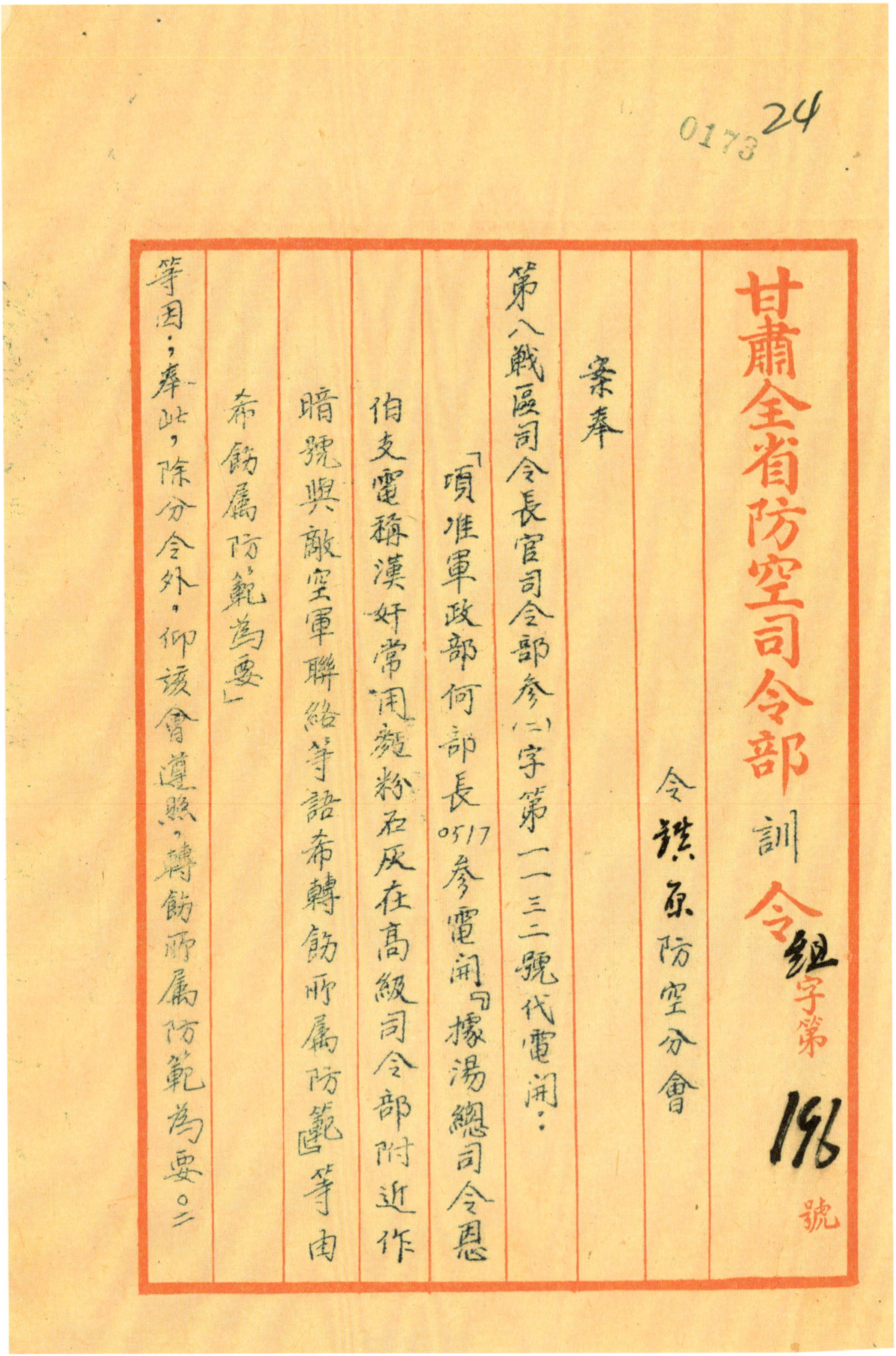
0173 24

甘肃全省防空司令部训令　组字第196号

令镇原防空分会

案奉

第八战区司令长官司令部参（二）字第一一三二号代电开：「项准军政部何部长0517参电开『据汤总司令恩伯支电称汉奸常用麵粉石灰在高级司令部附近作暗号与敌空军联络等语希转饬所属防范』等由希饬属防范为要」等因；奉此，除分令外，仰该会遵照，转饬所属防范为要。二

中華民國廿七年九月十七日

司令朱紹良

副司令楊德亮

校對朱延祿

镇原县政府关于防范特务活动致第二区署的密令（一九三八年九月二十五日）

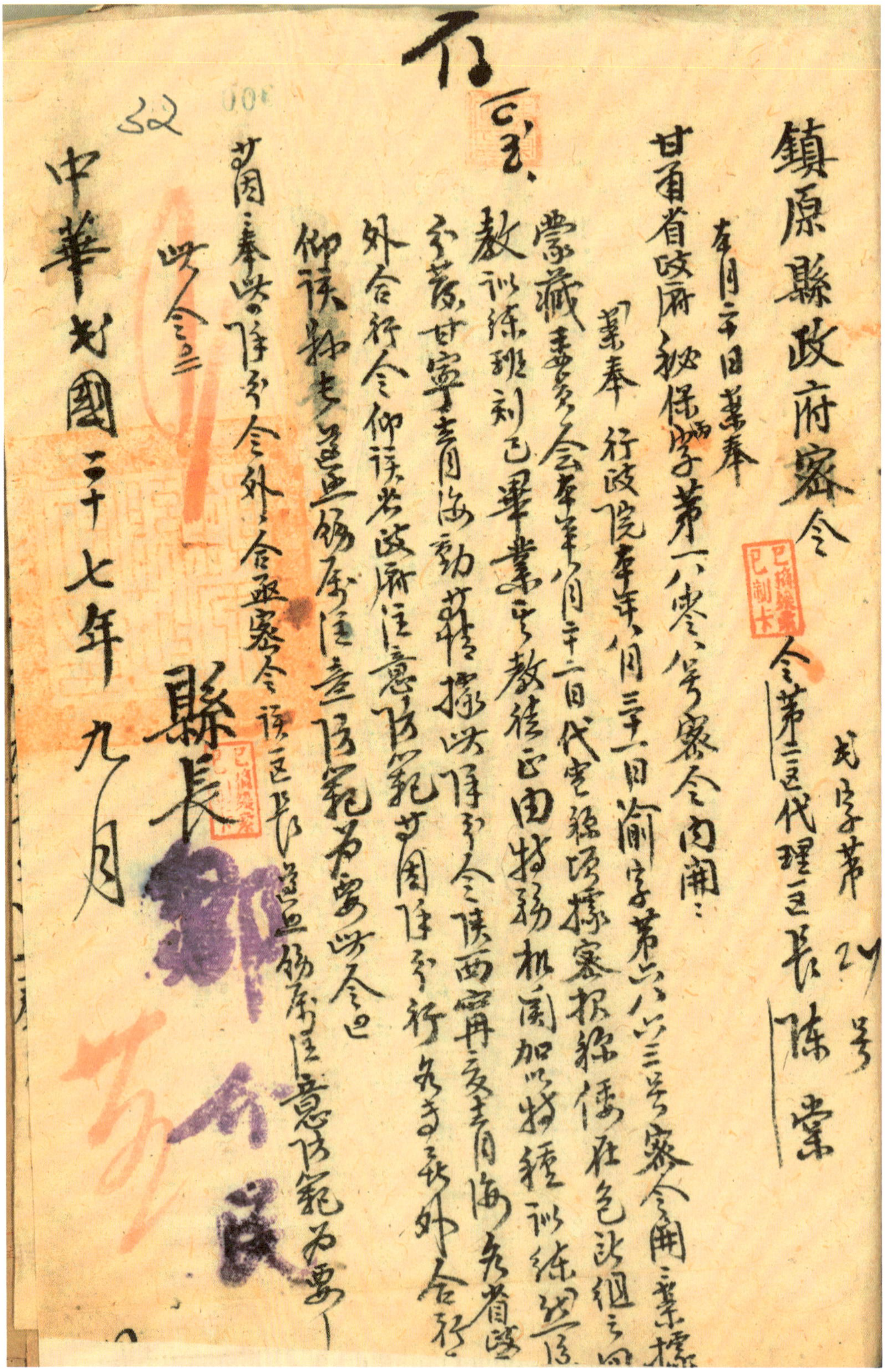

鎮原縣政府密令

戈字第24號

令第二區代理區長陳棠

本月廿日案奉

甘肅省政府秘保字第一八〇〇八號密令內開：「案奉

行政院本年八月三十一日渝字第六八四三號密令開：『案據

蒙藏委員會本年八月廿二日代電稱：頃據密報，敵偽在包頭組之回

教訓練班刻已畢業，由敵特務機關加以特種訓練，然後

分發蒙、甘、寧、青海活動等情。據此，除分令陝西、寧夏、青海各省密

外，合行令仰該省政府注意防範。』等因。除分行外，合行令

仰該縣長遵照，並轉飭注意防範為要。」此令。

等因。奉此，除分令外，合亟密令該區長遵照，並轉飭所屬注意防範為要。

此令。

縣長 鄭

中華民國二十七年九月

甘肃省政府关于转发国民政府军事委员会惩治汉奸条例致镇原县政府的训令（一九三八年十月一日）

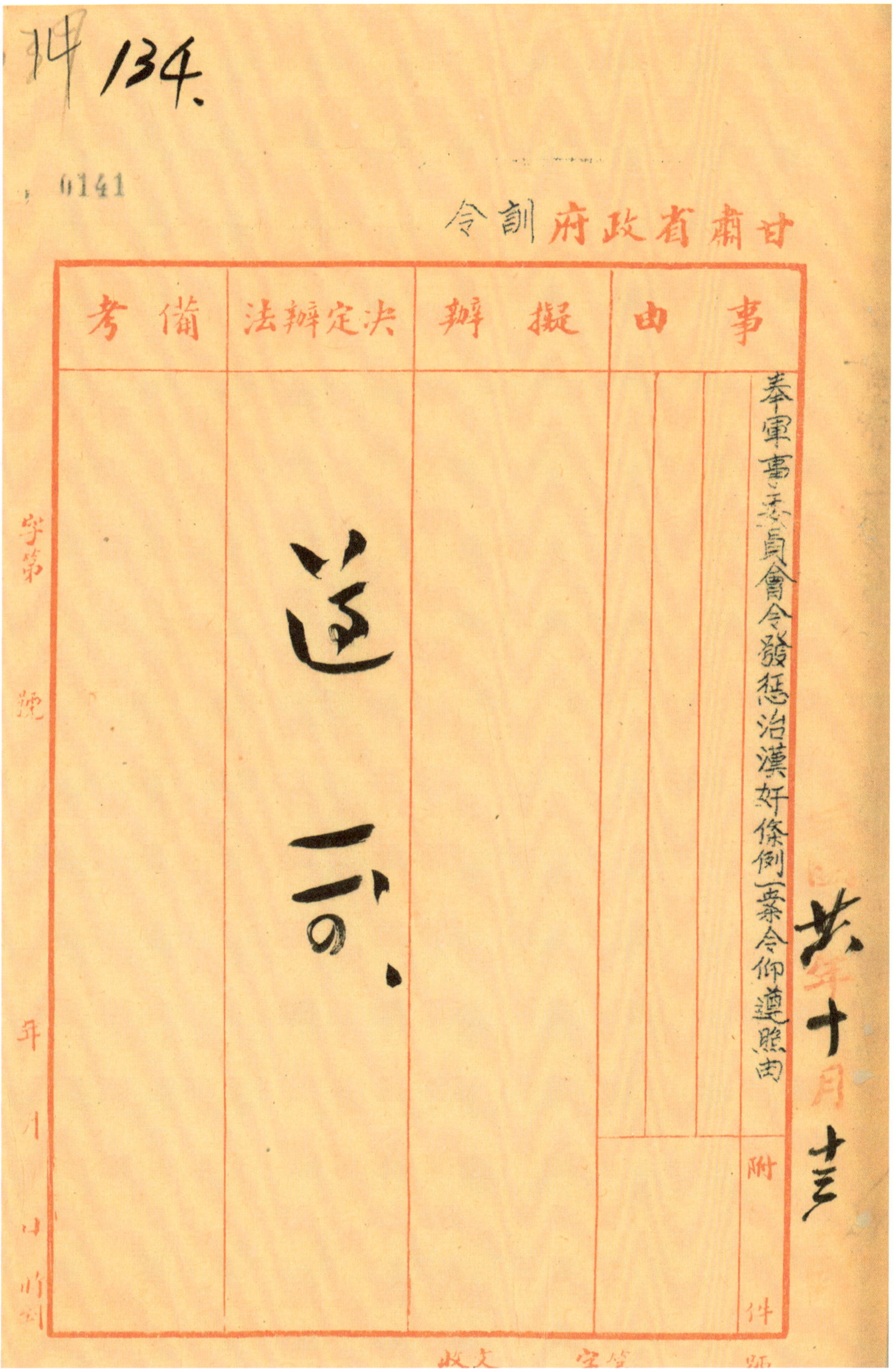
134

0141

甘肅省政府訓令

事由	擬辦	決定辦法	備考
奉軍事委員會令發懲治漢奸條例一案令仰遵照由		送一司	

附件

字第　號　年　月　日　時到

15

甘肅省政府訓令

秘保字第 989 號

令鎮原縣政府

案奉

國民政府軍事委員會法五字一三九〇三號訓令開：

「查時局嚴重，漢奸充斥，茲為適應環境，免除利敵起見，訂定懲治漢奸條例以資應付，除呈報並公布外，合行檢發條例令仰知照，並飭屬一體遵照，此令。」

等因附發懲治漢奸條例一份奉此。除分行外，合亟抄發原條例，令仰該縣長遵照此令。

計抄發懲治漢奸條例一份

中華民國廿七[年]十一月一日

代主席賀耀組

監印 高華藻

校對 羅 雲毅 文相

镇原县政府关于查防借传教掩护其不利我方之行的传教士致第二区署的密令（一九三八年十月七日）

镇原縣政府密令　第一九九號

令第二區代理區長陳棠

省政府文字第一八三四號密令内開：

本月四日案奉

「案准國民政府軍事委員會辦公廳本年八月儉日辦四字第五八一八號代電開：奉交下雲南省黨務指導委員會會議紀錄其中報告事項稱雲南大理墨江芒等處竟先後發現傳教士有危害我國家行為殊堪注意查各地傳教士雖多屬善良人士頗為我戰抗效力但其間實不乏借傳教為掩護而行其間諜及其他不利於我國之劣行若不周密防範貽害匪淺應請各省府密飭各縣府对轄境内傳教士不時偵查以杜奸宄除分電各省政府外特電請查照辦理為荷等因；准此，除分令各區專員公署各縣縣長各設治局局長及省會警察局局長遵照

4

切實注意外，合亟密令，仰該鄉務宜遵照前項嚴密監視調查來
外僑各令督飭所屬，切實注意，以杜奸宄，並仰隨時密報，以憑核辦
勿稍疏懈為要。此令。」
等因，奉此，除遵照並分行外，合行令仰該區長切實注意為要。
此令。

中華民國二十七年十月　日

縣長 鄒介民

遂一〇二、

甘肃全省防空司令部关于检发敌人施放毒气调查表致镇原县防空分会的训令（一九三八年十月十六日）

甘肅全省防空司令部訓令　花十號　司字第1311號

（奉航委會電發敵人施放毒氣調查表仰遵照辦理由）

令鎮原防空分会

案奉

航空委員會防消戌字第一九四八號代電開：「查自抗戰以來一年有餘，敵人慘暴無所不用其極，每於戰爭失利，即對我英勇將士施用毒氣，本會為研討對策起見，關於此項材料搜集，至於報章上得有片段記述，殊欠詳細，難以考據，除分電外，合行檢同敵人施放毒氣調查表一份，電仰該部，今後如遇敵機施放毒氣時，即依式詳填一份，逕送本會防空總處，俾供參攷為要」等因，附發敵人施放毒氣調查表一份，奉此，除分令外，合行檢發該調查表，令仰該会，今後如遇敵機施放毒氣時，即依式填報二份，以憑轉報。

合行令仰遵照！

密送並抄[illegible]

此令

附發敵人施放毒氣調查表一份

司令 朱紹良

副司令 楊德亮

中華民國二十七年十一月十六日

監印 祝德

校對 朱延

附：敌人施放毒气调查表

10
56

敵人施放毒氣調查表

施放時間	
施放地點	
天氣、風向、風速	
施放方法	吹放　砲彈　飛機投擲　飛機撒潑　其他
毒氣種類	
施放後所呈現象	
毒氣色澤	
我方之處置	
中毒者之現象	
施放次數	
我方傷亡數目	人：傷　亡；畜：傷　亡
救護方法	
備考	

年　月　日

镇原县政府关于严密盘查持牯岭难民证人员以防汉奸潜入后方活动致第二区署的密令（一九三八年十一月八日）

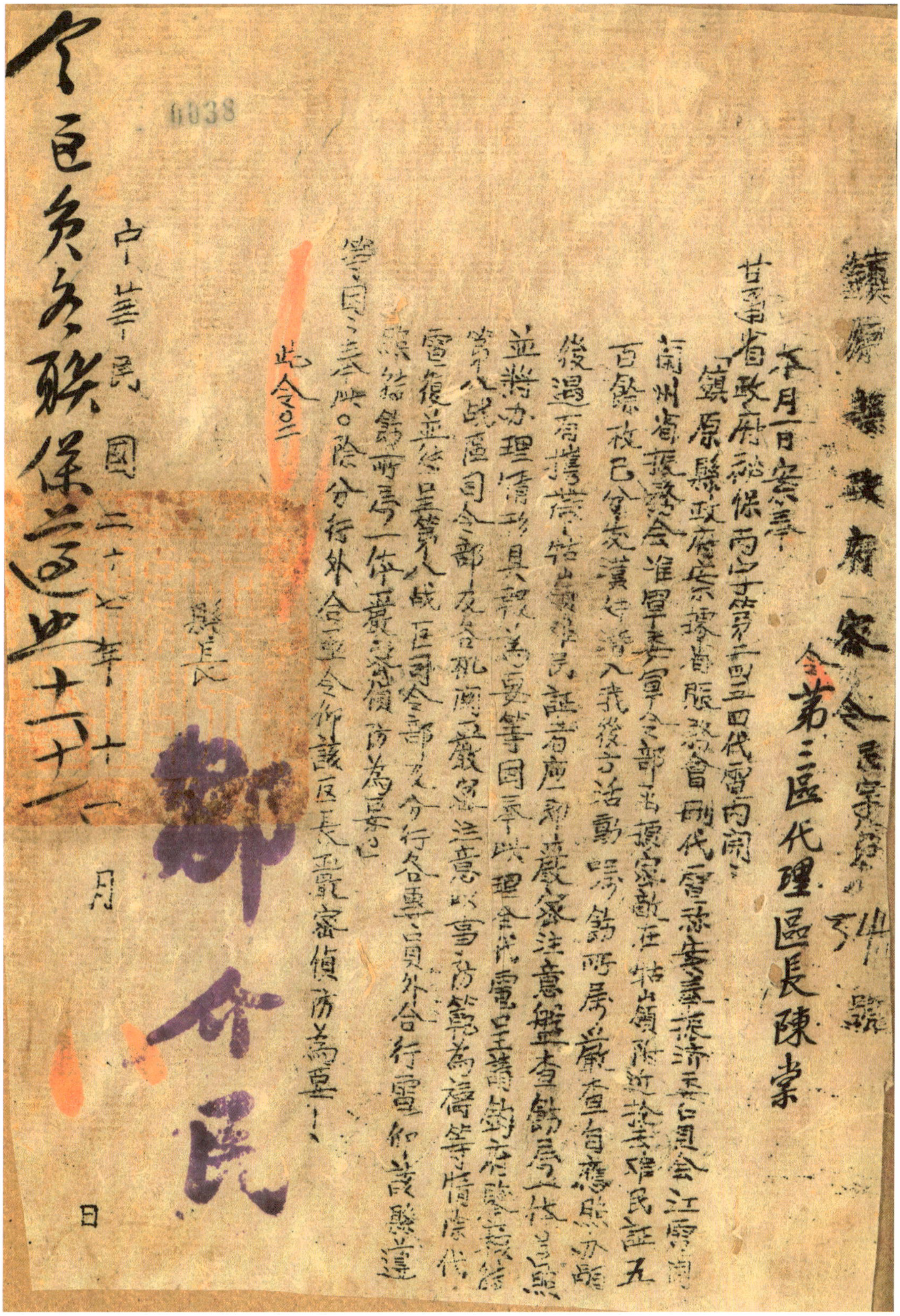

鎮原縣政府密令 民字第 號

令第二區代理區長陳棠

本月一日案奉

甘肅省政府秘保丙字第二四三四代電內開：

「鎮原縣政府密。據省賑務會刪代電稱：案據靖遠縣分會江電開：

蘭州省賑務會准第八戰區司令部函稱，據密報，在牯嶺附近發難民證五

百餘枚，已分交漢奸潛入我後方活動，囑飭所屬嚴查，自應照辦，飭

後遇有攜帶牯嶺難民證者，應一律嚴密注意盤查，飭屬一體照

並將辦理情形具報，為要等因。奉此，理合代電呈請鑒核，轉飭

第八戰區司令部及各機關一體嚴密注意，以重防範，為禱等情。除代

電復並分呈第八戰區司令部及分行各專員外，合行電仰該縣遵

照，轉飭所屬一體嚴密偵防為要。」

等因。奉此。除分行外，合亟令仰該區長嚴密偵防為要！

此令。

縣長 鄧介民

中華民國二十七年十一月 日

镇原县政府关于查禁天津汉奸荒谬电报致第二区署的训令（一九三九年一月二日）

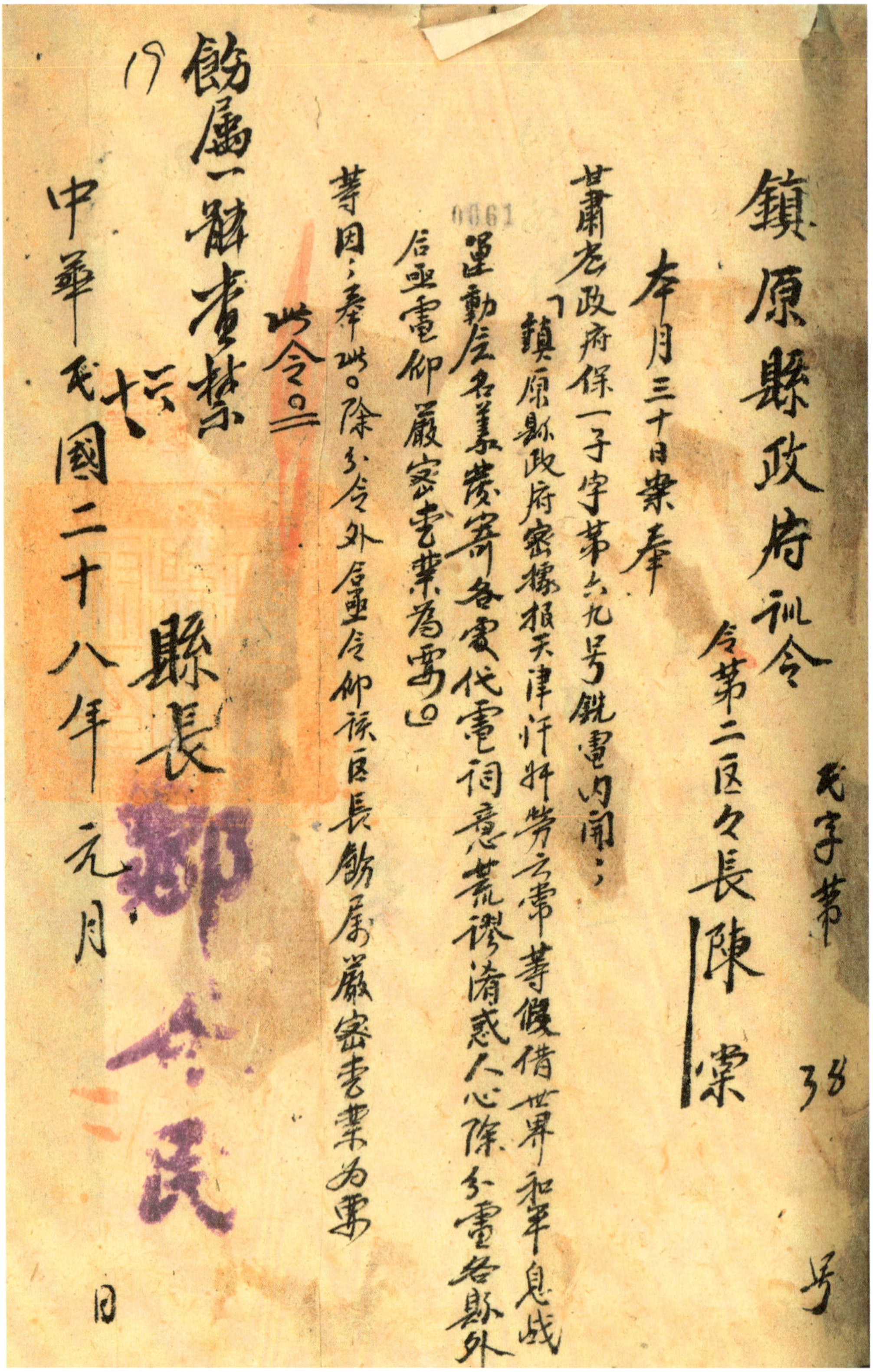
鎮原縣政府訓令　民字第38号

令第二區區長陳棠

本月三十日案奉

甘肅省政府保一子字第六九号銑電内開：

「鎮原縣政府密據報天津汉奸勞云常等假借世界和平息戰運動会名義發寄各處代電詞意荒謬淆惑人心除分電各縣外合亟電仰嚴密查禁為要」

等因。奉此。除分令外合亟令仰該區長飭屬嚴密查禁為要。

此令。

飭屬一體查禁　十六

中華民國二十八年元月　日

縣長　鄭令民

镇原县政府关于采用防毒办法致第二区署的训令（一九三九年一月十日）

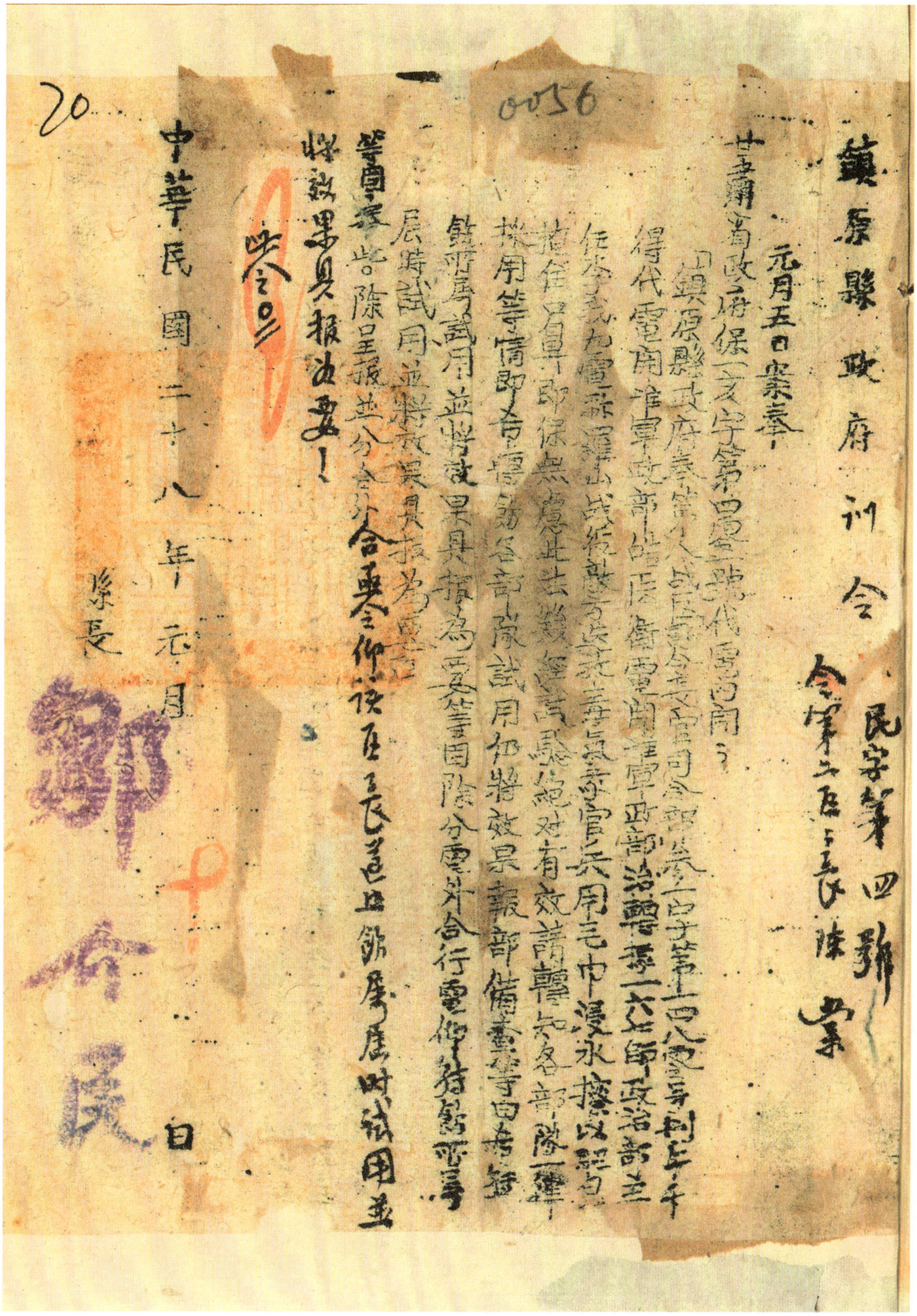
鎮原縣政府訓令 民字第四號

令第二區區長陳[illegible]

廿八年元月五日案奉

甘肅省政府保一支字第四零二號代電開：「鎮原縣政府：案奉第八戰區司令長官司令部參一字第二四八零號副本代電開：准軍政部皓衛電開：准軍政治部治譽第一六二號政治部主任李子遊九電稱：羅山戰役敵方放毒氣，本官兵用毛巾浸水擦以肥皂掩住口鼻，即保無虞，此法簡便經濟，屢試有效，請轉知各部隊一律採用等情，即希電飭各部隊試用，如將效果報部備查等因，希飭所屬試用，並將效果具報為要等因，除分電外，合行電仰遵飭所屬隨時試用，並將效果具報為要」等因，奉此，除呈報並分令外，合亟令仰該區長遵照，飭屬隨時試用，並將效果具報為要！

此令。

中華民國二十八年元月　日

縣長

镇原县政府关于侦防汉奸假冒客商四处活动致第二区署的密令（一九三九年二月二日）

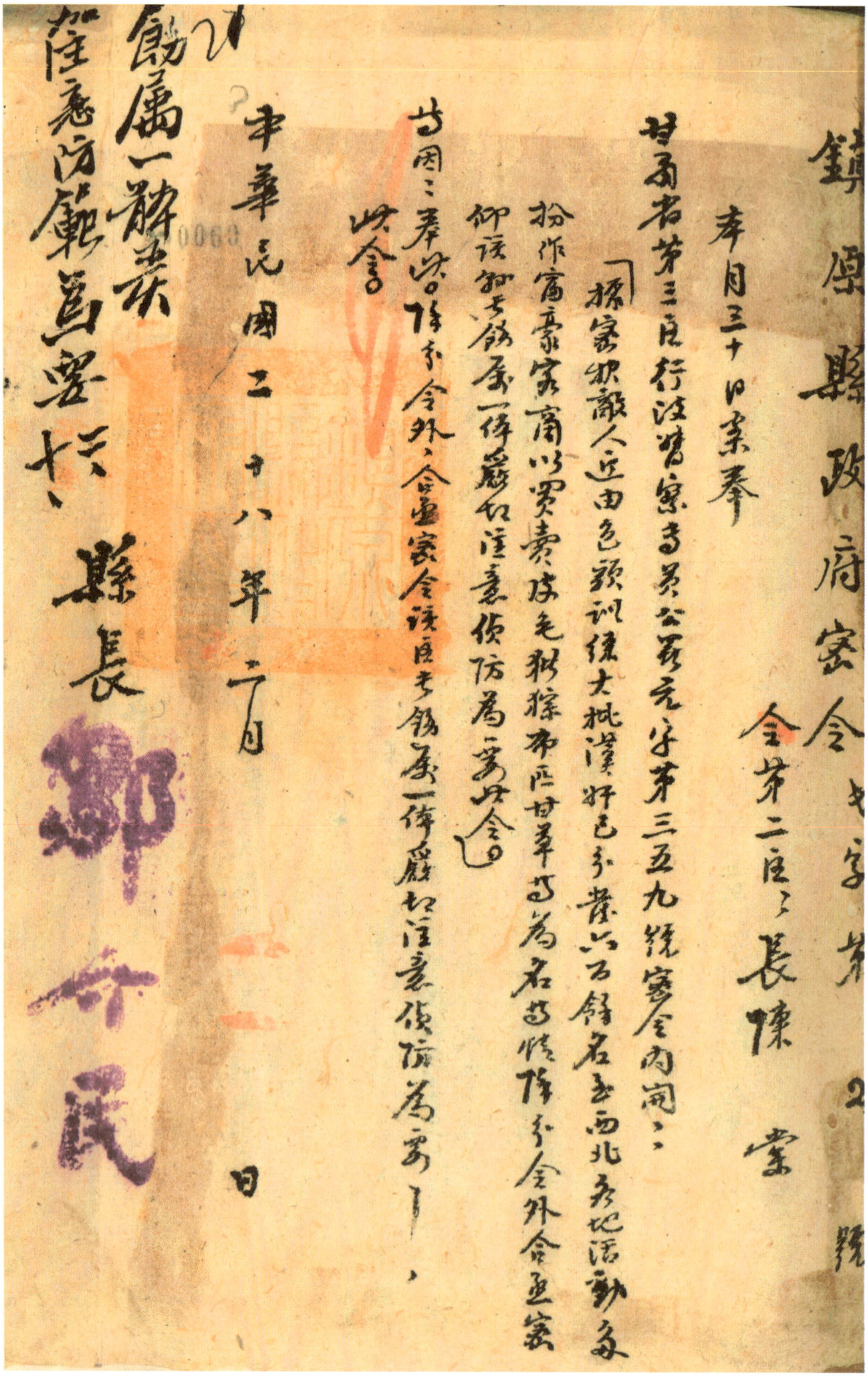

镇原县政府关于严密侦缉日伪特务致第二区署的训令（一九三九年三月七日）

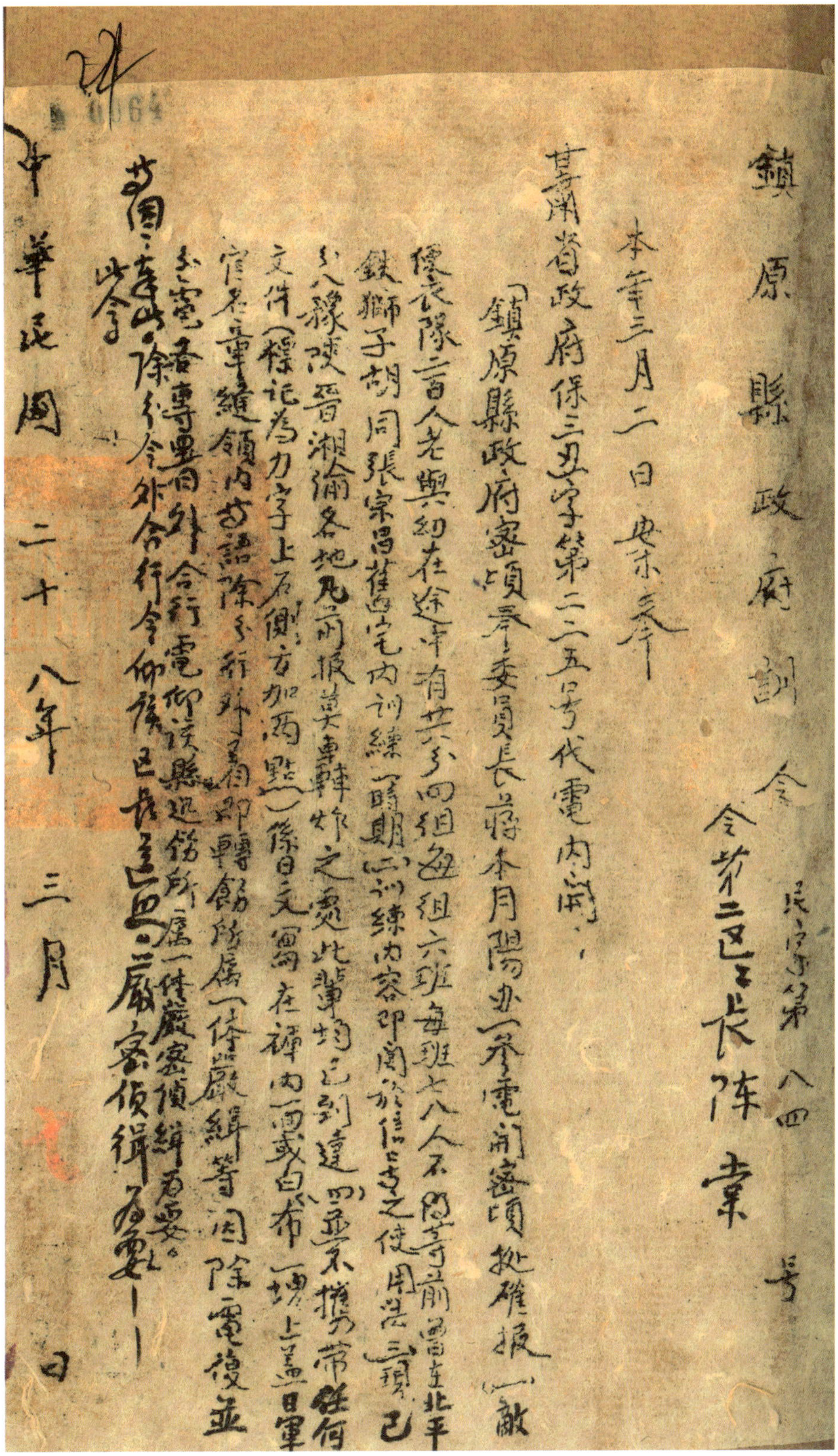

镇原县政府训令　令第二区区长陈棠　民字第八四号

本年三月二日奉

甘肃省政府保三丑字第二二五号代电内开：

「镇原县政府密。顷奉委员长蒋本月阳戌一参电开：密。顷据报（一）敌伪便衣队二百人老与幼在途中有共分四组，每组六班，每班七八人，不日前曾在北平铁狮子胡同张宗昌旧宅内训练，时期（二）训练内容即为关于信号之使用法三项。已分八路赴陕晋湘渝各地，凡有报告专干炸毁之处，此辈均已到达，四、并不携带任何文件（标记为力字，上右侧方加两点），系白色写在裤内，或白布一块，上盖日军官名章，缝领内者语，除分行外，希即转饬所属一体严缉等因。除电复并分电各专员外，合行电仰该县迅饬所属一体严密侦缉为要。」

等因；奉此，除分令外，合行令仰该区长遵照，严密侦缉为要！

此令。

中华民国二十八年三月　日

镇原县第二区署关于防范汉奸特务活动致第一、二、三联保办公处的密令（一九三九年三月二十九日）

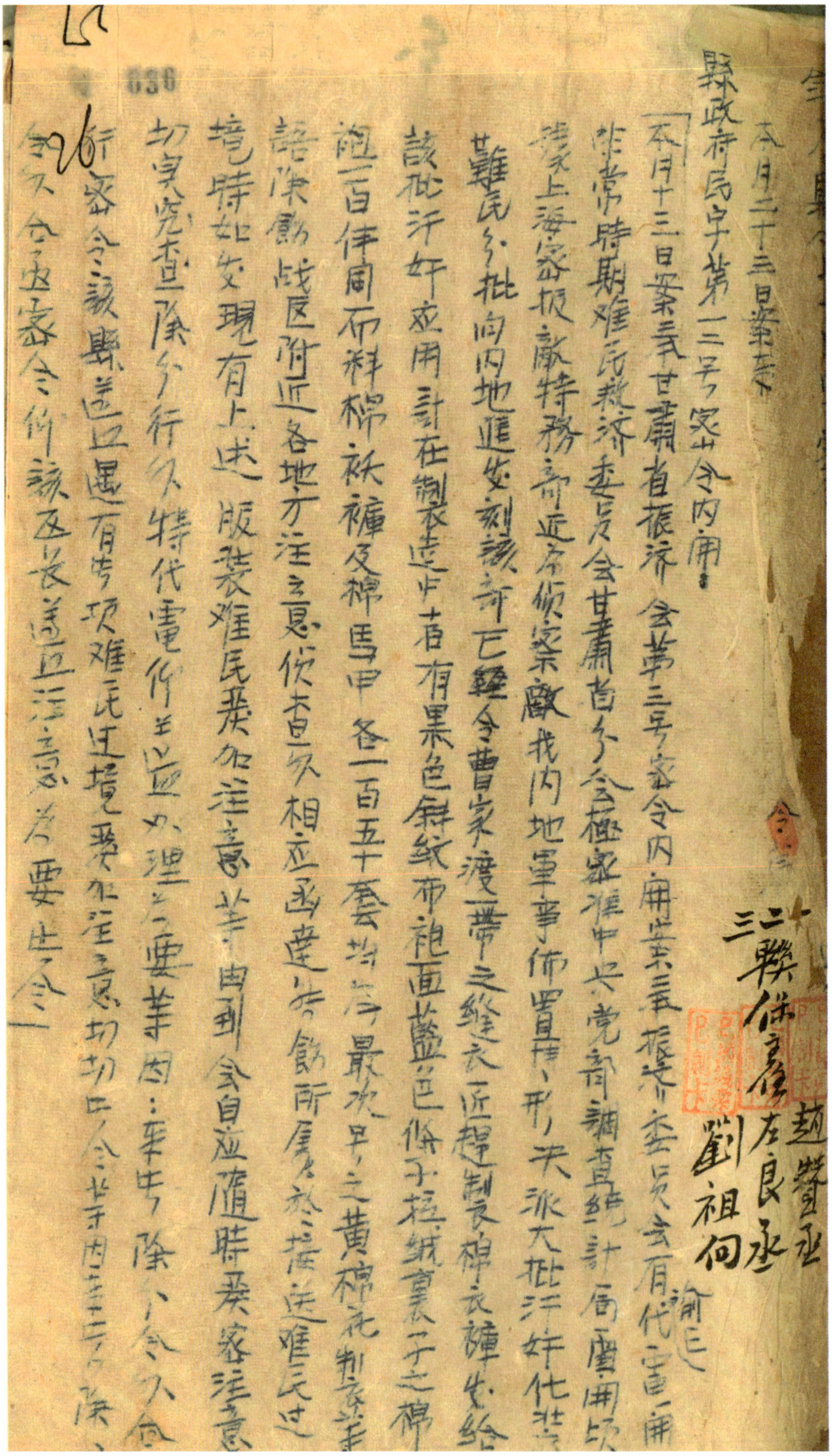

一二三聯保處 趙譽亞 左良丞 劉祖侗

本月二十三日奉

縣政府民字第一三号密令內開：

「本月十三日案奉甘肅省振濟會第三号密令內開：案奉振濟委員會有代電開：非常時期難民救濟委員會甘肅省分會極密准中央黨部調查統計局函開：據上海密報敵特務部近在偵察敵我內地軍事佈置情形，決派大批汗奸化裝難民分批向內地進發，刻該部已經令曹家渡一帶之縫衣匠趕製棉衣褲發給該批汗奸應用，計在製衣匠中者有黑色斜紋布袍面藍色條子格絨裏子之棉袍一百件，同布料棉袄褲及棉馬甲各一百五十套，均為最次等之黃棉花製成等語，除飭戰區附近各地方注意，俟查明相應函達，希飭所屬於接送難民過境時，如發現有上述服裝難民要加注意等由到會，自應遵照密注意切實究查，除分行外，特代電仰遵照辦理，要等因；奉此，除分令外，合行密令該縣，遵照遵照，有此項難民過境，要加注意，切切此令，等因，奉此，除分令外，合亟密令仰該區長遵照注意為要，此令。」

案由：奉□□□陈令外，合亟令仰该主任严密注意，切切！

此令

中华民国三十八年三月 日

区长 陈宗

分令外保严密注意

四一

廿九

镇原县防护团部关于防范敌机燃烧弹致第二区署的训令（一九三九年五月二十八日）

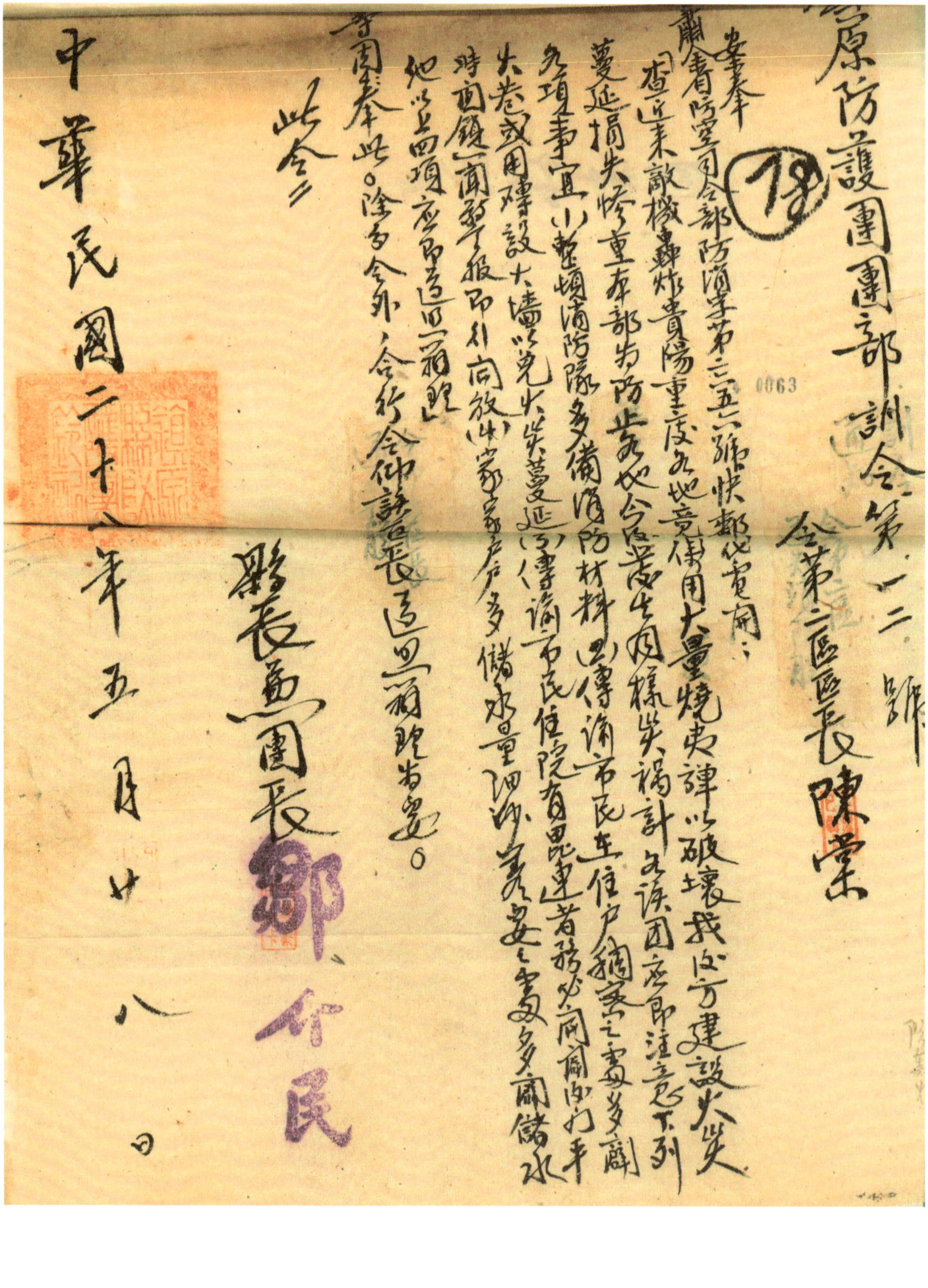

鎮原防護團團部訓令 第一二號

令第二區區長陳棠

案奉

肅會防空司令部防消字第二五八號快郵代電開：查近來敵機轟炸貴陽重慶各地，竟使用大量燒夷彈，以破壞我後方建設，火災蔓延，損失慘重。本部為防患於未然計，合亟電仰該團應即注意下列各項事宜：（1）整頓消防隊，多備消防材料；（2）傳諭市民在住戶稠密之處多闢火巷，或用磚築大墻，以免火災蔓延；（3）傳諭市民住院有空地者，務必開闢儲水池；（4）家家戶戶多備水量，以資安全。以上四項，應即遵照辦理，並將辦理情形具報為要。等因。奉此，除分令外，合行令仰該區長遵照辦理為要。

此令。

縣長兼團長 鄧介民

中華民國二十八年五月廿八日

镇原县政府关于飞机坠地施救事宜致第二区署的训令（一九三九年六月十日）

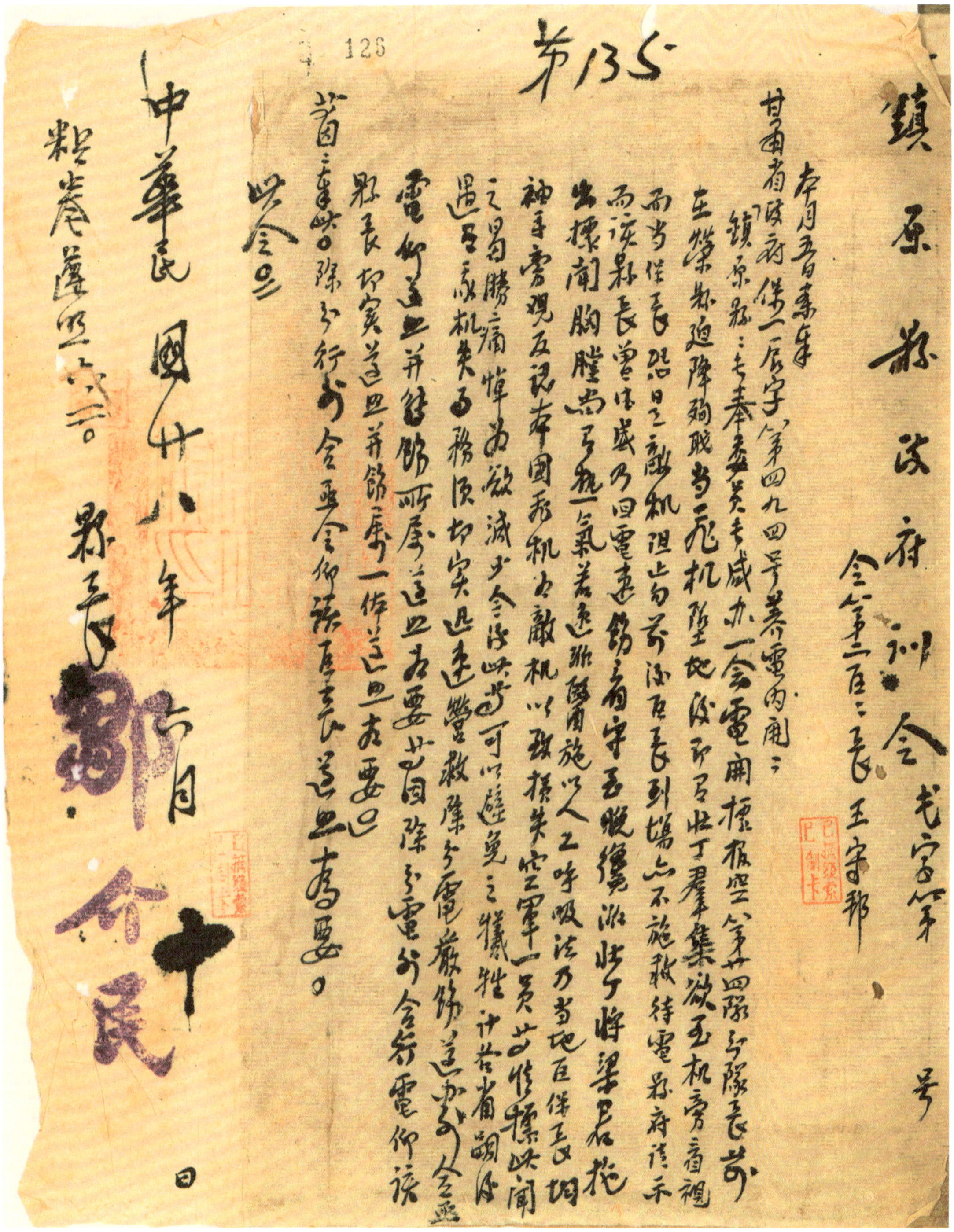
镇原县政府训令　弋字第　号

第135

令第二区区长王宇邦

本月五日奉

甘肃省政府保一辰字第四九四号养电开："镇原县：奉委员长咸亦一令电开：'顷据空一第廿四队分队长黄

在荣县迫降殉职，当飞机坠地后，即召壮丁群集欲

而当保长昭日之敌机阻止，旬前添区长到场亦不施救，待电县府请示

而该县长曾往盛乃回电县饬有守至晚，缓派此种

出标间胸膛尚有一气，若速派医施以人工呼吸法，乃当地区保长

袖手旁观，反认本国飞机为敌机，以致损失空军一员，曷胜

之昌胜痛悼。为欲减少今后此类可以避免之牺牲计，着省闻

遇有飞机失事，务须切实迅速营救，并分电严饬遵办，

电饬遵照，并转饬所属遵照为要。'除分电外，

县长切实遵照并饬属一体遵照为要。'

省府养印。"除分行外，合亟令仰该区区长遵照为要。

此令。

中华民国廿八年六月　日

县长　郭介民

镇原县防护团部关于防范汉奸刺探军情致第二区署的训令（一九三九年六月十三日）

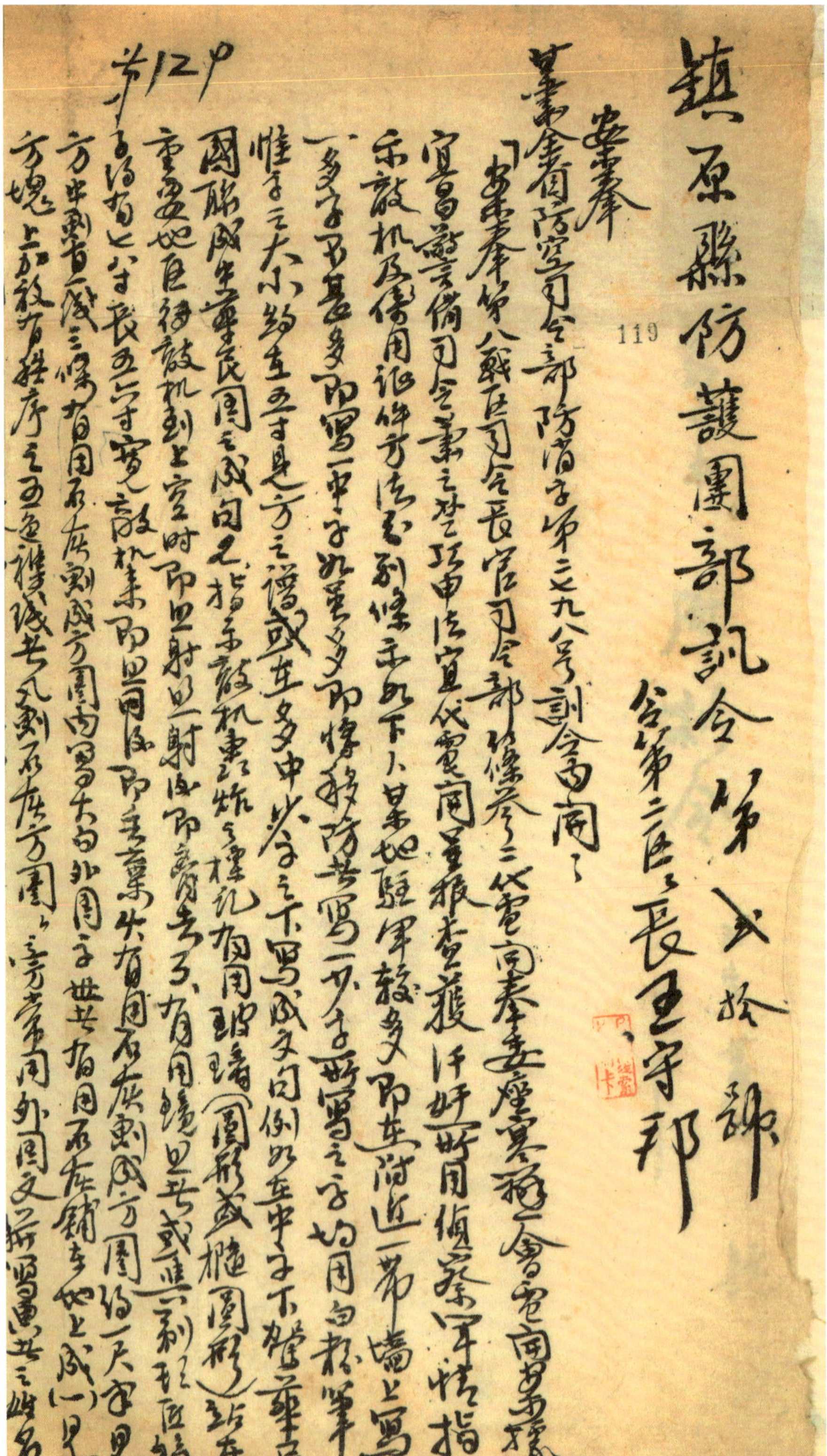
鎮原縣防護團部訓令 第 號

令第二區區長王守邦

案奉

甘肅全省防空司令部防消字第二之九八號訓令內開：

惟所通之同前无限定何鼓，祗有当为截机发现者，或与汗奸使用之铜钱同一地点，并
抵一种，此案汗奸所使铜钱第三号、第四号，均系编号郡播顺序6、
汗奸供述传同一种，重五六寸，高三四寸之发音机，惟尚查发现五号情据，此请查看外，四并
转饬所属严防汉奸等以秉奸藏为要，等因，请查一看外，兹转饬所属严防汉奸为要
国庠此，除分令外，合行令仰该团转饬所属知照，并严防汉奸为要
此令。
等因，奉此，除分行外，合行令仰该区长遵照，并转饬所属一体严防汉奸为要。

县区团长 郑令民

中华民国二十八年六月十三日

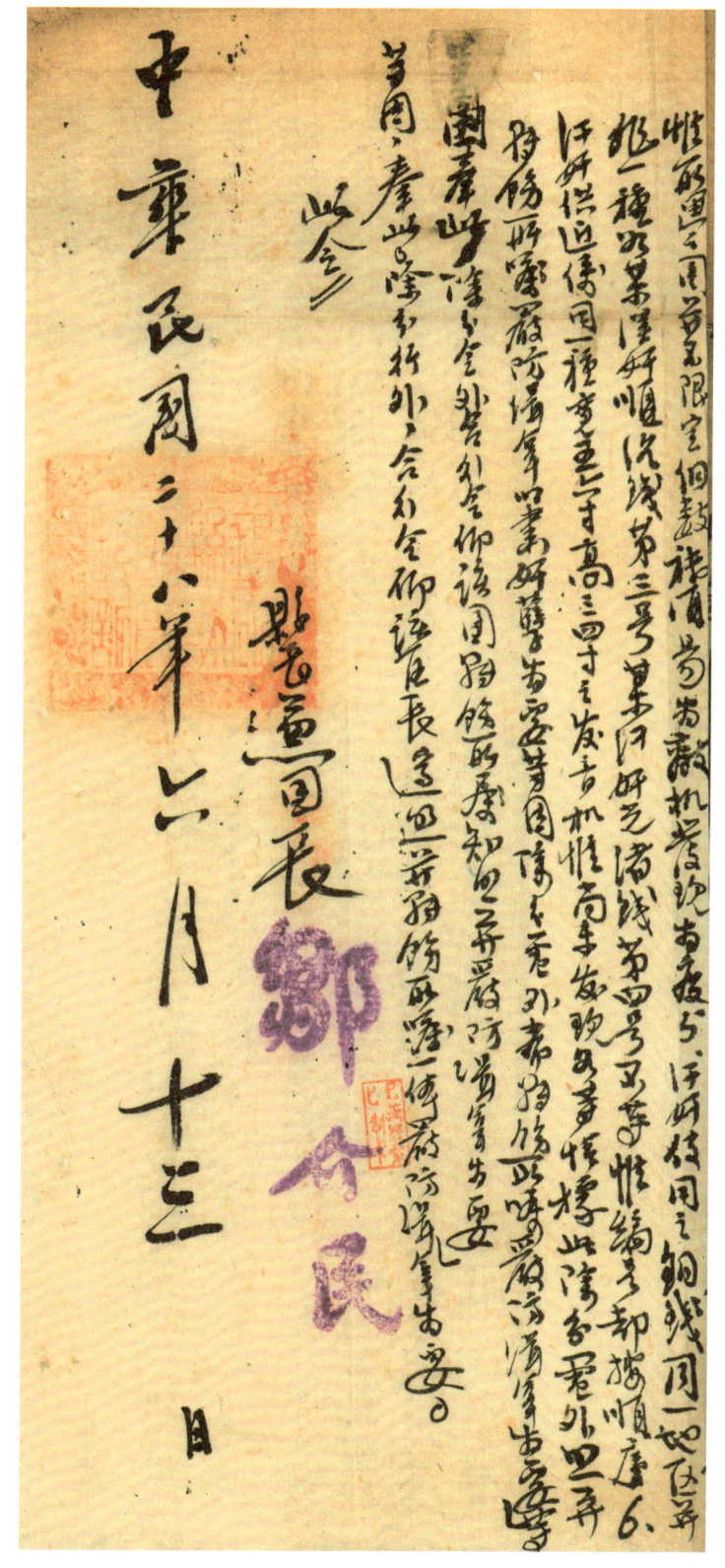

镇原县政府关于防范汉奸刺探军情致第二区署的训令（一九三九年六月十六日）

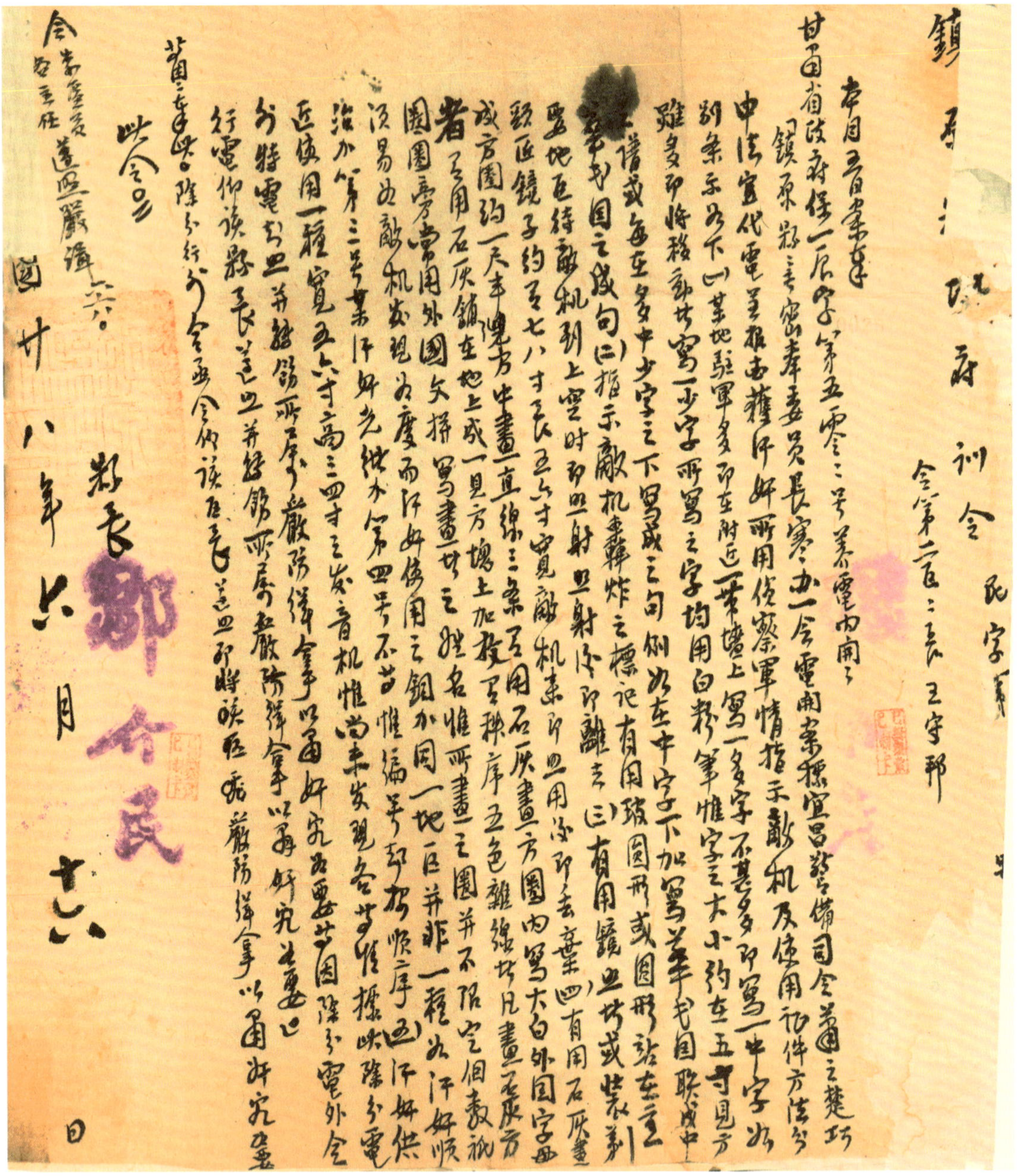

镇原县政府训令　民字第　号

令第二区区长王守邦

本月三日案奉

甘肃省政府保一民字第五零二号养电内开：

「镇原县县长密。奉委员长寒戌一令电开：案据宜昌警备司令萧之楚巧申代电呈报查获汉奸所用侦察军情指示敌机及使用物件方法，分别条示如下：（一）某地驻军多，即在附近一带墙上写一多字，不甚多即写一中字，如虽多即将移动者写一少字。所写之字均用白粉笔，惟字之大小约在五寸见方，借或每在多中少字之下写成之句，例如在中字下加写华字，即联成中华民国之成句。（二）指示敌机轰炸之标记，有用玻璃圆形或圆形[illegible]在重要地区，待敌机到上空时即照射，照射后即离去。（三）有用镜照射或装剥敌区镜子约长七八寸、宽五六寸，见敌机来即照，用后即去弃。（四）有用石灰画成方圈，约一尺半见方，中画一直线三条，并用石灰画方圈内写大白外国字母者；有用石灰铺在地上成一见方块，上加数寸株序五色杂线，凡画方圈圈旁常用外国文拼写画线之姓名，惟所画之圈并不限定，但须易为敌机发现为度，而汉奸使用之铜亦同一地区并非一种，如汉奸顺治加第三号，汉奸光线加第四号，不当，惟编号即按顺序。（五）汉奸供近使用一种宽五六寸、高三四寸之发音机，惟尚未发现各[illegible]，除分电外，合亟特电，仰并转饬所属严防缉拿，以杜奸究为要」等因。行电仰该县长遵照，并转饬所属严防缉拿，以杜奸究为要。等因奉此，除分行外，合亟令仰该区长遵照，即时[illegible]严防缉拿，以杜奸究为要。

此令。

县长　郑令民

中华民国廿八年六月十六日

[illegible]遵照严缉　六·廿

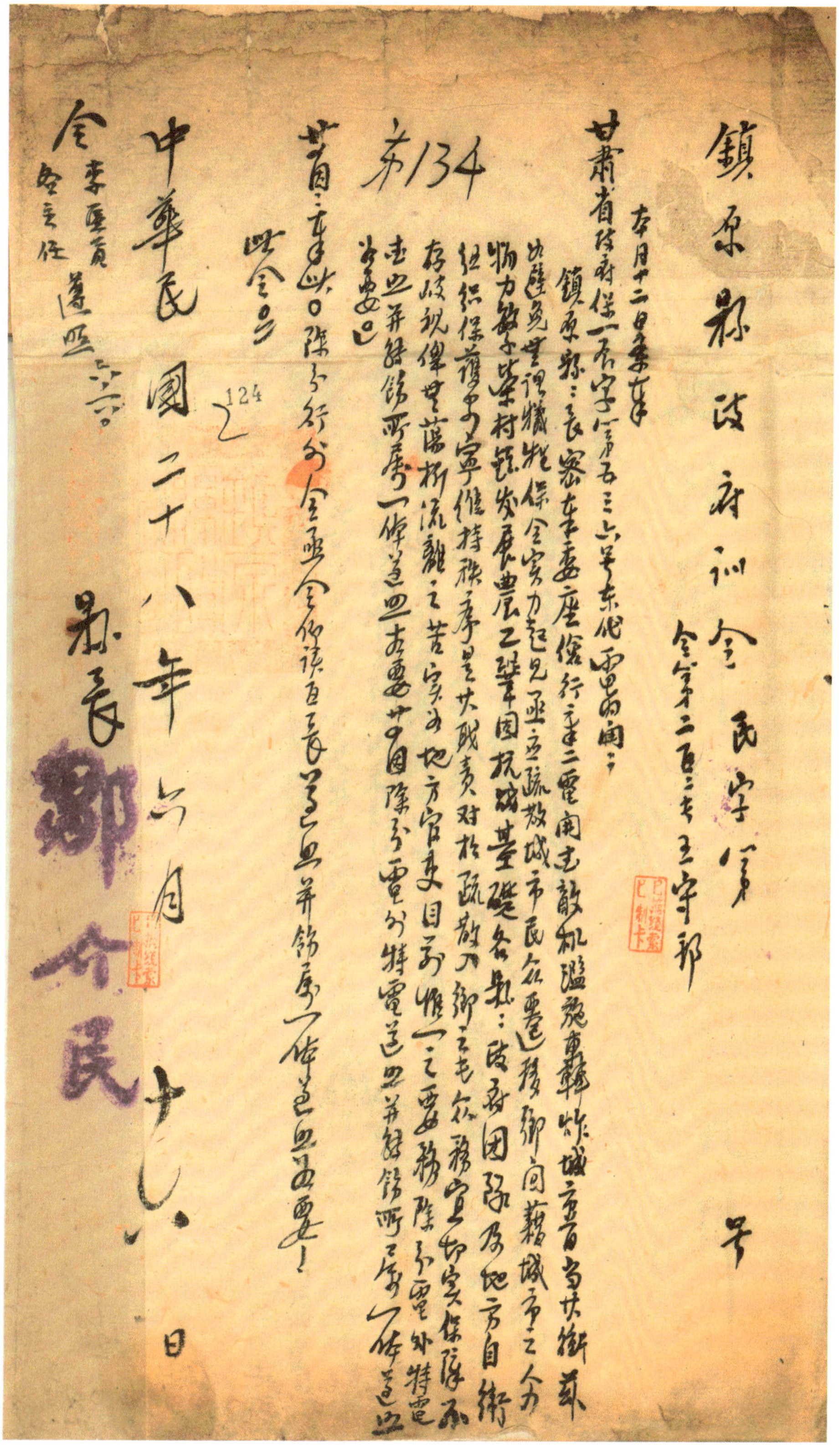

镇原县政府训令　民字第　号

令第二区区长王守邦

本月十二日奉

甘肃省政府保一民字第五三六号东代电开：

"镇原县县长密：本年来敌机滥施轰炸，城市首当其冲，兹为避免无谓牺牲，保全实力起见，亟应疏散城市民众，严密防御，同时藉城市之人力物力救济农村，发展农业，巩固抗战基础。务期政府团结及地方自卫组织保护中宁，维持秩序，是其职责，对于疏散乡民尤须切实保障，而免流离之苦。实为地方官吏目前唯一之要务。除分电外，特电遵照并转饬所属一体遵照为要。"

等因；奉此，除分行外，合亟令仰该区长遵照并转饬所属一体遵照为要！

此令。

第134

中华民国二十八年六月十六日

县长　鄒介民

镇原县政府关于防空和疏散民众致第二区署的训令（一九三九年六月十六日）

镇原县政府关于敌机轰炸死伤人员收治、处置事宜致第二区署的训令（一九三九年六月二十三日）

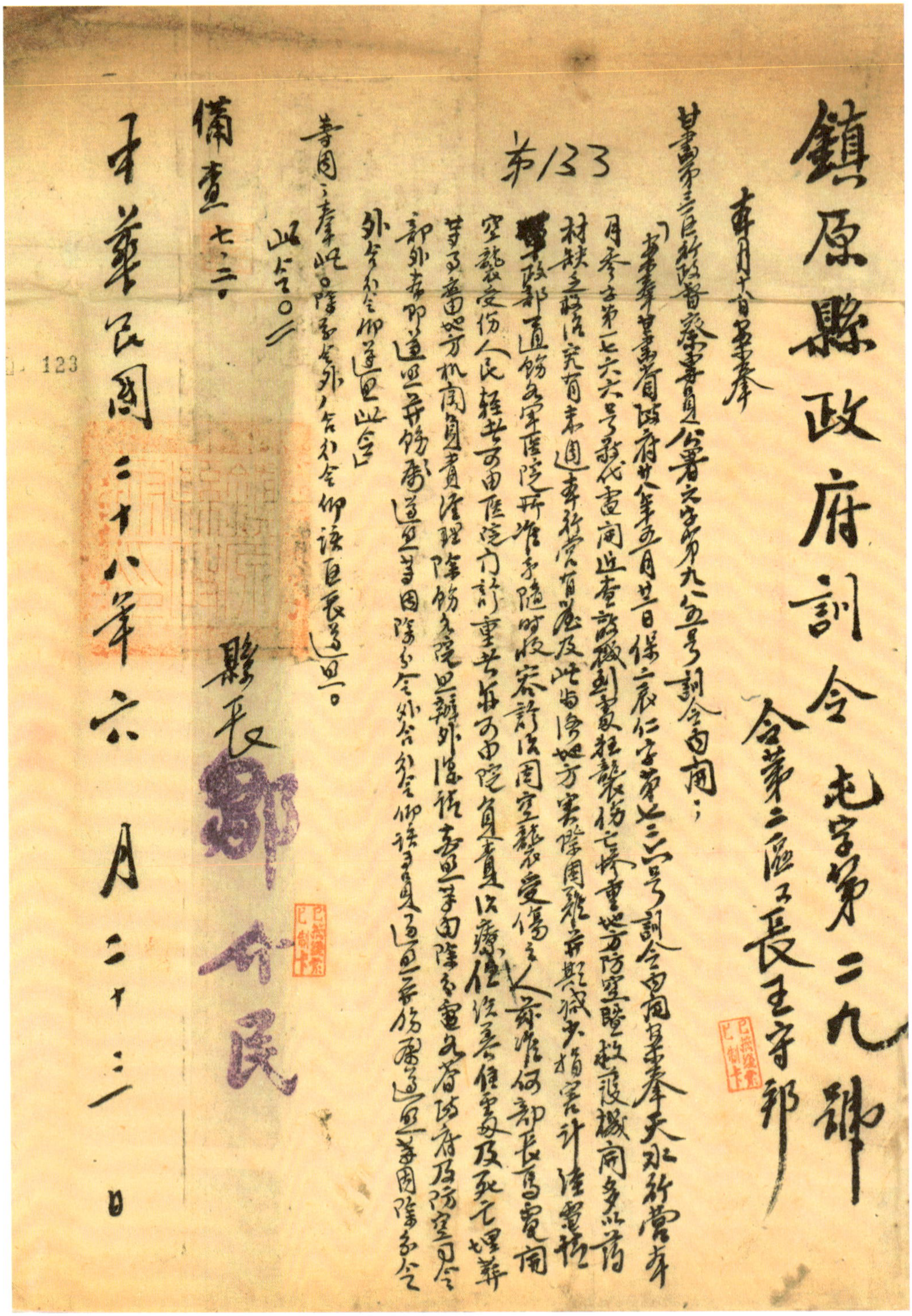
鎮原縣政府訓令 屯字第二九號

令第二區區長王守邦

中華民國二十八年六月二十三日

縣長 郭仲民

镇原县第二区署关于注意敌机严密防空致义警队的训令（一九三九年七月四日）

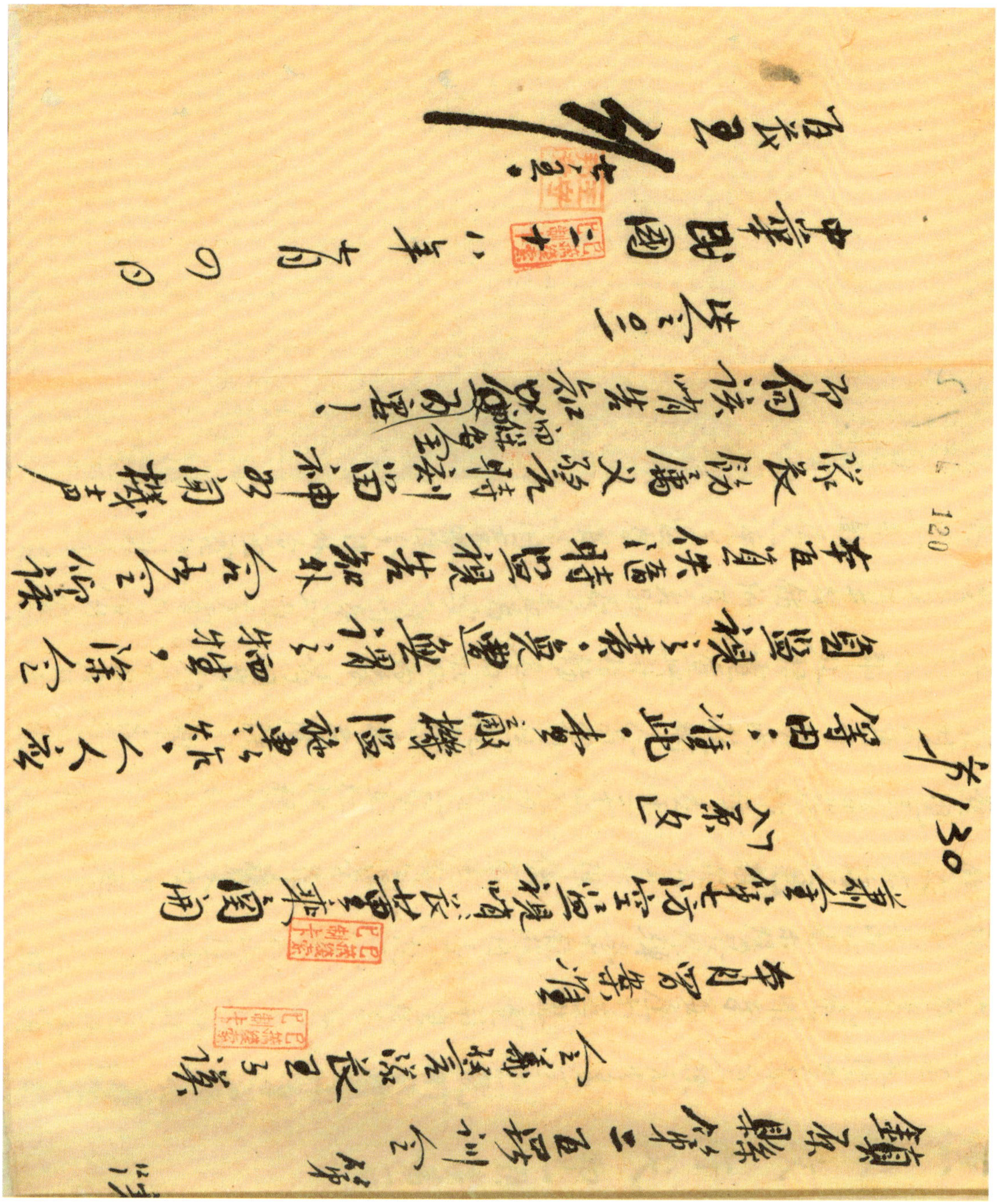

镇原县第二区署训令 第 字

令义警队长王子谟

本月□案准

萧金第七防空监视哨长董秉阅函

「入原文」

等由；准此。查敌机滥施轰炸，人人应负监视之责，免遭无谓之牺牲，除令本区各保随时监视告知外，合亟令仰该队长饬属义警，随时刻留神，如闻机声即向该哨告知，以而保安全为要！

此令。

中华民国二十八年七月四日

区长王

镇原县防护团部关于防范敌机投掷未爆炸炸弹事宜致第二区署的训令（一九三九年七月七日）

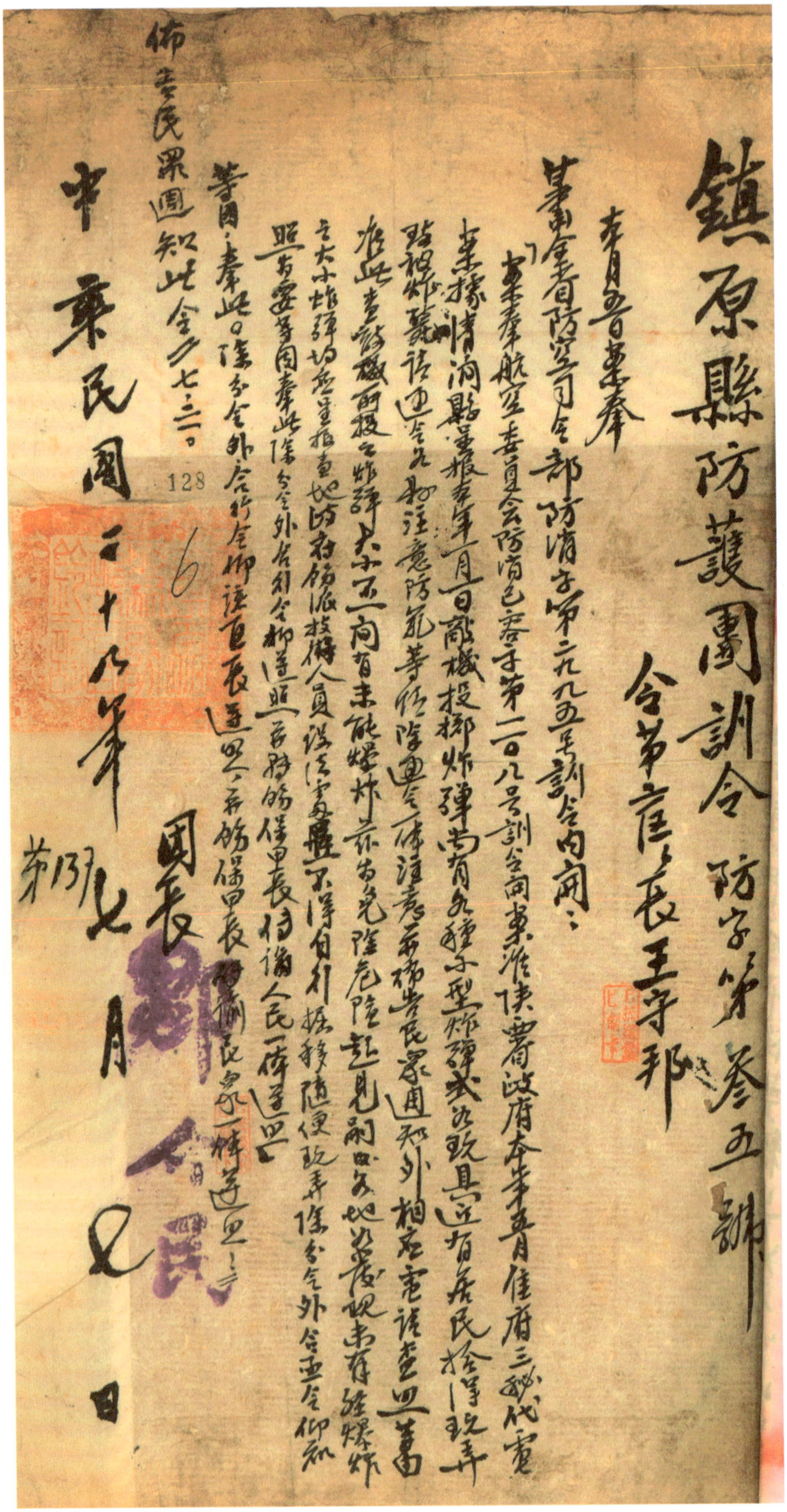

镇原縣防護團訓令　防字第叁五號

令第二區區長王守邦

本月五日案奉

專員公署防空司令部防消字第二九五號訓令內開：

「案奉航空委員會防消邑密字第一〇八號訓令開：案准陝署政府本年五月佳府三秘代電

案據情渦縣呈報本年一月□日敵機投擲炸彈，尚有各種小型炸彈未曾爆炸，且近有居民拾得玩弄

致被炸斃情事，通令各縣注意防範等情，除通令一體注意並飭屬民眾通知外，相應電請查照

准此，查敵機所投之炸彈，大小不一，向有未能爆炸，亦易免除危險，赴見前項之地點發現未有炸爆炸

之大小炸彈，切應呈報當地防護團，派技術人員設法處置，不得自行拆移，隨便玩弄。除分令外，合行令仰

照，此等因，奉此，除分令外，合行令仰遵照，並轉飭所屬保甲長切諭人民一體遵照！

等因，奉此，除分令外，合行令仰該區長遵照，並轉飭保甲長切諭民眾一體遵照！

佈告民眾周知。此令。七·二〇

團長　郭人民

中華民國二十八年七月七日

第137

128

镇原县防护团部关于转发各乡镇防护分团编组设施纲要并按当地情形组设防护分团致第二区署的训令

（一九三九年七月二十八日）

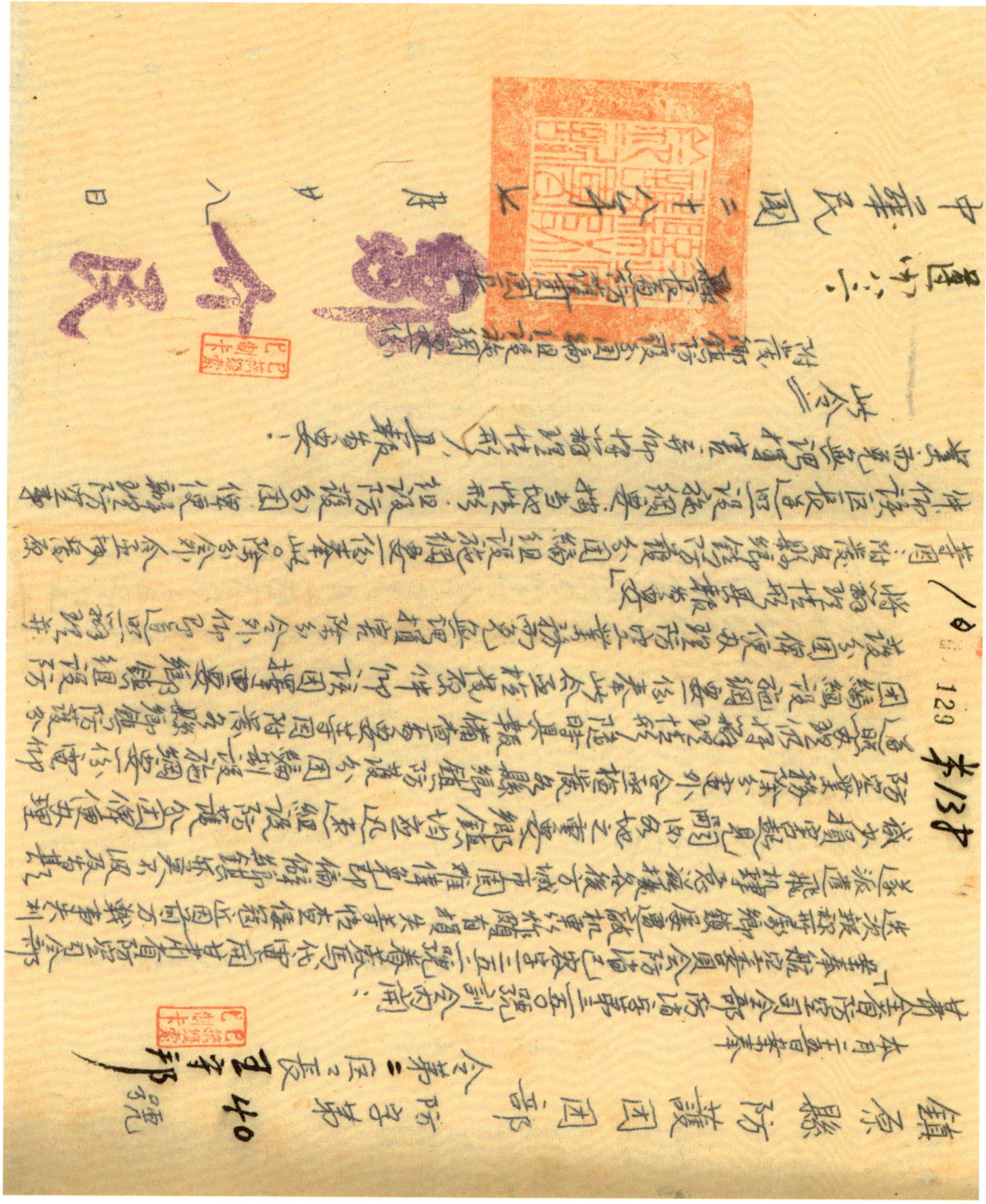

附：各乡镇防护分团编组设施纲要

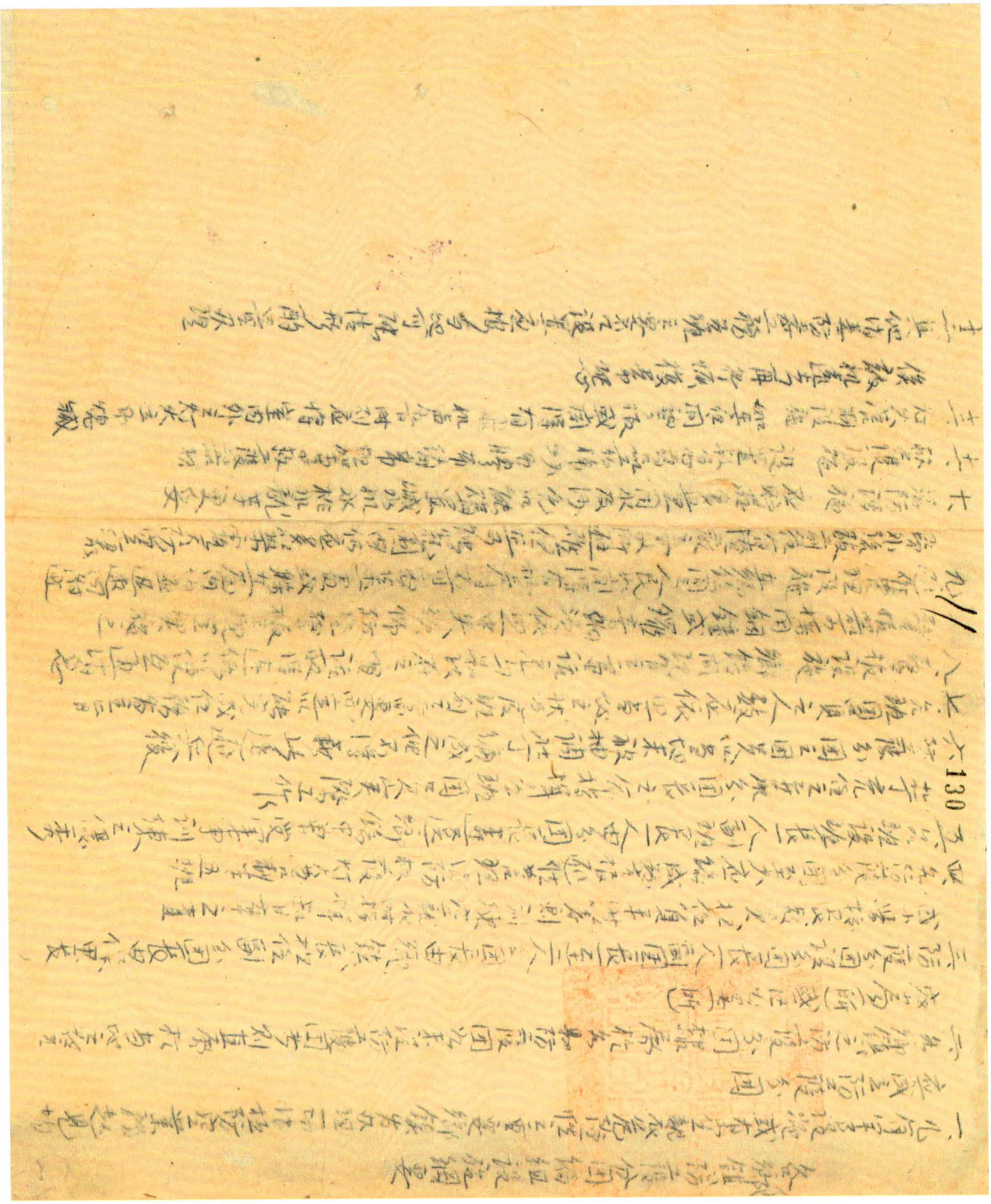

甘肃省镇原县民众抗敌后援会关于防范敌伪在各地组织宗教团体收买教徒活动致第二区支会的训令（一九三九年七月二十八日）

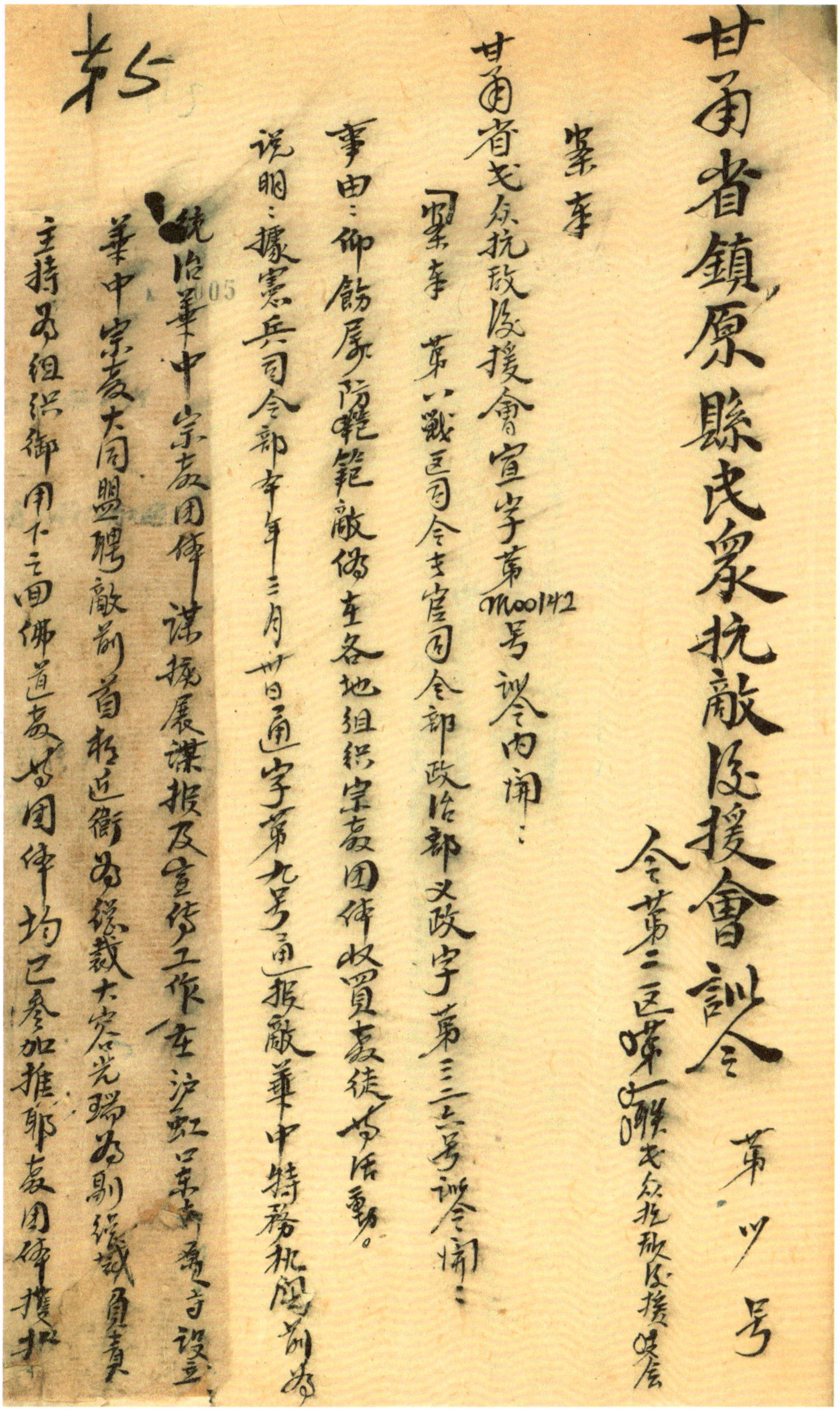
甘肃省镇原县民众抗敌后援会训令 第[illegible]号

令第二区[illegible]第一联民众抗敌后援支会

案奉

甘肃省民众抗敌后援会宣字第M00142号训令内开：

案奉 第八战区司令长官司令部政治部文政字第三二六号训令开：

事由：仰饬属防范敌伪在各地组织宗教团体收买教徒等活动。

说明：据宪兵司令部本年三月廿日通字第九号通报：敌华中特务机关前为统治华中宗教团体，谋扩展谍报及宣传工作，在沪虹口东本愿寺设立华中宗教大同盟，聘敌前首相近卫为总裁，大谷光瑞为副总裁，负责主持，为组织御用下之回佛道教等团体均已参加，推鄉教团体操[illegible]

近已派宗教武長小此誠等分赴內地設法收買連絡邪教徒企圖搗亂，已組織並擴雇用大批白俄組織基督教佛道回派內赴地從事基督教及親日宣傳，一面並令偽維新政府特務部組織中國宗教聯合會，以該會名義強迫各地佛道回耶等宗教團体概須親日反共，倒蔣並對付共產黨，作普遍宣傳，否則即予封閉等語。茲會及查雲等因。奉此，仰即飭屬嚴防，並加緊宣傳工作，以打破其企圖為要。此令。等因。奉此，仰即遵照，並飭屬一體嚴密防範並加緊宣傳工作，以粉碎其企圖為要。此令。上

等因。奉此，除分令外，合亟令仰該隊一體嚴密防範並加緊宣傳工作，以粉碎其企圖為要！

此令

遵即編隊宣傳。八、五。

主任委員

副主任委員

中華民國廿八年七月廿八日

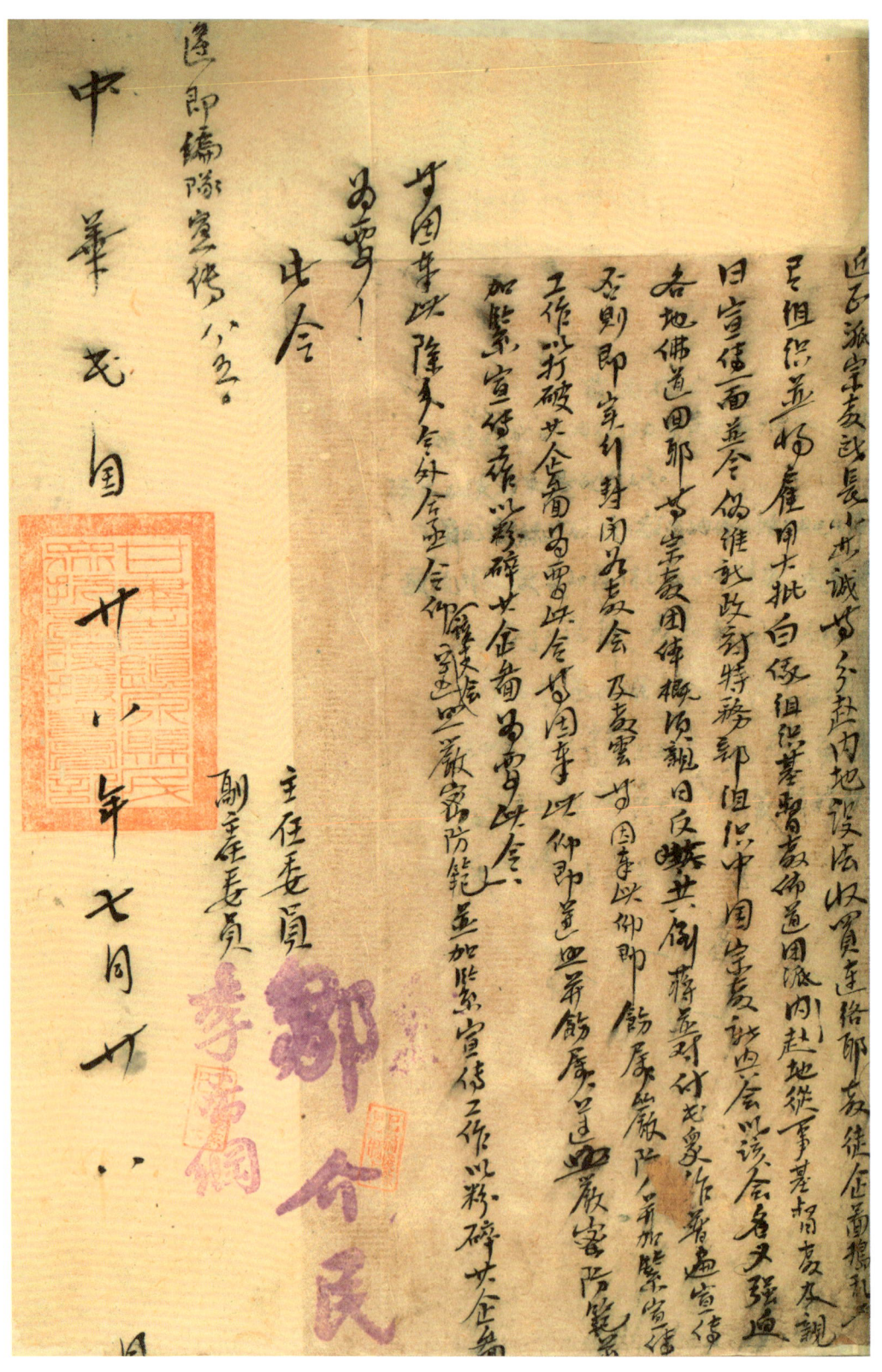

镇原县政府关于通缉汉奸致第二区署的训令（一九三九年八月十四日）

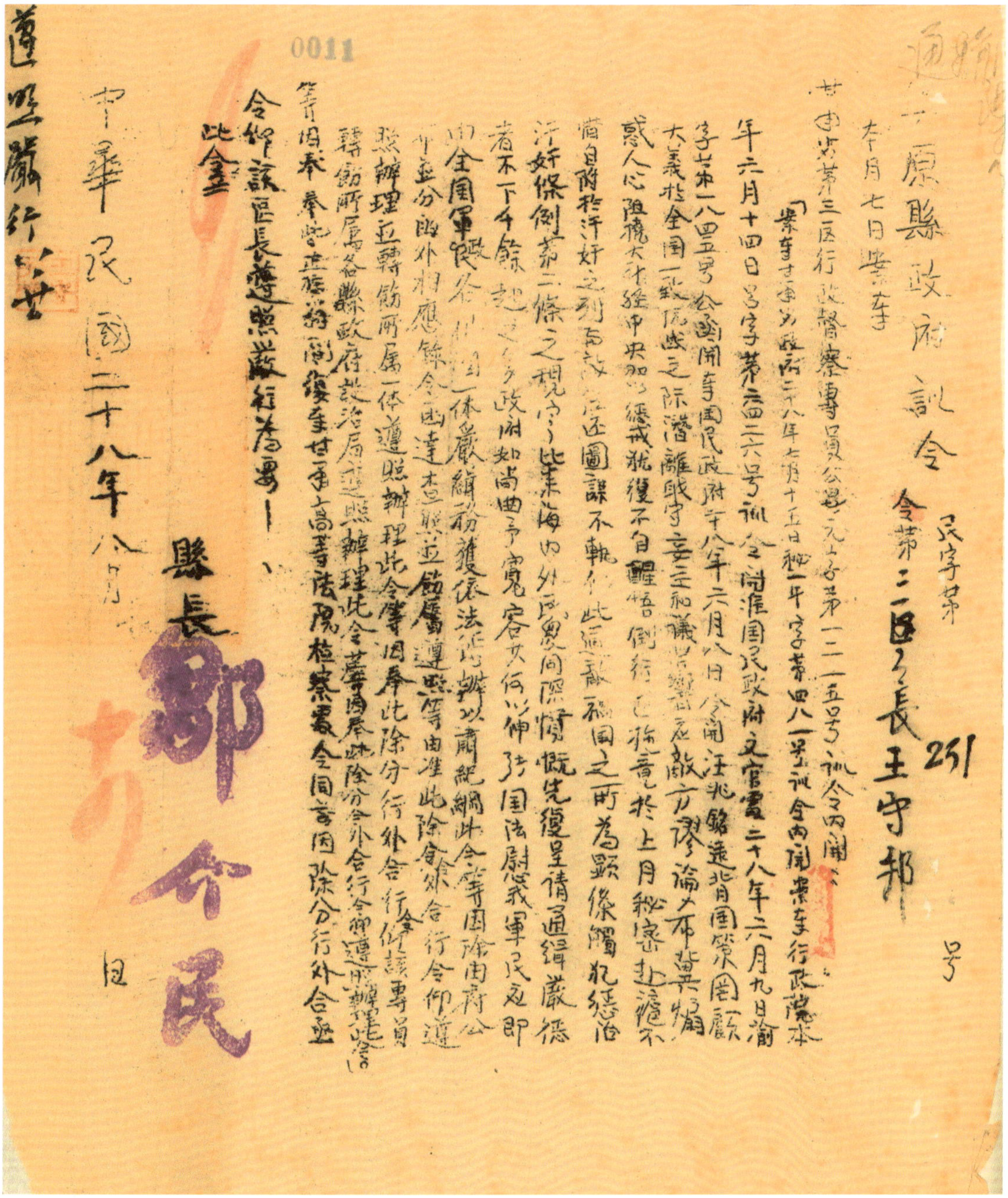

镇原县政府训令　民字第　号

令第二区区长王守邦　251

本月七日案奉

甘肃省第三区行政督察专员公署元七字第一二一五号训令内开："案奉甘肃省政府二十八年七月十五日秘一字第四八一号训令内开：'案奉行政院本年六月十四日吕字第六四二六号训令开：准国民政府文官处二十八年六月九日渝字第一八四五号公函开：奉国民政府二十八年六月八日令开：汪兆铭违背国策，罔顾大义，于全国一致抗战之际，潜离职守，妄主和议，[illegible]敌方，谬论[illegible]，煽惑人心，阻挠大计，经中央加以惩戒，犹复不自醒悟，[illegible]，竟于上月秘密赴沪，[illegible]图谋不轨，[illegible]祸国之所为，显系触犯惩治汉奸条例第二条之规定，[illegible]海内外[illegible]同深愤慨，先后呈请通缉严惩者，不下千余起。[illegible]政府如尚曲予宽容，何以伸张国法，慰我军民？[illegible]即[illegible]全国军政各机关一体严缉务获，依法惩办，以肃纪纲。此令。等因。除由府公布并分函外，相应录令函达，查照，并饬属遵照。等由。准此，除令外，合行令仰遵照办理，并转饬所属一体遵照办理。此令。等因。奉此，除分行外，合行令仰该专员[illegible]转饬所属各县政府[illegible]遵照办理。此令。等因。奉此，除分令外，合行令仰遵照办理[illegible]。等因。奉此，[illegible]复奉甘肃高等法院检察处令同前因，除分行外，合亟令仰该区长遵照严行为要！

此令。

县长 邹介民

中华民国二十八年八月　日

镇原县政府关于防范敌机所投掷小型炸弹致第二区署的训令（一九三九年八月十九日）

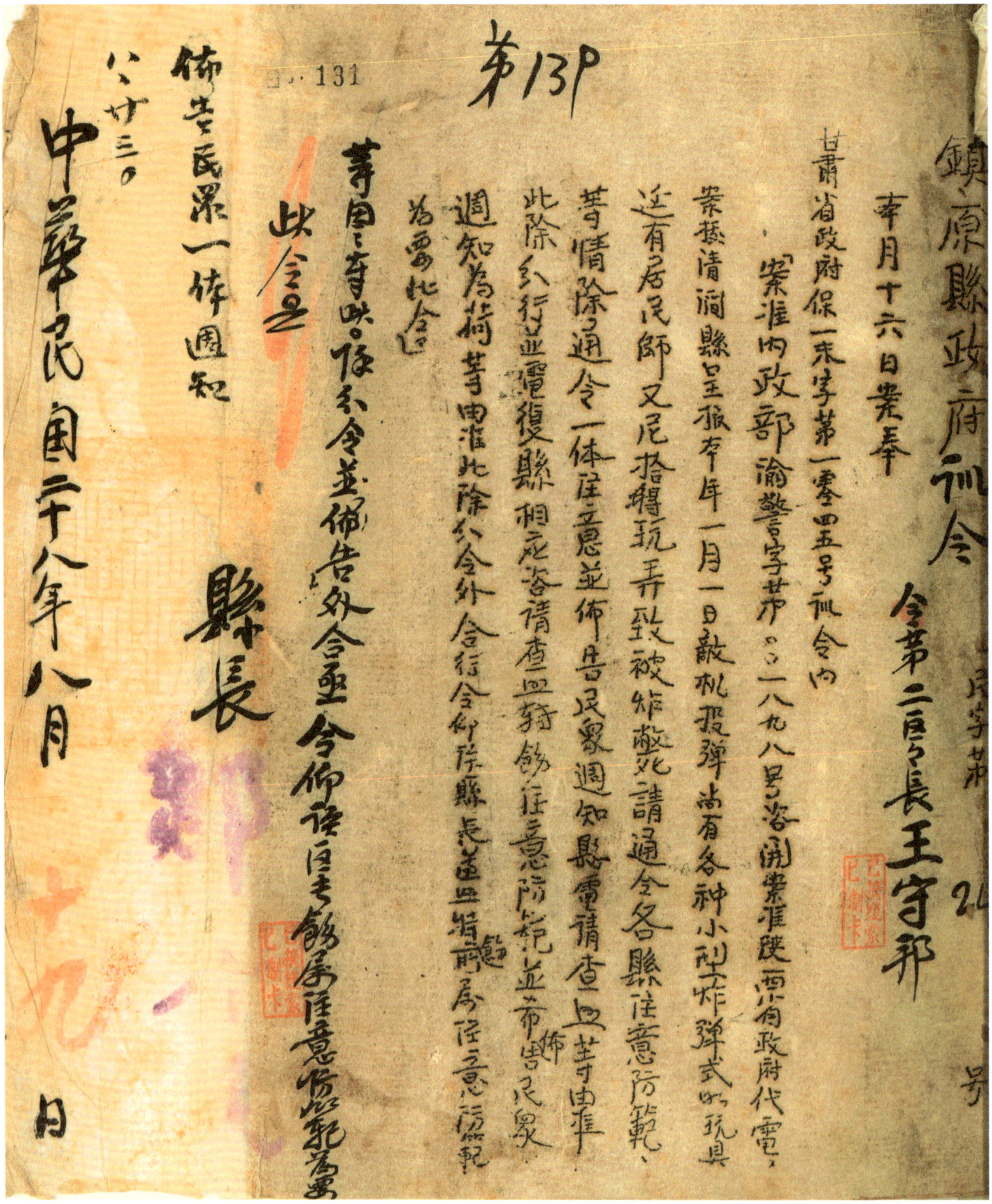
第131
131
鎮原縣政府訓令 民字第24號
令第二區區長王守邦
本月十六日案奉
甘肅省政府保一未字第一零四五号訓令内開
「案准内政部渝警字第〇〇一八九八号咨開案准陝西省政府代電、
案據清澗縣呈報本年一月一日敵機投彈尚有各种小型炸彈式的玩具
近有居民師又民拾得玩弄致被炸斃死請通令各縣注意防範、
等情除通令一体注意並佈告民衆週知外電請查照 等由准
此除分行並電復外相應咨請查照並轉飭注意防範並佈告民衆
週知為荷 等由准此除分令外合行令仰該縣長遵照並轉飭所屬注意防範
為要此令」
等因奉此除分令並佈告外合亟令仰該區長飭屬注意防範為要
此令
縣長
佈告民衆一体週知
八廿三〇
中華民國二十八年八月 日

镇原县政府关于防范嫌疑分子致第二区署的训令（一九三九年八月十九日）

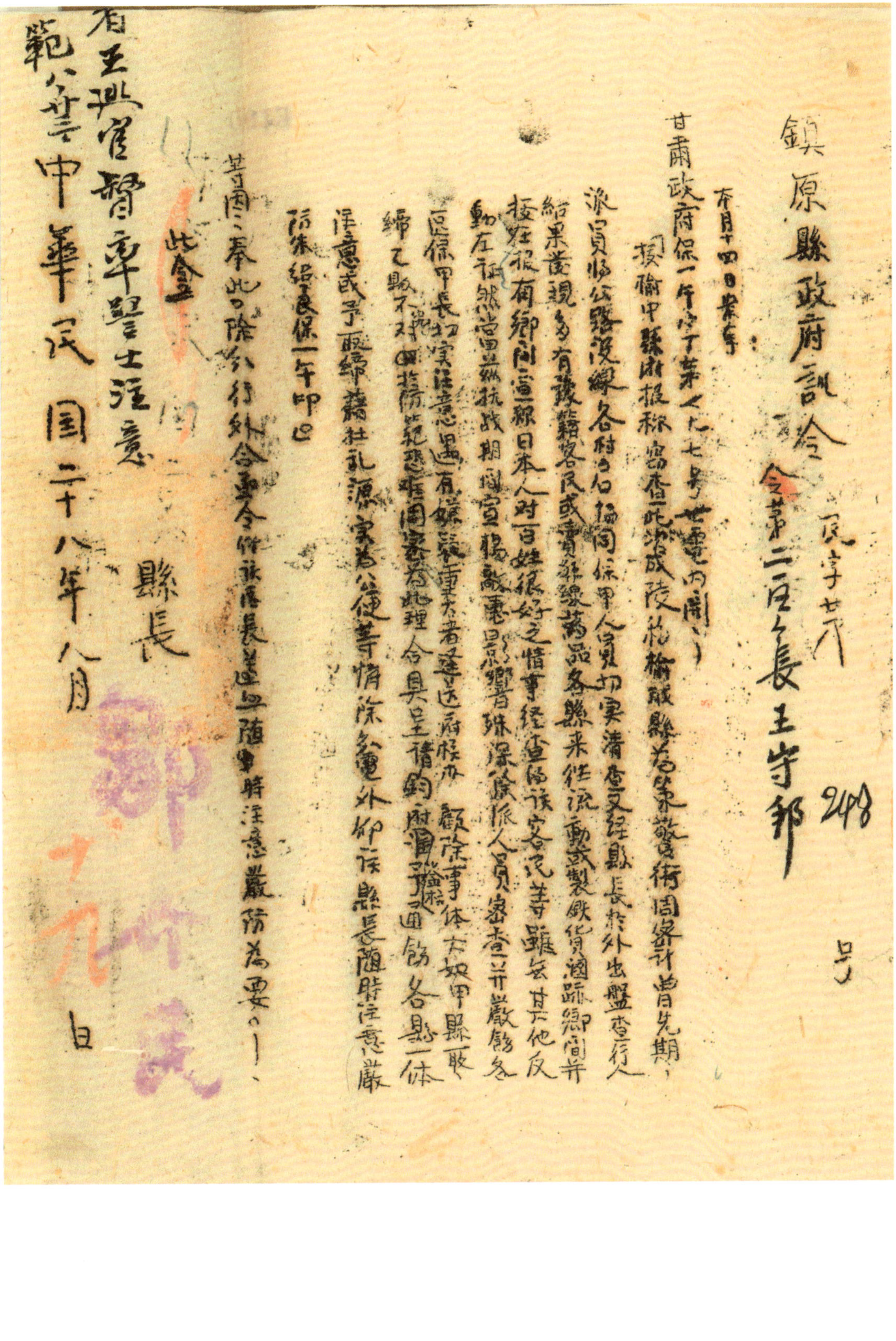

鎮原縣政府訓令 民字廿八 248 号

令第二區區長王守邦

本月十四日案奉

甘肅政府保一午字第七九七号世電內開：

"接榆中縣府報稱：竊查近沿咸陵、[illegible]榆、[illegible]縣為軍警衛[illegible]，計曾先期派員協公路沿線各村鄉保甲人員切實清查，又經縣長於外出盤查行人結果，發現多有豫籍客民，或賣雜貨藥品，各縣來往流動，或製飲貨，潛蹤鄉間，并接據報，有鄉間宣稱日本人對百姓很好之情事，經查該客民等雖無其他反動左證，然當此抗戰期間，宣揚敵惡影響殊深，除派人員密查，并嚴飭各區保甲長切實注意，遇有嫌疑重大者，送縣府核辦，叙陳事体[illegible]如甲縣一般締之[illegible]，不對[illegible]指防範恐難周密，為此理合具呈，請鈞府俯賜通飭各縣一体注意，或予取締，藉杜亂源，實為公便"等情。除分電外，仰該縣長隨時注意嚴防。朱紹良保一午印。

等因；奉此，除分行外，合亟令仰該區長遵照，并隨時注意嚴防為要！

此令。

縣長

中華民國二十八年八月十九日

右王[illegible]官督率警士注意範八[illegible]

镇原县政府关于转发组织民众锄奸网及办理联保连坐切结办法致第二区署的训令（一九三九年八月二十二日）

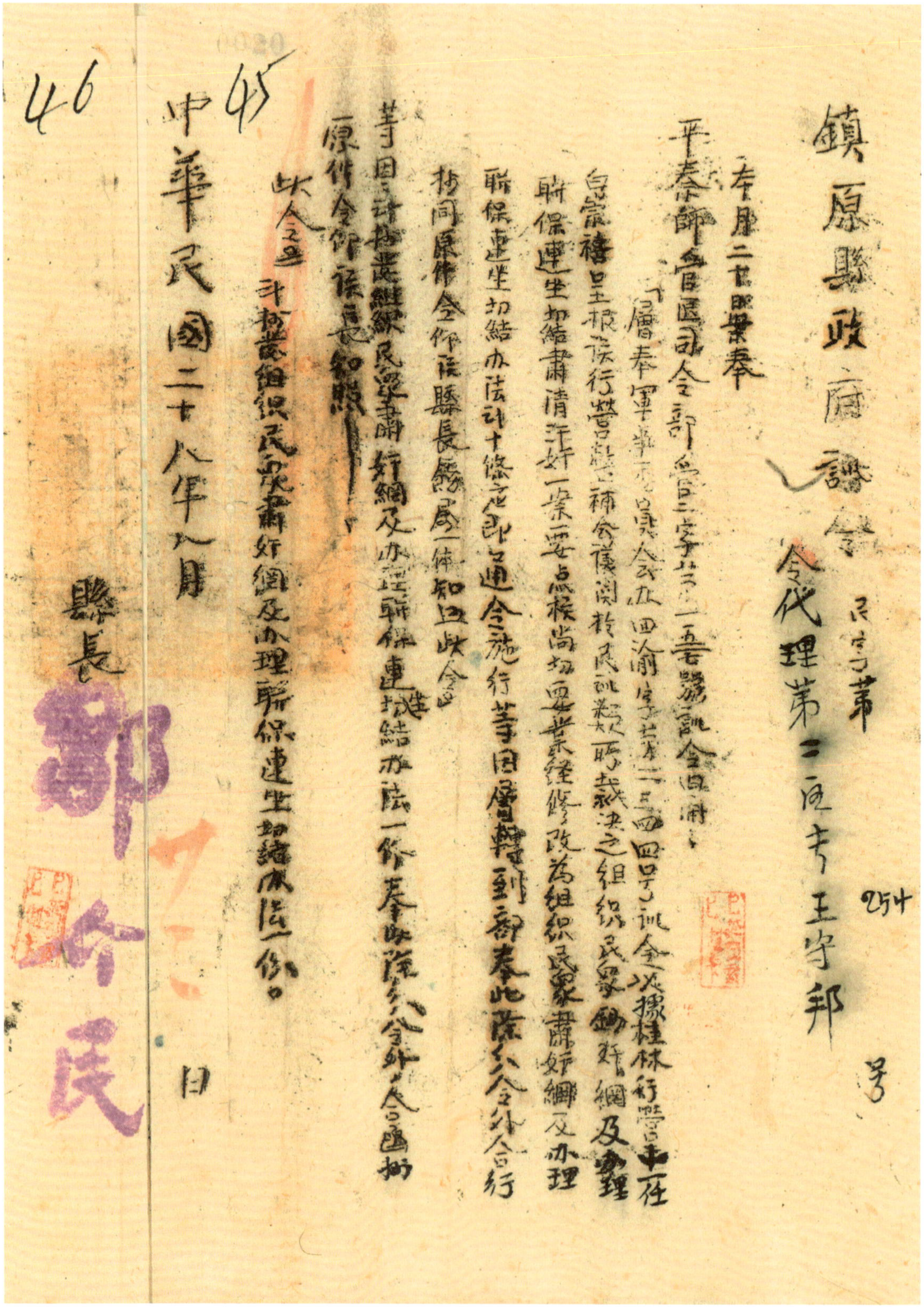
镇原县政府训令 民字第254号

令代理第二区专[illegible]王守邦

[illegible]

联保连坐切结办法[illegible]等因，[illegible]

计抄发组织民众锄奸网及办理联保连坐切结办法一份。

此令

中华民国二十八年八月 日

县长 邹介民

附件

一、為非常時期訓導民衆協助政府嚴密檢舉汗奸以期肅清起見，特依本办法之規定組織民衆鋤奸網及举办聯保連坐切結等事項。

二、每保組織鋤奸網（二十人至十人），保長或其他具有愛國觀念人士担任組長，聯保主任兼鋤奸隊長，區長兼鋤奸分團長，縣長兼鋤奸團總團長。

三、區署應成立特務組（十人），紛赴各保偵查。

四、凡破獲汗奸者須經軍法審判機關判決確定後由縣府或區署召開群眾大會依上之規令，並對檢舉者之姓名保守秘密。

五、如有利用机会故意誣陷者，一經查出，概依法從嚴科以反坐之罪。

六、各保鋤奸組應由分團長轄屬訓練之。

七、鋤奸團應由駐軍政治部密切聯系，或與當地軍事長官或政府員聯絡。

八、各地應切实举办五户聯保連坐切結，凡停留各地之難民，應責具保聯絡。

九、聯保切結由保長專責办理，但当地駐軍工作人員得負指導協助之責。

十、本办法自公佈之日起施行。

令發各保遵照办理

八、廿

镇原县政府关于救护遇失事伞落或因故迫降航员等事致第二区署的训令（一九三九年九月二十一日）

第141.

镇原县政府训令　防字第58号

令第二区区长王守邦

本月十日案奉

甘肃省第三区行政督察专员兼保安司令公署元字第一四零四号训令开：

「案奉甘肃省政府保二午字第一零三六号训令内开：案奉国民政府军事委员会渝字第五九三三号训令开：案据航空委员会战区署一二五零号报告节称：查五月三日渝市空战，本会第四大队副队长张明生因机身中弹着火，跳伞降于南岸弹子石高峰，旋被当地乡民误为敌方飞行员，以致头部受大伤，神志昏迷，被当地乡民击以乱石并攫所有财物而去，嗣经驻防宪兵赶到，方起逃遁，追捕无着，竟有此等事件发生，殊属痛憾，除通令就近保甲长晓谕人民外，谨恳通令全国各有关军政机关，属于同盟人员遇有此种失事伞落或因故迫降航员，应即尽力保护，并禁止伤害各在案，事机现有此项情事发生，殊为痛憾，兹特重申前令，规定奖惩办法如下：（一）各地遇失事伞落或因故迫降航员，不论敌我，除敌航员有武器抵抗者可依或鸣枪拒捕外，一律不准伤害，应即生擒或救护，并连同所携物品一併缴送附近空陆部队或区乡政府，听候分别奖励，以资鼓励。（二）生擒敌失事伞落或因故迫降航员者

官一名奖国币五百元，尉官或士兵一名奖二百元，救援我空军一员奖国币二百元。倘敌对我
航员故加殺傷者，除以殺人或傷害罪處斷其本人外，並罪及其直屬保甲長、區長，嚴予究辦，
長、縣長以示懲儆。至於我航員遇難坐視不救，因致死亡，得罪及降落所在地之地方負
責者。以上各項，仰即轉飭所屬各縣市遵照，以村鎮為單位，仰各周知，切實曉諭，以宏功
令而利抗戰。外，合亟令仰知照，並轉飭知照為要。等因奉此，除分令外，合行令仰該專員
遵照，並轉飭所屬縣區市遵照曉諭。此令。等因奉此，除分令外，合行令仰該縣長遵照曉
諭為要。此令。
等因奉此。除分令外，合行令仰該區長遵照曉諭為要！
此令。

縣長 鄒令民

中華民國二十八年九月 日

佈告各界一體周知 九、二六

19

镇原县政府关于捉获日伪有赏致第二区署的训令（一九三九年十月六日）

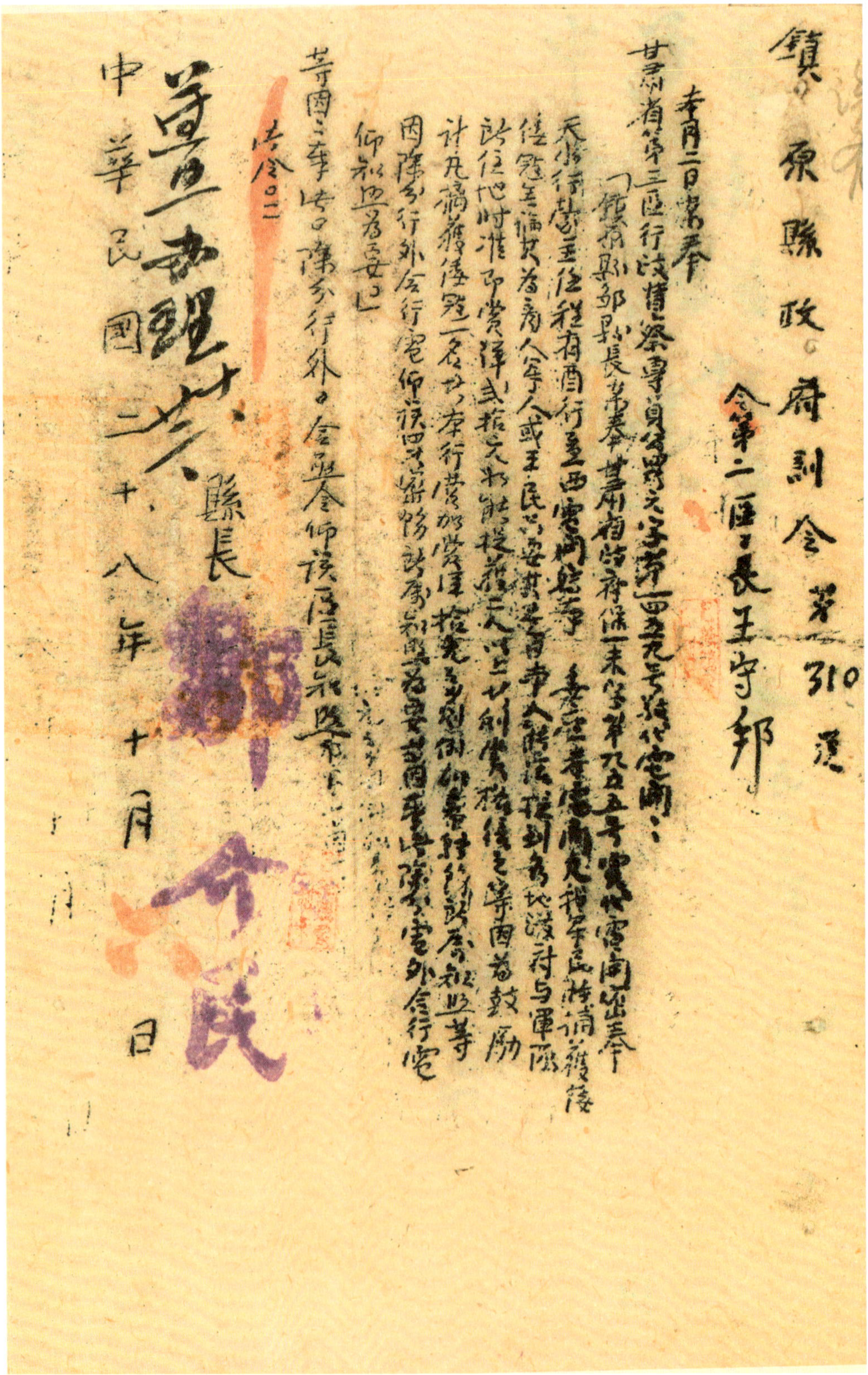

鎮原縣政府訓令　第310號

令第二區區長王守邦

本月二日案奉

甘肅省第三區行政督察專員公署元字第四五九號代電開：

「鎮原縣縣長：案奉甘肅省政府保一未字第九五五號寅代電開：案奉

天水行營主任程有酉行孟西電開等 [illegible]

[illegible]

[illegible]

[illegible]

[illegible]

[illegible]

仰知照為要。此令。

等因。奉此，除分行外，合亟令仰該區長知照。

此令。

縣長 [illegible]

中華民國二十八年十月　日

镇原县政府关于查拿刺探军情特务致第二区署的训令（一九三九年十一月五日）

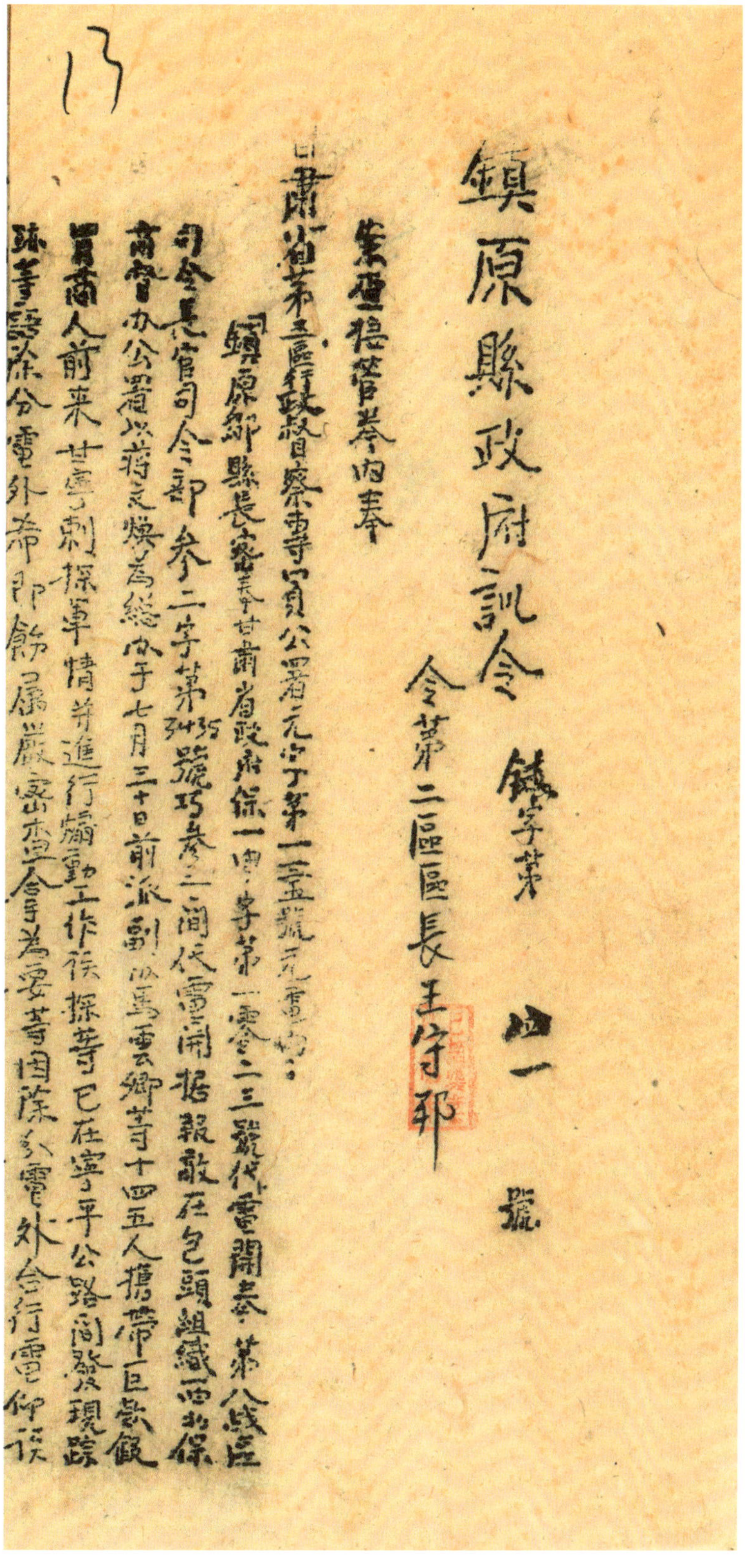

13

镇原縣政府訓令　鎮字第四一號

令第二區區長王守邦

案查據管參內奉

甘肅省第三區行政督察專員公署元字丁第一二五號元電內：

鎮原鄉縣長鑒：案奉甘肅省政府保一甲字第一零二三號代電開：奉第八戰區司令長官司令部參二字第3435號巧參二酉代電開：據報敵在包頭組織西北保商會辦公署，以蔣文煥為總辦，于七月三十日前派副，以馬雲卿等十四五人携帶巨款假冒商人前來甘寧刺探軍情，并進行煽動工作。該探等已在寧平公路間發現蹤跡。等語。除分電外，希即飭屬嚴密查拿為要。等因。除分電外，合行電仰該

0064　14

等因遵照飭屬注意查拿為要等因奉此除分電外合行電仰該縣長遵照嚴密查拿為要。

等因。奉此。除分令外，合亟令仰該區長遵照嚴密查拿，務獲送縣轉解究辦為要。

此令。

右王興育隊長　嚴密訪緝

縣長　孫束道

中華民國二十八年十一月　五　日

監印張[illegible]舟

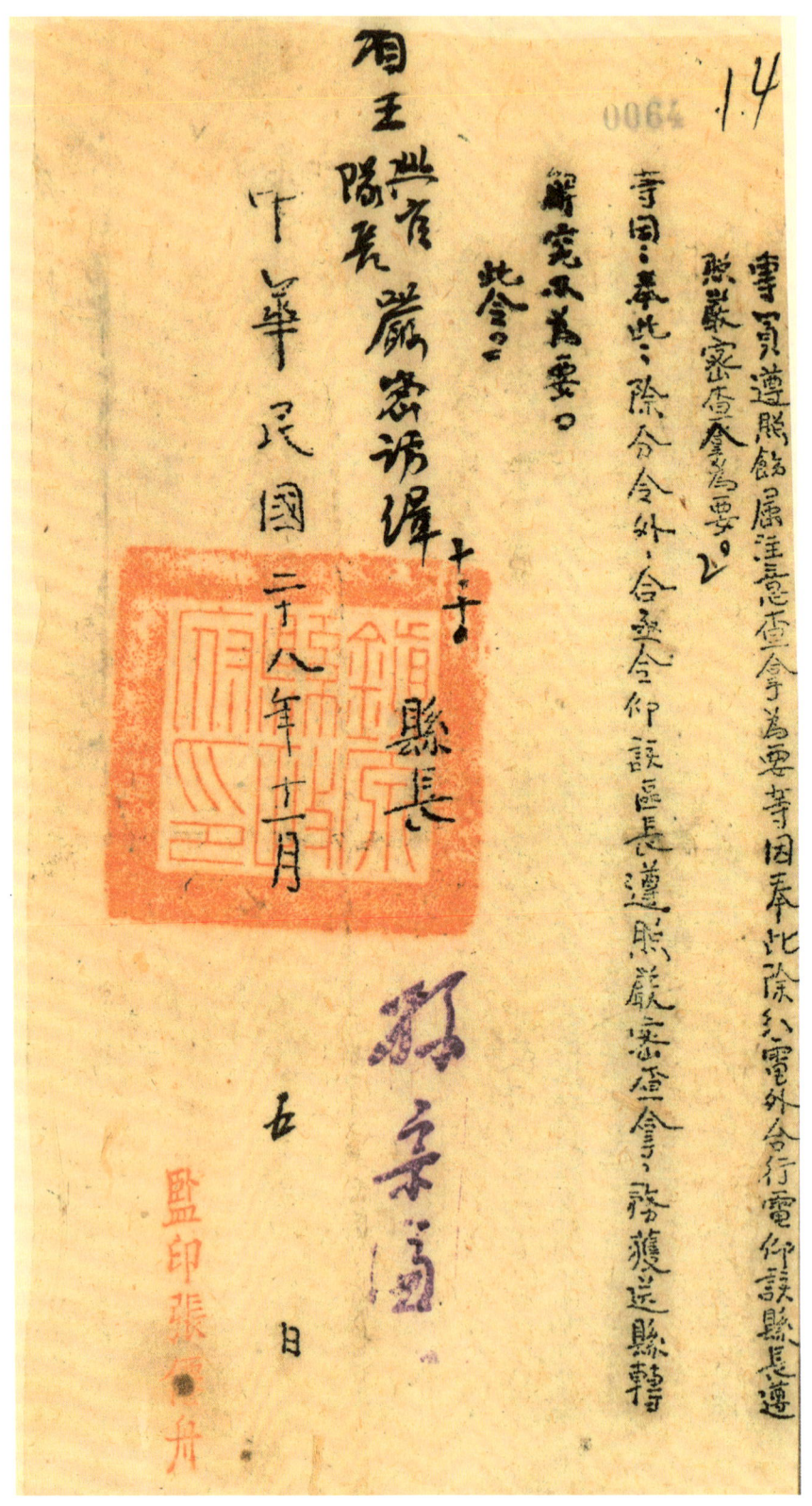

镇原县政府关于研究敌方空军作战特性并加强防范致第二区署的训令（一九三九年十二月）

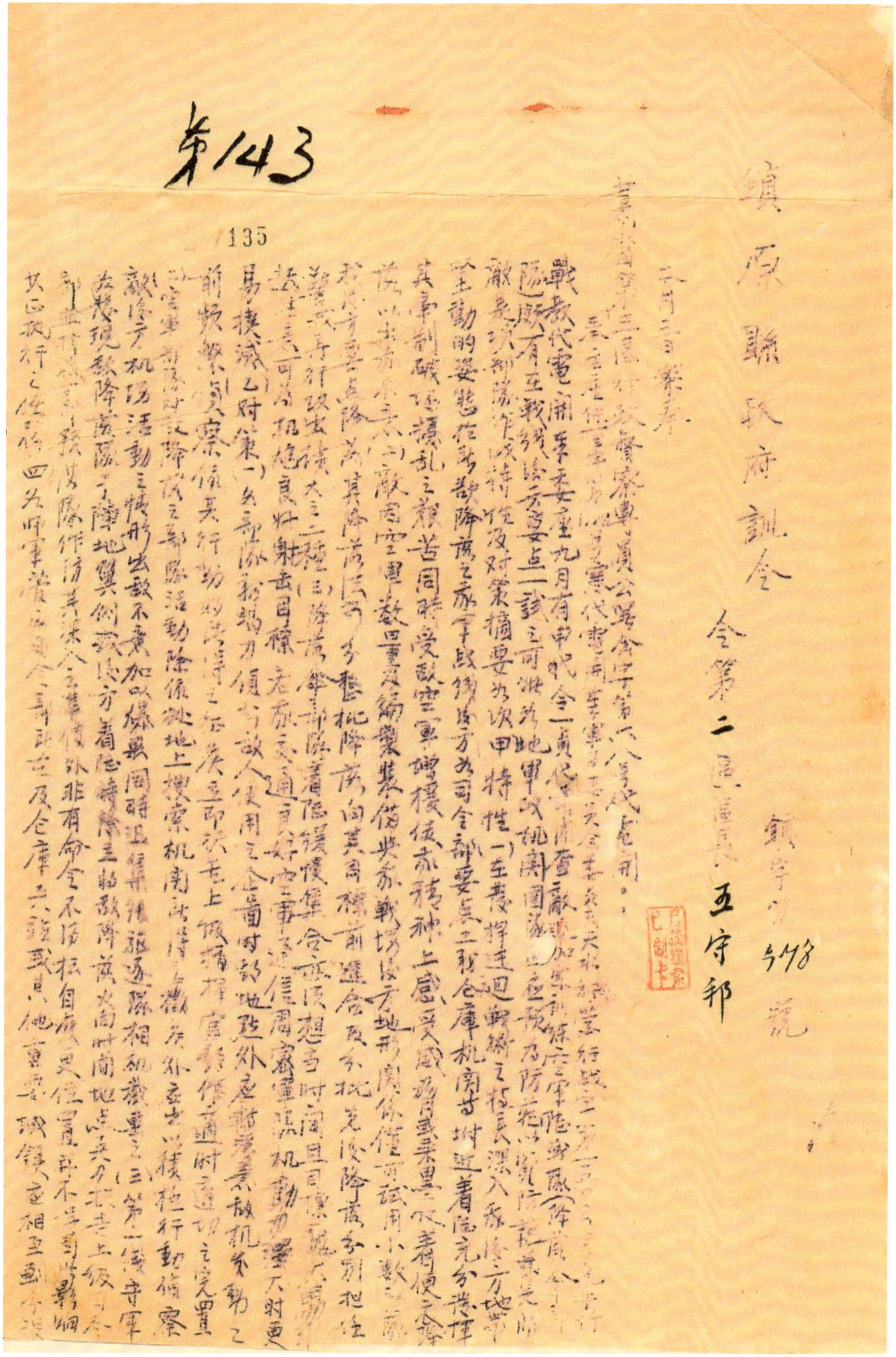

第143

135

镇原县政府训令

字第578号

令第二区区长王守邦

置对敌航空防御之警戒，组织严密对空情报网及监视哨，并构成长江沿岸航空信递[illegible]

给代各警戒区张布扫荡队，能源互相协力；（五）各部应设立扫荡队，其编组暂以上各级司令

部为原则，[illegible]地方机关，以各地卫戍、警备司令部，以各部队为基干组

成之，[illegible]以高射炮、卜机枪、自动武器及三轮车或汽车若干；（六）为普通之[illegible]

[illegible]，以[illegible]迅速[illegible]，[illegible]为[illegible]地与团

[illegible]，为防其接应空降部队，[illegible]并迅速以炮兵火力歼灭之；（七）为本战区决

[illegible]，[illegible]地方团队及保甲之[illegible]，防空哨、防空监视及周密侦察，并扫荡之团队于[illegible]

负担，警戒时出动，严密警戒，纲防敌降落队降落及[illegible]之处理；（八）各部队为

学校对于学生士兵加授是项战术，期对敌航空降落之精神训练，直至坚固，特责

[illegible]伪服伪装，演实验演习，以上各项，务各部队机关详加研究，并随时检讨，切

实遵照实施，[illegible]团体，除[illegible]外，合仰该令[illegible]，一并遵饬所属各

县区机关训练具状，当国[illegible]，除分电外，仰该将之遵照饬属具状，以凭[illegible]为要。

等因。奉此，除分令外，合行令仰该县长遵照，[illegible]研究练习，以资防范为要！

遵照 卅一 十二 十六

中华民国三十一年十二月 日

县长 孙来通

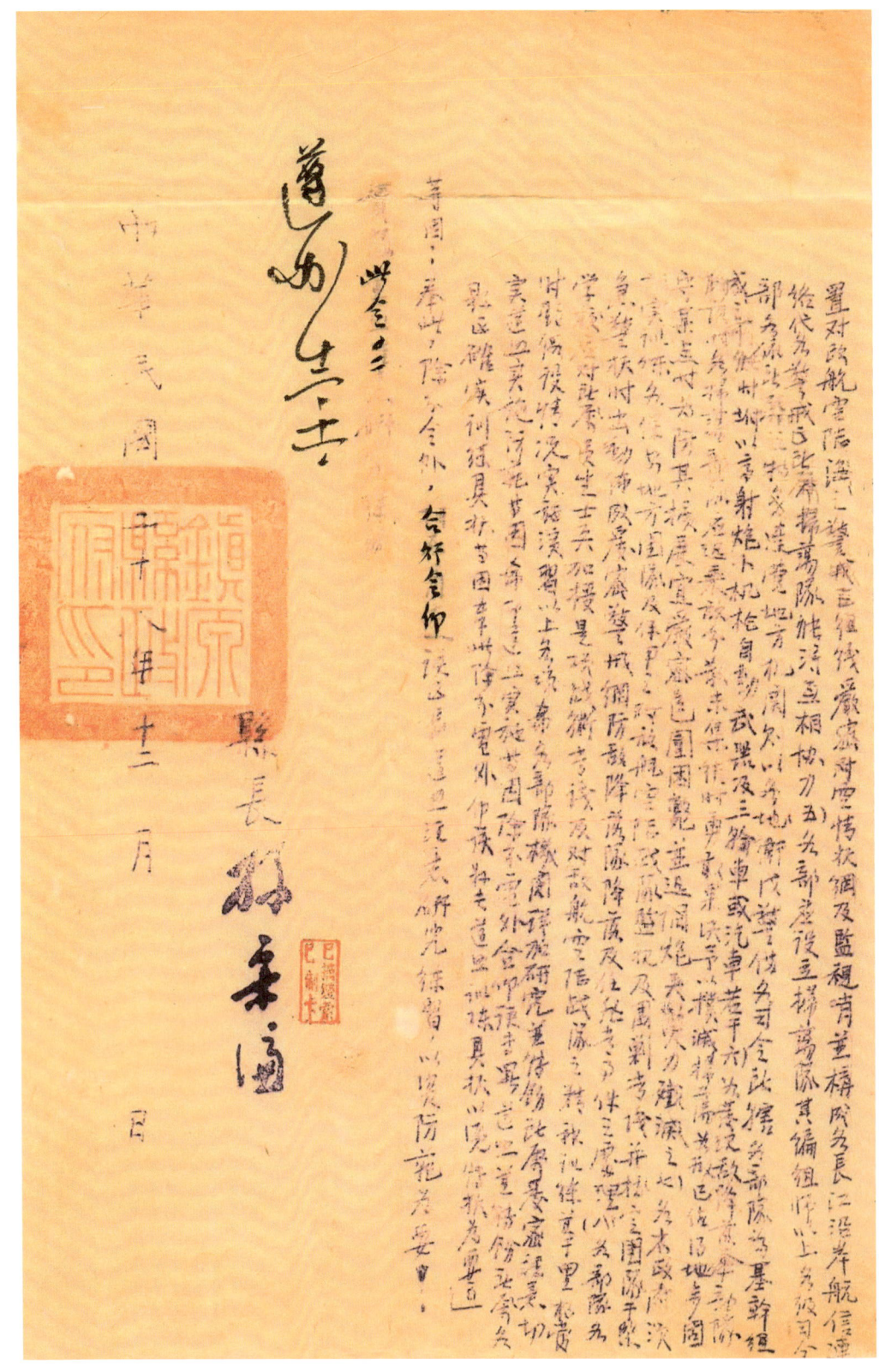

镇原县政府关于缉拿撒药搞破坏的汉奸致第二区署的训令（一九三九年十二月）

镇原县政府训令 镇字第613号

令第二区区长王宇邦

本月三十日案奉

甘肃省第三区行政督察专员公署肃元字第一六九七号训令开：

案奉甘肃省府保办戌字第一五一八号训令开：案准军事委员会委员长天水行营本年九月十五日行法陕二盈字

第二四三九号训令：“阅案据河南省邓县县政府民字第二九四号储代电

呈称：查本县孟家楼三塘先后发现疫症流行，于其感之迅，殊为考虑，藏疑各方探

询，始悉该镇数日前有打花鼓、剪鞋花、做纸玩把戏、唱小调、挑牙虫各种

人，颇经过后即发现此种疫症。县长当即严饬警察局侦察缉捕，先后

查获汗奸胡西附等十八人，讯供系四家，各家均有男女老幼不等，拌作难民，并

带各县各地难民收容所之难民证，到县后首先到各村院请求救济，要求盖

戳，态度非常强硬，并操营各种手艺作为掩护，内有剪鞋花、做纸花、玩把戏、唱

小调[illegible]汗奸每家每月薪水四十元，所

撒的药有红白黑三色，一系以纸包，或玻璃瓶内，撒在井中，人吃井水后即吐泻

不止，三五个钟头即行毙命。其携带药物，时将药常在衣服内暗袋中，每

往一处，即将药放在墙洞中，或埋入土中，已获汗奸有此情形，则归河口

孟家楼等各地方部队缴获准备送到甫阳，撒药所到各处放药发薪接

頭人在均州宋閣二姑廟有和尚名叫趙顯，應鄖陽財神廟內有名叫周文斌
係假紙捆綁，河口三真宮道士朱忽，姓名南陽東北一里許伏羲廟又名佛神廟
道士名叫羅德彝紅燈，又城內關帝廟和尚名刹普青，西安城內西街東嶽廟
其店之主名叫劉玉沼，我們的領和尚都是在這地方，領他們的我們探得軍情
後係用制分四方對話傳遞消息，我們係用紅布三面頭頂用圓鏡照向前方指
示轟炸目標等語，據此，除再詳細偵探設法嚴辦外，所有本縣轄境撤防漢奸研
訊在各處妥擬防範及，各綏人住址，姓名，大概情形理合，分行電呈鑒核，分別電
飭嚴緝分行保案，以資好究等情，據此，除分令外，合亟令仰遵照，轉飭所
屬一律嚴緝為要，此令，等因，奉此，除分令外，合亟令仰該陝專員，轉飭各縣局
一體嚴緝嚴究為要，此令，等因，奉此，除分令外，合行令仰該縣長遵照嚴緝究辦為要
此令。

等因。奉此。除分行外，合亟令仰該區長遵照嚴密注意為要！
此令。

警佐保長 張嘉士

鎮原縣政府印

中華民國 二月 日

孫秉道

甘肃省军管区政治部关于严防敌伪派大批男女间谍假扮伤病难民混入我方活动事宜致镇原县国民兵团的训令（一九四〇年七月三日）

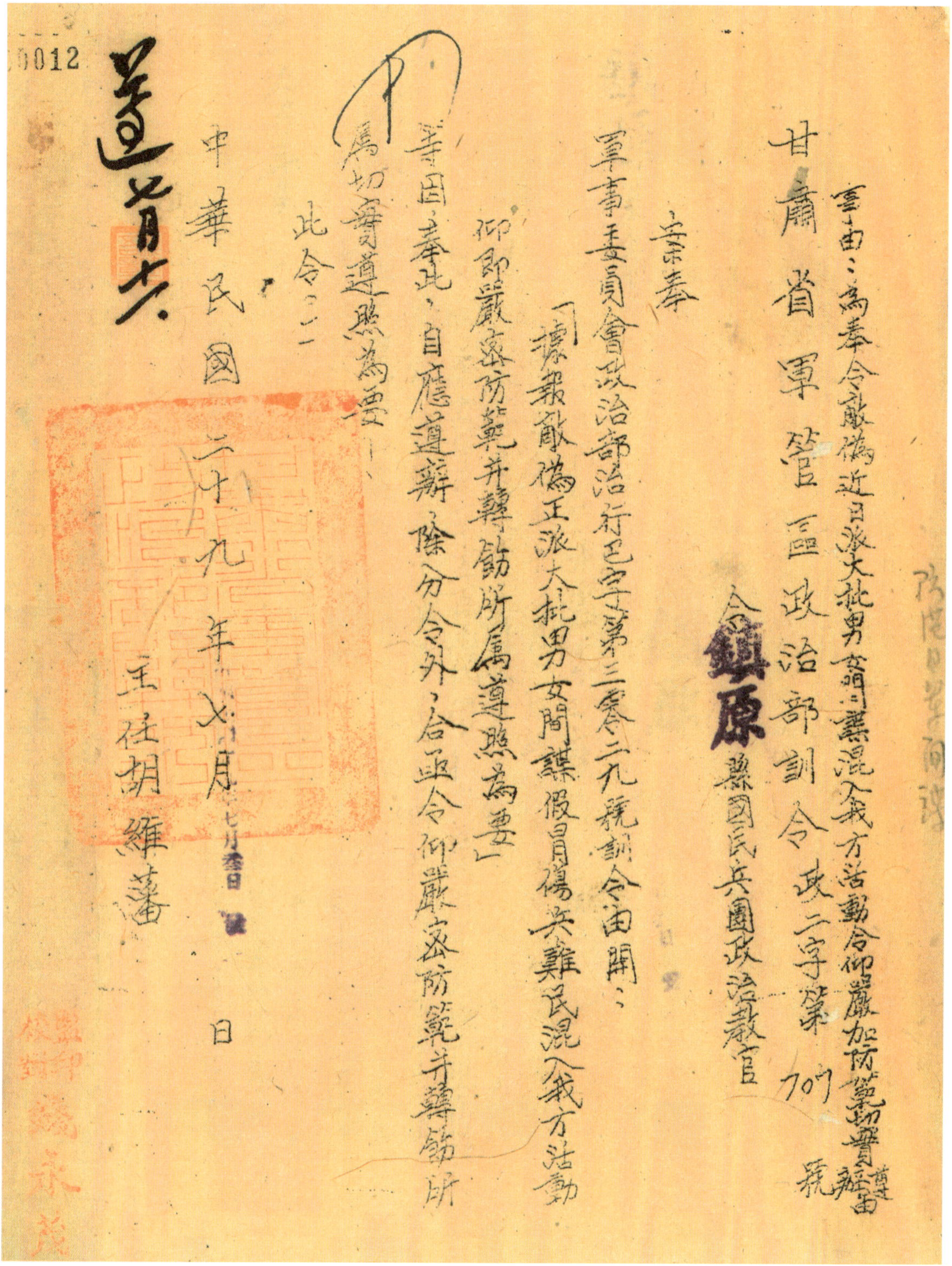
事由：為奉令敵偽近日派大批男女間諜混入我方活動，令仰嚴加防範，切實遵辦由

甘肅省軍管區政治部訓令 政二字第707號

令鎮原縣國民兵團政治教官

案奉

軍事委員會政治部治行巳字第二零二九號訓令開：

「據報敵偽王派大批男女間諜假冒傷兵難民混入我方活動，仰即嚴密防範，并轉飭所屬遵照為要」

等因，奉此，自應遵辦。除分令外，合亟令仰嚴密防範，并轉飭所屬切實遵照為要！

此令。

中華民國二十九年七月 日

主任胡維藩

甘肃省军管区政治部关于严密防范敌伪诱购我方秘密文件致镇原县国民兵团的训令（一九四〇年八月四日）

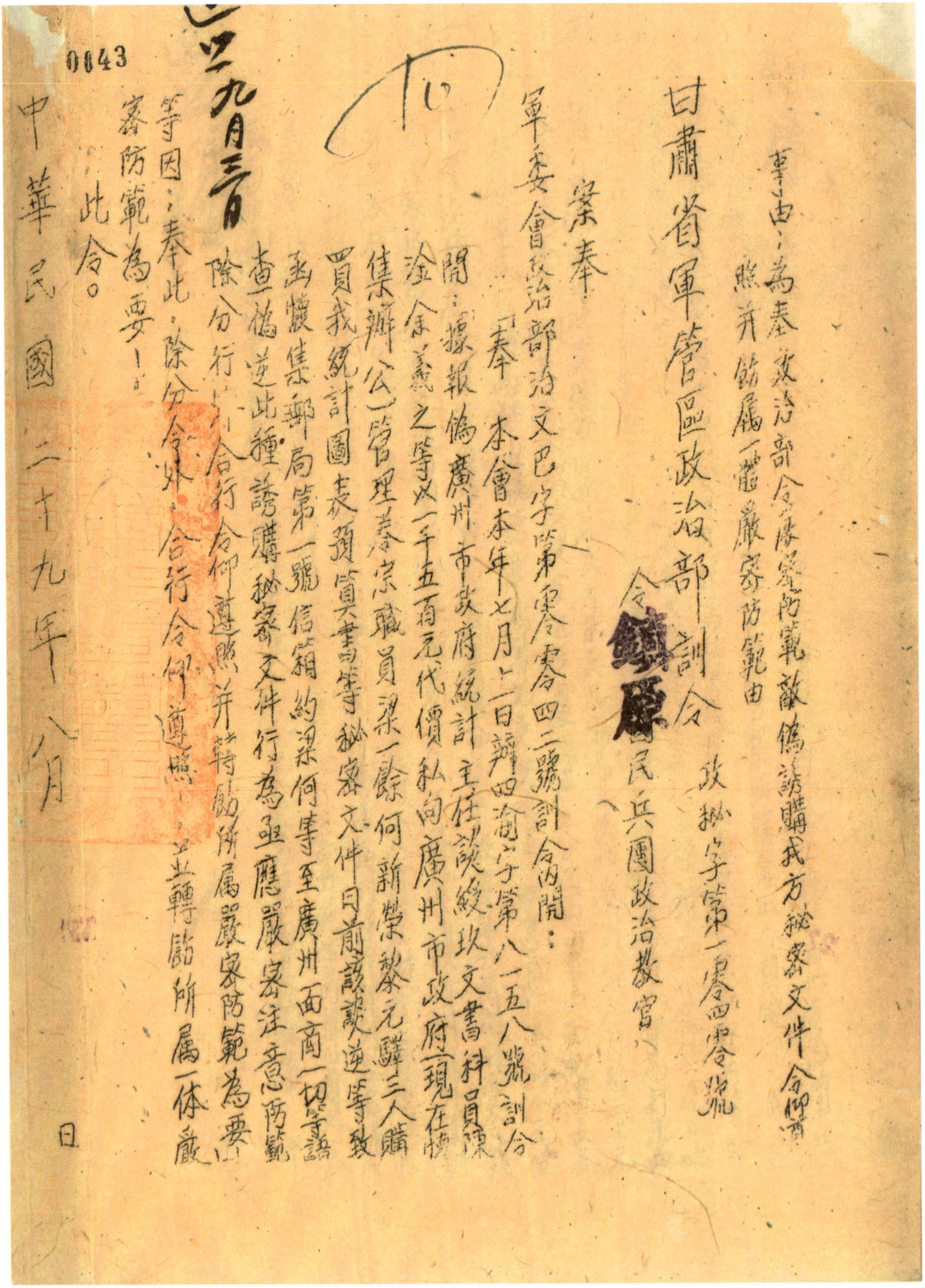

事由：為奉政治部令嚴密防範敵偽誘購我方秘密文件令仰遵照并飭屬一體嚴密防範由

甘肅省軍管區政治部訓令　政秘字第一零四零零號

令鎮原國民兵團政治教官

案奉

軍委會政治部治文巴字第零零零四二號訓令內開：

「奉　本會本年七月十二日辦四渝字第八一五八號訓令開：據報偽廣州市政府統計主任談毅玖、文書科員陳淦余、義之等以一千五百元代價私向廣州市政府（現在懷集辦公）管理卷宗職員梁一餘、何新榮、黎元驊三人賄買我統計圖表預算書等秘密文件。日前該逆等致函懷集郵局第一號信箱約梁、何等至廣州西商一切等語。查偽逆此種誘購秘密文件行為亟應嚴密注意防範為要。除分行外，合行令仰遵照，并轉飭所屬嚴密防範為要」

等因。奉此，除分令外，合行令仰遵照，并轉飭所屬一體嚴密防範為要！

此令。

中華民國二十九年八月　日

0843

廿九年九月三日

甘肃省军管区政治部关于查禁敌货以利抗战致镇原县国民兵团的训令（一九四〇年八月七日）

0038

事由：為奉令切實查禁仇貨以利抗建轉飭遵照由

甘肅省軍管區政治部訓令 政二字第876號

令鎮原縣國民兵團政治教官

案奉

軍委會政治部令行巳字第三七二六號訓令說明開：

「案奉 本會與行政院本年六月八日渝辦一參字第一〇七八三號訓令開：查倭寇蓄謀亡我由來已久，此次挾其精銳武器傾全國之師深入堂奧，欲一舉而征服我國，冀達其獨霸東亞稱雄世界之迷夢。幸賴我前方將士之英勇抗戰與全國同胞之奮發努力，迄今已將三載，卒使暴敵精力疲竭，泥足愈陷愈深，我則愈戰愈強，最後勝利已拭目可睹。惟暴敵鑒於軍事不得速決，又施其經濟破壞之毒計，希達成以華制華以戰養戰之目的，不圖竟有不肖奸商只知圖利，不知愛國，販賣仇貨深入後方，甚且有無恥軍人憑藉其地位職權，縱容包庇，致令仇貨源源輸入各地，充斥破壞經濟建設，影響抗战莫此為甚，言念及此，殊堪痛恨。若不嚴予查究，其為害不知伊於胡底。除由本会籌設戰時經濟督察團出处致察檢舉糾正外，各該部今後務須督飭所屬嚴為查禁，並遵照二十八年九月七日第六八八零號代電所頒封鎖敵區交通辦法，切實執行封鎖，以資補救。自有實行，或包庇走私、偷運仇貨者，一經查實，或經人告發，准由各該部長查明，依法從重處辦，用正風氣而利抗建。除分令外，仰即遵照具報。

等因。查當此二期抗战之敵人正在加緊經濟侵略，企圖實現以戰養戰之際，吾人尤應深自警惕，切實遵辦。奉令前因，除分令外，合亟令仰切實查禁，以利抗建，并將查禁情形具報為要！

此令。

遵辦

中華民國二十九年八月七日

主任　胡繼藩

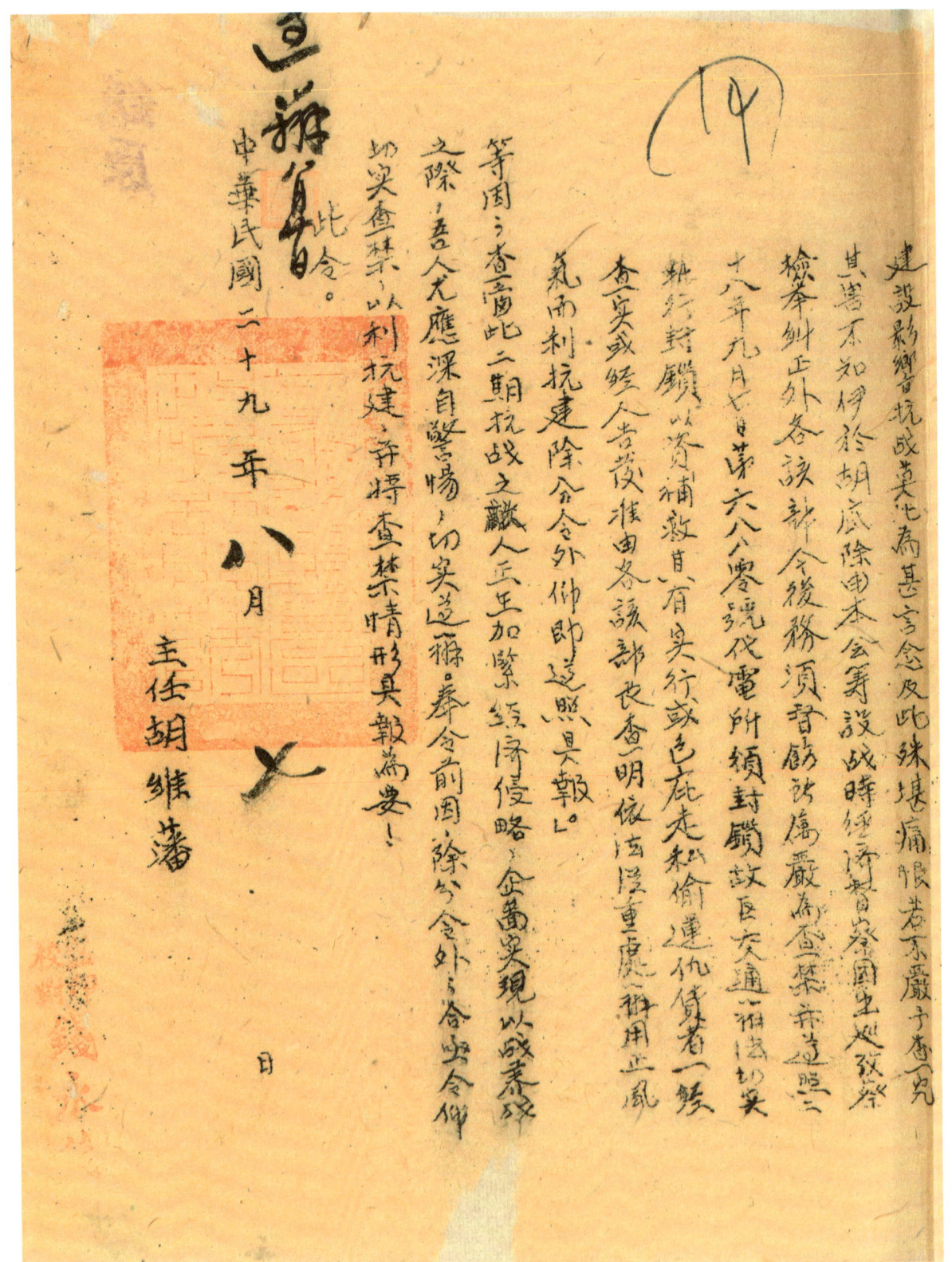

镇原县政府关于加强防范敌伞兵致显圣乡公所的训令（一九四一年十一月）

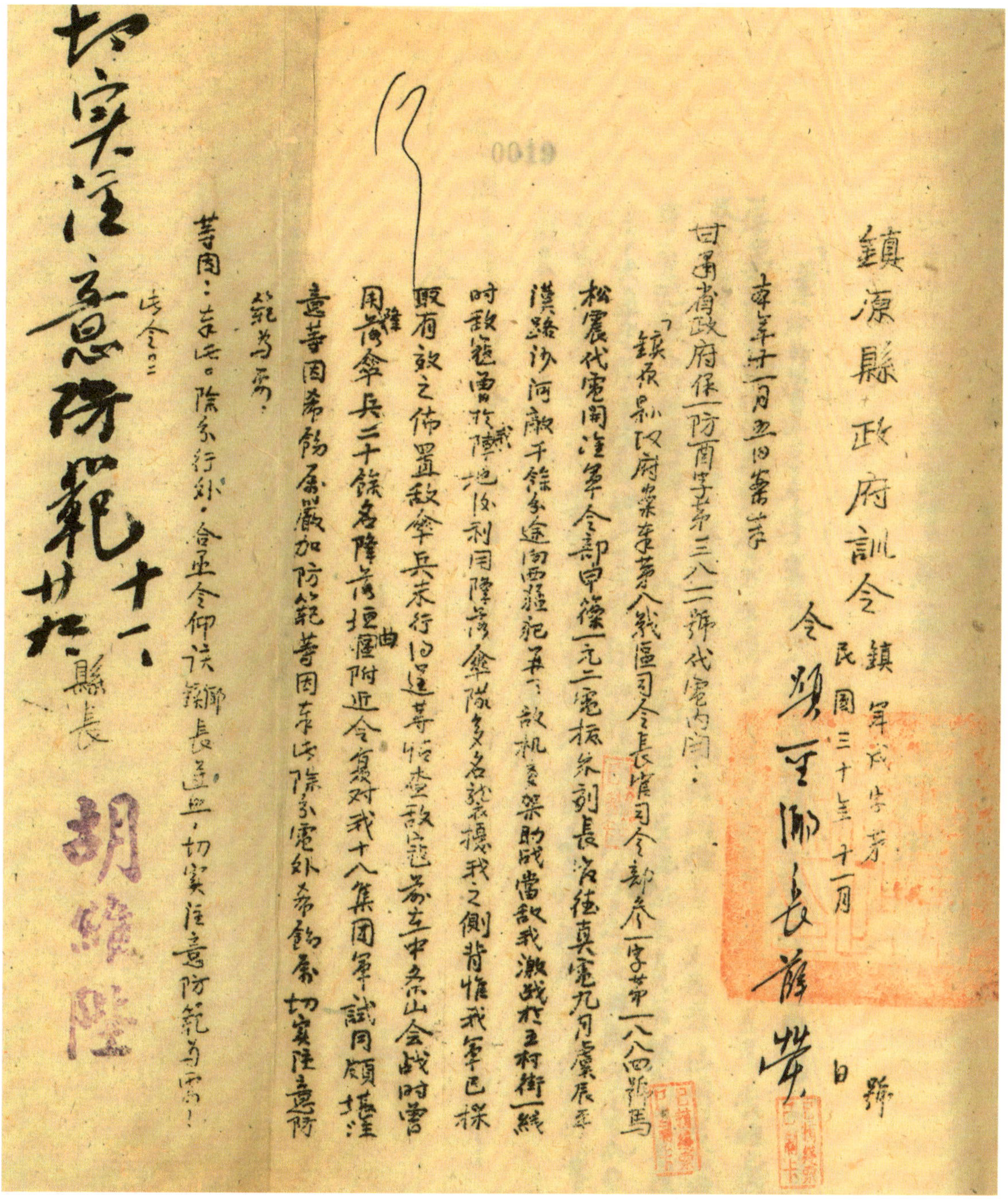

鎮原縣政府訓令　鎮　年戌字第　號
令顯聖鄉長薛業
民國三十年十一月　日
查本年十一月五日案奉
甘肅省政府保一防酉字第三八二一號代電內開：
「鎮原縣政府案奉第八戰區司令長官司令部參一字第一八八四號馬
松震代電開：准第十八集團軍令部卯篠一元二電稱：於刻長治徐真電九月處辰平
漢路沙河敵千餘分途向西羅苑第六、敵机灵架助戰，當敵我激戰於王村街一線
时，敵竟曾於隊地後利用降落傘隊多名襲擾我之側背，惟我軍已採
取有效之佈置，敵傘兵未行得逞等情。查敵寇爲在中条山会戰时曾
用降落傘兵二十餘名降落垣曲附近，今复对我十八集团軍試用，頗堪注
意。等因，希飭屬嚴加防範。等因。奉此，除分電外，希飭屬切實注意防
範爲要。」
等因。奉此，除分行外，合亟令仰該鄉長遵照，切實注意防範爲要！
此令。
縣長　胡鐘陛
切實注意防範　十一　廿六

甘肃省政府关于所派特工人员应与县地方当局取得联系致镇原县政府的密令（一九四二年一月八日）

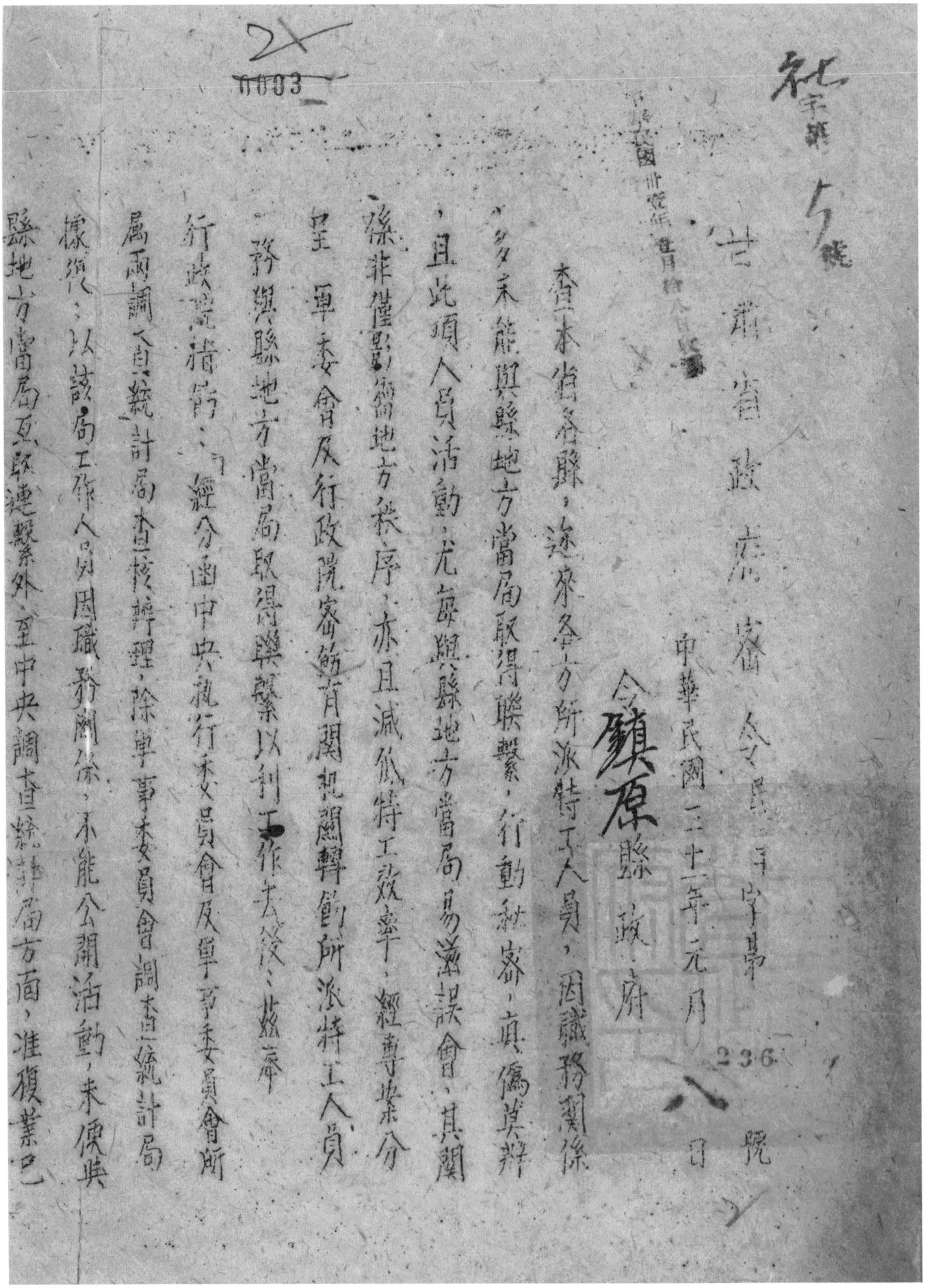

秘字第5號

甘肅省政府密令　民字第　號

中華民國三十一年元月八日

令鎮原縣政府

查本省各縣，近來各方所派特工人員，因職務關係，多未能與縣地方當局取得聯繫，行動秘密，真偽莫辨，且此項人員活動，尤易與縣地方當局易滋誤會，其關係非僅影響地方秩序，亦且減低特工效率。經專案分呈軍委會及行政院寄飭有關機關轉飭所派特工人員務與縣地方當局取得聯繫，以利工作去後，茲奉行政院指飭，「經分函中央執行委員會及軍事委員會所屬兩調查統計局查核辦理，除軍事委員會調查統計局據復，以該局工作人員因職務關係，不能公開活動，未便與縣地方當局互取連繫外，至中央調查統計局方面，准復業已

分令轉飭所派工作人員，應與當地地方政府密取連繫，

即請轉知甘肅省政府分飭各縣政府予以便利各等

情，仰即知照。等因。除分令外，合行令仰知照為

要！

此令。

主席 谷正倫

秘書長 王漱芳代拆代行

民政廳廳長 蔣云台

镇原县政府关于严密侦缉汉奸致平泉镇公所的密令（一九四三年四月三十日）

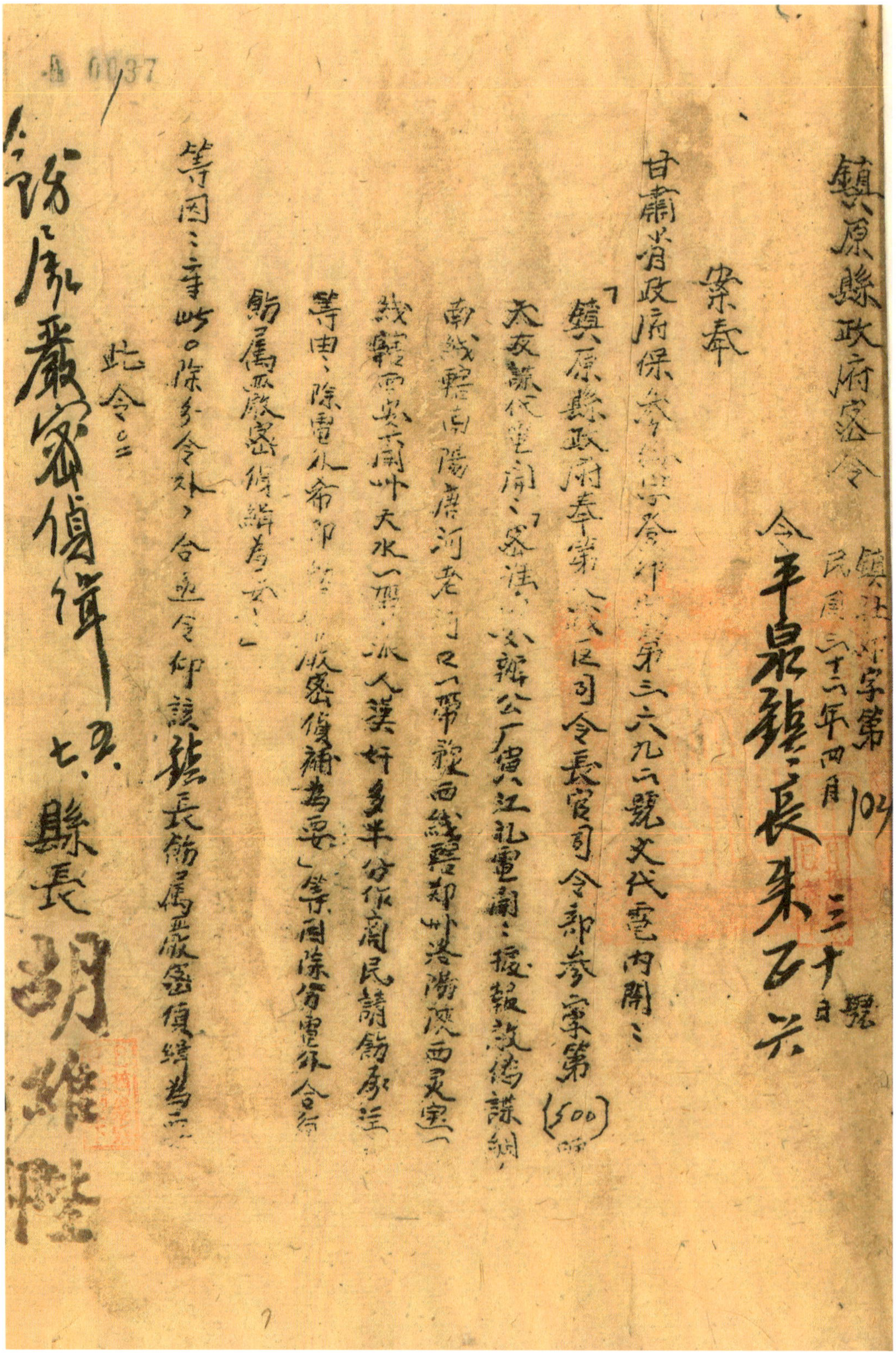
镇原县政府密令
镇社字第104号
民国三十二年四月三十日
令平泉镇镇长朱玉兴
案奉
甘肃省政府保安处保字第三六九二号文代电内开：
"镇原县政府奉第八战区司令长官司令部参字第(500)号
太友藻代电开：'密。据公署江礼电开：据报敌伪谍细，
南线经南阳唐河老河口一带，西线经郑州洛阳陕西灵宝一
线窜西安兰州天水一带，派人汉奸多半化作商民，请饬属注
等由，除电外希即严密侦缉为要'"等因，除电外合行
饬属严密侦缉为要"
等因。奉此，除分令外，合亟令仰该镇长饬属严密侦缉为要。
此令。
饬属严密侦缉
县长 胡维
A 0037

甘肃省政府教育厅关于防范敌人破坏活动致镇原县立初级中学的训令（一九四三年十二月二十二日收）

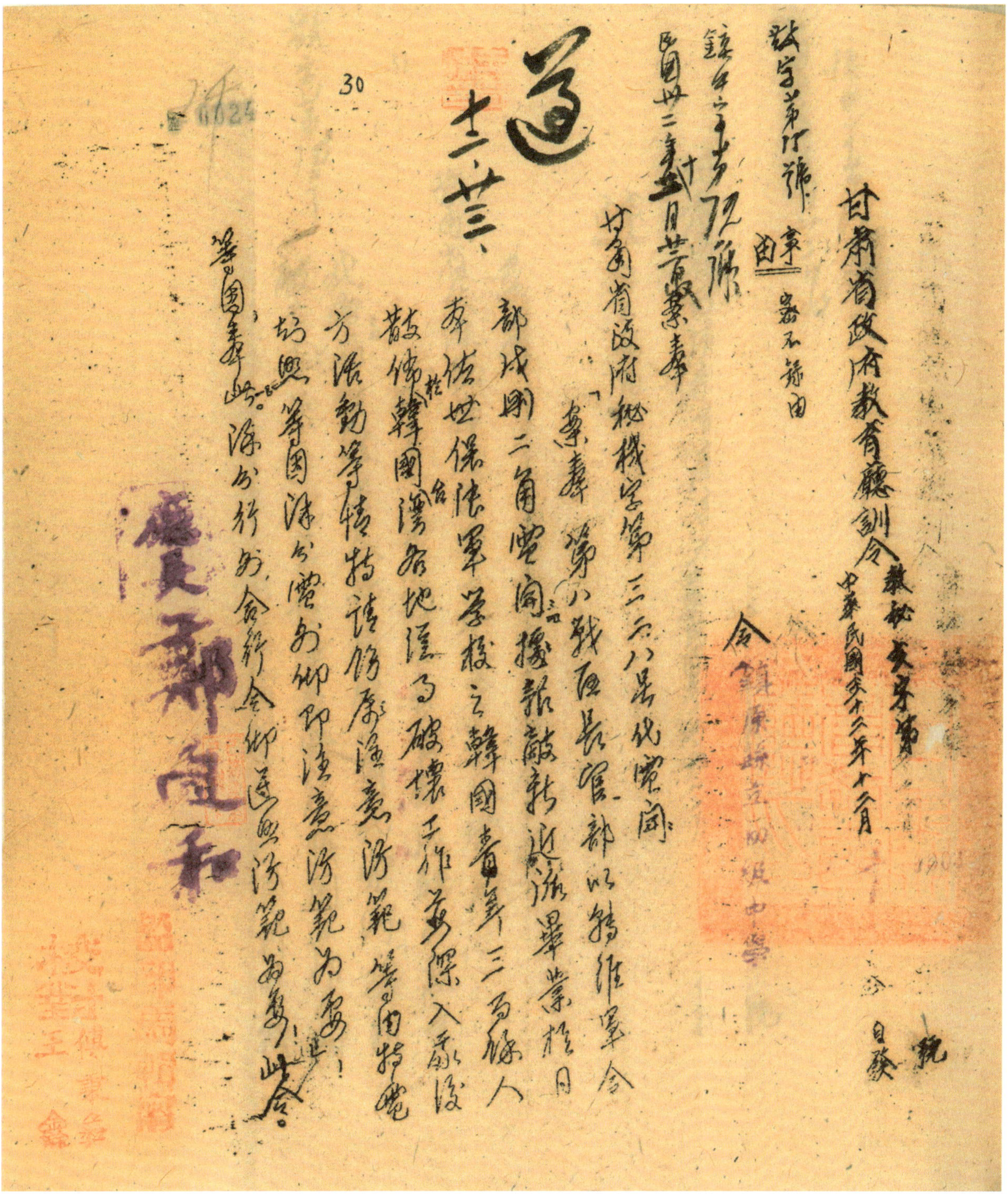

甘肅省政府教育廳訓令　教秘夫字第　號

中華民國卅二年十二月　日

令鎮原縣立初級中學

事由　密不錄由

甘肅省政府秘機字第三六八號代電開：

「案奉第八戰區長官部轉準軍令部戌刪二角電開：『據報敵新近派畢業於日本佐世保海軍學校之韓國青年三百餘人散佈於韓國、台灣各地，從事破壞工作，並深入我後方活動等情，特請飭屬注意防範。』等因，特電轉照。」等因，除分令外，仰即注意防範為要！」等因，奉此。除分行外，合行令仰遵照防範為要。此令。

廳長　鄭通和

后记

本书编纂工作在《抗日战争档案汇编》编纂出版工作领导小组和编纂委员会的具体领导下进行，编者主要来自庆阳市档案馆。在书稿编纂、审核过程中，中共庆阳市委党史办李占年、杨彦林、赵晓红、刘秉正和中共庆阳市委党校李广照、闫黎明等同志给予了大力支持，甘肃省《档案》杂志原总编辑姜洪源，甘肃省档案馆陈乐道、张琼同志审核了书稿并提出重要修改意见，在此一并致谢。

编者